Harald Pühl (Hrsg.)

Supervision und Organisationsentwicklung

Harald Pühl (Hrsg.)

Supervision und Organisationsentwicklung

Handbuch 3

Leske + Budrich, Opladen 1999

Die Deutsche Bibliothek – CIP-Einheitsaufnahme

Supervision und Organisationsentwicklung : Handbuch / Harald Pühl (Hrsg).
– Opladen: Leske und Budrich
3 (1999)

Gedruckt auf säurefreiem und altersbeständigem Papier.

ISBN 3-8100-2310-8

Satz: Leske + Budrich
Druck: DruckPartner Rübelmann, Hemsbach
Printed in Germany

Inhaltsverzeichnis

II. Kapitel: Fokus Organisationsentwicklung

III. Kapitel: Innovation durch Supervision und OE

Anhang

Vorwort

Harald Pühl

In einem Handbuch zwei Beratungsansätze und -traditionen zu verbinden ist nicht unproblematisch und bedarf einer Begründung. Die nächstliegende Begründung könnte lauten: Die Arbeit von Supervisoren und Organisationsentwicklern hat sich in der Praxis immer stärker angenähert. Ausschlaggebend dafür ist unter anderem der ökonomische Druck. Mit diesem übergeordneten Thema, das die Szene durch und durch beherrscht, setzen sich zwei Beiträge im Einleitungskapitel[1] auseinander. Der Zwang zur Qualitätssicherung – mit allem was daran hängt – zwingt sowohl Supervisoren als auch OE-Berater zur weiteren Neu- bzw. Umorientierung.

Während sich Supervisoren früher in erster Linie als Spezialisten für *Strukturreflexion* verstanden und Organisationsentwickler in erster Linie als Spezialisten für *Strukturveränderung* verwischen sich diese Grenzen zusehens. Das hat Folgen für die Identität der beiden Berufsgruppen und Folgen für die Auftraggeber. Letztere müssen sich zwischen unterschiedlichen Beratungsmethoden entscheiden ohne genau zu wissen wo die Unterschiede liegen. Die Gründe für das Zusammenwachsen dieser beiden Beratungsansätze liegen – wie gesagt – ganz sicherlich an den ökonomischen Bedingungen. Auch in den klassischen Arbeitsfeldern der Supervisoren, nämlich den sozialen Organisationen, steht Strukturveränderung an oberster Stelle. Der freie Markt der Anbieter schafft hier die selben Probleme wie in der freien Wirtschaft, dem klassischen Arbeitsfeld der Organisationsberatung und -entwicklung. Andererseits zeigt sich, daß ‚reine' Strukturveränderung ohne die Mitwirkung und Einbeziehung des ‚subjektiven Faktors' Mitarbeiter nicht möglich ist. Wie die nachfolgenden Definitionen zeigen, ist diese Dialektik in beiden Beratungsansätzen bereits programmatisch angelegt. Positiv könnte man sagen, daß jetzt zusammengewachsen ist, was auch der Sache und dem Gegenstand der Beschäftigung entspricht, nämlich die Qualifizierung der Arbeit unter entsprechenden organisatorischen Bedingungen. Supervisoren bemühen sich zunehmend um Kenntnisse der Organisationsentwicklung und umgekehrt Organisationsentwickler um supervisorische Qualifikationen.

Die Reaktion auf die Konzeption des vorliegenden Handbuches waren von beiden Seiten – Supervisoren und Organisationsentwicklern – überraschend positiv. Während

---

1 Einen schon früh eingesandten Beitrag vom Nestor einer sozialistischen Wirtschaftspolitik, Jürgen Kuczynski, habe ich als Anhang angefügt. Das Manuskript konnte aufgrund seines Todes nicht mehr verändert werden.

für mein erstes Handbuch der Supervision (1990) kein Organisationsentwickler bereit war mitzuarbeiten, gab es jetzt auch aus diesem Kreis eine große Zustimmung. Es geht mir nicht darum, die beiden Beratungsansätze beliebig zu vermischen, aber zu mehr produktiver Kooperation anzuregen. Deshalb wird in den ersten beiden Kapiteln zwischen Supervision und Organisationsentwicklung unterschieden werden, wobei sich zeigen wird, daß sich diese Grenze in der Tat nur als ‚Fokus' einhalten läßt. Das 3. Kapitel habe ich „Innovation durch Supervision und/oder Organisationsentwicklung" genannt, weil hier z.T. neue Arbeitsfelder beschritten wurden in denen in besonderer Weise die Verbindung bzw. Kooperation dieser beiden Beratungsansätze zum Tragen kommt.

Mein Anliegen war es, die Grenzen und Möglichkeiten eines jeden Ansatzes aufzuzeigen. Mein Ziel war es ferner, von einer destruktiven Konkurrenz zu einer produktiven Kooperation zu ermutigen. Die Leserin und der Leser werden entscheiden müssen, inwieweit mir dies gelungen ist. Gerade das letzte Kapitel wird zeigen, daß es viele Beispiele dafür gibt, daß in der Praxis ein Miteinander unumgänglich ist. Auch wenn dies für die eigene professionelle Identität schmerzhaft sein mag, ist es im Sinne der Auftraggeber und ihrer Anliegen m.E. unumgänglich die Grenze zu markieren und zu halten. Mein ursprüngliches Ziel, einer genaueren Abgrenzung beider Methoden, ist wohl nur unzureichend möglich wie mir im Laufe der Arbeit deutlich geworden ist. In der Praxis wird es wohl so aussehen, daß es keine generalisierbaren Kompetenzprofile geben wird. Jeder Berater wird entsprechend seinem individuellen Profil entscheiden müssen, welchen Auftrag er sinnvoll übernehmen kann und welchen Auftrag er ablehnen sollte bzw. wo sinnvolle ergänzende Kooperation angesagt ist.

Ich hoffe, daß dieses Handbuch ein Schritt ist, die Unterschiede und gleichwohl die Gemeinsamkeiten aufzuzeigen und sowohl für die Anbieter wie die Anfrager nach Beratung eine Quelle der Inspiration und Orientierung ist. Mein besonderer Dank gilt in erster Linie all denen, die durch ihre Beiträge dieses Buch in seiner Vielseitigkeit erst möglich gemacht haben.

Berlin, im September 1998 H.P.

Einleitung

Organisationsentwicklung und Supervision: Konkurrenten oder zwei Seiten einer Medaille?

Harald Pühl

Vorbemerkungen

Beginnen möchte ich mit einer Frage, die immer wieder auftaucht, und zwar die nach begrifflicher Klarheit und Differenzierung zwischen den Begriffen *Institution* und *Organisation*. Die folgenden Beiträge zeigen, daß es diese Klarheit wohl – noch – nicht gibt: Teilweise werden die Begriffe synonym verwendet, teilweise entsprechend der jeweiligen Kultur. Als Abgrenzungsversuch bietet sich folgende Definition aus dem Lexikon der Soziologie (1978, zit. nach Wolf 1994, S. 132) an:

Institution: Ein Komplex von gesamtgesellschaftlich zentralen, dem planenden Eingriff (Organisation) jedoch schwer zugänglichen und unspezifischen (überdeterminierten), trotzdem aber deutlich abhebbaren Handlungs- und Beziehungsmustern, der vor allem durch die Verankerung der zentralen Ordnungswerte in der Antriebsstruktur der Gesellschaftsmitglieder gekennzeichnet ist.

Organisation: Als Bezeichnung der Organisationswissenschaften die Ordnung von arbeitsteilig und zielgerichtet miteinander arbeitenden Personen und Gruppen. Organisation umfaßt insofern nicht nur Verbände und Vereinigungen, sondern alle Institutionen, Gruppen und sozialen Gebilde, die bewußt auf ein Ziel hinarbeiten, dabei geplant arbeitsteilig gegliedert sind und ihre Aktivität auf Dauer eingerichtet haben.

Ich würde mich freuen, wenn es gelingt, die bisher oft isolierte Arbeit vor Ort besser zu vernetzen. Das trifft für Supervisoren, die in einem System arbeiten genauso zu wie für Supervisoren und Organisationsentwickler, die in einer Organisation arbeiten. Wünschenswert wäre, daß sich die in einer Organisation tätigen Berater selbst als Teil einer Beratungsinstitution sehen, d.h. sich mit den Auftraggebern auf gemeinsame Ziele einigen und ihr jeweiliges Vorgehen untereinander offenlegen und abstimmen. Nach meinen Erfahrungen sind hier noch viele Vorbehalte und Eitelkeiten zu überwinden, um zu einem vernetzten Arbeiten zu kommen. Es wird Zeit, daß sich auch die Berater das sogenannte systemische Denken zu eigen machen. Ohne den inflationären Begriff des Systemischen hier auszuloten, so meint er doch in der Praxis, daß wir die Organisation als ein komplexes Zusammenspiel von vielen Faktoren verstehen, die es gilt in der konkreten Beratungstätigkeit zu sehen und in ihren Widersprüchen und Abhängigkeiten perspektivisch zu berücksichtigen. Diese Perspektive legen Berater i.d.R. oft einseitig auf die ratsuchende Organisation an. In der Innenschau wird dieser Blick bisher oftmals vernachlässigt. Ich habe dazu folgendes Spannungsverhältnis entworfen (Pühl 1998, S. 157):

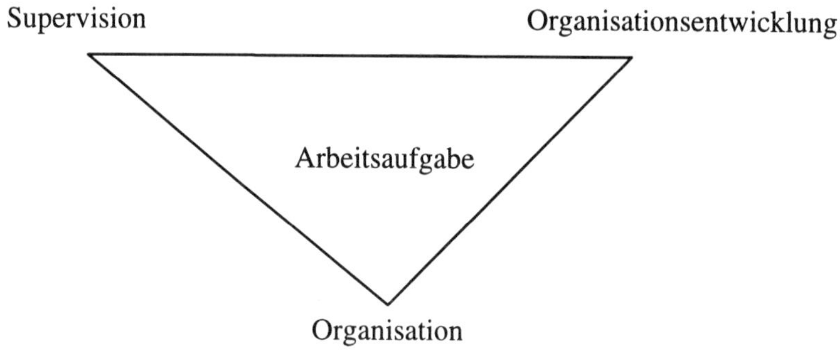

Abbildung: Spannungsverhältnis: Supervision – Organisationsentwicklung – Organisation

Dieser Aspekt scheint mir noch besonders im argen zu liegen. Ich meine damit folgendes: Gerade in größeren Organisationen kommt es häufig vor, daß mehrere externe Supervisoren beispielsweise als Team-Supervisoren tätig sind oder daß ein OE-Prozeß läuft und gleichzeitig Supervision stattfindet.

Um beim letzten Beispiel weiterzumachen: Ich habe es immer wieder als wenig ergänzend erlebt, wenn OE-Prozeß und Team-Supervision als völlig getrennte Interventionen ablaufen. In der Praxis sieht es doch oft so aus, daß im OE-Prozeß wesentliche strukturelle Dinge verhandelt und neu festgelegt werden. Dies hat selbstverständlich ganz direkte Auswirkungen auf die Team-Supervision: Aufgaben und Kooperationen werden neu definiert. Damit ändern sich selbstredend auch die Ziele für die Team-Supervision. Hinzu kommt, daß alle institutionellen Veränderungen bei den Mitarbeitern Unsicherheiten und Ängste auslösen mit denen der Team-Supervisor konfrontiert wird. Wenn er die institutionellen Veränderungsprozesse nicht nachvollziehen und mittragen kann, besteht die Gefahr, daß sich der Supervisor bewußt oder unbewußt mit dem Team gegen die Veränderung verbündet. Aufgrund seiner Nähe zu den Mitarbeitern fühlt er sich ihnen in besonderer Weise verbunden.

In meiner eigenen Praxis als externer Team-Supervisor habe ich selbst erlebt, daß die OE-Kollegen mich nicht einbezogen haben. Wir standen uns unverbunden in gegenseitigen Phantasien und Vermutungen gegenüber. In solchen Fällen habe ich mit den Team-Mitarbeitern und ihren Verantwortlichen darüber gesprochen, daß ich diese Spaltung für negativ halte. Für mich ist Transparenz und Offenlegen der eigenen Ziele und Vorstellungen zu einem Losungswort geworden. Es verhindert versteckte Konkurrenzen – die es zwischen Supervision und Organisationsentwicklung ja leider immer noch gibt. Im gemeinsamen Gespräch mit den jeweiligen Organisationsentwicklungs-Kollegen gelang es bisher immer, uns auszutauschen und unsere Ziele aufeinander abzustimmen. So werden Organisationsentwicklung und Supervision zu sich ergänzenden Interventionen.

Diese heimliche Konkurrenz gibt es freilich nicht nur zwischen Organisationsentwicklung und Supervision, sondern gleichermaßen zwischen Supervisoren. In großen Organisationen arbeiten beispielsweise oft mehrere Team-Supervisoren mit unterschiedlichen Subsystemen. Ein institutionaliserter Austausch zwischen diesen Kollegen findet in der Praxis fast nie statt.

Ich selbst habe es in einer großen sozialpyschiatrischen Institution erlebt, in der ich als interner Supervisor arbeite: Anstatt alle externen Supervisoren einzeln zum Austausch mit dem Leiter einzuladen, schlugen wir ein gemeinsames Treffen mit dem Leiter, den internen Beratern und allen externen Team-Supervisoren vor. Die erste Reaktion der Externen war sehr zurückhaltend bis ängstlich. Es wurde mir sehr deutlich, daß ihre Selbstwahrnehmung geprägt war von ihrer vereinzelten Arbeit. Subjektiv hatten sie aufgrund ihrer Vereinzelung das Gefühl sozusagen exklusiv für die Institution und insbesondere für das Team zu arbeiten.

Es kam dann aber doch – natürlich in Absprache mit den beteiligten Teams – zu einem gemeinsamen Gespräch. Das hat sich als äußerst fruchtbar herausgestellt. Dabei ging es selbstredend nicht um persönliche Details der Mitarbeiter, sondern um Konflikte, die in allen Teams auftauchen und um die Ziele und neuen Aufgaben, denen sich die Institution in Zukunft unter den sich wandelnden Bedingungen stellen muß. Die externen Supervisoren spürten im Austausch mit ihren Kollegen, daß sie mit den Konflikten, die in ihren Teams auftauchten nicht allein dastanden. Zusammengefaßt verstehe ich unter systemischer Berater-Innenschau, daß auch sie ihre Tätigkeit im Sinne eines Beratungssystems organisieren und interpretieren.

Definitionsversuche

Kooperation wird dort erleichtert, wo man um die Ergänzung des Angebots weiß. Deshalb scheint es mir hilfreich, Supervision und Organisationsentwicklung bzw. -beratung – trotz aller Gemeinsamkeiten – zu differenzieren. (Meinen 1. Definitionsversuch s. Anmerkung 1)

Supervision
Die „Deutsche Gesellschaft für Supervision“ hat sich auf folgende Definition geeinigt: „Supervision ist eine Beratungsmethode, die zur Sicherung und Verbesserung der Qualität beruflicher Arbeit eingesetzt wird. Supervision bezieht sich dabei auf psychische, soziale und institutionelle Faktoren. (...) Supervision unterstützt

- die Entwicklung von Konzepten
- bei der Begleitung von Strukturveränderungen
- die Entwicklung der Berufsrolle.“ (DGSv 1996, S. 11)

Organisationsentwicklung
Schon 1982 hat Trebesch über 50 verschiedene Definitionen von Organisationsentwicklung zusammengetragen. Inzwischen hat sich die Vielfalt noch erhöht. Deshalb greifen die meisten auf die wohl immer noch gängigste Definition aus dem Standardwerk von French und Bell (1995, S. 31) zurück: „Organisationsentwicklung ist eine langfristige Bemühung, die Problemlösungs- und Erneuerungsprozesse in der Organisation zu verbessern, vor allem durch eine wirksamere und auf Zusammenarbeit gegründete Steuerung der Organisationskultur – unter besonderer Berücksichtigung der Kultur formaler Arbeitsteams – durch die Hilfe eines Organisationsentwicklungsberaters oder Katalysators und durch Anwendung der Theorie und Technologie der angewandten Sozialwissenschaften unter Einbeziehung von Aktionsforschung.“

Die inzwischen aufgelöste „Gesellschaft für Organisationsentwicklung GOE e.V." sah das Ziel ihrer Arbeit in der

- „Verbesserung der Leistungsfähigkeit und Wirtschaftlichkeit der Organisation und in der
- Verbesserung der Qualität des Arbeitslebens."

Wobei die Kollegen davon ausgingen, „daß Leistungsfähigkeit und Menschlichkeit direkt von einander abhängen. Ohne Wirtschaftlichkeit gibt es letztlich keine humane Arbeitswelt und ohne zufriedene und engagierte Mitarbeiter und Mitarbeiterinnen gibt es keine Wirtschaftlichkeit und keine gesunde Organisation." (Kremm 1996, S. 433 f.)

Wenn wir die drei Definitionen vergleichen, fällt auf m.E. auf, daß in allen – freilich in unterschiedlicher Gewichtung – die Bedeutung des institutionellen Faktors betont wird. Gemeint ist damit die Veränderung der Organisation. Diese wird in Abhängigkeit gesehen von der Zufriedenheit der Mitarbeiter und der Förderung der Kompetenz der einzelnen Arbeitsteams. Wenn wir uns die Literatur, hier insbesondere die Praxisberichte der Fachzeitschriften anschauen, finden sich immer mehr Beispiele dafür, daß Supervisorinnen und Supervisoren das klassische Feld der sozialen Arbeit verlassen haben und die Organisation insgesamt als ihr Klientel sehen. Ein Blick in die entsprechenden Berichte der OE-Kollegen (z.B. Zeitschrift für „Organisationsentwicklung") zeigt, daß der postulierte Anspruch, die Zufriedenheit der Mitarbeiter oft unter den Tisch fällt, weil derzeit die Wirtschaftlichkeit an erster Stelle steht. Diese Wirtschaftlichkeit ist es auch, die die Grenzen zwischen Supervision und Organisationsentwicklung verwischen läßt. Die Berücksichtigung des Faktors Umwelt heißt im Klartext, daß es nicht um ökologische Faktoren geht wie man denken könnte. Als Umwelt stellen sich die konkurrierenden Anbieter auf dem Markt dar. An ihnen muß man sich messen, und das heißt besser, preiswerter und profitabler zu sein. Bei den Supervisoren sieht es tendenziell nicht viel anders auch: Auch sie versuchen sich – den Marktgesetzen wohl oder übel gehorchend – auf das Pferd Effizienzsteigerung zu setzen, z.B. über Maßnahmen der Qualitätssicherung wie einige Beiträge dieses Bandes anschaulich belegen. Arbeit als Faktor der Selbstverwirklichung war in der Praxis immer schon schwer zu realisieren. Nun scheint er nur noch das Schattendaseins eines proklamierten Anspruchs zu fristen.[1]

Grenzen

Ein gravierender Unterschied zwischen Supervision und Organisationsentwicklung bleibt allerdings bestehen: Organisationsentwicklung arbeitet nach Möglichkeit top to down, d.h. der Auftrag zur Veränderung kommt von der Gesamtleitung. Supervisoren schließen ihre institutionellen Beratungsverträge sowohl mit dem jeweiligen Subsystem als auch mit der Leitung ab.

Wolfgang Weigand (1994. S. 130ff.) sprach schon im „Handbuch der Supervision 2" von einem *Grenzgang zwischen Team-Supervision und Organisationsentwicklung* und

---

1 P. Heintel wird dies in seinem folgenden Beitrag über „Die entgrenzte Wirtschaft" kritisch beleuchten; ebenso widmen sich Ch. Morgenroth & O. Negt diesem Thema.. (Einen schon früh eingesandten Beitrag vom Nestor einer sozialistischen Wirtschaftspolitik, Jürgen Kuczynski, habe ich als Anhang angefügt. Das Manuskript konnte aufgrund seines Todes nicht mehr verändert werden.)

fragte, ob nicht „Organisationsberatung eine und die bisher umfassendste Form der Supervision ist“. Und zwar dann, wenn sich Supervision dahin entwickelt, nicht nur einzelne, Gruppen und Teams, sondern die ganze Organisation zu ihrem Klienten werden. Weigand beschreibt folgerichtig die Team-Supervision als „Grenzgang zwischen Supervision und Organisationsberatung“. Es dürfte nicht übertrieben sein, wenn wir inzwischen feststellen – und viele Beiträge in diesem Buch belegen das sehr eindrücklich –, daß Supervisoren inzwischen gerade bei der Team-Supervision die Organisation als Ganze mit in die Beratung einbeziehen. Dies wird explizit deutlich durch den sogenannten Dreieckskontrakt, der bei der Team-Supervision immer die institutionell Verantwortlichen als zweiten Auftraggeber miteinbezieht. Team-Supervision beschränkt sich auch schon lange nicht mehr auf reine Selbstreflexion. Vielmehr initiiert und begleitet sie teilweise auch strukturelle Veränderungen, wenn sich dies als Ergebnis des Reflexionsprozesse ergibt und die Auftraggeber es wünschen.

Team-Supervision als Methode der Organisationsberatung zu bezeichnen ist deshalb nicht unproblematisch, weil es keine handhabbaren Standards gibt, die Organisationsberatung als solche identifizieren können. So liegt es auf der Hand, wenn Weigand vorschlägt, Organisationsberatung eher nach den Grundsätzen eines Organisationsentwicklungsprozesses zu definieren.

Ich selbst tendiere eher dazu Supervision und OE als getrennte Paar Schuhe zu behandeln. Ohne Zweifel steht die Team-Supervision aufgrund ihrer besonders dichten Institutionsgebundenheit der Organisationsentwicklung sehr nahe. Trotzdem möchte ich hier vor Omnipotenzphantasien warnen und nur aufgrund der Nähe nicht das eine in das andere umwandeln. Zumal dieser Umwandlungsprozeß ein einseitiger ist, nämlich von der Supervision zur OE. Die Beiträge in dem Buch werden beides eindeutig zeigen: Einerseits gibt es eine große Nähe und andererseits gibt es ausreichend Unterschiede, die nicht verwischt werden sollten. Erst dann wird es möglich sinnvoll zu kooperieren und erst dann wird es möglich, daß Supervisoren beispielsweise in Organisationsprojekten genau abgestimmte und begleitende Funktionen übernehmen (vgl. Rappe-Giesecke 1996, S. 7). Die Grenzüberschreitungslust der Supervisoren zeigt sich m.E. exemplarisch in einem der letzten Schwerpunkthefte der Zeitschrift Supervision (1996). Hier stellt J. Sauer (1996) im Auftrage der Redaktion eine „mißglückte Teamsupervision“ aus der Öffentlichen Verwaltung dar. Ohne hier die Details nachzuzeichnen, kommt er in seinen Schlußfolgerungen zu dem Ergebnis, die Supervision sei u.a. deswegen mißglückt, weil es nicht gelungen sei zum „Kern des institutionellen Problems zu gelangen“. Hieran läßt sich m.E. einigermaßen klar die Grenze zwischen Team-Supervision und Organisationsentwicklung markieren: Team-Supervision ist sicherlich dann besonders effektiv, wenn es ihr gelingt, den institutionellen Kernkonflikt (falls es überhaupt nur einen gibt) zu benennen. Bearbeitet und d.h. verändert kann er auf dieser Ebene des Teams m.E. nicht. Das Erkennen führt ganz sicherlich zu einer nötigen Entlastung der Mitarbeiter, die Veränderung setzt aber den Wunsch der Leitung voraus. Wenn dieser vorliegt und entsprechende Interventionen vereinbart werden, handelt es sich m.E. um Organisationsentwicklung bzw. -beratung. Dies würde auch einen neuen Kontrakt nötig machen.

Bekanntlich haben sich der Non-Profit-Bereich, also die sozialen Institutionen, und der Profitbereich, also die Wirtschaft, lange Zeit nebeneinander her entwickelt. Die Kulturen und Auffassungen unterschieden sich zutiefst. Und diese Trennung hat sich verständlicherweise auch auf die Beratungssysteme ausgewirkt. So ist es noch gar nicht lange her, daß es zwischen Supervision und Organisationsberatung bzw. -entwicklung Verbindungslinien gibt. So war es noch unmöglich für das erste Handbuch der Supervision (Pühl 1990) Kollegen aus dem OE-Bereich als Autoren zu gewinnen. Die gegenseitigen Berührungsängste waren zu groß. Erst durch die Wirtschaftlichkeitsanforderungen der sozialen Institutionen hat sich eine Annäherung ergeben, die teilweise sogar in begrenzte Kooperation mündet. Und trotzdem oder gerade deswegen ist zugleich Vorsicht vor zu schnellen Verbrüderungs- und Umarmungsszenen angesagt. Während sich die ,Gesellschaft für Organisationsentwicklung' aufgelöst hat bzw. nur noch vereinzelt in Form von Regionalgruppen tätig ist, scheint die ,Gesellschaft für Supervision' für sich das Definitionsmonopol über entsprechende Standards zu beanspruchen. Dabei ist unklar, ob die Grenzen bei der Supervision halt machen oder sich auch auf die Organisationsentwicklung bzw. -beratung ausdehnen wie dies der schweizerische Berufsverband (BSO) bereits vor Jahren vollzogen hat. Dadurch daß die Organisationsentwickler über keinen Berufsverband mehr verfügen, scheint hier ein freier Platz entstanden zu sein, der nun besetzt werden soll. Natürlich geht es bei der Qualitätssicherung durch Ausbildungsstandards nicht nur um den Schutz der Nachfrager und die Ausgrenzung von nicht ausgebildeten Supervisoren. Es ist ein offenes Geheimnis, daß es ebenso um ganz massive Macht- und Einflußinteressen auf dem lukrativen Beratungsmarkt geht. Und wie lukrativ er ist machen die Umsatzzahlen nur einer einzigen Unternehmensberatungsgesellschaft deutlich: So konnte die Beratungsgruppe Roland Berger ihren Umsatz allein 1997 um 24% auf über 500 Millionen Mark (!) steigern und rechnet für das Jahr 1998 schon mit über 600 Millionen Mark Umsatz (FR v. 23.7.1998). Hinzugefügt werden muß, daß es hier keinerlei Berufsordnungen, standardisierte Ausbildungen und dergleichen gibt.

Anmerkungen

(1) In meinem ersten ,Handbuch der Supervision' (Pühl 1990, S. 3) habe ich folgende Definition für „alle berufsbezogenen Beratungsverfahren (Supervision, Balintarbeit, Institutionsberatung, Organisationsentwicklung) anhand der folgenden gemeinsamen Kriterien formuliert:

1. Supervision als Form der berufsbezogenen Beratung ist entstanden im Zuge der Differenzierung von Berufsfeldern und der Standardisierung von Berufsvollzügen.
2. Ziel ist in jedem Fall die Kompetenzerweiterung bzw. der -erwerb des Supervisanden bzw. des Supervisandensystems (z.B. Team, Institution).
3. Supervision steht somit in einer pädagogischen Tradition, da es um Lernen geht.
4. Der Kontrollaspekt spielt immer eine Rolle: entweder in institutionaliserter Form in der Ausbildungs-Supervision bei der Frage, ob die beruflichen Standards erreicht sind, oder im Sinne von Selbstkontrolle, wenn der Supervisand seine Arbeit im geschützten Rahmen reflektiert. Bei den Formen von Beratung in Institutionen (Teamsupervision, Organisationsberatung) stehen Kontrolle und Selbstreflexion in einem unklaren Schnittverhältnis, hier geht es um Überprüfung des Arbeitsauftrages.
5. Es handelt sich immer um eine Form geleiteter, prozeßorientierter, berufsbezogener Beratung.
6. Die Anleitung findet durch einen erfahrenen Fachmann statt, der über besondere Kompetenzen für diese Arbeit verfügt.
7. In der Regel wird die Beratung in Gruppen durch geführt."

Literatur

DGSv (Hg) (1996): Supervision – professionelle Beratung zur Qualitätssicherung am Arbeitsplatz. Köln

Diebäcker, H. (1996): Supervision und Organisationsentwicklung: aus der Sicht der Kunden. in: Fatzer (Hg.)

Fatzer, G. (Hg.) (1996): Organisationsentwicklung und Supervision: Erfolgsfaktoren bei Veränderungsprozessen. Köln

Kemm, R. (1996): Grundsätze professioneller Organisationsentwicklung der Gesellschaft für Organisationsentwicklung GOE e.V., in: G. Fatzer (Hg.), Organisationsentwicklung und Supervision: Erfolgsfaktoren bei Veränderungsprozessen. Köln

Rappe-Giesecke, K. (1996): Der Abschied von den eindimensionalen Methoden – über das Verhältnis von Supervision und Organisationsentwicklung, in: Fatzer, G. (Hg.), Organisationsentwicklung und Supervision: Erfolgsfaktoren bei Veränderungsprozessen. Köln

Rappe-Giesecke, K. (1996): Der Abschied von den eindimensionalen Methoden – über das Verhältnis von Supervision und Organisationsentwicklung, in: G. Fatzer (Hg.) Organisationsentwicklung und Supervision: Erfolgsfaktoren bei Veränderungsprozessen. Köln

Rappe-Giesecke, K. (1996): Von der Teamsupervision zur Organisationsberatung, in: Supervision 29, S. 6-7

Sauer, J. (1996): Skizzen einer mißglückten Teamsupervision, in: Supervision 29, S. 52-64

Supervision (1985): Supervision als Organisationsberatung (Schwerpunktthema), Supervision 7

Supervision (1996): Von der Team-Supervision zur Supervison in Organisationen (Schwerpunktthema), Supervision 29

Trebesch, K. (1982): 50 Definitionen der Organisationsentwicklung – und kein Ende?, in: GOE 2

Weigand, W. (1994): Teamsupervision: Ein Grenzgang zwischen Supervision und Organisationsberatung, in: H. Pühl (Hg.), Handbuch der Supervision 2, Berlin

Weigand, W. (1996): Teamsupervision – ein verschwommener Begriff (Thesen), in Supervision 29, S. 5

Wolf, M. (1994): Institutionsanalyse in der Supervision, in: H. Pühl (Hg.), Handbuch der Supervision 2, Berlin

Supervision als Sinn- und Grenzreflexion
– exemplifiziert am Beispiel einer sich entgrenzenden Wirtschaft

Peter Heintel

Supervision als selbstreflexive Steuerungshilfe von Organisationen (Ausgangssituation)

Wie dieses und die ihm vorhergehenden Handbücher für Supervision aufzeigen, hat dieser „Gegenstand" bereits einen längeren, weiten Weg zurückgelegt, der zu einer respektablen Differenzierung und Erweiterung der ersten Ansätze geführt hat. Von einer Supervision als Fachaufsicht bis zu einer „systemisch" orientierten Supervision, die sich wie folgt beschreibt: *„Systemische Supervision expoloriert die Fallproblematik vor dem Hintergrund der spezifischen Organisations- und Systemlogik sowie der spezifischen Kultur der Organisation"* (Scala, Grossmann 1977, S. 13), die als Interventionswissenschaft und -technik für Differenz, Unterbrechung, Irritation sorgt, die es dem System selbst ermöglicht, selbstreflexiv mit sich zu verfahren, und sich damit *„auf das Erschließen neuer Handlungsoptionen ausgerichtet"* (S. 13) sieht, ist ebenso eine lange Wegstrecke zurückgelegt worden, wie von einer an Einzelpersonen und ihren Handlungen orientierten Supervision bis zu einer, die sich, wie dieser Band beschreibt, für Organisationsentwicklung interessiert. Wie in solchen Fällen üblich, führt eine derartige Entwicklung zu Ordnungs- und Abgrenzungsbedürfnissen, manchmal auch zu heftig geführten Richtungs- und Schulstreitigkeiten. Diese schaden der Sache dann nicht, wenn sie in aller Lebendigkeit und mit allem Engagement geführt werden, wohl aber dann, wenn territoriale, terminologische Abkapselungen und Abschottungen auf ihrem Gebiet den allein selig machenden Weg versprechen. So findet man auch in der Supervision Abgrenzungs- und Definitionsversuche, die sich ihren eigenen Gegenstand für sich sichern wollen und dabei manchmal recht krampfhaft verfahren. Insbesondere, wenn sich Supervision mit Organisationen befaßt, wird es ihr kaum gelingen, sich wirklich „exakt" von bestimmten Konzepten der Organisationsentwicklung, eben solchen des Team-Coachings, gruppendynamischer Beratungssettings etc., zu unterscheiden.[1] Selbst im methodischen Vorgehen werden sich viele Ähnlichkeiten finden. Diese der traditionellen Einzelwissenschaft unhaltbare und störende Tatsache hat aber plausible Ursachen, die Supervision mit mehreren anderen angewandten Sozialwissenschaften und Sozialpraktiken in einem Interessensgrund vereinigen, welche verschiedenen Richtungen sie dann immer auch beschreiten mögen, er lautet: Selbststeuerung durch methodisch arrangierte Selbstreflexion, das Ernst-Nehmen individueller, vor al-

---

1 Siehe hierzu die Beiträge von A. Gotthardt-Lorenz sowie von F. Buer, die in dieser Richtung sehr unterschiedliche Versuche unternehmen. – Der Hrsg.

lem aber auch kollektiver Autonomie, sowie eine Fähigkeitsentwicklung (Kompetenz), sie zu gestalten. Dieses Interesse hat keinen willkürlichen Ursprung. Er nährt sich aus folgenden Einsichten:

- daß Autonomie und Selbststeuerung dann nur beschränkt möglich sind, ja zur Illusion werden müssen, wenn es nicht gelingt, sich dort und da Zugang zum individuell und auch kollektiv Unbewußten zu verschaffen; Zugang zum anscheinend Selbstverständlichen, Gewohnten, aber auch zum fraglos Vorausgesetzten, den Axiomen und Bedingungen von Systemen etc. Zu den „geheimen“ Erziehungs- und Bildungsplänen unserer gesellschaftlichen Einrichtungen, zu dem selbstarrangierten „blinden Fleck.“ Um von all diesen Voraussetzungen nicht blind gegängelt und geleitet zu werden, bedarf es aber besonderer Arrangements und Methoden der Erfassung derselben, jedenfalls der Einrichtung von Differenzen und Distanzen;
- daß eine jahrtausendalte Steuerungsstruktur an ihre Grenzen gekommen ist, nämlich die Hierarchie mit ihrem Einzelentscheidungsprinzip, den Kommunikations- und Informationsmonopolen bei den jeweiligen Vorgesetzten (Strukturknoten). Sie können die wachsende Komplexität nicht mehr so wie bisher verarbeiten und daher die Organisation auch nicht mehr optimal lenken und leiten. An ihre Stelle treten immer häufiger (leitende) Gruppenformationen, die nicht mehr nach dem Vorbild der hierarchischen Autorität gesteuert werden können und sollen. Ihre Effizienz, ihre Kreativität etc. steigen mit der Fähigkeit, sich selbst zu steuern; letzteres ist aber ungewohnt, da Gruppen traditionell eher unmittelbar agieren und kaum gemeinsam ihr inneres Geschehen, ihre Prozesse reflektieren. An dieser Ungeübtheit, wenn nicht Unfähigkeit, scheitert so mancher gut gemeinter Versuch, Teams einzurichten;
- daß man auch immer weniger Rückhalt in der Autorität normsetzender Institutionen hat, die früher Träger und Garanten von Geboten und Verboten waren, moralische Instanzen, auf deren „Wahrheit“ man sich zurückziehen, auf die man sich berufen konnte. Institutionen waren und sind gesellschaftliche Einrichtungen, die auf unlösbare Widersprüche, die mit der menschlichen Existenz verbunden sind, „ewige“ Antworten geben (sei es in Sprache, Begriff, Ritual oder Kunst). Da Antworten in jedem Fall erwünscht und notwendig sind, ist ihre Tätigkeit, ja ihr Dasein in höchstem Maße entlastend, Unsicherheit absorbierend. Wenn heute das Thema Ethik sich zunehmender Beliebtheit erfreut, und *innerhalb* von Einzelsystemen (Medizinethik, Wirtschaftsethik, Unternehmensethik, Forschungsethik etc.) auftritt, so unterstreicht diese Tatsache zweierlei: erstens, daß man nicht mehr so ohne weiteres eine Religion (Kirche) oder eine Weltanschauung (z.B. Humanismus) zur Hand hat, zweitens, daß ab nun die Einzelsysteme selbst und als Kollektiv aufgefordert werden, die Frage nach dem Moralischen, dem Guten zu stellen. Auch dies kann aber nur geschehen, wenn man zu sich selbst in eine überlegende Differenz tritt. Und es ist gerade die ethische Frage eine, die sich nicht nur mit immanenter Normsetzung, sondern auch mit den Systemgrenzen beschäftigen muß (eine Konsequenz, die für unseren Beitrag noch im weiteren wichtig sein wird);
- daß bisherige Geschichtskonzeptionen uns nicht mehr ausreichend vor der Wahrnehmung von Eigenverantwortlichkeit schützen können. Unsere Entwicklung war grob gesprochen bisher durch zwei Sinndeutungsebenen abgestützt: durch eine immanente

oder eine transzendente. Die immanente orientierte sich an den vielversprechenden Erfolgen des (ökonomisch-technologischen, wissenschaftlichen) Fortschritts – seine Wahrheit ist die praktische Bewährung, auf die einfach hingewiesen werden kann („das Auto fährt"), die transzendente an religiösen, ideologischen oder an der Vernunft orientierten Heilskonzepten (z.B. göttliche Lenkung, klassenlose Gesellschaft, „List der Vernunft", „invisible hand"), die über unser Einzelhandeln hinweg Sinn und Ziel des Ganzen im Auge behalten ließen. Beiden Sinndeutungsebenen fehlt es heute an der notwendigen Übersetzungskraft. Vor allem kann die weltgeschichtliche Gesamtverantwortung nicht mehr an ein transzendentes Prinzip delegiert werden, wenn wir gerade dabei sind, eine ganz spezifische Weltgesellschaft zu formen. Die Verantwortung für die Geschichte fällt auf uns zurück und findet viel an Ohnmacht vor. Allerdings forciert sie auch die klare Frage: wie läßt sich Verantwortung kollektiv wahrnehmen und organisieren, wie können wir selbst geschichtliche Sinndeutung vornehmen und praxisrelevant konkretisieren? Eine Frage, die m.E. nur über die Selbstreflexion von Systemen und deren eigenlogischen Grenzen laufen kann;

- daß zukunftsorientierte Prognosen nur dort funktionieren, wo ohne unser Zutun sich Ereignisse mit einiger Regelmäßigkeit wiederholen, oder wo es genug gesellschaftliche oder systemische Macht gibt, die Zukunft prognosengemäß zu gestalten. Da man früher sowohl von einer gewissen linearen Entwicklungsstabilität ausgehen konnte, Systeme auch über die nötige Gestaltungsmacht auf ihre Umwelten ausüben konnten, war Prognostik noch eine angesehene praktische Wissenschaft; auch in Planungsprozessen konnte man von längeren Zeiträumen ausgehen, und gegenwärtige Schritte gleichsam aus einer gewollten und festgesetzten Zukunft deduzieren. Beide Voraussetzungen für eine funktionierende Prognostik kommen uns heute abhanden. Diese Tatsache fordert umdenken und Einstellungswandel. Systeme, Organisationen bedürfen einer neuen Reaktions- und Rückkoppelungskompetenz; d.h., sie müssen ständig auf zwei Ebenen agieren, einerseits auf ihrem funktionalen, „normalen" Tätigkeitsfeld, andererseits auf einer neuen Ebene der Selbstbeobachtung, auf der überprüft wird, ob alles so funktioniert, wie man es geplant, sich vorgestellt hat. Auch hier komme eine reflexive Ebene zum Tragen;
- daß all dies zusammengenommen die Rolle und Aufgabe der Wissenschaft zu einem Paradigmenwechsel zwingt; zumindest dann, wenn sie angewandte Sozialwissenschaft sein will. Es muß sich nämlich ihr Verhältnis zu ihrem „Gegenstand" radikal ändern. Aus einer festlegenden „Objektwissenschaft" wird eine begleitende Prozeßwissenschaft. Sie hat weder wie früher einen eindeutig abgrenzbaren Objektbereich, noch geht es ihr allein um einen Erkenntniszweck; sie kommt nicht „von außen", vollzieht nicht mit ihrem Instrumentarium einen Erkenntnisakt, den sie dann ergebnishaft veröffentlicht, sie muß sich in einer völlig anderen Intention begreifen: In klassischer Wendung als maieutische Kunst (maieutike techne), in moderner Sprache als Vermittlerin des Selbstbegriffes jeweiliger sozialer Gebilde. Die klassische einzelwissenschaftliche Entwicklung, arbeitsteilig organisiert, orientierte sich zusätzlich an der Leitwissenschaft Physik (oder technischer Naturwissenschaft). Deren Zweck ist es, in analytischen Methoden durch „Elementarisierung", in Ausübung infinitesimaler Macht, sich ihren Gegenstandsbereich verändernd so herzurichten, daß er beherrschbar, kontrollierbar, steuerbar wird. Die Wissenschaft schreibt, wie Kant es mit der nötigen Klarheit formuliert hat, der

Natur ihre Gesetze vor und holt sie höchstens in den Zeugenstand, diese zu bestätigen. In diesem Akt muß sie sie auch verändern; man erkennt nur aus der Macht der Veränderung. Erfolg dieser Naturwissenschaften und Arbeitsteilung haben die Sozial- und Gesellschaftswissenschaften in ein ähnliches Muster gedrängt. Lange Zeit arbeiteten sie mit Gegenstandsabgrenzungen, Spezialisierungen (Elementarisierungen) bis hin zu, auf idealtypische Situationen, eingeschränkten Experimenten. Ihre Erkenntnis- und Interpretationsmacht behielten sie für sich und teilten sie nicht mit ihren Objekten. Sie konnten dies auch nicht, aus mehreren Gründen: erstens durfte gemäß des Forschungsparagdigmas mit den Objekten kein sie womöglich beeinflussender Kontakt aufgenommen werden, zweitens war Mitsprache in der Ergebnisbildung nicht vorgesehen, drittens auch kaum möglich, weil sie sonst zuerst die jeweilige Wissenschaft hätten lernen müssen (Begriffe, Instrumentarien, Methoden, Terminologien), viertens verbot die Arbeitsteilung kompetente Einmischung, schließlich ging es auch gar nicht darum, den Objekten zu ihrem Selbstbegriff zu verhelfen, sondern ihn für sich zu behalten. Konsequenzen aus Untersuchungsergebnissen wurden daher auch nicht von ihnen (nach)vollzogen, sondern von außen vorgesagt. Hier wollte man sich auf Autoritäts-(Experten)Gläubigkeit und Appelle an Vernunft und Einsicht verlassen. Ersteres hat lange Zeit funktioniert, wenngleich vieles nur „äußerlich" angeeignet, getrennt von der eigenen Welt blieb („Bildungsgut"), zweiteres eigentlich nie. Einsicht kann nicht von außen verfügt werden. Sie braucht ihre eigene Erkenntnis- und Motivationsgeschichte.

Wenn die vorhin nun punktweise aufgezählten Annahmen richtig sind, die alle auf die Notwendigkeit systemimmanenter Selbstreflexion und Selbststeuerung hinauslaufen, es also um die Organisation kollektiver Autonomie geht, der Begriff nicht mehr „von außen" vorgesagt werden kann, dann muß auch die Sozialwissenschaft ihre Rolle ändern. Sie muß akzeptieren, daß es ihr vornehmster Zweck ist, mitzuhelfen, daß Sozialgebilde imstande gesetzt werden, sich selbst *ihren* für sie passenden Begriff zu erarbeiten. Denn nur in diesem Vorgang werden sie autonom fähig, sich selbst zu steuern. Das Bild *angewandter* Wissenschaft verändert sich. Es geht nicht mehr darum, Ergebnisse anzuwenden, aus Resultaten Vorschreibungen zu machen. Anwendung heißt vielmehr, sich *von vorneherein* mit bestimmten Kompetenzen, einem Prozeßgestaltungs-Knowhow zur Verfügung zu stellen, Selbstbewußtwerdung zu begleiten, um sich am jeweiligen Ende (Ziel) wieder zu verabschieden. Bestenfalls bleibt noch die Aufgabe, die gesammelten Erfahrungen zu bündeln, um für später Anregungen zu geben. Diese paradigmatische Veränderung des Zweckes und des Vorgehens von Wissenschaft hat zunächst zu einer gewaltigen Verwirrung geführt, aus der wir bis heute noch nicht herausgekommen sind. Man erkennt dies an den eingangs geschilderten Phänomenen. Schulstreitigkeiten um Abgrenzungen und Gegenstandsbereiche sprechen nur zu deutlich die alte Sprache der Einzelwissenschaften und überhaupt weht uns aus vielen Diskussionen viel an Rechtfertigungsbedürfnis entgegen. Man fühlt sich offensichtlich noch allzusehr den alten Traditionen verpflichtet, um mit frischem, unbefangenem Mut sich in die neue Aufgabe hineinbegeben zu können. Die Einsicht in die Veränderung sozialwissenschaftlicher Zielsetzung ist aber nicht nur für den innerwissenschaftlichen Diskurs von Bedeutung. Wäre er hier angesiedelt, wäre er für die „sonstige" Gesellschaft uninteressant. Es ist vielmehr die Entwicklung dieser Gesellschaft selbst, die nach dieser Einsicht der Sozialwissenschaft verlangt, weil sie zusätzlicher Steuerungshilfen bedarf. Dies soll nun an unserem Thema exemplifiziert werden.

Supervision als Grenz- und Sinnreflexion von Systemen

Betrachtet man die Geschichte der Supervision oder von Beratung überhaupt, so fallen zwei Bewegungs- und Entwicklungsrichtungen auf. Supervision als Fachberatung beginnend, verläßt bald diese Einschränkung und wendet sich der Gesamtumgebung des Berufes zu. Fachberatung spezialisiert sich in Richtung Expertenberatung. Wie in der Psychoanalyse auch, beginnt sie mit dem Individuum, um allmählich sich Gruppen, Organisationen und Institutionen zuzuwenden. Die erste Entwicklungsrichtung trennt Fachliches von seiner sozialen Umgebung und richtet sich auf immer spezialistischere Sachthemen. Gerade in der Fachsupervision stellte sich aber oft heraus, daß oft nicht fachliche Mängel zur Beratung standen, sondern beispielsweise die Unsicherheit in der Anwendung seines Faches, das Alleingelassenwerden in den Entscheidungen und deren Konsequenzen. Folgerichtig begann sich Supervision mit dem Umgebungszusammenhang des Faches, des Berufes zu beschäftigen. Zunächst konnte an der Einzelperson gearbeitet werden, an ihren Unsicherheiten, Ängsten, Projektionen, Gegenübertragungsempfindlichkeiten. Bald aber mußte sich herausstellen, daß die Arbeitsumgebung des Teams, die Abteilung und die Zusammenarbeit in ihnen ebenso relevant waren. Also überschritt man die Grenzen der Person und betrieb Teamsupervision. In den Teams bekam man es aber bald mit den organisatorischen und institutionellen Rahmenbedingungen zu tun; dies öffnete den Weg zur Organisationssupervision, wobei diese zunächst hauptsächlich auf dem Boden unterschiedlicher Teams stattfand. Hier nähert sich Supervision dem Bereich der Organisationsentwicklung und -beratung. Man kann in dieser Entwicklungsrichtung nun von einem „natürlichen" Expansionsdrang sprechen, der nach dem Motto funktioniert, was sich im Kleinen bewährt, kann im Großen so falsch auch nicht sein, man kann ihn auch als selbstverständliches berufsständisches Interesse verstehen. Was aber sicher dazu kommt, ist die praktische Erfahrung im Tätigkeitsfeld: Der Beratungs„gegenstand" läßt sich schwer eingrenzen, arbeitet man problembezogen, muß man bald erkennen, daß jedes Problem, egal ob von Individuen, Gruppen, Teams etc., gleichsam ein ganzes Universum von Zusammenhängen widerspiegelt. Nun muß man je nach Klient zweifellos Grenzen ziehen, Einschränkungen vornehmen. Eine gute Basis dafür sind die jeweiligen Einfluß- und Entscheidungsbereiche der Klienten(systeme). Man muß aber zugleich wissen, daß diese Grenzsetzungen selbst Entscheidungen darstellen, nicht aus dem Gegenstand deduzierbar sind. Hinzu kommt noch erschwerend, daß die unterschiedlichen Sozialgestalten ihren eigenen Gesetzen gehorchen, also jeweils über unterschiedliche Verarbeitungsmuster von Problemen verfügen. Ein Team verhält sich hier anders als eine Organisation, ein Individuum anders als ein Team. Dieser Tatsache entsprechend kann zwischen Individual-, Team- und Organisationssupervision sehr wohl ein Unterschied gemacht werden.

Nun ist mit dem Thema Organisationssupervision anscheinend die bisher größte und vielleicht höchstmögliche Ausgriffsweite erreicht. Wir bemerken aus dem Bereich der Organisationsberatung, daß auch sie hier in den meisten Fällen haltmacht. Organisationen und Institutionen stellen somit auch den „letztmöglichen" Gegenstand von

Beratung dar, will sie sich nicht selbst überfordern. Zwar geht es auch hier um die Akzeptanz „relevanter Umwelten“, ihren Einfluß, die Reaktion auf sie; diese sind aber in den seltensten Fällen selbst wiederum Gegenstand von Beratung; man muß sie gleichsam so nehmen wie sie sind („der Kunde ist König“, auch wenn er sich gar nicht „königlich“ benimmt). In Organisationen und Institutionen scheinen „natürliche“ Systemgrenzen erreicht, die Organisationsberatung und Supervision schwer überschreiten können. Hinzu kommt, daß nach Luhmann und vielen Beobachtungen zufolge, Organisationen zunehmend „autopoietischer“ werden, das Bestreben aufweisen, nach außen klare und dichte Abgrenzungen zu ziehen. Zumindest einen kulturellen Gesamtcode in sich entwickeln, der entscheidet, was an Außeneinfluß angenommen und übersetzt werden kann, was nicht. Versuche, die verschiedensten Organisationen um eine Problemlösung herum zu versammeln, beweisen, jedenfalls in ihren Kooperations- und Verständnisschwierigkeiten, daß dieser Prozeß bereits weit fortgeschritten ist. Transdisziplinare und intersektoriale Kommunikation findet auch aus diesem Grund so selten statt, und wenn, ist sie mit großen Zeitproblemen konfrontiert. Sicher kann dies auch noch als zukünftiges Feld von Supervision und Organisationsberatung betrachtet werden, es kommt damit aber ein neuer Aspekt in Sicht, der vielleicht alle bisherige Beratung auf den Kopf stellen, zumindest stark verändern könnte. Wenn nämlich unterschiedliche Organisationen zusammenarbeiten sollen, müssen sie ihre unterschiedlichen Eigenlogiken, Leitdifferenzen, Fundamente, Zweck- und Zielausrichtungen konfrontieren. Dies heißt aber nicht mehr und nicht weniger, die eigenen Systemgrenzen zu reflektieren; in der Reflexion steckt aber nicht bloß Distanz, sondern auch Relativierungsmöglichkeit; soll es so weit gehen, daß ganze Systemlogiken in Frage gestellt werden?

In dieser Frage befand sich auch bisher schon die Organisationsberatung in einem großen Dilemma, das sie meist zugunsten der Akzeptanz systemischer Eigenlogik entschied. Grund, Zweck und Ziel einer Organisation sind außer Streit gestellte Voraussetzung. Es fällt z.B. schwer, in der Beratung eines Krankenhauses über den für uns richtungsgebenden Gesundheitsbegriff zu befinden, oder den naturwissenschaftlich orientierten Krankheitsbegriff zu thematisieren. Politikberatung beschäftigt sich kaum mit der Problematisierung der Leitdifferenz „gewählt oder nicht gewählt“ werden, in der Beratung der Kirche gibt es kaum Diskussionen über Gott und in der Wirtschaft keine über den Sinn von Wachstum, Konkurrenz, Verdrängungswettbewerb. Darüber kann man sich zwar Gedanken machen und das tun auch sehr viele, für die konkrete Beratungsarbeit sind sie aber irrelevant. Hier herrscht Sachzwang, so seltsam und unvernünftig er sich auch dem unbefangenen Herangehen zeigt. Die Gedanken bleiben außen vor. Gefördert wird diese Anpassungshaltung nicht nur durch die reale Macht der Systeme, die *ihr* Ziel verfolgen wollen, sondern durch eine lähmende Interdependenz der Einzelunternehmungen im jeweiligen Gesamtsystem. Diese scheint jede Beratung und Supervision, die sich auf Systemgrenzen beziehen will, von vorneherein zur Ohnmächtigkeit zu verurteilen. Sie stellt sich an einem Beispiel so dar: das System Wirtschaft verwirklicht sich und seine Eigenlogik in unzähligen Einzelunternehmen, Konzernen, Betrieben und *unterwirft* diese ihren Grundprinzipien und Leitdifferenzen. Keines kann ungestraft ausscheren. Mag es den Verdrängungswettbewerb noch so anstrengend und blödsinnig finden, es muß mittun, investiert es zuviel in Umweltschutz, kann sein, daß es morgen „vom Fenster weg“ ist, weil es die Produkte zu hoch bepeisen mußte. Ebenso unterliegt jedes einzelne Krankenhaus der Logik unseres Gesundheitswesens, jede Schule einem bildungspolitischen Gesamtkonzept. Beratung und Supervision findet nun meist *in* den einzelnen Organisationen, Unternehmungen statt.

Sie würde sie in ihrer Existenzform gefährden, würde sie an den Grundlagen des Gesamtsystems rütteln. Also muß sie diese akzeptieren und *in* ihnen eine möglichst gute Beratungsleistung vollbringen. Dies hat immer wieder zum Vorwurf der systemstabilisierenden Funktion von Beratung und Supervision geführt. Seit den Anfängen der Psychoanalyse existiert er und Organisationsberatung in der Wirtschaft wurde von vielen als „Kapitalistenknechtschaft" bezeichnet. Diese Kritik erspart sich aber mit leichter Hand das eigentliche Problem. In Gedanken, oder als Wissenschaft von außen kommend und außerhalb existierend, kann man leicht kritisch sein und Grundlagen, Axiome, Systemlogiken reflektieren, ablehnen, ihnen theoretisch ihre angebliche Unvernunft nachweisen. Dieses Verhalten reproduziert aber nur das, was Wissenschaft klassisch war, nämlich die vorhin beschriebene Experteninstanz, die *für andere* denkt, ihnen ihren Begriff gibt. Sie aber kann arbeitsteiligen Dualismus nicht überwinden, im Gegenteil, sie bestätigt ihn. Jedenfalls ist sie unfähig, Systemen zu helfen, ihren „Selbstbegriff" zu finden, ihnen insgesamt zur Selbstreflexion zu verhelfen; diese sehen daher auch keine Möglichkeit, sich wirksam selbst in Frage zu stellen. Deshalb herrscht auch der Sachzwang so unerbittlich und die Reflexion wird delegiert und bleibt ihm äußerlich. Die Anpassungshaltung von Supervision und Beratung ist daher nicht so sehr bescheidener Pragmatismus – man kennt seine Grenzen – er ist unsere Unfähigkeit, bisher auf folgende Frage eine Antwort zu haben: wie können Systeme beraten werden, wie könnten Systeminterventionen aussehen?

Früher war im allgemeinen das politische System dafür zuständig; in der alten zentralistischen-hoheitlichen Funktion ist dieses aber zahnlos geworden; vielleicht deutet sich aber hier eine Rollenänderung für Politik an. Kann es dann aber auch Aufgabe von Supervision und Organisationsberatung sein, sich die Frage nach Systeminterventionen zu stellen oder soll sie besser „bei ihren Leisten bleiben?"

Meine Vermutung ist es, daß sie dieser Frage nicht auskommt und dies aus mehreren Gründen:

- erstens scheint *eine* sich entgrenzende Systemlogik – nämlich die der Ökonomie – alle anderen Systeme substanziell zu beeinflussen, wenn nicht zu dominieren;
- zweitens stört diese Dominanz erheblich die Eigenlogiken und den Zweck anderer Systeme (siehe Betriebswirtschaft im Gesundheitswesen, im Bildungswesen, im Staatshaushalt);
- drittens richtet sich ihr einseitiger Erfolg gegen sich selbst (wenn sie so weiterfährt in kurzfristigem Gewinndenken, zerstört sie ihre eigene Ressourcenbasis; Verdrängungswettbewerb führt zu „Monopolbildungen", „Elefantenehen"; die Übertragung auf andere Produktionsformen – z.B. Landwirtschaft – führt zu erheblichen Qualitätsverlusten und Gesundheitsgefahren etc.);
- viertens bedeutet es subjektiv ein erhebliches emotionelles Problem für den Supervisor, Systemlogiken gegen die eigene Einsicht und Vernunft einfach so zu akzeptieren, ohne zynisch zu werden (abgesehen davon, daß man mit Betroffenen mitleidet);

- fünftens wird man in seinen früheren Handlungsspielräumen immer mehr eingeschränkt (bei jedem OE-Projekt in der Wirtschaft fürchtet man Rationalisierung vor allem von Personalkosten und verhält sich dementsprechend; die Zeit zum Nachdenken und Gestalten wird immer geringer, Beschleunigungsprozesse erzeugen Druck und Streß und verhindern abgewogen-überlegte Entscheidungen usw.);
- und sechstens wird man schließlich in Supervision und Beratung, hängt man dem Konzept der kollektiven Autonomie und Selbstreflexion an, auch von den Betroffenen mit derlei grenzüberschreitenden Reflexionen konfrontiert. Auch sie finden Basis und Systemlogik überhaupt nicht mehr in Ordnung. Soll man nun mit ihnen klagen, sie bestätigen und in gegenseitiger Ohnmachtsversicherung verharren, oder soll man gleich von vorneherein Denkverbote ausgeben?

Systemtheoretische Modellvorstellungen klassischer Prägung verführen dazu, sich über die beschriebene Problemlage nicht weiter den Kopf zu zerbrechen. Vorliegende Systemgrenzen sind zu akzeptieren, weil es nur innerhalb derselben organisatorische Ansatzpunkte für Intervention gibt. Was sie überschreitet, können kluge Gedanken und gute Analysen sein, sie bleiben aber schon deshalb leere Spekulation, weil ihnen der konkrete Ort fehlt, in dem sie organisatorische, praktische Verankerung hätten. Sie sind daher ortlos, in klassischer Übersetzung Utopie. Letztere schaffen eher ein unglückliches Bewußtsein, als daß sie zu einer fruchtbringenden Handelnsorientierung beitragen. So ergibt sich folgende, anscheinend aussichtslose Situation: Systeme als Ganzes, in ihren Fundamenten, Eigenlogiken, in ihrem *Sinn*, können zwar reflektiert werden, die Reflexion selbst aber ist außerhalb angesiedelt, hat selbst keinen Platz *im* System.

Dies wäre wohl nicht so tragisch, wenn der Sinn von Einzelsystemen, in arbeitsteiliger Ausdifferenzierung begründet, in sich evident wäre, wenn das Bild stimmen würde, daß jedes einen zugewiesenen Teil- und Einzelsinn bestmöglich verwaltet, und alles im Zusammenspiel funktioniert. Daß dies aber nicht so ist, dürfte uns immer deutlicher werden: einmal klappt das Zusammenspiel nicht mehr optimal (einer zunehmenden *inneren* Differenzierung und Spezialisierung sowie Zunahme des Expertenwesens steht eine Abschottung nach außen und ein Mangel an Kooperation und Koordination entgegen), zum anderen nützt *ein* Systemkomplex die Gunst der Stunde: nämlich der wirtschaftlich-technologische. Es ist also nicht so, daß alle Subsysteme der Gesellschaft brav nebeneinander werken, und für gegebene Fälle freiwillig und spontan geglückte Systemkoppelungen herstellen, in denen systemübergreifende Probleme autonom behandelt werden. Wir befinden uns vielmehr in einer doppelt schwierigen Situation: auf der einen Seite wollen viele Subsysteme der Gesellschaft womöglich nichts miteinander zu tun haben (igeln sich ein, schotten sich ab, verlieren völlig ein Verständnis füreinander), auf der anderen werden aber alle vom dominanten Wirtschaftssystem durchdrungen, bestimmt geleitet, in die Pflicht genommen.

Den Grund für letztere Tatsache darf man nicht bloß im traditionell entgrenzend-imperialen Charakter des Wirtschaftssystems sehen wollen[2] – dieser kann hier auch nicht in seinem Ursprung im Modell Neuzeit dargestellt werden (siehe Berger/Pellert 1993) – sondern auch im Ausfall traditionell sinnstiftender, bzw. das jeweilige Ganze im Auge behaltender Instanzen und Autoritäten; kurzum, Religion und Politik fallen

2 In diese Richtung geht der Beitrag von J. Kuczynski (s. Anhang). – Der Hrsg.

aus, werden zu abhängigen Teilsystemen und die Wissenschaften haben sich in ihrem sinninterpretativen Teil längst von den „großen Erzählungen“ verabschiedet und in den Tempel der Universitäten zurückgezogen. Nun kann uns aber anscheinend die Sinnfrage, die Grenzreflexion der Systeme nicht so ganz abgewöhnt werden. Ebenso scheint eine Zusammenhalt garantierende Instanz vonnöten, die das ständige Auseinandertriften von Subsystemen verhindert. Wenn also Politik, Religion und Wissenschaft ausfallen, muß ein *einzelnes reales* System diese Aufgabe übernehmen. Für sie eignet sich aber traditioneller Weise Wirtschaft in Verbindung mit Technologie am besten. Derzeit kann man also wirklich den Eindruck gewinnen, daß die Wirtschaft, gefördert durch technologische Möglichkeiten, die einzige Instanz ist, die unsere Welt *real* zusammenhält. Aber sie tut es nach *ihren* Gesetzen.

Im übrigen ist auch dieser Substitutionsakt nichts Neues. Seitdem Kirche und Reichsidee ihren Universalismus zu Beginn der Neuzeit aufgeben mußten, finden sich immer wieder Teilsysteme, die an ihre Stelle zu treten versuchen. Ich nenne diese Erscheinungen „partikularen Universalismus“, der harmlos auftreten, aber auch in maßloser Selbstüberschätzung zu totalitären Ideologien führen kann. Auffallend ist heute für unseren Zusammenhang jedenfalls, daß Kategorien des Wirtschaftens fast ikonographisch als Sinnbestimmungen geheiligt werden. Dies kann man nicht nur an Sprachentwicklungen feststellen, wo plötzlich betriebswirtschaftliche Begriffe in anderen Systemen Einzug halten (der Staat bezeichnet sich als „Unternehmen Österreich“, die Wissenschaft erzeugt Produkte und sucht dafür „Zielgruppen“, die Schule hat „Kunden“, auch wenn sie nicht immer weiß, ob diese Schüler, Eltern oder die Gesellschaft sind), es findet darüber hinaus eine seltsame Verquickung zwischen Systemkategorien und Sinnansprüchen statt. Wenn man von Wachstum und Markt hört, von Innovation und Leistung etc., bekommt man den Eindruck, mit diesen Begriffen zugleich ihren unbestritten eminenten Sinn vermittelt zu bekommen. Nachfrage ist sinnlos, es handelt sich um geheiligte Evidenzen. Aber so ist es nun einmal im partikularen Universalismus. Er wird und ist überfrachtet mit einer Sinnfrage, die er *aus sich heraus* nie beantworten kann, also muß er *seine* Bedingungen, Voraussetzungen, Kategorien, Resultate zu Sinnantworten hypostasieren. Damit wird ein Zirkel kurzgeschlossen. Werden nämlich die Resultate von Teilsystemen zu Sinnantworten, ist damit indirekt das Verbot ausgesprochen, über das System als Ganzes nachzudenken, nach seinem Sinn insgesamt zu fragen. Es wird unterstützt, bzw. wird deutlich in dem ständigen Hinweis auf den *Sachzwang*, die Tyrannei der Eigenlogik. Gestattet man sich aber dessen Reflexion, bringt man die Kraft auf, ihn zu überschreiten und nach seinem Sinn zu fragen, muß man bemerken, daß viel an Seltsamkeit und Unvernunft in ihm steckt, insbesondere wenn er sich über die ihm zunächst zugewiesenen Grenzen hinaus zur Geltung bringt. Dies ist – so sehe ich es jedenfalls – im Moment insbesondere im Ausgriff des Wirtschaftssystems der Fall. Damit erscheint mir so etwas wie eine Systemintervention nachdenkenswert und sollte von vorneherein nicht verboten werden.

Beratung und Supervision, die sich bisher weitgehend in gegebenen Systemgrenzen bewegen konnten, kommen hier sowohl an bisher nicht erfahrenen Grenzen, als auch in ein völlig neues Arbeitsfeld. Denn zweifellos macht es einen Unterschied, ob innerhalb anerkannter Grenzen unter Berücksichtigung, ja Zuhilfenahme der vorhandenen Eigenlogik, Organisation und Kultur bestehender Systeme gearbeitet werden kann, oder ob man sich genötigt sieht, auch über die Grenzen hinauszuschreiten. Es genügt in letzterem Fall dann auch nicht mehr bloß, sich mit anderen realen Systemen in ein Verhältnis zu bringen, die Sinnfrage betrifft ja auch diese und übersteigt sie. Im Thema Systemkoppelung glaubt man immer noch, sich diese Frage ersparen zu können. Man bleibt sozusagen immanent und hält sich an den Leitfaden des Vorhandenen, koppelt also immer schon bestimmte Systeme. Hat man allerdings öfters mit solchen Koppelungsvorgängen zu tun, merkt man, daß hier nicht so ohne weiteres das eine ans andere angeknüpft werden kann. Wenn unterschiedliche Eigenlogiken und Leitdifferenzen problembezogen miteinander koordiniert werden müssen, kann man sie nicht einfach zusammenzählen. Diese Synergievorstellung entstammt letztlich noch einem mechanistischen Weltbild. Es stellt sich vielmehr heraus, daß sie sich selbst relativieren müssen und das bringt allemal die Sinnfrage ins Spiel.

Ausgegangen waren wir von einer bestimmten Vorstellung angewandter Sozialwissenschaften von Beratung und Supervision. Sie weist der Wissenschaft im Sinne der Prozeßsteuerung und -begleitung eine neue und andere Rolle zu: Zweck ist die Vermittlung einer, über Selbstreflexion und daraus resultierendem gemeinsamen Wissen, autonomen Steuerungskompetenz. Es geht also um die Einrichtung kollektiver Autonomie. Nach dem zuletzt Ausgeführten kann hier aber auf zwei Ebenen agiert werden. Bleibt man innerhalb der jeweiligen Systemgrenzen, genügt es, sein Funktionieren unter Anerkennung seiner Bedingungen zum Thema zu machen; also die Frage zu stellen, wie man sich *innerhalb* der Systemvoraussetzung und unter Außer-Streit-Stellen derselben am besten steuert.

Auch dieser Prozeß setzt Selbstreflexion, Differenz und Distanz zum Alltagsgeschehen voraus, kann organisiert, beraten und supervidiert werden. Man bekommt damit *in* und *mit* seinem System, seiner Organisation Autonomie und Selbststeuerungskompetenz. Vor allem dort, wo Individuen, Teams, Abteilungen für sich genommen supervidiert werden, scheint diese Selbstbeschränkung durchaus sinnvoll, wenn nicht auch notwendig zu sein. Sobald sich aber die Arbeit erweitert und auf Organisationen erstreckt, also die Abhängigkeit von Organisationen, Unternehmen von der Gesamtlogik, von Systemen *auch* zum Gegenstand der Reflexion werden muß, ist diese Selbsteinschränkung nicht mehr so leicht. Damit kommt die zweite Reflexions- und Interventionsebene ins Spiel. Sie beschäftigt sich mit dem System im ganzen, damit mit seinen Grenzen und seinem Sinn. Natürlich kann man sich auch hier entscheiden, sich darauf nicht einzulassen, auch deshalb, weil in praktischer Konsequenz Zielüberschreitungen von Beratungsaufträgen stattfinden würden. Man muß sich dann aber darüber im klaren sein, daß man dazu beiträgt, Systemgrenzen dadurch zu befestigen, daß man sie tabuisiert, sich Denkverbote auferlegt. Wahrscheinlich ist es ohnehin sehr schwer, die genannten Ebenen zu trennen, zumindest was die Seite der Selbstreflexion angeht (anders stellt sich das Problem im Zusammenhang mit dem Thema Intervention). Dies aus mehreren Gründen:

- erstens läßt sich Selbstreflexion nicht einfach einschränken; sie läßt sich kaum verbieten, *was* sie denkt. Es ist eher Sache der Entscheidung, was sie im weiteren berücksichtigt, was nicht;
- zweitens kann die Annäherung von Supervision an den Bereich Organisation nicht vermeiden, mit den Systemgrenzen der jeweiligen Organisation zu tun zu bekommen. Wenn fatale Abhängigkeiten reflektiert werden (man muß, ob man will oder

nicht, „rationalisieren“, sonst ist man nicht überlebensfähig), müssen sowohl die Grenzen der Organisation, wie aber auch ihr Ursprung im Gesamtsystem reflektiert werden;

- drittens macht die Dominanz des Wirtschaftssystems die hilflose Durchlässigkeit der Grenzen aller anderen gesellschaftlichen Subsysteme deutlich und erfahrbar. Damit wird deren Schwäche bemerkbar, was aber zugleich bedeutet, daß die eigenen Grundlagen gefährdet sind. Diese Tatsache muß letztlich zur Sinn- und Grenzreflexion führen. Gesundheits-, Sozial- und Bildungswesen müssen sich gegenwärtig des öfteren fragen, wieviel „Ökonomie“ in ihnen noch verträglich ist, ohne daß sie sich selbst „aufgeben“ müssen;
- viertens führt diese Selbstbefragung auch auf das dominante System. Da es als Macht, zumindest als bedeutender Einfluß wahrgenommen wird, kann es nicht mehr so ohne weiteres außer Obligo bleiben. Man kann, so weit ich es sehe, in letzter Zeit ein deutliches Ansteigen kritischer Reflexion über unser Wirtschaftssystem erkennen;
- fünftens kann der ökonomischen Dominanz nur mit anderen Systemkoppelungen begegnet werden. Geht es um globale Probleme und deren Bewältigungsmöglichkeiten (Umwelt, Ressourcen, Energie, Gesundheit, Arbeitslosigkeit etc.), sind Einzelsysteme ohnehin auf verlorenem Posten. Supervision, die sich mit Organisationen befaßt, die an solchen Problemen arbeiten, die also Grenzüberschreitung mit zum Thema haben, kommen m. E. auch nicht um die Reflexion eigener Systemgrenzen herum. Koppelungen relativieren den eigenen eingeschränkten Systemsinn. Auch dieses, manchmal schmerzliche Erlebnis, bringt sich in Supervisionen zum Vorschein;
- sechstens ist es beobachtbar, zumindest wenn man in unsere Geschichte blickt, daß die Identifikation von Teil- und Gesamtsinn bisher immer schlecht ausgegangen ist. Der partikulare Universalismus hat sich in seiner Einseitigkeit immer selbst zerstört, weil er schließlich immer wieder gezwungen war, seine Einseitigkeit auf sich selbst zur Anwendung zu bringen, also von außen nicht mehr korrigierbar war, weil er dieses „Außen“ selbst vernichtet hat. (So ist es auch jetzt absehbar, daß der Ökonomismus, auf sich selbst angewendet, sich ruiniert; daher auch gegenwärtig der unüberhörbare Hilferuf nach politischem, internationalem Regelwerk und nach Ethik.) Gerade wenn man in Organisationen der Wirtschaft arbeitet und sie als ganze berät, muß Grenzreflexion Thema sein. Bedroht durch eigene Einseitigkeit (eine rastlos sich selbst überholende Konkurrenz, eine innere Dominanz des Finanzkapitals, das zur Beschleunigung zu zwingen scheint) fragen sich Individuen, ja ganze Bereiche in den Organisationen immer mehr nach dem Sinn des Ganzen;
- siebentens zwingt der völlige Ausfall von traditionellen Sinninstanzen zur Rücknahme von Delegation. Zur individuellen und kollektiven Autonomie gehört auch dazu, daß man sich die Sinnfrage selbst stellt, und sich nicht von außen beantworten läßt. Wenn daher Supervision auch Mittel einer Herstellung kollektiver Autonomie und Selbssteuerung ist, wird sie nicht umhinkönnen, sich mit der Sinnfrage von Systemen zu beschäftigen. Systeme müssen zu sich selbst in Differenz treten können und nicht nur innerhalb ihrer Eigenlogiken. Man mag nun einwenden, daß diese Aufgabenstellung Supervision überfordert. Sie teilt aber damit nur das

Schicksal aller Beratung, die sich mit Organisationen beschäftigt. Zusätzlich kann sie diesen Themenausgriff von sich aus auch nicht verhindern, nur verdrängen oder verbieten.

Ein allerdings noch völlig ungelöstes Problem ist das der Systemintervention. Das eine ist es, Selbstreflexion auf Sinn und Systemgrenze zu erweitern, das andere, dieser Reflexion auch Interventionscharakter zuzubilligen und zu ermöglichen. Hier stehen wir m.E. vor einer völlig neuen Stufe von System- und Organisationsentwicklung. Daß allerdings diese Stufe erklommen werden muß, zeigt nicht zuletzt die Entwicklung der Supervision selbst; die Einbeziehung von Organisationen in ihr Tätigkeitsgebiet kann natürlich als Berufsimperalismus ausgelegt werden. Man könnte sie aber auch als Notwendigkeit, als inneren Zwang begreifen, der dann stattfindet, wenn man Grenzsetzungen nicht unter Denkverbote stellt.

Literatur

Badelt, Ch. (Hg.) (1997): Handbuch der Nonprofit Organisation. Strukturen und Management. Stuttgart Schäffer-Poeschel

Belardi, N. (1992): Supervision. Von der Praxisberatung zur Organisationsentwicklung. Paderborn: Junfermann

Berger, W., Pellert, (1993): Der verlorene Glanz der Ökonomie. Wien: Falter

Buchinger, K. (1996): Supervision in Organisationen. Den Wandel begleiten. Heidelberg: Carl Auer

Butzko, H.G. (1994): Supervision in Wirtschaftsunternehmen. In Pühl, H. (Hg.): Handbuch der Supervision 2. München: Edition Marhold

Fatzer, G. (Hg.) (1996): Organisationsentwicklung und Supervision. Erfolgsfaktoren bei Veränderungsprozessen. Köln: Edition Humanistische Psychologie

Fürstenau, P. (1996): Auf dem Weg zur Organisationssupervision: Differenzierung ist gefragt – Ein Gespräch mit W. Weigand. In: Supervision 29

Giesecke, M., Rappe-Giesecke, K. (1997): Supervision als Medium kommunikativer Sozialforschung. Die Integration von Selbsterfahrung und distanzierter Betrachtung in der Beratung und Wissenschaft. Frankfurt am Main: Suhrkamp

Grossmann, R., Krainz, E., Oswald, M. (1995): Veränderung in Organisationen. Management und Beratung. Wiesbaden: Gabler

Grossmann, R., Scala, K. (1994): Gesundheit durch Projekte fördern. Ein Konzept zur Gesundheitsförderung durch Organisationsentwicklung und Projektmanagement. Weinheim – München: Juventa

Heintel, P., Krainz, E. (1994): Was bedeutet Systemabwehr? In: Götz, K. (Hg.): Theoretische Zumutungen. Heidelberg: Carl Auer

Heintel, P., Krainz, E. (1994, 3.Aufl.): Projektmanagement. Wiesbaden: Gabler

Heintel, P. (1997): Über die Wirksamkeit von Wissen. Wien: Springer

Luhmann, N. (1984): Soziale Systeme. Grundriß einer allgemeinen Theorie: Frankfurt – New York: Suhrkamp

Paul-Horn, I. (1997): Transformation der Arbeit. Wien: Falter

Pühl, H. (Hg.) (1992): Handbuch der Supervision. Berlin: Edition Marhold (2. Aufl.)

Pühl, H. (Hg.) (1994): Handbuch der Supervision 2. Berlin: Edition Marhold

Pühl, H. (Hg.) (1996): Supervision in Institutionen. Frankfurt am Main: Fischer

Rolff, H.-G. (1993): Wandel durch Selbstorganisation. Theoretische Grundlagen und praktische Hinweise für eine bessere Schule. Weinheim – München: Juventa

Scala K., Grossmann R. (1997): Supervision in Organisationen. Weinheim – München. Juventa

Willke, H. (1994): Systemtheorie II: Interventionstheorie. Grundzüge einer Theorie der Intervention in komplexe Systeme. Stuttgart – Jena: Gustav Fischer

Willke, H. (1995): Systemtheorie III: Steuerungstheorie. Grundzüge einer Theorie der Steuerung komplexer Sozialsysteme. Stuttgart – Jena: Gustav Fischer

Wimmer, R. (Hg.) (1992) : Organisationsberatung. Neue Wege und Konzepte. Wiesbaden: Gabler

Erosionskrise und Geschlechterverhältnis

Christine Morgenroth und Oskar Negt

Supervision, Organisationsentwicklung und jede andere Beratungstätigkeit haben auch mit der Aufklärung unbewußter Zusammenhänge zu tun, die als Störelemente in sozialen Handlungskontexten auftreten. Die Konstitution von Unbewußtheit (Erdheim 1988) geschieht jedoch individuell wie kollektiv unter gesellschaftlichen Bedingungen. Es wird daher im Folgenden zunächst um eine Analyse derjenigen gesellschaftlichen Strukturen gehen, die sich gegenwärtig krisenhaft zuspitzen und dadurch in bestimmter Weise Einfluß auf die Ausstattung der Subjekte nehmen. Solche Entwicklungen verlaufen nicht linear, sie haben häufig gegenläufige Tendenzen und sind auch in sich selbst widersprüchlich. An den Krisenherden Arbeits- und Erwerbsgesellschaft zeigen sich Veränderungen, die man durchaus als Erosionsprozesse bezeichnen kann; dagegen besteht das Verhältnis der Geschlechter zueinander nach wie vor aus starren, ja invarianten Strukturen, Geschlecht ist ein Faktor der sozialen Ungleichheit geblieben. Daran haben bislang alle vermeintlichen Individualisierungsschübe nichts geändert.

Wie sich diese gesellschaftlichen Bedingungen auf Prozesse der Identitätsbildung und der Subjektivität auswirken, ist Gegenstand unserer Überlegungen im zweiten Abschnitt.

Kulturelle Erosionskrise, das Bedürfnis nach Neuorientierung

Was im kurzen Zeitraum von weniger als 20 Jahren in der Welt sich verändert hat, läßt sich nur mit Umbruchsperioden von Kriegsfolgen vergleichen. Der Gestaltwandel und die Umbrüche, die uns gegenwärtig ebenso beunruhigen wie erfreuen, sind jedoch nicht Resultat von Kriegseinwirkungen, sondern der inneren sozialen Dynamik einer geschichtlich ungewöhnlich langen Friedensperiode zuzuschreiben. Kein Schuß ist gefallen, als der Staat der DDR zusammenbrach; wenig gesellschaftliche Turbulenzen kennzeichneten die Auflösung der Sowjetunion und der von ihr beherrschten Nachkriegsterritorien.

Das ist *einer* der Krisenherde, mit denen wir es gegenwärtig zu tun haben, und es ist einer der sichtbarsten im öffentlichen Blickfeld. Er ist verursacht durch den Zusammenbruch von Staatskonstruktionen, denen offensichtlich wesentliche Elemente der konstituierten Staaten des Westens fehlten. Im Innern der fortgeschrittenen industriellen Gesellschaften existieren freilich ganz andere Krisenherde, die sich, je wirkungsloser alte Rezepte der Krisenlösung sich erweisen, immer stärker ins öffentliche Bewußtsein drängen. Es ist mittlerweile kein Geheimnis mehr, daß die herkömmliche Arbeits- und Erwerbsgesellschaft auf ihr historisches Ende zugeht.

Weiter: Die rasant beschleunigte Entwicklung der Technologie dringt in die Poren der Lebensverhältnisse so ein, daß sich hier z.B. in der Medizin, ganz neue Fragen des verpflichtenden, ethischen Handelns ergeben; der hippokratische Ärzteeid, über zwei Jahrtausende als Grundregel der Heilkunst ausreichend, ist für den behandelnden Arzt keine Entscheidungshilfe mehr. Was ist Leben und was ist würdiges Sterben? Wie weit kann die Apparatemedizin eingreifen in menschliche Lebensrechte?

Ein anderer Krisenherd ist dort entstanden, wo sich die gesicherten Erziehungs- und Lernorte befanden: Familie, Öffentlichkeit, Schule. Im Zentrum unserer gesellschaftlichen Umbruchssituation steht also die Neubewertung von zwei grundlegenden Kategorien des Zivilisierungsprozesses der bürgerlichen Gesellschaft: von *Arbeit und Lernen.* Das eine betrifft die Produktion und Gestaltung von Gegenständen, ist auf die äußerliche Ding- und Objektwelt gerichtet, das andere geht nach Innen, auf die Art und Weise, wie die Binnenausstattung der Subjekte sich vollzieht.

Es ist eine gesamtgesellschaftliche Krisensituation, die ganz neue Anforderungen an Lernprozesse stellt. Keiner dieser genannten Krisenherde ist auf den anderen zu reduzieren. Reformauswege, die spezifische Perspektiven haben, müßten für alle entwikkelt werden. Für die Familie nicht weniger als für die Arbeitsgesellschaft, für den Umgang mit den im Zerfall begriffenen Territorialstaaten des Ostens genauso wie mit den Wertorientierungen, die sich auf unseren Lebenszusammenhang beziehen. Da es sich um eine Kulturkrise in einem umfassenden Sinne handelt, gibt es keinen Universal-Hebel der Krisenlösung.

Wenn Lern- und Bildungsbegriffe, die sich in langen geschichtlichen Zeiträumen entwickelt und bewährt haben, im Zuge großer gesellschaftlicher Umwälzungen in Frage gestellt werden, dann kommen die beunruhigenden Signale für ein überfälliges Umdenken meist aus den angesammelten Schwierigkeiten, mit denen es die etablierten Institutionen von Bildung und Lernen zu tun haben. Solches Umdenken mit vergrößerter Projektphantasie, mit einem erweiterten Spektrum von Suchbewegungen, *was* und *wie anders* gelernt werden soll, bricht an ganz verschiedenen Stellen der Gesellschaft auf, in den Volkshochschulen ebenso wie in öffentlichen Schulsystemen, den gewerkschaftlichen Bildungseinrichtungen nicht weniger als in Trainingskursen des Managements. Aber auch Prozesse des innovativen Lernens im praktischen Alltagsgeschehen von Organisationen und Institutionen sind davon betroffen. Diese angestrengten Suchbewegungen sind, da sie veränderte Subjektausstattungen der Menschen ausdrücken, auf einen neuen Begriff des kulturellen Lernens gerichtet, für den zwei Merkmale gleichzeitig entscheidende Bedeutung haben: *Orientierung und Kompetenz.*

Was heißt Erosionskrise?

Wir sprechen an verschiedenen Punkten dieses Beitrags von Erosionskrise; wir sind uns dessen bewußt, daß dieser Begriff, gemessen an klassischen Definitionsregeln, wenig präzise ist. Gemeint ist damit die Bezeichnung eines aus den Fugen geratenen gesamtgesellschaftlichen Zustandes, in dem kein Stein mehr so richtig auf dem anderen sitzt. Daß versteinerte, vom Loyalitätsrückhalt breiter Bevölkerungsschichten abgesicherte Machtverhältnisse das Ganze zusammenhalten und die normale Funktionsweise des politischen Herrschaftssystems vorerst garantieren können, ist kein Argument gegen eine solche Instabilitäts-These. Machtverhältnisse können, wie wir in reichlichen Maßen aus der Geschichte unseres Landes wissen und wie wir, mit Blick auf die gegenwärtigen Erosionen sich für ewig haltender Herrschaftsordnungen bestätigt finden, von heute auf morgen zusammenbrechen, ohne daß dem öffentlich sichtbare, langwierige und spektakuläre Veränderungen in der gesellschaftlichen Desintegration vorausgegangen sein müssen.

Von den herkömmlichen Krisen unterscheiden sich Erosionskrisen dadurch, daß diese sich vor allem auch *unterhalb* des öffentlichen Institutionensystems wirksam zeigen, daß sie die Subjekte in ihrer seelischen und geistigen Grundausstattung erfassen. Krisen dieses Typs verändern die Subjekte in ihren wichtigsten Lebensäußerungen, in ihrem Arbeitsverhalten, in ihrem Selbstwertgefühl, in ihren Wert- und Bedürfnisorientierungen.

Am nächsten kommt diesem Krisentyp wohl die *Theorie der Anomie*; sie beschreibt einen Schwebezustand, eine spannungsreiche Zwischenwelt. Denn wie immer man die Identitätskrisen in komplexen Industriegesellschaften, was ihre subjektive Seite betrifft, bezeichnen mag, sie tragen unverkennbar die Züge dessen, was um die Jahrhundertwende, in einem auf die Typisierung von Selbstmordraten und pathologischen Formen der Arbeitsteilung gerichteten Untersuchungszusammenhang der französische Soziologe Emile Durkheim als einen Zustand der Anomie bezeichnet hat. Für diesen charakteristisch ist eine Situation der Norm- und Orientierungslosigkeit, die in den Individuen, auch wenn ihre soziale Lage, ja die der Gesamtgesellschaft relativ stabil erscheint, Gefühle der Vereinsamung und Verlassenheit, Angstzustände der Macht- und Hilflosigkeit bewirkt. Es ist ein Zustand, in dem alte Normen nicht mehr unbesehen und selbstverständlich gelten, die regulierende Kraft der Tradition (z.B. die einer patriarchalischen Kultur, die religiöser Wertesysteme) teilweise oder ganz außer Kraft gesetzt ist, aber neue Handlungsorientierungen, die Sicherheit im Alltagsverhalten verbürgen, noch nicht gefunden sind. Es ist aber keineswegs so, daß die alten Orientierungsmuster verschwunden wären.

So entsteht in einer Gesellschaft die *unstrukturierte* Situation ausgesetzter Regeln, die Durkheim zutreffend als *moralisches Vakuum* bezeichnet. Erosion in diesen Zusammenhang gebracht, setzt den Akzent deutlicher auf den *Prozeß* der Zersetzung und weniger, wie bei Durkheim, auf das *Resultat*, den *Zustand*. Der Begriff entstammt der Geologie, bedeutet, wörtlich übersetzt, *Ausnagung* und bezeichnet hier die ausfurchende und abtragende Tätigkeit des fließenden Wassers durch Stoßkraft (bei starkem Gefälle) und Geschiebeführung (bei leichtem Gefälle).

Was diese *Subjektseite* der Krise betrifft, so besteht heute eines ihrer hervorstechenden Merkmale darin, daß offenbar die Panzerungen der alten autoritär-autoritätsgebundenen Sozialcharaktere porös zu werden beginnen. Gewiß, sie sind nicht verschwunden, aber die geschichtlichen Bedingungen für deren Prägung (ungebrochene Autoritätsverhältnisse, über Arbeit vermittelte Mechanismen der Triebunterdrückung, gesellschaftliche Ökonomie des Mangels) sind ungünstiger geworden.

Geht man von diesem Krisenbegriff aus, dann kann das Hauptproblem keineswegs mehr darin bestehen, z.B. für arbeitslose Akademiker, für Lehrer und Ingenieure, für

Soziologen und Psychologen Arbeitsplätze zu schaffen und den Jugendlichen, die von der Schule kommen, Lehrstellen zu vermitteln, im übrigen aber mit demonstrativem Selbstbewußtsein die Gültigkeit und Intaktheit des bestehenden Systems, der durch herkömmliche Berufsarbeit definierten Gesellschaft, zu bestätigen.

Was als das Problem von chronischer Massenarbeitslosigkeit an die Öffentlichkeit dringt, ist vielmehr nur Symptom der Strukturkrise einer Industriegesellschaft, welche die Poren der Institutionen und die grundlegenden Wertvorstellungen der Subjekte ergriffen hat. Ein solcher Zustand stellt nicht nur die traditionellen Modernisierungskonzeptionen in frage, sondern verändert auch die Formen und Inhalte des Lernens.

Das Paradoxe der Gegenwartssituation besteht darin, daß die gesellschaftliche Reichtumsproduktion einen bisher unerreichten Höchststand hat und diese Gesellschaft gleichwohl nicht imstande ist, der Massenarbeitslosigkeit, anwachsenden Armutsbereichen (auch durch arbeitende Arme, working poor), Verelendung und sozialer Ausgrenzung größerer Bevölkerungsschichten (jedes 5. Kind der neuen Bundesländer wächst unter Sozialhilfebedingungen auf, jedes 7. der alten) wirksam zu begegnen. Das verweist auf diesen neuen Strukturtyp von Krise. Es ist davon auszugehen, daß dieses Problem der Massenarbeitslosigkeit sich zum ersten Mal in der Geschichte des Kapitalismus von den ökonomischen Wellenbewegungen von Konjunktur und Rezession abgekoppelt hat. In den Jahresgutachten des Sachverständigenrats ist dieser Abkoppelungsvorgang, der Anfang der achtziger Jahre einsetzt, gut dokumentiert. Ökonomisch gesprochen leben wir seit gut 15 Jahren in einer phantastischen Hochkonjunktur. Sie signalisiert das Ende der Mangelwirtschaft. Die Gewinne von Großunternehmen steigen und steigen. Aber im Gegensatz zu früher nimmt nicht die Arbeitslosigkeit ab, sondern sie wächst, seit 1982 hat sie sich gut verdoppelt. So ist der Grundsatz aller neoliberalen Utopisten: *Die Gewinne von heute sind die Investitionen von morgen und die Arbeitsplätze von übermorgen*, absolut trügerisch, ja man kann sogar sagen, dieser Satz wird mittlerweile zu Betrugsmanövern benutzt, um die steigenden Gewinne zusätzlich steuerlich zu entlasten. Das hat sozialökonomische Gründe.

Das Rationalisierungsmedium *Mikroelektronik*, mit fortwährend wachsender Kleinformatigkeit der Leistungsfähigkeit, ist mit den Phasen der Hochmechanisierung und der Automation in den Industriebetrieben nicht mehr vergleichbar. Es ist ein technologischer Entwicklungssprung, dessen gesellschaftliche Folgen in *allen* Dimensionen noch nicht so recht erkennbar sind. Dieser Rationalisierungsmechanismus dringt gleichsam in die Zellenformen des individuellen und des gesellschaftlichen Lebens, in alle Poren ein, und es hat eine entscheidende Wirkung, die es in der mechanisierten Welt der Vergangenheit (selbst in der seit Urzeiten bewunderten Macht der Automaten) nicht gegeben hat; es *ersetzt und entwertet unaufhörlich lebendige Arbeitskraft.* Es ist wie im legendären Wettlauf zwischen Hase und Igel; hinter ihrem Rücken vollzieht sich das eigentliche Spiel. Zwei Arbeitsplätze, die in diesem mikroelektronischen Zusammenhang neu geschaffen werden, sind durch fünf, die derselbe Mechanismus vernichtet, ausgeglichen.

Es ist deshalb notwendig, gesellschaftliche *Zusammenhänge* wieder herzustellen, ja Gesellschaft als Erkenntnisgegenstand mit eigenem Macht- und Abhängigkeitsstrukturen in den öffentlichen Blick zu nehmen, um „unterschlagene Wirklichkeiten" aufzudecken. Denn wir haben es nicht mit einer Krise der Ökonomie, sondern mit einer Krise der *Kulturbedeutung* des Ökonomischen zu tun.

Wenn also Konjunktur und Rezession, wenn Kapital- und Marktlogik, die das ökonomische Geschehen regulieren, die soziale und politische Balance von ausgleichender Gerechtigkeit in der Gesellschaft nicht mehr sichern können, wo sind dann jene Kräfte, welche die Kriterien einer „Ökonomie des Ganzen Hauses" erfüllen? Wie sieht eine gesellschaftliche Gesamtrechnung aus, die Kosten-Nutzen-Rechnung für die Gesamtgesellschaft? Wo ist die Instanz, in der sich Vertrauen der Massen verkörpert, daß im Großen und Ganzen alles doch darauf hinausläuft, das Allgemeininteresse in guten Händen zu wissen? Niemand kann heute eine überzeugende Antwort darauf geben; Verantwortungsethik ist in allen Machtbereichen mit neuen Herausforderungen konfrontiert.

Vorherrschende Ideologien der Krisenlösung: Globalisierung und Individualisierung

Unter der gegenwärtigen Not, praktikable Krisenlösungen zu präsentieren, wird nach jedem Strohhalm gegriffen, der Halt verspricht. Zwei Tendenzen des heutigen kapitalistischen Wirtschaftssystems werden im öffentlichen Argumentationszusammenhang immer wieder genannt, wenn auf das absolut Neue am modernen Wirtschaftssystem verwiesen wird und Auswege aus der Krise gesucht werden: *Globalisierung und Individualisierung*. Daß wir uns nicht angstfrei auf beides einzulassen vermögen, um von den großen Vorteilen beider Tendenzen zu profitieren, erscheint den Verbandsvertretern der Wirtschaft (jedenfalls der Großkonzerne) als eine der entscheidenden Ursachen für die heutige Gesellschaftsmisere, die am Wohl und Wehe des Wirtschaftsstandorts festgemacht wird. Bekannte Soziologen liefern ihnen dafür Legitimationshilfen; in der kritischen Öffentlichkeit und in wissenschaftlichen Forschungszusammenhängen werden jedoch größere Zweifel daran geäußert, ob die sich ergänzenden Tendenzen der Individualisierung und der Globalisierung tatsächlich Grundmarkierungen für die angemessene Analyse des heutigen Wirtschaftssystems sind und praktikable Wege der Krisenlösung darstellen. Es sieht so aus, als müßten wir erst einen ideologischen Schleier zerreißen, der das Sprach- und Symbolspektrum der Gegenwartsanalyse zudeckt und einseitig macht, um die dahinter liegende Wirklichkeit aufzudecken. Es sind vor allem mutige Journalisten, die den offiziellen Sprachregelungen der ökonomisch verengten Standortdebatten widersprechen. Jeremy Rifkin in den USA, Viviane Forrester in Frankreich, Marion Gräfin Dönhoff in Deutschland; sie sprechen wieder vom Kapitalismus, und weisen mit Recht darauf hin, daß die klassische politische Ökonomie (von Adam Smith bis David Ricardo) und deren Kritik bei Marx Tendenzen der Globalisierung und der Individualisierung wesentlich verknüpfen mit dem Kapitalprinzip und der Marktlogik; gnadenloser Konkurrenzkampf führt zu Konzentration und Zentralisation der Kapitalien, die sich über die ganze Welt ausbreiten. Wenn das zutreffen sollte, und unsere Analyse entwickelt diesen Zugang zur gesellschaftlichen Wirklichkeit, dann liegt das *Neue* an der von Wirtschaftsfragen total überlagerten Gesellschaftsordnung nicht in dem mit quasi naturgesetzlichen Kräften ausgestatteten Globalisierungstendenzen und den entsprechenden Individualisierungsschüben, sondern in etwas ganz Anderem: Es drohen diejenigen Schutzschichten und Barrieren zu brechen, die bislang die Markt- und Kapitallogik einschränken konnten. Jedenfalls werden ihre Widerstandskräfte porös. Marion Gräfin Dönhoff, Zeit ihres Lebens, engagierte Vertreterin des Wirtschaftsliberalismus, ist jetzt erschrocken und fordert: „Domestiziert den Kapitalismus!" Viviane Forrester und Pierre Bourdieu sprachen unverhohlen vom „Terror der Ökonomie"[1]. Was ist geschehen innerhalb der von uns beschriebenen kulturellen Erosionskrise?

Unter den Stichworten, mit denen gesellschaftskritische Erkenntnis heute hausieren geht, findet sich bezeichnenderweise kaum eines, das unfreundlich klingt; man spricht von Neoliberalismus, das scheint noch einen Bezugsfaden zu den großen rechtsstaatlich-liberalen Traditionen zu haben. Man spricht von Globalisierung und Individualisierung, von Flexibilisierung und Deregulierung, die assoziiert werden sollen mit dem Abbau unvernünftiger Staatseingriffe in die autonome Selbstbestimmung der Menschen. Aber die menschenfreundliche Seite dieser Worte zehrt davon, daß sie als Substanzbegriffe verwendet werden, deren zwiespältige Interessenbezüge ausgeklammert sind. Ihre vorwiegend positiven Aspekte, wie sie im vorherrschenden Wissenschaftsbetrieb abgehandelt werden, verdanken sich der unterschlagenen Wirklichkeit. In der kritischen Betrachtung der modernen Welt ist daher in erster Linie der Tatbestand zu berücksichtigen, daß weder Globalisierung noch Individualisierung neue Erklärungsmuster für das abgeben, was die auf Lösung drängenden Probleme unserer Gesellschaft ausmacht.

Was ist das Neue im stark veränderten Betriebsklima unserer Gesellschaft?

Das absolut Neue besteht darin, daß die Kapital- und Marktlogik von nahezu allen Barrieren, Kontrollen, Widerständen, Gegenmachtpositionen befreit ist. Die Erosion dieser kollektiven Widerstandspotentiale, (ob sie nun den Staat betreffen, die sozialen Sicherheitssysteme oder die Kampfbereitschaft von Organisationen der Arbeiterbewegung) ist zu einem zentralen Problem nicht nur der demokratischen Organisationsformen unserer Gesellschaft geworden, sondern sogar ihres solidarischen Zusammenhalts.

Wenn nicht einmal mehr der Steuerstaat Zugriffsmöglichkeiten auf die wachsenden Erträge der Großunternehmen hat, so daß bei zunehmendem gesellschaftlichem Reichtum die öffentliche Armut eine beängstigende Wachstumsrate aufzuweisen hat, dann ist es doch an der Zeit, daß den Ideologen der Deregulierung und der Globalisierung vor Augen geführt wird, wie stark ihre Analysen und Modernisierungsimperative in die Verwertungsinteressen des Kapitals aller Schattierungen eingebunden sind. Wer meint, noch stoßen zu müssen, was fällt, fügt den faktisch ablaufenden Prozessen noch das gute Gewissen und die Legitimation eines gleichsam naturgesellschaftlichen Vorgangs hinzu. Der Nationalstaat stirbt ab, das ist bei der Katastrophengeschichte, die anderthalb Jahrhunderte mit ihm verknüpft sind, nicht bedauernswert; was an seine Stelle tritt, ist jedoch nicht besonders ermutigend.

Die sozialstaatlichen Errungenschaften der Nachkriegszeit werden geplündert, weil die Reichen und die Ertragreichen nichts mehr in das Gemeinwesen einzahlen. Der Elektroriese Siemens zum Beispiel (Umsatz 94 Milliarden DM) zahlte im Geschäftsjahr 1996 nur 709 Millionen Ertragssteuern, 1991 bei 73 Milliarden Umsatz noch 1,6 Milliarden Steuergeld. Für andere Großunternehmen gilt Ähnliches. Steuereinzahlun-

1 Siehe hierzu auch den Beitrag von J. Kuczynski im Anhang, der von Barbarei spricht. – Der Hrsg.

gen von Großkonzernen tendieren zur Zeit gegen Null. Eine demokratische Gesellschaftsordnung kann aber nicht ohne ein Minimum von existentieller Angstfreiheit der Menschen, also ohne soziale Sicherungssysteme der Abhängigen existieren. Sogar eine Barriere ist eingerissen, die nichts weiter war, als eine Abgrenzungsrealität, aber die westlichen Länder immerhin dazu veranlaßte, ihre Gesellschaftsordnungen freier und sozialer zu gestalten: die Ostblockländer mit ihrem anmaßenden und erschlichenen Anspruch, Sozialismus zu repräsentieren. Wenn alle diese Schutzschichten brechen, steht in der Tat das völlig Abstrakte einer Weltgesellschaft, die dem Einzelnen die Partizipationsmöglichkeiten völlig entzieht, dem von allen Bindungen gelösten Individuum gegenüber. Wo aber die organisierten Zwischenwelten, die *lebensfähigen Einheiten*, in denen *Distanz und Nähe ausbalanciert* sind, im gesellschaftlichen Gefüge verschwinden, sind Orientierung und Identität der Menschen aufs Höchste bedroht.

Ideologie als Verschränkung von Wahrem und Falschem

Hier ist eine Ideologieproduktion subtilster Art am Werk, bei der die Globalisierungsfallen, in die viele tappen, ergänzt und bestätigt werden durch eine Falle zweiter Art, die man Individualisierungsfalle nennen könnte.

Wer heute von Globalisierung spricht, von dieser scheinbar schicksalhaft-unabweisbaren Tendenz, die Befreiung aus Lokalborniertheiten und nationalstaatlicher Enge verspricht, hat für diesen Prozeß immer Wirklichkeitsfragmente parat; im Niederreißen von Mauern, in der Überwindung von tödlichen Grenzen, im universalisierten Tourismus und in der erdumspannenden Kommunikationstechnologie sind immer auch Erweiterungspotentiale menschlicher Urteilsfähigkeit und gegenseitiger Achtung enthalten. Wenn wir aber Globalisierung als Substanzbegriff aufsprengen und ihn in seine Funktionsteile auseinanderlegen, werden wir ganz verschiedene, ja in sich völlig widersprüchliche Seiten dieses Vorgangs feststellen können.

Es ist schwer begründbar, worin die befreiende und den Lebenszuschnitt erweiternde Seite der Globalisierung bestehen soll, wenn wir an die 36 Millionen Menschen denken, die in den Vereinigten Staaten an der Armutsgrenze existieren, die hier offiziell immerhin 12 bis 15 000 Dollar im Jahr beträgt? Wie sieht einer der über 20 Millionen Arbeitslosen in den Kernbereichen der Europäischen Union das, was ihm durch Globalisierung gewaltige Chancen unternehmerischer Eigentätigkeit verspricht? Wo ist die autonome Lebensgestaltung der Menschen in den mehr als 3 Millionen Haushalten der Bundesrepublik Deutschlands, die überschuldet sind und mit wachsender Abhängigkeit zu kämpfen haben, nicht nur aus Angst um die Arbeitsplätze, sondern wie sie dann, selbst wenn sie Arbeit haben, immer tiefer in den Strudel von Fremdbestimmung geraten?

Diese und ähnliche Fragen können leicht als agitatorische Floskeln mißverstanden werden. Sie brennen SoziologInnen und PsychologInnen jedoch auf den Nägeln, die nicht darauf verzichten, die Macht- und Eigentumsstrukturen der Gesellschaft als den drückenden Hintergrund aller dieser Globalisierungsstrategien wahrzunehmen.

Die Kritik des Ideologischen dieses Begriffs verweist aber auf eine noch ganz andere Dimension. Es läßt sich neuerdings erkennen, daß selbst im Unternehmerlager, deren Funktionäre mit dieser Erpressungsparole besonders gerne arbeiten, die Erkenntnis dämmert, daß Standortsicherungen einer profitablen und qualitätsbestimmten Produktion von den politischen Grundverhältnissen einer Gesellschaft und deren kultureller Ausstattung nicht ganz frei sind. Thailand, Indonesien, andere südostasiatische Wunderländer, deren Ökonomien und politische Systeme zusammenbrechen, zeigen zunehmend auch deutschen Unternehmern, daß es so unproduktiv gar nicht ist, höhere Löhne zu zahlen und mitbestimmungsfähige Betriebsräte zuzulassen.

Sie kehren teilweise nach Deutschland zurück, weil diese kurzfristig kostensparende Umwegproduktion immer aufwendiger und verschwenderischer selbst für sie wird. Dasselbe gilt für die just-in-time-Parole, von Toyota ausgehend; sie ist auf *kurzfristige* kostensparende Maßnahmen durch Ausgliederung von Produktionsteilen geradezu angelegt. Wenn das Türschloß eines Autos, das in Spanien billiger produziert wird als in Deutschland, durch Fernfahrerstreiks blockiert wird, dann kostet das Opel oder andere Betriebe Produktionsausfälle in der Höhe von 25 bis 40 Millionen täglich. Diese Form stupider Rationalisierung macht die Produktionsprozesse immer anfälliger und führt am Ende zu einem gewaltigen Verschleiß und zur Verschwendung, ganz abgesehen davon, daß die Tendenz zum Abbau aller Lagerhaltungen in den letzten zehn Jahren zur Vervielfachung des Lastwagenverkehrs, zur gewaltigen Umweltbelastung und zum kostenaufwendigen Ausbau der Infrastrukturen geführt hat, der von der Gesamtgesellschaft erwartet wird, in die gerade diese Großunternehmen aber immer weniger einzahlen.

Man kann sich natürlich an der Idee einer Weltbürgergesellschaft erwärmen; aber sie bleibt viel inhaltsleerer und realitätsferner als der Begriff der Menschheit und des Weltbürgertums bei Kant, der immerhin diese Ideen besetzte mit dem kategorischen Imperativ: Handle so, daß du in jeder deiner Handlungen die Menschheit in deiner Person achtest. Das bedeutete damals nichts anderes als die Aufforderung, Urteilsfähigkeit und Wissen in den unmittelbaren menschlichen Lebensverhältnissen zu gestalten. Erst wenn der Normalbürger auf seinem Hof, in seinem Haus, in seiner Berufswelt anerkannt ist als gleiches und freies Subjekt, dann hat er, wie Kant entschieden betont, den Blick frei für die Welt.

Solidarität ist etwas anderes als Nächstenliebe. Solidarität ist konstituiert durch die Anerkennung des Anderen, die Achtung des Fremden, es ist nie bloß eine individuelle Angelegenheit, sondern es verweist uns bei allem Beharren auf fortwährende Individualisierungsschübe nachdrücklich darauf, daß wir gesellschaftliche Lebewesen sind, die zu ihrer Lebensform als freie und autonome Subjekte auch gesellschaftlicher, kollektiver Formen des Zusammenhalts bedürfen.

Zur Dialektik von Nähe und Distanz: die identitätsbildenden Zwischenschichten einer Zweiten Ökonomie

Das führt uns zu dem zweiten Standbein dieser neuen Ideologien, die mit Realitätsfragmenten operieren und einen einzelnen Interessenpunkt zum Allgemeininteresse substanzialisieren. Wir meinen die ständige Beschwörung, daß wir immer freier werden in unserer eigenen Lebensgestaltung, individueller, autonomer, kreativer und unternehmerischerer, so daß erst heute der Satz wahr werden könne, daß jeder seines Glückes Schmied sei. Auch hier ist Realität im Spiel, für manche Menschen ist es eine Befreiung, wenn die alten Familienzusammenhänge keinen Gewissenszwang mehr ausüben und die eigene Lebensgestaltung frei von Vormundschaftsregeln ist. Vielleicht bewegen wir uns freier auch in der Öffentlichkeit, was die Gestaltung unserer Kleidung, was unsere Vorlieben und Neigungen betrifft, bestimmte Tabus sind gebrochen, aber ist das nur, als ein Fortschritt in der privaten Lebensgestaltung zu verstehen?

Es kann darüber aber doch nicht verschwiegen werden, daß mit diesen Loslösungsprozessen gesicherte Orientierungen verloren gehen und wohl für manche Menschen, die täglich erfahrenen Erosionsprozesse Vereinsamung, Unglück und zusätzliche Abhängigkeit bedeuten. Die Privatisierungsbesessenheit in dieser Gesellschaft, in der alle kollektiv entstandenen Probleme angeblich am kostengünstigsten und nachhaltigsten privat gelöst werden können, hat die ganze Gesellschaft erfaßt. Es ist aber eine Verschwendung nicht nur von ökonomischen Ressourcen gewaltigen Ausmaßes, sondern auch, wenn wir einen Augenblick dieses Wort benutzen, von „Humankapital".

So kann es geschehen, daß die Realisierung von betriebswirtschaftlichen Schlankheitsidealen, die jetzt auf viele andere Bereiche, wie Bildungs- und Gesundheitswesen, übertragen werden, eine Gesellschaft erzeugen, in der das Einzelne immer rationaler, durchsichtiger, kostengünstiger wird, und das Ganze der Gesellschaft immer *irrationaler* und verschwenderischer. Auch eine ganze Gesellschaft kann verrückt werden, an der Unerträglichkeit des in ihr wuchernden Irrationalen durchdrehen. Im Grunde ist die sogenannte Philosophie der Betriebe heute darauf gerichtet, die eingesparten Kosten im eigenen Unternehmen auf andere abzuwälzen, am Ende zahlt das Gemeinwesen. Was fehlt, ist eine „Ökonomie des Ganzen Hauses", die Kosten-Nutzen-Rechnungen für die ganze Gesellschaft offenlegt, und wenn man will, daß Europa nicht nur eins der gemeinsamen Währung wird, sondern eines der Kultur und der sozialen Sicherungen, dann muß diese Zweite Ökonomie bestimmend sein für das, was wirkliches Sparen in der Gesellschaft ausmacht.

Nur entschiedene Gesellschaftsreformen können dazu dienen, daß die Gesellschaft spart und darauf verzichtet, die inneren Probleme auf andere zu übertragen. Nichts ist verschwenderischer und kostenaufwendiger als die Nicht-Reform.

Wir stehen vor einem Scherbenhaufen der kulturellen und sozialen Sicherungssysteme, die bisher dem Menschen Schutz vor dem gnadenlosen, mit keinerlei moralischen Skrupeln behafteten Zugriff der Marktökonomie gewährte. Damit sind nicht nur die im engeren Sinne sozialstaatlichen Errungenschaften gemeint, die ja den guten Sinn haben, daß der durch Existenzangst verengte Lebenshorizont überwunden wird und die Menschen einen erweiterten Spielraum ihrer Selbsttätigkeit und ihres Partizipationswillens haben, Gedanken und Handlungen auch auf das Wohl und Wehe des Gemeinwesens zu richten. In unserer Gesellschaft entsteht manchmal der Eindruck, daß die wirtschaftlich Mächtigen und ihre Ideologieproduzenten Angst als wesentliche Motivationskraft im Leistungswettbewerb aufrechterhalten möchten. Die Erregung der Lebensgeister mag im Einzelfall sogar daraus gespeist sein; im Ganzen ist jedoch verbreitete Angst immer ein probates Herrschaftsmittel gewesen, jener Kitt der Gesellschaft, mit dem die wirklichen Problemlösungen in der Krise verklebt wurden.

Verlust von Gemeinwesenorientierung erzeugt Bindungslosigkeit

Könnten die wirtschaftlich Mächtigen definieren, welcher Persönlichkeitstyp dem Selbstideal der Gegenwart am angemessensten ist, dann wäre es der allseitig verfügbare

Mensch. Er hat alle Bindungen aufgelöst und ist fortwährend unternehmerisch tätig. Er weigert sich, sich etwas schenken zu lassen, auch nicht im Krankheitsfall, wenn der Staat ihm Sicherungsangebote machen sollte. Er weist das zurück, weil ein solches Betreuungsverhältnis seine Autonomie stört.

Wir können solchen Analysen, die manchmal auch von hoch angesehenen und kompetenten Soziologen vertreten werden, mit dem, was wir untersucht und praktisch erfahren haben, nicht in Einklang bringen. Ein hochkomplexes Wirtschaftssystem wie das gegenwärtige, setzt für seine Funktionsfähigkeit langfristig identitätsfähige Subjekte mit kritischem Urteilsvermögen voraus. Der flexible, allseitig verfügbare Mensch ist nicht der mit kreativen Reserven, mit Vorrats- und Lagerhaltungen, unausgestattete Mensch, die ihm ermöglichen, sich auch eigensinnig und widerständig zu verhalten; der flexible Mensch ist der konditionierte Typ des Außengeleiteten, anpassungsfähig und anpassungsbereit, deshalb im Grunde auch für jedes politische Herrschaftssystem verwendbar. Es ist der leistungsbewußte Mitläufer. Ist das die Krone der Schöpfung einer Gesellschaft, die zum ersten Mal in der Geschichte keine Mangelökonomie mehr zur Grundlage hat und vor Reichtum überquillt? In der suggestiven Frage ist die Antwort angelegt. Diese „pessimistische" Analyse ist nicht das letzte Wort; was wir bisher erörtert haben, erweckt den Eindruck, als gäbe es zu dem in die Poren des gesellschaftlichen Lebens eindringenden Kältestrom, der unabdingbar Gewinner und Verlierer produziert, keine Alternativen. Dieser Auffassung sind wir nicht. Aber wir müssen entschieden aus dem selbstgebauten Gefängnis individualistischer Illusionen ausbrechen; wo wir es mit Problemen der Kindererziehung, des Lernens, der kommunikativen Ausbildung der Urteilsfähigkeit und des Wahrnehmens zu tun haben, in den Familien, in den Schulen und im Alltag der Straße, da muß sich eine neue Balance zwischen Distanz und Nähe herstellen.

Es ist kaum zufällig, daß der Begriff der Solidarität aus der Arbeiterbewegung kommt. Solidarität ist ein erfahrungsgesättigter Begriff der Balance zwischen individueller Beteiligung und Selbstbestimmung und kollektivem Aufgehobensein unter Existenzbedingungen, die dem bloß Individuellen die Freiheitssicherung versagen. Solidarität beruht auf der Achtung und auf dem Respekt des Anderen, aber sie ist nicht mit der gewaltigen Spendenbereitschaft gleichzusetzen, die heute viele Menschen zeigen, wenn es um Hilfe für Katastrophenopfer geht. Sie ist jedoch Ausdruck auch eines Vergesellschaftungsbedürfnisses, einer Tendenz der Vergemeinschaftung, die viel früher einsetzen muß, also in den primären Erfahrungszusammenhängen der Menschen. Im allseitig verfügbaren Menschen entsteht ein für demokratische Gesellschaftsordnungen ungeheuer gefährliches Potential: die Bindungslosigkeit. Bindungsfähigkeit dagegen ist einzige Grundlage für lebensfähige demokratische Verhältnisse, die nicht jeden Augenblick umkippen können. Die Störung der Balancen zwischen Individuum und Gesellschaft, das besinnungslose und von jeder Verantwortung gelöste Zerstören der orientierenden Kollektive von unten, die politische und soziale Selbsttätigkeit ermöglichen, verschafft den gegenwärtigen Ideologien ihre Plausibilität.

Die Schwierigkeit, heute Alternativen zur vorherrschenden gesellschaftlichen Realität zu formulieren, ist vor allem darin begründet, daß die alten Symbole, Begriffe, Kategorien, in denen wir bisher gedacht haben, die Verhältnisse nicht mehr mit Überzeugungskraft treffen, neue dagegen noch nicht gefunden sind. Ist die Erste Ökonomie die auf die Logik von Kapital und Markt bezogene, dann ist die von uns als Zweite Ökonomie bezeichnete Organisationsform des gesellschaftlichen Lebens zentral auf Zwecke des Gemeinwesens gerichtet. Wirkliches Sparen ist nur mit dieser auf das Gemeinwesen orientierten Ökonomie möglich. Es wäre ein Akt des gesamtgesellschaftlichen Sparens, würde die gewaltige Summe, die für Arbeitslosenunterstützung aufgewendet wird (es sind, eingerechnet die Ausfälle, zur Zeit 180 Milliarden jährlich), für Planung und Etablierung von Arbeitsplätzen investiert, die auf das Gemeinwesen sich beziehen und dem Sog der Marktgesetze entzogen sind. Das kann aber nur geschehen, wenn im offiziellen Bewußtsein der Gedanke reift, daß die Kapital- und Marktlogik kein ausreichender gesamtgesellschaftlicher Regulator ist.

Die entscheidende Barriere für die Übertragung der betriebswirtschaftlichen Mentalität auf die Gesamtgesellschaft besteht darin, daß im schlanker gewordenen Einzelbetrieb die sozialen Kosten auf andere, in der Regel auf das Gemeinwesen abgewälzt werden können, was in der Gesamtgesellschaft ausgeschlossen ist. *Die rationalisierten Einzelbetriebe plündern das Gemeinwesen,* ihre eingesparten Kosten übernehmen, weil der demokratische und soziale Rechtsstaat Verfassungsprinzip ist, andere; es ist ein ausgeklügeltes, auf organisierter Verantwortungslosigkeit beruhendes System der Kostenverschiebungen, bei dem die öffentliche Armut in gleichem Maße wächst, wie sich der privatkapitalistisch angesammelte Reichtum wie ein Alp auf die Lebensverhältnisse der Menschen legt.

Diese fatale Ökonomie, von der wir sprechen, hat sich von allen Gemeinwohlvorstellungen verabschiedet, welche die große bürgerliche Tradition des ökonomischen Denkens von Adam Smith, David Ricardo über John Stuart Mill bis John Mainard Keynes, Walter Eucken – und Ludwig Ehrhard – auszeichnet, der als Ordo-Liberaler durchaus Vorstellungen hatte von einer Marktwirtschaft, die ihre eigenen „countervailing powers“ zu institutionalisieren hatte.

Immer war mit der Idee des Volkswohlstandes mehr gemeint als die Summe konsumierbarer Güter oder die technischen Anlagen. Es ist bemerkenswert, daß die große politische Ökonomie des Bürgertums eine Ahnung davon entwickelt hatte, daß auf einem Reichtum, dessen Quelle die Verarmung des anderen ist, kein Segen liegen kann; dieser protestantische Geist des Kapitalismus hält sich durch. Vor Adam Smith, der die Harmonie der verschiedenen Nationalwirtschaften als erster theoretisch begründete und als Ziel praktischer Politik die Ökonomie des Haushalts entwarf, war der merkantilistische Erwerbsgeist ohne jeden Skrupel, den Reichtum des eigenen Landes bewußt auf Kosten des Nachbarlandes, ja zu dessen Schaden, zu erweitern, um dessen politischen Handlungsspielraum einzuschränken. Da sind wir wieder angekommen; es ist jedoch ein kurzsichtiger Fortschritt. Denn wer das Gemeinwesen beschädigt, sein eigenes oder auch das anderer, beschädigt am Ende sich selbst.

Geschlecht als Faktor sozialer Ungleichheit[2]

Selbst wenn Klassenstrukturen, Schichten und Milieus sich durch die geschilderten Erosionsprozesse verändern oder gar auflösen sollten, so ist doch das Verhältnis der

---

2 S. Scheffler beschäftigt sich in ihrem Beitrag „Supervision und Geschlecht: Kritische Anmerkungen aus sozialpsychologischer Sicht“ ebenfalls mit diesem Thema. – Der Hrsg.

beiden gesellschaftlichen Großgruppen, Frauen und Männer, in der Struktur unverändert geblieben. Als Genus-Gruppen stehen Frauen und Männer als soziale Gruppierungen in einer bestimmten Relation zueinander, die unter den Bedingungen spätindustrieller Gesellschaften asymmetrisch, d.h nach den Prinzipien von Trennung und Hierarchisierung (anstelle von Komplementarität und Egalität) funktioniert. Das läßt die Kennzeichnung des *Geschlechterverhältnisses* als hierarchisches, als *Herrschaftsverhältnis* zu. Hierarchisch organisiert, wird das Geschlecht zu einer Funktion der sozialen „Platzanweisung", d.h. die Zugehörigkeit zu einem der beiden biologischen Geschlechter, dem weiblichen, bezeichnet damit auch eine Benachteiligung, es ist ein Schichtungskriterium, das soziale Ungleichheit markiert und hervorbringt. Je nach Gesellschaftsformation nimmt dieser Herrschaftsgestus unterschiedliche Gestalt an, aber die Hierarchie der geschlechtsbezogenen Werte war und ist immer eindeutig: was weiblich ist, ist weniger wert.

Dabei ist die Differenz aufgrund der anatomischen Unterschiede (sex) weit weniger bedeutungsvoll als die sozio-kulturellen Konstruktionen von „Weiblichkeit" und „Männlichkeit" (gender), die als Normierungen wirken und einen zweigeschlechtlichen Code des Denkens und der Wahrnehmung hervorbringen, der nachträglich naturalisiert, als naturhaft erscheinen läßt, was doch erst gesellschaftlich und kulturell konstruiert wurde. In dieser *Kultur der Zweigeschlechtlichkeit* ist das Weibliche (Geschlecht, Symbolsystem) regelhaft gegenüber dem Männlichen abgewertet.

Feministische Sozialforschung und die sich immer mehr etablierende Geschlechterforschung präsentiert eine Vielzahl von Ergebnissen (aus empirischer Forschung und Theoriearbeit), die eine anhaltende strukturelle Ungleichheit benennen. (Erinnert sei an dieser Stelle an die feministische Koedukationsforschung, die zeigen konnte, daß die koedukaive Schule eine Brutstätte patriachalischer Strukturen, vor allem der Herausbildung besonders stereotyper, geschlechtsrollenkonformer Verhaltensmuster ist.) Angesichts der gegenwärtigen Krisensituation in der Gesellschaft, vor allem bezogen auf den Bereich der Erwerbsarbeit, ist festzustelllen, daß die Erwerbsarbeitsmöglichkeiten immer knapper werden. Diese Strukturveränderung findet zu einer Zeit statt, in der die Lebensentwürfe von Frauen durch die charakteristische Doppelorientierung auf Erwerbs- und Reproduktionssphäre der sog. männlichen „Normalbiografie" immer ähnlicher werden. Frauen streben auf den Arbeitsmarkt, in bezahlte Erwerbstätigkeit, ihre Orientierung auf Beruf nimmt noch immer deutlich zu.

Die betrieblichen Veränderungen sind an Dezentralisierung orientiert, am Abbau von Hierarchien. Dazu gehören auch veränderte Eigenschaften von Mitarbeiterinnen und Mitarbeitern, die „soft skills" sind „Tugenden" wie Kooperations- und Kommunikationsfähigkeit, Teamorientierung und Interesse an Sach- und Zielerreichung anstelle individueller Karrierepläne – Eigenschaften, die dem weiblichen Rollenset zugewiesen werden. Liegt in diesen Eigenschaftsprofilen womöglich eine Chance für Frauen zu mehr Anerkennung und Geltung im Erwerbsleben?

Die sich auch in der Betriebs-, Arbeits- und Organisationspsychologie etablierende Geschlechterforschung ist dieser Frage nachgegangen und kommt zu erschütternd deutlichen, wenngleich nicht überraschenden Ergebnissen: auch der verschlankte, dezentralisierte Betrieb ist eine Domäne männlicher Vorherrschaft, auch hier reproduzieren sich die Strukturen der Ungleichheit. Die Tendenz, viel mehr vom Subjekt, von der innersten Qualität menschlicher Arbeitskraft zu fordern, ist in diesen Entwicklungen unstrittig. Die strukturelle Hierarchie zwischen den Geschlechtern bleibt davon unberührt.

Die Veränderung in den weiblichen Lebensentwürfen ist jedoch wesentlich drastischer. Frauen sind auf Erwerbsarbeit hin ebenso ausgerichtet, wie aufgrund anhaltender familiärer Arbeitsteilung ihre „Hausarbeitsorientierung" unverändert geblieben ist. Das Rollen- und Vereinbarungsproblem ist für sie deswegen so gravierend, weil der Zuschnitt der männlichen Rolle sich nicht in demselben Maß verändert hat und keineswegs um die Reproduktionsarbeit angereichert wurde. Das Mißverhältnis wird dadurch ein mehrfaches:

- Frauen konkurrieren mit Männern um dieselben Plätze in der betrieblichen Hierarchie;
- Frauen haben erhebliche Zusatzleistungen im Privatbereich zu erbringen und geraten angesichts der an formalen Kriterien ausgerichteten Gleichstellungspolitik erneut ins Abseits (bei gleicher Qualifikation werden Frauen bevorzugt.... bleibt eine Leerformel, denn ihre ausschließliche Zuständigkeit für den Privatbereich führt zwangsläufig zu „Lücken" im präsentierten Lebenslauf....). Auch wenn formal Frauen heute dieselben Türen offenstehen wie Männern, führt die androzentrische Gesellschaftsorganisation abgestützt durch die wirkmächtige Symbolebene (wie Sprache, Interaktion) doch zu einer anhaltenden Reproduktion von sozialer Ungleichheit zwischen den Geschlechtern.

Geschlechterhierarchie und Konstitution von Subjektivität

Wir gehen davon aus, daß diese beträchtlichen gesellschaftlichen Erosionsprozesse einen Niederschlag in den Subjekten finden. Der gesellschaftlichen Veränderung stehen ja nicht etwa gleichermaßen ich-starke, abgrenzungsfreudige und urteilsfähige Individuen mit einer klaren, eindeutigen Identitätsauffassung, Selbstbildern und Lebensentwürfen gegenüber. Im Gegenteil: das Identitätserleben wird uneinheitlich, oszillierend und fragmentiert. In den psychoanalytisch ausgerichteten Sozialwissenschaften wird zunehmend an Konzepten gearbeitet, die diese Veränderungen beschreiben und begreifen wollen (z.B. „Patchwork-Identität" Keupp 1989). Zweifellos dringt die gesellschaftliche Veränderung in die Subjektivität hinein, geht bis in den Kern der Subjekte vor. Konstitution von Subjektivität ist dabei nur als ein dialektisches, spannungsvolles Geschehen zwischen Individuum und Gesellschaft zu denken. Und dieses Verhältnis unterliegt lebenslangen bewußten und unbewußten Bearbeitungen, auch und gerade in dem Maße, in dem Gesellschaftsstrukturen sich verändern. Subjekttheorien müssen daher so angelegt sein, daß ein Verstehen dieser mehrdimensionalen und geschlechtshierarchischen Entwicklungen möglich wird, denen Menschen im Laufe ihres Lebenszyklus ausgesetzt sind. Dies gilt in besonderem Maße für Frauen, deren Erfahrungsmöglichkeiten noch einmal um ein Vielfaches gebrochener, widersprüchlicher sind als die der Männer.

So versteht die Psychoanalyse das Subjekt als ein Balanceverhältnis zwischen verschiedenen inneren An-Triebssystemen (Triebe, narzißtische Regulationssysteme....) und dem sich entwickelnden Ich (und Über-Ich). *Das Subjekt ist das Ensemble seiner intrapsychischen Balanceverhältnisse.*

Ethnomethodologische Ansätze bestimmen die Entwicklung von Individualität und Subjektivität als ein interpersonell auszuhandelndes Geschehen, das über Zuschreibungen und Rollendefinitionen Identität interaktionell hervorbringt (sozialkonstruktivistische Gender-Forschung). *Das Subjekt ist das Ensemble seiner Rollen, die es übernommen hat und in denen es bestätigt wird.* Kritische Gesellschaftstheorie und makro-soziologische Untersuchungen verorten das Individuum auf bestimmten Positionen in gesellschaftlichen Institutionen und Hierarchien (Platzanweisung). Sie bestimmt das *Subjekt als ein Ensemble gesellschaftlicher Verhältnisse.* Diese *Außensicht* des Subjektes wird aber in den seltensten Fällen zur Selbstbeschreibung. War die Zugehörigkeit zu einer bestimmten sozialen Klasse noch bis in die Frühzeit des 20. Jahrhunderts identitätsprägend, so hat die Klassenlage, die Zugehörigkeit zu einer sozialen Schicht ihren bedeutsamen identitätsprägenden Charakter weitgehend eingebüßt.

Gesellschaftliche Einflüsse regeln aber gerade das Set von Rollendefinitionen, die qua Positionierung und qua Geschlecht für ein Individuum vorliegen, aber auch die Regulation der intrapsychischen An-Triebssysteme unterliegt gesellschaftlichen Überformungen (Institutionalisierung von Erziehungsprozessen, Sexualität...). Geschlechtsbezogene Identität ist nur unter Berücksichtigung dieser drei Dimensionen angemessen zu erfassen. *Identität* wird damit ein Prozeßbegriff, der innere und äußere Erfahrungsbereiche in ihrer Wirkung auf die Selbstdefinition des Subjektes berücksichtigt und damit ständige Bewegung, Veränderung in der Subjektkonstitution impliziert. Identität bezeichnet also im Unterschied zum Ich/Selbst, die als Strukturbegriffe zur Beschreibung der Persönlichkeitsentwicklung vielfach unbewußte Bereiche des Subjektes kennzeichnen, die *bewußtseinsfähigen oder bewußtseinsnahen Selbstdeutungen* eines Individuums, die als Ensemble von Einflußfaktoren die Ich-Entwicklung prägen (auf der Basis der psychosexuellen Entwicklungsstufen) und als Ergebnis von Erfahrungsprozessen in Beziehungen, im weitesten Sinne in gesellschaftlichen Bezügen. Daher kennzeichnet der Identitätsbegriff eine auf unbewußt wirksamen Fundamenten ruhende Selbstdeutung, die auf Selbsterleben basiert, die bzw. das von anderen bestätigt (und durch Wiedererkennen und Bejahen verstärkt wird).

Identifikation mit der sozialen Rolle als gesellschaftliche Veranstaltung

Wie ist es aber möglich, daß Gesellschaft im Subjekt stattfindet? Wie gelangt die soziale Umgebung in die seelischen Vorgänge hinein? Über welche Instrumente verfügt der seelische Apparat, um etwas von außen in sich aufzunehmen, oder etwas von innen nach außen zu bringen? Über verschiedene Modi der Einverleibung (Identifizierung) kommt etwas hinein, über Externalisierungsprozesse wird etwa Inneres nach außen gebracht (Projektion) und dort bekämpft (z.B. Vorurteilsbildung). In der Identifizierung werden im Innern Teile oder das ganze Objekt als inneres Bild, als Repräsentanz wieder aufgerichtet. Dabei verändert sich durch Identifizierungsvorgänge das Ich (das auch zu verstehen ist als die Summe seiner Objekte, mit denen es sich identifiziert hat). Es handelt sich demnach bei der Identifizierung um einen seelischen Vorgang/Mechanismus von weitreichender Bedeutung.

In dieser Hinsicht am weitesten reicht die Identifizierung mit der sozialen Rolle, wie sie aus der ethnopsychoanalytischen Arbeit mit „Anpassungsmechanismen“ bekannt ist (und von Paul Parin u.W. 1976 vorgestellt wurde). Das sind im Ich des Erwachsenen fest etablierte Mechanismen, die unbewußt, automatisch und immer wieder gleich ablaufen, gerade wie es für die Abwehrmechanismen beschrieben ist. Letztere sind im Ich etabliert, um unerwünschte Triebregungen, Wünsche oder Affekte zu bewältigen. Sie entlasten das Ich von der Auseinandersetzung mit Triebansprüchen und sind daher ich-stärkend. Anpassungsmechanismen haben den Zweck, mit eingreifenden Einflüssen aus der sozialen Umgebung fertig zu werden. Auch hier gewinnt das Ich an Stärke, auch wenn es weniger flexibel erscheint. Diese Stabilisierung erweist sich solange als tragend für die Ich-Organisation, wie die sozialen Verhältnisse unverändert bleiben. Sie gewährleisten einen konfliktfreien Umgang mit gesellschaftlichen Einrichtungen.

Der Unterschied zwischen Anpassung an eine Rolle und Rollen-Identifikation besteht im bewußten Entscheiden (Anpassung) und der unbewußten Übernahme, die dazu führt, daß das gewünschte Rollenverhalten automatisch erfolgt und die Rolle auch da „weitergespielt" wird, wo es nicht mehr notwendig ist. Parin vermutet, daß die Klassen-, Berufs- und Machtposition des Individuums ständig in die Besetzung des Ich eingreift und das Verhältnis der psychischen Strukturen zueinander bestimmt.

Wie nachhaltig diese Identifikation mit der Rolle erfolgt, ist für Außenstehende verblüffend und kaum zu glauben. Gerade erwerbstätige Frauen sind in institutionellen Prozesse integriert, die latent oder offen frauenfeindlich funktionieren. Und sie werden sich in vielen Fällen mit diesen institutionellen Regeln und Vorgaben, der betrieblich zugewiesenen Rolle identifizieren, wenn sie sich nicht in einem zusätzlichen Ambivalenzkonflikt rettungslos aufreiben wollen (vgl. Pühl 1994). Rollenidentifikation bringt hier Entlastung und Identitätsveränderung gleichermaßen mit sich. Frauen geraten damit in ein neues Dilemma: Diskriminierungserfahrungen oder arbeitsorganisatorische Zumutungen werden widerspruchslos akzeptiert, weil durch Verinnerlichung der (androzentrisch geprägten) Rollenerwartungen kaum ein Bewußtsein für die Zumutungen möglich ist. Widerspruchserfahrungen werden damit der bewußten Reflexion entzogen und verleugnet.

Diese Vorgänge vollziehen sich ein Leben lang, auch und gerade im Erwachsenenalter. Die Qualität dieser Vorgänge ist überwiegend unbewußt, aber häufig bewußtseinsfähig. Die Unbewußtheit stellt für den vorliegenden Zusammenhang jedoch einen wesentlichen Faktor dar, weil die Realitätsprüfung, die Vernunftentscheidung in einer Angelegenheit damit ausgesetzt werden, die unbewußte Dynamik bestimmt Handeln, Denken und Fühlen, ohne daß im Subjekt ein Bewußtsein darüber existiert, was da eigentlich geschieht.

Sosehr der Vorgang von Rollenidentifikationen als Instrument der Angleichung des Erwachsenen an gesellschaftliche Forderungen, Zwänge und Strukturen gelten muß, so unverzichtbar ist die Kenntnis dieses Konzepts auch als Instrument der Emanzipation. Das heißt: Menschen sind nicht Meister im eigenen Haus. Deutung, Aufklärung und Analyse kann bewußt machen, welchen Kräften des Verdrängten sie unterliegen; sie kann auch zu mehr Bewußtheit darüber führen, welche Gewalten der Umwelt automatisch herrschen, weil das Ich sich über die Rollenmuster mit ihnen verbündet, identifiziert hat.

Führungsfrauen in Supervision: ein Beispiel

Diese Überlegungen sollen an einem besonders prägnanten Beispiel verdeutlicht werden.

Zwei Leitungsfrauen auf derselben Leitungsebene, führende Personalentwicklerinnen eines Großunternehmens, sind zunächst in guter Kooperation. Beide sind hochidentifiziert mit der Einrichtung und ihren heimlichen Anforderungen (Motto: „Leistung läßt sich nicht in Arbeitszeit ausdrücken“). In der Supervision präsentieren sie als Problem nachlassende Kooperationsfähigkeit, zunehmende Mißverständnisse und Spannungen. Beide stehen vor unterschiedlichen Realitätsproblemen, denn die eine, Frau A., alleinstehend, hat sich lebensentscheidend Beruf und Karriere zum zentralen Bezugspunkt ihrer Lebensplanung gewählt („Ich verzichte daher auf Kinder und Familie, was mir auch oft nicht leichtfällt“) und arbeitet weit mehr als 40 Wochenstunden, beschäftigt sich nahezu ständig in Gedanken mit Personalfragen des Betriebes und der Entwicklung von Konzepten, ist auch zu Terminabsprachen jederzeit bereit. Frau B. dagegen, verheiratet und mit zwei halbwüchsigen Söhnen lebend, vielseitig interessiert und auch politisch engagiert, hat außerhalb der professionellen Zusammenhänge noch andere Interessen. Aus diesem Grund gerät sie in einen Konflikt, einerseits auf Einhaltung der Arbeitszeit von 40 Stunden sowie der Ablehnung von Abendkonferenzen zu bestehen; andererseits scheut sie sich, dieses Anliegen mit ihrer Familie zu begründen („damit ich nicht als Defizitäre, als Familienfrau, als ‚Beeinträchtigte‘ dastehe“). Der Verweis auf formale Regelungen, ja das Beharren auf Terminierungen, die Privatleben noch möglich machen, führt intrapsychisch zu heftigen Schuldgefühlen („Ich verletze die geltenden Regeln für Führungskräfte“). Die andere, immer Verfügbare, steht ohnmächtig und verständnislos der wachsenden Anspannung der Kollegin gegenüber, die bereits zu einem Hörsturz führte. Zwischen den beiden Frauen entstand ein enormer Konkurrenzdruck, begleitet von Sorgen, die Frau B. kennzeichnete als „Angst, ausgebootet zu werden, von wichtigen informellen Netzen und Systemen abgeschnitten zu sein, wenn ich nicht genauso häufig präsent bin wie Frau A.“

In der Bearbeitung wird deutlich, daß Frau A. durchaus nicht die Absicht hatte, die Kollegin zu entwerten; vielmehr liegt strukturell in ihrer hohen Verfügbarkeit und Anpassungsbereitschaft eine implizite Entwertung von Frau B., die nicht zu Unrecht um ihre Reputation im Unternehmen bangt.

Die Deutung dieses Sachverhaltes (Identifizierung mit betrieblichen Rollen und Leitnormen) auf der intrapsychischen Ebene (Identifikation und in deren Folge Schuldgefühle bei Regelverletzung bzw. Befriedigung bei Regelbeachtung) und die Aufklärung der Bedeutung im interpersonellen Zusammenhang (Hierarchisierung zwischen den beiden Frauen) schaffte die Voraussetzung für beide zu verstehen, warum die Kooperation behindert war. Erst dadurch entstand die Möglichkeit, die Konzepte zu prüfen und alternative Strategien zu entwickeln. Frau B. forderte und praktizierte selbstbewußter die Einhaltung der Arbeitszeit, im Bewußtsein ihrer außerberuflichen persönlichen Werte (Familie und Politik) und nahm die gelegentlichen Informationsdefizite in Kauf. Dadurch fühlte sie sich deutlich von den Schuldgefühlen entlastet. Frau A. erkannte die implizite Entwertung der Kollegin durch ihr eigenes Über-Engagement und beide fanden zu einer für beide akzeptablen Vereinbarung: Überstunden streng zu begrenzen, ohne das mit dem familiären Status zu begründen und das System wechselseitiger Informationsübermittlung zu verfeinern.

Die Dynamik ist sehr stark durch die Widersprüche gekennzeichnet, denen Frauen im Erwerbsleben ausgesetzt sind. Dabei ist der zentrale Widerspruch der ungelösten Vereinbarkeitsproblematik hier nur am Rande erwähnt, prägt aber die Realitätswahrnehmung und das Identitätskonzept der einen Leitungsfrau ganz entscheidend: sie will in beiden Bereichen den Normen gerecht werden und kann das natürlich nicht in demselben Maß wie die Kollegin, die sich nur für einen der beiden Vergesellschaftsbereiche entschieden hat und Erwerbsarbeit als ausschließlichen Fokus ihrer Lebensgestaltung begreift. Die Identifikation mit der betrieblich relevanten Rolle ist stark und verführerisch. Gerade Frauen in „Leitungsfunktionen" geraten in heftige Ambivalenzkonflikte, weil sie einerseits dem Ideal der Rund-um-die Uhr Leitungsfrau entsprechen wollen (und all die negativen Sanktionen fürchten, die sie ernten, wenn sie auf Einhaltung der Arbeitszeit bestehen). Da jedoch der Privatarbeitsbereich gerade für Frau B. auch hohe Anforderungen mit sich bringt, läßt die unbewußte Rollenidentifikation für sie ein neues Dilemma entstehen, aus dem sie zeitweilig nur durch pychosomatische Symptombildung sich befreien kann.

Beratende Arbeit jeglicher Art hat es mit Menschen in Institutionen zu tun und sie wird mehr oder weniger deutlich auf bestimmte Subjekttheorien und Menschenbilder zurückgreifen. Dieser Ansatz bedarf der Ergänzung und Erweiterung um die psychoanalytischen Auffassungen zur Geschlechtsidentität (Benjamin, Rohde-Dachser, Mertens), vor allem aber der systematischen Erweiterung um die Erkenntnisse der Gender-Forschung aus Ethnomethodologie, Ethnopsychoanalyse und symbolischem Interaktionismus. Denn diese Konstruktionen von Geschlecht, die ausschließlich als interaktive Prozesse gedacht sind, bleiben nicht interpersonell angesiedelt. Vielmehr geraten sie durch vielfältige Formen der Verinnerlichung wiederum in das Subjekt hinein, die sozialen Konstruktionen werden auf bewußte ebenso wie auf unbewußte Weise Bestandteil der inneren Ausstattung eines Menschen. Anders ausgedrückt: sie werden und sind zentraler Bestandteil der Subjekt-Konstitution.

Zerstörung des sprachlichen Symbolsystems und Sprachverwirrung

Die gesellschaftlichen Erosionsprozesse drücken sich auch auf der Ebene der sprachlichen Symbole aus, einzelne Begriffe oder sprachliche Topoi erfahren eine Bedeutungsmodifikation, der im alltäglichen Sprachgebrauch so schleichend sich vollzieht, daß die Nachhaltigkeit dieser Vorgänge kaum je ins Bewußtsein dringt. A. Lorenzer (1971) verdanken wir diese Auffassung von zerstörten Sprachspielen, die das Zustandekommen einer privaten Begriffskonstruktion als Ausdruck neurotischer Kompromißbildung erkennt. Unter anderem am berühmten Beispiel des „kleinen Hans" (Freud 1905) zeigt er auf, wie die Kastrations-Angst vor dem Vater in der ödipalen Konfliktsituation durch ein akutes Erlebnis auf ein Pferd projiziert wird. Aus der Angst vor dem Vater wird die Angst, von einem Pferd gebissen zu werden. Das Sprachsymbol Vater ist durch diesen Vorgang von der Angst befreit und bleibt konfliktfrei. Sein Bedeutungsumfang ist reduziert um genau jenen Anteil, um den das Sprachsymbol Pferd nun erweitert worden ist: die Angst vor dem Vater ist auf das Angsttier bzw. die Angstsituation übertragen worden. Niemand kann aber wissen, daß der kleine Hans „Pferd = Vater" meint, wenn er Pferd sagt.

Diese unbewußte Bedeutungserweiterung ist nur durch szenisches Verstehen, also durch hermeneutische Anstrengungen zugänglich zu machen. Wir wissen heute, daß der Zerfall von Sprachspielen als Vorgang der unbewußten Bedeutungsveränderung sich auch in der kollektiven Sprachpraxis wiederfinden läßt: ein Begriff wird durch imaginäre, assoziative Aufladungen verändert, erfährt eine heimliche Umdeutung, die zunächst einmal nur – als neurotische Kompromißbildung – eine Privatsprache hervorbringt, die sich jedoch in dem Maße verallgemeinert, wie die Bedingungen allgemeine sind, die den individuellen Konflikt hervorbringen (vgl. Morgenroth 1990), es sind kollektive Prozesse, die zu Modifizierungen des sprachlichen Symbolsystems führen.

Das läßt sich illustrieren an den Folgen, die eine wachsende Medikalisierung des Lebens auf die sprachlichen Bedeutungen (hier im Lebenszusammenhang von Frauen) hat. Als Vorsorge und Aufklärung ideologisch verbrämt, sind viele Maßnahmen oft doch nichts anderes als eine gesellschaftliche Herrschaftsanmaßung über den weiblichen Körper. Mit Erfindung der chemischen Empfängnisverhütung in den 60er Jahren wurde aus einer Pille, der schmerzlindernden oder heilenden Tablette, „die Pille", mit der Bedeutung Medikament plus „Empfängnisverhütung". Eine Frau, die auf diesem Wege für die Verhütung sorgt, kann sich damit gleichzeitig noch als Gesundheitsvorsorgende begreifen.

So wird unter dem Einfluß zunehmender Medikalisierung des Lebens in der Gynäkologie Schwangerschaft von einem Zustand „guter Hoffnung" zu einem betreuungsintensiven Risiko, das kontrolliert werden muß. Schwangerschaft gerät in den Zusammenhang einer Erkrankung. Dabei bleibt undeutlich, daß diese medizinischen Interventionen in erster Linie im Dienst der Kontrolle der Mutter stehen. Die Erkenntnisse in der Humangenetik und anderen Spezialbereichen der Medizin führten binnen weniger Jahre zu einer fast zwangsläufigen genetischen Untersuchungs- und Kontrollverpflichtung, will die Schwangere sich als „gute Mutter" fühlen. Daß die genetischen Tests einer heimlichen Euthanasie nahekommen, wenn Unregelmäßigkeiten angezeigt werden, darüber ist öffentlich wenig zu hören.

Wir müssen also die Metaphern verstehen, die Bedeutung der sprachlichen Topoi entziffern können, in denen bestimmte gesellschaftliche Zustände in der kollektiven Sprachveränderung sichtbar werden. Dies gilt in besonderem Maße für Zusammenhänge der beruflichen, professionellen Beratung.

So ist seit Jahren bekannt, daß erwerbstätige Frauen häufig Forderungen nach mehr Teilzeitarbeitsplätzen, ja sogar nach Nachtarbeit formulieren. Es hat lange Jahre gebraucht, bis auch in den Gewerkschaften eine Ahnung davon entstanden ist, daß diese Forderung vieler Frauen mehr ist als nur eine gewerkschaftsfeindliche Position. Für Frauen, die doppelt vergesellschafteten Subjekte, deren Anteil an der Reproduktionsarbeit sich bislang nicht verändert hat, scheint die Teilzeitarbeit das Mittel der Wahl zu sein, beide Lebensbereiche miteinander zu verbinden. Einen ähnlichen Stellenwert hat die Forderung nach Nachtarbeit. Hinter den Forderungen erwerbsarbeitender Frauen nach Teilzeit- oder Nachtarbeit verbirgt sich aber die Not ungeteilter Doppel- und Mehrfachbeanspruchung, der Zwang, beide Lebensbereiche miteinander zu vereinbaren: der Wunsch nach Teilzeitarbeit ist demnach *auch* als Chiffre zu verstehen, die den immensen Druck nur mühsam verbirgt, unter dem erwerbsarbeitende Frauen stehen, die das Kunststück der Vereinbarkeit bis heute allein leisten. Die gesellschaftlich gültige Definition der männliche Rolle ist nicht im mindesten verändert: der Reproduktionsbereich ist Männern kaum näher als vor Jahrzehnten. Demgegenüber ist die Ausweitung der normativen Vorgaben für die Frauenrolle sehr drastisch: sie soll nämlich gleichermaßen beruflich gut qualifiziert und erfolgreich sein wie sie als Herrin im Reproduktionsbereich die gesamte dortige Arbeit behält. Die Rollenvorschriften für Frauen werden „erweitert um Erwerbsarbeit", die des Mannes bleiben jedoch auf diese Erwerbsarbeit reduziert, erweitern sich nicht im Mindesten um „Hausarbeitsanteile". Das vermeintlich komplementäre Gefüge sich wechselseitig ergänzender Rollen, Eigenschaften und Kompetenzen, das es übrigens noch in keiner Zeit jemals auch nur in Annäherungen gegeben hat, erweist sich heute, angesichts dieser Erweiterung des weiblichen Rollensets als besonders fatal, die Behauptung von Komplementarität als Schlag ins Gesicht von Frauen, die im Vereinbarkeitsspagat sich aufreiben.

Ein ähnlicher Sachverhalt ist zum Thema sexueller Belästigung am Arbeitsplatz zu vermuten. Mitte der 80er Jahre ein nicht nur unter Feministinnen hochpolitisiertes Thema, ist es heute sozialpolitisch in den Hintergrund geraten und wird auch von Frauen – gelegentliche Skandalisierungen mit eigenem pathologischen Geltungs-Hintergrund einmal ausgenommen, kaum noch thematisiert. Statt dessen wird fortwährend von Mobbing gesprochen, diesbezügliche Beratungsangebote, Ratgeberliteratur und Fortbildungen für die Personalabteilungen häufen sich.

Der Topos Sexuelle Belästigung, so unsere Deutung, macht den Herrschaftsgestus deutlich, den qua Geschlecht einer über die andere ausüben zu können glaubt, die Grenzüberschreitung als sexualisierte Gewalt ist bereits in der Sprache ausgedrückt. Auch wenn es beim Mobbing um Übergriffe, Ausgrenzung und Mißachtung geht: es scheint geschlechtsneutral, was da passiert (auch wenn es in der Mehrzahl Frauen sind, die gemobbt werden). Die vorgeblich geschlechtsneutrale Problematik ist im öffentlichen Bewußtsein an die Stelle der geschlechtsbezogenen getreten.

Dabei ist unklar, welche Funktion die Verschiebung erfüllt. Zu differenzieren ist gewiß zwischen dem Nutzen für männliche und weibliche Erwerbstätige. Männer brauchen sich in ihrer dominanten Rolle nicht offen angegriffen und bedroht zu fühlen, Mobbing ist ein Thema für Schwache (Frauen), damit haben sie dann nichts zu tun. Aber auch für Frauen hat diese Verschiebung Vorteile: sie brauchen sich nicht in ihrer körperlichen Integrität derart zu fühlen, sehen sich davor tatsächlich geschützt, entgehen dem geschlechtsbezogenen Konflikt, der sie im Prozeß der Veröffentlichung noch einmal „opfert". In jedem Fall verschwindet durch die Verschiebung das Thema sexualisierter Herrschaft einer Genusgruppe über die andere im Erwerbsarbeitsbereich aus dem sprachlichen Symbolzusammenhang, die eindeutige Geschlechterherrschaft wird zu einer geschlechtsneutralen Täter-Opfer-Problematik entschärft.

Statt eines Resumees

Jede beraterische Intervention, ob Supervision, Therapie oder Organisationsentwicklung, arbeitet mit Subjekten und bedient sich der Sprache als Bestandteil des gesellschaftlich gültigen Symbolsystems. In dem Maße, wie gesellschaftliche Strukturen sich unter den Bedingungen der Erosionskrise modifizieren und wie die Konstitution von Subjektivität sich verändert, werden auch die Sprachspiele in diese Veränderungsprozesse einbezogen. Am Beispiel der geschlechtshierachischen Strukturen und der anforderungsreichen Lebenssituation erwerbstätiger Frauen haben wir den Versuch unternommen, die objektiven gesellschaftlichen Strukturen auf die Ebene der Subjekte zu beziehen.

Wenn Theorie unter anderem darin besteht, bestimmte Phänomene als Teil eines Zusammenhanges zu begreifen, dann ist Orientierung heute nur möglich auf dem Hintergrund eines solchen theoretischen Konzeptes. Das bringt Individuum und Gesellschaft in einen konkreten, spannungsvollen Bezug zueinander, der systematischer Bestandteil des theoretischen Bezugssystems sein muß, auf das beratende Menschen sich beziehen.

Kurz: Wir plädieren entschieden dafür, daß die Kenntnis der gesellschafltichen Erosionsprozesse, die Problematik der hierachrisierten Geschlechterverhältnisse sowie die Bedeutung dieser Entwicklungen für die Konstitution von Subjektivität selbstverständliche und zentrale Elemente einer der Supervision und Organisationsentwicklung in Ausbildung und Praxis zugrundeliegenden Theorie werden – sofern sie es nicht bereits sind.

Literatur

Becker-Schmidt, R. (Hrsg.) (1995)): Das Geschlechterverhältnis als Gegenstand der Sozialwissenschaften, Frankfurt

Benjamin, J. (1993): Die Fesseln der Liebe, Frankfurt

Bourdieu, P. (1997): Der Tote packt den Lebenden, Hamburg

Erdheim, M. (1982): Die gesellschaftliche Produktion von Unbewußtheit, Frankfurt

Lange, R. (1998): Geschlechterverhältnisse im Management von Organisationen, München

Lorenzer, A. (1970): Sprachzerstörung und Rekonstruktion, Frankfurt

Morgenroth, Ch. (1990): Sprachloser Widerstand. Zur Sozialpathologie von Arbietslosen, Frankfurt

Morgenroth, Ch. (1996):: Die engangierte Frau. Frauen in Interessenorganisationen, Münster

Negt, O. (1997): Kindheit und Schule in einer Welt der Umbrüce, Göttingen

Parin, P. (1978): Der Widerspruch im Subjekt, Frankfurt

Pühl, H. (1994): Einzelsupervision, in: H. Pühl (Hg.), Handbuch der Supervision 2, Berlin

Rohde-Dachser, Ch. (1992): Expedition in den dunklen Kontinent. Weiblichkeit im Disurs der Psychoanalyse, Berlin

Rifkin, J. (1997): Das Ende der Arbeit und ihre Zukunft, Frankfurt

1. Kapitel: Fokus Supervision

Die Methode Supervision – eine Skizze

Angela Gotthardt-Lorenz

Veröffentlichungen zum Thema Supervision nehmen immer weiter zu. Einerseits folgen Neuerscheinungen dazu in immer kürzeren Abständen, und auch mit diesem vorliegenden Band wird wiederum eine Vielzahl von Artikeln zur Verfügung stehen. Andererseits ist über das elektronische Hilfsmittel der Abfrage sozusagen „auf Knopfdruck" die Fülle des Materials zur Supervision präsent, was man vor einigen Jahren noch mühsam suchen mußte bzw. was man im wesentlichen durch „Insider-Kontakte" im eigenen fachlichen Umfeld erfahren konnte. Zum Dritten bietet das Zusammenwachsen der europäischen Supervisionsszene eine bessere Möglichkeit, die in den einzelnen Ländern eigenen bzw. dort relevanten Veröffentlichungen kennenzulernen.

Die Fülle des Materials macht es schwer – zumindest geht es mir so – den einen oder anderen Aspekt von Supervision zu beschreiben. Existiert doch der Druck, die dazu relevanten anderen Veröffentlichungen zu kennen, was aber in der immer breiter werdenden Fachliteratur-Menge kaum möglich ist, zumindest nicht so wie noch vor drei oder vier Jahren. In der Supervisionsliteratur werden neben einigen weitreichenden Darstellungen vor allem Einzelaspekte beschrieben. Notwendig wäre es nach meiner Einschätzung, bezogen auf diese verschiedenen Einzelaspekte der Supervision die Entwicklung einer Gesamtsystematik von Supervision voranzutreiben.

Dabei geht es nicht so sehr um den Anspruch einer geschlossenen Systematik über Supervision, die dem Phänomen Supervision als Handlungsansatz auch nicht entsprechen würde. Vielmehr ist es nach meinem Dafürhalten an der Zeit, verschiedene Bausteine und Themen, die bereits in der Supervisionsentwicklung benannt und beschrieben sind, aufeinander zu beziehen und auf ihre Kompatibilität zu überprüfen.

Ausgehend von der Prämisse, daß Supervision einen eigenen Arbeitsansatz darstellt mit der Tendenz, eine eigene Profession zu entwickeln, müßte die Methode als solche viel deutlicher forciert werden. Dementsprechend ist es eigentlich eher an der Zeit, Promotionen zu nutzen, um der Frage nach den Eigenheiten und Wirkungen[1] sowie Anwendungsgebieten[2] systematischer nachzugehen, oder – noch großflächiger gedacht – Lehrbücher zu entwerfen, die den Einzelaspekten des Supervisionswissens Rahmen oder Gesamtsysteme verleihen, in denen die verschiedenen Dimensionen von

1 Ein Versuch in dieser Richtung wird im Beitrag von Moeller/Märtens unternommen. – Der Hrsg.
2 Siehe hierzu auch den Beitrag von F. Buer. – Der Hrsg.

Supervision zugeordnet und dokumentiert werden können. Aus diesen Lehrbüchern müßte auch ersichtlich sein, wie denn, mit welchen Lerninhalten und Lernschritten, Supervision zu lernen sei.

Dieser Anspruch sprengt natürlich den Rahmen eines Artikels total und ist außerdem sicherlich nur in einer Teamarbeit mit entsprechenden Ressourcen-Systemen möglich. Quasi als Vorstufe für den Entwurf einer Gesamtsystematik zur Supervision, möchte ich jene Aspekte von Supervision beschreiben und zuordnen, die mir relevant erscheinen für die Begründung und gleichzeitig die verschiedenen Ausprägungen der Methode Supervision.

Betrachtet man die deutschsprachige und auch europäische Literatur zur Supervision, wie sie in psychosozialen Arbeitsfeldern entwickelt wurde, so ist ein starker Einigungsprozeß über das Grundverständnis von Supervision zu beobachten. W. Schüers und ich haben diese inhaltlichen Übereinkünfte der deutschsprachigen Supervisionsszene in dem Artikel „Das Supervisionsverständnis in der Community der SupervisorInnen" zusammengeschrieben (Gotthardt-Lorenz, Schüers 1997).

Über die *Methode der Supervision* selbst werden meist nur indirekte Beschreibungen gegeben. In der Terminologie der Supervisionsliteratur wird Supervision zwar bisweilen als Methode bezeichnet, allerdings wenig ausdrücklich als solche beschrieben.

Daß Supervision eine eigene Methode ist, wird vielfach gar nicht in Erwägung gezogen. Da wird häufiger der Zusammenhang beschrieben, von „Supervision und ihren Methoden", wobei sehr häufig Techniken der Supervision gemeint sind. Oder die Methode wird allein durch die Zuordnung zu einer bestimmten Methode oder einem bestimmten Konzept beschrieben, z.B. Supervision als Teil der Organisationsentwicklung oder als anderes Anwendungsfeld der Systemischen Familientherapie. Auch wenn Supervision als eigenes Handlungsfeld beschrieben und die Anwendung von anderen Methoden – z.B. analytische oder systemische Methoden – erörtert wird, wird durch diese Blickrichtungen die spezifische Methode Supervision oft sehr wenig sichtbar.

Die bisher wenig gestellte Frage lautet: Kann man Supervision als eigene Methode begreifen? Viele Fragen schließen sich an: Gibt es ein Konzept von Supervision, dem diese oder verschiedene Methoden zuzuordnen sind, oder viele? Ist Supervision nicht überhaupt nur als ein Handlungsfeld zu begreifen?

Ich gehe davon aus, daß es sich lohnt Supervision als *spezifische Methode* zu beschreiben, um damit den Kern der Supervision genauer erfassen zu können. Ebenso wichtig, wie es mir zur weiteren Professionalisierung relevant erscheint, diesen Kern zu bestimmen, finde ich es wichtig, die *unterschiedlichen Ausprägungen der Methode Supervision* zu erfassen, die durch verschiedene theoretische und praktische Zugänge gegeben sind. Sie ermöglichen, den komplexen Praxisanforderungen, die an die Supervision gestellt werden, in vielfältiger Form zu antworten.

So versuche ich im folgenden die Supervision in ihrer Eigenständigkeit einerseits, aber auch in ihrer Bezogenheit auf Hintergrundmodelle, Praxisanforderungen und Standorte der Supervision zu beschreiben. Damit verbunden ist die Hoffnung, daß Supervision in ihrer professionellen Eigenständigkeit deutlicher wird, aber auch das Feld klarer bezeichnet werden kann, wo unterschiedliche Schulen und Einschätzungen eine Rolle spielen.

Methode als begründetes Praxisgestalten – in Abgrenzung von wissenschaftlichen Methoden – ist eine geplante zielgerichtete Vorgehensweise, die wie Geißler und Hege (1978) umfassend für den sozialpädagogischen Bereich beschrieben haben, einerseits konzeptbegründet und andererseits gegenstandsadäquat sein muß. Der Methode zuzuordnen sind Verfahren, Techniken bzw. Interventionen. Grundlage für Methoden sind – entsprechend dieser Sichtweise:

1. Die Methode Supervision und ihr Basiskonzept

Die im psychosozialen Bereich entwickelte Supervisionsmethode hat sich in den letzten Jahren im Spannungsfeld von beruflicher Weiterbildung (Fortbildung, Anleitung) und Hilfestellung zur Persönlichkeitsbildung im beruflichen Kontext durchgehend als *Anleitung zur Selbstreflexion* im Sinne eines interdisziplinär begründeten Unterstützungsinstruments für Mitarbeiter und Führungskräfte unterschiedlicher Arbeitsfelder, Aufgabenbereiche und Organisationen herauskristallisiert. Dies gilt zumindest für den deutschsprachigen Supervisionsbereich und auch für große Teile der europäischen Entwicklung.

Schaut man nun auf die Methode, so könnte man sie grob in folgender Form umreißen:

Die Anleitung zur Selbstreflexion wird in der Supervision zunächst durch den distanzschaffenden Ort Supervision ermöglicht, der über Vereinbarungen und strukturelle Zuordnungen (innerhalb/außerhalb von Organisationen, innerhalb/außerhalb von Ausbildungen) für die Unterstützung von Funktionsträgern beruflicher Aufgaben eingerichtet wird. In diesem vom beruflichen Alltag distanzierten System Supervision wird andererseits – entsprechend der Definition von Supervision – durchgehend Bezug genommen auf die beruflichen Systeme und Arbeitszusammenhänge, und zwar auf dortige ausgewählte kommunikativ gestaltete Arbeitsprozesse.

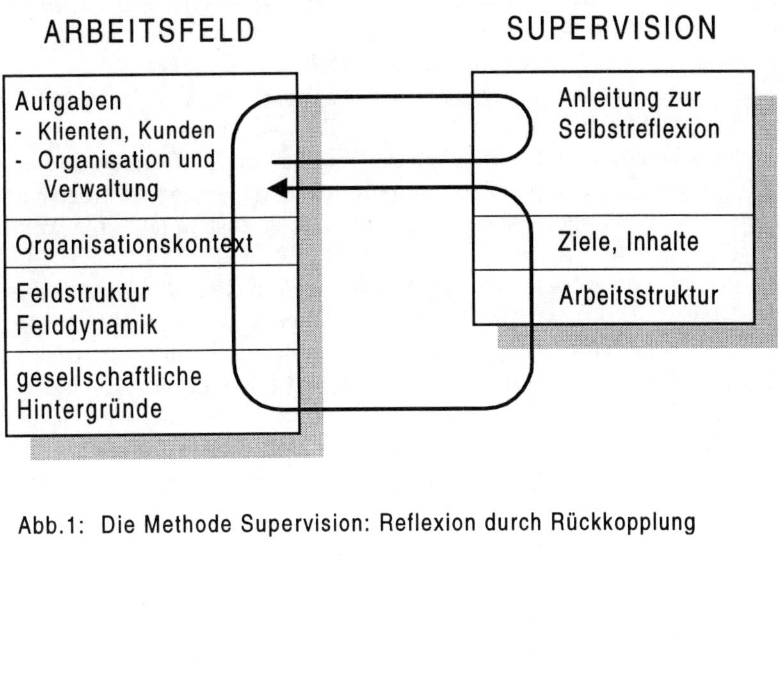

Abb.1: Die Methode Supervision: Reflexion durch Rückkopplung

Die Grundstruktur der Methode Supervision ist – wie in der Abbildung 1 zu sehen ist – folgendermaßen zu beschreiben: MitarbeiterInnen bzw. Führungskräfte begeben sich aus dem Alltagsarbeitskontext hinaus (auch wenn die Supervision innerhalb der eigenen Organisation durchgeführt wird, wird der Arbeitsprozeß unterbrochen!). In einer bestimmten *Arbeitsstruktur*, d.h. in einer spezifischen Konstellation von Supervisanden (innerhalb oder außerhalb von Organisationen) und in einem – der Anfrage und der Arbeitssituation angemessenen Setting, z.B. Einzelsupervision innerhalb einer Organisation, Einzelsupervision im Zusammenhang mit einer Ausbildung = Ausbildungssupervision, Teamsupervsion, Leitungs-Einzelsupervision oder Abteilungssupervision – wird die Supervision mit bestimmten *Zielen und Inhalten* geplant, durchgeführt und weiterentwickelt. Durch den Supervisor, die Supervisorin erfolgt die *Anleitung zur Selbstreflexion* für bestimmte Personen, die als Inhaber beruflicher Positionen auftreten bzw. für Gruppen, die sich in der Supervision neu konstellieren oder einem Organisations-Subsystem zugeordnet sind.

Ausgangs- und Bezugspunkt für die Reflexionsarbeit zu bestimmten Fragestellungen ist das berufliche Handeln der SupervisionsteilnehmerInnen im Hinblick auf ihre *Aufgaben*, seien diese nun auf KlientInnen oder KundInnen, seien sie auf die Verwaltung oder auch Organisationen (Leitungsaufgaben) hin ausgerichtet. Fragestellungen, die aus diesen Bereichen kommen, werden über das Erzählen und die damit verbundenen Emotionen eingebracht oder – bei Supervisionen in Organisations-Subsystemen – auch durch aktuelle Auseinandersetzungen zwischen den KollegInnen oder HierarchievertreterInnen im Supervisionssetting selbst; auch hier sind es Arbeitsfeld-Interaktionen, die bezogen auf bestimmte Anlässe zur Sprache kommen.

SupervisorInnen beziehen sich auf diese in die Supervision eingebrachten und dort aktualisierten beruflichen Themen, die für den Supervisionskontext, insbesondere für die dortigen Supervisanden und für die Zielrichtung der Supervision relevant erscheinen; sie unterstützen alle Überlegungen, die Perspektiven zu den fraglichen Themen und Problemen erweitern können, indem relevante Faktoren aus dem *Organisationskontext* der Arbeit, aus der *Arbeitsfeldstruktur- und dynamik und deren gesellschaftlicher Hintergrund* in die Reflexionsarbeit miteinbezogen werden. *Die Ausrichtung der Reflexionen dient immer dem weiteren Gestalten der beruflichen Aufgaben.*

Das methodische Handwerk der Supervision besteht darin, eine Brücke zu schlagen zwischen den Auseinandersetzungen mit Kommunikationsprozessen im Arbeitsfeld bzw. in der Organisation und dem Darstellen und Erleben dieser Themen und der damit verbundenen Emotionen im Supervisionssystem. Rückkoppelungen werden von einem System zu anderen, vom Supervisionssystem zum Arbeitssystem und umgekehrt vorgenommen.

Supervision ist immer eine *„Zwei-Ebenen"-Arbeit, die Reflexion durch Rückkoppelung ermöglicht*: Themen, die aus dem beruflichen Kontext kommen (Ebene Arbeitsfeld) werden aufgegriffen bzw. werden – durchaus nach vorbereitenden Arbeitsschritten – formuliert, in der Supervision einer Auswahl im Hinblick auf vereinbarte Ziele und die gegebene Arbeitsstruktur unterzogen (Ebene Supervision); die von der Supervisorin oder dem Supervisor hier unterstützte Reflexion erfolgt immer im Zusammenhang mit der Erforschung von den für diesen Kontext relevanten Faktoren bezogen auf die spezifischen Aufgaben der Supervisanden, den zugrundeliegenden Organisationskontext, die Bedingungen des Arbeitsfeldes und die dahinterliegenden gesellschaftlichen Hintergründe (Ebene Arbeitsfeld). Das durch Ziele, Inhalte und Arbeitsstrukur gekennzeichnete Supervisionssetting und die Analyse des dort laufenden Geschehens (Supervision) wird genutzt, um Erweiterungsperspektiven zur qualifizierteren und zufriedenstellenderen Gestaltung der Aufgaben (Ebene Arbeitsfeld) herauszufinden.

Die Reflexion, die auf diesen Spuren erfolgt, ist immer ein Nach-Arbeiten erfolgter beruflicher Situationen, die jedoch im Zuge der Aktualisierung in der Supervision wiederum zu einem Hier- und Jetzt-Prozeß werden, wobei – je nach Anlaß, Zusammensetzung der Supervision und Themenstellung – die aktuelle Kommunikation in der Supervision sich in unterschiedlichem Maß wiederum selbst zum Anlaß der Reflexion anbietet.

Die Bearbeitung von beruflichen bzw. arbeits- und aufgabenbedingten Fragen, Problemen und Vorhaben wird dadurch zu entflechten versucht, daß unterschiedliche Sichtweisen zugelassen bzw. ermöglicht und neu entstehende Vorstellung für weiterführendes berufliches Vorgehen unterstützt werden. Methodisch erfolgen Blickerweiterungen über gemeinsame Analysearbeit in dem *Spannungsfeld von einfühlendem Verstehen einerseits und Konfrontation andererseits.*

Die entwicklungsfördernden Perspektiven können über die unterschiedlichen Einschätzungen der Beteiligten im Supervisionssystem und die Verstehenskompetenz der Supervisorin/des Supervisors unter Einbeziehung der Analyse relevanter Faktoren, welche die berufliche Situation bestimmen, entstehen. Einbezogen werden dabei folgende Dimensionen:

- Berufliche Aufgabenstellungen
- Arbeits- und Berufsfeldsituation und deren gesellschaftliches Umfeld
- berufliche Positionen und Organisationsbedingungen
- interaktive, gruppale und organisationsdynamische Faktoren
- persönliches Verhalten und persönliche Vorstellungen zu beruflichen Anforderungen

Diese in der methodischen Grundstruktur gegebene Komplexität wird in der Supervision mit verschiedenen strukturierenden Vorgehensweisen versucht zu bewerkstelligen; auf dem Wege dieser Arbeitsschritte können inhaltliche Schwerpunktsetzung der jeweiligen Supervisionen entwickelt werden:

- Analyse der Anfrage
- Auftragsklärung
- Settingwahl und Kontraktbildung
- Bilanzierung und Planung von Arbeitsphasen
- Evaluation

Die Supervision ist als eine *Begleitung von Entwicklungsprozessen* in der Bearbeitung von berufsbezogenen Themen zu sehen. Die Arbeitsfähigkeit von Gruppen in der Auseinandersetzung mit ihren Aufgaben, insbesondere die Auseinandersetzung mit den daran geknüpften emotional beladenen Fragen und Problemen wird fortlaufend unterstützt. Die Entwicklungsorientierung der Supervisionsarbeit zeigt sich darin, daß diese auf allen Ebenen prozeßhaft gestaltet wird, d.h. nahe an den jeweiligen Interessen und Ressourcen der Beteiligten.

Der Rolle der Supervisorin/ des Supervisors ist eine spezifische Führungsaufgabe zugeordnet: Die Leitung oder Anleitung zur Selbstreflexion der Beteiligten im Supervisionssystem, wobei Interventionen vor allem bestimmt sind durch die Aufgabe der Supervision und damit der SupervisorInnen, den Zusammenhang von den im Arbeitsbereich sich stellenden Fragen und Bedingungen und dem Geschehen in dem Supervisionssystem selbst herzustellen und zu nutzen. Methodisch gehört es deshalb ebenso zu den Aufgaben der SupervisorInnen, die Bedeutung von dynamischen und strukturellen Faktoren, welche für den Supervisionskontext relevant sind, als auch die Situation der TeilnehmerInnen der Supervision in diesem Kontext einzuschätzen. Die Analysearbeit und Erweiterung von Perspektiven in der Supervisionsarbeit erfordert von den SupervisorInnen Wissen, das Erspüren und Einschätzen von dynamischen Prozessen eine geschulte Fremd- und Selbstwahrmehmung.

Der Methode der Supervision liegt ein *Basiskonzept* zugrunde, wonach die Möglichkeit gesehen wird, Arbeitsprozesse aufgrund von beruflicher Reflexion – aus der damit gegebenen Distanz heraus und mit Hilfe der im Supervisionssystem vorhandenen Ressourcen – unter erweiterten Perspektiven erfassen und einschätzen sowie dann gestalterisch beeinflussen zu können. Bezogen auf Arbeitsprozesse und berufliche Tätigkeiten wird die *Fähigkeit zur Selbstreflexion als Kernkompetenz* für die kommunikative Abwicklung von Berufstätigkeiten und Arbeitsfeldern gesehen.

Dieses Basiskonzept verortet Supervision als ein Unterstützungsinstrument für beruflich Tätige, die sich in dem generell Arbeit und Beruf bestimmenden *Spannungsfeldern zwischen menschlichem Gestaltungswillen und Anpassungsleistungen einerseits und gesellschaftlichen Leistungsanforderungen und Absicherungsangeboten andererseits* befinden, wobei beide Seiten in den ständigen Wandel der Arbeitswelt, derzeit häufig mit den Stichwörtern „Umbruchsituation" und „Risikogesellschaft" beschrieben, eingebunden sind.[3] Berufliche, in der Gesellschafts- und Wirtschaftsentwicklung begründete, persönlich, berufsbiographisch spezifizierte, in den Berufs-, Arbeitsfeld- und Organisationskulturen besonders geprägte Spannungsfelder sind der Handlungsort von Supervision.

Daß Supervision hier in Form von Anleitung zur Selbstreflexion einen erfolgversprechenden Handlungsansatz leisten kann, ist in der Erfahrung begründet, daß sich in den Interaktionen des Systems Supervision *anläßlich von Konflikten oder widersprüchlichen bzw. unklaren beruflichen Situationen Motivation* herausbildet und gefördert werden kann, gemeinsame Untersuchungsarbeit unter Zuhilfenahme der Ressourcen aller Beteiligter zu leisten, wobei diese Untersuchungsarbeit durch den Supervisor in Richtung auf die Analyse und die emotionale Erfahrung von relevanten Einflußfaktoren liegt. Die Analyse von psycho- und soziodynamischen Einflußfaktoren und das Erkunden ihrer Zusammenhänge der damit verbundenen Systeme hat sozusagen in dem Erleben von persönlich motivierten und vom Arbeitsfeld her notwendigen Fragen und Problemen seinen Ausgangspunkt und zugleich den Bezugsrahmen für die Bearbeitung.

Ein weiterer – noch viel zu wenig beschriebener – Ansatzpunkt für Supervision ist die *Arbeit* mit dem speziellen Aspekt *Beruf* als wesentlicher Kristallisationspunkt für die Entwicklung des einzelnen Menschen als auch der Gesellschaft. Die Bedeutung

---

3 Siehe hierzu die Beiträge von P. Heintel und Ch. Morgenroth/O. Negt im Einleitungskapitel. – Der Hrsg.

von Arbeit und natürlich auch von Arbeitslosigkeit, die Berufsfindung und die Auseinandersetzung mit beruflichen Tätigkeiten im Rahmen institutioneller, aber auch gesellschaftlicher Bedingungen ist eine existentielle Fragestellung, die Auseinandersetzung (vor allem mit Entfremdungsgefahren) und Reflexion erfordert und wesentliche Grundlage für Identitätsentwicklungen ist. Im Kontext von Beruf und Arbeit schließt Supervision an diesen Aspekt von Identitätsentwicklung an unter der Prämisse, daß bei Ausnutzung der zur Verfügung stehenden Ressourcen und der reflektierten Einbeziehung verschiedener Einflußgrößen des Arbeits- und Berufsfeldes die Gestaltungsmöglichkeiten zugunsten von Qualität und Zufriedenheit vergrößert werden können.

Supervision, die im Sinne dieses konzeptionellen Grundverständnisses gestaltet wird, basiert in ihrer methodischen Grundstruktur auf verschiedenen theoretischen Prämissen, die den Hintergrund bieten für die Anleitung zur beruflichen Selbstreflexion, da sie für die konkrete Beratungssituation unterschiedliche dort zu verankernde Perspektiven ermöglichen. Für das Erkennen von relevanten Zusammenhängen in der Beratungsarbeit bedarf es insbesondere

- ein Verstehen der Entwicklungen in der Arbeits- und Berufswelt (Sozialwissenschaften, Sozialforschung, Berufssoziologie)
- ein Verstehen des Zusammenspiels von gesellschaftlichen Kräften, ihrer Sinnbestimmung und Organisationsformen, deren Funktionen und Veränderungsprozessen (Gesellschaftstheorien)
- ein Verstehen von irrationalen Prozessen in der Gesellschaft, Organisationen, Gruppen und bei Personen (Tiefenpsychologie)
- ein Verstehen der organisationellen Strukturen und deren Entwicklungen (Organisationssoziologie und -psychologie)
- ein Verstehen der dynamischen Strukturen in Gruppen und Organisationen (Gruppendynamik, Gruppenanalyse und Sozioanalyse)
- ein Verstehen der einzelnen Personen in ihrer Umweltbezogenheit (Persönlichkeitstheorien, Sozialpsychologie, Entwicklungspsychologie)
- ein Wissen über die Gestaltung professioneller Arbeitsansätze für unterschiedliche Klienten und Kunden (Berufsfeldanalyse)

Die Methode Supervision impliziert, daß SupervisorInnen bezogen auf das Handlungsfeld Supervision und für deren Anwendungsfälle Wissen aus diesen Bereichen so weit zur Verfügung haben, daß ihnen das Zusammenspiel von persönlichkeits-, gruppen-, organisations- und gesellschaftsbedingten Faktoren unterschiedliche Perspektiven in der konkreten Arbeit eröffnen können und ihnen weiterführende Frage- und Forschungsimpulse ermöglichen.

Techniken und Verfahren, um in der Supervision die Anleitung zur Selbstreflexion bezogen auf die in der Supervision ausschnittweise sichtbare komplexe berufliche Situation zu gestalten, sind in den Dienst der Zusammenschau des Geschehens innerhalb des Supervisionssystems und der im Arbeitsfeld und Aufgabenbereich angesiedelten Fragestellungen und Bedingungen zu stellen. Nur so kann der – in einem Basiskonzept verankerte – methodische Grundansatz der Supervision verwirklicht werden.

Weder die Methode noch das ihr zugrundeliegende Basiskonzept sind hier in zureichender Form beschrieben. Diese Skizze auszubauen, mit genaueren theoretischen Prämissen und entsprechenden Forschungen zu belegen, wäre an sich eine sehr wünschenswerte Entwicklung. Allerdings ist es so, daß nicht nur der hier angegebene Rahmen dafür unzureichend ist, sondern daß weiterführende systematische Überlegungen eher im Zusammenhang mit einzelnen Supervisionskonzepten erfolgen, die – mehr oder minder klar formuliert – oft auch als „Schulen" geführt werden. Des weiteren wird die Supervisionsdiskussion logischerweise in intensiver Form in Zusammenhang mit ihren *Anwendungsfeldern* geführt, wo sich spezifische Formen der Methode als zielgerichtetes Vorgehen herauskrisallisieren. Ein weiteres wichtiges Diskussionsforum ist der *professionelle Standort der Supervisorin/ des Supervisors.* Ist sie doch im Rahmen der Methode und des Basiskonzepts in ihrer Grundstruktur festgelegt, so ist doch die eigenständige Diskussion um diesen Punkt insoweit zu beachten, als je nach Auffassung dabei unterschiedliche Prägungen der Methode Supervision erfolgen.

2. Besondere Prägungen der Methode Supervision

Um die Methode Supervision und ihre unterschiedlichen Ausprägungen zu beschreiben, gehe ich von folgender – auch in einer Skizze dargelegten – Hypothese aus:

Die Methode Supervision ist in Verbindung mit ihrem Basiskonzept – wie oben grob skizziert – definierbar, sie erhält ihre spezifische Gestalt jedoch durch verschiedene, zugrunde gelegte Konzepte, die jeweiligen Anwendungsfelder und die professionelle Position der Supervisorin oder des Supervisors (vgl. Abbildung 2).

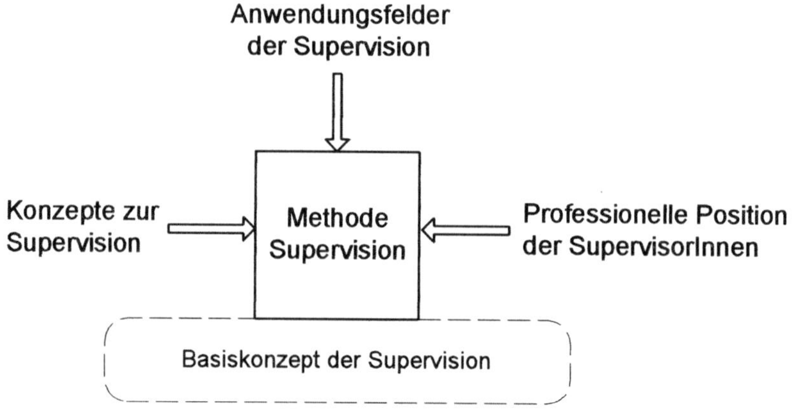

Abbildung 2: Die Methode Supervision und ihre Einflußgrößen

2.1 Der Einfluß unterschiedlicher Konzepte

Wie SupervisorInnen nun die Supervisionen führen, hat mit vielen unterschiedlichen Einflußgrößen zu tun wie Persönlichkeit, konkrete Situationsbedingungen usw. Ein Faktor dabei sind sicherlich die Konzepteinflüsse bzw. die „Schule", in der SupervisorInnen sozialisiert sind.

Die Konzepteinflüsse, mit denen wir es zu tun haben, sind wiederum unterschiedlich zu bewerten. Hinzuweisen ist hier vor allem zunächst auf die verschiedenen *Supervisionskonzepte*, in denen beschrieben wird, wie in ihrem Rahmen in spezifischen Weise die Methode Supervision gestaltet und wie das Basiskonzept in der spezifischen Weise ihres Ansatzes geprägt wird. Als Supervisionskonzepte dieser Art möchte ich hinweisen z.B. auf das Balintgruppenkonzept (entwickelt von Michael Balint 1976, vgl. auch Belardi 1992), auf das Konzept der Integrativen Supervision (begründet von Hilarion Petzold: Petzold u.a. 1995, Schreyögg 1991) das Konzept der Supervision als Medium kommunikativer Sozialforschung (M. Giesecke und K. Rappe-Gieseke 1997), auch auf den von mir entwickelten Konzeptentwurf „Organsiationssupervision." (Gotthardt-Lorenz 1994, 1997) Andere Supervisionskonzepte sind im europäischen Raum entwickelt, z.B. die andragogischen Konzepte der niederländischen SupervisorInnen, die auf der Theorie und Praxeologie des Lernens aufbauen (v. Kessel 1998).

Bei diesen Konzepten und Konzeptentwürfen erfolgt die Entwicklung immer vom Gegenstand Supervision, von ihrem Basiskonzept und von der supervisionseigenen Methode her. Sie bearbeiten sozusagen die Materie Supervision aus verschiedenen Blickwinkeln. Theoretische Prämissen und Entwürfe zum methodischen Vorgehen werden aus dem Bedarf der Methode Supervision und ihres Basiskonzepts entwickelt. Die Angemessenheit von unterschiedlichen Supervisionskonzepten für den konkreten Fall soll später noch besprochen werden.

Diese Vertiefungsarbeit der Methode Supervision erfolgt nicht nur durch eindeutige Supervisionskonzepte, sondern auch durch die vielen Perspektiven von Konzepten, die bezogen auf die Supervision Hintergrundkonzepte sind, und zu einem Teil sozusagen Pate gestanden sind für die Entstehung und Weiterentwicklung von Supervision; dazu gehören therapeutische Schulen – analytische, systemische, gestalttherapeutische, psychodramatische – ebenso wie Handlungskonzepte der Erwachsenenbildung, der Sozialpädagogik und Beratungsansätze – z.B. Organisationsentwicklung. Hierzu gibt es sehr viele Darlegungen.

Es scheint mir im Zuge der expandierenden Veröffentlichungen von großer Bedeutung, daß sowohl bei den Supervisionskonzepten und ihren Entwürfen, aber auch bei sonstigem Zurückgreifen auf relevante Konzepte, die die Gestaltung der Supervision beschreiben, folgende Frage gestellt wird:

- Wieweit sind die Konzepteinflüssen geeignet, um die genuine Methode Supervision und ihr Basiskonzept zu unterstützen und präziser zu fassen?
- Wieweit sind andererseits prinzipielle oder methodische Leitlinien aus Konzepten von außen einfach als supervisionsnah übernommen worden, ohne zu überprüfen, in welcher Weise diese zur Methode Supervision und ihrem Basiskonzept passen?

An dieser Stelle wird deutlich, daß Supervision als Methode ihrerseits Anforderungen an Konzepte und Interventionsformen stellen muß, um nicht zu verwässern. Ein Konzept, das z.B. keine Aussagen enthält zum Ausgangspunkt Arbeit und Beruf als Grundlage der Supervision, ist nicht geeignet, um als Supervisionskonzept zu gelten. Das gleiche gilt für Supervisionskonzepte, die die Thematik Organisationsbedingungen und -dynamik aussparen, sowohl als Grundbedingungen für die Arbeitssituation der SupervisandInnen als auch als Bedingungsgefüge, in dem die Supervision selbst stattfindet; finden Supervisionen innerhalb von Organisationen statt, bedürfen sie der Zuordnung zur institutionellen Aufgabe und der reflektierten Plazierung bezogen auf die Struktur der Organisation und die dort gegebenen Zuständigkeiten.

Andere Hintergrundkonzepte und deren methodisches Vorgehen, welche die Supervision unterstützen, sind immer auf ihre je eigene Leistung und Spezifizierung für die Methode Supervision einzuschätzen, aber auch der kritischen Frage der Kompatibilität zu unterwerfen. Weitgehendst integriert sind natürlicherweise Grundannahmen verschiedener Konzepte, die – wie ich bereits aufgezeigt habe – schon das geschichtlich entstandene Basiskonzept von Supervision mitgeprägt haben (vgl. Belardi 1992, Sauer 1997), also Aussagen zu bewußten und unbewußten Strukturen, Gruppen- und Persönlichkeitsentwicklungen im Berufs- und Arbeitskontext und dem methodischen Vorgehen im Beratungskontext. Auch diese Modelle, die der Supervision Pate gestanden sind, wie tiefenpsychologische Schulen, die Gruppendynamik, die Methoden der Sozialarbeit, die Organisationssoziologie und -psychologie, sind im Zuge der Professionalisierung von Supervision immer wieder neu zu begutachten, und zwar bezogen darauf, wie sie die Methode der Supervision geprägt haben, andererseits wie von der immer mehr sich profilierenden Methode selbst die Leistungen und Grenzen dieser Konzepte einzuschätzen sind.

Es scheint mir ein Zeichen für die fortschreitende Professionalisierung zu sein, daß in den Fachpublikationen nun langsam der Schulenstreit um Konzepte der Supervision beginnt. Hatten wir doch lange eher die unausgesprochene Regel, daß halt verschiedene Vertreter und Vertreterinnen von unterschiedlichen Schulen (die man mehr oder weniger schätzt...) das bunte Bild der Supervision bestimmen, das in den verschiedenen europäischen, vor allem deutschsprachigen Berufsverbänden insbesondere unter den Trägern von Supervisionsausbildungen ausbalanciert wird, so beginnt jetzt doch mehr die öffentliche Auseinandersetzung, wer mit welchem Konzept am ehesten dem Kern der Supervision – d.h. dieser Methode und ihrem Basiskonzept – gerecht wird. Dies drückt sich z.B. in dem Artikel von W. Münch (1998) aus, der unter dem Thema „Supervision und Sozialarbeit – ein schwieriges Verhältnis“ die Auseinandersetzung zwischen dem „analytischen Verfahrenskonzept“ und dem – nach meiner Einschätzung falsch bzw. verkürzt verstandenen – Konzept der „Organisationssupervision“ führt. Wahrscheinlich der Beginn einer spannenden Diskussion!

Bezogen auf das methodische Vorgehen und konkrete Interventionsformen in der Supervision, die auf verschiedenen Hintergrundkonzepten beruhen, scheint mir eine Konfrontation mit der Methode Supervision und ihrem Basiskonzept besonders notwendig. Die kritisch zu beantwortende Frage lautet: stützen diese Verfahren bzw. Interventionen die Reflexionen, welche bezogen sind auf das Arbeitsfeld und auf die im Supervisionskontrakt umrissenen Fragestellungen, und leisten sie Hilfestellung bei der Rückkoppelung zwischen den Überlegungen und Prozessen in der Supervision selbst und dem diese Fragen hervorbringenden Arbeitsfeldern und den dorthin auszurichtenden neuen Perspektiven, kurz: helfen sie der Methode Supervision mit ihren spezifischen Verfahren? Oder: transportieren sie mit den methodischen Verfahren die dahinterstehenden Handlungsfelder: z.B. über persönlichkeitsbezogene Fragestellungen die Therapie, über belehrende Hilfestellungen den Unterricht, über die Arbeit an Gesamtorganisationsstrategien die Organisationsberatung....? Helfen die Interventionen supervisionsrelevante Daten, die Arbeitsfeld- und Strukturbedingungen und die damit verbundenen Emotionen zu erforschen, die Widerspruchssituationen zu finden, welche

Ansatzpunkte für blickerweiternde Reflexionen sind, oder wird die Auswahl der Daten „zufällig" über methodische Techniken, die aus anderen Konzepten entlehnt sind, bestimmt?

2.2 Die Bedeutung der verschiedenen Anwendungsfelder

Eine ganz andere Form der Prägung erhält die Methode Supervision von ihren jeweiligen Anwendungsfeldern her. Dies wird durch zwei Entwicklungen spürbar:

- Einerseits zeigt sich insbesondere bei der Implementierung von Supervision in „neuen Supervisions-Anwendungsfeldern", wie Supervision mit ihrem mehr oder weniger tradierten methodischen Vorgehensweisen auf Zurückhaltung stößt.
- Andererseits sind die rasanten Veränderungen in der Arbeitswelt Anstoß für das Überdenken und die Weiterentwicklung von Supervision.

Stößt Supervision in den tradierten Anwendungsfeldern der Supervision wie Sozialarbeit, Sozialpädagogik, therapeutischen und sozialtherapeutischen Arbeitsfeldern auf eine lange Arbeitstradition, in der Reflexion als zum Beruf gehörige Notwendigkeit anerkannt und über Fallbesprechungen, Teamentwicklungen, unterschiedliche Supervisionssettings praktiziert wird, so ist dies in neueren Anwendungsfeldern der Supervision nicht unbedingt selbstverständlich. In einer großen Anzahl von Publikationen wird z.B. die besondere Situation von Supervision im Krankenhaus, vor allem in Regelkrankenhäusern, beschrieben. Hier ergeben sich zwar relativ viele Nachfragen zur Supervision, aber auch viele neue Fragestellungen an die Methode Supervision.

Supervision als Reflexionsinstrument macht den Versuch, durch ein Innehalten im Arbeitsprozeß eine Distanzposition zu ermöglichen. Dieser methodische Arbeitsansatz kommt zwangsläufig in Konflikt mit dem häufig spürbaren Bestreben, schnelle kurze eingegrenzte Lösungsansätze zu schaffen. Die Notwendigkeit, in Krankenhäusern ständig handeln zu müssen angesichts von extremen Herausforderungen stellt auch an Supervision den Anspruch, in dieser komplexen „Druckszenerie" ein Vorgehen anzubieten, was unter diesen Bedingungen zu akzeptieren ist.

Des weiteren werden in den Nachfragen von tradierten Supervisionsfeldern häufig Supervisionssettings in Betracht gezogen, die geeignete Arbeitsstrukturen für Supervision bieten und von den Arbeitsfeld- und Organisationsstrukturen her einrichtbar sind, z.B. ganze Teams fragen nach Supervision oder Berufsgruppen. Bei Stationssupervisionen im Krankenhaus beispielsweise ist dies meist nicht der Fall. Strukturell gesehen ist die Bestimmung der Supervisions-Arbeitsstruktur auf einer Station sehr schwierig. Auf den meisten Stationen existiert nicht ein Team, sondern Kooperationen von häufig rasch wechselnden Personen, die jeweils in Hierarchien unterschiedlichen Funktionsgruppen und deren Vorgesetzten zugeordnet sind (Ärzte, Pflegepersonal, Verwaltung). Teile aus einzelnen oder mehreren Funktionsgruppen sind oft diejenigen, die nach Supervision fragen.

In allen Supervisionsfeldern, in denen die Reflexion der Kommunikationsstrukturen nicht so sehr üblich und im Arbeitsverständnis oft nicht enthalten ist – also auch in Supervisionen für die Polizei, in der Schule, bei Gerichten, in Wirschaftsbetrieben – und wo komplexe Organisationsstrukturen die Implementierung von Supervision erschweren, wird Supervision methodisch und natürlich auch konzeptionell nach Wegen suchen müssen, um Anknüpfungspunkte für die Methode Supervision zu finden. Hier stellt sich die besondere methodische Anforderung, die Reflexionsarbeit zur Perspektivenerweiterung in Arbeitszusammenhängen zu praktizieren, die eine weniger ausgeprägte Reflexionskultur oder sogar Widerstände gegenüber einer solchen haben.

Grundsätzlich gilt, wie diese Überlegungen zeigen, daß Supervision in spezifischer Weise durch die Herausforderungen *verschiedener* Anwendungsfelder *unterschiedlich* geprägt wird. Es wird weiter zu erforschen sein, in welcher Weise sich diese Prägungen für unterschiedliche Anwendungsfelder zeigen, und es gilt genau zu beobachten, an welchen Stellen Supervision riskiert, seine spezifische Methode und ihr Basiskonzept zu verlassen.

Schwierige Herausforderungen und gleichzeitig neue Chancen für die Methode Supervision bringen natürlich die rasanten *Entwicklungen in der Arbeitswelt* und damit in allen Anwendungsfeldern der Supervision. Die dort geforderte Flexibilität, die zunehmende Auflösung der klassischen Berufslaufbahnen und die Verknappung der finanziellen Ressourcen produzieren generelle Fragestellungen an die Supervision, auch an ihre Methode und ihr Basiskonzept. Die hochkomplexen sich schnell verändernden Arbeitsbedingungen erfordern von den beruflich Tätigen einen dauernden Prozeß der Um- und Neuorientierung, was ein hohes Maß an Selbstreflexion erfordert. So ist die Methode der Reflexion von den im Supervisionssystem bearbeitbaren beruflichen Kommunikationsprozessen eine berufliche Kompetenz, die in allen Arbeitsbereichen zunehmend benötigt wird, nicht nur in den psychosozialen Arbeitsfeldern, in denen Reflexionskompetenz eine traditionell wesentliche Rolle spielt (vgl. Buchinger 1998; Gotthardt-Lorenz, Walther 1998).

Für die oben skizzierten neuen Anwendungsfelder wird der methodische Ansatz darin liegen, in einem gemeinsamen Suchprozeß innerhalb der Supervision Formen der berufsbezogenen Reflexion zu finden, die für die VertreterInnen dieser Arbeitsbereiche zugänglich sind.

2.3 Die professionelle Position der SupervisorInnen

Einerseits erfordert die Methode Supervision und ihr Basiskonzept schon eine bestimmte professionelle Position der SupervisorIn, andererseits machen auch die diese Methode prägenden Konzepte Aussagen zur SupervisorInnenposition. Die Methode selbst erfordert SupervisorInnen, die eine Distanzposition zum jeweiligen Supervisionsprojekt halten können, um den Blick frei zu haben für die Erforschung der Zusammenhänge unterschiedlicher Faktoren und deren Bedeutung.

Die Konzepte wiederum beschreiben auf unterschiedliche Weise die Positionierung der SupervisorInnen. In der Organisationssupervision z.B. werden drei Rollen aufgezeigt, die SupervisorInnen in unterschiedlichen Prozeßebenen der Beratung innehaben: der Supervisor als institutionell Handelnder, als Experte für Struktur und Dynamik beruflichen Handelns, als „Institutionell Betroffener und Distanzierter". Andere Konzepte stellen andere Positionseigenschaften in den Vordergrund.

Neben der Definition der Position durch die Methode Supervision und durch spezifische Konzepte ist die berufliche Position des Supervisors, der SupervisorIn auch als eine eigene, die Methode prägende Einflußgröße. Zunächst ist von Bedeutung, ob es sich um einen Supervisor handelt, der seine Identität im wesentlichen aus der Profession Supervision, zumindest aus der bisher entwickelten, bezieht, oder ob es sich um SupervisorInnen handelt, die Supervision eher als ein Spezialgebiet seines ersten Berufes ansehen, z.B als Spezialgebiet der Tätigkeit eines Psychologen oder eines Psychotherapeuten.

Zu erwarten ist, daß das – hier nur idealtypisch gegenübergestellte Professionsprofil – insofern Auswirkungen hat, daß Supervision – auch wenn sie als eigene Methode anerkannt ist – eher in der Methodik des ersten Berufes gestaltet wird und die spezifische Form der Anleitung für supervisorische Reflexionsarbeit zu kurz kommt. Dies kann natürlich auch bei einem „Supervisionsprofi" passieren, der seine eigene – vielleicht sogar abgelehnte – Berufsgeschichte unaufgearbeitet mit in die Supervision einfließen läßt. In beiden Fällen besteht die Gefahr, daß aufgrund von mangelnder Reflexion und Übung die Entwicklung der spezifischen supervisorischen Methode außer acht gelassen wird. Andererseits ist mehr und mehr die Spezialisierung von SupervisorInnen gefragt, und zu diesem Zweck ist es wieder sehr wichtig sich der eigenen beruflichen Wurzeln und Kompetenzen klar zu werden.

Diese verschiedenen Konstellationen machen deutlich, daß weder die Beschreibung der genauen berufspolitischen Position noch die genaue Beschreibung der Methode per se garantieren, daß wirklich im Sinne dieser weiterzuentwickelnden Methode gearbeitet wird. Das Kräfteringen zwischen der beruflichen Sozialisation und den dort gelernten Methoden und den Anforderungen einer eigenständigen Methode Supervision kann nur durch eine umfassende Reflexion seitens der SupervisorInnen gelöst werden, die kritisch begutachtet:

- Wo sind die spezifischen Möglichkeiten aus anderen beruflichen Zusammenhängen, die die Methode unterstützen und eine Spezialisierung des Supervisors oder der Supervisorin verdeutlichen können?
- Wo sind die Anforderungen seitens der Methode Supervision, neue noch zu entwickelnde Instrumentarien und ein entsprechendes Berufsprofil zu schaffen?

Vor allem Ausbildungen müssen sich hier positionieren. Sie übernehmen die Aufgabe, AusbildungskandidatInnen bei der Balancierung zwischen ihrer bisherigen beruflichen Sozialisation und den Ansprüchen der Methode Supervision zu unterstützen. Grundsätzlich richtet sich an die Träger und Lehrer von Supervisionsausbildungen die Frage, wo und wie sie die Lehre für die Methode der Supervision übernehmen, wie ihr spezifisches Ausbildungsprofil das Erlernen dieser Methode stützt und wie die jeweilige konzeptbegründete Schwerpunktsetzung in der Ausbildung Normen für die anzustrebende professionelle Position der SupervisorInnen.

Die aktuelle fachliche und berufspolitische Diskussion beschäftigt sich mit verschiedenen relvanten Aspekten und Fragen zum Thema „Professionelle Position der SupervisorInnen". Da geht es einerseits um die Frage der Spezialisierung, die sich SupervisorInnen nicht nur durch ihre bisherige Ausbildung, sondern auch im Laufe der Praxis erwerben. Unterschiedliche Spezialisierungen prägen natürlich auch das methodische Vorgehen; ein Supervisor mit dem Schwerpunkt Supervision in komplexen Organisationen wird methodisch auf andere Weise gefordert als ein Supervisor, der Einzelsupervision zur Berufslaufplanung außerhalb von Organisationen durchführt. Ob deshalb schon Curricula für FachsupervisorInnen entwickelt werden sollen, wie dies schon bisweilen diskutiert wird, ist noch recht fraglich. Ist es doch von großer Wichtigkeit für die professionelle Entwicklung der Supervision, daß zunächst mit verstärkter Energie an den allgemeinen Grundlagen der Supervision, insbesondere deren Methode, Theorien und Berufsverständnis gearbeitet wird.

Zum Berufsverständnis lautet die Kernfrage: Ist Supervisor/Supervisorin ein Beruf? Die Diskussion um diesen Punkt hat ihrerseits wiederum viele Facetten. Mit zunehmender Nachfrage nach Supervision, mit zunehmender Nutzung der Supervision in öffentlichen und gesellschaftlich repräsentativen Einrichtungen (z.B. Krankenhäusern) und mit der zunehmenden Anzahl von – oft verbandlich organisierten – SupervisorInnen wächst die Notwendigkeit der staatlichen Einordnung der supervisorischen Tätigkeit. Gesetzestexte, in denen Supervision erwähnt ist, steuerrechtliche Regelungen und Zuordungsaussagen von Ministerien lassen – so zumindest in Österreich – Supervision und diejenigen, die diese ausüben, öffentlich erscheinen. Die durch eine Supervisionsausbildung erworbene Kompetenz ist jedoch nur „halb offiziell" anerkannt.

Diese, hier nicht weiter auszuführende undeutliche berufsrechtliche Situation entspricht der relativ undeutlichen, aber viel diskutierten inhaltlichen Begründung für oder gegen einen eigenen Beruf Supervisor/Supervisorin. Die Tätigkeit als solche kann – wie Allert schreibt – ihre Professionalität in der Landschaft der Berufe durchaus zur Geltung bringen. „Im Spektrum der Professionen zeichnet sich eine kontinuierliche Konkurrenz um Zuständigkeitsansprüche ab und neue Tätigkeiten melden sich in dem Maße an, in dem existierende Berufe Folgeprobleme ihres eigenen Tuns externalisieren." (Allert 1998). Zieht man in Betracht, daß der Beruf in seiner abgesichterten und auch lebenslangen Dimension selbst derzeit einer großen gesellschaftlichen Wandlung unterliegt, so gibt es durchaus ein realistisches Szenarium für einen Beruf, der vorwiegend in der Kombination mit anderen Berufen ausgeübt wird.

Dieses Modell würde ein partnerschaftliches Nebeneinander z.B. von Supervisor und Erwachsenenbildner, Supervisor und Psychotherapeut oder Supervisor und Informatiker beschreiben, das schon häufig praktiziert wird. Daß jemand nur als Supervisor arbeitet, ist nicht nur finanziell recht schwierig, sondern würde auch fachlich das für den Supervisor notwendige breite berufliche Spektrum wenig unterstützen. Dieser Berufsentwicklung entgegengesetzt versteht sich das zur Zeit ebenfalls häufig vertretene Modell: Supervision als Funktionserweiterung eines Basisberufs, z. B. der Psychotherapie oder der Sozialarbeit, ein von den Wurzeln der Supervision her naheliegendes Supervisionsverständnis.

Bezogen auf die Methode der Supervision hat die unterschiedliche professionelle Position entsprechende Auswirkungen: Der Supervisor, der sich in einem Basisberuf definiert und Supervision als Funktionserweiterung sieht, wird sich weit weniger um die Entwicklung der Methode Supervision kümmern als derjenige, der Supervision als eigenständige professionelle Tätigkeit oder sogar als Beruf versteht.

Derzeit erfolgt die Entwicklung der Supervision vorwiegend als eigenständige professionelle Tätigkeit. Eine deutlichere Ausrichtung auf den Beruf Supervisor/Supervisorin erfordert viel mehr als in der bisherigen Fachdiskussion die Beschreibung der spezifischen Methode, die konzeptübergreifend und generalisiert für unterschiedliche Anwendungsfelder, interdisziplinär und theoriebegründet ist. Es geht um die Methode, deren Spektrum unterschiedliche Anwendungsfelder, verschiedene Supervisionskonzepte sowie berufliche Positionierungen und Spezialisierungen zulassen kann, die aber trotzdem von ihrem Kern her beschreibbar sein muß.

Literatur

Allert, T. (1998): Die Professionen in der Umbruchsituation der Arbeitswelt, in Supervision, Heft 33
Balint, M. (1976): Der Arzt, sein Patient und die Krankheit, Stuttgart
Belardi, N. (1992): Supervision. Von der Praxisberatung zur Organisationsentwicklung, Paderborn
Buchinger, K. (1998): Veränderungen in der Arbeitswelt – Veränderungen in der Supervision, in: ÖVS, T.Hausegger, S.Tatschl, I. Walther (Hrsg.), Supervision – den beruflichen Alltag professionell reflektieren, Innsbruck
Geißler, K. A, Hege, M. (1978): Konzepte sozialpädagogischen Handelns, München
Giesecke, M., Rappe-Giesecke, K. (1997): Supervision als Medium kommunikativer Sozialforschung, Frankfurt
Gotthardt-Lorenz, A. (1994): „Organisationssupervision", Rollen und Interventionsfelder, in H. Pühl (Hrsg.), Handbuch der Supervision 2, Berlin
Gotthardt-Lorenz, A. (1997): Methodische Vorgehensweise in der Organisationssupervision, in I. Luif, Supervision, Wien
Gotthardt-Lorenz, A., Schüers, W. (1997): Das Supervisionsverständnis in der Community der SupervisorInnen, in: I. Luif, Supervision, Wien
Gotthardt-Lorenz, A., Walther, I. (1998): Berufs- und Arbeitsfeldorientierung – der Blickwinkel, der Supervision zur Supervision macht, beides in: ÖVS, T. Hausegger, S. Tatschl, I. Walther (Hrsg.), Supervision – den beruflichen Alltag professionell reflektieren, Innsbruck
Kessel, L. van (1998): Theorie und Praxiologie des Lernens in der Supervision. Einige Bausteine aus niederländischer Sicht, in: Schriften DGSv, P. Berker, F. Buer (Hrsg.), Praxisnahe Supervisionsforschung, Münster
Münch, W. (1998): Supervision und Sozialarbeit. Ein schwieriges Verhältnis, in: Supervision Heft 34
Petzold, H., Lemke, J., Rodriguez-Petzold, F. (1995): Mehrperspektivität. Ein Metakonzept für Methodenpluralität, konnektivierende Theoriebildung und sozialinterventives Handeln in der Integrativen Supervision, in: Sonderausgabe Gestalt und Integration, 1/95
Sauer, J. (1997): Zur Geschichte und Tradition von Supervision in Österreich, in I. Luif, Supervision, Wien
Schreyögg, A. (1991): Supervision, Ein Integratives Modell, Paderborn

Profession oder Organisation? – Wem dient die Supervision?

Ferdinand Buer

Wenn Supervision die professionelle Qualität ihrer eigenen Dienstleistung (Berker 1997) sichern und verbessern will, muß sie neben der Fundierung ihres Spezialwissens und der Institutionalisierung ihrer fachlichen Selbstkontrolle die gesellschaftliche Relevanz ihres Produkts herausstellen. Es läßt sich zeigen, daß zu diesem Zweck zur Zeit im deutschsprachigen Raum zwei Strategien gefahren werden, ohne daß das den meisten Akteuren bewußt ist:

- Supervision ist gesellschaftlich relevant, weil sie zur Sicherung und Profilierung von *Professionen* unverzichtbar ist.
- Supervision ist gesellschaftlich relevant, weil sie für das Funktionieren von *Arbeitsorganisationen* unverzichtbar ist.

Nachdem in diesem Beitrag zunächst diese These erläutert und erhärtet wird, werde ich zeigen, daß diese beiden Strategien unterschiedlichen, ja konträren Logiken zugeordnet werden können, der Professions- bzw. der Unternehmenslogik. Die gegenwärtige Debatte um die Neudefinition der Supervision läßt sich als Kampf um die Vorherrschaft einer dieser Logiken verstehen. Wie die Supervision mit diesen widersprüchlichen Tendenzen umgehen sollte und wie dann ihr Profil in Zukunft in Zeiten der Globalisierung aussehen könnte, das wird am Ende des Beitrags deutlich werden.

1. Supervision zwischen Professions- und Organisationsentwicklung

In ihrer ersten Phase, etwa zwischen 1870 und 1920, diente Supervision in England und den USA der Oberaufsicht von freiwilligen Helfern und Berufsanfängern der sozialen Arbeit durch Fach- bzw. Führungskräfte[1] (Weigand 1989; Belardi 1992; 1996a). Entsprechend der geringen Professionalisierung der Sozialarbeit selbst war Supervision nur eine Tätigkeit zur Erziehung und Kontrolle des Personals, die keiner besonderen Qualifizierung bedurfte. Sie gehörte zu den selbstverständlichen Leitungstätigkeiten in Wohlfahrtsorganisationen. Erst mit der Verberuflichung der Sozialarbeit setzte eine

1 Siehe hierzu auch den Beitrag von N. Belardi im „Handbuch der Supervision 2": „Zur geschichtlichen Entwicklung: Von der Supervision zur Organisationsberatung". – Der Hrsg.

wissenschaftlich orientierte Qualifizierung ein, die zu einer Psychologisierung und Individualisierung der Sozialarbeit und dann auch der Supervision führte. Nach dem Zweiten Weltkrieg wurde dann diese Supervision mit dem social work nach Deutschland gebracht. Mit der Akademisierung der Sozialarbeit durch die Etablierung der Ausbildung an Fachhochschulen und Universitäten wird die Supervision ein wichtiges Instrument zur Professionalisierung des Sozialarbeiterberufs: In dieser Phase entstehen die ersten Ausbildungsgänge in Supervision an bundeszentralen Fortbildungsstätten. Im Kontext der Studentenbewegung wird die Supervision – insbesondere die Team-Supervision – als subversives Instrument zur sozialen und politischen Emanzipation angesehen (Pühl 1998). Der Supervisor soll als unabhängiger Experte die Interessen der Benachteiligten gegen die Herrschaftsinteressen der Wohlfahrtsbürokratie vertreten. Mit der Organisation der SupervisorInnen in einem zentralen Berufsverband, der DGSv, mit dem Ziel der aktiven Professionalisierung und Marktbeherrschung hat sich eine Profilierung ergeben, die die Supervision als attraktives Arbeitsfeld erscheinen läßt. Dementsprechend haben sich auch andere Berufe für die Supervision interessiert (Psychotherapeuten, Psychologen, Soziologen, Pädagogen, Theologen), oft nur als weiteren Tätigkeitsbereich, nicht als eigenständigen Beruf.

Mit dem gewaltigen Anstieg der Anzahl von SupervisorInnen und dem gleichzeitigen Abbau günstiger Rahmenbedingungen für Supervision in den traditionellen Feldern des Sozialsektors dringt die Supervision jetzt in neue Bereiche ein. Das geht vom Bildungssektor, Pastoralsektor und Justizsektor im Bereich des Wohlfahrtsstaates bis hin zu Beratungsaufgaben in Behörden und Wirtschaftsunternehmen. Deutschland ist damit zum Vorreiter einer aktiven Professionalisierungspolitik der Supervision geworden. Dieses Verständnis von Supervision, wie es die DGSv vertritt, breitet sich zunehmend auch in Europa aus (Niederlande, Österreich, Schweiz, Schweden, Ungarn, Südtirol, Spanien, Belgien, Slowenien). Zugleich haben sich Konkurrenz-Formate wie Coaching (Schreyögg 1995; Looss 1997), Organisationsberatung und Unternehmensberatung etabliert, in die immer mehr Psychologen, Betriebswirte, Pädagogen und Soziologen strömen, oft mit Zusatzausbildungen in spezifischen Verfahren wie Gruppendynamik, Systemisches Management, Transaktionsanalyse, NLP (Wimmer 1992; Doppler, Lauterburg 1994; Vogel u.a. 1994; König, Volmer 1994; Schmidt, Berg 1995; Gairing 1996; Harney 1996).

Im Gefolge dieser Entwicklung befindet sich die Supervision in einer widersprüchlichen Lage: Auf der einen Seite muß sie sich gegenüber anderen Angeboten wie Psychotherapie, Training, Fortbildung, Beratung, Coaching, Organisationsentwicklung abgrenzen, um für dieses Marktsegment ein lizensiertes Monopol durchsetzen zu können, muß also ein spezifisches *Format* konstituieren (Buer 1997). Auf der anderen Seite muß sie aber auch für neue gesellschaftliche Nachfrage offen sein, um nicht auf kleiner werdende Märkte fixiert zu werden und der steigenden Zahl der AusbildungsabsolventInnen Arbeitsmöglichkeiten zu verschaffen.

Die Supervision als professionalisiertes Format konnte sich offensichtlich bisher entwickeln im Windschatten der Professionalisierung der Sozialarbeit bzw. der psycho-sozialen Dienstleistungsberufe. Sie gewann eine relative Unabhängigkeit durch ihr Angebot zur Selbstreflexion und Selbststeuerung Professioneller im Rahmen Sozialer Dienstleistungsorganisationen. Indem sich diese als Folge der staatlichen Finanz-, Struktur- und Legitimationskrise selbst einer Rationalisierungskur unterziehen müssen, wandelt sich die Nachfrage von der Qualitätssicherung fachlicher Arbeit zu einer Unterstützung der Führungskräfte in Organisationen. Kriterium ist nicht mehr so sehr die Sicherung und Verbesserung der Arbeit, gemessen an professionellen Standards, sondern die Steigerung der Effizienz und Effektivität einer Organisation bei der Erreichung ihres selbstdefinierten Zieles. Das soll im Folgenden näher erläutert werden.

2. Braucht jede Profession Supervision?

Wenn sich die Nachfrage nach Supervision durch spezifische Bedarfe professionalisierter Berufe speist, dann muß zunächst die Frage beantwortet werden, was wir unter Profession verstehen wollen und was ihre professionsspezifische Binnenlogik ausmacht (Lehmenkühler-Leuschner 1993).

2.1. Zur Theorie der Professionen

Die Professionstheorie wurde zunächst vom Strukturfunktionalismus geprägt (Parsons 1964) und dann von der Systemtheorie ausdifferenziert (z.B. Stichweh 1996). Diese Richtung fragt eher nach der Funktion der Professionen bei der Reproduktion der Gesellschaftsstruktur. Dann bezeichnet Profession einen für die Gesellschaft bedeutsamen Dienstleistungsberuf mit hohem Prestige und Einkommen, der hochgradig spezialisiertes und systematisiertes (wissenschaftliches), nur im Laufe einer langen Ausbildung erwerbbares technisches oder/und institutionelles Wissen relativ autonom und kollektivitätsorientiert auf konkrete Problemfälle anwendet. Der Qualitätssicherung[2] professionellen Handelns dient die freiwillige Selbstkontrolle durch eigene Kammern und/ oder Berufsverbände, orientiert an einem hohen Berufsethos mit hohen Berufsstandards. Nicht alle Dienstleistungsberufe erreichen den Vollstatus einer Profession, wie ihn etwa die Ärzteschaft, die Juristen oder die Geistlichen erreicht haben. Demgegenüber werden sie als Semi-Professionen bezeichnet.

Diese Sichtweise verdeckt aber, daß die Etablierung als Profession auch etwas damit zu tun hat, wie es ihr gelungen ist, andere Berufe durch machtvolle Professionalisierungsstrategien aus dem Feld zu schlagen (für die Ärzteschaft: Göckenjan 1985) und sich den staatlichen Segen zu holen (Beck u.a. 1980; Daheim 1992). Dann wird zudem deutlich, daß sich in der Differenzierung in Voll- und Semiprofessionen die Geschlechtertrennung auch in der Berufswelt durchsetzt. Während sich die Vollprofessionen in ihrer Tätigkeit durch die Einhaltung professioneller Standards und Regeln deutlich von der Alltagswelt abgrenzen können, sind die Semi-Professionen, die sich um Erziehung, Betreuung, Pflege kümmern, stark mit dem Alltag verflochten. Sie sind eher bedürfnisorientiert, emotiv, kommunikativ: Es handelt sich vornehmlich um Gefühlsarbeit (Strauss u.a. 1980). Da nach wie vor diese Fähigkeiten den Frauen zugesprochen wird, sind diese Berufe auch eher Frauenberufe[3] (Rabe-Kleberg 1996; Gildemeister 1998).

Professionalisierungsbemühungen dienen also dem Zweck, für eine bestimmte Berufsgruppe ein lizensiertes Monopol durchzusetzen, das eine angesehene und gutdo-

---

2 Mit diesem Thema beschäftigt sich ausführlich der Beitrag von T. Floeth. – Der Hrsg.

3 Dieses Thema wird weiter ausgeführt in den Beiträgen von C. Morgenroth/Negt sowie von S. Scheffler. – Der Hrsg.

tierte Arbeit garantiert, die eben nicht dem marktorientierten Utilitarismus wie beim Unternehmer oder Manager unterworfen ist, sondern weitgehend autonom nach selbstdefinierten Standards dem Gemeinwohl dient (Brunkhorst 1992). Ob eine Professionalisierungskampagne gelingen kann, hängt nicht nur von den gesellschaftlichen Umständen und dem Geschick bzw. dem Machtpotential der Berufsgruppe ab. Ein Beruf muß auch von seiner Binnenlogik her professionalisierungsfähig sein.

Die Logik einer professionellen Tätigkeit läßt sich mit Schütze (1992; 1994; 1996) folgendermaßen kennzeichnen:

- Eine Profession ist ein – von der alltäglichen Laienwelt, aber auch von anderen Expertenwelten – relativ abgegrenzter Orientierungs- und Handlungsbereich, in welchem sowohl wissenschaftlich als auch praktisch ausgebildete Professionelle gesellschaftlich lizensierte Dienstleistungen für die ihnen per gesellschaftlichem Mandat anbefohlenen Klienten bzw. Abnehmer vollbringen.
- Professionelles Wissen und Handeln ist auf einen wissenschaftlich gespeisten Verbund von höhersymbolischen Teil-Sinnwelten ausgerichtet, der sich von den Sinnwelten der Klienten unterscheidet, so daß die Professionellen diese anders und tiefer interpretieren können.
- Der Professionelle schließt mit dem ihm anbefohlenen Klienten einen stets prekären, immer wieder gefährdeten Vertrauenskontrakt, der sich auf die Beförderung des – vom Professionellen so verstandenen (und stets mißdeutbaren) – Wohls des Klienten durch den Vollzug der professionellen Arbeit ausrichtet.
- Der Professionelle wendet im Arbeitsablauf besondere, mitunter sogar mächtige, der Laienwelt in ihrer Systematik jedenfalls nicht ohne weiteres zugängliche Analyse- und Handlungsverfahren auf wissenschaftlicher Grundlage an, die für den Klienten z.T. unangenehm oder gar schmerzhaft, auf jeden Fall aber eingreifend in seine alltagsweltliche Lebenssphäre sind.
- Was der Fall ist, wird in erster Annäherung durch die Handlungsplanung des Klienten und die in der Interaktion mit den anderen Beteiligten ausgehandelte handlungsschematische Ablaufstruktur bestimmt. Der Professionelle kommt ins Spiel, wenn bei der Planung oder bei der Abwicklung des Vorhabens im Zuge der Erstellung eines umfassenden Arbeitsbogens Schwierigkeiten oder Störungen auftreten.
- Bei der Anwendung der professionellen Analyse- und Handlungsverfahren auf die konkrete Projekt- bzw. Fallproblematik kommt es immer wieder zu Paradoxien professionellen Handelns, d.h. zu Schwierigkeiten und Dilemmata im Arbeitsablauf, die nicht aufhebbar und nicht umgehbar sind, in die sich also der Professionelle mit Notwendigkeit verstrickt.
- Die Abarbeitung an den Paradoxien des professionellen Handelns geschieht sehr häufig fehlerhaft gemessen an den jeweiligen Berufsstandards in dem Sinne, daß die unaufhebbaren Antinomien in den Paradoxien vom Professionellen nicht ausgehalten, sondern sich selbst und dem Klienten verschleiert werden mit negativen Folgen für den Professionellen wie den Klienten.

Diese Paradoxien sind geprägt von den Interessensgegensätzen und den widersprüchlichen Handlungslogiken in den jeweiligen gesellschaftlichen Sektoren. So lassen sich etwa im Bereich des Sozialsektors folgende Paradoxien ausmachen zwischen

- der Notwendigkeit einer langfristigen Maßnahme und den zu geringen Ressourcen zu ihrer Durchführung,
- der Organisation als unterstützendes Instrument für professionele Arbeit, die auch Ausgegrenzten Gerechtigkeit widerfahren lassen will, und der Organisation als Kontrollinstanz, die auf effizientes und effektives Arbeiten dringt,
- der notwendigen Arbeitsteilung und Expertenspezialisierung der Problemanalyse und -bearbeitung und der notwendigen einheitlichen Gesamtsicht und -bearbeitung des Falles,
- dem Einsatz gesicherter Routineverfahren und der zugleich geforderten Aufmerksamkeit für die Einmaligkeit des Falles,
- der Normalisierungsaufgabe der Sozialarbeiterin und des Eintretens für das Recht auf persönliche Entfaltung des Klienten.

Da psychosoziale Dienstleistungen personenbezogen durchgeführt werden, fallen Produktion und Konsumtion des Dienstes zusammen (Badura, Gross 1976). D.h. eine Dienstleistung gilt erst dann als erbracht, wenn sie auch angenommen wurde, d.h. zu einer psychosozialen Verbesserung der Lage des Adressaten geführt hat. Basis dieses Dienstes ist die Arbeit mit und an der Beziehung zwischen Produzent und Konsument (Wedekind 1986). Diese Beziehung muß vom Konsumenten als echt und ernstgemeint empfunden und gewertet werden können, damit sie überhaupt zustandekommt. Hier ist der persönliche Einsatz des Professionellen verlangt. Auf der anderen Seite soll die Dienstleistung professionellen Standards genügen. Zudem muß sie Kontrollaufgaben wahrnehmen und Effektivitätskriterien entsprechen, je mehr sie vom Netz staatlicher wie parastaatlicher Organisationen beeinflußt ist.

Diese spezifische Belastung professionalisierter Dienstleistungsberufe durch die vorgegebenen Paradoxien und Widersprüche kann zu Fehlinterpretationen, professioneller Deformation und Burn-out-Symptomatiken führen (Fengler 1992; Schmidbauer 1977; 1983; 1997). Genau an dieser Stelle ist die Supervision gefragt.

2.2 Supervision als professionsbezogene Beratung

Die etablierten Professionen sichern ihre Selbstkontrolle primär durch fachlichen Austausch unter Kollegen. In schwierigen Fällen konsultieren sie sich gegenseitig (zum Ärztestand: Freidson 1979). In Kliniken wird die Professionalität häufig durch Fallbesprechungen gesichert. Hier handelt es sich aber meist um multiprofessionelle Teams, deren Fachlichkeit vom ärztlichen Leiter durch die Besprechungen überprüft werden soll. So wird in diesen Kreisen die Beratung von Teams in Kliniken durch SupervisorInnen oft als Folge eines Leitungsdefizit angesehen (etwa: Dörner, Fürstenau 1998). Diese etablierten Professionen verlangen normalerweise also keineswegs nach Supervision durch Fachfremde (Allert 1998a). Allenfalls könnte diese Kontrolle supervisionsähnliche Züge annehmen, wie in den Balintgruppen, die von Ärzten für Ärzte durchgeführt werden. Da Balintgruppenleiter, die keine Ärzte sind, eben nicht mit Ärzten arbeiten können, arbeiten sie als Ersatz mit Lehrern, Geistlichen oder mit Supervisoren. Allerdings geraten auch diese Professionen in eine zunehmende Organisations- und Marktabhängigkeit, die zu Abgrenzungskonflikten, zum Wettbewerb um Klienten und zu Verunsicherung der Berufsidentität führen können (für die Medizin: Bollinger u.a.

1991). Hier könnte ein Supervisionsbedarf entstehen (Allert 1998b), etwa bei ärztlichen Psychotherapeuten, Familienrichtern oder Krankenhausseelsorgern. Ob die Supervision als eigenständiger Beruf hier eine Chance hat, hängt dann auch davon ab, ob ihr Status als mindestens gleichwertig angesehen wird.

Die Psychotherapie als nicht so etablierte Profession (sie bleibt in Deutschland an die Profession Arzt oder Psychologe gebunden) ist offener für die Supervision. Allerdings lassen sich bisher ärztliche und psychologische Psychotherapeuten in psychotherapeutischen/psychosomatischen Kliniken eher von Ärzten bzw. Psychologen supervidieren (Leitner 1997). Psychologische Psychotherapeuten in freier Praxis wenden sich vornehmlich an psychologische Supervisoren (BDP). Hier ist die Wahl des Supervisors noch stark an die gemeinsame Verbundenheit mit einem bestimmten Verfahren gebunden.

Erst die Sozialarbeit als „bescheidene Profession" (Schütze 1992) hat zur eigenen Professionalisierung eine Supervision etabliert, die primär von Berufssupervisoren durchgeführt wird. Insofern gerade die Sozialarbeit als eine „wohlfahrtsstaalich mitkonstituierte Profession" (Merten, Olk 1996, S. 588) angesehen werden muß, ist ihre Professionalität stark von den wohlfahrtsstaatlichen Rahmenbedingungen abhängig. Zur Sicherung ihrer Autonomiebestrebungen gegen ihre organisatorische Eingebundenheit in die Wohlfahrtsbürokratie hat sie eine Supervision gefördert, die die selbstbestimmte Nutzung dieser Freiräume fachlich legitimiert. Damit wird die direkte Steuerung durch Vorgesetzte durch eine indirekte ersetzt. Die Fachkräfte steuern sich selbst, gebunden durch die professionelle Orientierung am Gemeinwohl. Die Vorgesetzten können nur noch das Produkt kontrollieren, nicht mehr den Prozeß der Produktion. Die sensible Herstellung einer Dienstleistung wird kontinuierlich durch einen Supervisor nach fachlichen Kriterien begleitet. Die direkte, harte, produktorientierte Form von Kontrolle wird mit der Supervision durch eine indirekte, weiche, prozeßorientierte ergänzt. An dieser Stelle hat sich oft von Seiten der MitarbeiterInnen die Vorstellung eingeschlichen, als sei die Rahmenkontrolle durch die Leitung nicht mehr erforderlich. Ebenso haben viele Führungskräfte eine gewissen Scheu entwickelt, die Ergebnisse supervisorischer Begleitung zu überprüfen. Der supervisorische Dreieckskontrakt hat genau die Funktion, diese Kontrollaufgaben miteinander abzustimmen (Kallabis 1992, Pühl 1998).

Da aber nicht nur die Tätigkeit der SupervisandInnen während der Supervision nicht überprüft werden kann, sondern auch die der SupervisorInnen, bedarf die supervisorische Tätigkeit selbst einer Fassung, die das Vertrauen in eine fachlich korrekte Arbeit rechtfertigt. Dazu ist die Formatierung der Supervision als Profession notwendig. Nur durch Anbindung an einen Berufsverband, der fachliche Standards setzt und deren Einhaltung kontrolliert, ist diese Aufgabe zu leisten.

Die Sozialarbeit ist somit nur eine „bescheidene Profession", weil sie sich nicht direkt kontrolliert in Kammern und/oder Berufsverbänden, sondern sich indirekt kontrollieren läßt durch SupervisorInnen, die sich wiederum durch Kontrollsupervision und fachlichen Austausch selbst kontrollieren. Diese hierarchisierte Selbstkontrolle hat eine Parallele in der Sozialarbeiterausbildung an Fachhochschulen: Auch hier werden die Sozialarbeiter nicht durch ihresgleichen betreut, sondern durch Absolventen akademischer Ausbildungen (Doktores der Psychologie, Pädagogik, Theologie, Soziologie etc.).

Dieser in der Sozialarbeit entwickelte Modus der Selbststeuerung und -kontrolle unter fachlicher Anleitung ist aber auch für andere Arbeitsfelder attraktiv, weil auch hier die Selbststeuerung von Arbeitsgruppen und -teams mit der Propagierung flacher

Hierarchien in Profit- wie Nonprofitorganisationen auf der Tagesordnung steht. Bevor dieser Wandel untersucht wird, soll aber zunächst genauer nach dem tatsächlichen Bedarf nach Supervision von Seiten verschiedener Berufsgruppen gefragt werden.

2.3 Welche Berufe fragen Supervision nach?

Diese Frage läßt sich präzise nicht beantworten, da es keine Erhebungen repräsentativer Daten zu dieser Fragestellung gibt. Hier liegt sicher ein Forschungsdefizit (Buer 1998). Es lassen sich nur mehr oder weniger plausible Vermutungen anstellen, die sich aus eigenen unsystematischen Eindrücken, der Auswertung der einschlägigen Supervisionsliteratur und einer Einschätzung der „Supervisionsfähigkeit bzw.-bedürftigkeit" bestimmter Berufe ergibt.

Nach den oben ausgeführten Überlegungen sind es bisher vor allem „bescheidene" Professionen, die Supervision nachfragen. Die sporadische Nachfrage von Seiten vollakademisierter Professionen oder wenig qualifizierter Dienstleistungsberufe (z.B. Verkäufer) kann hier also aus gutem Grund vernachlässigt werden. Eine sinnvolle Stratifizierung dieser Berufe ist aber nicht einfach, weil die Professionsforschung zu psychosozialen Dienstleistungsberufen oft von der Erziehungwissenschaft ausgeht und von hier aus einteilt (Dewe u.a. 1992; Dewe 1994; Rauschenbach, Schilling 1995; Combe, Helsper 1996; Merten, Olk 1996). Ein konträrer Einteilungsversuch ist in der Psychologie mit dem Konzept psychosozialer Arbeit vorgenommen worden (Cramer 1982; Keupp, Rerrich 1982). Die hier vorgeschlagene Schneidung in vier Berufsgruppen muß daher im Nachvollzug ihre Plausibilität erweisen.

Soziale und erzieherische Berufe

Hierzu rechne ich alle sozialpädagogischen Berufe, die an Fachschulen, Fachhochschulen und Universitäten ausgebildet werden und sich

- in direktem personenbezogenen Kontakt um die Verbesserung des psychosozialen Status bestimmter Personengruppen bemühen und
- diese Arbeiten koordinieren, planen, anleiten oder managen (Rittelmeyer 1994; Rauschenbach 1994; Rauschenbach u.a. 1995).

Im Kontext der Professionalisierung dieser Berufe (Sachße 1986; Olk 1986; Müller 1991) hat sich die Supervision entwickelt (s.o.). Da die „Bescheidenheit" dieser Berufsgruppe erhalten bleiben wird, bleibt auch die Nachfrage nach Supervision von Seiten der MitarbeiterInnen erhalten (Belardi 1992; 1996a). Es ist allerdings die Frage, ob die wohlfahrtsstaatlichen Einrichtungen und Behörden im Zuge der Durchsetzung der neuen Steuerungsmodelle ihre Unterstützung dieser supervidierten autonomen Zonen erhalten, ausbauen oder abbauen werden.

Bildungsarbeiter

Hierzu rechne ich alle Berufe, die Wissen und die Anwendung von Wissen für alle Lebenslagen von der Wiege bis zur Bahre (Lenzen 1997) vermitteln wollen (Böttcher 1996; Wimmer 1996). Diese Tätigkeit umfaßt nach Giesecke (1987) Unterrichten, Informieren, Beraten, Arrangieren und Animieren.

Durch die Einpassung in die Schulbürokratie nimmt hier der *Lehrerberuf* eine besondere Stellung ein (Terhart 1992; Diedrich 1994; Ulich 1996). Nach Helsper (1996) lassen sich, ähnlich wie in der Sozialarbeit (s.o.), auch im Lehrerhandeln konstitutive professionelle Antinomien aufzeigen, die bestimmte Paradoxien erzeugen. Diese führen oft zu Verkennungen der Lage, deplaziertem Engagement und spezifischen Belastungen (Gudjons 1993; Rudow 1994). Supervision hat hier die Aufgabe, diese erwartbaren Folgen zu bearbeiten bzw. zu verhindern (Denner 1998). Die Nachfrage nach Supervision von Seiten der Lehrerschaft geht im wesentlichen von drei Gruppierungen aus, von den kritischen Reformern, die trotz aller Frustration weitermachen, von psychosozial sensibilisierten LehrerInnen, die ihre Lehrerpersönlichkeit weiterentwickeln wollen, und von einer Gruppe, die stark unter der Schule leidet und Erkrankungen verhindern muß[4] (Buer 1990, S. 494).

Demgegenüber finden sich in der *Erwachsenen-* bzw. *Weiterbildung* verschiedene Berufsgruppen, die nur zum Teil spezifisch qualifiziert sind und haupt-, neben- oder freiberuflich in staatlichen, betrieblichen oder freien Einrichtungen tätig sind (Koring 1992; Giesecke 1994). Supervision kann den professionalisierten Erwachsenenpädagogen auf dem einen Pol dieses Spektrums helfen, mit ihren professionellen Antinomien fertig zu werden. Auf der anderen Seite des Spektrums stehen die vielen nebenamtlichen, niedrig honorierten DozentInnen, denen eine Supervisionsgruppe untereinander Kontakt, Identifikation mit der Einrichtung und berufliche Weiterqualifikation bieten kann (Wack 1994).

Therapeutische Berufe

Immer da, wo Therapie nicht allein technologisch verstanden wird, sondern auch als Beziehungsarbeit (Grossinger 1985), entsteht der Bedarf nach Selbstreflexion beruflichen Handelns (Balint 1980). Dieses Verständnis ist in der Medizin aber nur in bestimmten Richtungen und in bestimmten Bereichen verbreitet. Grundlegend ist es allein in der *Psychotherapie* (Janssen u.a. 1997).

Da hier schon in der Ausbildung die Anwendung des Gelernten unter Supervision erfolgt, hat Supervision hier Tradition (z.B. Cremerius 1994; Linster, Panagiotopolos 1994; Tillmanns 1994; Auckenthaler 1995). Diese Supervision wird aber bisher zumeist von den Ausbildern ohne spezielle Supervisionsausbildung durchgeführt und bezieht sich im wesentlichen auf die korrekte Durchführung des Therapieverfahrens. Aus diesem Kontext sind dann diese Supervisionskonzepte auch auf die Supervision der Berufspraxis von Psychotherapeuten, Beratern und weiterer Dienstleistungsberufen übertragen worden (z.B. Ritscher 1996; Schmelzer 1997). Auch die Psychologie hat sich bemüht, eigenständige Supervisionskonzepte zu entwickeln (z.B. Plessen, Kaatz 1985; Wilker 1995). Diese Art Supervision leidet bisher daran, die institutionelle bzw. die arbeitsorganisatorische Dimension beruflichen Handelns vernachlässigt zu haben. Kommt hier eine Kooperation mit der Organisationspsychologie zustande, wird das Defizit schnell behoben sein.

So stoßen gerade in therapeutischen Arbeitsfeldern beide Traditionen der Supervision aufeinander. Das führt insbesondere dann zu Konflikten, wenn wie in der Sucht-

---

4 Mit dem Thema „Supervision für Lehrer und Schule“ beschäftigt sich der Beitrag von H. Pühl im „Handbuch der Supervision 2“ und der Beitrag von J. Mietz in diesem Band. – Der Hrsg.

therapie psychologische und sozialarbeiterische Psychotherapeuten gemeinsam supervidiert werden wollen. Besonders paradox wird es, wenn in diesem Bereich Sozialarbeiter von Psychoanalytikern supervidiert werden, die dann die Schwierigkeiten auf eine zu geringe Professionalität der Sozialarbeiter zurückführen (z.B. Müller 1995).

Die Supervisionsfähigkeit und -bedürftigkeit der Psychotherapie ergibt sich unstrittig aus ihrer grundlegenden professionellen Antinomie: Heilung versus Anpassung (North 1975; Hellerich 1985; Frank 1985; Schaeffer 1990, 1992). Nach welcher Supervision aber verlangt wird, das kann je nach professionellem Selbstverständnis der Nachfrager sehr unterschiedlich sein. Hier ist sicher der professionelle Status des Supervisors und die professionelle Nähe zum Supervisanden in den meisten Fällen ausschlaggebend.

Pflegeberufe

Mit der Professionalisierung der Pflegeberufe von der Krankenschwester über den Altenpfleger bis zur Heilpädagogin entsteht hier ein Supervisionsbedarf, ähnlich wie er sich zunächst in den sozialpädagogischen Berufen entwickelt hat.[5] Je deutlicher diese Berufsgruppen und ihre Adressaten Pflege als Beziehungsarbeit fassen, um so eher sind Reflexionszonen durchsetzbar, die supervisorisch begleitet werden können (z.B. Kieper-Wellmer 1997; Lietz 1998). Da hier die Statusdifferenz zwischen Supervisor und Supervisand stimmt, wird Supervision sicher angenommen. Leider sind damit aber auch nur begrenzte Honorierungsmöglichkeiten durch die Berufstätigen verbunden. In wieweit die Einrichtungen hier in Zukunft investieren werden, ist nicht eindeutig erkennbar.

Neben diesen „bescheidenen" Professionen sind es vor allem bestimmte Berufe, die nach Supervision verlangen, wenn nämlich ein Großteil von deren Tätigkeit durch Beratungsarbeit bestimmt ist. So können Mitarbeiter von psychosozialen Beratungsstellen, aber auch Familienrichter oder Rechtsanwälte, Seelsorger, Trainer und Unternehmensberater Supervisionsbedarf entwickeln. Ob sie Supervision in Anspruch nehmen, hängt aber auch wesentlich davon ab, daß sie über Supervision informiert sind und Zugänge zu geeigneten SupervisorInnen haben.

Angesichts der wachsenden Schere zwischen Angebot und Nachfrage nach psychosozialen Dienstleistern ist heute mit mehreren, kürzer oder länger dauernden Unterbrechungen der Berufstätigkeit zu rechnen. Auch ist der Einstieg in den Beruf von Seiten der HochschulabsolventInnen wie der Wiedereinstieg von Frauen nach der Familienphase durch oft längere Zeiten der Arbeitssuche gekennzeichnet. Gerade hier kann eine Supervisionsgruppe vor der endgültigen Resignation bewahren bzw. einen Wandel der Berufsidentität begleiten (Witte 1996).

Die Einführung, Anleitung und Kontrolle *ehrenamtlicher MitarbeiterInnen* war in der Sozialarbeit immer schon (s.o.) eine wichtige Aufgabe.[6] In manchen Bereichen hat die Supervision diese Funktion übernommen (Belardi 1996b). Heute wird der in kirchlichen, verbandlichen oder kommunalen Milieus eingebundene Helfer zunehmend ersetzt durch engagierte Bürger, die sich in vier Helfertypen unterscheiden lassen (Wischeropp 1998):

---

5 Siehe hierzu die Beiträge von A. Nilsson und G. Junkers. – Der Hrsg.

6 W. Schmidbauer stellt in seinem Beitrag seine Supervisionserfahrungen in diesem Bereich dar. – Der Hrsg.

- Typ A sucht als ausgebildeter Helfer eine zusätzlich sinnvolle Beschäftigung.
- Typ B sucht in der dritten Lebensphase außerhäusliche Aktivitäten und die damit verbundenen Kommunikationsmöglichkeiten.
- Typ C ist in der mittleren Lebensphase ohne familiäre Pflichten. Die ehrenamtliche Tätigkeit dient der eigenen Professionalisierung.
- Typ D sucht einen Ausgleich zum Alltag und zur Bewältigung persönlicher Krisen.

Während Typ A keine fachliche Begleitung benötigt und Typ B Fachlichkeit eher abwehrt, sind Typ C und D sehr an professioneller Unterstützung interessiert. Hier könnte der Supervision ein neues Betätigungsfeld zuwachsen, wenn hierzu öffentliche Gelder zur Verfügung gestellt würden.

Da in sozialen Dienstleistungsorganisationen *Leitungspositionen* meist durch Fachkräfte besetzt wurden, wurde die Führungskompetenz auch als besondere Qualifikation der Fachkräfte angesehen. Entsprechende Fortbildungen in „Führung und Leitung von Mitarbeitergruppen“, heute umfassender in „Sozialmanagement“ (Gehrmann/Müller 1993), sollen diesem Ziel dienen. Da hier die Professionslogik durchgehalten wird, wird Führung als Kompetenz und nicht als Herrschaftsfunktion definiert. Schwierigkeiten bei der Übernahme und Durchsetzung der Leitungsrolle wird als professionelles Defizit gesehen, dem von Fall zu Fall durch Leitungssupervision abgeholfen werden kann (Thiel 1994; Weigand 1994). Führungskräfte in sozialen Dienstleistungsorganisationen haben oft unter der Paradoxie zu leiden, daß sie von Seiten eines nichtfachlichen Vorstandes oder in Kooperation mit einem Betriebswirt als Geschäftsführer nach der Unternehmenslogik verfahren sollen, wärend sie selbst als Fachkraft sich der Professionslogik verpflichtet fühlen und ihre Arbeit auch von Seiten der professionellen MitarbeiterInnen oft allein nach dieser Logik beurteilt wird.

Wir können festhalten: Bisher hat die Supervision ihre eigene Professionalität entwickelt, indem sie einen entscheidenden Beitrag zur Professionalisierung „bescheidener“ Professionen geleistet hat. Damit ist sie der Professionslogik gefolgt, nach der eine personenbezogene psychosoziale Dienstleistung nur in einem sensiblen Beziehungsfeld gelingen kann, deren Grenzen nicht von außen überschritten werden dürfen. Die Qualitätskontrolle kann nur dadurch erfolgen, daß die Gesellschaft Vertrauen darin setzen kann, daß der Professionelle fachliche Standards bei der Erbringung einhält.

Damit unterscheidet sich die Professionslogik radikal von einer Unternehmenslogik, bei der die Arbeitsabläufe so geplant, umgesetzt und kontrolliert (Controlling) werden, daß eine hohe Produktivität und damit Rentabilität des Unternehmens erreicht wird. Gerade diese Diffenrenz war bisher die Basis für die Professionalisierung der Supervision selbst. Denn nur im Rahmen der Professionslogik konnte die Supervision auch für sich eine autonome Reflexionszone etablieren. Heute ist die Supervision mit diesen zwei konträren Logiken konfrontiert. Die Frage ist, ob die Supervision zugleich beiden Logiken folgen kann.

3. Braucht jede Organisation Supervision?

3.1 Supervision als organisationsbezogene Beratung

Zwar hat sich die Supervision in der Professionalisierungsgeschichte der Sozialarbeit schon bald von einer Führungsaufgabe zu einer eigenständigen Qualifikation und dann zu einem eigenständigen Beruf entwickelt. Die Verbindung von Leitung und Supervision von Mitarbeitergruppen ist aber durchaus – wenn auch nur randständig – erhalten geblieben, vor allem in der Supervisionsausbildung des Deutschen Vereins für öffentliche und private Fürsorge. Mit dieser Kombination ist unweigerlich auch der Blick auf die Organisation verbunden. Auf die Tagesordnung aber wurde das Thema „Supervision als organisationsbezogene Beratung" erst durch zwei jüngere Entwicklungen gesetzt.

Zum einen von innen heraus: Mit der Einbeziehung der Leitung in die Teamsupervision (Weigand 1996) und der Zurkenntnisnahme der Konzepte und Methoden der Organisationsberatung (Gotthardt-Lorenz 1989) weitete sich der supervisorische Blick auf die Balange der Organisation aus (Belardi 1992) und fand seinen Niederschlag im Konzept der „Organisationssupervision" von Gotthardt-Lorenz (1994; 1996; 1997; Tatschl 1997). Desweiteren rückte in der psychoanalytischen Supervisionstradition die Institutionsanalyse immer stärker in den Vordergrund (Pühl 1996; 1998). Zum anderen hat die Organisationsentwicklung die Supervision als wichtiges Instrument entdeckt und von außen einen Anpassungsdruck auf die Supervision ausgelöst (Fatzer 1996; Buchinger 1996; Scala, Grossmann 1997). Damit reagiert die Supervision auf die Tatsache, daß die Nachfrage nicht mehr nur von den Professionellen ausgeht, sondern zunehmend häufig von der Organisation(sleitung) direkt. Sie möchte für ihre MitarbeiterInnen oder für bestimmte Gruppen aus gegebenem Anlaß Supervision.

Mit der Propagierung des Organisationsbegriffs als zentralem Referenzpunkt der Supervision wird aber die Unterscheidung von sozialer Dienstleistungseinrichtung, deren Dienste von Professionen geleistet werden, und Wirtschaftsunternehmen, deren Arbeit von qualifizierten Arbeitskräften verrichtet wird, verdeckt. Daher ist es notwendig, zunächst einmal den Organisationsbegriff zu klären und dann genauer zu fragen, welche Organisationen denn nun tatsächlich supervisionsfähig und -bedürftig sind.

3.2 Zur Theorie der Organisation

Organisieren kann transitiv wie intransitiv verwendet werden. Etwas organisieren, meint dann, etwas planmäßig ordnen, einrichten. Das Wort ist dem Französischen *organiser* entlehnt, in dem das Griechische *organon* (= Werkzeug) steckt. Organisieren bedeutet dann „bewerkstelligen". Dieser *instrumentelle* Organisationsbegriff spielt in der Betriebwirtschaftslehre eine große Rolle und meint dann: „effiziente Arbeitsverläufe zu entwerfen und dauerhaft sicherzustellen" (Schreyögg 1996, S. 5ff). Organisation ist dann das Ergebnis dieser Bemühungen. Die Sicherstellung dieses Zweckverbands von menschlichen Tätigkeiten, also das Sich-Organisieren, impliziert ihre Institutionalisierung. Dieser *institutionelle* Organisationsbegriff steht in den Sozialwissenschaften im Mittelpunkt des Interesses (Ortmann, Sydow, Türk 1997), hat aber inzwischen auch die Betriebswirtschaft erreicht (z.B. Schreyögg 1996; Walter-Busch 1996). Organisation kann also als Spezialfall von Institution betrachtet werden. Institutionalisierung menschlichen Lebens ist somit ein notwendiger Prozeß der Verfestigung sozialen Handelns, also auch des Organisierens, der der Entlastung von Dauerregelungsstress dient, aber auch zur Belastung führen kann, wenn zuviel verregelt wurde (Berger, Luckmann 1980; Luckmann 1992). Der Institutionalisierung (Strukturierung) steht immer die spontane Flexibilisierung (Prozessualisierung) gegenüber (Buer 1998).

Das alles trifft nun auch auf Arbeitsorganisationen zu. Das sind Institutionen, die die notwendige Arbeit so organisieren sollen, daß der gesellschaftliche Bedarf an Gütern und Dienstleistungen gedeckt ist. Dabei kann es sich um eine Profit-Organisation handeln, also um einen wirtschaflichen Betrieb, der Gewinnmaximierung zum Ziel hat, oder um eine Non-Profitorganisation, die keinen Profit anstrebt, da sie am Gemeinwohl orientiert ist. Dazu gehören Behörden, Jugend- und Wohlfahrtsverbände, gemeinnützige Vereine und Einrichtungen vor allem im Bildungs-, Sozial-, Gesundheits- Justiz- und Pastoralsektor (Badelt 1997). Neben diesen Organisationen, in denen Erwerbsarbeit verrichtet wird, gibt es viele Organisationen, die andere gesellschaftlich notwendige Tätigkeiten organisieren, wie Politik, Freizeitgestaltung, Selbsthilfe, Eigenarbeit (Heinze, Offe, 1990; Offe, Heinze 1990).

3.3 Welche Organisationen fragen Supervision nach?

3.3.1 Supervision in Profit-Organisationen

Gegenwärtig vollzieht sich wohl in allen Branchen ein deutlicher Umbruch in den Ansätzen und Strategien der technisch-organistorischen Modernisierung. Nicht mehr starre, klassisch tayloristische Konzepte stehen im Vordergrund. Das Ziel ist jetzt, Flexibilisierungspotentiale in der Technik wie bei den MitarbeiterInnen zu entdecken und zu fördern. Das Personal wird zum entscheidenden Faktor, das kreativ und selbstverantwortlich steuernd die technische Entwicklung wie die Reorganisation voranbringen soll. Kernelement aller neuen Organisations- und Managementkonzepte sind Gruppen- bzw. Teamarbeit[7] (Katzenbach, Smith 1993; Heidenreich 1994) und eine partizipative, kooperative Unternehmenskultur (Schein 1995), ob es sich um Konzepte des Lean-Managements, des Geschäftsprozeß-Managements, des Total-Quality-Managements[8], der Lernenden Organisation[9] oder der Netzwerkorganisation (Bullinger 1995) handelt. Daraus ergeben sich an besonderen Ansprüchen an die MitarbeiterInnen:

Die kaum noch durchschaubare Komplexität der Anforderungen und die ungewohnte Geschwindigkeit von Veränderungen verlangt ein hohes Maß an Flexibilität, Lern- und Veränderungsbereitschaft.

- Die in dieser Situation notwendige gemeinsame Neuformulierung von Leitbildern (Belzer 1995) verlangt bei allen Umdenken und Neuorientierung, die oft erhebliche Rollenkonflikte und Veränderungen des eigenen Selbstverständnisses erfordern.

---

7 Siehe hierzu den Beitrag von H. Pühl über „Moderne Team-Supervision". – Der Hrsg.

8 A. Nilsson beschreibt anhand seiner Erfahrungen als interner Supervisor und Berater über die Einführung des TQM in einem Krankenhaus. – Der Hrsg.

9 Siehe hierzu den Beitrag von G. Fatzer: Lernende Organisation: Mythos und Realität". – Der Hrsg.

- Eine partizipative, kooperative Unternehmenskultur verlangt eine hohe Bereitschaft zur Übernahme von Verantwortung (Sprenger 1995) und eine kooperative Steuerungskompetenz.

Hier entsteht ein Bedarf nach Unterstützungsleistungen für die MitarbeiterInnen, die

- deren Verunsicherung und Umorientierungsprozesse begleiten,
- deren kreative Potentiale wecken und entfalten und
- eine partizipative Steuerungskompetenz vermitteln.

Genau das aber kann Supervision leisten (Nellessen 1993; Butzko 1994; Schwendenwein 1995; Schwitalla 1997; Buchinger 1996, 1997; Redlefsen 1997). Supervision wird dann als ein besonderes Format innerhalb einer Personalentwicklung verstanden, die nicht außerhalb des Betriebs schult, sondern einen permanenten Lernprozeß (Geißler 1995) kontinuierlich begleitet (Berker, Ingerfeld 1995). Damit kann sie auch zur Alternative zu umfassenden Organisationsenwicklungprojekten werden, da diese schon wegen ihres Aufwandes zeitlich limitiert sein müssen. Angesichts beschleunigter Veränderungsprozesse kann das Ergebnis eines solchen Prozesses aber, wenn es denn feststeht, schon bei der Formulierung überholt sein. Supervision als etablierte Zone, in der die permanente Entwicklung der Organisation reflektiert und gesteuert werden kann, bietet sich hier als effizienteres Format an.

Ferner geraten die Führungskräfte im mittleren wie im Top-Managment unter zusätzlichen Druck, nicht nur weil auch sie immer weniger langfristig planen können, sondern weil sie selbst einen ganz neuen Führungstil umsetzen müssen, der mit der Verlagerung von Steuerungsprozessen nach unten ihre Position selbst überflüssig machen könnte. Die Anforderung erhöhter Flexibilität, erweiterter Partizipationsfähigkeit wie die zunehmende Unsicherheit der Karriereaussichten und das größer werdende Dilemma zwischen der totalen Einbindung in das Unternehmen und den Selbstverwirklichungsansprüchen (Baethge u.a. 1995) schafft Unzufriedenheit und Stress. Da das Selbstverständnis von Top-Managern Hilfsbedürftigkeit nicht vorsieht (Goeudevert 1998), ist die Nachfrage nach professioneller Fremdunterstützung aber eher versteckt. Für diese Zielgruppe versucht das Coaching eine Angebot zu machen. Wenn SupervisorInnen sich im Unternehmenskontext bewegen können und über ausreichende Managementkenntnisse verfügen, können sie hier durchaus auf Nachfrage stoßen. Coaching wäre dann eine Methode des Formats Supervision (Fatzer 1990).

Supervision in diesem Kontext wendet sich nicht mehr nur an Angehörige von Professionen in sozialen Dienstleistungsorganisationen, sondern tendenziell an alle MitarbeiterInnen in allen Unternehmen. Es geht nicht mehr um die Einhaltung professioneller Standards beruflichen Handelns im Umgang mit Schutzbefohlenen (= Klienten), sondern um die Nutzung menschlicher Potentiale und die Verminderung kommunikativer Reibungsverluste beim organisationalen Handeln. Supervision ist nicht mehr eine Zone autonomer Selbstreflexion *gegenüber* der Organisation, sondern eine Zone der organisationalen Selbststeuerung *innerhalb* der Organisation.

Damit folgt sie aber nicht mehr der Professionslogik, sondern der Unternehmenslogik. Während die erste primär am Gemeinwohl orientiert ist und erst sekundär Rationalitätskriterien gehorchen muß, ist die zweite primär auf die Rentabilität des konkreten Betriebes gerichtet und ist erst sekundär dem sozialen Ganzen (nationale Wohlfahrt) verpflichtet.

3.3.2 Supervision in Non-Profit-Organisationen

Diese Verbände, Einrichtungen und Initiativen organisieren neben dem Staat mit seinen verschiedenen Ebenen, der Privatwirtschaft und den Privaten Haushalten als vierter oder intermediärer Sektor die Maßnahmen zur Sicherung individueller wie sozialer Wohlfahrt (Grunow 1995; Evers, Olk 1996; Bauer, Grenzdörffer 1997). Die Arbeit wird in einer einmaligen Mischung von ehrenamtlich mitarbeitenden Bürgern wie von professionellen Dienstleistern durchgeführt. Die Organisationskultur wird aber geprägt von Professionellen, die sich nicht nur dem Gemeinwohl, sondern sich oft zusätzlich einer spezifischen Wertegemeinschaft zugehörig fühlen. Nicht nur die Erwerbstätigen in diesen Organisationen sind Professionelle. Auch in den ehrenamtlichen Vorständen sitzen neben sozial engagierten Geschäftsleuten und deren Frauen auch viele Angehörige etablierter Professionen (Geistliche, Juristen, Ärzte). Insofern sind Non-Profit-Organisationen stark von der Professionslogik geprägt.

Finanziert werden diese Organisationen mehrheitlich aus öffentlichen Haushalten, Kirchensteuern, Sozialversicherungen und privaten Spenden. Da diese Mittel knapp gehalten werden, müssen auch diese Organisationen zunehmend Rechenschaft über eine effektive Mittelverwendung ablegen. Zudem soll durch neue Steuerungsmodelle betriebswirtschaftliche Rationalität durchgesetzt werden, um die Organisationskosten zu senken[10]. Das Problem ist nur, daß es keine Methode geben kann, die den Nutzen sozialer Dienstleisungen und der darauf bezogenen Behörden für das Gemeinwohl in Mark und Pfennig (oder Euro) umrechnen kann. Es können nur plausible Evaluationsstudien gemacht werden, aufgrund derer fachlich, ethisch und politisch zu entscheiden ist, was wir uns leisten wollen und was nicht. Es ist zudem nicht klar, wer genau der Adressat sozialer Dienste ist. Sicher geht es nicht nur um das Wohlergehen und die Normalisierung der direkten Klientel, sondern auch um die Verbreitung von Sicherheit und die Demonstration von Fürsorglichkeit (Wolff 1983) bei der „Normalbevölkerung".

Mit der Übernahme betriebswirtschaftlichen Denkens und entsprechender Strategien, die in Profit-Organisationen aber oft schon längst als undurchführbar oder unwirtschaftlich abgehakt worden sind (Shapiro 1996), wird die in Non-Profit-Organisationen bestimmende Professionslogik durch die Unternehmenslogik unter Druck gesetzt (Merchel 1995). Das führt neben der Vermarktung und Reprivatisierung psychosozialer Hilfen auch zu einer Differenzierung der professionellen Dienstleistungen. Bescheidene Professionen geraten unter Deprofessionalisierungsdruck und müssen zunehmend mit unqualifizierten Beschäftigten oder ehrenamtlichen Helfern konkurrieren. Die Differenzierung in Fach- und Führungskraft wird zunehmend zurückgenommen. Hoch qualifizierte Führungskräfte dirigieren einen immer größer werdenden Stab von wenig professionalisierten Helfern. Der professionelle Umgang mit dem Klientel steht nun tendenziell nicht mehr im Vordergrund, sondern die Organisation der verschiedendsten Hilfeangebote der verschiedendsten Helfergruppierungen an den verschiedendsten Orten für verschiedendste Adressatengruppen. Es ist wieder kreatives Organisationstalent und unbegrenztes Engagement verlangt, wie es die Pioniere der Sozialarbeit vor hundert Jahren ausgezeichnet hat. Mit dieser Ausdifferenzierung und Pluralisierung im Namen der Bürgernähe oder gar der Kundenorientierung wird eine neue

10 Mit diesem Thema beschäftigt sich der Beitrag von Rütz-Lewerenz. – Der Hrsg.

Unübersichtlichkeit erzeugt, die nicht mehr so einfach erkennen läßt, wer und wieviele durch das Netz sozialer Hilfe gefallen sind.

Supervision in diesem Bereich steht in diesem Spannungfeld zwischen der Professions- und der Unternehmenslogik. Sie kann Führungskräfte dabei unterstützen, ihre prinzipiell unbegrenzbare Arbeit zu organisieren. Sie kann den Professionellen helfen, den Spagat zwischen Unternehmens- und Professionslogik auszuhalten und sie kann die Fachaufsicht wenig qualifizierter Arbeit im Auftrag der Organisation übernehmen. Im Vordergrund steht also nicht so sehr die Beziehungsarbeit mit der Klientel im Sinne der Fallsupervision auf einer mikrosozialen Ebene, sondern das Organisieren der Arbeit selbst auf einer mittleren Ebene. Während die makrosoziale Ebene der Verbandsstrukturen und Angebotspalette den Unternehmensberatern vorbehalten wird.

Der Sozialsektor

umfaßt die Sozial- und Jugendhilfe in staatlicher, intermediärer und kommerzieller Regie (Mollenhauer 1994). Da diesem Sektor eine Pionierfunktion zur Aufdeckung von potentiellem Störpotential wie eine Lückenbüßerfunktion gegenüber den angeseheneren Bereichen des Gesundheits-, Bildungs- und Pastoralsektors zukommt, zeichnet sich die Organisationsstruktur durch eine sehr starke Heterogenität aus. Da es nicht die Aufgabe dieses Sektors ist, die gesellschaftlichen Ursachen sozialer Problemlagen zu beseitigen, und er nicht über die Macht verfügt, ausreichende Hilfe zu organisieren, ergibt sich ein zentraler Widerspruch: Die Klienten sollen an eine soziale Wirklichkeit herangeführt werden, die sie zugleich etikettiert und ausgrenzt. Auf der einen Seite muß diese Arbeit klientenzentriert sein, um überhaupt Einflußmöglichkeiten zu verankern. Auf der anderen Seite muß diese Arbeit bürokratisch verwaltet werden, damit die zur Verfügung stehenden Mittel gleich und möglichst effektiv verteilt werden können und die Normalisierungsarbeit der MitarbeiterInnen auch kontrolliert werden kann. In der Organisationsstuktur sind also folgende Widersprüche eingeschrieben zwischen:

- Erwerbstätigen versus freiwilligen HelferInnen,
- Professionssystem versus Sozialbürokratie,
- Klientennähe versus Klientendistanz,
- professioneller Spezialisierung versus berufsgruppenübergreifender Kooperation,
- der Segmentierung der Angebote versus der Notwendigkeit ihrer Koordination..

Gerade im Sozialen Sektor ist die Supervision von Seiten der Professionellen gegen die Zumutungen der Organisation durchgesetzt worden (s.o.). Mit der Verordnung der Unternehmenslogik von oben wird aber die allein professionsbezogene Supervision in Frage gestellt. Eine organisationsbezogene Supervision stößt aber auf ein eingefleischtes Mißtrauen gegenüber Organisationen und eine ambivalente Einstellung gegenüber Leitungsfunktionen und Leistungsorientierung beim Gros der MitarbeiterInnen (Scala, Grossmann 1997, S. 199ff). So wird der Kampf zwischen Profession und Organisation als Referenzpol der Supervision gerade in der Sozialarbeit, dem Ursprungsland der Supervision, am heftigsten ausgetragen. Stellt sich die Supervision auf die Seite der Professionellen, wird sie von den Organisationen immer weniger unterstützt werden mit der Folge, daß sie auf freiwilliger Basis außerhalb der Arbeitszeit stattfinden müßte. Stellt sie sich auf die Seite der Organisation, hat sie mit großer Skepsis zu rechnen.

Der Bildungssektor

umfaßt den Elementar-, den Schul-, den Hochschul- und den Weiterbildungsbereich. Er ist durch einen zentralen Widerspruch bestimmt: Auf der einen Seite sollen die TeilnehmerInnen in Bildungsveranstaltungen angeregt und unterstützt werden, die Beziehungen zu sich, zur Mit- und zur Umwelt zu bilden, so daß sie sich und die Welten, in denen sie leben, gegen ungerechtfertigte Einschränkungen besser entfalten können (Mündigkeit). Auf der anderen Seite sollen sie für das Leben und Arbeiten in der gegebenen Gesellschaft qualifiziert werden, so daß sie nützliche Mitglieder sind (normierende Formation). Dieser Widerspruch ist den verschiedenen Einrichtungen des Bildungssektors eingeschrieben.

In der *Schule* (Tenorth 1994) zeigt sich dieser Widerspruch als Spannung zwischen

- Erwachsenenwelt versus Kinderwelt,
- Selektion versus Förderung der SchülerInnen,
- Eingehen auf den einzelnen versus nivellierender Beschulung,
- Förderung sozialer Kompetenzen und Stoffvermittlung,
- Isolation in der täglichen Arbeit versus Bedarf nach Feedback, Wertschätzung und Austausch,
- individuelle Autonomie im Unterricht versus Verrechtlichung und bürokratischer Kontrolle (Scala, Grossmann 1997; S. 126).

Mit dem verstärkten Rationalisierungsdruck auf die Schulen hat ein Strukturwandel eingesetzt (Lehner, Widmaier 1992), der zu Konzepten und Strategien der Schulentwicklung[11] (Rolff 1994; Dalin u.a. 1995; Beucke-Galm 1996) geführt hat. Supervision hat jetzt einen Stellenwert innerhalb eines solchen Prozesses (Scala, Grossmann 1997, S. 119ff; Kogelbauer 1997) und kann nicht mehr nur als Stützung des Lehrerhandelns gesehen werden (wie noch bei Pallasch 1991). Dieser Schulzentriertheit der Supervision entspricht es auch, daß diese Supervision nicht so sehr von freiberuflichen Supervisoren von außen durchgeführt wird als von Lehrern, die speziell innerhalb des schulischen Weiterbildungssystems dafür ausgebildet wurden. Hier ist Supervision eher als Qualifikation denn als eigenständige Profession gefragt.

Der Gesundheitssektor

Da Gesundheit in unserer Gesellschaft zu den höchsten Gütern zählt, sind in diesem Sektor nicht nur Non-Profit-Organisationen, sondern auch Staat und Wirtschaft stark engagiert. Da fast die Hälfte der Ausgaben über die gesetzliche Krankenversicherung finanziert wird und es in der Ärzteschaft (in der BRD) gelungen ist, ihre Vorherrschaft über die Definition von Krankheiten durchzusetzen, ist eine Kontrolle des Preis-Leistungsverhältnisses des Medizin-Systems durch die Patienten wie die Solidargemeinschaft der Beitragszahler erheblich erschwert. Die Ärzteschaft als etablierte Profession kann somit fast unkontrolliert ihr eigenes Einkommen bestimmen wie den Gewinn der mit ihr kooperierenden Gesundheitsindustrie. Hier ist die Professionslogik mit der Unternehmenslogik eine einträgliche Verbindung eingegangen. Dieser Sektor ist aber gerade deshalb von zentralen Widersprüchen bestimmt zwischen

11 Siehe hierzu den Beitrag von J. Mietz. – Der Hrsg.

- der Kritik der krankmachenden Lebens- und Arbeitsverhältnisse und der Notwendigkeit, nur unter eben diesen Bedingungen an eben diese anpassen zu können,
- der Selbstverantwortung jedes einzelnen Bürgers für seine eigene Gesundheit und der gesellschaftlichen (insb. der betrieblichen und staatlichen) Verantwortung für die „Volksgesundheit" durch eine leistungsstarke Gesundheitsversorgung wie eine gesundheitsfördernde Gestaltung der Lebens- und Arbeitsverhältnisse.

Diese Widersprüche zeigen sich in verschiedenen Interessenskonflikten zwischen

- den Patienten als den unmündigen und unwissenden Laien und den Ärzten als den alleinigen Medizin-Experten,
- der etabliertern Profession Ärzteschaft und allen anderen (paramedizinischen) Gesundheitsberufen,
- der Solidargemeinschaft der Versicherten, den Ärzteverbänden, dem Staat und der Gesundheitsindustrie,
- der Selbsthilfe der Bevölkerung (Volksmedizin) und der Fremdhilfe durch Experten.

Speziell im *Krankenhaus* (Foucault 19976a; Badura u.a 1993) zeigen sich folgende Widersprüche (Scala, Grossmann 1997, S. 165), die immer neue Organisationsanstrengungen verlangen:

- Fach- und Professionssystem versus Verwaltung,
- fortschreitende Arbeitsteilung und Spezialisierung versus Bedarf an fach- und berufsgruppenübergreifender Kooperation in den Leistungsprozessen,
- hierarchische Kultur versus Angewiesenheit auf sehr selbständige und eigenverantwortliche Arbeit,
- Eigendynamik und Autonomie der Fachbereiche versus Bedarf an Integration und Handlungsfähigkeit der Gesamtorganisation.

Im Rahmen der Organisationsentwicklung und der Verarbeitung und Steuerung von Umstrukturierungsprozessen hat die Supervision hier inzwischen vielfältige Aufgaben übernommen (Degenhardt 1994, Stadelmann, 1996; Scala, Grossmann 1997, S. 159ff; Widauer 1997). Insbesondere die Betreuung von Behandlungs- und Stationsteams ist zu einem zentralen Einsatzort geworden (Bardé, Mattke 1993; Hartmann u.a. 1994; Kruse u.a. 1996).

In *Psychiatrischen Kliniken* (Foucault 1973; Fengler, Fengler 1980) hat die Supervision durchaus Verbreitung gefunden. Sie dient aber im wesentlichen der Stützung von Behandlungsteams und weniger der Organisationsentwicklung (Eck 1998). Je mehr die Klinik (noch) als „totale Institution" (Goffman 1977) organisiert ist, desto schwieriger können die Strukturen verändert werden[12] (Jentges 1997; Hübner 1997; Leffers, Stemmer-Lück 1997).

Der Justizsektor

ist zur Bearbeitung von Kriminalität zuständig. Dieser Bereich ist zentral durch den Widerspruch bestimmt, auf der einen Seite dem Interesse der Opfer und der Gesellschaft nach Strafe nachzukommen, auf der anderen Seite den Tätern wieder zu einem

12 Siehe dazu auch die Erfahrungen von A. Nilsson. – Der Hrsg.

unauffälligen Leben in der Gesellschaft zu verhelfen (Resozialisierung) (Foucault 1989). Insofern es hier auch um „Beziehungsarbeit" mit straffällig Gewordenen geht, kann Supervision eine bedeutende Rolle spielen (Haselbacher 1997). Die Arbeit mit den Bediensteten in Gefängnissen kann nur helfen, den Arbeitsalltag erträglicher zu machen. Organisationsberzogene Supervision hat hier kaum eine Chance (Möller 1997).

Der Pastoralsektor

meint den gesellschaftlichen Teilbereich, der sich um die „Seelsorge" kümmert. Er wird von den Kirchen und Religionsgemeinschaften und ihren Unterorganisationen betrieben. Hier geht es nicht um um die seelsorgliche Beratung durch kirchliche Berufe, sondern vor allem auch um psychosoziale Dienstleistungen, die durch Fachkräfte mit konfessioneller Bindung im Sozial-, Bildungs- und Gesundheitssektor erbracht werden. Hier ergeben sich folgende Widersprüche:

- konfessionelle Bindung der Fachkräfte und prinzipiell ergebnisoffene Wissenschaftlichkeit ihrer professionellen Verpflichtung,
- Konfessionalität der Fachkräfte und konfessionelle Un- oder Andersgebundenheit ihrer Adressaten,
- Konfessionalität der Fachkräfte und Neutralitätspflicht im Rahmen des staatlichen Mandats.

Supervision hat diesen Widerspruch aufzugreifen, bewegt sich hier aber in einem sehr sensiblen Feld (Wittenberger 1997). Einfacher ist die Unterstützung bei der Entfaltung psychosozialer Kompetenzen in der Ausbildung kirchlicher Berufe (Andriessen, Miethner 1993; Wolf 1997). Organisationsbezogen wird die Supervision aber erst, wenn sie eingesetzt wird bei der Gemeindeentwicklung (Schmidt, Berg 1995; Witte 1997, S. 318ff)). Da wir es hier mit Wertegemeinschaften (Tendenzbetriebe) zu tun haben, ist professionelles Arbeiten nur insoweit möglich, wie die hierarchische Organisationsstruktur, die ideologisch sanktioniert ist, nicht tangiert wird.

Wir können festhalten: Zweifellos haben Arbeitgeber in Unternehmen, in öffentlichen Verwaltungen (Prowaznik 1997) und in Non-Profit-Organisationen Gefallen an der Supervision gefunden. Sie bezieht sich aber nach wie vor vor allem auf Professionelle. Daher ist es empirisch nur schwer auszumachen, inwieweit sie tatsächlich als primär organisationsbezogen angesehen werden kann. Organisationsbezogene Supervision scheint mehr Wunsch mancher Autoren zu sein als soziale Wirklichkeit.

4. Supervision als Profession

4.1 Supervision auf dem Weg der Professionalisierung

Die Basis der Supervision als Profession ist ihre unverzichtbare Funktion zur Qualitätssicherung bescheidener Professionen. Diese Professionen sind im Gegensatz zu den etablierten Professionen organisationsabhängig geblieben, haben kein hohes Ansehen in breiten Schichten der Bevölkerung und sind vergleichsweise bescheiden honoriert. Sie haben aber mit Hilfe der Supervision nicht direkt kontrollierbare Reflexionszonen gegenüber der Organisation entwickeln können, die ihnen eine gewisse Autonomie sichern. Die Differenz zwischen Führungs- und Fachkraft ist dafür konstitutiv. Supervisoren, die aus diesen bescheidenen Professionen stammen, partizipieren an dieser Autonomie, haben einen höheren Status erworben und erwarten aufgrund der Weiterqualifikation eine höhere Honorierung. Sie folgen daher uneingeschränkt der Professionslogik, die ihnen diese Vorteile verschafft hat.

In der gegenwärtigen Situation stehen sie jedoch vor einem Dilemma: In ihrem ureigendsten Feld droht vielen Dienstleistern eine Deprofessionalisierung. Damit schwindet die alte Basis supervisorischen Handelns. Die neue Einbeziehung der Supervision in die Organisationsentwicklung folgt jedoch der Unternehmenslogik. Sie sieht keine autonomen Reflexionszonen mehr vor. Sie verlangt nach effektiver Personalentwicklung und Verbesserung der Steuerungskapazitäten. Die organisationsbezogene Supervision hat sich selbst Rationalitätskriterien zu unterwerfen und ist kein geschützter Raum[13] mehr. Auch wenn in der Organisationssupervison entschleunigte Zonen geschaffen werden, in denen Verunsicherung und Belastungen verarbeitet oder in denen reflexive Steuerungsprozesse begleitet werden, so ist hier die Organisation immer anwesend und verlangt nach unmittelbarer, nachweisbarer Effektivität und Effizienz.

Läßt sich die Supervision auf diese Unternehmenslogik ein, dann tritt sie in direkte Konkurrenz mit den in diesem Feld schon etablierten Berufen, den Trainern, Coaches, Organisationsentwicklern und Unternehmensberatern. Hier zählt weniger die Zugehörigkeit zu einer anerkannten Profession, sondern das glaubwürdige Versprechen, erwünschte Ergebnisse konstengünstig erzielen zu können. Aber das läßt sich allzu leicht in Frage stellen, wie das jüngst Alfred Kieser (1998) für die Unternehmensberatung getan hat. In dieser Konkurrenzsituation haben SupervisorInnen Vor- und Nachteile. Der Vorteil besteht darin, daß sie mit persönlichen Widerständen und defensiven Routinen gut umgehen können, da sie über eine hohe personale und kommunikative Kompentenz (oft auch über gediegenes Organisationswissen) verfügen. Dazu fehlt bei vielen, die sonst in diesem Feld tätig sind, oft die nötige Ausbildung. Der Nachteil ist sicher, daß sie häufig über wenig Feldkompetenz und unternehmerisches Durchsetzungsvermögen verfügen. Zudem haftet ihnen ihre Herkunft aus Berufen mit niedrigem Status an.

Zur supervisorischen community gehören aber nicht nur diese SupervisorInnen, die aus bescheidenen Professionen stammen. In ihr tummeln sich auch Personengruppen, die über einen hohen professionellen Status völlig unabhängig von der Supervision verfügen: Theologen, Psychologen, Psychotherapeuten, Hochschullehrer. Für sie ist Supervision *eine* Qualifikation neben vielen anderen. Sie sind keineswegs darauf angewiesen, Supervision als Profession zu entwickeln. Es sei denn, sie sind in einem Ausbildungsinstitut tätig, das die Supervision auch an Angehörige bescheidener Professionen verkauft. Wenn sie zu diesem hohen Status noch über besondere Organisationskompetenzen verfügen (etwa durch eine gruppendynamische Zusatzausbildung), dann können sie sich relativ souverän im Feld der Organisationsentwicklung bewegen. Von dieser Gruppe geht ein Druck zur Implementierung der Superivison in die Organisationsentwicklung aus.

---

13 Diese These wird auch von H. Pühl im „Handbuch der Supervision 2" (S. 14) vertreten. – Der Hrsg.

Damit stehen sich zwei unterschiedliche Strategien zur weiteren Etablierung der Supervision gegenüber: Die eine folgt der Professionslogik, die andere der Unternehmenslogik.

Supervision nach der Professionslogik

- versteht Supervision als Profession.
- stellt die Klientel in den Vordergrund: Supervision soll die Professionellen besser in die Lage versetzen, ihren Schutzbefohlenen zu helfen.
- wendet sich an konkrete Menschen mit ihren Wünschen, Interessen und Verletzbarkeiten.
- ist primär am Gemeinwohl orientiert: Sie fühlt sich dem Sozialstaatsgebot wie einer Ethik der sozialen Gerechtigkeit verpflichtet (koste es, was es wolle).
- ist organisationskritisch: Supervision soll dazu beitragen, Entfremdung der Arbeit wie Instrumentalisierung der Klienten entgegenzuwirken.
- trennt klar zwischen fachlichem Handeln und Führung.
- sichert autonomes Handeln, indem sie Reflexionszonen etabliert, die von direktem Einfluß der Organisationsleitung frei sind.
- sichert Einkommen und Status durch eine aktive Berufspolitik.
- organisiert sich als freier Beruf, oft in Vernetzung mit verwandten Berufen (Sozietät).

Supervision nach der Unternehmenslogik dagegen

- versteht Supervision als hochprofessionelle Zusatzqualifikation.
- stellt den Absatz einer Dienstleistung oder eines Produkts in den Vordergrund: Supervision soll die Organisationsmitglieder in die Lage versetzen, die Kundennachfrage zu befriedigen.
- geht es primär um das Personal als Mittel zum Zweck (Neuberger 1994).
- ist primär an der Rentablität des Betriebs interessiert. Erst sekundär spielt die Sozialpflichtigkeit des Eigentums, das Wohlergehen der Volkswirtschaft oder die Unternehmensethik eine Rolle.
- ist organisationsdienlich: Supervision soll dazu beitragen, die Organisation den Anforderungen der Märkte anzupassen.
- fördert die Verbindung von Fachlichkeit und Führungkompetenz im professionellen Mangement.
- kann professionelle Autonomie des Supervisors nicht sichern.
- erhöht Einkommen und Status durch geschicktes Marketing.
- wird als spezielles Angebot im Rahmen eines Consulting-Unternehmens organisiert.

Die oben erst genannte Supervisorengruppe folgt der Professionslogik und hat offensichtlich Schwierigkeiten mit der Unternehmenslogik. Die zweite Gruppe beherrscht Supervision nach beiden Logiken. Da sich aus dieser Gruppe die meisten Ausbilder rekrutieren, versuchen sie, der ersten Gruppe durch Fort- und Weiterbildung auch das Supervidieren nach der Unternehmenslogik beizubringen. Aber auch hier zeigt sich der Widerspruch: Ein Teil der Ausbildungskandidaten folgt der Professionslogik und will die bisherige bescheidene Profession durch eine im Status höhere ersetzen. Vielen von ihnen schwebt dabei die freiberufliche Tätigkeit eines Psychotherapeuten als Modell vor. Manche wollen ihre „bürokratische“ hauptamtliche Tätigkeit (etwa als Lehrer oder Sozialarbeiter) durch eine professionelle ergänzen. Manche folgen der Unternehmenslogik und wollen eine zusätzliche Qualifikation erwerben, um ihr Angebotsspektrum zu erweitern oder ihre Leitungskompetenz weiterzuentwickeln.

Der Widerspruch zwischen diesen beiden Logiken zeigt sich auch in der Theorieproduktion. Der Professionslogik entsprechen Ansätze, die aus hermeneutischen, phänomenologischen und interaktionistischen Wissenschaftskontexten stammen. Die Unternehmenslogik findet ihre Denk- und Handlungsmodelle eher in der Systemtheorie funktionalistischer Bauart. Radikal-konstruktivistische Ansätze dienen sich zwar der Organisation an, sichern aber nur die Profession, indem sie für die Folgen ihres Handelns nicht verantwortlich gemacht werden wollen, trotzdem aber gut bezahlt.

4.2 Das Format „Supervision“ als Basis einer Profession

Eine Supervision, die allein der Unternehmenslogik folgt, ist nur eine Zusatzqualifikation, die nur dann hohes Einkommen, einen hohen sozialen Status und Autonomie der Berufsausübung ermöglicht, wenn schon eine etablierte Grundprofession vorhanden ist. Ist das nicht gegeben, bleibt nur die Professionalisierungsstrategie (Gotthardt-Lorenz, Schüers 1997). Ihr Erfolg hängt auch davon ab, ob es ihr gelingt, Supervision als gesellschaftlich unverzichtbares und eindeutig abgrenzbares Format zu profilieren. Dazu ist eine klare Unterscheidung von Format und Verfahren notwendig (Buer 1997; 1998b).

Supervision fasse ich als ein *Format* auf, d.h. als einen institutionalisierten Rahmen anspruchsvoller Beziehungsarbeit wie auch Psychotherapie, Unterricht, Training, Beratung, Coaching oder als Supraformat wie Weiterbildung, Personalentwicklung, Organisationsentwicklung. Formate werden durch Staat und/oder parastaatliche Organisationen wie etwa Berufsverbände geregelt. Formate sind unter diesen institutionellen Gegebenheiten eher standardisiert, als operativer Teil von Organisationen auf Effektivität und Effizienz orientiert, rational-bürokratisch zu handhaben und auf spezielle vorgegebene Aufgaben gerichtet. Sie werden wissenschaftlich betreut und literarisch elaboriert. Damit haben sie zwangsläufig eine wichtige Funktion zur Aufrechterhaltung etablierter gesellschaftlicher Strukturen. Mit der gesellschaftlichen Anerkennung ist somit unweigerlich die Übernahme einer Disziplinaraufgabe (Foucault 1976b) zur Sicherung der Normalität verbunden. Diese kann aber nur wahrgenommen werden, wenn ein vertrauensvolles Arbeitsbündnis zwischen Dienstleister und Konsument hergestellt werden kann. Zur Lösung dieser Aufgabe werden die Verfahren herangezogen.

Ein *Verfahren* dagegen nenne ich einen in sich konsistenten Handlungsansatz zur Steuerung anspruchsvoller Beziehungsarbeit wie Themenzentrierte Interaktion, personenzentrierte Gesprächsführung, Psychoanalyse, Gruppendynamik, Verhaltensmodifikation, Systemik, Transaktionsanalyse, Gestaltarbeit, Psychodrama etc. Diese Verfahren wurden zumeist außerhalb der akademischen Wissenschaften, oft gerade als Alternative dazu, von charismatischen Pionieren entwickelt und verbreitet. Sie sind eher ganzheitlich orientiert und auf eine originäre Kunst der Lebensführung ausgerichtet. Das mit den Verfahren verbundene Wissen ist stark personengebunden und wird primär in einem Meister-Schüler-Verhältnis mündlich (oral) weitergegeben. Verfahren sind weniger an der Umsetzung von Vorschriften und der Erfüllung von Aufträgen interessiert, sondern eher an der Realisierung einer konkreten humanen Utopie.

Formate können daher als Karosserie der Beziehungsarbeit, Verfahren als ihr Motor betrachtet werden. Beide werden benötigt, damit das Auto fahren kann. Denn Formate drohen ohne die belebende Wirkung der Verfahren zu versteinern. Die Adressaten würden sich nur noch kontrolliert und reglementiert vorkommen; sie dürften die erforderliche Mitarbeit verweigern. Die Verfahren benötigen auf der anderen Seite die Formate, um für ihre Anwendung überhaupt Arbeits- und damit Verdienstmöglichkeiten zu schaffen. Und so sind beide notwendig aufeinander angewiesen und können allein, jedenfalls nicht auf Dauer, überleben.

Anhänger von Verfahren schließen sich in Gemeinschaften zusammen, die dem Austausch und der Identitätsbildung dienen. Auf keinen Fall bieten sie die Basis für irgendeine Professionalisierung. Niemand wird schließlich eingestellt als Themenzentrierter Interaktionist, Systemiker, Gesprächsführer oder Gestaltarbeiter. Dafür bieten allein die Formate den Kristallisationspunkt für Professionen wie Psychotherapeut, Berater, Trainer, Lehrer oder eben Supervisor. Dafür muß es sich aber deutlich abgrenzen.

Supervision kann dann verstanden werden als ein einmaliges Format zur konkreten, am Vorfall orientierten Qualitätssicherung und -verbesserung beruflichen bzw. fachlichen Handelns im Umgang mit Menschen im Kontext des jeweiligen Arbeitsfeldes und seiner Organisationen. Sie antwortet auf einen gesellschaftlichen Bedarf nach Beratung in verantwortungsvollen, professionellen Tätigkeiten und wird von Staat und Markt reguliert. Der Standardisierung dieser Dienstleistung (incl. der Ausbildung und der wissenschaftlichen Legitimierung) dienen Berufsverbände, die die Einhaltung dieser Standards kontrollieren. Supervision kann somit selbst als Profession aufgefaßt werden.

So wie für den Lehrer zwar der Unterricht der Kristallisationspunkt seiner Profession darstellt, er aber darüberhinaus auch informierend, animierend, arrangierend, beratend, organisierend und planend tätig ist, so ist für den Supervisor sicher die Supervision Kristallisationspunkt seines Berufs. Darüberhinaus muß er aber auch Präsentation, Moderation, Konfliktmanagement beherrschen und zudem viel von den Nachbarformaten wie Coaching, Training, psychosoziale Beratung, Personalentwicklung und Organisationsentwicklung verstehen (Deutscher, Jamnig 1997).

Diese klare Abgrenzung von der Organisationsentwicklung bedeutet aber nicht, daß die Supervision damit auf eine Beziehungsarbeit festgeschrieben wird, der es nur um „good vibrations" geht. Vielmehr sind in jedem Supervisionprozeß die eingebrachten Themen unter vier Interpretationsebenen zu verstehen: Neben der personalen und interaktionalen Dimension sind vor allem die Lebenswelten der Klienten wie die Arbeitswelten und ihre sozialökologischen Kontexte systematisch zu berücksichtigen. Im Gegensatz zu funktionalistischen Ansätzen, die Arbeits- und Organisstionsstrukturen nur noch verdinglicht als sachliche Gegebenheiten verstehen können, betrachte ich diese sozialen Welten als intersubjektiv konstituiert und somit als durch eben diese Subjekte auch veränderbar. Die Welten werden aus den personalen Sichten und interpersonalen Beziehungen konstruiert, aber auch aus den vergegenständlichten und verdinglichten Arbeitsroutinen, die dann auch als Strukturen gefaßt werden können. Diese Welten werden durch die Zugehörigkeitsdefinition der Bewohner wie durch die Abgrenzung zu anderen Welten als Kontext konstitutiert. Innerhalb einer solchen Welt können sich Teilwelten bilden. Diese Welten können unter den o.g. Prämissen auch als Systeme bezeichnet werden. Diese Sicht auf Organisationskulturen auf einer Meso-Ebene gilt es weiter für die Supervision zu elaborieren (z.B. Buer 1998b).

Mit dieser Positionierung bleibt die Supervision primär der Professionslogik verpflichtet, berücksichtig aber sekundär die Unternehmenslogik. Denn selbstverständlich verliert jede Profession ihr gesellschaftliches Mandat, wenn sie ihren Auftrag offensichtlich verfehlt und der Aufwand in keinem Verhältnis mehr zum Ergebnis steht. Diese Festlegung hat Folgen für die Bestimmung des spezifischen Auftrags der Supervision.

4.3 Der professionelle Auftrag der Supervision

Schon Parsons hebt „die *Autonomie* der Profession vom zweckrationalen Schematismus bürokratischer Organisationen ab, und er betont zweitens die sozialintegrativen *Wertbindungen* und Wertrationalitäten akademischer Berufe (Arzt, Therapeut, Rechtsanwalt) im Vergleich mit dem marktorientierten Utilitarismus sog. Freier Berufe (Manager, Unternehmer)" (Brunkhorst 1992, S. 51). Damit ist die Supervision als Profession eben nicht primär an ein kostensparendes Nützlichkeitsdenken gebunden, sondern an eine universale Wertrationalität, will sie der Gesellschaft einen Dienst erweisen. Sie kann sich damit nie unmittelbar einem Kunden oder Auftraggeber unterordnen. Immer muß sie in autonomer professioneller Verantwortung fachliche Maßstäbe anlegen. Sie hat sich damit einem Berufsethos verpflichtet, das neben den allgemeinen gesetzlichen Vorgaben und den vertraglichen Verpflichtungen die Pflichten des Berufsstandes, nach Richtigkeit und Klugheit zu handeln, zu beachten hat (für Lehrer: Oser 1997). Darüber hinaus ergeben sich in der konkreten Beziehung zu den SupervisandInnen weitere Verantwortlichkeiten (responsibilities), die je nach moralischem Impuls zu beachten sind (Bauman 1995). So steht etwa für mich als Psychodramatiker auch die supervisorische Beziehung unter dem Begegnungsanspruch (Moreno, Buber, Lévinas).

Da auch die professionellen SupervisandInnen an diesen allgemeinen ethischen Rahmen gebunden sind, geht es in der Supervision immer auch um die moralische Dimension ihres Handelns. Auch wenn je nach Situation einmalig zu entscheiden ist, was angemessen sein könnte, so ist doch professionelles Handeln immer dem Postulat sozialer Gerechtigkeit unterworfen. Dabei sind die Interessen des einzelnen wie die der Gemeinschaft zu beachten (Müller, Thiersch 1990; Etzioni 1997). Insbesondere muß es hier aber um die Rechte der Schutzbefohlenen gehen. Daraus ergibt sich, daß auch die Supervision zur Kritik an allen Handlungen, sozialen Prozessen und Verhältnissen verpflichtet ist, die unangemessen diese Rechte einschränken.

Um aber in diesem Sinn wirksam sein zu können, sind zweifellos nicht nur die Fachkräfte, sondern alle Machtträger einer Organisation in die Supervision einzubeziehen. Ebenso müssen die Fachkräfte Verantwortung für die Organisation ihrer Arbeit übernehmen wie die Führungskräfte für eine kompetente Organisationsleitung. Die Supervisoren selbst müssen aber ihre Unabhängigkeit bewahren und dürfen keine direkten Leitungsaufgaben übernehmen. Dient die Supervision so dem Gemeinwohl, dann hat sie auch das Recht, ihre Profession aktiv in allen geeigneten Feldern zu plazieren und für ein angemessenes Einkommen zu sorgen.

Supervision kann durchaus auch in Unternehmen und öffentlichen Verwaltungen tätig werden. Sie kann dann aber hier nur dann etwa für Rationalisierungsmaßnahmen eintreten, wenn diese der Durchsetzung der sozialen Gerechtigkeit dienen bzw. ihr zumindest nicht widersprechen. Hiermit knüpft sie aber nur an Diskurse an, wie sie in der Unternehmenethik schon lange gang und gäbe sind (Kreikenbaum 1996; Blickle 1998).

Diese Supervision berücksichtigt sehr wohl die Unternehmenslogik. Sie stellt sie nur nicht an die erste Stelle. Das bleibt die unverzichtbare Aufgabe von Managern, Unternehmern und Geschäftsleuten. Mit der primären Orientierung an der Professionslogik trägt sie ihren spezifischen Beitrag zum Aufbau einer Verantwortungsgesellschaft gerade auch innerhalb von Organisationen bei (Etzioni 1997). Läßt sich aber diese Positionsbestimmung der Supervision auch in Zeiten der Globalisierung halten?

5. Die Zukunft der Supervision im Strudel der Globalisierung

Wenn Supervision sich auf die Qualitätssicherung und -verbesserung professionalisierter Tätigkeiten bezieht, dann ist sie vom gegenwärtigen Wandel der Arbeitsformen wie vom Wandel ihrer Finanzierungsquellen direkt betroffen. Dieser Wandel wird aktuell unter dem Stichwort „Globalisierung" verhandelt (z.B. Beck 1997; Lafontaine, Müller 1998).[14] Danach haben die globalen Aktivitäten vieler Großkonzerne erheblich zugenommen mit folgenden Auswirkungen (Beck 1997, S. 17):

- Arbeitsplätze können dorthin exportiert werden, wo die Kosten und Auflagen für den Einsatz möglichst niedrig sind,
- Aufgrund der informationstechnischen Revolution können Güter und Dienstleistungen arbeitsteilig an verschiedenen Orten der Welt erzeugt werden.
- Durch die Möglichkeit, Produktionsorte zu wechseln, wird der Einfluß der Nationalstaaten geschwächt (Bauman 1997).
- Durch die Differenzierungsmöglichkeit von Investitionsort, Produktionsort, Steuerort und Wohnort können Führungskräfte dort wohnen, wo es am schönsten ist, und dort Steuern zahlen, wo es am billigsten ist.

Das führt dazu, daß erhöhte Investitionen und weitere Steuererleichterungen in einem Land keineswegs mit einem Plus an Arbeitsplätzen im selben Land verbunden sein müssen. Das stärkt die Tendenz zu einer Polarisierung der Gesellschaft in Gobalisierungsgewinner, die als Führungs- und Fachkräfte diesen Modernisierungsprozeß betreiben, und Globlisierungsverlierern, die für diesen Prozeß nicht mehr oder kaum noch gebraucht werden (Vester u.a. 1998). Die Anforderungen an die Globalisierungsgewinner werden steigen. Die Nachfrage nach persönlicher Betreuung und Fortbildung verlangt nach einem persönlich zugeschnittenen Angebot, das nicht mehr stationär, sondern ambulant zu erbringen ist. Steigt die Supervision hier ein, wird sie in die persönliche Crew aus Chauffeur, Friseur, Koch, Leibarzt, Coach und Butler eingereiht.

Zweitens bleiben die Kapitalsteuern niedrig; die technische und soziale Infrastruktur der Arbeit wie die wohlfahrtsstaatlichen Maßnahmen müssen immer mehr von den Erwerbstätigen über die Lohnsteuer finanziert werden. Da die Mehrheit des Wahlvolkes offensichtlich will, daß der Staat für sie und nicht für eine Minderheit der sozial Bedürftigen Geld ausgibt, wird auch die Politik den Abbau des Sozialstaats weiter vorantreiben, ob sozialdemokratisch oder neoliberal geprägt. Damit wird die schon aufgezeigte Polarisierung der sozialstaatlich beschäftigten Dienstleister noch weiter ver-

14 Siehe hierzu auch die kritischen Beitrag im Einleitungskapitel von P. Heintel und V. Morgenroth/O. Negt. – Der Hrsg.

stärkt. Supervision kann gebraucht werden zur Stützung hochengagierter Führungs- und Fachkräfte, aber auch zur kompensierenden Stützung der psychosozialen Alltagsarbeit. Ferner kann sie der Fachaufsicht über die vielen ehrenamtlichen HelferInnen dienen.

Auf der anderen Seite bleibt die Rentabilität an eine hohe Produktivität, die nur durch hochqualifizierte Arbeitskräfte erbracht werden kann, wie an eine geeignete Infrastruktur und ausreichende Absatzmärkte gebunden. Personalentwicklung, die flexibel auf die je konkreten Qualifikationserfordernisse antworten kann, bleibt auf der Tagesordnung. Auch hier kann sich die Supervision als fallorientierte Fortbildung nützlich machen (Weiß 1997). Insbesondere wächst der Anteil der Dienstleistungen am Produktionsprozeß, von der Forschung & Entwicklung, Steuerung, Distribution bis zur Nutzung und zur Entsorgung (Giarini, Liedtke 1998, S. 193ff), die besondere Kompetenzen an Kommunikation, Kooperation und Management bedürfen.

Generell wird sich die Arbeitskraft selbst vom proletarischen Lohnarbeiter des Frühkapitalismus über den verberuflichten Arbeitnehmer in der fordistischen Produktion zum „Arbeitskraftunternehmer" wandeln (Voß, Pongratz 1998): Die Arbeitskraft wird jetzt als individualisiertes hochwertiges Halbfertigprodukt betrachtet, das über Schlüsselqualifikationen einschließlich Selbstmanagementkompetenzen verfügt, und je nach Auftrag die erforderlichen Fachfähigkeiten erwirbt. Das entspricht einer Organisationskultur, in der im Rahmen einer kooperativen Führung die Selbstkontrolle der Arbeitskraft entscheidend ist. Hierzu werden „flankierende psycho-soziale Kontrollformen" (S. 150) notwendig. Gerade hier kann Supervision plaziert werden. Die temporären Aufträge werden permanent zwischen Auftraggeber und Auftragnehmer ausgehandelt. Die existentielle Absicherung erfolgt individuell. Aktives Marketing und permanente Fortbildung ist erforderlich. Diese Arbeitsform ist mit hoch individualisierten kontingenten Lebensstilen verbunden, die eine „Verbetrieblichung" der Lebensführung und variable Arrangements zwischen Arbeit und Familie bzw. Freizeit erfordern. Die Lebens- und Berufsverläufe sind hoch friktional und begünstigen eine „Patchwork-Identität".

Dieser „Arbeitskraftunternehmer" verbindet auf merkwürdige Weise die Unternehmens- mit der Professionslogik: Wie der Unternehmer muß er durch die kostengünstige Durchführung einer Leistung am Markt einen Gewinn erzielen. Wie der Professionelle erbringt er einen hochqualifizierten, auf den konkreten Fall zugeschnittenen Dienst. Dabei verfügt er nicht über Kapital und gehört auch keiner standardisierten, dem Gemeinwohl verpflichteten Profession an. Viele Dienstleistungsberufe tendieren in diese Richtung.

Gemeinnützige Arbeiten werden aber von den vielen Langzeitarbeitslosen verlangt werden, um die staatliche Unterstützung zu rechtfertigen. Anspruchsvolle psychosoziale Dienstleistungen kann diese Gruppe aber wohl kaum erbringen. Der intermediäre Sektor wird eher belebt werden durch freiwillige ehrenamtliche HelferInnen, die durchaus nach Weiterqualifikation und Supervision verlangen (s.o.). Inwieweit der Staat diesen sich ausweitenden gemeinnützigen Sektor fördert, wie es etwa Jeremy Rifkin (1995) fordert, bleibt abzuwarten. Jedenfalls wird der dauerhafte Ersatz sinnstiftender Erwerbstätigkeit durch staatlich finanzierte gemeinnützige Tätigkeiten keineswegs für viele akzeptabel sein (Guggenberger 1988; Kirchenamt 1997, S. 25ff; Lafontaine, Müller 1998, S. 319ff).

6 Resümee: Konsequenzen für die Professionalisierungspolitik

6.1 Das Profil der Supervision als Profession

Die Community der SupervisorInnen hat sich zu entscheiden: Entscheidet sie sich für die organisationsbezogenene Supervision als allein bestimmendes Leitmodell, dann folgt sie damit primär der Unternehmenslogik mit all ihren Konsequenzen:

- Da hier primär das Ergebnis zählt, ist es unteressant, wie es zustandegekommen ist, ob durch Training, Beratung, Coaching, Organisationsentwicklung oder Supervision. Supervision macht sich damit allein von der Meßbarkeit des Erfolgs abhängig. Da dieser aber niemals eindeutig feststellbar sein wird, hat sie sich der Entscheidung der Geldgeber unterworfen statt einem fachlichen-ethischen-politischen Diskurs. Damit löst sich aber die professionelle Formatierung der Supervision auf.
- Was zählt, ist die Flexibilität, Leistungsfähigkeit und Fachkompetenz zur Lösung einer spezifischen Aufgabe. Damit werden SupervisorInnen zu Arbeitskraftunternehmern, die sich total dem Markt ausliefern. Hier werden sich nur die besten durchsetzen können. Die Konkurrenz untereinander wird härter werden.
- Supervision reiht sich entweder ein in die persönliche Crew einer Führungspersönlichkeit. Sie löst sich dann in Coaching auf.
- Oder sie übernimmt Steuerungsaufgaben in dezentralen Führungszentren. Sie kann dann kaum noch von Management oder Organisationsberatung unterschieden werden (Wimmer 1997, S. 87).
- Der Berufsverband wird zu einem Dienstleistungsunternehmen, der primär dem Marketing dient.
- Die besten SupervisorInnen werden viel Geld verdienen und einen hohen Status erwerben. Dann brauchen sie sich aber nicht mehr SupervisorInnen nennen. Sie werden die Supervision als Profession auflösen.
- Die weniger auf dem Markt erfolgreichen SupervisorInnen werden in den Schatten gestellt, verlieren an Ansehen und werden immer weniger gefragt sein. Auch hier wird ein Auflösungsprozeß eingeleitet.

SupervisorInnen, die diese Entwicklung nicht wollen, haben nur die Chance, auf die Professionslogik zu setzen. Dabei sollten sie aber sekundär die Unternehmenslogik stärker beachten. Das bedeutet:

- Supervision muß sich primär auf professionalisierte, anspruchsvolle Beziehungsarbeit beziehen. Hier liegt ihre Basis als Profession.
- Da diese Arbeit für eine Gesellschaft, die die individuelle und soziale Wohlfahrt zu sichern und zu fördern hat, unverzichtbar ist, hat sie Anspruch auf ein gesellschaftliches Mandat.
- Aufgrund dieses Mandats hat sie einen Anspruch auf besonderen Schutz und besondere Förderung durch den Staat und die Wohlfahrtsverbände und -einrichtungen.
- Da diese Sektoren des Wohlfahrtssystems die meisten Erwerbstätigen in der BRD beschäftigen, Supervision hier eingeführt ist, aber noch keineswegs flächendeckend verbreitet, bietet sich hier ein Arbeitsfeld, das noch viele SupervisorInnen beschäftigen kann.

- Dazu muß sich Supervision weiter profilieren, damit sie sich als ein unverzichtbares Format innerhalb der psychosozialen Dienstleistungen darstellen kann. Dann hat sie auch Anspruch auf die Lizenz, nach der nur durch Berufsverbände anerkannte SupervisorInnen diese Tätigkeit ausüben dürfen.

Sie muß allerdings stärker als bisher die rationale Verwendung ihrer Mittel nachweisen, z.B. durch permanente Evaluation ihrer Arbeit[15] (Fengler 1998).

Supervision kann somit sowohl der Profession wie der Organisation dienen. Sie muß aber primär auf die Professionslogik setzen, will sie nicht Gefahr laufen, den Ast abzusägen, auf dem sie sitzt. Dann ergibt sich folgendes Profil der Supervision:

Klientenbezug

Es geht primär um die Qualitätssicherung professioneller Beziehungsarbeit derjenigen Berufsgruppen, die sich als Anwälte von Schutzbefohlenen verstehen. Diesen muß Gerechtigkeit widerfahren. Während nach der Unternehmenslogik die Arbeit mit den Personen aufgegeben werden muß, denen nicht geholfen werden kann, geht es nach der Professionslogik um die Wahrung der Würde eines jeden Menschen, koste es, was es wolle. Hier eine vertretbare Balance zu finden, ist die Aufgabe von professionellen Beziehungsarbeitern. Angesichts massiver gesellschaftlicher Etikettierungs- und Ausgrenzungsprozesse sowie wirtschaftlichen wie staatlichen Rationalisierungsdrucks benötigen Professionelle hier kompetentete Unterstützung. Das soll und kann die Supervision leisten.

Gemeinwohlorientierung

Supervision ist als Profession an eine universalistische Ethik gebunden, die durch Pflichten und Verantwortlichkeiten gekennzeichnet werden kann. Die Würde des Individuums wie die Ansprüche der Gemeinschaft sind dabei zu berücksichtigen. Diese Werte sind selbstverständlich in einem demokratischen Prozeß in sozialen Diskursen von unten nach oben festzulegen und haber erst von daher ihre Legitimation. Der Staat als Garant dieser Menschenrechte hat sich daran zu orientieren (Etzioni 1997). Professionelle müssen auch gegenüber staatlicher Willkür für die Beachtung dieser Werte Sorge tragen. Nun ist die Einhaltung der aus diesen Werten resultierenden Normen aber keineswegs im konkreten Fall so einfach kognitiv zu lösen. Angemessenes moralisches Handeln im konkreten Fall entspringt immer auch dem moralischen Impuls angesichts des Anderen, der meiner Hilfe bedarf (Bauman 1994). Hier geraten viele Professionelle in Dilemmata, die nicht einfach durch Anwendung allgemeiner Normen zu lösen sind. Zudem stehen sie vor der paradoxen Aufgabe, mit Personen wieder einen vertrauensvollen Dialog aufbauen zu müssen, die zuvor und gleichzeitig von vielen anderen gesellschaftlichen Gruppen und Instanzen ausgegrenzt werden. Hier zu unterstützen, ist wichtige und unverzichtbare Aufgabe der Supervision.

15 Mit diesem Thema beschäftigt sich der Beitrag von H. Möller/M. Märtens. – Der Hrsg.

Fachlichkeit

Mit der Professionalisierung der Supervision ist eine Verwissenschaftlichung gegeben, die in ihrer dominanten szientistischen Variante nomothetisch und wertneutral ausgerichtet ist. Dagegen muß Supervision auf eine Fachlichkeit dringen, die den konkreten Fall in all seinen lebensweltlichen Bezügen und moralischen Dimensionen ins Visier nimmt. Somit steht in der Supervision eine mikrosoziale Interpretations- und Interventionsebene im Vordergrund. Aus diesem Grund sind auch die Verfahren der Beziehungsarbeit (wie sie in der Psychotheapie auftauchen, s.o.) die wichtigsten Referenzmethoden der Supervision. Nur im mikrosozialen Raum lassen sich auch die konkreten moralischen Ansprüche von Klienten, Bezugsgruppen, Behörden und Dienstleistern erheben und miteinander konfrontieren. In der Supervision haben *Menschen* in ihren Lebens- und Arbeitswelten im Vordergrund zu stehen und nicht Strukturen, Funktionen oder Systeme.

Organisationsbezug

Soziale Dienstleistung ist durch institutionelle Rahmenbedingungen immer schon organisiert. Diese vorgegebene Organisierung kann Belastung wie Entlastung der je neu zu gestaltenden Organisierung der konkreten Arbeit darstellen. Diese konkrete Organisation muß letzlich an der Verbesserung der psychosozialen Lage der Schutzbefohlenen wie der Wahrung ihrer Würde in Auseinandersetzung mit den berechtigten Ansprüchen der Gesellschaft in Beachtung der Menschenrechte und -verantwortlichkeiten orientiert sein. Da jede Organisation danach strebt, ihr eigenes Funktionieren zum höchsten Wert zu erheben, müssen Professionelle dieser Tendenz widersprechen und auf die Einhaltung universal verpflichtender Werte und Normen bestehen. Supervision hat die Aufgabe, sie dabei im gesellschaftlichen Auftrag zu unterstützen.

6.2 Aufgaben einer künftigen Professionalisierungspolitik

Berufsverbände der SupervisorInnen haben den Auftrag, eine aktive Professionalisierungspolitik zu betreiben, damit SupervisorInnen immer besser und in allen bedürftigen Sektoren die oben skizzierte gesellschaftliche Aufgabe wahrnehmen können. Dazu gehört vor allem:

- die Organisation fachlicher Diskurse
- SupervisorInnen müssen untereinander und in Auseinandersetzung mit benachbarten Berufsgruppen und den Referenzwissenschaften die Richtigkeit und Angemessenheit ihres professionellen Handelns rechtfertigen. Das ist zur Sicherung des in sie gesetzten Vertrauens der Gesellschaft unverzichtbar.
- die Organisation ethischer Diskurse
- Angesichts der gesellschaflichen Auflösung wertesetzender Milieus, der Relativierung universaler Normen und Werte, sowie eines diffusen Wertewandels ist die Frage: Was sollen wir tun? nicht mehr nur durch Aufklärung verdunkelten Bewußtseins zu beantworten. Gerade SupervisorInnen, die ständig die Entscheidungen von Professionellen zu begleiten haben, benötigen eine ethische Orientierung, die praxisrelevant, und eine Methodik, die richtungsweisend ist.

- die Organisation politischer Diskurse
- Da Supervision als Profession eines gesellschaftlichen Mandats bedarf, dann aber auch eine staatlich sanktinonierte Lizenz erwarten darf, ist der Dialog mit einflußreichen gesellschaftlichen Gruppen zu verstärken. Kirchen, Gewerkschaften, politische Parteien, Berufsverbände Sozialbehörden, Wohlfahrtsverbände, Bürgerinitiativen müssen mit dem oben formulierten Anspruch der Supervision konfrontiert werden. SupervisorInnen müssen sich mit deren Erwartungen auseinandersetzen. Am Ende solcher demokratischer Dialoge über die koordinierte, arbeitsteilige Verbesserung gesellschaftlicher Verhältnisse muß eine breite Anerkennung der Supervision stehen, die ein gesichertes Arbeiten ermöglicht.

Durch diese klare Profilierung des Formats Supervision wie durch eine unterstützende Professionalisierungspolitik kann der soziale Status der Supervison gehoben werden, so daß sie von einer „bescheidenen" zu einer voll entwickelten Profession werden kann, die in Kooperation mit anderen Beratungsberufen gegenüber *allen* Professionen in ihren organisatorischen Arbeitszusammenhängen wichtige Arbeit leistet. Gerade in Zeiten, in denen nicht nur die Erwerbsarbeit weniger wird, sondern in denen vor allem der *Sinn* der Arbeit neudefiniert werden muß, und in denen die Ziele, wofür wir arbeiten, neu festgelegt werden, wird eine Supervision immer wertvoller, die diese Besinnung zu ihrem zentralen Anliegen macht.

Literatur

Allert, T. (1998a): Braucht jede Profession eine Supervision? Soziologische Anmerkungen zum Autonomieanspruch und Supervisionsbedarf professioneller Tätigkeiten, in: P. Berker, F. Buer (Hg.): Praxisnahe Supervisionsforschung. Münster, S. 16-45.

Allert, T. (1998b): Die Professionen in der Umbruchsituation der Arbeitswelt, in: Supervision 33, S. 37-47.

Andriessen, H.C.I., Miethner, R. (1993): Praxis der Supervision. Beispiel: Pastorale Supervision. Heidelberg.

Badelt, Ch. (1997) (Hg.): Handbuch der Nonprofit-Organisationen. Strukturen und Management. Stuttgart.

Badura, B., Gross, P. (1976): Sozialpolitische Perspektiven. Eine Einführung in Grundlagen und Probleme sozialer Dienstleistungen. München.

Badura, B., Feuerstein, G., Schott, Th. (1993) (Hg.): System Krankenhaus. München.

Baethge, M., Denkinger, J., Kadritzke, U. (1995): Das Führungskräfte-Dilemma. Manager und industrielle Experten zwischen Unternehmen und Lebenswelt. Frankfurt/M.

Balint, M. (1980): Der Arzt, sein Patient und die Krankheit. Stuttgart.

Bardé, B., Mattke, D. (1993) (Hg.): Therapeutische Teams. Göttingen.

Bauer, R., Grenzdörffer, K. (1997): Jenseits der egoistischen Ökonomie und des methodologischen Individualismus: Die Potentiale des intermediären Bereichs, in: Leviathan, S. 338-361.

Bauman, Z. (1996): Postmoderne Ethik. Hamburg.

Bauman, Z. (1997): Schwache Staaten. Globalisierung und die Spaltung der Weltgesellschaften, in: U. Beck (Hg.): Kinder der Freiheit. Frankfurt/M., S. 323-331.

Beck, U., Brater, M., Daheim, H: (1980). Soziologie der Arbeit und der Berufe. Reinbek.

Beck, U. (1997): Was ist Globalisierung?. Irrtümer der Globalismus – Antworten auf Globalisierung. Frankfurt/M.

Belardi, N. (1992): Supervision. Von der Praxisberatung zur Organisationsentwicklung. Paderborn.

Belardi, N (1996a): Supervision. Eine Einführung für soziale Berufe. Freiburg.

Belardi, N (1996b) (Hg.): Supervision mit Ehrenamtlichen. Themenheft der OSC 3, 4.

Belzer, V. (1995) (Hg.): Sinn in Organisationen? Oder: Warum haben moderne Organisationen Leitbilder? München.

Berger, P., Luckmann, Th.: Die gesellschaftliche Konstruktion der Wirklichkeit. Frankfurt/M.

Berker, P., Ingerfeld, G. (1995) (Hg.): Supervision – ein Instrument der Personalentwicklung. Sonderheft der Supervision.

Berker, P. (1997): Supervision als Dienstleistung, in: Österr. Vereinigung für Supervision (Hg.): Supervision – eine kritische Dienstleistung?. Innsbruck, S. 18-26.

Berker, P., Buer, F. (1998) (Hg.): Praxisnahe Supervisionsforschung. Felder – Designs – Ergebnisse. Münster.

Beucke-Galm, M. (1996): Kultureller Wandel in Organisationen – Schulentwicklung durch Organisationsberatung, in: G. Fatzer (Hg.): Organisationsentwicklung und Supervision. Köln, S. 295-323.

Blickle, G. (1998) (Hg.): Ethik in Organisationen. Göttingen.

Böttcher, W. (1996) (Hg.): Die Bildungsarbeiter. Weinheim.

Bollinger, H. u.a. (1991): Medizinerwelten. Die Deformation des Arztes als berufliche Qualifikation. München.

Brunkhorst, H. (1992): Professionalität, Kollektivorientierung und formale Wertrationalität, in: B. Dewe u.a. (Hg.). Erziehen als Profession. Olpaden, S. 49-69.

Buchinger, K. (1996): Supervision in Organisationen. Den Wandel begleiten. Heidelberg.

Buchinger, K. (1997). Wohin geht die Supervision? In: I. Luif (hg.): Supervision. Wien, S. 69-76.

Buer, F. (1990): LehrerInnen beraten LehrerInnen. Das psychodramatische Arrangement kollegialer Praxisberatung bei Problemen am Arbeitsplatz Schule, in: Die Deutsche Schule 4/1990, S. 484-496.

Buer, F (1997): Zur Dialektik von Format und Verfahren. Oder: Warum eine Theorie der Supervision nur pluralistisch sein kann, in OSC 4/1997, S. 381-394.

Buer, F (1998a): Einleitung, in: P. Berker, F. Buer (Hg.): Praxisnahe Supervisionsforschung. Münster, S. 8-13.

Buer, F (1998b): Zur Dialektik von Format und Verfahren. Oder: Warum es wichtig ist, durch die Einführung ungewöhnlicher Begriffe Aufmerksamkeit zu erregen. Eine Diskussion, in: OSC 3/1998

Buer, F (1998c): Typische Handlungsmuster in Arbeitsorganisationen. Eine soziologisch-soziodramatische Interpretationsfolie für die Supervision, in. OSC 4/1998.

Bullinger, H.J. (1995): Arbeitsgestaltung. Personalorientierte Gestaltung marktgerechter Arbeitssysteme. Stuttgart.

Butzko, H.G. (1994): Supervision in Wirtschaftsunternehmen, in H. Pühl (Hg.): Handbuch der Supervision 2, Berlin, S. 316-330.

Combe, A., Helsper, W. (1996) (Hg.): Pädagogische Professionalität. Untersuchungen zum Typus pädagogischen Handelns. Frankfurt/M.

Cramer, M. (1982). Psychosoziale Arbeit. Stuttgart.

Cremerius, J. (1994): Kritische Überlegungen zur Supervision in der institutionalisierten psychoanalytischen Ausbildung, in: H. Pühl (Hg.): Handbuch Supervision 2. Berlin, S. 419-431.

Daheim, H.-J. (1992): Zum Stand der Professionssoziologie. Rekonstruktion machttheoretischer Modelle der Profession. In B. Dewe u.a. (Hg.): Erziehen als Profession. Opladen, S. 21-36.

Ders., Schönbauer, G. (1993): Soziologie der Arbeitsgesellschaft. Grundzüge und Wandlungstendenzen der Erwerbsarbeit. Weinheim.

Dalin, P., Rolff, H.-G., Buchen, H. (1995): Institutioneller Schulentwicklungsprozeß. Bönen.

Degenhardt, C. (1994): Möglichkeiten und Grenzen der Supervision im Allgemeinkrankenhaus, in: H. Pühl (Hg.): Handbuch der Supervision 2. Berlin, S. 242-253.

Denner, L. (1998): Supervision und Pädagogische Fallbesprechung an Schulen, in: P. Berker, F. Buer (Hg.): Praxisnahe Supervisionsforschung. Münster, S. 148-182.

Deutscher, E., Jamnig, S. (1997): Supervison als Profession, in: I. Luif (Hg.). Supervision. Wien, S. 191-110.

Dewe, B. (1994). Professionelles soziales Handeln. Weinheim.

Dewe, B, Ferchhoff, W., Radke, F.-O. (1992) (Hg.). Erziehen als Profession. Zur Logik professionellen Handelns in pädagogischen Feldern. Opladen.

Diedrich, J. (1994): Der Lehrer, in: D. Lenzen (Hg.): Erziehungswissenschaft. Reinbek, S. 228-252.

Dörner, K., Fürstenau, P. (1998): Supervision in der Psychiatrie – Wohin geht die Entwicklung? In: D. Eck (Hg.): Supervision in der Psychiatrie. Bonn, S. 312-324.

Doppler, K., Lauterburg, Ch. (1994): Chance Mangement. Frankfurt/M.

Eck, D. (1998) (Hg.): Supervision in der Psychiatrie. Bonn.

Etzioni, A. (1997): Die Verantwortungsgesellschaft. Individualismus und Moral in der heutigen Demokratie. Frankfurt/M.

Evers, A., Olk, Th. (1996): Wohlfahrtspluralismus – Analytische und normativ-politishe Dimensionen eines Leitbegriffs, in: Dies. (Hg.): Vom Wohlfahrtsstaat zur Wohlfahrtsgesellschaft. Opladen. S. 9-60.

Fatzer, G. (1990): Rollencoaching als Supervision von Führungskräften, in: Supervision 17/1990, S. 42-49.
Fatzer, G. (1996) (Hg.): Organisationsentwicklung und Supervision. Köln.
Fengler, Ch., Fengler, Th. (1980): Alltag in der Anstalt. Wenn Sozialpsychiatrie praktisch wird. Eine ethnomethodologische Untersuchung. Loccum.
Fengler, J. (1992): Helfen macht müde. Zur Analyse und Bewältigung von Burn out und beruflicher Deformation. München.
Fengler, J (1998): Supervision und Evaluation. Kosten, Nutzen, Preis und Leistung und die methodischen Fragen, die sich daraus ergeben, in: P. Berker, F. Buer (Hg.): Praxisnahe Supervisionsforschung. Münster, S. 69-88.
Foucault, M. (1973): Wahnsinn und Gesellschaft. Frankfurt/M.
Foucault, M. (1976a): Die Geburt der Klinik. Eine Archäologie des ärztlichen Blicks. Frankfurt/M.
Foucault, M. (1976b): Mikrophysik der Macht. Über Strafjustiz, Psychiatrie und Medizin. Berlin.
Foucault, M. (1989): Überwachen und Strafen. Frankfurt/M.
Frank, J.D. (1985): Die Heiler. Über psychotherapeutische Wirkungswiesen vom Schamanismus bis zu den modernen Therapien. München.
Freidson, E. (1979): Der Ärztestand. Stuttgart.
Gairing, F. (1996): Organisationsentwicklung als Lernprozeß von Menschen und Systemen. Weinheim.
Gehrmann, G., Müller, K.D. (1993): Management in sozialen Organisationen. Berlin.
Geißler, H. (1995): Grundlagen des Organisationslernens. Weinheim.
Giarini, O., Liedtke, P.M. (1998): Wie wir arbeiten werden. Hamburg.
Giesecke, H. (1987): Pädagogik als Beruf. Grundformen pädagogischen Handelns. Weinheim
Giesecke, W. (1994): Der Erwachsenenpädagoge, in D. Lenzen (Hg.): Erziehungswissenschaft. Reinbek, S. 282-313.
Gildemeister, R. (1997): Soziologie der Sozialarbeit. In: H. Korte, B. Schäfers (Hg.): Einführung in Praxisfelder der Soziologie. Opladen, S. 57-74.
Gildemeister, R. (1998): Halbierte Arbeitswelten? Gefühlsarbeit und Geschlechterkonstrukte am Beispiel professionalisierter Berufe, in: Supervision 33, S. 48-59.
Göckenjan, G. (1985): Kurieren und Staat machen. Gesundheit und Medizin in der bürgerlichen Welt. Frankfurt/M.
Goeudevert, D. (1998): Wie ein Vogel im Aquarium. Aus dem Leben eines Managers. Reinbek.
Goffman, E. (1977): Asyle. Über die soziale Situation psychiatrischer Patienten und anderer Insassen. Frankfurt/M.
Gotthardt-Lorenz, A. (1989): Organisationsberatung. Hilfe und Last für Sozialarbeit. Freiburg.
Gotthardt-Lorenz, A. (1994): „Organisationssupervision". Rollen und Interventionsfelder, in: H. Pühl (Hg.): Handbuch der Supervision 2. Berlin, S. 365-379.
Gotthardt-Lorenz, A. (1996): Warum "Organisationssupervision"? In *Supervision* 29, 25-32.
Gotthardt-Lorenz, A., Schüers, W. (1997): Das Supervisionsverständnis in der Community der SupervisorInnen, in I. Luif (Hg.): Supervision. Wien, S. 13-26.
Gotthardt-Lorenz, A. (1997): Methodische Vorgehensweise in der Organisationssupervision, in: I. Luif (Hg.): Supervision. Wien, S. 207-229.
Grossinger, R. (1985): Wege des Heilens. Vom Schamanismus der Steinzeit zu heutigen alternativen Medizin. München.
Grunow, D. (1995): Organisierte Solidarität. Organisationsproblem von Wohlfahrtsverbänden. In: Th. Rauschenbach u.a. (Hg.): Von der Wertegemeinschaft zum Dienstleistungsunternehmen. Frankfurt/M., S. 253-279.
Gudjons, H. (1993) (Hg.): Entlastung im Lehrerberuf. Hamburg.
Guggenberger, B. (1988): Ausblick auf die Arbeitsgesellschaft. Über das ganz allmähliche Verschwinden des Menschen, in: Aus Politik und Zeitgeschichte B 38, S. 52-62.
Harney, K. (1996): Skandalisierung/Entskandalisierung, Abwesenheit/Anwesenheit. In- und externe Tauschbeziehungen zwischen Hochschul- und Wirtschaftssystem am Beispiel der pädagogischen Unternehmensberatung, in: A. Combe, W. Helsper, (Hg.): Pädagogische Professionalität. Frankfurt/M., S. 748-779.
Hartmann, A. u.a. (1994): Supervisionsgruppen mit Krankenpflegepersonal und Stationsteams: Ergebnisse einer empirischen Untersuchung. In: Gruppenpsychother. Gruppendynamik 30/1994, S. 144-161.
Haselbacher, H. (1997): Die Entwicklung der Supervision am Beispiel der Bewährungshilfe, in: I. Luif (Hg.): Supervision. Wien, S. 43-56.
Heidenreich, M. (1994): Gruppenarbeit zwischen Toyotismus und Humanisierung. Eine international vergleichende Perspektive. In: Soziale Welt 1/1994, S. 60-82.

Heinze, R.G., Offe, C. (Hg.) (1990): Formen der Eigenarbeit. Opladen.
Hellerich, G. (1985): Homo therapeuticus. Der Mensch im Netz der Helfer. Bonn.
Helsper, W. (1996): Antinomien des Lehrerhandelns in modernisierten pädagogischen Kulturen., in A. Combe, W. Helsper (Hg.). Pädagogische Professionalität. Frankfurt/M., S. 521-569.
Hübner, W. (1997): Supervision im psychiatrischen Krankenhaus – Patientenbezogene Einzelfallbesprechung, in: Supervision 32/1997, S. 86-99.
Ingerfeld, G., Berker, P. (1994) (Hg.): Supervision – ein Instrument der Personalentwicklung. Sonderheft der Supervision.
Janssen, P.L., Cierpka, M., Buchheim, P. (Hg.) (1997): Psychotherapie als Beruf. Göttingen.
Jentges, H. (1997): Die Öffnung des Ausgeschlossenen. Rahmenanalyse und historischer Abriß zur Totalen Institution, in: Supervision 32, S. 10-30.
Kallabis, O. (1993): Gestaltung von Dreieckskontrakten – eine Kontraktierung zwischen drei Interessenvertretern., in: Supervision 22, S. 69-77.
Katzenbach, J.R., Smith, D.G. (1993): Teams. Der Schlüssel zur Hochleistungsorganisation. Wien.
Keupp, H., Rerrich, D. (Hg.) (1982): Psychosoziale Praxis. Ein Handbuch in Schlüsselbegriffen. München.
Kieper-Wellmer, M. (1997): Psychodramatische Supervision mit Heilpädagoginnen, in OSC 4, S. 363-370.
Kieser, A. (1998): Immer mehr Geld für Unternehmensberatung – und wofür? In Oganisationsentwicklung 2/1998, S. 63-69.
Kirchenamt der Ev. Kirche / Sekretariat der Kathg. Bischofskonferenz (Hg.) (1997): Für eine Zukunft in Solidarität und Gerechtigkeit. Gemeinsame Texte 9.
König, E., Volmer, G. (1994): Systemische Organisationsberatung. Weinheim.
Kogelbauer, A. (1997): Supervision und Schule, in: I. Luif (hg.): Supervision. Wien, S. 301-310.
Koring, B. (1992): Die Professionalisierungsfrage der Erwachsenenbildung. In: B. Dewe u.a. (Hg.): Erziehen als Profession. Opladen, S. 171-199.
Kreikebaum, H. (1996): Grundlagen der Unternehmensethik. Stuttgart.
Kruse, J. u.a. (1996): Teamsupervision mit onkologischen Behandlungsteams – Empirische Befunde zum Zusammenhang zwischen Leiterbild und Supervisionserfolg., in: Gruppenpsychother. Gruppendynamik 32/1996, S. 99-111.
Lafontaine, O., Müller, Ch. (1998): Keine Angst vor der Globalisierung. Wohlstand und Arbeit für alle. Bonn.
Leffers, C.-J., Stemmer-Lück, M. (1997): Institutionelle Abwehr in totalen Organisationen, in: Supervision 32/1997, S. 100-115.
Lehmenkühler-Leuschner, A. (1993): Professionelles Handeln und Supervision. Eine Einführung in professionssoziologische Grundlagen, in: Forum Supervision, 2/1993, S. 8-34.
Lehner, F., Widmaier, U. (1992): Eine Schule für eine moderne Industriegesellschaft. Strukturwandel der Schullandschaft in NRW. Essen.
Leitner, A. (1997): Psychotherapeutische Supervision: Supervision von PsychotherapeutInnen, in: I. Luif (Hg.): Supervision. Wien, S. 253-262.
Lenzen, D. (1997): Professionelle Lebensbegleitung – Erziehungswissenschaft auf dem Weg zur Wissenschaft des Lebenslaufs und der Humanontogenese, in: Erziehungswissenschaft, 15/1997, S. 5-22.
Lietz, W. (1998): Supervison als Rahmenanalyse. Anregungen zur Reflexion professioneller Alten- und Krankenpflege. Oberhausen.
Linster, H.W., Panagiotopoulos, P (1994): Supervision in der klientenzentrierten Psychotherapieausbildung, in: H. Pühl (Hg.): Handbuch der Supervision 2. Berlin, S. 432-446.
Looss, W. (1997): Unter vier Augen. Coaching für Manager. Landsberg.
Luif, I. (1997): Der politische Auftrag von Supervision und seine ethischen Implikationen, in: Dies. (Hg.). Supervision, Wien, S. 123-128.
Luckmann, Th. (1992): Theorie des sozialen Handelns. Berlin.
Merchel, J. (1995): Sozialmanagement. Problembewältigung mit Placebo-Effekt oder Strategie zur Reorganisation der Wohlfahrtsverbände? In: Th. Rauschenbach u.a. (Hg.): Von der Wertegemeinschaft zum Dienstleistungsunternehmen. Frankfurt/M., S. 297-320.
Merten, R., Olk, Th. (1996): Sozialpädagogik als Profession. Historische Entwicklung und künftige Perspektiven. in: A. Combe, W. Helsper (Hg.): Pädagogische Professionalität. Frankfurt/M., S. 570-613.
Möller, H. (1997). Supervision im Gefängnis als totaler Institution. *OSC* 4/1997, S. 25-41.
Mollenhauer, K. (1994): Sozialpädagogische Einrichtungen, in D. Lenzen (Hg.). Erziehungswissenschaft. Reinbek, S. 447-476.
Müller, B. (1991). Die Last der großen Hoffnungen. Methodisches Handeln und Selbstkontrolle in sozialen Berufen. Weinheim.

Müller, B., Thiersch, H. (1990) (Hg.): Gerechtigkeit und Selbstverwirklichung. Moralprobleme im sozialpädagogischen Handeln. Freiburg.
Müller, H. (1995): Suchttherapie und Supervision. Frankfurt/M.
Nellessen, L. (1993): Supervision in Leanmanagement und Leanservice, in: Supervision 24/1993, S. 23-40.
Neuberger, O. (1994): Personalentwicklung. Stuttgart.
North, M. (1975): Mythos und Wirklichkeit der Psychotherapie. München.
Offe, C. , Heinze, R.G. (1990): Organisierte Eigenarbeit. Das Modell Kooperationsring. Frankfurt/M.
Ortmann, G., Sydow J., Türk, K. (1997) (Hg.): Theorien der Organisation. Opladen.
Oser, F. (1997): Berufsethos von Lehrern. Opladen.
Parsons, T. (1964): Die akademischen Berufe und die Sozialstruktur, in: Ders.: Beiträge zur soziologischen Theorie. Neuwied, S. 160-179.
Plessen, U., Kaatz, S. (1985): Supervision in Beratung und Therapie. Salzburg.
Prowaznik (1997): Supervison in der Verwaltung, in I. Luif (Hg.): Supervision. Wien, S. 319-326.
Pühl, H. (1996) (Hg.): Supervision in Institutionen. Frankfurt/M.
Pühl, H (1998): Team-Supervision. Von der Subversion zur Institutionsanalyse. Göttingen.
Rabe-Kleberg, U. (1996): Professionalität und Geschlechterverhältnis. Oder: Was ist „semi" an traditionellen Frauenberufen? In: A. Combe, W. Helsper (Hg.): Pädagogische Professionalität. Frankfurt/M., S. 276-302.
Rauschenbach, Th. (1994): Der Sozialpädagoge, in D. Lenzen (Hg.): Erziehungswissenschaft. Reinbek, S. 253-281.
Rauschenbach, Th., Beher, K., Knauer, D. (1995): Die Erzieherin. München.
Rauschenbach, Th., Schilling, M. (1995): Die Dienstleistenden. Wachstum, Wandel und wirtschaftliche Bedeutung des Personals in Wohlfahrts- und Jugendverbänden, in: Th. Rauschenbach u.a. (Hg.): Von der Wertegemeinschaft zum Dienstleistungsunternehmen. Frankfurt/M., S. 321-355.
Redlefsen, Ch. (1997): Von der Supervision zur Projektberatung. Salzburg.
Rifkin, J. (1995): Das Ende der Arbeit. Frankfurt/M.
Ritscher, W. (1996): Systemisch-psychodramatische Supervision in der psycho-sozialen Arbeit. Eschborn.
Rolff, H.-G. (1994): Wandel durch Selbstorganisation. Theoretische Grundlagen und praktische Hinweise für eine bessere Schule. Weinheim.
Rudow, W. (1994): Die Arbeit des Lehrers. Zur Psychologie der Lehrertätigkeit, Lehrerbelastung und Lehrergesundheit. Bern.
Sachße, Ch. (1986): Mütterlichkeit als Beruf. Sozialarbeit, Sozialreform und Frauenbewegung 1871-1929. Frankfurt/M.
Scala, K., Grossmann, R. (1997): Supervision in Organisationen. Weinheim.
Schaeffer, D. (1990): Psychotherapie zwischen Mythologisierung und Entzauberung. Therapeutisches Handeln im Anfangsstadium der Professionalisierung. Opladen.
Schaeffer, D. (1992): Tightrope Walding. Handeln zwischen Pädagogik und Therapie, in: B. Dewe u.a. (Hg.): Erziehen als Profession. Opladen, S. 200-229.
Schein, E. (1995): Organisationskultur. Ein Handbuch für Führungskräfte. Frankfurt/M.
Schmelzer, D. (1997). Verhaltenstherapeutische Supervision. Göttingen.
Schmidbauer, W. (1977): Die hilflosen Helfer. Über die seelische Problematik der helfenden Berufe. Reinbek.
Schmidbauer, W.(1983): Helfen als Beruf. Die Ware Nächstenliebe. Reinbek.
Schmidbauer, W.(1997): Wenn Helfer Fehler machen. Reinbek.
Schmidt, E.R., Berg, H.G. (1995) (Hg.): Beraten mit Kontakt. Gemeinde- und Organisationsberatung in der Kirche. Offenbach.
Schreyögg, A. (1995): Coaching. Eine Einführung für Praxis und Ausbildung. Frankfurt/M.
Schreyögg, A. (1996) (Hg.): Führungsberatung von SozialmanagerInnen. Themenheft der OSC 2/1996.
Schreyögg, A., Belardi, N. (1995) (Hg.): Supervision und Organisationsentwicklung in der Schule. Themenheft der OSC 2/1995.
Schreyögg, G. (1996): Organisation. Grundlagen moderner Organisationsgestaltung. Wiesbaden.
Schütze, F. (1992): Sozialarbeit als „bescheidene" Profession", in: B. Dewe u.a. (Hg.): Erziehen als Profession. Opladen, S. 132-170.
Schütze, F. (1994): Strukturen des professionellen Handelns, biographische Betroffenheit und Supervision, in: Supervision 26/1994, S. 10-39.
Schütze, F. (1996): Organisationszwänge und hoheitsstaatliche Rahmenbedingungen im Sozialwesen. Ihre Auswirkungen auf die Paradoxien des professionellen Handelns, in: A. Combe, W. Helsper (Hg.): Pädagogische Professionalität. Frankfurt/M., S. 183-275.

Schwendenwein, J. (1995): Lean Service und Supervision, in: Gruppendynamik 3/1995, S. 359-372.
Schwitalla, U. (1997): Unternehmenswandel und Supervision., in: OSC 4/1997, S. 345-362.
Shapiro, E.C. (1996): Trendsurfen in der Chefetage. Unternehmensführung jenseits der Management-Moden. Frankurt/M.
Sprenger, R.K. (1995): Das Prinzip Selbstverantwortung. Wege zur Motivation. Frankfurt/M.
Stadelmann, S. (1996): Supervision und Organisationsentwicklung im Krankenhaus, in: G. Fatzer (Hg.): Organisationsentwicklung und Supervision. Köln, S. 361-371.
Stichweh, R. (1996): Professionen in einer funktional differenzierten Gesellschaft, in: A. Combe, W. Helsper, (Hg.): Pädagogische Professionalität. Frankufurt/M., S. 49-69.
Strauss, A., Fagerhaugh, Sh., Susczek, B., Wiener, C. (1980): Gefühlsarbeit. Ein Beitrag zur Arbeits- und Berufssoziologie, in: KZfSS 32, 4, 629-651.
Tatschl, S. (1997): Organisationssupervision und Organisationskompetenz als Antwort auf Herausforderungen des Wandels von sozialen Organisationen, in: I. Luif (hg.). Supervision. Wien, S. 57-68.
Tenorth, H.-E. (1994): Schulische Einrichtungen, in: D. Lenzen (Hg.): Erziehungswissenschaft. Reinbek, S. 427-446.
Terhart, E. (1992): Lehrerberuf und Professionalität, in: B. Dewe u.a. (Hg.): Erziehen als Profession. Opladen, S. 103-131.
Thiel, H.-U. (1994): Fortbildung von Leitungskräften in pädagogisch-sozialen Berufen. Ein integratives Modell für Weiterbildung, Supervision und Organisationsentwicklung. Weinheim.
Tilmanns, A. (1994): Supervision in der Verhaltenstherapieausbildung, in: H. Pühl (Hg.). Handbuch der Supervision 2. Berlin, S. 447-457.
Ulich, K. (1996): Beruf Lehrer/in. Weinheim.
Vester, M., v. Oertzen, P., Geiling, H., Herrmann, Th., Müller, D. (1998): Soziale Milieus im gesellschaftlichen Strukturwandel. Frankfurt/M.
Voß, G.G., Pongratz, H.J. (1998): Der Arbeitskraftunternehmer. Eine neue Grundform der Ware Arbeitskraft? In: KfSS 1/1998, S. 131-158.
Wack, O.G. (1994): Beratung und Supervision in der Erwachsenenbildung., in: H. Pühl, (Hg.): Handbuch der Supervision 2. Berlin, S. 294-315.
Walter-Busch, E. (1996): Organisastionstheoiren von Weber bis Weick. Amsterdam.
Wedekind, E. (1986): Beziehungsarbeit. Zur Sozialpsychologie pädagogischer und therapeutischer Institutionen. Frankfurt/M.
Weigand, W. (1989): Sozialarbeit – das Ursprungsland der Supervision., in: Int. Ther. 3-4/1989, S. 248-259.
Weigand, W. (1994): Leitungsberatung., in: H. Pühl, (Hg.): Handbuch der Supervision 2. Berlin, S. 152-161.
Weigand, W. (1996) (Hg.): Von der Teamsupervision zur Supervision in Organisationen. Themenheft der *Supervision* 29/1996.
Weiß, R. (1997): Psychodramatische Supervision als Passage in PE-Maßnahmen, in: OSC 4/1997, S. 331-344.
Widauer, H. (1997): Supervision in Krankenanstalten: das Salzburger Modell, in: I. Luif (Hg.): Supervision. Wien, S. 275-284.
Wilker, F.W. (1995) (Hg.): Supervision und Coaching. Bonn.
Wimmer, M. (1996): Zerfall des Allgemeinen – Wiederkehr des Singulären. Pädagogische Professionalität und der Wert des Wissens, in: A. Combe, W. Helsper (Hg.): Pädagogische Professionalität. Frankfurt/M., S. 404-447.
Wimmer, R. (1992) (Hg.): Organisationsberatung. Neue Wege und Konzepte. Wiesbaden.
Wimmer, R. (1997): Rezension von K. Buchinger: Supervision in Organisationen, in: Organisationsentwicklung 2/1997, S. 85-87.
Wischeropp, G. (1998): Das neue Selbstbewußtsein der Helfer, in: Psychologie heute 5/1998, S. 62-68.
Witte, K. (1996): Supervision mit Arbeitslosen – ein Gegenstand der Supervision? In: Supervision 30/1996, S. 116-125.
Witte, K. (1997): Der Weg entsteht beim Gehen. Raum, Zeit und Bewegung in der psychodramatischen Supervision, in: OSC 4/1997, S. 311-329.
Wittenberger (1997): Fragen zur Supervision in kirchlichen Einrichtungen. Ein Gespräch, in: Forum Supervision 10/1997, S. 92-99.
Wolf, B. (1997): Supervison im kirchlichen Bereich, in: I. Luif (Hg.): Supervision. Wien, S. 291-300.
Wolff, St. (1983): Die Prodiktion von Fürsorglichkeit. Bielefeld.

Evaluation von Supervision wohin?

Heidi Möller und Michael Märtens

1. Einleitung: Das Gegenstandsproblem

Supervision ist ein schillernder Gegenstand, was sich schon beim Aufschlagen des Inhaltsverzeichnisses zum Beispiel des 2. Handbuchs von Pühl (1994) zeigt. Die schillernde Vielfalt hat er mit der Psychotherapie gemeinsam und damit verbunden ist eine vergleichbare Fülle an Problemen. Im Gesundheitsreformgesetz sowie im SGB V werden Anbieter von medizinischen und psychosozialen Dienstleistungen zur Qualitätssicherung verpflichtet, die auch eine vergleichende Prüfung zwischen Anbietern und die direkte Verbesserungen sowie deren Überprüfung ermöglicht. Wenn wir uns der Forderung stellen wollen, empirisch unterstützte Evaluation von Supervision anzustreben, wie sie im SGB V gefordert wird, dann sieht man sich mindestens vier Gegenstandsbereichen gegenüber, die unterschiedliche Forschungsstrategien erfordern: die Einzel-, Gruppen- und Teamsupervision sowie die Organisationsberatung. Wegen der augenblicklichen „Ausbreitung von Supervision und einer Diversifizierung der Supervisionsformen und -methoden“ (Retzer et al. 1997, S. 240), sind weitere Variationen des Gegenstandes Supervision zu erwarten. Diese zwingen eher zu einer weiteren Spezifizierung von Forschungsstrategien für diese unterschiedlichen Anwendungskontexte. Durch die Entwicklung fragestellungsspezifischer Vorgehensweisen sollten oberflächliche Antworten vermieden werden, die vermeintlich für alle Anwendungskontexte gültig sind.

Im Bereich der Psychotherapieforschung hat sich eine Differenzierung der Evaluationsindikatoren auf Klientenseite ergeben, die auch für Supervision bedeutsam ist. Insgesamt können drei verschiedene Aspekte in der Evaluation von Supervision als einem Spezialfall von Beratung und Psychotherapie unterschieden werden. Strauß (1998) hat diese drei Aspekte für die Psychotherapieevaluation vergleichend gegenübergestellt. Dabei handelt es sich erstens um die Behandlungszufriedenheit, zweitens um die subjektiv wahrgenommene Zufriedenheit mit der Verbesserung der Symptomatik und drittens um die klinische Relevanz (Jacobson & Truax 1991) der eingetretenen Verbesserung. Oft zeigt es sich, daß die subjektiv erlebten Besserungen zwar statistisch signifikante Verbesserungen darstellen, die Klienten im Sinne einer klinischen Bewertung immer noch im auffälligen Bereich und damit nicht im Bereich der gesunden Normalbevölkerung liegen (Bankoff & Howard 1986). Verfolgt man die drei Kurven über den Beratungsverlauf, so zeigt sich, daß die Behandlungszufriedenheit relativ schnell ansteigt und ein relativ hohes Niveau behält. Demgegenüber bleibt die subjektiv eingeschätzte Zufriedenheit mit der Besserung der Symptomatik etwas hinter dieser Kurve zurück. Was die klinische Signifikanz der Veränderung im Bereich Psychotherapie anbelangt, muß festgestellt werden, daß bei einer Vielzahl der Klienten die erzielten Veränderungen nicht ausreichend sind, um die Patienten psychopathologisch als unauffällig oder ausreichend gebessert zu betrachten (s.a. BMFSF&J 1994a,b).

Howard und Mitarbeiter untersuchen in ihrem Phasenmodell neben der Besserung des allgemeinen Wohlbefindens und der Symptomatik auch die Verbesserungen der psychosozialen Anpassung. Dabei stellt sich heraus, daß diese am meisten Zeit benötigte (Howard et al 1992, zit. in Grawe 1998). Bei Untersuchungen zur Beziehung zwischen der Zufriedenheit mit der Behandlung und dem Ergebnis, wobei dies vom direkten Klienten selbst oder von unabhängigen Beurteilern eingeschätzt werden kann, zeigen sich nur mäßige Zusammenhänge. Aus der Zufriedenheit mit der Behandlung kann nur schlecht auf den Behandlungserfolg geschlossen werden. Es muß also zwischen zufriedenen Gebesserten und unzufriedenen Gebesserten unterschieden werden. Das gleiche Phänomen findet sich auch bei den Gleichgebliebenen und den Verschlechterten (z.B. Jacobson 1997). Zufriedenheit mit einer Behandlung sagt nur bedingt etwas über die Effektivität der Behandlung.

Aus diesen Befunden muß für die Supervisionsevaluation unbedingt der Schluß gezogen werden, daß über die Zufriedenheit hinaus Kriterien angelegt werden müssen, die die Ergebnisqualität erfassen, also die „supervisorische Relevanz" operationalisieren. Eine Evaluation kann sich nicht mit der Kundenzufriedenheit zufrieden geben. Bisher ist Kundenzufriedenheit gut belegt, aber die Effektivität noch näher zu bestimmen.

2. Empirische Untersuchungen zur Effizienz von Supervision:

An ausgewählten Beispielen der Supervisionsforschung sollen die Fortschritte und Probleme der gegenwärtigen Forschung anhand unterschiedlicher Forschungsfelder dargestellt werden.

Supervision als Therapiedidaktik

Das Gros der empirischen Supervisionsforschung konzentriert sich auf den Gegenstand der Supervision als Pfeiler der Therapiedidaktik. Dieser Forschungsbereich zeichnet den Weg von Psychotherapie-Ausbildungskandidaten nach, deren Entwicklungsschritte hin zu einer reifen Therapeutenidentität unter Berücksichtigung der jede Stufe kennzeichnenden Bedürfnisse, Kompetenzen und Motivationen des Kandidaten sowie der jeweiligen Supervisor-Variablen, die auf jeder Stufe für den Entwicklungsprozeß des Supervisanden eine Rolle spielen.

Stoltenberg (1981) konzeptualisiert in seinem Counselor Complexity Model einen solchen Vorgang über vier Stadien. Er bezieht sich auf das Supervisionsmodell von Hogan (1964), der vier Entwicklungsstufen von Supervisanden beschreibt: ausgehend von fachlicher Unsicherheit, mangelndem Selbstvertrauen, Methoden- und Instruktionsabhängigkeit auf der ersten Stufe entwickeln die Ausbildungskandidaten Autonomie, persönlichen Stil und tiefere Einsichtsfähigkeit, bis schließlich kollegiale Supervision und angstfreies Arbeiten mit Konfrontation sowie ein Wissen um die eigenen therapeutischen Möglichkeiten und Grenzen erreicht ist. Stoltenberg berücksichtigt die systemtheoretischen Überlegungen Hunts (1971), der anhand der kognitiven Entwicklung von Schülern zu einer Beschreibung optimaler Lernumwelten gelangt, die jeweils die Entwicklung hin zur nächsten Stufe erleichtern, wobei es wichtig ist, die sich entwickelnde Person in einer sich verändernden Umwelt zu sehen, deren angemessene Gestaltung die Entwicklung zu höheren Entwicklungsstufen vorantreibt.

Das Counselor Complexity Model stellt auf jeder Stufe die Merkmale des Supervisanden einer jeweils optimalen Umwelt, konzeptualisiert durch Verhaltensvariablen des Supervisors, gegenüber. Der Entwicklungsgang des Supervisanden entspricht dabei in etwa dem oben skizzierten Modell von Hogan. Das optimale Supervisor-Verhalten zeigt sich in der ersten Stufe vom Bereitstellen einer eher normativen Struktur, von der ausgehend erste Autonomiebestrebungen gefördert werden können, hin zu einer zunehmenden Übergabe der Strukturierung des Geschehens an den Supervisanden, bis schließlich das Lehrer-Schüler-Verhältnis in ein kollegiales Verhältnis übergeht, in der die optimale Umwelt aus der gegenseitigen Strukturierung erwächst.

Entwicklungsfördernde Kompetenzen des Supervisors beziehen sich nach Blocher (1983) auf den angemessenen Umgang mit Diskrepanzen zwischen den Kompetenzen des Supervisanden und den jeweiligen Anforderungen der Situation, auf den Umgang mit den Auswirkungen der beruflichen Erfahrungen auf das Selbstwertgefühl des Supervisanden, auf adäquates Feedback, Unterstützung und Struktur und die Integration neuer und alter Verhaltensmuster, etwa durch Schaffung von genügend Möglichkeiten zur Reflexion und zur Festigung neuer Lösungswege.

Das Verständnis des Entwicklungsgeschehens in der Supervision als Herstellung eines entwicklungsfördernden Passungsverhältnisses zwischen Person und Umwelt regte eine Reihe von Forschungsarbeiten an, in denen durch Fragebogenuntersuchungen versucht wurde, die Entwicklung des Supervisanden, Verhaltensweisen des Supervisors und wahrgenommene Effekte der Supervision entlang den im Modell verwendeten entwicklungsbedeutsamen Kategorien in Zusammenhang zu bringen. Dabei können die grundlegenden Annahmen des Entwicklungsmodells bestätigt werden. Die Entwicklungsdimensionen Selbstbewußtsein, Abhängigkeit-Autonomie und Erwerb von theoretischen und praktischen Kenntnissen (McNeill, Stoltenberg & Pierce 1985), wie sie sich auch in anderen Befunden bei ähnlicher Begrifflichkeit, teilweise noch differenzierterer (Reising & Daniels 1983) finden lassen, scheinen dabei den Entwicklungsweg des Supervisanden besonders deutlich zu kennzeichnen. Die für jede Entwicklungsstufe günstigen Verhaltensweisen des Supervisors entsprechen im wesentlichen den oben genannten (Heppner & Roehlke 1984; Miars et al. 1983). Leider gibt es bisher keine Studie, die in einem strengen Gruppenvergleichsdesign versucht hat, die Beschleunigung der Entwicklungsprozesse zu objektivieren, indem zum Vergleich der Effekte auch eine Kontrollgruppe untersucht wurde.

Über den tatsächlichen Supervisionsprozeß finden wir in all den Untersuchungen keine Aussagen. Die Konzepte werden jedoch aufgrund ihres hohen Allgemeinheitsgrades für das Verständnis der Gestaltung optimaler „Supervisionsprozesse“ Berücksichtigung finden. Bei allen Forschungsansätzen fällt auf, daß der Begriff des Supervisionsansatzes oft hybrid verwendet wird. In Ermangelung tragfähiger Supervisionsmodelle orientiert sich Supervision noch häufig an Therapiefolien und stellt oft lediglich selbst gestaltete Praxis (Zielke 1982) dar, die sich „mit Intuition und gesundem Menschenverstand“ (Holloway et al. 1989) vollzieht. Bernard & Goodyear (1992) bezeichnen die Übertragung von Therapiemodellen auf die Supervisionsprozesse als „no-model“. Sie sehen die Gefahr, daß Supervisanden wie Klienten behandelt werden, da weder ein konzeptuelles Modell für den Supervisionsprozeß vorliegt, noch die Aufgaben der „selbsternannten“ Supervisoren in der Therapieszene klar umrissen sind.

Auckenthaler (1995) bemängelt das Fehlen einer qualitativ orientierten empirischen Erforschung der Wirksamkeit von Supervision. Supervision sei als Qualitätssicherung der Psychotherapie weitestgehend anerkannt, „... obwohl entsprechende Wirksamkeitsnachweise fehlen“ (ebd. S. 9). Wir möchten uns Auckenthaler anschließen, wenn sie feststellt, daß die Frage: „Was geschieht wirklich in Supervisionen?“ bislang noch unzureichend beantwortet ist. Auckenthaler untersucht Gruppensupervisionssitzungen von Ausbildungskandidaten und ergänzt ihren qualitativ-empirischen Ansatz durch Gruppendiskussionen mit Supervisoren. Dabei geht sie u.a. der Frage nach, ob (und wie) Supervisanden im Verlauf der Supervision entstandene „Verstehenshypothesen“ und deren Einfluß auf den Verlauf der Therapie überprüfen und wie mit Kritik umgegangen wird. Die subjektive Perspektivität der Beteiligten wird einbezogen, indem die Autorin untersucht, welche Bedeutung die Handelnden selbst ihren Aktivitäten zuschreiben, wie sie ihr Handeln begründen und wie sie selbst ihre Supervision bewerten.

Ihr theoretischer Hintergrund stellt ausschließlich psychologische Literatur zur Supervision von Psychotherapie vorrangig aus den USA dar. So ist der Tenor ihrer Ergebnisse die Ermunterung von Supervisoren aus der Richtung der klientenzentrierten Psychotherapie, ihre Rolle als Lehrer ernster nehmen zu dürfen. Gute Klientenzentrierte Supervisoren, so stellte sie heraus, fordern und konfrontieren die Ausbildungskandidaten, sie geben mehr belehrende als unterstützende Interventionen, als sie es in therapeutischen Situationen täten. Sie erklären, setzen Grenzen und bewerten Aussagen von Supervisanden auch als falsch. Man kann sich Auckenthaler sicher nur anschließen, wenn sie ausführt, daß die Ausbildung zum Psychotherapeuten keine gleichzeitige Qualifikation zum Supervisor bedeutet. Es geht um ergänzende Wissensbestände, wie zum Beispiel die institutionelle Einbindung von Supervisanden – eine Erkenntnis, die richtig jedoch nicht sonderlich neu ist –, die besondere Berücksichtigung erfordert.

Der Mangel an spezifischem Wissen ist insofern beklagenswert, da Supervision immer mehr zum zentralen Bestandteil beraterischer und psychotherapeutischer Arbeit wird. Im Rahmen der „Internationalen Studie zur Entwicklung von Psychotherapeuten und Psychotherapeutinnen“ (Ambühl 1994; Ambühl u.a. 1995; Orlinsky u.a. im Druck) berichten 74% von 581 befragten PsychotherapeutInnen im deutschen Sprachraum, daß sie sich derzeit in Supervision befinden (im Mittel mit fünf ihrer Fälle). Mit 49% ist die Gruppensupervision das häufigste Setting (in Einzelsupervision befanden sich 34%, in kollegialer Supervision 17% der Befragten). 57% der TherapeutInnen sind selbst als SupervisorIn tätig, und zwar zumeist für 4-7 andere KollegInnen (zit. nach Willutzki 1995). Die Untersuchung von Mary Burton und Kollegen zeigt, daß wir in England eine vergleichbare Situation vorfinden (Burton, Henderson & Curtis Jenkins 1998).

Die meistens vorliegenden Untersuchungen fokussieren folgende Aspekte, von denen als typische Auswahl folgende genannt werden sollen:

- Interaktion zwischen Supervisor und Supervisanden: der Einfluß der Selbstdarstellung des Supervisanden (Ward, Friedlander, Schoen & Klein 1985),
- die Übereinstimmung in der theoretischen Orientierung von Supervisor und Supervisanden (Putney, Worthington & McCullough 1992; Steinhelber, Patterson, Cliffe & LeGoulon 1984),
- Rolle der Geschlechtszugehörigkeit des Supervisors (Nelson & Hooloway 1990; Petty & Odewahn 1984; Brodsky 1980; Putney et al. 1992, Erger & Molling 1991)
- Erfahrungshintergrund des Supervisors (Worthington & Stern 1985; Marikis, Russel & Dell 1985)
- Persönlichkeitsmerkmale des Supervisors: expertness, attractiveness, trustworthiness (Goodyear, Abadie & Efros 1984; Heppner & Handley 1982; Heppner & Roehlke 1984)
- Charakteristika des Supervisionsstils: interpersonal sensitivity, task orientation, attractiveness (Friedlander & Ward 1984).

Die Spezifika von Teamsupervision finden sich in oben genannten Untersuchungen wenig wieder. Die meisten Daten sind in Ausbildungssupervisionen gewonnen worden, wo der Zugriff auf die Daten sicher leichter fällt, die Erkenntnisse für den inzwischen größten Anwendungsbereich, nämlich der Teamsupervision, aber sicherlich nur bedingt übertragbar sind.

Supervisionsausbildung als Forschungsfeld

Nach der Beschäftigung mit den Ergebnissen aus dem Bereich Therapieausbildung wenden wir uns jetzt der Vermittlung der Fertigkeiten zu, die in der Supervisionsausbildung selbst vermittelt werden. Dabei handelt es sich also um metakonzeptionelle Lernvorgänge. Van Kessel kritisiert in diesem Zusammenhang, daß Supervion in Deutschland zuwenig unter dem Aspekt des Lernens betrachtet wird, der zugunsten der Erkenntnis vernachlässigt wird. Er betrachtet Lernen als zentralen Vorgang in Supervisionsprozessen (van Kessel 1998).

Von Schreyögg wurde 1994 eine empirische Evaluation von Supervisorenausbildungen eines Integrativen Supervisionsansatzes (N=145) vorgelegt. Die Kandidaten wurden mit einer Kombination von Polaritätsskalen und Fallbeispielen auf ihren Lernzuwachs nach Abschluß ihres Ausbildungsweges untersucht, der durch Experten-Evaluationen ergänzt wurde. Die Handlungssicherheit bei den Ausbildungskandidaten nahm zu. Sie erweiterten ihre Kompetenzen und Performanzen, nachdem sie ein Durchgangsstadium der Verunsicherung „durchlitten" hatten. Nach Abschluß der Ausbildung zeigten sich differenziertere Kategorisierungen und weniger Stereotypisierungen. Ihre Deutungshaltung veränderten sich in Richtung auf mehr Systematik im Vorgehen. Schreyöggs Ergebnisse sprechen für eine Mischung von Berufsgruppen in den Ausbildungsgruppen. Reine Psychotherapeutengruppen verfügten über das geringste Entwicklungspotential, was auch auf die Effektivität multiprofessioneller Teams hinweist.

Die Ausbildung von Supervisoren in Österreich untersuchten Petzold & Schigl (1996). Eine Supervisionsausbildungsgruppe wurde über vier Jahre hinweg von einer Forscherin begleitet, die den Prozeß auch aus der Perspektive einer teilnehmenden Beobachterin verfolgte. Neben quantifizierenden Erhebungen wurden qualitative Verfahren (Interviews, Berichte, etc.) eingesetzt. Um auch die Effizienz auf der Klientenebene zu überprüfen, wurden Videoaufzeichnungen vor der Ausbildung mit Aufzeichnungen nach der Ausbildung durch Ratingverfahren auf der Ebene der Performanz verglichen. Durch einen Vergleich mit einer Kontrollgruppe ohne Ausbildung konnte hier die Bedeutung der Ausbildung zumindest operationalisiert durch Indikatoren für eine Verbesserung der Performanz demonstriert werden, ohne allerdings die tatsächlichen Effekte auf die Klienten mitberücksichtigen zu können.

Balintgruppenforschung

Die Forschungsergebnisse zu Balintgruppen stellen sicherlich den größten Anteil aller Forschungsbefunde dar. Seit ihrer Einführung waren sie wie viele andere psychoanalytische Vorgehensweisen auch Forschungsinstrument und Behandlungsform gleichzeitig, was sich deutlich schon im Werk Balints zeigt (Balint 1957). Da hierzu eine umfangreiche Literatur vorliegt, soll an dieser Stelle auf eine Zusammenfassung verzichtet werden (z.B. Möller & Märtens 1998).

3. Empirische Untersuchungen zur Effizienz in unterschiedlichen Kontexten

Elbing & Huber (1988) untersuchten Supervision als Programmatik und als subjektiv erfahrene Alltagsrealität. Im Rahmen einer qualitativen Pilotstudie wurden Erziehungsberater nach ihren subjektiven Erfahrungen mit Supervisionsprozessen befragt. Die Notwendigkeit von Supervision wurde stets verbal bekundet, jedoch sahen sich die Mitarbeiter zahlreichen Einschränkungen gegenüber. Neben den persönliche Ängsten und Unsicherheiten wurden Teamschwierigkeiten und institutionelle, hierarchische und organisatorische Aspekte als den Supervisionsprozeß behindernd beschrieben. Die Studie zeigt anschaulich den Status quo supervisorischen Arbeitens, arbeitet allerdings keine Bewältigungsmöglichkeiten heraus.

Filsinger & Schäfer (1992) untersuchen die Kontextbezogenheit und -determiniertheit von Supervision im Zusammenhang mit der erworbenen Immunschwäche (AIDS). Berichte von Supervisoren wurden daraufhin untersucht, ob und wie und welche Kontextvariablen in die Supervision miteinbezogen wurden. Die Analyse der Defizite in Struktur, Methode und Perspektivität der supervisorischen Arbeit zeigt die Notwendigkeit, neben professionellen und individuell-biographischen Bedingungen institutionelle, versorgungsstrukturelle und gesellschaftliche Faktoren in der Arbeit zu berücksichtigen. Die Autoren betonen sowohl die Wichtigkeit der Feldkompetenz in diesem Bereich, als auch die Notwendigkeit der Organisationsentwicklung und -beratung, damit die Handlungsmöglichkeiten der Berater auch institutionell greifen können. Supervisoren empfanden die Arbeit hier vor allem im Rahmen von Bundesmodellprogrammen als spezifische Herausforderung.

Supervision bzw. Praxisberatung für Lehrergruppen wurde von Cloett (1985) untersucht. Die befragten Berater, Absolventen und Teilnehmer bestätigten die Effizienz berufsbegleitender Supervision für sie Fähigkeit von Lehrkräften, im Beruf zwischenmenschliches Geschehen und eigenes Verhalten unter dem affektiven Aspekt genauer wahrzunehmen, in geeigneter Weise zur Sprache zu bringen und in Problemsituationen geeignete Lösungen zu finden. Der kontinuierlichen Evaluation von Praxisberatung durch außenstehende Forscher standen sie eher skeptisch gegenüber.

Neu eingestellte Lehrer untersuchte de Lorent (1992). Der „Praxisschock" wurde vor allem auf die Disziplinprobleme, ein überaltertes Kollegium sowie die Einarbeitung in neue Fächer zurückgeführt. Junge Lehrer wünschen sich der Untersuchung zufolge vor allem die Einrichtung von Supervisionsgruppen, Training von Durchsetzungskompetenzen und Hilfe bei o.g. Problemen. Eine stärkere Praxisorientierung des Referendariats, intensivere Beschäftigung mit Verhaltensproblemen der Schüler und eine Erhöhung ihrer pädagogischen Kompetenz wurde gefordert. Meidinger (1991) berichtet über eine Evaluationsstudie über zwei Supervisionsgruppen von Lehrerkollegien. Mit Hilfe von Antons Evaluationsbogen sollten Unterschiede zwischen einer Gruppe, die sich ihren Supervisor selbst gesucht hatte, zu einer anderen Gruppe, die den Supervisor zugeteilt bekam, aufgezeigt werden. Das Zustandekommen der Supervisionsgruppe besaß weder prognostischen Wert bzgl. des Beurteilungsverhaltens, noch ließ es Rückschlüsse auf die Motivation der Teilnehmer zu. Die Untersuchung ist in Hinblick auf die Mystifizierung der freien Wahl des Supervisors, wie sie insbesondere in der psychosozialen Szene herrscht, von Interesse, da dieser Aspekt möglicherweise überschätzt wird.

Mutzeck (1988) untersuchte die subjektive Theoriebildung von Lehrern über den mangelhaften Transfer der Inhalte von Fortbildungsveranstaltungen in den Schulalltag. Aus den subjektiven Annahmen, die inhaltsanalytisch ausgewertet wurden, entwickelte Mutzeck ein alltagsnahes Handlungsmodell zur effektiven Gestaltung von Fortbildungs- und Supervisionskursen.

Denner (1998) kombiniert einen Fragebogen zur jeweiligen Supervisionssitzung mit einem halbstrukturierten Interview, um die Konzeption eines Beratungsangebots für Lehrer zu evaluieren. Sowohl den Beratern als auch den Teilnehmern der Beratungsgruppen wird nach der Sitzung ein Fragebogen vorgelegt. Die Ergebnisse zur Frage der Effizienz von Beratungsgruppen an Schulen: Entstehung – Prozeß – Wirkung" stehen in Gänze noch aus. Denner gelingt es jedoch, durch ihren methodenpluralen Zugang aus der reinen Legitimationsforschung herauszufinden. Durch die Interviews sind fundierte Daten zu erwarten, um Widerstandsphänomene in der Institution Schule besser verstehen und in der Passung des Angebots berücksichtigen zu können. Ihr methodischer Absatz scheint uns sinnvoll einsetzbar zur Selbstevaluation von Supervisionsgruppen.

Kinzl (1990) evaluiert eine fünfjährige Balintarbeit mit einer Gruppe von Logopädinnen. Als spezifische Wirkung läßt sich die bewußtere Gestaltung der Beziehung zum Patienten nachweisen. Als unspezifische Wirkfaktoren werden die Erweiterung der beruflichen Identität, das Integriertsein und Verstandenwerden in der Gruppe sowie das Erkennen psychosozialer und psychosomatischer Zusammenhänge genannt.

Geschlechtsrollenfragen

In neuster Zeit sind einige Arbeiten zur Geschlechtsrollenfrage in der Supervision veröffentlicht worden (Erger & Molling 1991). Das Merkmal der Geschlechtzugehörigkeit ist sowohl für die Rolle des Supervisanden als auch für die Rolle des Supervisors vernachlässigt worden. Conen (1993) zeigte in einer Befragung von insgesamt 33 Supervisanden:

- daß Männer mehr als Frauen auf ein positives Gruppenklima angewiesen sind,
- daß sowohl für Frauen als auch für Männer die Leitung einer Supervisionsgruppe durch eine Frau nicht unproblematisch erscheint,
- daß Frauen bei der Supervisorin vor allem Kompetenz und ein Modell suchen, bei einem Supervisor die Anerkennung in der Rolle der erwerbstätigen Frau im Vordergrund steht und
- daß Männer bei einem Supervisor viel Wert auf Kompetenz legen und bei weiblichen Supervisorinnen eher Bestätigung und Anerkennung suchen.

Hege (1990) wandte sich der Frage der Beziehungsgestaltung von Frauen und Männern mit ihrem jeweiligen Klientensystem zu und suchte nach typischen Gestaltungsmerkmalen der supervisorischen Situation unter weiblicher bzw. männlicher Leitung. An einem Fallbeispiel weist sie die stärkere Abgrenzungsfähigkeit von Männern und die Einnahme der Mutterrolle durch Frauen nach, von der sich männliche Teilnehmer von Supervisionsgruppen wiederum bedroht sehen. Frauen scheinen ihr zufolge eine symbiotischere Beziehungsführung zu verteidigen.

Insgesamt erscheint es augenblicklich fraglich, ob Untersuchungen zu „Genderfragen" im Bereich der Supervision sinnvoll und notwendig sind, da die Ergebnisse kaum spezifische Erkenntnisse für den Kontext Supervion erwarten lassen, sondern vor allem allgemeine Wahrnehmungs- und Reaktionsstrukturen offenlegen, die von allgemeinerer Bedeutung sind.

Akzeptanz von Supervision

Berufspolitisch von besonderem Interesse ist die Beantwortung der Frage nach der schon erreichten Verbreitung von Supervision in unterschiedlichen Anwendungsfeldern und den Möglichkeiten des gezielten Einsatzes in anderen Bereichen.

Berker (1989) befragte 46 Institutionen, zur Relevanz der Supervision. Supervision wurde allgemein für notwendig und förderungswürdig befunden. Bei der Frage der Bedingungen einer erfolgsversprechenden Supervision wurden die Thesen der Bereitstellung eines Ortes und Interventionsinstrumentariums zur Korrektur, Entwicklung und ständiger Innovation beruflichen Tuns und dessen institutionellen Bedingungen aufgestellt. Auf diese Weise kann Supervision zur Entstehung einer neuen Arbeits- und Gesellschaftskultur beitragen.

Kühl & Pastäniger-Behnken (1998) legen eine Erkundungsstudie vor, die untersucht, inwieweit Supervision in den neuen Bundesländern bereits implementiert werden konnte. Sie zeigen, welche Bedingungen fördernden oder hindernden Charakter haben und wie sich die Supervisionsverbreitung und deren Funktion in den einzelnen Feldern darstellt. Ihr Ziel ist es, das Beratungsangebot in Feldern sozialer Arbeit zu verbessern und Supervision als Beitrag zur Qualitätssicherung zu implementieren. An dieser Stelle scheint es wenig sinnvoll, die Ergebnisse im Einzelnen zu referieren. Viel interessanter erscheint es, ihr gegenstandsangemessenes methodisches Vorgehen darzustellen. Sie haben das Supervisions-Evaluations-Inventar (SEI) von Schneider & Müller (1995) sowie dessen Weiterentwicklung durch Beer (1997) um eine Interviewstudie zu entscheidenden Episoden des Supervisionsprozesses ergänzt, um die praxisrelevanten Anstöße zu erfassen. Insbesondere die Kombination von quantitativen und qualitativen Verfahren (repräsentative Fragebogenuntersuchung in Kombination mit Narrationen beruflich bedeutsamer Schlüsselerlebnisse) zeigt, daß in der Supervisionsforschung das Chisma Hermeneutik (Erzählen) versus Quantifikation (Zählen) überwunden werden kann.

Wirksamkeit auf der Klientenebene

An vielen Stellen wird der Mangel an Nachweisen der Effizienz für Klienten beklagt, der tatsächlich beunruhigend ist, und mehr Forschung für den „Endabnehmer" (Buer 1998, S. 13) gefordert. Für den Forschungsnotstand können mehrere Gründe verantwortlich gemacht werden, die unter anderem durch die umfangreichen Bemühungen der Psychotherapieforschung deutlich werden:

Es ist schwierig, die Effekte unterschiedlicher psychotherapeutischer Methoden zu ermitteln (z.B.Wampold 1997, Roth & Fonagy 1996). Noch schwerer muß es sein, die Effekte einer Modulation oder Verfeinerung dieser Methoden, wie sie in der Supervision von Psychotherapeuten und Beratern erfolgt, zu erfassen. Es handelt sich hier oft um eine mikroskopische Veränderung im Gesamtprozeß, wenn dieser Prozeß auf der Klientenebene untersucht wird.

Die Therapieforschung und die Ergebnisse der Supervisionsforschung zu den Auswirkungen und Bedingungen erfolgreicher Supervision aus der Perspektive der Supervidierten in der Einzel- und Gruppensupervision verweisen auf die zentrale Bedeutung vorwiegend technikunabhängiger Fähigkeiten der Beziehungsgestaltung und von Persönlichkeitseigenschaften. Crits-Christoph & Mintz (1991) zeigen, daß es prinzipiell erfolgreiche und weniger erfolgreiche Therapeuten gibt, wobei es sich hier nicht um ein unveränderbares Merkmal handeln muß.

In einer Reanalyse wurden die Ergebnisse häufig zitierter Outcome-Vergleichsstudien mit den Originaldaten daraufhin analysiert, welchen Beitrag (erklärte Varianz) die Therapeutenvariable zum Gesamtergebnis in positiver und negativer Hinsicht beiträgt (Crits-Christoph et al. 1991). Dabei stellt sich heraus, daß einige Therapeuten einen besonders großen Anteil an Besserungen bei Klienten bewirken konnten, also die Überlegenheit des therapeutischen Verfahrens vor allem auf diese Therapeuten zurückzuführen ist, die ihre Therapien erfolgreich abschlossen.

Da solche Beziehungsgestaltungsfähigkeiten nur langfristig verändert werden, können sich kurzfristige Supervisionseffekte kaum in einer therapeutischen Erfolgsstatistik auf Klientenebene niederschlagen. Ein Nachweis solcher Effekte in Mittelwertunterschieden zwischen Klientengruppen ist kaum zu erwarten.

Ganz unterschiedliche therapeutische Vorgehensweisen führen zu guten Ergebnissen bei manchen Klienten und scheitern bei anderen. Trotz einiger klinischer Hinweise auf spezifische Indikationen bei festumschriebenen Störungen (Roth und Fonagy 1996, Lambert & Bergin 1994), weisen alle Methoden Grenzen auf. Auch Behandlungen mit Supervision können nicht die Grenzen einer Behandlungsmethode transzendieren. Augenblicklich muß man davon ausgehen, daß noch unentschieden ist, ob durch das Einschwören auf eine bestimmte methodische Vorgehensweise entsprechend einer therapeutischen Schule die Effektivität gesteigert werden kann oder derartige Verbesserungen gerade durch eine Erweiterung und Flexibilisierung der Vorgehensweise zu erwarten ist.

Liegt der Haupteffekt von Fallsupervision im Nutzen für den konkreten Fall, der supervidiert wurde, oder aber im Gewinn an Fähigkeiten, die zur allgemeinen Kompetenzverbesserung beitragen? Wenn klinische Studien unter Praxisbedingungen durchgeführt werden, dann wird unter normalen Supervisionsbedingungen nur ein verschwindend geringer Anteil aller Fälle überhaupt in die Supervision eingebracht. Unter diesen Bedingungen kann nicht davon ausgegangen werden, daß diese wenigen überhaupt in die Supervision eingebrachten Fälle statistisch in der Gesamtstichprobe nachher einen wesentlichen Unterschied ausmachen. Würden die supervidierten Fälle mit den nicht supervidierten Fällen verglichen, müßten diese nach dem Zufallsprinzip ausgewählt werden, was der klinischen Realität zuwiderläuft.

Durch Supervision kann einerseits ein Effekt auf den Einzelfall, der supervidiert wurde, vorliegen, oder die Bedeutung liegt im Transfergewinn für andere Fälle. Dies verweist auf eine unlösbare methodische Schwierigkeit. Beide Aspekte können nicht getrennt und kontrolliert werden. Ob, und in welchem Umfang sie vorliegen, muß augenblicklich angesichts der geringen Effekte als ungeklärt gelten, obwohl von beiden Effekten ausgegangen wird. Dies läßt sich an Einzelfällen gut demonstrieren, so daß man von diesen Effekten ausgeht, ohne sie im Vergleichsgruppendesign notwendigerweise zu finden. Einen besonderen Fähigkeitsgewinn durch Supervision in allgemeinen Psychotherapieergebnissen nachweisen zu können, erscheint augenblicklich unrealistisch.

Stein und Lambert gelang es 1995 nur schwer metaanalytisch in 36 Studien überhaupt nachzuweisen, daß umfangreiche und teure Therapieausbildungen zumindest für bestimmte Klientengruppen im Outcome-Vergleich mit weniger ausgebildeten Therapeuten einen Kompetenzgewinn aufweisen. Der gefundene Effekt war statistisch zwar nachweisbar, aber in seiner Gößenordnung wenig aussagekräftig. Weil dieser Effekt auch mit dem Umfang der beruflichen Erfahrung kovarierte, kann hieraus der Gewinn durch eine Ausbildung auf dieser Ebene nur schwer als nachgewiesen gelten. Die Daten schließen ihn aber auch nicht aus.

Bei der Suche nach Effekten bei Klienten hat es der Forscher mit einer „homöopathischen Spurensicherung" (Möller & Märtens 1998) zu tun. Die Effekte werden einmal durch die Aufnahmekapazität und Aufnahmebereitschaft des Superviderten, dann wieder durch dessen Performanz und anschließend durch die vom Supervisor nicht zu beeinflussende Aufnahmebereitschaft eines Klienten oder eines Klientensystems bestimmt. Es handelt sich um indirekte Effekte, bei denen durch die Transformationsprozesse keine Konzentration der Effekte erfolgt. Somit ist verständlich, daß bei der Suche nach den Effekten auf dieser Ebene erhebliche Anstrengungen der Studiendesigns nötig sind, um nach spezifischen positiven und negativen Wirkungen zu suchen, die mit den üblichen Erfolgskriterien nicht erfaßt werden, sofern sie überhaupt vorhanden sind.

Demgegenüber konnte die Frage, wieviel besser geht es den Supervidierten und welche Supervisionsmerkmale sind Voraussetzungen für diese Effekte, viel besser beantwortet werden. Hier handelt es sich um Effekte auf die direkten Kunden, während die Klienten die indirekten Kunden sind. Vielleicht sind die wesentlichsten Effekte der Supervision vor allem bei diesen direkten Kunden zu suchen und genügen als Legitimation schon, da sie wesentliche Funktionen berufliche Praxis fördern und präventive

Funktionen für die Supervidierten erfüllen. Sollte sich herausstellen, daß Supervision eine sehr erfolgreiche Burnout-Prophylaxe ist (Fengler1994), so wäre dies ein völlig ausreichender Befund um Supervion in vielen Arbeitsfeldern zu legitimieren. Ihre Rechtfertigung ergibt sich aus den Kostenersparnissen für den Arbeitgeber in Form gesparter Fehlzeiten, geringerer Mitarbeiterfluktuation und dem Gewinn an Gesundheit und Lebensfreude bei den Mitarbeitern.

4. Untersuchung bedeutsamer Phänomene im Supervisionsprozeß

1. Supervisionsforschung könnte Episoden des Supervisionsprozesses, die von allen Beteiligten als veränderungsrelevant eingeschätzt wurden, ins Zentrum der Untersuchungen stellen. Die geforderte und notwendige Subjektsicht käme zum Tragen, ohne daß die dahinter liegenden Latenzen vernachlässigt werden müßten. Die Verschränkung der bewußten und unbewußten Anteile von Supervisor und Supervisanden könnten in den Blick gerückt und abgebildet werden. Auf diese Weise fänden wir einen sinnverstehenden, hermeneutischen Zugang zu entscheidenden Supervisionssequenzen, gerade ein solcher scheint uns für die Erforschung supervisorischen Tuns angemessen zu sein.
2. Auch Teams weisen pathogene Überzeugungen auf (vgl. Weiss 1993). Pathogene Überzeugungen werden zumeist unbewußte Überzeugungen genannt, die sich in ihrer Wirkung als pathogen herausstellen. Zum Beispiel könnten Teammitglieder die Realisierung eigener Wünsche als Bedrohung der Klinikstruktur bewerten. Auch negative Arbeitsbeziehungserfahrung an aktuellen oder vormaligen Arbeitsplätzen können solche kognitiven Aktivitäten erzeugen, „deren Endprodukte pathogene Überzeugungen sind" (Volkart 1995, S. 129). Negative Affekte, Hilflosigkeitsgefühle (das Team fühlt sich als Ganzes nicht kompetent) aktivieren Abwehrprozesse und unterstützen eine resignative Haltung dem eigenen Tun gegenüber. Weitere Bespiele pathogener Überzeugungen sind „Überlebensschuldgefühle" in Zeiten ansteigender Arbeitslosigkeit und eventueller Entlassung von Kollegen aufgrund schwindender Finanzen. Schuldgefühle, Scham und Angst engen den Handlungsspielraum eines Teams ein und lassen keine Arbeitzufriedenheit aufkommen. Andere Mitarbeiter können sich eventuell aus falsch verstandener Loyalität und Identifikation nicht aus und von der Institution lösen.
3. All das sind Beispiele pathogener Überzeugungen, deren Wirkweise in der Supervision bearbeitet werden können und die zu erforschen interessant ist. Welche Bewältigungsphantasien prägen das Team? Wie realisiert sich der Plan des Teams, den Supervisor von den eigenen pathogenen Ansichten zu überzeugen und gleichzeitig von ihnen „erlöst" werden zu wollen? Vollziehen Supervisanden einen unbewußten „Rollenumkehrtest" und bringen den Supervisor in die Rolle, in die sich das Team durch ihr Klientel gedrängt sieht? Welche Interventionen des Supervisors sind hilfreich? Sind es die „pro-plan-orientierten" oder die „anti-plan orientierte" Reaktionen des Supervisors, die progressive Verhaltensänderung bewirken?
4. Die subjektiven Theorien und Attributionsmuster der Supervisanden generell erscheinen uns ebenfalls untersuchungswert. Welche Attributionsmuster finden wir und wie wirken sie sich in der Supervisionssitzung aus? Werden Arbeitsstörungen

der eigenen Person, der Klinik als solcher oder dem Behandlungssetting zugeschrieben? Wie lassen sich subjektive Theorien verändern bzw. erweitern? Wie verschränken sie sich mit den leitenden Heurismen der Supervisoren?

5. „Der Anfang setzt die Struktur", ausgehend von diesem alten Gestaltgesetz könnten Forscher sich die Frage stellen, was die ersten fünf Minuten von Supervisionsitzungen bereits beinhalten. Was sagt die Verhandlung darüber, was Gegenstand der Sitzung werden kann, bereits über den folgenden Fall und die Team- und Institutionsdynamik aus? Eine derartige Forschung könnte für den Supervisor nutzbare Überlegungen in Gang setzen.
6. Auch kritische Phasen in der Supervision könnten ins Zentrum supervisorischer Forschung gerückt werden. Vermutlich beinhalten gerade kritische Phasen des Supervisionsprozesses die relevanten unbewußten Bedeutungen. Wie werden in kritischen Prozeßabschnitten neue Sinninterpretation geschaffen? Ist der Supervisionswunsch selbst ein Abbild einer kritischen Phase im Therapieverlauf oder in der Teamdynamik?

Heppner & Roehlke (1984) untersuchten Episoden des Supervisionsprozesses, die von allen Beteiligten als besonders bedeutsam, d.h. veränderungsrelevant, eingeschätzt wurden. Die Supervisanden wurden am Ende eines Ausbildungsabschnittes nach solchen kritischen Ereignissen und ihrer subjektiven Bedeutsamkeit befragt. Die häufigsten kritischen Ereignisse bezogen sich auf emotionale Bewußtheit/Konfrontation, Unterstützung und Zweck/Richtung in der therapeutischen Arbeit. Supervisanden mit wenig und mittlerer Erfahrung unterscheiden sich von Supervisanden mit hohem Erfahrungsstand insofern, als die beiden ersten mehr kritische Ereignisse bezüglich Selbstbewußtheit und Unterstützung, die letzten mehr bezüglich des Einflusses von Persönlichkeitsaspekten auf die therapeutische Arbeit berichten. Somit würde der Entwicklungsfortschritt des Supervisanden eine Bewegung von Unterstützung- und Selbstbewußtheitsthemen hin zur Thematisierung von persönlichen Prozessen und aufdeckenden Interaktionen beinhalten.

Die geforderte und notwendige Subjektsicht käme zum Tragen, ohne daß die dahinter liegenden Latenzen vernachlässigt werden müßten. Die Verschränkungen der bewußten und unbewußten Anteile von Supervisor und Supervisanden könnten in den Blick gerückt und abgebildet werden. Auf diese Weise fänden wir einen sinnverstehenden, hermeneutischen Zugang zu entscheidenden Supervisionssequenzen, gerade ein solcher scheint für die Erforschung supervisorischen Tuns angemessen zu sein.

Nebenwirkungen und Risiken von Supervision als Erkenntnisquellen

„Risiko heißt: Eine Entscheidung kann noch fallen!" schreibt Matthias Greffrath und führt weiter aus, das der Homo sapiens das Tier ist, das Risiken eingehen kann. „ Die riskante Jagd ernährt die Sippe, der Verzehr der Vorräte vor einem unerwartet langen Winter ist tödlich, das Überqueren des verschneiten Gebirges die Alternative zum schnellen Verhungern. Menschen gehen Risiken ein um des Überlebens und des Genusses willen" (1998, S. 10). Gleiches gilt auch für Supervision. Supervision kann nicht nur die Überlebensfähigkeit und den Genuß psychosozialer Helfer steigern und gleichzeitig die Erfolge auf Seiten der Klienten potenzieren. Beim Versuch, die wie auch immer geartete Praxis als Sozialarbeiter, Psychologe, Mediziner oder Verwaltungsleiter zu optimieren, gibt es Risiken. Selbst der, der nichts tut, geht dabei ein Risiko ein. Jede Chance ist ein Risiko, denn sonst wäre sie keine Chance.

In der letzten Zeit wurden – nicht zuletzt wegen eines Legitimationsdrucks – vor allem die Chancen beleuchtet, wenn es um psychosoziale Interventionen geht, zu denen Psychotherapie, Prävention und auch Supervision gehören. Wenn im Zusammenhang mit Supervision eine Unterscheidung zwischen Risiken und Nebenwirkungen getroffen wird, so wird damit ein komplexer Sachverhalt entsprochen. Daß man sich mit diesem Phänomen überhaupt beschäftigen muß, legen leider die empirischen Befunde nahe.

Burten, Henderson und Curtis Jenkins (1998) fanden in ihrer Untersuchung zu den Erfahrungen mit Supervision aus der Sicht der Supervisanden, daß 11% der Befragten angaben, eine Erfahrung mit ihrem Supervisor gemacht zu haben, die als Mißbrauch der Beziehung mit negativen Auswirkungen beschrieben wird (1998, S. 127). Diese negativen Erlebnisse werden allerdings auf der anderen Seite aufgewogen durch ansonsten ebenso positive Gesamteinschätzungen, wie sie sich auch schon in der Erhebung von Beer und Gediga (1998) finden. Aber auch Beer und Gediga berichten von unerwünschten Effekten. Bei einem der drei Teams, von denen der Dienstvorgesetzte befragt wurde, beklagte dieser, daß im „institutionellen Bereich Abläufe erschwert wurden“ und sich das Verhältnis zur Leitung nicht verbessert hatte. Aus der Tatsache, daß er dieses Item mit der größtmöglichen Verneinung beantwortet, kann vermutet werden, daß hier möglicherweise eine Verschlechterung eingetreten ist.

Die Schwierigkeiten hierzu, eine klare Aussage zu machen, verweisen auf einen häufig zu beklagenden Mißstand der Studienkonzeption. Sehr oft werden – wie auch in der Untersuchung von Beer und Gediga – differenzierte Vorgaben zur Erfassung einer weiten Pallette positiver Wirkungen in vier Bereichen (eigene Person, Klienten, Kollegenkreis, Institution) gemacht. Negative Phänomene werden wesentlich weniger oder überhaupt nicht explizit formuliert. Durch eine Verweigerung der Zustimmung zu einer positiven Formulierung, kann aber noch nicht der Umkehrschluß getroffen werden, daß diese Verweigerung auf einen negativen Sachverhalt hindeutet. Werden negative Phänomene nicht explizit erfragt, kann über deren Vorhandensein oder Abwesenheit nichts gesagt werden. In Anlehnung an Wittgenstein, der einmal formulierte, worüber man nicht reden kann, darüber kann man nur schweigen, müßte man dann sagen, daß man zu negativen Effekten, zu denen man keine Fragen gestellt hat, leider auch nichts sagen kann.

Beer und Gediga finden die Befürchtung Nellessens (1982) bestätigt, daß in der Supervision der „Institutionelle Faktor“ ausgeblendet wird. Aber auch dieser Befund wird indirekt erschlossen. Da sich für diesen Bereich weniger Effekte finden als in den anderen Bereichen, wird hier ein Defizit festgestellt, weil die Antworten nicht so viele positive Zustimmung fanden, wie die anderen Bereiche. Es handelt sich also wiederum um eine indirekte Vorgehensweise und nicht um eine Erhebung, die offensiv und differenziert negative Phänomene erfaßt. Möglicherweise könnte man dieses Phänomen als Verdrängung beschreiben, warum nicht offensiv das gefragt wird, was man lieber nicht wissen möchte. Hierzu gehört auch die „widersprüchliche“ Befundlage zu den Effekten auf der Klientenebene. Viele Supervisanden sehen in diesem Bereich wenig und manchmal keine positiven Auswirkungen (Beer und Gediga 1996, S. 39) und es steht zu vermuten, daß aus der Klientenperspektive noch weniger zu bemerken ist. Die Zusammenstellung der Befunde zu den Effekten von Supervision zur Verbesserung von

Psychotherapie, die Luborsky et al (1988) geben, die keine Effekte nachweisen konnten, ist typisch für diesen Bereich. Möglicherweise ist dieses Ergebnis das Resultat einer zu undifferenzierten Erhebungsmethodik.

Burton, Henderson und Curtis Jenkins (1998) kommen ebenso wie Beer und Gediga (1998) zu der eindeutigen Schlußfolgerung, daß Supervision ausgesprochen hoch geschätzt wird, wenn man die direkten Kunden, die Supervisanden befragt, die auch klare positive Effekte benennen. Daneben werden eindeutig auch negative Effekte beschrieben. Mit Sicherheit kann man davon ausgehen, daß bei Supervision ein ähnliches „Varianzerweiterungsphänomen wie in der Psychotherapie auftritt, da hier ähnliche Prozesse stattfinden und gerade die interpersonellen Aspekte (Prozesse und Persönlichkeitsmerkmale) für positive Effekte verantwortlich gemacht werden.

Bergin (1963, 1967, 1971) hat sich wahrscheinlich als erster intensiv „empirisch" mit negativen Effekten psychotherapeutischer Behandlungen beschäftigt und 30 Studien der Effizienzforschung herangezogen und an den Daten ein Phänomen beschrieben, daß als „Varianzerweiterungsphänomen" bekannt geworden ist (z.B. Schulz 1984, S. 149). Es besagt, daß sich in den Behandlungsgruppen im Unterschied zu den Kontrollgruppen der Therapiestudien die Streuungswerte der Behandelten stärker vergrößerten, es also auch bei verbesserten Mittelwerten zu einzelnen Fällen gekommen ist, in denen sich die Werte verschlechtert haben. Bergin schätzt deshalb circa 10% der Fälle als vorwiegend verschlechtert ein (kritische Anmerkungen zur Methode Bergins in König-Fuchs 1991, S. 8). Zieht man die wenigen Befunde zu negativen Auswirkungen von Supervision heran, so kann man hier eine vergleichbare Größenordnung vermuten.

Eine Untersuchung zu den Kausalattributionen von Therapeuten, Klienten und Supervisoren zu den Gründen und Erklärungen für Mißerfolge von König-Fuchs verweist auf die Notwendigkeit sich dieser Thematik offensiv zuzuwenden, da eine Tendenz bei Therapeuten und Supervisoren besteht, Mißerfolge externalen Ursachen zuzuschreiben. Deshalb kann es nicht genügen, negative Effekte durch offene Fragen zu erfassen, die zuviel Raum für eine Verdrängung unangenehmer Wahrnehmungen lassen.

Die Erfassung unerwünschter Ereignisse, Nebenwirkungen und Wechselwirkungen hat im Bereich der Arzneimittelprüfung eine lange Tradition. Hier wurden sehr differenzierte Erfassungsstrategien entwickelt. Das „Gesetz über den Verkehr mit Arzneimitteln" (AMG, 5. Änderungsgesetz vom 9. August 1994) und die „Allgemeine Verwaltungsvorschrift zur Anwendung der Arzneimittelprüfrichtlinien" (in der Neufassung vom 5.5.1995) regelt das Vorgehen und legt die Standards fest. Die Vorgehensweise ist mit den EG-Regelungen harmonisiert, die im Konfliktfall übergeordnete Bedeutung haben (Kohnen et al. 1996, S. 187).

In ersten Beobachtungen wird von unerwünschten Ereignissen gesprochen, so lange noch nicht klar ist, ob sie in einem direkten Zusammenhang mit der Behandlung stehen. Der Begriff Nebenwirkung „ist begrenzt auf unerwünschte Begleiterscheinungen, die beim bestimmungsgemäßen Gebrauch nach der Zulassung eines Arzneimittels beobachtet werden" (Kohnen et al 1996, S. 188). Sie werden nach Schweregraden klassifiziert und sollen ein statistisch vertretbares Auftretensrisiko nicht überschreiten. Die Anbieter eines Heilmittels sind verpflichtet, unerwünschte Ereignisse zu dokumentieren und mitzuteilen.

Von dieser Praxis sind die meisten psychosozialen Interventionsformen weit entfernt. Die Supervision bildet dabei keine Ausnahme. Trotz aller Vorbehalte gegen

Analogien mit pharmakologischen und medizinischen Behandlungen sollten differentielle Evaluationen durchgeführt werden, die verschiedene Supervisionsmethoden hinsichtlich möglicher Nebenwirkungen vergleichen. Was sind settingspezifische Risiken und welche spezifischen Vorgehensweisen zeichnen sich durch welche Risiken für die unterschiedlichen Kunden (Klienten, Mitarbeiter, Institution etc.) von Supervision aus. Vermutlich unterschieden sich unterschiedliche Vorgehensweisen stärker durch ihre Nebenwirkungen und Risiken als durch gravierende Unterschiede im Ausmaß der Klientenzufriedenheit und der positiven Effekte.

Petzold und Rodriguez-Petzold (1997) ermittelten in einer Erhebung bei 30 Ausbildungskandidaten für Supervision und 70 der Psychotherapie, daß nur 2 aus der ersten und 4 aus der zweiten Gruppe ihre Klienten darüber informieren, daß sie ihren Fall als Lehr- oder Kontrollfall in Ausbildungssupervision einbringen (1997, S. 299f). Die Auswirkungen und die Unterschiede der Handhabung von Schweige- und Informationspflichten müssen dringend im Zusammenhang mit unerwünschten Ereignissen untersucht werden, um hier eine wahrscheinlich viel zu blauäugige Praxis weiterzuentwickeln, die den unterschiedlichen Bedürfnissen der beteiligten Personen gerecht wird. Dabei müssen methodische, ethische, klinische und juristische Perspektiven integriert werden. Keine der vier Perspektiven kann den Anspruch erheben als primäre Entscheidungsgrundlage zu dienen. Klinische und behandlungstechnische Erfordernisse können sich zum Beispiel nicht wie selbstverständlich innerhalb eines juristisch determinierten Problemfeldes bewegen, sondern müssen diese Rahmenbedingungen entsprechend des Anwendungsbereiches modifizieren (s.a. Wilker & Höfling 1995).

Neben der Erarbeitung von Hinweisen zum Verbraucherschutz der Klienten wartet die Frage nach Kriterien für Supervisoren, wie sie Schumacher (1997) aufwirft, der für eine Checkliste plädiert, noch auf empirisch abgesicherte Antworten, damit sich nicht die Überlebensstrategien von Jay Haley (1995) bei Supervisoren durchsetzten, der einen Artikel mit der Überschrift versieht: „Über die Kunst, Supervisor zu sein, ohne zu wissen, wie man jemanden verändert“. Spezifische Leiter- und Lehrerqualifikationen (Pühl 1994) und grundsätzliche Merkmale (z.B. Albott 1984) müssen ermittelt werden, die für die vier Anwendungsbereich von Supervision eine Rolle spielen, wobei noch zu prüfen bleibt, in welchem Ausmaß die gleichen Merkmale in diesen verschiedenen Anforderungskontexten eine Rolle spielen.

5. Brauchen wir eine Supervisionswissenschaft mit eigenen Forschungsmethoden?

Die Supervisionsforschung steht genau wie die Sozialarbeit vor der Entscheidung, ob sie eine eigenständige Forschungsmethodologie oder sogar eine eigene Wissenschaft braucht. Angesichts der Schwierigkeiten, ihre Praxis von anderen Beratungsformen und der Psychotherapie abzugrenzen, erscheint dieser Weg wenig erfolgversprechend. Durch diese Bemühungen würde viel Energie in eine methodologische Nabelschau fließen, die wahrscheinlich besser in konkrete Praxisforschung einmünden sollte, die sich den vielen Anforderungen und Fragen der Praxis stellt, zu denen insbesondere die Beantwortung der Frage gehört, welche Grenzen und klaren Indikationskriterien es zum Einsatz von Supervision mit ihren unterschiedlichen Settings gibt. Zur Klärung dieser praxisrelevanten Fragen sollte der Versuchung widerstanden werden, eine Aufwertung von Supervision zu erzielen, indem man sich auf die Entwicklung abgrenzbarer Forschungsmethodologien konzentriert.

Literatur

Albott, W. (1984): Supervisory characteristics and other sources of supervision variance. The Clinical Supervisior, 2, S. 27-41.

Ambühl, H. (1994): Internationale Studie zur Entwicklung der Psychotherapeuten und Psychotherapeutinnen. Ein Forschungsprojekt des „Collaborative Research Network" (CRN), Psychotherapeut, 39, 5, S. 336-338.

Ambühl, H., Orlinsky, D., Cierpka, M., Buchheim, P., Meyerberg, J. & Willutzki, U. (1995): Zur Entwicklung der theoretischen Orientierung von PsychotherapeutInnen. Psychotherapie, Psychosomatik, medizinische Psychologie, 45, S. 109-120.

Auckenthaler, A. (1995): Supervision psychotherapeutischer Praxis. Organisation – Standards – Wirklichkeit. Stuttgart: Kohlhammer.

Balint, M. (1957): Der Arzt, sein Patient und die Krankheit. Stuttgart: Klett.

Bankoff, E. A., Howard, Kenneth (1992): The social network of the Psychotherapy patient and effective psychotherapeutic process. Journal of Psychotherapy Integration 2 (4), S. 273-294.

Beer, T. (1997): Evaluation von Supervision. Ein Beitrag zur Qualitätssicherung berufsbezogener Beratung. In: DGSv aktuell, 3, S. 22-23.

Beer, T. & Gediga, G. (1998): Evaluation von Supervision: Eine Untersuchung im Bereich der Sozialen Arbeit. In: Holling, H. & Gediga, G. (Hrsg.) Evaluation in den Arbeitswissenschaften. Göttingen (i.V., zit. nach Manuskript)

Beer, T. (1998): Evaluation von Supervision. Ein Beitrag zur Wirkungsforschung und Qualitätssicherung berufsbezogener Beratung. In: Berker, Peter & Buer, Ferdinand (Hrsg.) Praxisnahe Supervisionsforschung. Felder – Designs – Ergebnisse. Münster: Votum, S. 99-129.

Bergin, A. E. (1963): The effects of psychotherapy: Negative results revisited. Journal of Counseling Psychology 10, S. 244-250.

Bergin, A. E. (1967): Further comments on psychotherapy research and psychotherapeutic practise. International Journal of Abnormal Psychiatry 3, S. 317-323.

Bergin, A. E (1971): The evaluation of therapeutic outcome. In: Bergin, A. E. & Garfield, S. L. (Eds.) Handbook of psychotherapy and behavior change. New York: Wiley & Sons, S. 217-270.

Berker, P. (1989): Das Unfertige und das Unverstandene – Versuch über den Erfolg der Supervision. Supervision, 16, S. 69-71.

Berker, P. & Buer, F. (Hrsg.)(1998): Praxisnahe Supervisionsforschung. Felder – Designs – Ergebnisse. Münster: Votum.

Bernard, J. M. & Goodyear, R. K. (1992): Fundamentals of clinical supervision. Boston: Allyn & Bacon.

Blocher, D. H. (1983): Toward a Cognitive Developmental Approach to Counseling Supervision. The Counseling Psychologist, 11, S. 27-34.

Brodsky, A. M. (1980): Sex role issues in the supervision of therapy. In: Hess, A. K. (Ed.): Psychotherapy supervision: Theory, research and practice. New York: Wiley, S. 509-522.

Buer, F. (1998) Einführung. In: Berker, P. & Buer, F. (Hrsg.) Praxisnahe Supervisionsforschung. Felder – Designs – Ergebnisse. Münster: Votum, S. 8-13

Bundesinstitut für Arzneimittel und Medizinprodukte (1995): 3. Bekanntmachung über die Anzeige von Nebenwirkungen, Wechselwirkungen mit anderen Mitteln und Arzneimittelmißbrauch nach §29 Abs. I Satz 2 bis 8 AMG (Entwurf vom 24.1.1995).

Bundesministeriums für Familie, Senioren, Frauen u. Jugend (Hrsg.)(1994a): Beratungsbegleitende Forschung und Evaluation von Vorgehensweisen in der Ehe-, Familien- und Lebensberatung (Herausgeber des Bandes: Klann, Notker & Hahlweg, Kurt) Stuttgart: Kohlhammer.

Bundesministeriums für Familie, Senioren, Frauen u. Jugend (Hrsg.)(1994b): Bestandsaufnahme in der Institutionellen Ehe-, Familien- und Lebensberatung (Herausgeber des Bandes: Klann, Notker & Hahlweg, Kurt) Stuttgart: Kohlhammer.

Burton, M., Henderson, P. & Curtis Jenkins, G. (1998) Primary Care Counsellors´ Experiences of Supervision. Counselling May 1998, S. 122-133.

Cloetta, B. (1985): Praxisberatung von Lehrer/innen: Erst qualitative empirische Ergebnisse. In: A. Schorr (Hg.): Bericht über den 13. Kongreß für Angewandte Psychologie. Bonn: Deutscher Psychologen Verlag.

Conen, M. L. (1993): Frauen und Männer in Supervision – Welchen Unterschied macht das? In: H. Neumann-Wirsig & H. Kersting (Hg.): Systemische Supervision oder: Till Eulenspiegels Narreteinen. Schriften zur Supervision, 4, S. 205-224.

Crits-Christoph, P. & Mintz, J. (1991): Implications of therapist effects for the design and analysis of comparative studies of psychotherapies. Journal of Consulting and Clinical Psychology 59 (1), S. 20-26.

Crits-Christoph, P., Baranackie, J. S. K., Beck, A. T., Carroll, K,, Perry, K., Luborsky, L., McLellan, A. Th., Woody, G. E., Thompson, L., Galagher, D. & Zitrin, Ch. (1991): Meta-analysis of therapist effects in psychotherapy outcome studies. Psychotherapy Research 1 (2), S. 81-91

Denner, L. (1998): Supervision und Pädagogische Fallbesprechungen an Schulen – Entwicklung und Design einer Evaluationsstudie. In: P. Berker & F. Buer (Hg.). Praxisnahe Supervisionsforschung. Münster: Votum, S. 148-182.

De Lorent, H. P. (1992): Praxisschock und Supervision. Auswertung einer Umfrage bei neu eingestellten Lehren. Pädagogik, 44, S. 22-25.

EG-Kommision Direktorat III (1994): Notice to applicants for marketing authorisations for medical products for human use in the European Community, December 1994 (III/5944/94).

Elbing, E. & Huber, U. (1988): Supervision als Programmatik und als subjektiv erfahrene Alltagsrealität. Eine qualitative Pilotstudie bei Mitarbeitern in Erziehungsberatungsstellen. Psychologische Arbeiten und Berichte (PAB), 23.

Erger, R. & Molling, M. (1991): Der kleine Unterschied – Frauen und Männer in der Supervision. Hille: Ursel Busch Fachverlag.

Felbermeyer, St. (1996): Evaluation von Team-Supervision bei Krankenhauspflegepersonal. Unveröff. Diplomarbeit, TU Berlin Klinische Psychologie.

Fengler, J. (1994): Helfen macht müde. Zur Analyse und Bewältigung von Burnout und beruflicher Deformation. München: Pfeiffer 3. erw. Auflage.

Filsinger, D. & Schäfer, J. (1992): Der institutionelle Handlungskontext als Gegenstand von Supervision und Organisationsberatung. In: A. Auckenthaler & D. Kleiber (Hg.). Supervision in Handlungsfeldern der psychosozialen Versorgung. Tübingen: DGVT-Verlag, S. 78-100.

Filsinger, D. (1992): Der institutionelle Handlungskontext als Gegenstand von Supervision und Organisationsberatung. In: A. Auckenthaler & D. Kleiber (Hg.). Supervision in Handlungsfeldern der psychosozialen Versorgung. Tübingen: DGVT-Verlag, S. 78-100.

Friedlander, M. L. & Ward, L. G. (1984): Development and validation of Supervisory Styles Inventory. Journal of Counseling Psychology, 31, S. 541-557.

Goodyear, R. K.; Abadie, P. D. & Efros, F. (1984): Supervisory theory into practice: Differential perception of supervision by Ekstein, Ellis, Polster and Roger. Journal of Counseling Psychology, 31, S. 228-237.

Grawe, K. (1998): Psychologische Therapie. Göttingen: Hogrefe.

Greffrath, M. (1998): „Risiko heißt: Eine Entscheidung kann noch fallen!" Körber Stiftung (Hrsg.) Deutscher Studienpreis Risiko! Der Umgang mit Sicherheit, Chance und Wagnis. Hamburg: Körber Stiftung, S. 10-13.

Haley, J. (1995): Über die Kunst, Supervisor zu sein, ohne zu wissen, wie man jemanden verändert. Z.system.Ther. 13 (1), S. 39- 50 (orig. Journal of Systemic Therapy (JST) Winter 1993, S. 41-52).

Hege, M. (1990): Männer und Frauen in der Supervision. Supervision Sonderheft, S. 33-43.

Hempel, C. G. (1966): Philosophy of natural science. Englewood Cliffs, N.J.: Prentice-Hall. (Philosophie der Naturwissenschaften. München: DTV 1974).

Henry, W. P., Strupp, H. H., Butler, S. F., Schacht, Th. E., Binder, J. (1993): Effects of Training in Time-Limited Dynamic Psychotherapy: Changes in Therapist Behavior. Journal of Consulting and Clinical Psychology 61 (3), S. 434-440.

Heppner, P. P. & Handley, P. G. (1982): The relationship between supervosory behavior and perceived supervisor expertness, attractiveness and trustworthiness. Counselor Education and Supervision, 22, S. 37-45.

Heppner, P. P. & Roehlke, H. J. (1984): Differences Among Supervisees at Different Levels of Training: Implications for a Developmental Model of Supervision. Journal of Counseling Psychology, 31, S. 76-90.

Hogan, R. A. (1964): Issues and Approaches in Supervision. Psychotherapy: Theory, Research and Practice, 1, S. 1739-1741.

Holloway, E. L.; Freund, R. D.; Gardner, S. L.; Nelson, M. L.& Walker, B. R. (1989): Reelations of Power and involvement to theoretical orientation in supervision: An analysis of discourse. Journal of Counseling Psychology, 36, S. 88-102.

Howard, K.I., Lueger, R.J., Maling, M.S. & Martinovich, Z. (1992): A phase theory of psychotherapy. Annual International Meeting of the Society for Psychotherapy Research, Berkeley, USA.

Howard, K. I., Kopta, S. M., Krause, Merton S. & Orlinsky, D. E. (1986): The dose-effect relationship in psychotherapy. American Psychologist 41 (2) S. 159-164.

Hunt, D. E. (1971): Matching Models in Education: The Coordinatopn of Teaching Methods with Student Characteristics. Toronto: Ontario Institute of Studies in Education.

Jacobson, N. S. (1997): Psychotherapy research in transition: Implications for Psychotherapy integration. Society for the Exploration of Psychotherapy Integration: Thirteenth Annual Conference „Embracing New Approaches“, Toronto, Canada, 24.-27.4.

Jacobson, N. S. & Truax, P. (1991): Clinical significance: A statistical approach to defining meaningful change in psychotherapy research. Journal of Consulting and Clinical Psychology 59 (1), S. 12-19.

Kessel, L.van (1998): Theorie und Praxeologie des Lernens in der Supervision. Einige Bausteine aus niederländischer Sicht. In: Berker, P. & Buer, F. (Hrsg.) Praxisnahe Supervisionsforschung. Felder – Designs – Ergebnisse. Münster: Votum, S. 46-68.

Kinzl, J. (1990): Langjährige Balint-Gruppe mit Logopädinnen. Erfahrungen und Veränderungen. Sprache – Stimme – Gehör, 14, S. 120-123.

Kohnen, R., Fichte, K., Hofmann, S., Kastrup, H. & Meng, G. (1996): Erfassung unerwünschter Ereignisse und ihre Bewertung als unerwünschte Arzneimittelwirkungen in der Entwicklung von Therapien. In: Collegium Internationale Psychiatriae Scalarum (Hrsg.) Internationale Skalen für Psychiatrie, 4. überarb. Auflage. Weinheim: Beltz, S. 187-201.

König-Fuchs, C. (1991): Therapeutischer Erfolg und Mißerfolg. Kausalattributionen von Therapeuten, Klienten und Supervisoren. Frankfurt/M: Peter Lang

Kühl, W. & Pastäniger-Behnken, C. (1998): Supervision in Thüringen – Design einer Erkundungs- und Evaluationsstudie im Bereich der Sozialen Arbeit. In: P. Berker & F. Buer (Hg.). Praxisnahe Supervisionsforschung. Münster: Votum, S. 130-147.

Lambert, M. J., Bergin, A. E. (1994): The effectivieness of psychotherapy. In: Garfield, Sol. L. & Bergin, Allen E. (Eds) Handbook of psychotherapy & behavior change 4 ed. New York: John Wiley & Sons, S. 143-189.

Luborsky, L., Crits-Christoph, P., Mintz, J. & Auerbach, A. (1988): Wo will benefit from Psychotherapy? Predicting therapeutic outcomes. New York: Basic Books.

Marikis, D. A., Russell, R. K. & Dell, D. M. (1985): Effects of supervision experience level of planning and insession supervisor verbal behavior. Journal of Counseling Psychology, 32, S. 410-416.

Möller, H., Märtens, M.(1998) Supervisionsforschung ohne Zukunft? Supervision als homöopathische Inszenierung, OSC 3

McNeill, B.; Stoltenberg, C. D. & Pierce, R. A. (1985): Supervisees Perception of their Developement: A Test of the Counselor Complexity Model. Journal of Counseling Psychology, 32, S. 630-633.

Meidinger, H. (1991): „Schulhausinterne Supervision“ – ein Beispiel systembezogener Beratung in der Schule. Psychologie in Erziehung und Unterricht, 38, S. 292-297.

Miars, R. D.; Tracey, T. J.; Ray, P. B.; Cornfeld, J. L.; OíFarell, M. & Gelso, C. J. (1983): Variations in Supervision Process Across Trainee Experience Levels. Journal of Counseling Psychology, 30, S. 403-412.

Mutzeck, W. (1988): Von der Absicht zum Handeln. Rekonstruktion und Analyse Subjektiver Theorien zum Transfer von Fortbildungsinhalten in den Berufsalltag. Weinheim: Deutscher Studien Verlag.

Nellessen, L. (1982): Supervision – Vom Drauf-schauen übers Vor-machen zum Mittun! In: Gesamthochschule Kassel (Hrsg.) Beiträge zur Supervision. Band 1, Kassel: Gesamthochschule Kassel, S. 46-66.

Nelson, M. L. & Holloway, E. L. (1981): Relation of gender to power and involvement in supervision. Journal of Counseling Psychology, 37, S. 473-481.

Orlinsky, D. E. & Howard, K. I. (1986): Process and outcome in psychotherapy. In: Garfield, Sol. L. & Bergin, Allen E. (Eds) Handbook of psychotherapy & behavior change 3 ed. New York: John Wiley & Sons, S. 311-384.

Petty, M. & Odewahn, C. (1984): Supervising behavior and sex role stereotypes in human services organizations. The Cinical Supervisor, 1, S. 13-20.

Petzold, H. & Schigl, B. (1996): Evaluation einer Supervisorenausbildung für den sozialgerontologischen und Krankenhausbereich. Forschungsbericht. Wien: Karl Kummer Institut.

Petzold, H. G. & Rodriguez-Petzold, F. (1997): Anonymisierung und Schweigepflicht in supervisorischen Prozessen – ein methodisches, ethisches, klinisches und juristisches Problem. Familiendynamik 22 (3), S. 288-311.

Petzold, H., Hass, W. Jakob, S., Märtens, M. & Merten, P. (1998): Qualitätssicherung durch Ausbildungsevaluation in der Integrativen Therapie. In: Laireiter, Anton & Vogel, Heiner (Hrsg.) Qualitätssicherung in der Psychotherapie – Ein Handbuch. Tübingen: DGVT-Verlag

Pühl, H. (Hrsg.) (1994): Handbuch der Supervision 2. Berlin: Edition Marhold im Wissenschaftsverlag Volker Spiess.

Pühl, H. (1994 a): Der Supervisor als Lehrer und Leiter. In: Pühl, H. (Hrsg.) Handbuch der Supervision 2. Berlin: Edition Marhold im Wissenschaftsverlag Volker Spiess, S. 353-364.

Putney, M. W.; Worthington, E. L. & McCullough, M. E. (1992): Effects of supervisor and supervisee theoretical orientation and supervisor-supervisee matching on interns' perception of supervision. Journal of Counseling Psychology, 39, S. 258-265.

Reising, G. N. & Daniels, M. H. (1983): A study of Hogan`s model of counselor develpment and supervision. Journal of Counseling Psychology, 30, S. 235-244.

Retzer, A., Schumacher, B., Weber, G. & Fischer, H.-R. (1997): Zur Form systemischer Supervision. Familiendynamik 22 (3), S. 240-263.

Roth, A. & Fonagy, P. (1996): What works for whom? A critical review of psychology research. New York: Guilford Press.

Schneider, K. & Müller, A. (1995): Evaluation von Supervision. Supervision, 27, S. 86-98.

Schreyögg, A. (1994) Supervision: Didaktik & Evaluation. Integrative Supervision in der Praxis. Paderborn: Junfermann Verlag

Schulz, W. (1984): Analyse negativer Therapieeffekte und Probleme der Kontraindikation. In: Jüttemann, G. (Hrsg.) Neue Aspekte klinisch-psychologischer Diagnostik. Göttingen: HogrefeVerlag für Psychologie D.C.J..

Schumacher, B. (1997): Ist Ihr Supervisor verkehrssicher? – Plädoyer und Checkliste für einen Supervisions-TÜV. Familiendynamik 22 (3), S. 312-315.

Shapiro, D. A., Harper, H., Startup, M., Reynolds, S., Bird, D. & Suokas, A. (1994): The high-water mark of the drug metaphor: A meta-analytic critique of process-outcome research. In: Russell, Robert L. (Ed) Reassessing psychotherapy research. New York: Guilford, S. 1-35.

Stein, D.M. & Lambert, M..J. (1995): Graduate training in psychotherapy: Are therapy outcomes enhanced? Journal of Consulting and Clinical Psychology 63 (2), S. 182-196.

Steinhelber, J.; Patterson, V.; Cliffe, K & LeGoullon, M. (1984): An investigation of some relationsships between psychotherapy supervision and patient change. Journal of Clinical Psychology, 40, S. 1346-1353.

Stoltenberg, C. D. (1981): Approaching Supervision from a Developmental Perspektive: The Counselor Complexity Model. Journal of Counseling Psychology, 28, S. 59-65.

Strauß, B. (1998) Evaluation in der stationären Psychotherapie. Expertentagung: Wirksamkeitskriterien in der Psychotherapie. Köln am 7.5.98

Volkart, R. (1995): Patient und Therapeut zwischen Skylla und Charybdis! Die Interpretation eines Transskriptes mit dem Psychotherapie-Prozeß-Modell von Joseph Weiss. In: M. B. Buchholz. Psychotherapeutische Interaktion. Opladen: Westdeutscher Verlag: S. 127-173.

Wampold, B. E. (1997): Methodological problems in identifying efficacious psychotherapies. Psychotherapy Research 7, (1) S. 21-44.

Ward, L. G.; Friedlander, M. L.; Schoen, L. G. & Klein, J. G. (1985): Strategic self-presentation in supervision. Journal of Counseling Psychology, 32, S. 11-118.

Weiss, J. (1993): How psychotherapy works. Prozess and technique. New York: Guilford.

Wilker, F.-W. & Höfling, S. (1995): Praxisorientierte ethische und juristische Aspekte supervisorischen Handelns. In: Wilker, F.-W. (Hrsg.)(1995) Supervision und Coaching. Aus der Praxis für die Praxis. Bonn: Deutscher Psychologen Verlag, S. 275-282.

Willutzki, U. (1995): NovizInnen und erfahrene TherapeutInnen: Brauchen alle dieselbe Supervisionsform? Verhaltenstherapie und psychosoziale Praxis, 3, S. 419-435.

Worthington, E. L.& Stern, A. (1985): Effects of supervision and supervisee degree level and gender on the supervisory relationship. Journal of Counseling Psychology, 32, S. 252-262.

Zielke, M. (1982): Supervision. In: Bastine R., Fiedler; P., Grawe, K., Schmidtchen, S. & Sommer, G. (Hrsg.) Grundbegriffe der Psychotherapie. Weinheim: Edition Psychologie, S. 403-406.

Moderne Team-Supervision

Harald Pühl

1. Einleitung

Die Team-Supervision ist ein spätes Kind der Supervisionsgeschichte. Nichtsdestotrotz gehört sie inzwischen zu den am meisten nachgefragten Supervisionssettings. Im Widerspruch dazu steht, daß sich unter dem Begriff Team-Supervision inzwischen so viele Ansätze tummeln, daß die begriffliche Schärfe immer mehr verloren gegangen ist. Ich unterscheide dabei zwischen *Fall-Supervision* und *Team-Supervision*. Unter Fall-Supervision wird hier verstanden, daß die Beziehung(en) zwischen Helfer(n) und Klient(en) Gegenstand der Beratung sind. Team-Supervision meint dagegen genauer: *Team-Entwicklung*, d.h. eine Untersuchung und Veränderung der Kooperation und damit zusammenhängender Teamstrukturen. Auch diese Differenzierung klammert häufig die Analyse aus, ob es sich überhaupt um ein Team mit weitreichenden Kooperationsverpflichtungen handelt. Um es gleich vorweg zu sagen: Die Vernachlässigung der Analyse über den Charakter des „Teams" führt in der Praxis oftmals zu gravierenden Mißverständnissen. Übernimmt der Berater die Selbstdefinition ‚Team' unkritisch, passiert es häufig, daß anstatt Kooperationsbeziehungen untersucht und verbessert werden, gruppendynamische Interventionen die mangelnden Schnittstellen der Kooperation füllen. French/Bell (1994, S. 142 f.) bieten eine hilfreiche Unterscheidung an: Permanente Arbeitsgruppen (Family Groups) setzen sich aus einem Vorgesetzten und seinen Untergebenen zusammen, während Projektgruppen neu geformte Gruppen sind, die sich durch Fusionen oder Veränderungen in der Struktur der Organisation ergeben. Eine ganze andere Art von Teamarbeit ergibt sich durch firmenübergreifende Teams, wie es sie beispielsweise schon in Softwareprojekten gibt (Rost 1988).

Wir sehen, wer sich mit Team-Supervision beschäftigt, thematisiert automatisch Teamarbeit. Das ergibt sich logisch aus der Geschichte ihrer Entstehung. Nicht zuletzt durch den aktuellen Wandel institutioneller Kooperationsbeziehungen zielt auch die Supervision als solche in besonderer Weise auf die Team-Supervisionsdiskussion ein. Team-Supervision markierte immer schon die sensible Nahtstelle zwischen Individuum und Institution und gab damit Auskunft über den Stand der industriellen (kapitalistischen) Entwicklung. Team-Supervision und Teamarbeit stehen wieder einmal im Brennpunkt der Diskussion.

Vorab kann man schon hier feststellen, daß gerade der Begriff der Team-Supervision und damit gekoppelt der Teamarbeit in den letzten 30 Jahren sehr unterschiedlichen – ja geradezu gegensätzlichen – Intentionen diente. Verkürzt lassen sich ihre Pole folgendermaßen markieren: Anfangs wurde sie skeptisch von den Leitern der Institutionen beargwöhnt, da sie die Position der Mitarbeiter durch verbesserte Kooperation innerhalb verkrusteter Hierarchien stärken sollte. Heute wird Teamarbeit gezielt von den Leitungen initiiert, um institutionelle Strukturen zu flexibilisieren und zu verschlanken, d.h. sie profitabler zu machen.

Geschichtlich hat sich Supervision bekanntlich im Zuge der Professionalisierung der Sozialarbeit entwickelt. Die vorherrschenden Interventionsmethoden waren lange Zeit die Einzelfall- und in weit geringerem Maße die soziale Gruppenarbeit.

In deutschsprachigen Raum hat sich Team-Supervision erst vor 15-20 Jahren sehr zaghaft durchsetzen können. Der Nährboden auf dem sich dies entwickeln konnte war die Kritik an dysfunktionalen Hierarchien und der Versuch in der sozialen Arbeit dem durch verstärkte Teamarbeit und kollektive Leitungsmodelle entgegenzuwirken.

Der emanzipatorische Geist der Studentenbewegung hat besonders in der sozialen Arbeit zu einem verstärkten Nachdenken über die bereits erwähnten Hierarchien geführt, darüber hinaus aber auch auf die Wirkungen des gesellschaftlichen – und das hieß konkret – über die institutionellen Bedingungen wie sie sich als konstituierender Faktor auf das konkrete Handeln zwischen Klient und Helfer auswirken. Bezogen auf die Supervision läßt sich hier ein Paradigmenwechsel feststellen: Im Mittelpunkt der Beratung steht nicht mehr allein der Sozialarbeiter in seiner Beziehung zum ratsuchenden Klienten, sondern als dritter Faktor der institutionelle Kontext. Dieser manifestiert sich auf den Ebenen:

1. Beziehung der Mitarbeiter untereinander, also im Team
2. Beziehung der Mitarbeiter zur Leitung, also im Verhältnis zur Hierarchie und Macht
3. Beziehung der Institution im gesellschaftlichen Außenverhältnis (Umweltbeziehung).

Besonders die ersten beiden Ebenen ließen sich aufgrund ihrer konkret-sinnlichen Beziehung konzeptionell und praktisch fassen. (Dazu Genaueres im folgenden.) Mit diesem erweiterten Ansatz hat sich die deutschsprachige Supervision auch von ihren Vorbildern gelöst. In Folge des Nationalsozialismus war es nämlich so, daß hierzulande auf keine eigene Tradition zurückgegriffen werden konnte. So wurden in den 50er und 60er Jahren zuerst die niederländischen Supervisionskonzepte bei uns kopiert. Mit der Erweiterung auf den institutionellen Kontext wurden neue Wege bestritten. Das ging so weit, daß mir der bekannte niederländische Kollege Frans Siegers vorwarf, daß das was ich mache, sei gar keine Supervision mehr. Er bezog sich dabei auf mein erstes Buch Team-Supervision (1983), das die besagten Ebenen versuchte konzeptionell zu fassen. Die Niederländer gingen von einem agogischen Ansatz aus, der sehr stark auf prozeßhaftes Lernen auf der Grundlage einer Beziehung zwischen einem Supervisor als erfahrenem Fachmann und einem Supervisanden ausging. Etwa zu dieser Zeit erschien auch in der neugegründeten Supervisionszeitschrift eine Nummer mit dem Themenschwerpunkt „Team-Supervision" (1982). So gesehen stellte diese erweiterte Perspektive auch eine Emanzipation von ihren damaligen niederländischen Vorbildern dar und gewann eine eigene Identität. Bevor ich die Geschichte der Team-Supervision weiter verfolge, lohnt ein Blick auf den Industriesektor.

Dabei wurde auch in der Industrie zeitgleich wie in der sozialen Arbeit über Gruppenarbeitsmodelle nachgedacht, führend war hier der schwedische Automobilkonzern

Volvo. Die Intentionen unterschieden sich allerdings grundlegend. Ging es den Protagonisten der Teamarbeit in der sozialen Arbeit um Versuche, Entfremdung und Bevormundung in hierarchischen Institutionen abzubauen, hatte die Industrie die Erhöhung der Effektivität im Auge. Doch so ganz widerspruchslos ist dieser Antagonismus nicht. Gerade das Beispiel Volvo wurde lange Zeit – wenn auch mit kritischem Unterton – in linken Kreisen diskutiert. Schließlich bot diese Arbeitsform ein Stück mehr an Selbstverantwortung, Kommunikation und damit an sozialem Miteinander unter den Beschäftigten.

2. Teamarbeit

Um Teamarbeit zu definieren, sollten zwei Aspekte gegeben sein:

1. interdisziplinäre Arbeit bezogen auf ein gemeinsames Arbeitsobjekt bzw. Klientel
2. eine entsprechende Arbeitsstruktur: z.B. gemeinsame Teambesprechung

Die Definition kann selbst auf ein konkretes Subsystem bezogen differieren, und zwar läßt sich unterscheiden:

a) Die vorgebenene übergeordnete Definition der Organisation
b) Das Selbstverständnis des konkreten Teams
c) Die Vorstellungen des Beraters über Teamarbeit

Teamarbeit findet auf verschiedenen Ebenen einer Organisation statt. Von oben nach unten betrachtet, nimmt die Definitionsmacht über die Ausgestaltung der Teamarbeit ab. Petzold (1999) unterscheidet 4 Ebenen:

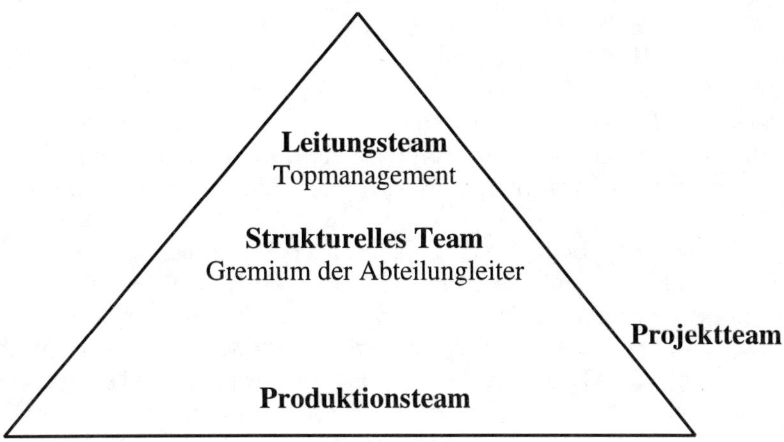

Abbildung 1: Teamebenen

1. Leitungsteam: Hierzu gehört der Topmanagement. Selbst wenn es einen Vorsitzenden gibt ist hier die Definitionsmacht am größten, da die Mitglieder nicht weisungsgebunden sind, sondern weisungsbefugt mit sehr umfangreichen Kompetenzen.
2. Strukturelles Team: Hierunter werden die Zusammenkünfte des mittleren Managements verstanden. Die Konferenz der Abteilungsleiter beispielsweise versteht sich „bewußt nicht als Gremium, sondern als Team mit Interpares-Struktur.
3. Projektteam: Es arbeitet mit einem bestimmten Auftrag auf eine begrenzte Zeit zusammen und wird meist von einem Projektleiter geleitet.
4. Produktionsteam: Es ist auf der untersten Hierarchieebene angesiedelt und in einen standardisierten Produktionsprozeß eingebunden. Der Teamverantwortliche ist entweder selbst Mitglied des Teams oder auf einer höheren Hierarchieebene angesiedelt.

Während Teamarbeit in dezentralen, möglichst autonomen Subsystemen unter den Prämissen verschlankter Institutionen an Bedeutung gewinnt, bleibt die Teamarbeit im oberen Management meist im argen liegen. „Selbst in den besten Unternehmen agiert das sogenannte Spitzenteam selten als echtes Team: Das Wissen und die Erfahrung mit Teams verlieren an der Spitze der Unternehmenshierarchie unweigerlich an Einfluß und Schärfe. Und eine Gruppe von Führungskräften einfach als Team zu bezeichnen, macht als ihr noch keines.“ (Katzenbach 1998) Anschaulich läßt sich im Beitrag von A. Nilsson nachlesen auf welche Grenzen dies beispielsweise stößt, wenn TQM (Totaly Quality Management) durchgeführt werden soll.

Mehr Beachtung wird in der Regel der Teamarbeit auf den Subebenen geschenkt. Hier soll die Koordination und Steuerung der Aufgaben stattfinden. Das Team hat hier die Aufgabe Probleme rechtzeitig aufzuspüren und Schwachstellen auszugleichen. Dadurch steigt der Bedarf an reflexiver Kompetenz sprunghaft an. Supervision bekommt hier eine zentrale Rolle, nämlich den Prozeß der Selbststeuerung zu begleiten und das bisherige Tun unter den Prämissen der Klienten-/Kundenorientierung zu hinterfragen.

Teamarbeit erhält unter heutigen Organisationsbedingungen einen besonders hohen Stellenwert. Einzelne Funktionseinheiten unterliegen dem Zwang und der Chance der Selbststeuerung. Leitung beschränkt sich immer häufiger auf die Vorgabe von Globalzielen, deren konkrete Umsetzung den einzelnen Subsystemen obliegt. Selbst hochdifferenzierte Spezialistenarbeit findet zunehmend in kooperativer Form statt. Gleiches gilt letztlich auch für das Management. Wir sehen, daß auf allen hierarchischen Ebenen einer Organisation die Bedeutung selbstreflexiver Steuerung zunimmt und damit auch der Bedarf an entsprechender Unterstützung, z.B. durch Team-Supervision – insbesondere Team-Entwicklung als einer ihrer Teile.

Team-Supervision wird häufig angefragt, um die bestehende Teamarbeit zu effektivieren bzw. zu optimieren oder um Teamarbeit überhaupt erst zu implementieren. Bei der Einführung von Gruppenarbeit in Organisationen, die bisher eher hierarchisch strukturiert waren, ist nicht unproblematisch. Gruppenarbeit vor Ort erfordert von der Gesamtorganisation sowohl eine entsprechende andere Kultur als auch die materiellen Voraussetzungen dafür.

Dies ist in der Praxis oft nicht gegeben, wie sich an vielen Beispielen in der Öffentlichen Verwaltung nachweisen läßt.[1] Ohne die rechtlichen Voraussetzungen einer

1 Mit ihren Beratungserfahrungen in der Öffentlichen Verwaltung setzen sich die Beiträge von U.B. Meyer und G. Rütz-Lewerenz auseinander. – Der Hrsg.

genauen Analyse zu unterziehen, haben Beratungsfirmen aus der Wirtschaftskultur in den unteren Abteilungen versucht, die Mitarbeiter für Teamarbeit zu motivieren ohne die hierarchisch-bürokratischen Dienstwege einer gründlichen Revision zu unterziehen. Teamarbeit mußte ein Fremdkörper bleiben. Statt die Arbeitsoptimierung zu steigern, kam unter dem Strich eine Demotivation der Mitarbeiter heraus. Diese Kosten fallen meist unter den Tisch, erhöhen den Mißerfolg der Beratungshonorare aber um eine erhebliche Summe, die in keiner Berechnung auftauchen.

Als Grundvoraussetzung effektiver Teamarbeit sehen Becker und Langosch (1995, S. 232) folgende Punkte an:

- „Gruppengröße und -zusammensetzung
  - in der Praxis „ideal“ 5-8
  - gemeinsame Ziele (Interesse an „Resultaten“)
  - organisatorische Einheit (Interdependenz der Aufgaben)
- Kontinuität der Arbeits- und Entscheidungsprozesse
  - regelmäßige Treffen: „Jour fix“ (ideal: 1 x pro Woche)
  - Termin „tabu“ (Anwesenheit obligatorisch)
  - keine Stellvertreter (in „policy meetings“)
- Balance von Information, Meinungs- und Entscheidungsbildung
  - klar unterscheiden
  - zeitlich trennen
  - wissen, was man tut
- Balance von Tagesgeschäft und Grundsatzfragen
  - klar unterscheiden
  - zeitlich trennen
  - wissen, was man tut
- Regelmäßige, gemeinsame kritische Auswertung
  - Teamentwicklung durch institutionalisierte „Manöverkritik“:
    - Inhaltliche „Zwischenbilanz“: Was haben wir erreicht?
    - Persönliches „Feedback“: Wie ist es gelaufen?“

Teamarbeit und damit Team-Supervision als Möglichkeit ihrer optimalen Realisierung hat ausgesprochen oder unausgesprochen immer zum Ziel, die verschiedenen Ressourcen – die speziellen Kenntnisse und Fähigkeiten der einzelnen Mitarbeiter – in idealer Weise zu bündeln und abzustimmen. Je höher der gegenseitige Respekt und die gegenseitige Akzeptanz der Mitarbeiter untereinander ist, je besser lassen sich diese Ressourcen aktivieren.

Die Sicht scheint einseitig, denn sie unterschlägt die Kehrseite. Auf sie hat jüngst der amerikanische Sozialpsychologe Richard Sennet (1998) eindringlich hingewiesen. In seinem Essay über die Flexibilität der heutigen Ökonomie mißt er der Teamarbeit eine zentrale Rolle bei. Um es vorweg zu sagen, er sieht sie kritisch als „Gruppenerfahrung der erniedrigenden Oberflächlichkeit“. (S. 133) Damit meint er, daß das was ich positiv als reflexive Kompetenz beschrieben habe, nur angelernte Schauspielerei sei. Gegenseitiges Zuhören, Diskutieren, gemeinsam Entscheidungen treffen usw. finden einzig unter dem Postulat der Effektivität statt. Die Grenzen der Offenheit und Kritik sind begrenzt und jedem Beteiligten bewußt, denn wer nicht mitmacht, fällt über kurz oder lang aus dem Team heraus. Kontroll- und Sanktionsdruck sind von der Hierarchie- auf die Teamebene verschoben worden. Die Kontrolle findet gegenseitig statt und der Druck entsteht durch den Vergleich mit anderen Teams. Institutionelle Veränderungen legitimieren sich durch gesellschaftlichen Wandel. Damit „verschwindet die Autorität, denn niemand kann verantwortlich gemacht werden – gewiß nicht dieser Manager für seine Entlassungen. Statt dessen soll der Druck der Kollegen die Arbeit des Managers tun." (S. 153) Im modernen Kapitalismus gibt es nur noch Opfer, so die Schlußfolgerung Sennets.

Da sich die Anforderungen an Teamarbeit immer schneller ändern, bleiben die Bindungen der Mitarbeiter an die Arbeit und die Institution schwach. Teamarbeit bewegt sich mit wechselnder Zusammensetzung von Aufgabe zu Aufgabe. Die Folgen dieser Fragmentierung lösen langfristige Perspektiven auf, erschweren berufliche und persönliche Identitätsbildung.[2] Wenn Sennet Teamarbeit so als „Maske der Kooperation" beschreibt, bleibt offen, wie weit sich die amerikanischen Modelle bruchlos auf die europäische Kultur übertragen lassen. Anzeichen dafür gibt es in der Tat genügend und man sollte diese Seite nicht übersehen, um die Widerstände der Mitarbeiter gegen die Einführung neuer netzartiger institutioneller Gliederungen verstehen zu können und um als Berater kritisch zu fragen was unser gut gemeintes Tun bewirken kann.

3. Die Positionierung des Team-Supervisors

Grundsätzlich können wir zwei Positionierungen unterscheiden, und zwar

1. den *externen* Supervisor
2. den *internen* Supervisor.

Die Unterscheidung ist geschichtlichen Ursprungs. Bis in die 60er Jahre war das amerikanisch-niederländische Modell auch in Deutschland vorherrschend, das sich dadurch auszeichnete, daß der Supervisor gleichzeitig Vorgesetzter mit Weisungsbefugnis war. Als emanzipatorisches Gegenmodell hat sich danach im Laufe der Zeit der externe Supervisor immer mehr durchsetzen und professionalisieren können. Supervision von internen Beratern war eher verpönt und wurde auch nicht öffentlich diskutiert, Ausnahmen wie Berker (1994) und Pühl (1998) bestätigen die Regel. Es entstand der Anschein, als ob das Modell „Interne Supervision" ausgestorben sei.

Anhand der Definition der „Deutschen Gesellschaft für Supervision (DGSv)" (1996, S. 11) haben wir die Möglichkeit zu überprüfen, inwieweit auch interne Beratung als Supervision verstanden werden kann. Die Definition sagt folgendes: „Supervision ist eine Beratungsmethode, die zur *Sicherung und Verbesserung* der *Qualität beruflicher Arbeit* eingesetzt wird, Supervision bezieht sich dabei auf psychische, soziale und institutionelle Faktoren. (...) Supervision unterstützt

- die Entwicklung von *Konzepten*
- bei der Begleitung von *Strukturveränderungen*
- die Entwicklung der *Berufsrolle*."

2 Siehe hierzu den Beitrag von Ch.Morgenroth & O. Negt. – Der Hrsg.

Wenn wir diese Definition mit den Aufgaben vieler Mitarbeiter in Organisationen abgleichen, zeigt sich, daß auch organisationsinterne Mitarbeiter im Rahmen ihrer Berufsrolle viele dieser Aufgaben wahrnehmen. Allerdings werden diese beruflichen (Teil-)Aufgaben selten als supervisorische Tätigkeit gesehen und entsprechend nicht ausgebildet. In den Supervisionsausbildungen, die ich als Kursleiter begleitet habe, waren teilweise bis zu 70% der Teilnehmer mit solchen supervisorischen Tätigkeiten betraut. Im folgenden werde ich versuchen, die Spezifika von interner und externer Supervision zu differenzieren.

Vorab läßt sich sagen, daß die Frage der jeweiligen Verantwortung in bezug auf die Arbeit der Supervisanden ein gravierender Prüfstein ist. Ferner die Frage – in sozialen Organisationen – wieviel Fachaufsichtsfunktionen übernommen und ausgefüllt werden. Dies korrespondiert mit der Verantwortungsfrage.

Gemeinsam ist internen und externen Supervisoren nach Berker (1994) folgendes:

- Sie müssen die Spannung zwischen Autonomie und Abhängigkeit aufrechterhalten.
- Ihre prinzipielle Akzeptanz der Organisationsaufgaben wird gefordert.
- Sie befinden sich in einem Abhängigkeitsverhältnis: Der Interne ist direkt von der Organisation und der Externe vom Markt abhängig.

3.1 Externe Team-Supervision

Hier kann ich mich kurz fassen, da diese Form in den letzten Jahren ausführlich beschrieben wurde. Allein im „Handbuch der Supervision 2“ (1994) finden sich dazu fünf Beiträge (Kersting/Krapohl, Weigand, Deutschmann, Gotthardt-Lorenz, Wellendorf). Rappe-Giesecke (1990) hat in ihrem Buch „Gruppen- und Team-Supervision“ ein eigenes Konzept vorgestellt, das besonders durch die drei Programme und ihre Handhabung (Fallarbeit, Selbstthematisierung und Institutionsanalyse) bekannt wurde. Ich selbst habe jüngst ein berufsbiographisches Buch über „Team-Supervision“ (1998) verfaßt, daß sich durch die Beschreibung von drei Paradigmenwechsel auszeichnet: 1. Etablierung der Team-Supervision, 2. Einbezug der Leitung, 3. Entmystifizierung interner Supervision. Ferner sei auf Weigand (1996) verwiesen, der einen umfassenden Literaturüberblick zu dem Thema gegeben hat.

Vor- und Nachteile externer Team-Supervision:

Externe Team-Supervision ist in folgenden Fällen indiziert:

- Wenn Organisationsprobleme Ursache des Supervisionsauftrages sind (Berker 1994) und der neutrale, unbefangene Blick von außen bei der Klärung von Teamkonflikten (s. dazu den Beitrag von Scheffler), Leitungskonflikten oder Konflikten zwischen Leitung und Team nötig ist.
- Wenn es um die Supervision und fachliche Beratung spezieller Fragen geht, die die Organisation mit ihren eigenen Ressourcen nicht lösen kann oder wenn neue Behandlungs- oder Produktionskonzepte in der Organisation eingeführt werden sollen.
- Wenn aufgrund des Behandlungsauftrages die Beziehung zwischen Helfern und Klienten sehr dicht werden kann (z.B. Sucht, Familie, Psychiatrie) und die Bear-

beitung der Übertragungs-Gegenübertragungsbeziehung in hohem Maße eigene Anteile der Helfer mobilisiert. Hier kann die externe Supervision einen begrenzten Schonraum zur Verfügung stellen.
- Wenn nur ein kurzfristiger oder begrenzter Bedarf nach Team-Supervision besteht (Berker 1994).
- Wenn in der Organisation bereits eine Reflexionskultur vorhanden ist oder aufgrund der Ausbildungen der Mitarbeiter mitgebracht wurde, sind die Widerstände gegen Reflexion und Veränderung meist gering und das Instrument Team-Supervision kann von den Supervisanden optimal genutzt und die Erkenntnisse umgesetzt werden.
- Externe haben den Vorteil, daß sie vom System als Umwelt wahrgenommen werden, auf dessen Eigenarten man sich einstellen muß. Dadurch verfügen sie über die Möglichkeit den Beratungsauftrag zur Disposition zu stellen. (Rappe-Giesecke 1996, S. 62)

Grenzen externer Supervision:

- Sind in der Organisationskultur Formen der Beratung und Reflexion bisher nicht etabliert, stößt Team-Supervision auf große Skepsis bis Ablehnung.
- Aufgrund der Distanz verfügt der externe Supervisor nur über geringe Kenntnisse der Organisationsdynamik und ihrer -mythen. Deshalb sind Verwirrung und Irrwege seitens des Supervisors oft die Folge. Sie können durchaus produktiv sein, bedeuten aber längere Wege und Geduld der Supervisanden, die in reflexionsungewohnten Kulturen oft nicht vorhanden ist.
- Bei zu großer Konfliktdynamik kann die Organisation dem Supervisor aufgrund seiner freien Mitarbeit auf Honorarebene schnell kündigen, um einer notwendigen Konfliktbearbeitung aus dem Wege zu gehen
- Strukturelle Veränderungen können nur angestoßen werden, deren Umsetzung kann meist nicht begleitet werden.
- Die Evaluation der Arbeit der Mitarbeiter – wie sie die Qualitätssicherung fordert – kann aus der externen Sicht und dem begrenzten Zeitbuget nur unzureichend realisiert werden.

3.2 Interne Team-Supervision

Interne Supervision dient insbesondere

- der Qualitätssicherung und -verbesserung (Pühl 1988)
- der Weiterentwicklung der Organisation.,
- Arbeit in und an der Organisationskultur (Berker 1994, S. 349).

Vor- und Nachteile interner Team-Supervision:

Interne Team-Supervision ist in folgenden Fällen indiziert:

- wenn Feldprobleme Ursache des Supervisionsauftrages sind (Berker 1994, S. 352)
- wenn hoher und kontinuierlicher Supervisionsbedarf vorliegt (Berker 1994, S. 352)
- Interne Berater haben ein großes Wissen über die Organisation, werden aber als Teil der Organisation nicht als Umwelt wahrgenommen, von ihnen wird erwartet,

daß sie sich auf das Team oder die Organisation einstellen und nicht umgekehrt. (Rappe-Giesecke 1996) Das hohe Wissen über die interne Organisationsgeschichte und -dynamik erleichtert ihm, Vorbehalte, Mißtrauen und Ablehnung leichter zu überwinden. Ein anschauliches Beispiel dafür berichtet Degenhardt (1994 wie es ihr aufgrund ihrer Organisationszugehörigkeit in einem langsamen und mühsamen Prozeß gelungen ist, in einem Allgemeinkrankenhaus zu implementieren.

Grenzen interner Supervision:

- Die Dichte zum System macht betriebsblind (der interne Supervisor muß öfter mal an die Peripherie gehen, um neuen Abstand zu gewinnen).
- Da er die Organisation gut kennt, ist er selbst immer Teil des Problems (Berker 1994, S. 348)
- Seine innere Autonomie ist gefährdet, da er sich leicht mit einem Teil des Organisation verbündet
- Der interne Supervisor hat Verantwortung für die Einhaltung und Kontrolle der Standards, so daß die Lernkultur ständig gefährdet ist. Aus einem Fallseminar kann leicht eine Zensurengebung werden (Berker 1994, S.349)
- Als fachlich Vorgesetzter ist der Umgang mit persönlichen Informationen der Mitarbeiter problematisch

Teilweise verkehren sich die Vorzüge der einen Position in Nachteile der anderen Position und umgekehrt. Schwierig, da in hohem Maße variationsreich, ist die eindeutige Positionierung des internen Supervisors, zumal Supervision i.S. der vorgestellten Definition oft nur eine Teilaufgabe seiner Tätigkeit ist. Ohne Anspruch auf Vollständigkeit, sehe ich folgende Möglichkeiten der *Positionierung Interner Supervision,* und zwar in hierarchisch absteigender Linie*:*

- Linienposition mit Fach- und Dienstaufsicht
- Interner Berater nur mit Fachaufsicht
- Supervisor in Stabspositition (ohne Weisungsbefugnisse)
- Interner Berater/Supervisor an der Peripherie

Als ein Differenzierungskriterium wähle ich die Unterscheidung zwischen Dienst- und Fachaufsicht, um die unterschiedlichen Abhängigkeitsgrade zwischen Leitung und Mitarbeitern deutlich zu machen. Auch wenn dies Begriffe aus der öffentlichen Verwaltung stammen, bieten sie sich doch als Folie an:

- Die *Dienstaufsicht* erstreckt sich u.a. auf ein Personaleinsatz, die Arbeitszeitregelung und die personalrechtliche Aufsicht des Dienstvorgesetzten über die Pflichterfüllung der Mitarbeiter. Sie schließt Weisungs- und Kontrollbefugnisse ein.
- Die *Fachaufsicht* bezieht sich auf die fachliche und inhaltliche Arbeit auf der Grundlage der jeweiligen Fachkonzeptionen. Wesentlich ist dabei, daß die Arbeit nicht nur überwacht wird, sondern vorallem auch intensiv inhaltlich begleitet werden muß. Dazu bedarf es einer größtmöglichen Transparenz der Arbeit der Mitarbeiter und einer Informationspflicht gegenüber ihrem Fachvorgesetzten über schwierige Situationen, da sonst die fachliche Begleitung, Unterstützung und Entlastung durch den Fachvorgesetzten nicht wahrgenommen werden kann.

- Sind Fach- und Dienstaufsicht auf verschiedene Positionen verteilt, besteht die Notwendigkeit zur Kooperation vor allen in Fragen der Überschneidung. Diese ergibt sich z.B. in der Abstimmung konzeptioneller Fragen, die immer Fragen des Personaleinsatzes berühren.

1. Linienposition mit Fach- und Dienstaufsicht

Dies ist sozusagen das klassische anglo-amerikanische Konzept. Die supervisorischen Aufgaben bilden oftmals nur einen Teil der Berufsrolle des Vorgesetzten. In manchen Fällen hat er die Dienst- und Fachaufsichtsfunktionen. Problematisch ist die Verbindung von Weisungs- und Sanktionsbefugnis mit der Aufgabe eine fachlich abgesicherte Arbeit seiner Mitarbeiter zu sichern. Nichtsdestotrotz kommen in den Fachgespräche mit seinen Mitarbeitern durchaus supervisorische Aspekte zu tragen.

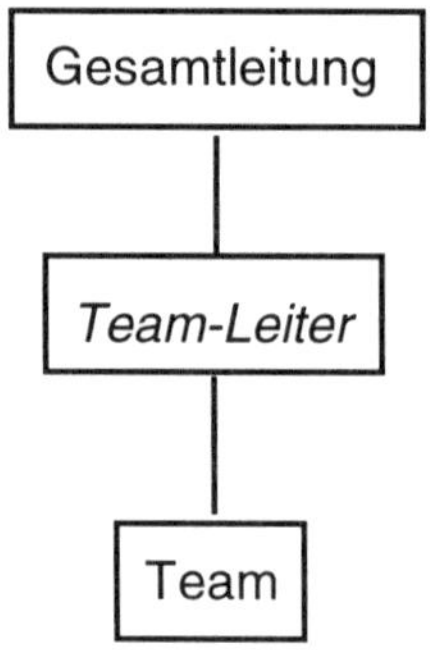

Abbildung 2: Linienposition mit Fach- und Dienstaufsicht

2. Interner Berater nur mit Fachaufsicht

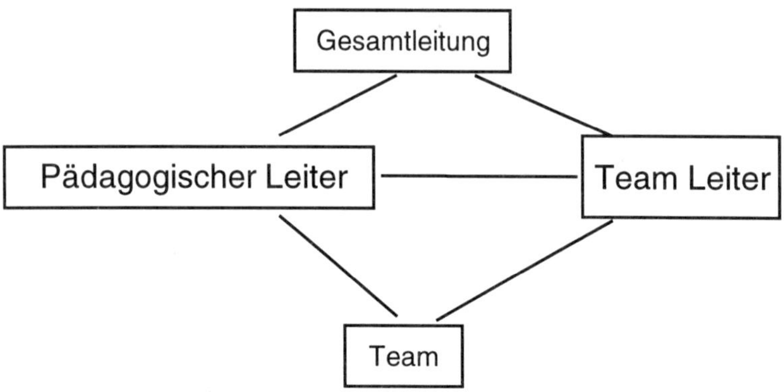

Abbildung 3: Interner Berater nur mit Fachaufsicht

Ein Beispiel könnte der Heimpsychologe sein, der die Mitarbeiter neben Kliententherapie und -diagnostik in Fallbesprechungen berät. Der supervisorische Anteil dieser Arbeit wird oft als solche weder erkannt noch professionalisiert.

3. Supervisor in Stabspositition

Die Verortung sollte als „direkte Unterordnung einer möglichst hohen Leitungsebene (optimal: Leiter der Gesamtorganisation) geschehen. Interne Supervision ist somit ein Managementmittel oder anders formuliert eine verfügbare Intervention des Leiters." (Berker 1994, S. 345f.) D.h. es gibt keine gesicherte Freiheit über die Annahme oder Ablehnung eines Auftrages.

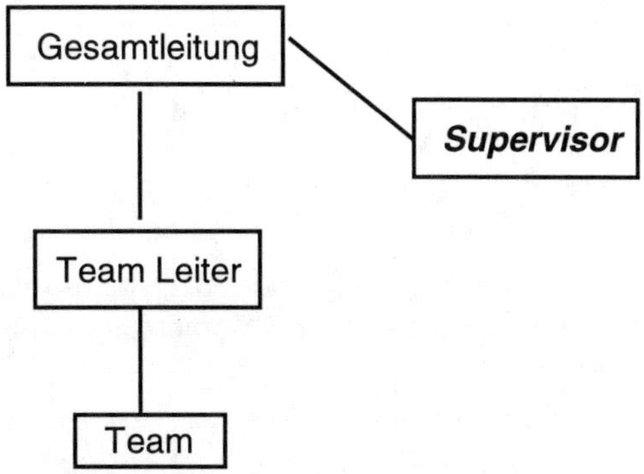

Abbildung 4: Supervisor in Stabspositition

4. Interner Berater/Supervisor an der Peripherie

Hierbei handelt es sich um eine Stelle ohne direkte Unterordnung, somit gibt es auch keine selbstverständliche Rechenschaftspflicht über den Inhalt wohl aber über die Art der Tätigkeit. Diese Position ist mit der relativen Wahlfreiheit über die Annahme oder Ablehnung eines Auftrages ausgestattet.

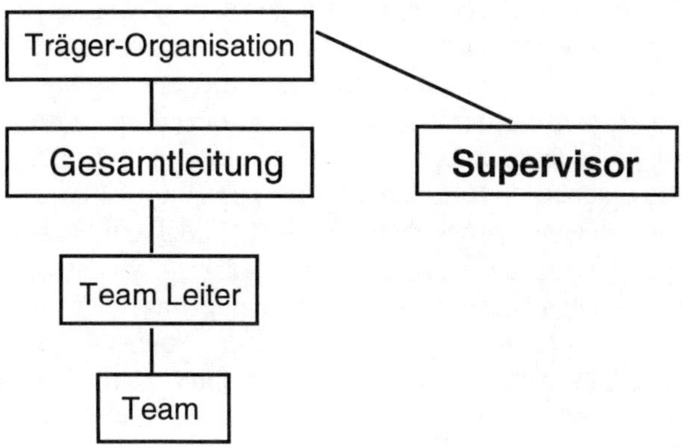

Abbildung 5: Interner Berater/Supervisor an der Peripherie

Ein Beispiel hierfür kann eine Beratungsstelle innerhalb einer größeren Organisation sein, in der Mitarbeiter sich qualifiziert haben, Supervision oder Organisationsberatung durchzuführen. Von den ersten beiden Positionen unterscheidet sie, daß sie i.d.R. die Wahlfreiheit zur Aufnahme eines Auftrages haben. Sie unterscheiden sich meist vom externen Supervisor dadurch, daß sie die Beratungstätigkeit im Rahmen ihrer normalen Dienstzeit verrichten. Ein Beispiel dafür liefert der Beitrag von Jürgen Mietz (in diesem Band) anhand des Schulpsychologischen Dienstes. Diese Position kommt der des externen Beraters sehr nahe mit dem Unterschied, daß seine Nähe zum Beratungssystem nicht so groß ist und anfängliche Vorbehalte und Skepsis leichter zu überwinden sind.

Auf zwei Problemzonen zwischen externer und interner Supervision – Verantwortung und Vernetzung – gehe ich im nächsten Punkt ein.

4. Aufgaben des Team-Supervisors

Anhand von zwei Aufgaben läßt sich die Diskussion interner und externer Supervision anschaulich fortsetzen, und zwar anhand der neuralgisch ungeklärten Punkte:

a) Welche Verantwortung übernimmt der Team-Supervisor?
b) Wie wird die Kooperation und Vernetzung der Beratung innerhalb eines Systems organisiert?

Zu den weiteren wichtigen Aufgaben des Team-Supervisors gehören m.E.

a) die Durchführung einer Sondierungsphase zur Ziel- und Aufgabenklärung vor einer Team-Supervision
b) das Eingehen eines Dreieckskontraktes mit den verschiedenen Auftraggebern der Team-Supervision (Team und Leitung)
c) die Auswertung der Team-Supervision in regelmäßigen Abständen.

a) Verantwortungsübernahme

Die Frage der Verantwortung macht sich meist am Verschwiegenheitspostulat fest. Dieses reklamieren i.d.R. die externen Supervisoren für sich, um den Supervisanden einen reflexiven Schonraum zur Verfügung stellen zu können. Abgesehen davon, daß ich dies aus organisationsdynamischen Gründen – wie oben schon angedeutet – für äußerst problematisch halte, klammert dieses Vorgehen die Verantwortungsfrage seitens des externen Supervisors aus. Selbstredend ist er für das Setting und die Anwendung einer adäquaten Supervisionsmethode verantwortlich. Doch schon bei der Frage der Leitungsübernahme kommen wir in einen ungeklärte Grauzone. Wenn wir uns die Praxis anschauen, stimmt es denn wirklich, daß der externe Supervisor nur die Leitung des Supervisionsprozesses übernimmt oder nicht teilweise auch Leitungsersatzfunktion? Nach meinen Erfahrungen läßt es sich oftmals gar nicht vermeiden bei diffusen organisatorischen Leitungsstrukturen, daß der Supervisor zumindest für eine kurze Zeit Leitungsfunktionen für das Team übernimmt. Natürlich hat Fürstenau (1992) recht, wenn er sagt, daß dies eine Ersatzmanagementfunktion sei, die man als Externer nicht einnehmen sollte. Ich will das hier nicht weiter vertiefen, um auf die Verantwortungsfrage zurückzukommen. Sie stellt sich z.B. ganz konkret, wenn ein externer Supervisor in einem Team, an dem der Teamverantwortliche nicht teilnimmt, erfährt, daß es zwischen Betreuer und Betreutem eine sexuelle Beziehung gibt. Kann er sich dann auf die selbst verordnete Verschwiegenheitspflicht zurückziehen oder muß er dies dem Teamverantwortlichen melden? Bei solch klaren Rechtsverletzungen mag die Antwort noch relativ leicht positiv zu beantworten sein. Schwieriger ist der Umgang mit Informationen unterhalb solch eindeutiger Rechtsverstöße: Z. B. berichtet eine Heimerzieherin in einer Team-Fall-Supervision, daß ihr in einer Konfliktsituation mit einem Kind „die Hand ausgerutscht" sei. Dies läßt sich nur bearbeiten, wenn die Falleinbringerin sicher sein kann, daß ihr nicht sofort Sanktionen drohen. Hier beginnt der schmale Pfad der Abwägung: Auch dies ist ein Verstoß, der immer mal wieder vorkommt.

Eindeutig läßt sie sich für die internen Supervisionspositionierungen 1-3 beantworten: Sie sind Teil der Institution und tragen damit Verantwortung hinsichtlich der Arbeit der Mitarbeiter. Bei eindeutig schwerwiegenden Rechtsverletzungen hat selbstverständlich auch der Berater an der Peripherie und der Externe eine Veröffentlichungspflicht gegenüber der Institution. Wie gesagt, vorausgesetzt der Teamverantwortliche nimmt nicht an der Supervision teil. (Zu den rechtlichen Aspekten der Schweigepflicht siehe DGSv 1998, S. 8, die teilweise eine andere Position vertritt.)

Die Übernahme von Verantwortung ist ohne die Klärung der Übernahme von Fachaufsichtsfunktionen nicht zu diskutieren. Bei internen Beratern ist die Sache relativ klar: Wenn sie Fall-Supervision bzw. Fallbesprechungen mit ihren Mitarbeitern durchführen tun sie dies im Rahmen ihrer Fachaufsichtsfunktion. Beim Berater an der Peripherie ist das schon nicht mehr so eindeutig und beim externen Supervisor herrscht darüber meist völlige Unklarheit. Meine in Fachkreisen häufig auf Widerstand stoßende These lautet hingegen: Auch der externe Supervisor übernimmt Teil-Fachaufsichtsfunktionen. Auch wenn dies in den meisten Fällen zwischen Supervisor und Teamverantwortlichen im Rahmen des Dreieckskontraktes (s.u.) nicht ausdrücklich so benannt wurde, delegiert der Teamverantwortliche einen Teil seiner Fachaufsicht an den externen Team-Supervisor (wenn der Auftrag Team-Fall-Supervision beinhaltet).

Bekanntlich geht es in der Team-Fall-Supervision (s.u.) darum, die Beziehung zu den Klienten zu klären und ihre Dynamik im Sinne von Diagnostik und Behandlung zu besprechen. Da die Institution dies mit ihren eigenen Ressourcen nicht vollständig machen kann oder möchte, bezahlt sie dafür einen externen Fachmann. Im Sinne von outsoursing erbringt der externe Fachmann über einen Honorarvertrag Leistungen, die von der Institution verwertet werden. Damit übernimmt der Externe aufgrund seiner Fachkenntnisse auch die Verantwortung gegenüber dem Auftraggeber und muß sich ggf. für sein Handeln erklären.

b) Kooperation und Vernetzung

Aufgrund der viel zitierten institutionellen Flexibilisierung hat der Bedarf an Consulting enorm zugenommen, um diesen Wandel zu begleiten. So kommt es, daß selbst in relativ kleinen Institutionen mehrere Berater am Werk sind. Dabei handelt es sich oft um interne wie externe Berater und Supervisoren. Die Kooperation dieser Dienstleister untereinander liegt oft noch im argen. Meist gibt es keine institutionelle Vernetzung zwischen ihnen.[3] Vorbehalte zum Austausch finden wir nicht nur bei den Beratern selbst, sondern auch auf Seiten der Institutionsverantwortlichen. Aus der Literatur ken-

3 Auf die Notwendigkeit – zumindest bei Organisationsberatungsprozessen – weist K. Rappe-Giesecke in ihrem Beitrag ausdrücklich hin und wie ich meine müßte dies auch für Team-Supervisionsprozesse Gültigkeit haben. – Der Hrsg.

ne sich nur zwei Beispiele, in denen diese feste Form der Vernetzung beschrieben wird (Rave-Schenk 1998, Pühl 1998).

c) Sondierung

Sowohl externe als auch interne Berater und Supervisoren müssen vor der Festlegung ihres Beratungsauftrages zusammen mit den Auftraggebern klären, welches das Ziel der Intervention und das dazu angemessene Setting sein soll. Ich kann mich hier kurz fassen, da sich Kornelia Rappe-Giesecke mit diesem Sachverhalt in ihrem Beitrag ausführlich beschäftigt. Speziell für die Team-Supervision habe ich an anderer Stelle dies dargestellt (Pühl 1996, 1988).

Die vereinbarten Ziele, die Höhe des Honorars und über den Umgang mit möglichen Konflikten sollte der Supervisor schriftlich abfassen und dem Team und dem Teamverantwortlichen zur Kenntnis geben. Nach meinen Erfahrungen geraten diese Absprachen, wenn sie nur mündlich getroffen werden, nach einiger Zeit wieder in Vergessenheit. Besonders in Konfliktfällen kann es dann für den Supervisor kompliziert werden, die Beteiligten in der vereinbarten Weise zu einem Gespräch aufzufordern. Das leitet direkt zum nächsten Punkt über.

d) Dreieckskontrakt

Da wir es bei der Team-Supervision immer mit zwei Auftraggebern zu tun haben, gilt es mit beiden Instanzen (dem Team und dem Teamverantwortlichen) eine Vereinbarung über die Ziele, die Wünsche, das Vorgehen, die Form der Auswertung und den Umgang mit möglichen Konflikten zu treffen. Der Dreieckskontrakt sollte so früh wie möglich realisiert werden, spätestens mit Abschluß der Sondierungsphase.

Es gibt die weitverbreitete Vorstellung von Teammitgliedern wie von Beratern, Teams als geschlossene Systeme zu sehen und zu behandeln. Das Team wird dann als Schonraum mit Verschwiegenheitsverpflichtung nach außen gesehen, um nach inneren eine größtmögliche Offenheit herzustellen. Dies ist bei hierarchisch eingebundenen Teams mit Leitungs- und Kontrollstruktur – wie man sich vorstellen kann – nicht unproblematisch. Ich plädiere deshalb dafür, Teams generell als teiloffene Systeme zu sehen. Sie bestehen nur in Interdependenz zu den anderen organisatorischen Subgruppen und bilden zusammen mit ihnen ein Ganzes. Strukturelle Veränderungen der Gesamtorganisation wirken selbstredend in jedes Team und umgekehrt arbeitet die Gesamtorganisation nur dann optimal, wenn wesentliche Daten an die Teamverantwortlichen zurückgekoppelt werden, damit auch sie ihrer Veränderungsverantwortung nachkommen können. Unter dieser Prämisse der Rückkopplung wesentlicher institutioneller Daten kann in es der Team-Supervision keine absolute Schweigepflicht geben. Diese können die Mitarbeiter untereinander höchstens für Persönliches vereinbaren. Gebe es von Team und Supervisor zu den hierarchisch Verantwortlichen eine Schweigepflicht über wesentliche institutionelle Belange, würde das Team als wichtiges Subsystem von der institutionellen Gesamtdynamik abgekoppelt werden.

Strukturell wird die Rückkoppelung durch den sogenannten Dreieckskontrakt sichergestellt, der inzwischen zu den professionellen Supervisionsstandards gehört. Er sichert den Einbezug der Leitung bei der Team-Supervision. Trotzdem fällt immer wieder auf, daß Supervisoren immer noch vom Team als Schonraum sprechen, ohne die Grenzen und Möglichkeiten den jeweiligen Bedingungen entsprechend zu differenzieren. Auf die damit einhergehende Gefahr der Bündnisbildung als Ausdruck unbewußter Subversion habe ich an anderer Stelle ausführlich beschrieben (Pühl 1988).

e) Auswertung

Bei Supervisionsprozessen, die von Anfang an auf eine bestimmte Sitzungszahl begrenzt sind, ergibt sich vor dem Abschluß automatisch die Frage, was wurde erreicht, was ist offen geblieben, in welchem Setting sollte weitergearbeitet werden? Bei Prozessen, deren Ende nach der Sondierungsphase nicht terminiert ist, führe ich mindestens halbjährlich eine solche Auswertung durch.[4]

5. Team-Supervisionssettings

Nach meinen Beobachtungen kommen drei Themenschwerpunkte in der Team-Supervision am häufigsten zum Tragen:

a) Team-Entwicklung
b) Team-Fall-Supervision und
c) Team-Fokal-Supervision

Bei Anfragen nach Team-Supervision wird i.d.R. sowohl (a) Team-Entwicklung zur Verbesserung der Kooperation als auch (b) Fall-Supervision zur Besprechung der konkreten Arbeit angefragt. Es obliegt dann der Sondierungsphase wie die Akzente gesetzt werden. In der Praxis zeigt sich meist, daß sich beides schwer trennen läßt: Eine konflikthafte Teamdynamik wirkt sich immer auf die gemeinsame Aufgabenstellung aus, andererseits zeigt sich manchmal erst der konkreten Fallarbeit wo die Teamarbeit verbesserungsfähig ist.

Team-Fokal-Supervision ist ein bisher neues Setting. Ich führe den Begriff ein, um für sehr konkrete eingegrenzte Bearbeitungswünsche über eine Methode zu verfügen. Spezifika der Team-Fokal-Supervision ist, daß hier die Sondierungsphase entfällt und nur einige Stunden an einer Aufgabe gearbeitet wird.

a) Teamentwicklung

Das Ziel der Teamentwicklung ist die Herstellung, der Erhalt oder die Implantierung von Teamarbeit zur Verbesserung der Aufgabenstellung. Der Begriff hat seine Wurzeln in der Organisationsentwicklung und damit aus den Kenntnissen der Gruppenarbeit wie sie in der Nachfolge Lewins verfeinert wurde. So stand für Bennis und Sheppard (1956) das Problem der Machtverteilung und das Problem der Vertraulichkeit zwischen den Mitarbeitern im Vordergrund. Bevor sich die Vertrauensfrage klären läßt wird i.d.R. zuerst die Machtfrage bearbeitet.

Anfang der 70er Jahre beschäftigten sich auch die Organisationsberater mit Überlegungen zur Team-Entwicklung. Nach wie vor ein Klassiker ist das Buch von French und Bell, das erstmals 1973 in den USA publiziert wurde und in 5. Auflage nach wie vor auch in deutscher Übersetzung vorliegt (French/Bell 1994).

---

4 Mit dem Problem der Evaluierung von Supervision setzen sich H. Möller & M: Märtens auseinander. – Der Hrsg.

Becker und Langosch (1995, S. 331) stellen folgende Ziele für die Team-Entwicklung auf:

„– Klärung der Aufgabe des Teams und seiner Rolle innerhalb der Organisation,
– Verbesserung der Zusammenarbeit mit anderen Arbeitsgruppen innerhalb der Organisation,
– Analyse und Verstehen der in der Gruppe ablaufenden Prozesse, z.B. der Wechselwirkung zwischen Sach- und Beziehungsproblemen,
– Entwickeln von „Spielregeln“ und Verfahren zur besseren Bewältigung von Problemen auf der Sach- und der Beziehungsebene,
– Bewußtmachen der gegenseitigen Abhängigkeit der Gruppenmitglieder und Stärkung des gegenseitigen Beistands,
– Entwickeln der Kommunikation zwischen den Gruppenmitgliedern, um die Effektivität zu erhöhen,
– Entwickeln und Einüben von Regeln zur konstruktiven Bearbeitung von Konflikten,
– Verteilen und Akzeptieren der Rolle eines jeden Gruppenmitgliedes.“

Wichtig scheint mir, auf die Reihenfolge hinzuweisen. An erster Stelle nennen sie die „Klärung der Aufgabe des Teams und seiner Rolle innerhalb der Organisation“. Dies ist Teil der Arbeit in der Sondierungsphase. Findet hierüber keine saubere Analyse statt, kommt es immer wieder vor, daß beispielsweise Teamkonflikte (s. hierzu den Beiträge von Sabine Scheffler und Kornelia Rappe-Giesecke in diesem Band) auf der Beziehungsebene verhandelt werden. Ein Angebot, daß Teams oft präsentieren, da sie hier die stärksten Konflikte spüren. In ihrer emotionalen Involviertheit können sie nicht ahnen, daß diese persönlichen Konflikte oftmals Ausdruck eines institutionellen Konfliktes sind. In der Teamdynamik spiegeln sich fast immer institutionelle Leitungsinsuffizienzen oder aber die spezielle Psychodynamik ihres Klientels. An anderer Stelle habe ich dies als institutionelle Verschiebungsprozesse beschrieben (Pühl 1996, 1988).

Bei zerstrittenen Teams halten Berater oftmals die Bearbeitung der Konfliktdynamik vor der Fallbearbeitung für sinnvoll. Ich kann dem nicht so pauschal zustimmen, da das Maß und die Tiefe der Beziehungsklärung sich erst an der konkreten Aufgabenstellung ablesen läßt. Im Sinne eines ressourcenorientierten Ansatzes scheint es häufig hilfreicher, sich die konkrete Arbeit zuerst in der Fallbesprechung anzuschauen. Unter der Anwesenheit eines Beraters entdecken die Mitarbeiter hier häufig mehr Potenzen als sie sich selbst zugetraut haben. Dies führt zu einer deutlichen Entlastung, die die Vertrauensgrundlage zur aufgabenbezogenen Beziehungsklärung bietet.

Auf ein Phänomen stoße ich immer wieder einmal: In einem Team herrscht eine konflikthaft-schweigende Atmosphäre. Themen können nicht besprochen werden oder werden auf banalen Nebenschauplätzen ausgetragen. In diesen Fällen undurchsichtigen Nebels in dem scheinbar nichts möglich ist, gibt es nach meinen Erfahrungen häufig ein tabuisiertes Beziehungsthema. Zwei Mitarbeiter haben eine heimliche sexuelle Beziehung oder diese konflikthaft beendet. Obwohl sie im Team entstanden ist, darf darüber aber in diesem Kreis nicht gesprochen werden. Die Folgen habe ich beschrieben. Interessant dabei ist folgendes: Obwohl die Arbeitssituation aufgrund ihrer kommunikativen Möglichkeiten ein bevorzugter Ort des Kennenlernens und Anbahnens von intimen Beziehungen ist, gibt es zu diesem Thema m.W. kaum Literatur. Vielleicht erklärt sich deshalb die weltweite voyoristische Anteilnahme und Neugierde an dem „Fall Clinton/Lewinski".

Ein weiterer Aspekt der Team-Entwicklung ist die „Konzeptentwicklung" (Pühl 1998).[5] Unter wandelnden institutionellen Bedingungen und verknappten Ressourcen gewinnt sie zunehmend an Bedeutung. Ich erlebe immer wieder, daß Teams trotz veränderter Voraussetzungen ihre Arbeit weiterhin nach bewährten Abläufen durchführen. Oft erst Monate nach den veränderten Rahmenbedingungen zeigt sich, daß die Decke zu kurz ist. Wie man sie auch zieht, immer bleibt etwas unabgedeckt. Dann muß es darum gehen, die Arbeit entsprechend den Anforderungen und den vorhandenen Ressourcen in Einklang zu bringen.

b) Team-Fall-Supervision[6]

Interessant ist die Frage wie eine Fallbesprechung methodisch durchgeführt wird. So gibt es weder für die externe noch die interne Teamfallsupervision verbindliche Konzepte. Zwei Probleme drängen sich konzeptionell besonders auf: Wie oder was spiegelt der eingebrachte Fall im Team und wie wird die Gruppe in die Fallbearbeitung einbezogen?

Das Spiegelphänomen wurde schon des öfteren angesprochen und gehört in der Supervision zu unserem primären Handwerkszeug. Da wir als Supervisoren die direkten Klienten in aller Regel nicht kennen, können wir über all das, was durch den Bericht des Falleinbringers im Team ausgelöst wird, dennoch ein Bild von dem Klienten und seiner Beziehung zum Mitarbeiter machen. Das Spiegelphänomen geht zurück auf die beiden Amerikaner Ekstein und Wallerstein (1958) und ihre Vorstellung vom „klinischen Rombus". Ausgangspunkt dieses Modells ist das psychoanalytische Setting. In der Behandlungssituation spiegelt der Analytiker das dem Patienten zurück, was er in seiner Gegenübertragung, in Reaktion auf die Übertragung des Patienten in seinem Spiegel wahrgenommen hat. Bezugssystem dabei ist der Patient. In der Supervisionssituation ist es der Supervisor, der mit Hilfe seines Spiegels das registriert, was der berichtende Kollege auf ihn überträgt. Bezugssystem ist dann der berichtende Supervisand (= Therapeut). Der Therapeuten schlüpft in der Schilderung des Patienten über die aktuelle Identifikation mit ihm sozusagen in seine Haut und löst beim Supervisor das aus, was der Patient sonst bei ihm auslöst. Die Rollen drehen sich sozusagen um. Diesen unbewußten Prozeß bezeichnen wir als Spiegelphänomen zweiter Ordnung, während die Spiegelung erster Ordnung die zwischen Helfer und Klient ist.

Der bekannte ungarische Arzt und Psychoanalytiker Michael Balint kann mit Fug und Recht als der Pionier dieser Methode gelten. Er arbeitete in den 30er Jahren zuerst mit Hausärzten. In ihren wöchentlichen Treffen stellte jeweils ein Arzt einen seiner Patienten durch einen unvorbereiteten mündlichen Bericht vor. In der Kollegengruppe entstanden durch bewußte und unbewußte Identifikationen der übrigen Arztkollegen auf den Bericht Übertragungen, die die Anwesenden auf ihren unbewußten Sinn hin untersuchten. Balint behandelte dabei die Gedanken des Berichteten wie Kritik und Kommentare der zuhörenden Gruppe analog der freien Assoziation. Ziel war es auch hier, die Übertragungs-Gegenübertragungsdynamik zwischen berichtendem Arzt und

---

5 G. Junkers bezieht sich in ihrem Beitrag über Supervision in der Altenarbeit darauf. – Der Hrsg.

6 Ein Beispiel einer Fall-Supervision findet sich im Beitrag von G. Junkers. – Der Hrsg.

seinem vorgestellten Patienten herauszuarbeiten, um zu einem besseren diagnostisch-relevanten Verständnis für den Patienten zu gelangen.

Die vorgestellten Konzepte kranken an zwei Dingen, zum einen steht im Mittelpunkt die Beziehung Helfer-Klient, wobei sowohl die Dynamik der umgebenden Kollegengruppe wie der institutionelle Kontext unbearbeitet bleiben. Zum anderen haftet dem Übertragungsbegriff ein neurotisches Stigma an. Ich sage deshalb immer meinen Supervisanden, daß ein Teil dessen, was der Klient bei ihnen ausgelöst hat mit dem Klienten zu tun hat. Also ein Teil ihrer mobilisierten Gefühle Gegenübertragungsreaktionen sind und das Wahrnehmen und Registrieren wichtige diagnostische Hinweise für die intrapsychischen Vorgänge des Klienten liefert. Meine Formel dabei lautet, daß zwischen 5 und 95% dessen was der Helfer fühlt mit dem Klienten zu tun hat. Dies ist wahrlich eine große Spannweite. Sie ermöglicht mir aber mit den Supervisanden ein Arbeitsbündnis herzustellen, daß das Ernstnehmen der eigenen Gefühle nicht unter den Tisch fallen läßt. Diese Gefahr liegt immer in der Luft, da Helfer oft schnell bereit sind, eigene Gefühle auf ihrem persönlichen Konto abzubuchen. Dadurch werden sie nicht mehr benannt und fallen aus vermeintlichen Schuld- oder Inkompetenzgefühlen aus dem Prozeß heraus, und zwar aus dem Prozeß der Supervision und nicht aus dem Beziehungsprozeß zwischen Helfer und Klient.

Aus dem Gesagten beantwortet sich die Frage, wie wir als Supervisoren einen Großteil unserer Informationen gewinnen. Zentral ist das Verstehen der Spiegelphänomene und der damit korrespondierenden Inszenierungen. Die Dechiffrierungsleistung liegt sowohl beim Supervisor als auch bei den beteiligten Mitarbeitern.

In meiner konkreten Arbeit gehe ich so vor: Nach einem ausführlichen Blitzlicht melden die Mitarbeiter einen oder zwei Klienten oder eine Klientengruppe zur vertieften Besprechung an. Dann berichtet der Kollege anhand seiner Erinnerung das was ihm wichtig ist. In der nächsten Phase äußern die Anwesenden wie der Bericht auf sie gewirkt hat, was er ausgelöst hat, mit ihm sie sich identifizieren, ihre Einfälle und Körperreaktionen. Ich beziehe mich dabei mit ein und äußere auch meine Einfälle und Ideen und was der Bericht bei mir ausgelöst hat. In dieser zweiten Phase hört sich der Falleinbringer den Bericht schweigend an, auch wenn es bei ihm Spannungen auslöst. Die Vereinbarung lautet, daß die Äußerungen der Kollegen zwar Reaktionen auf den Bericht sind, aber erst mal ihre eigenen Äußerungen, damit der Falleinbringer frei ist aus den Beiträgen – wie aus einem Markt der Möglichkeiten – auszusuchen, was ihn angesprochen hat. Das äußerst er dann in der anschließenden dritten Phase. Daraufhin kommt es zu einem unstrukturierten Gespräch über den Klienten. Dadurch verdichtet sich die szenische Inszenierung des Falles. Die entstehende Szene stellt für mich ein wichtiges diagnostisches Medium dar (vgl. Oberhoff 1996). Zur Szene gehört die besondere Atmosphäre die der Bericht im Team ausgelöst hat, ferner die Art und Weise wie sich die Kollegen identifizieren und welches ‚Spiel' sich aufgrund der unterschiedlichen Identifikationen ergibt. Ein besonderes Augenmerk verdienen dabei Polarisierungen, denn diese drücken oft die innere Ambivalenz des Klienten aus. Im Team haben sie die Chance sich über verschiedene Protagonisten zu artikulieren. Ich verstehe die Polarisierung als eine Form der Ambivanzspaltung, d.h. angstmachende eigene Anteile werden abgespalten, können mit Hilfe der Kollegen aber sichtbar und erlebbar werden. Es können sich um abgespaltene Anteile des Klienten oder des Helfers handeln. Sie zu einem Ganzen zu integrieren sehe ich als meine Aufgabe. Daraus ergeben sich fast immer neue Ansatzpunkte für die Betreuungsarbeit, da die Symptome des Klienten anders gesehen werden können. Der Mitarbeiter findet darüber meist Wege dem Klienten ein anderes Arbeitsbündnis anzubieten. Dies ist freilich in erster Linie ein intrapsychischer Prozeß. Die Inszenierung der Falldarstellung beginnt übrigens bereits mit der Auswahl des Falles.

Obwohl dieses von mir modifizierte gruppenanalytische Balintmodell eigentlich für die klassische Gruppensupervision konzipiert wurde, arbeite ich damit sehr produktiv in meinen internen und externen Team-Fallsupervisionen. Mit klassischer Gruppensupervision ist gemeint, daß die Teilnehmer nicht zusammen arbeiten und deshalb unvorbelastet und frei von institutionellen Belangen auf den Bericht reagieren. Bei Team-Fallsupervision stellt sich in der Tat die Frage, ob die Beiträge der Kollegen nicht zu stark durch die gemeinsame institutionelle Einbindung verzerrt sind. Hinzu kommt noch, daß einige Klienten oft mehreren Mitarbeitern bekannt sind. Ich bin selbst überrascht, daß sich das bisher in der freien Äußerung nicht negativ bemerkbar gemacht hat. Diese Form der Fallbearbeitung ist inzwischen zu meinem bevorzugten Konzept für die Supervision in Teams geworden, sowohl als interner wie als externer Supervisor.

Supervision beschränkt sich nach meinem Verständnis nicht auf reine Reflexion, sondern beinhaltet ebenso konkrete fachliche Beratung. Diese folgt in der Regel nach der Klärung des emotional-dynamischen Geschehens. Hier kann der Supervisor auf einer rationalen Ebene vermitteln was typisch an dem Fall ist und wie man sich das Geschehen erklären kann. Idealer Weise oszillieren (pendeln) Supervisionsprozesse ständig zwischen den Polen Fachberatung und Selbstreflexion (vgl. Belardi 1996).

Eine interessante Frage ist, ob die eingebrachten Fälle während einer Besprechung in einem inneren Zusammenhang stehen. Aus der Gruppensupervision wissen wir, daß der eingebrachte Fall immer das aktuelle unbewußte Gruppenthema zum Ausdruck bringt. Argelander (1972) hat dies sehr anschaulich anhand seiner Balintpraxis beschrieben: Einer von zwei Leitern muß die Balintgruppe aus beruflichen Gründen verlassen. In der nächsten Sitzung berichtet eine teilnehmende Ärztin in ihrer Falldarstellung von einer Patientin, die ihre Familie wegen einer Kur verlassen hat. Der Ehemann ruft die Ärztin, da er so schwer krank ist, daß er Angst hat, seine beiden Kinder könnten Waisen werden. Die Thematik des Falles bezieht sich auch auf die Verlassenheitsängste der Gruppe: Schafft der zurückgebliebene zweite Leiter, die Balintsituation alleine zu meistern oder wird die Gruppe führerlos, eben zu Waisen? Die Verbindung von eingebrachtem Fall und unbewußter Gruppendynamik läßt sich auch mit Foulkes Matrix erklären. Danach setzt sich immer das Thema durch, daß die Gruppenspannung trifft.

Wie aber sieht es in Team-Fallsupervisionen aus? Hier haben wir es mit einer Gruppenmatrix zu tun, die sich zur Institutionsmatrix erweitert hat. Spiegeln demzufolge die eingebrachten Fälle die unbewußte Team- bzw. Institutionsdynamik oder die Dynamik des Klientels (das aber nur zum Teil in Kontakt miteinander steht)? Ich habe hier bisher keine Systematik erkennen können. Die Mitarbeiter bringen die Themen ein, die für sie aktuell sind. In der anfänglichen Blitzlichtrunde werden meist auch mehr Themen angemeldet als sich bearbeiten lassen. Dann entscheiden die Mitarbeiter meist ohne Zögern auf welche Besprechung jetzt verzichtet werden könnte. Es findet also eine spontane Selektion statt. Nach den Besprechungen läßt sich fast immer feststellen, daß alle angesprochenen Themen ein ähnliches Grundthema berühren. Aufgrund welcher unbewußten Dynamik die Auswahl vorgenommen wird, durchschaue ich allerdings noch nicht.

c) Team-Fokal-Supervision

Fokal-Supervision unterscheidet sich in zwei wesentlichen Punkten von den vorher beschriebenen Formen der Team-Supervision:

1. Fokal-Supervision zeichnet sich durch eine sehr kurze Sitzungsdauer aus, u.U. nur 2 bis 4 Stunden.
2. Fokal-Supervision übernimmt die Problemdefinition des ratsuchenden Teams und verzichtet so auf die Sondierungsphase zur Klärung des Supervisionsanliegens.

Anlässe Fokal-Supervision in Anspruch zu nehmen sind zumeist sehr konkrete und zudem schnell zu klärende Entscheidungen. Fokussieren leitet sich bekanntlich aus der Physik ab und bedeutet, daß ein Lichtstrahl auf einen Punkt gebündelt wird. Das hat zur Folge, daß dieser Punkt sehr deutlich hervortritt und das Umfeld kaum noch sichtbar wird. Von Michael Balint stammt das Bild der auf einem Strom abwärts treibenden Holzstämme. Durch einen dieser Stämme, der sich quer gelegt hat, ist das gesamte Treibholz blockiert. Eine gezielte Maßnahme soll auf den blockierenden Stamm einwirken, so daß das Feld wieder in Bewegung kommen kann. Die Arbeit mit dem Fokus stellt in dem Gleichnis eine gezielte Maßname dar: sie soll die Aufhebung des Hindernisses bewirken, so daß das Holz wieder flußabwärts treiben kann.

Die Fokal-Supervision greift sehr viel schneller, direkter und konkreter in das Geschehen ein. Anhand von drei Beispielen werde ich das konkretisieren:

1. *Das Team einer psychologischen Beratungsstelle fragt eine Supervisionssitzung an, weil sie innerhalb einer Woche ihr Votum zur Besetzung ihrer freien Leiterstelle angeben muß. Der Träger hat das Team bisher ohne Leiter arbeiten lassen. Der neue Geschäftsführer hält diesen Zustand aus verschiedenen Gründen nicht mehr für tragbar und wünscht klare Verantwortlichkeiten. Er stellt zwei Möglichkeiten zur Wahl: entweder das Team nennt aus seiner Mitte einen Leiter oder die Stelle wird öffentlich zur Besetzung ausgeschrieben.*

   Innerhalb einer dreistündigen Sitzung werden die Vor- und Nachteile dieser beiden Modelle gegenübergestellt. Alle sind sich schnell einig, daß sie den Leiterposten aus ihren Reihen besetzen möchten. Die Mitarbeiter überlegen, wer aus ihren Reihen diesen Posten übernehmen möchte bzw. wem sie diesen Posten zutrauten. Es kommt nur eine Mitarbeiterin in Frage, die die berufliche Erfahrung mitbringt. Sie ist sehr unsicher, ob sie das Vertrauen der Kollegen und des Geschäftsführers besitzt und sich traut, auch gegen ihre Kollegen u.U. unpopuläre Entscheidungen zu treffen. Zum Schluß der Sitzung wird deutlich, daß der zögerlichen Mitarbeiterin das Votum der Kollegen in dem quasi-öffentlichen Charakter der Supervision zur Entscheidungsfindung wichtig war.
2. *Der Leiter eines großen Ausbildungsinstituts wünscht dringend eine Beratung, weil er massive Konflikte mit einer langjährigen Dozentin hat. Trotz klarer schriftlicher Vereinbarungen hat sie sich nicht an die Ausbildungsstandards gehalten und ohne Rücksprache mit dem Institutsleiter mit den Teilnehmern eigene Maßstäbe vereinbart. Der Leiter fühlt sich betrogen und hintergangen, dabei aber gleichzeitig im*

Konflikt, da er die Mitarbeiterin immer geschätzt hat und ihr fast freundschaftlich verbunden ist. Unter schwierigen Bedingungen hat sie einen neuen Ausbildungsgang etabliert und bisher alleinverantwortlich getragen.

Der Leiter sah keine Basis der gemeinsamen Arbeit mehr. Eine direkte Konfliktbearbeitung mit ihr war nicht möglich. Sie entzog sich dem Gespräch und war nicht bereit ihren Fehler in irgendeiner Weise wieder zu beheben. Um dennoch einen Weg zu finden, schlug der Leiter ein gemeinsames Gespräch mit einem neutralen Dritten vor. Auch dies lehnte sie vehement ab.

Ich fokussiere auf den institutionellen Aspekt und fragte, was ihn hindert, der Kollegin zu kündigen, um seinen guten Ruf als Ausbildungsinstitut nicht zu riskieren. Meiner Meinung nach handelt es sich hier um einen Vorfall, der den Leiter zu einer Maßnahme veranlassen muß. Der Leiter hatte Angst, daß dadurch in den anderen von ihr geleiteten Kursen eine große Unruhe entstehen könnte und Teilnehmer deshalb die weitere Teilnahme abbrechen. Wir untersuchten wie groß auf der realen Ebene seine Abhängigkeit von der Dozentin ist und welche Möglichkeiten es für einen kompetenten Ersatz gäbe. Dies eröffnete ihm Wege, seine Abhängigkeit von der Dozentin zu relativieren. Er beschloß die Sitzung mit den beiden Optionen, sich von der Dozentin entweder kurzfristig oder mittelfristig zu trennen, weil die nötige Vertrauensbasis gestört war.

Eine andere Perspektive hätte sein können – die Zustimmung der Dozentin vorausgesetzt –, daß der Supervisor mit beiden Konfliktpartnern eine Mediation durchführt. Das würde einen Rollenwechsel vom Supervisor zum Mediator bedeuten, vom Berater zum Konfliktvermittler. Ziel der Mediation wäre die Erarbeitung einer Konfliktlösung, der beide Parteien zustimmen können (vgl. Besemer 1997)

3. *Vier Psychotherapeutinnen wünschen eine Beratung, da sie eine gemeinsame Praxis gründen wollen, in diesen Dingen aber keine Erfahrung haben. Als Problem sehen sie, daß alle unterschiedliche Interessen haben und nicht wissen, wie sie die so unter den Hut bringen können, daß kein Neid untereinander entsteht. Für einige soll die Praxis ihre Existenzgrundlage sein, eine Therapeutin ist Mutter von kleinen Kindern und sucht nur eine Nebenbeschäftigung, eine andere Therapeutin hat bereits einen Klientenstamm, den sie einbringen kann.*

   Um eine Entscheidungsgrundlage für die rechtliche Form der Zusammenarbeit zu finden, listen wir die unterschiedlichen Interessen auf und ich stelle verschiedene Modelle mit ihren jeweiligen Spezifika nebeneinander. Auf dieser Grundlage gewinnt eines dieser Modelle die größte Zustimmung aller Beteiligten. Eine letzte Entscheidung darüber treffen die Psychotherapeutinnen dann in ihren Gesprächen untereinander.

Literatur

Argelander, H. (1972): Gruppenprozesse – Wege zur Anwendung der Psychoanalyse in Behandlung. Lehre und Forschung. Reinbek

Balint, M. u.a. (1973): Fokaltherapie. Frankfurt

Becker, H./Langosch, I. (1995): Produktivität und Menschlichkeit (4. Aufl.).Stuttgart

Belardi, N. (1996): Supervision – Eine Einführung für soziale Berufe. Freiburg

Bennis, W.G./Shepard, M.A. (1956): A theory of group development, in: Human Relations 9, S. 415-437

Berker, P.(1994): Externe Supervision – Interne Supervision, in: H. Pühl (Hg.), Handbuch der Supervision 2. Berlin
Besemer, C. (1997): Mediation – Vermittlung in Konflikten (4. Aufl.). Freiburg
Conrad, G./Pühl, H. (1983): Team-Supervision – Gruppenkonflikte erkennen und lösen. Berlin (3. Aufl. 1985)
Degenhard, C. (1994): Möglichkeiten und Grenzen der Supervision im Allgemeinkrankenhaus, in: H. Pühl (Hg.), Handbuch der Supervision 2. Berlin
Deutschmann, M. (1994): Psychiatrische Team-Supervision, in: H. Pühl (Hg.), Handbuch der Supervision 2. Berlin
DGSv (1998): Rechtliche Hinweise für Supervisorinnen und Supervisoren. Köln
DGSv (Hg) (1996): Supervision – professionelle Beratung zur Qualitätssicherung am Arbeitsplatz. Köln
Ekstein, R./Wallerstein, R.S. (1958): The teaching and learning of psychotherapy. New York
Fatzer, G. (1990): Team-Supervision als Organisationsentwicklung, in: Fatzer/Eck (Hg.), Supervision und Beratung. Köln
Fatzer, G. (1996): Erfolgsforschung bei Veränderungsprozessen: Organisationsentwicklung und Supervision, in: (Ders.) (Hg.) Organisationsentwicklung und Supervision. Köln
Fengler, (1996): Konkurrenz und Kooperation in Gruppe, Team und Partnerschaft. München
French, W.L./Bell, C.H. (1994): Organisationsentwicklung (4. Aufl.).Bern-Stuttgart-Wien
Fürstenau, P. (1992): Psychoanalytisch-systemische Teamsupervision, in: Ders., Entwicklungsförderung durch Therapie. München
Gaertner, A. (1982): Team-Supervision, in: Supervision 2, S. 56-69
Gotthardt-Lorenz, A. (1994): „Organisationssupervision": Rollen und Interventionsfelder, in: H. Pühl (Hg.), Handbuch der Supervision 2. Berlin
Katzenbach, J. (1998): Muß auf der Chefetage ein Team agieren?, in: Haward Business manager Heft 3, S. 9-17
Kersting, H.J./Krapohl, L. (1994): Team-Supervision, in: H. Pühl (Hg.), Handbuch der Supervision 2. Berlin
Kutter, P. (1994): Spiegelungen und Übertragungen in der Supervision, in: H. Pühl (Hg.), Handbuch der Supervision 2. Berlin
Oberhoff, B. (1996): Szenisches Verstehen in der institutionellen Supervision, in: H. Pühl (Hg.) Supervision in Institutionen. Frankfurt/M.
Petzold, H. (1999): Differentielle Teamarbeit, Teamformate und Teamprozeßqualität – Konzepte zur Optimierung aus integrativer Sicht, in: Integrative Therapie (in Druck)
Pühl, H. (Hg.) (1996): Supervision in Institutionen. Frankfurt/M. (2. Aufl. 1997)
Pühl, H. (1988): Team-Supervision – Von der Subversion zur Institutionsanalyse. Göttingen
Rappe-Giesecke, K. (1994): Vom Beratungsanliegen zur Beratungsvereinbarung – Diagnose und Setting, in: H. Pühl (Hg.), Handbuch der Supervision 2. Berlin
Rappe-Giesecke, K. (1996): Der Abschied von den eindimensionalen Methoden – über das Verhältnis von Supervision und Organisationsentwicklung, in: Fatzer, G. (Hg.), Organisationsentwicklung und Supervision: Erfolgsfaktoren bei Veränderungsprozessen. Köln
Rave-Schenk (1998): Supervision in der psychiatrischen Klinik, in: Psychosozial 70, S. 11-14
Rost, J. (1998): Gruppenprozesse in der Softwareentwicklung, in: Gruppendynamik 2, S. 179-188
Sennet, R. (1998): Der flexible Mensch. Berlin
Weigand, W. (1994): Teamsupervision: Ein Grenzgang zwischen Supervision und Organisationsberatung, in: H. Pühl (Hg.), Handbuch der Supervision 2. Berlin
Weigand, W. (1996): Teamsupervision – ein verschwommener Begriff (Thesen), in Supervision 29, S. 5
Wellendorf, F. (1994): Supervision als Institutionsanalyse und zur Nachfrageanalyse, in: H. Pühl (Hg.), Handbuch der Supervision 2. Berlin

Teamkonflikte – Ein integrativer, mehrdimensionaler Versuch

Sabine Scheffler

„Ich hab' da einen Konflikt ... Ich bin unheimlich verärgert, das habe ich ihnen auch gesagt. Nach so langer Zeit haben wir endlich das Strukturpapier in der Mitgliederversammlung verabschiedet – alle sind da –, und meine Abteilungsleiterinnen benehmen sich wie die gackernden Hühner, es hat mich sehr verwirrt, ich habe sie doch in allen Schritten beteiligt, und die benehmen sich wie die Kinder ..." (Aussage einer Einzelsupervisandin, Anm. 1).

1. Einführung

Die Kollegin hat vielleicht einen „Konflikt", oder ist ihr da nur eine Panne mit ihren Mitarbeiterinnen passiert, die sie plötzlich trifft? Für ihr Verständnis jedenfalls ist das Ursache-Wirkungs-Prinzip außer Kraft gesetzt. Das Nichtverstehen ist begleitet von Emotionen und Enttäuschungen. Die Entscheidung aber, ob es wirklich um einen Konflikt mit den Abteilungsleiterinnen oder um ein Mißverständnis, eine Panne, geht, ist offen und bedarf der weiteren Recherche.

Sicher ist nur, daß beim Thema Konflikte „Probleme da entstehen, wo Pannen gepflegt und Konflikte vermieden werden" (Schwarz, 1997, S. 13). Sicher ist auch, daß „Konflikte ein notwendiges Element innerhalb sozialer Beziehungen sind, und daß ihre Abwesenheit kein Garant für Stabilität ist" (Simmel 1908, zit. nach Bierbrauer 1996, S. 159). Sicher ist auch, daß das Erklärungs- und Handlungswissen zum Komplex „Konflikte" vielfältig und variabel ist.

„Konflikt-Lösung, -Management, -Kontrolle, -Beherrschung, -Regelung, -Regulierung, -Überbrückung, -Reduktion, -Unterdrückung, -Vermeidung, -Substitution, -Ersatz, -Verschiebung ..." (Glasl 1997, S. 19); dies alles bezeichnet er insgesamt als Möglichkeiten der Konfliktbehandlung. Dabei meint er lediglich „die Möglichkeiten des Aktivwerdens", und er benennt glücklicherweise kein Ziel, das Tätig-Sein und -Werden wird betont. Behandlung als Begriff weist aber mindestens auf einen dysfunktionalen, anomischen, relativ komplexen Zustand hin, der, wie an dem vielfältigen Begriffsrepertoire von Glasl deutlich wird, der Regulierung bedarf.

Dabei hat das Konzept „Konflikt" in sozialen Kontexten Container- und Omnibus-Funktion, es wird alles Mögliche in diesen Begriff gepackt, und er wird im Alltag unscharf genutzt. Die Überdeterminierung und Mythologisierung, die mit der vielfältigen Füllung des Begriffes verknüpft ist, trägt nicht eben zur leichten Handhabung der begleitenden Dynamiken bei, die von Teams und Einzelnen mit diesem Begriff verknüpft werden (s. Anm. 2). Das hat ja aber auch seinen Sinn.

Wenn im folgenden versucht wird, Teamkonflikte[1] und ihre Behandlung zu systematisieren, so geschieht dies in der Überzeugung, daß soziale Konflikte als Wechselbeziehungen zwischen persönlichen Reaktionstendenzen und Handlungsstrategien und den Beziehungen, die zwischen Menschen gegeben sind, wirken und sichtbar werden; zum anderen in der Überzeugung, daß Konfliktgeschehen Systeme und Personen ganzheitlich erfaßt. So sind aus dem komplexen Wirkungsgefüge im folgenden Aspekte fokussiert, die einerseits empirisch als sozialwissenschaftliche Ergebnisse zu diesem Thema ausgewiesen sind; zum anderen werden strukturelle Aspekte von Arbeitsplatzbedingungen diskutiert, die das Konfliktgeschehen in seiner Ausgestaltung jenseits der sozialen Dynamik, die Menschen in einen Konflikt hineintragen, prägen.

2. Versuch einer Präzisierung

Für die Sozial- und Politikwissenschaften (Sozialpsychologie, Organisations- und Betriebspsychologie, -soziologie, Psychoanalyse und Politik) sind Konflikttheorien und Modelle unterschiedlicher Reichweite, im mikro-, meso-, und makrosozialen Feld, mit unterschiedlichem Fokus zentral (s. Anm. 3) (Glasl 1997, Schwarz 1997, Frey-Greif, 1993). Für Teamkonflikte und ihre Behandlung erscheint beim Vergleich der unterschiedlichen komplexen Umschreibungsversuche zunächst die übereinstimmende Phänomenologie frappant: wiederkehrende Betonung der Spannung (Bedrohung), der Labilisierug und der ganzheitlichen Beteiligung der Betroffenen (kognitiv, motivational, emotional). Ebenso wird immer wieder deutlich gemacht, daß die Institutionalisierung und Formalisierung Dynamiken und Prozeßverläufe von Konflikte verändert.

Die erarbeitete Umschreibung von Glasl (1997, S. 14) präzisiert die unterschiedlichen Konfliktebenen und verdeutlicht das ganzheitliche Geschehen:

„Sozialer Konflikt ist eine Interaktion

- zwischen Aktoren (Individuen, Gruppen, Organisationen usw.),
- wobei wenigstens ein Aktor
- Unvereinbarkeiten
- im Denken, Vorstellen, Wahrnehmen
  und/oder Fühlen
  und/oder Wollen
- mit dem anderen Aktor (anderen Aktoren) in der Art erlebt,
- daß im Realisieren eine Beeinträchtigung
- durch einen anderen Aktor (die anderen Aktoren) erfolge.“

Die Mehrdimensionalität und Ganzheitlichkeit des Geschehens im Konflikt wird sowohl auf individueller wie auf Teamebene deutlich.

1 Zum Thema Team siehe auuch den Beitrag von H. Pühl „Moderne Team-Supervision“. – Der Hrsg.

3. Konfliktinhalte

Die Spannung – Konfliktdynamik – entsteht außer durch die Ganzheitlichkeit auch aus dem Widerspruch zwischen wahrgenommener und/oder tatsächlich erfolgter Einschränkung und den vermuteten und/oder erfahrenen Möglichkeiten. Inhaltlich wird bei Konflikten in der Regel um die Knappheit von Waren und verteilbaren Ressourcen wie um die Bewertung von Sachverhalten gerungen. In einem Team bedeutet das, daß der Konflikt rund um Handlungsspielräume, Einflußchancen, Positionen und Statussymbole gelagert ist. Es kann aber auch um Zielheterogenitäten gehen (– Notwendigkeiten in der Betreuung einer Zielgruppe versus ökonomische Zwänge –), die als Konfliktfelder in der institutionellen Arbeit „mitlaufen"; da es sich hier um Widersprüche und/oder Aporien handelt, sind sie als Konfliktpotential immer mitgegeben. Neben der inhaltlichen Ebene verweisen Gebert/Rosenstiel (1992) auch auf die Bedeutung der Frustationstoleranz der Mitglieder einer Arbeitsgruppe, die den Konfliktverlauf charakteristisch beeinflußt. Häufig werden ja in Teams Konflikte an den Verhaltensdispositionen einzelner Mitglieder aufgerollt, vor allem wenn Konflikte über Ausgrenzung und/oder Schuldzuweisung stabilisiert werden sollen. Hier liegt eine mögliche Gefahr für psychotherapeutisch geschulte SupervisorInnen, auf die „Neurosenstrukturfalle" einzelner Mitarbeiter hingelenkt zu werden, die im Sinne der Konfliktabwehr präsentiert wird.

Konflikte machen Sinn

Da Konflikte in Teams in der Regel überdeterminiert sind (Institutionsdynamik, KlientInnendynamik, MitarbeiterInnendynamik, Teamdynamik), ist das Ursache-Wirkungs-Verhältnis bei einem Konflikt selten klar zu bestimmen. So schlägt Schwarz (1997, S. 13 ff) vor, nach dem Sinn von Konflikten anstatt nach der Konfliktursache zu forschen. Konflikte ermöglichen, meint er, die Herausarbeitung von Unterschieden, Positionen werden klarer formuliert, Konkurrenzen werden sichtbar. Im Konflikt liege immer eine Dialektik von Trennung und Gemeinsamkeit, außerdem werde die fachliche und soziale Komplexität der Gruppe sichtbar, ebenso ihr kreatives Potential. In Konflikten wachse die Gruppenkohäsion. Konflikte signalisierten immer Veränderung und würden, am Paradigma von Entwicklung orientiert, so etwas wie eine „Identitätsfindung" im Kampf um die Ressourcen. Damit werde auch die verborgene Dialektik von „gut und böse" sichtbar, was entlastend sein kann, aber eben auch die Gefahr der Destruktivität berge. Aus der Identitätserschütterung, der Konkurrenz, der Bedrohung entsteht letztendlich die Eskalationsdynamik – die Tendenz der Konfliktausbreitung –, die der Begrenzung, Lenkung, der Moderation und der Schlichtung bedarf. Bei politischen Konflikten ist die Drohung und die mögliche Vernichtung des Gegenübers negativer Endpunkt einer Konfliktentwicklung. Übertragen auf Teams verdeutlicht dieser Endpunkt die Wichtigkeit, Intensität von Konflikten wahrzunehmen, zu spüren und zu differenzieren. Konflikte bringen die Angst vor dem „Gesichtsverlust", dem „sozialen Tod", dem Verlust der Anerkennung, die Angst vor der Verletzung und der intellektuellen Niederlage mit sich. Gruppenbefindlichkeiten werden zudem an individuellen Verhaltensstrategien und Bewältigungsmustern deutlich. Auf diesem Hintergrund macht eine deeskalierende, ich-stützende und entlastende supervisorische Interventionshaltung und –strategie besonderen Sinn.

Konflikte sind ubiquitär und latent, Konfliktpotential

Dies trifft besonders für Teamkonflikte zu. Glasl (1997) spricht anstelle von Latenz vom Konfliktpotential, das bei gegebener Organisationsstruktur, bei gegebenem Produktionsauftrag und unterschiedlichem MitarbeiterInnenpotential immer vorhanden ist. Das klassische psychoanalytische Neurosenverständnis scheint an dieser Stelle hilfreich, um den Gedanken eines immer vorhandenen Konfliktpotentials zu verdeutlichen. „Der ubiquitäre Konflikt wird zur Neurose, wenn unter dem Druck sich verstärkender Bedürfnisse oder Versagungen Minimalgrenzen der Befriedigung unterschritten werden" (Mertens 1983, S. 76). Dies trifft auch für den Konfliktdruck zu, der durch Handlungen ausgelöst wird, die in widersprüchlicher, paradoxer Beziehung zueinander stehen (Erweiterung des intrapersonalen Konfliktverständnisses um die aktive Handlungskomponente (Schafer 1981). Übertragen auf die Teamperspektive stärkt diese Sichtweise die Konzeption eines Konfliktpotentials, das über weite Strecken durch die Teamkultur, die Konfliktabwehr und das Coping der Gruppe gestaltet wird. Dies ermöglicht die methodisch sinnvolle Unterscheidung von präventiver und kurativer Konfliktbehandlung (Glasl 1997). Unbewußte Aspekte von Teamkonflikten[2], die bei der Arbeit mit analytischen Paradigmata in der Supervision von Teams bedeutsam sind, werden in der Konfliktmanagementliteratur nur bedingt verhandelt. Die generelle supervisorische Haltung gilt auch für unbewußte Konfliktanteile. Es geht darum, die unbewußten Bindungen in einem Konflikt in einem Team durch reale Stabilisierungen und Veränderungen tolerabel zu machen, nicht aber „durchzuarbeiten". Das persönliche Unbewußte wie das Gruppen-Unbewußte (Gruppenmatrix, Foulkes) signalisieren eine Konfliktstruktur, die im supervisorischen Verständnis ihren Platz hat, in die Intervention jedoch vor allem mittelbar einfließt.

Das Konfliktpotential eines Teams zeigt, mitbestimmt durch und eingebettet in Arbeitsauftrag, Organisationskultur und MitarbeiterInnenressourcen, charakteristische Prozeßverläufe und Konfliktfolgen, die idealtypisch und in Teilen empirisch präzisiert werden können. Ansonsten gilt das Motto: Jeder Konflikt hat seine eigene charakteristische Gestalt. Eher einengend, aber entlastend, ist der Stoßseufzer der/s Supervisorin(s): „Ah, das kenne ich doch von XYZ, jetzt weiß ich Bescheid! Das führt sicherlich in die Irre, wenn nicht ...".

4. Konflikt- und Entscheidungsforschung

Die Konflikt- und Entscheidungsforschung (Bierbrauer 1997, Frey/Greif 1997, Schwarz 1997) stellt für Konflikte Strukturmerkmale und für Verlaufsdynamiken empirische Orientierungsdaten zur Verfügung, die Anhaltspunkte für Verständnis und Intervention sein können.

Konflikte werden von den Parteien häufig als Nullsummen-Konstellationen wahrgenommen (d.h., es gibt nur Gewinner oder Verlierer, s. Anm. 4). Die Interventions-

2 Mit diesem Thema befaßt sich ausführlich H. Pühl in seinem Buch „Angst in Gruppen und Institutionen" (1994). – Der Hrsg.

strategie ist deshalb unter Berücksichtigung der „Gewinner-Verlierer"-Haltung auf Austausch und Integration angelegt. Anzuvisieren wäre eine „win-win solution", so daß keine Gesichtsverluste und Benachteiligungen entstehen. Dies bedeutet aber eine integrative statt einer distributiven Sicht auf einen Konflikt, und im wesentlichen kommt es auf eine Erweiterung wie auf einen Wechsel des Blickwinkels für das Team und den Einzelnen an.

In der Konfliktstrukturanalyse ist es von Belang, in welcher Art und Weise in einem Team Gratifikationen und Erträge verteilt werden:

- konkurrierend (Maximierung der Differenz zwischen A und B);
- kooperativ (Fußballmannschaft; sie geht nur bei Kooperation von allen);
- individualistisch (mitmachen ist wichtiger als gewinnen; alle Teilnehmer eines Marathons, die nach acht Stunden das Ziel erreicht haben, erhalten eine Medaille; s. Anm. 5).
- sozial (die Umverteilung findet in Orientierung an einer Norm „Gerechtigkeit" statt).

Persönlich unterschiedliche Handlungsorientierungen – kooperativ, konkurrierend, individualistisch – und Normen im Gruppenverhalten von Teams führen zu den Äußerungsformen des Konfliktes.

Da Konflikte in ihrer Dynamik die ganze Person und ihre Handlungsmöglichkeiten erfassen, ebenso aber ganze Teams, haben sie labilisierende Wirkungen und tangieren die fünf wesentlichen Ebenen menschlichen Reagierens (Ich-Funktionen).

„Die Ebene

- der Kognitionen
- der Gefühle und Einstellungen
- der Motive und Absichten
- des Verhaltens
- der Antizipation von Konfliktfolgen (hier vor allem: unbewußte Folgen des Verhaltens) (Glasl 1997, S. 293)".

Konfliktpotentiale

Aus der allgemeinen Konfliktanalyse wurden für Teamkonflikte Konfliktinhalte, Konfliktkomplexität, Konfliktpotential und Konfliktstrukturmerkmale andiskutiert und auf die Teamebene übertragen (vgl. Abb. 1).

Im weiteren wird nun versucht, die Diskussion auf zwei wichtige Dimensionen zu fokussieren, die für Teamkonflikte charakteristisch scheinen. Die Erscheinungsform von Konflikten und die Verlaufsdynamik wird durch diese Variablen wesentlich mitgeprägt. Von der supervisorischen Intervention her machen die Variablen Mehrperspektivität erforderlich.

Konfliktpotentiale und ihr Gewicht in Teams sind durch die Variable der Kontinuität von Arbeit und der auf Dauerhaftigkeit hin angelegten Arbeitsbeziehungen gezeichnet (Bindungs- und Abhängigkeitsaspekt).

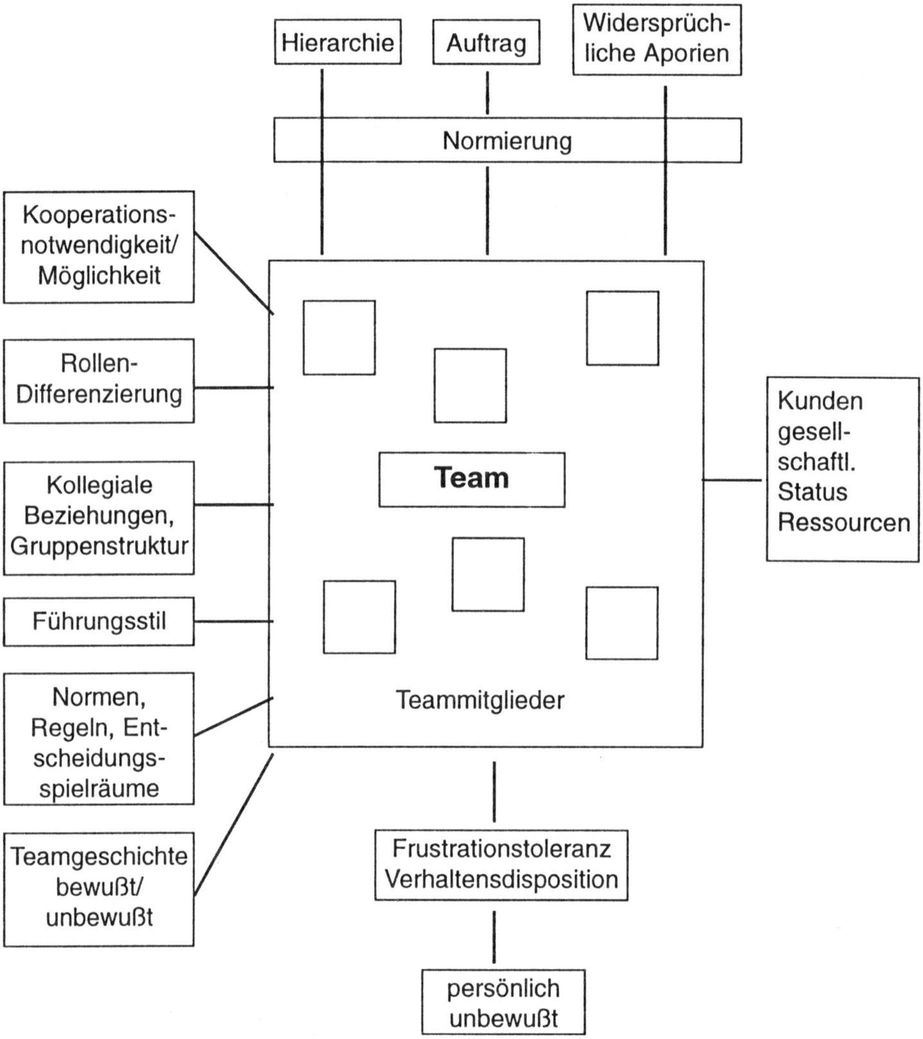

Abbildung 1: Konfliktpotentiale in Teams

Die Organisationsstruktur, in die ein Team eingebunden ist, stellt eine charakteristische „Konfliktarena" (Glasl 1997) zur Verfügung, die für Konfliktgestaltungen genutzt werden. Über diese „unsichtbaren Schlingen" können Konflikte transportiert, verschoben, transformiert und „auf Eis gelegt" werden. Glasl beschreibt sogenannte „heiße und kalte Konflikte". Die Konflikte, die da beschrieben werden, ähneln Bewältigungsstrategien von gemeinsamer Idealisierung und Entwertung der Gegenseite, ähneln einer „fight and flight-Dynamik" (Bion), wobei der Kontakt mit der anderen Seite die eigene Wertigkeit und Größe spiegelt. Der Konfliktverlauf ist energetisch, emotional und heftig. Beim „kalten Konflikt" werden Copingstrategien beschrieben, die von Isolation und Resignation getragen sind und die letztendlich den Wunsch nach Kooperation in der Isolation und Individualisierung einfrieren („heiße und kalte Konflikte"; vgl. Glasl 1997, S. 65 ff).

5. Team, Konflikt, Gebundenheit

Abhängigkeitsaspekte, Interdependenzen bei Arbeitsaufträgen und die Angewiesenheit auf das kollegiale Feedback sind Aspekte, die in Teams immer mehr oder minder bewußt gestaltet werden. Kooperationsmöglichkeiten und auch Notwendigkeiten werden da geleugnet, kollegialer Austausch wird unterbunden, Gruppendifferenzierungen ausgespart. Die professionelle und soziale Eingebundenheit in ein Team verweist den Einzelnen auf Angewiesenheiten und mobilisiert persönliche Ängste. Ebenso ist es möglich, daß solche Ängste mit der „Führungsebene" verbunden sind, die eine Teamdifferenzierung nicht fordert und/oder fürchtet. Der von der klassischen Gruppendynamik postulierte existentielle Konflikt zwischen Selbständigkeit/Autonomie versus Bezogenheit/Abhängigkeit hat auf der Teamebene tausend Gesichter und bestimmt die Konfliktbereitschaft mit. Die langfristige Arbeitsabhängigkeit hält Konflikte in der Latenz und führt zu Konfliktunterdrückungsstrategien und zu Stagnationen in Teams, die sich z.B. auf eine „griesgrämige Unzufriedenheit" einigen; auf diese Weise wird die Erfahrung der Gebundenheit und des Angewiesenseins gemildert und hinter der Klagsamkeit möglicherweise verborgen. Die Bindungsthematik bewirkt, daß zuweilen Konfliktinhalte wie Spielräume bei Entscheidungen, intensiverer Einfluß und Entscheidungsmöglichkeiten oder auch Statussymbole so hart und unerbittlich verhandelt werden. Die Maximierung des persönlichen Gewinns nährt die Illusion der Unabhängigkeit und Durchsetzungsfähigkeit.

Sich verschärfende Arbeitsbedingungen stoßen so schnell an die Grenzen der Frustrationstoleranz, nicht nur weil sie als objektive Verschlechterung gesehen werden, sondern auch Abhängigkeit spürbar machen und die persönlichen Kontrollüberzeugungen erschüttern.

Komplementäre oder auch symmetrische Beziehungen werden in asymmetrische autoritäre umgedeutet und bieten dann den Anhaltspunkt für regressive Konfliktstrategien. „Issue-Konflikte", also Konflikte über das Verständnis von Arbeitsinhalten und Arbeitsabläufen, werden in Probleme von Abhängigkeitsbeziehungen verschoben. So weigert sich ein Team z.B., die Binnendifferenzierung der Gruppe zu problematisieren, statt dessen „klagen" und fixieren sich die Teammitglieder an die von ihnen als inkompetent bewertete Leistung ihrer Führungskraft.

Team, Konflikt, Organisationsstruktur

Hierarchische Organisationsstrukturen rufen charakteristische Konfliktmuster hervor, ebenso wie die Projektkultur der alternativen Projekte die Widersprüchlichkeit ihrer sozialpolitischen Aufgabe in ihrer Konfliktstruktur spiegelt (Scheffler 1996, S. 239). Glasl (1997, S. 134 ff) beschreibt die Konfliktpotentiale von Organisationen präzise und prägnant.

Für eine Dienstleistungsorganisation beispielsweise benennt er den Organisationszweck als das „Produzieren eines Prozesses", der in erster Linie psychische Bedürfnisse befriedige. Für das Image und den Erfolg eines Dienstleistungsbetriebes seien deshalb subjektive und persönliche Merkmale bestimmend (nicht die Marktanteile eines Produktes oder die Fehlerquote bei der Produktion). Dienstleistungen können nicht auf Vorrat produziert werden. Die Leistung vollziehe sich im Prozeß des Dienstes – Dienstleistung! Glasl entwirft eine Organisationstypologie, aus der heraus das leistung! Glasl entwirft eine Organisationstypologie, aus der heraus das Konfliktpotential bestimmt wird (Glasl 1997, S. 137 ff):

- Die notwendige Rechtssicherheit bewirkt eine Übernormierung;
- der persönliche Verhaltensspielraum der Mitarbeiter wird (zu) eng;
- professionelles Handeln wird an der Erfüllung von Vorschriften orientiert (Routine);
- Arbeitsteiligkeit der Dienstleistung; der Kunde muß aufgespaltene Teilleistungen selbst integrieren;
- Dienstleistungen sind prozeßorientiert, ad-hoc zu erbringen; dies führt zu Streßerscheinungen bei den MitarbeiterInnen, die Ressourcenverwaltung und -planung wird problematisch. Das Konfliktpotential der Organisation gibt den Widersprüchen und Spannungen des Teams das Gesicht und die Verkleidung, die Gestalt und die Abwehr.

Da Arbeit und Geldbewirtschaftung, Sicherheit, Planbarkeit und Kontinuität brauchen, sind es die Normen und Regeln, die Erwartungen an die MitarbeiterInnen, die Sicherheit und Orientierung geben und Konflikte über (un)angemessene Auffassungen von Arbeit ermöglichen. Überall da, wo die Regeln und Normen so formuliert sind, daß die Interpretationsspielräume zu breit sind, kommt es zu unangemessenen oder sehr subjektiven Interpretationen von Arbeit, die Konkurrenz, Neid, Entwertungs- und Ausgrenzungsprozesse in Gang setzen. Dies gilt auch für die Ausgestaltung beruflicher Rollen. Konflikte über das Verständnis und den Vollzug von Arbeit wie über Rechte und Pflichten in einer Position entstehen überall da, wo solche Spielräume zu breit oder zu eng (Führung) konzipiert sind. Überhaupt ist die Konstruktion von Arbeits- und Beziehungswirklichkeiten und deren Spielraum in Struktur- und Arbeitsauftrag das fruchtbarste Konfliktfeld des Teams. So manches „dramatische Geschehen" stellt sich bei Konkretisierung und „Entlüftung" dann auch als menschliche Lust an der Abwechslung und am Kräftemessen heraus.

An anderer Stelle (Scheffler 1996, S. 296) wurde für alternative Projekte im sozialen Bereich, am Beispiel von Frauenprojekten – dies gilt aber auch für Projekte, die neu entstehende gesellschaftliche Problematiken aufgreifen, z.B. AIDS-Hilfeprojekte und Arbeit im Asylanten- und Migrationsbereich (Schaeffer 1992) –, aufgezeigt, wie Brüche und Widersprüche in der gesellschaftlichen Verortung komplexe, nicht differenzierte Anforderungsprofile und gesellschaftliche Randständigkeit, Teamkonflikte produzieren und verstärken und Teams bis zur Unerträglichkeit belasten.

6. Die Einsamkeit des Tormanns beim Elfmeter oder: der/die SupervisorIn

Die Überschrift ersetzt eine methodische Diskussion. Solche Diskussionen in einem Übersichtsartikel treiben die Abstraktion auf die Spitze und forcieren ein fortwährendes „An-was-Du-alles-als-gute(r)-SupervisorIn-noch-denken-sollst". Eine differenzierte Prozeßverlaufsbeschreibung zu einem supervidierten Konfliktgeschehen aber, würde den Rahmen sprengen (vgl. Volmerg, Leithäuser u.a. 1995: „Nach allen Regeln der Kunst." Hier wird in einem ganzen Buch ein in Szene gesetzter Konflikt aus unterschiedlichen Perspektiven beschrieben und analysiert. Dabei geht es um einen Konflikt zur Geschlechterpolitik in einer Hochschule). Außerdem ist mir nicht bekannt, wie hoch die Quote gehaltener Elfmeter bei versierten Torhütern ist.

Die Ausführungen wurden deshalb auf die Darstellung relevanter sozialwissenschaftlicher Daten konzentriert.

Zusammenfassung

Die Mehrdimensionalität des Konfliktgeschehens in Teams wurde aufgezeigt. Dabei wurde versucht zu verdeutlichen, daß ein Ursache-Wirkungs-Paradigma nicht angemessen erscheint; statt dessen werden funktionale und konstruktivistische Denkmuster favorisiert. Konflikte machen Sinn und haben eine Funktion. Es wurde die These vertreten, daß Teamkonflikte ubiquitär und latent sind, es hängt vom Prozeß des Teams und den problematisierten Inhalten und dem strukturellen Kontext ab, ob sich Konfliktpotentiale manifest entwickeln und wie sie sich zeigen. Konfliktstrukturmerkmale aus der Konflikt- und Entscheidungsforschung wurden referiert und auf die Teamdynamik bezogen. Schließlich wurden zwei strukturelle Aspekte – „die Gebundenheit" und „die Organisationsstruktur" – als wesentliche Variablen für Erscheingungsformen und die Intensität von Konflikten genauer untersucht.

Anmerkungen

1 Geschäftsführerin einer sozialen Dienstleistungsorganisation in der Einzelsupervision am 16.09.1998.

2 Wenn der Begriff „Team" im folgenden benutzt wird, so wird darunter eine durch einen Arbeitsauftrag gebundene, auf Kooperation angewiesene, in direkter Interaktion stehende dauerhafte Gruppe verstanden, die in eine Hierarchie eingebunden ist und über eine Binnendifferenzierung von Positionen verfügt. Zum Beispiel Team XY:

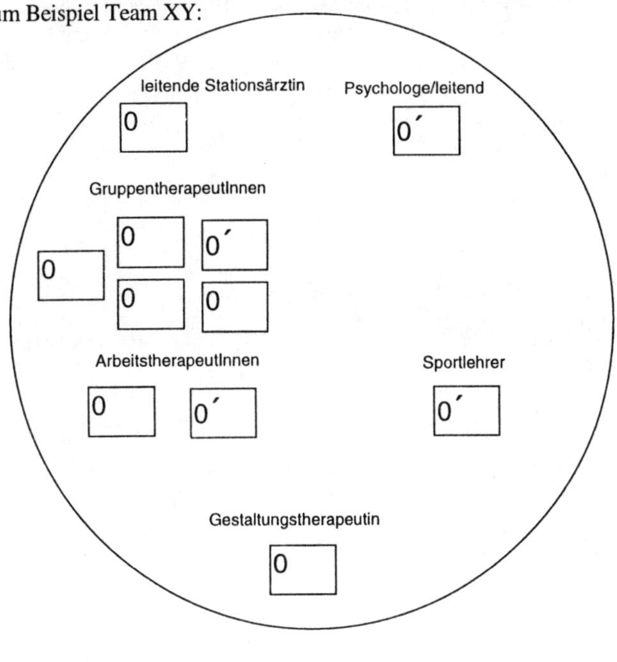

3 Die dyadische, die mikro-, meso- und makrosoziale Konfliktdynamik verlangt differenzierte Strategien. So wurden z.B. durch die Beobachtung der formalisierten Interaktion aus Verhandlungsführungen von formalisierten Konflikten (z.B. Schlichtungsverfahren) drei Strukturmerkmale und fünf idealtypische Verfahren herausgefiltert. „Die drei Strukturmerkmale:
1. die relative Kontrolle der streitenden Parteien über den Verlauf, den Inhalt und das Ergebnis des Verfahrens, 2. die Beteiligung oder Nichtbeteiligung einer dritten Partei und 3. die Bedeutung von Normen für die Verfahrensgestaltung und das Verfahrensergebnis.
Die Kombination dieser drei Strukturmerkmale gibt eine taxonomische Gliederung von fünf idealtypischen Verfahren zur Behandlung von Konflikten: zwingen, (2) verhandeln), (3) vermitteln, (4) schlichten, (5) richten." (Bierbrauer 1996, S. 170)

4 Erforscht wurden diese Orientierungen an experimentellen Entscheidungsspielen wie dem bekannte „Gefangenendilemma" aus der Gruppendynamik oder das „Truckerspiel" (Deutsch 1960, zitiert nach Gebert/Rosenstiel 1992, S. 143 ff; Bierbrauer 1996, S. 165): „Das Gefangenendilemma heißt deshalb so, weil es auf der folgenden, fiktiven Geschichte beruht, in der es um Vertrauen und mögliche Kooperation geht. In der Geschichte geht es um zwei Männer, die wegen des Verdachts, einen Diebstahl begangen zu haben, von der Polizei festgenommen werden. Weil die Beweise nicht ausreichen, beide zu überführen, entwickeln die Vernehmer folgende Strategie. Die Beschuldigten werden einzeln verhört, und die Vernehmer machen jedem von ihnen folgenden Vorschlag: „Wir haben zwar nicht genügend Beweise, um Sie zu überführen, aber wir machen Ihnen ein attraktives Angebot. Wenn Sie gestehen, dann kommen Sie frei, und Ihr Partner sitzt für 48 Monate. Wenn er aber gesteht, dann lassen wir ihn frei, und Sie bekommen 48 Monate. Sie können aber auch günstiger abschneiden, wenn Sie beide gestehen, dann bekommen Sie beide eine Strafe von 18 Monaten. Wenn Sie und Ihr Partner nicht gestehen, dann erhalten Sie beide eine milde Strafe von 6 Monaten wegen Landstreicherei. Deshalb wäre es für Sie vorteilhafter, Ihren Partner zu verpetzen, denn dann würden wir Sie freilassen, und er bekäme 48 Monate." Das Lastwagen-Experiment simuliert eine Situation, in der beide Versuchspersonen einen Gewinn nur dann erzielen, wenn sie sich gegenseitiger Bedrohung enthalten und die Situation als eine kooperative definieren. Es geht darum, wer wann ohne Umwege eine nur einspurig befahrene Straße benutzen darf. Prinzip der Spiele ist, daß Verhandlung, Austausch und Kooperation den Erfolg optimieren, während Konkurrenz das Risiko des Mißerfolges erhöht, den Erfolg aber auch maximiert. Menschen reagieren aber im Konfliktfall in der Regel konkurrierend kompetitiv und auf ihren persönlichen Vorteil bedacht.

5 Aufgrund von Erfahrungen gibt es beispielsweise häufig in Teams sozialer Dienstleistungsorganisationen eine eher individualistische, weniger kompetitive Belohnungsstruktur, die z.B. Positionskonflikte unprägnant hält und den sozialen Vergleich bei der Arbeit verhindert. Es wird darauf geachtet, daß Erfolge der Abteilung nach dem Gießkannenprinzip gleichmäßig umverteilt werden.

Literatur

Bierbrauer, G. (1996): Sozialpsychologie, Stuttgart, Kohlhammer
Frey/Greif (Hrsg.) (1997): Sozialpsychologie, Ein Handbuch in Schlüsselbegriffen, Weinheim, Beltz
Glasl, F. (1997): Konfliktmanagement, Ein Handbuch für Führungskräfte, Beraterinnen und Berater, Bern-Stuttgart, Paul Haupt
Gebert, D./ von Rosenstiel, L. (Hg.) (1993): Organisationspsychologie, Stuttgart
Mertens, W. (Hrsg.) (1983): Psychoanalyse, Ein Handbuch in Schlüsselbegriffen, München-Wien-Baltimore, Urban & Schwarzenberg
Pühl, H. (Hrsg.) (1996): Supervision in Institutionen, Reinbek, Fischer (2. Aufl. 1997)
Schaeffer, D. (1992): (AIDS) Supervision und professionelles Handeln, Supervision, H. 21, S. 10-28
Schafer, R. (1981): Psychoanalyse als Handlungstheorie. Psyche 10, S. 875-926
Scheffler S (1996) Organisationskultur in Frauenprojekten, in: Pühl, H. (Hg.): Supervision in Institutionen, S. 128ff, Frankfurt/Main

Scheffler, S. (1993): Wer ist denn nun das schönste Aschenputtel? in: FRAUENBERATUNG WIEN (Hg.): Zusammenspiel und Kontrapunkt Frauen Team Arbeit S. 41-57

Schwarz, G. (1997): Konfliktmanagement, Sechs Grundmodelle der Konfliktlösung, Wiesbaden, Gabler

Volmerg, B.; Leithäuser, Th.; u.a. (1995): Nach allen Regeln der Kunst. Macht und Geschlecht in Organisationen, Freiburg, Kore

Co-Abhängigkeit in Team und Institution: Herausforderung in der Supervision

Jörg Fengler

Das Konzept Co-Abhängigkeit ist seit etwa 1980 fester Bestandteil der Fachdiskussion in Theorie und Praxis der Suchthilfe (Schaef 1985, Fengler 1988, Appel 1995). Es konnte erst Fuß fassen, als ein systemisch geprägtes Suchtverständnis sich im Diskurs durchsetzte. Hier geht es nach einer kurzen Begriffsklärung der ‚Co-Abhängigkeit' darum, zu überlegen inwieweit sich diese Strukturen ins Arbeitsteams und Institutionen wiederfinden und wie damit in der Supervision umgegangen werden kann.

1. Was ist Co-Abhängigkeit?

Co-Abhängigkeit bezeichnet Haltungen und Verhaltensweisen von Personen, Gruppen und Institutionen, die durch Tun und Unterlassen dazu beitragen, daß der Süchtige oder suchtgefährdete Mensch süchtig oder suchtgefährdet bleiben kann (Fengler 1994). „Wird die Abhängigkeit eines Menschen offenbar, finden sich in seiner Umgebung (fast) immer Menschen, die ihm helfen möchten und dabei entmutigende Erfahrungen machen. Mit freundlichen Bitten, Versprechungen und Enttäuschungen fängt es an. Ängste, Appelle, Drohungen, Streitereien folgen. Schließlich sind die Angehörigen kaum weniger hilflos als die Abhängigen selbst: Ihre Gedanken kreisen um sein Verhalten, und ihr Leben ist massiv eingeschränkt – sie sind Co-Abhängig." (DHS 1993). So wurde Co-Abhängigkeit zunächst als zwanghafte Reaktion auf dauernde Anspannung, die das Leben mit einem süchtigen Familienmitglied mit sich bringt, angesehen. Diagnostiziert wurde sie, wenn emotionale Taubheit oder emotionaler Schmerz vorlagen, wenn die Betroffenen in ihrer familiären Rolle extrem rigide und festgefahren waren und wenn die Beziehung zu einem suchtkranken Menschen einen wichtigen Platz in ihrem Leben einnahmen (Rennert 1990).

Dies festzustellen ist weder Vorwurf noch Schuldzuweisung. Mancher Angehörige verhält sich aus Angst co-abhängig, mancher, um der Familie ein Minimum an Lebensstandard und sozialem Ansehen zu erhalten. Scham und Stolz verhindern oft eine sachliche und notwendigenfalls auch öffentliche Auseinandersetzung mit der Sucht im eigenem Lebenskreis. Co-Abhängigkeit ist also Irrtum, Versäumnis und Verstrickung. Sie ist in ähnlicher Weise behandlungsbedürftig wie die Abhängigkeit des süchtigen Menschen. Sie hat in vielen Fällen Krankheitscharakter.

Co-Abhängigkeit ist immer eine gemeinsame Abhängigkeit mit verteilten Rollen. Sie ist durch einen stillen Konsens gezeichnet, sich wechselseitig nicht ins Gehege zu kommen. Der eine Partner ist von Suchtmittel oder Suchtverhalten abhängig, der andere von Liebe, Harmonie oder Bewunderung. Der letztere profitiert u.U. in kranker Weise vom Süchtigsein des anderen. Er zieht nicht hinreichend Grenzen zwischen sich und dem süchtigen Partner; er kann es vielleicht auch nicht. Oft fehlt es ihm an Eigenständigkeit. Jedenfalls leistet er einen Beitrag dazu, daß alles so bleibt, wie es ist. So wird er zum Komplizen der Sucht.

2. Co-Abhängigkeit in der Familie

Die mittlerweile doch recht umfangreiche Literatur zu dem Thema fokussiert allerdings in erster Linie auf das Thema Co-Alkoholismus und auf den Bereich der Familie (z.B. Hallmaier 1985, DHS 1993):

- Substanzmißbrauch eines Familienangehörigen wird geflissentlich übersehen oder nach außen verharmlost.
- Die Partnerin trinkt mit, damit ihr Partner nicht allein, nicht im Lokal und nicht mit anderen Frauen trinkt.
- Die unter Suchtmitteleinfluß mißhandelte Partnerin äußert, wenn sie auf die sichtbaren Spuren der Mißhandlung angesprochen wird, sie habe sich an der Tür gestoßen oder sei die Kellertreppe hinuntergefallen.
- Wenn der Betreffende suchtbedingt nicht zur Arbeit geht, rufen Angehörige dort an und nennen einen falschen Grund für sein Fernbleiben.
- Kinder übernehmen im übermäßigen Pflichtbewußtsein häusliche Aufgaben, u.a. bei Haushaltsführung und Versorgung jüngerer Geschwister, um den ausgefallenen Elternteil zu ersetzen, und verfallen dabei in starre Rollen, die nicht kindgemäß sind und ihnen später zu schaffen machen.
- Familienangehörige geben dem süchtigen Familienmitglied Geld, obwohl sie wissen, daß der Betreffende es zur Finanzierung der Sucht verwenden wird.
- Eltern dulden, daß ihr Kind gegen die Vereinbarung, in der gemeinsamen Wohnung nicht zu kiffen, zu schnüffeln und zu spritzen, immer wieder verstößt.
- Kinder schweigen zur Sucht der Eltern, statt sich an Personen ihres Vertrauens zu wenden. (Ein Fragebogen gibt für diesen Bereich Gelegenheit zur Selbstdiagnose; Rußland 1985).

3. Co-Abhängigkeit in Team und Institution

Wir können versuchen herauszufinden, ob für Prozesse, die wir aus der familiären Co-Abhängigkeit kennen, in verwandter Form auch in Team und Institution wiederfinden. Legitimiert sind wir zu einer solchen Analogiebildung auf mehrfache Weise. Team und Institution sind wie die Familie, als Systeme zu betrachten (Hallmaier 1985), denen der einzelne Mitarbeiter als Subsystem angehört. Sie verfügen über Systemregeln und Kräfte der Selbstorganisation. Sie nehmen wie die Familie unbewußte Delegationen vor, beteiligen sich an manipulativen Spieltransaktionen und versuchen, sich mancher ihrer Probleme durch Personalisierung und Pathologisierung zu entledigen. Manche der im Folgenden zu schildernden Ereignisse werden also Wiedererkennens-Erlebnisse aus der Familientherapie hervorrufen.

Co- Alkoholismus als ‚Beziehungsverfangenheit'

Diese Formulierung findet sich bei Bätschi-Waldvogel (1995) und bezeichnet eine als spezifisch weiblich postulierte Unfähigkeit von Partnerinnen, ein eigenständiges abgegrenztes Leben zu führen. Solche Beziehungsverfangenheiten sind auch im Arbeitsleben zu beobachten.

- Vorgesetzte unterhalten mit Mitarbeitern außer formellen auch informelle Beziehungen.
- Freundschaften und unausgesprochene Verpflichtungen entstehen.
- Jemand ist mehr aus Mitleid als wegen seiner Kompetenz eingestellt oder übernommen worden; nun glaubt man, ihn nicht ‚fallenlassen' zu dürfen.
- Die Kollegen stellen sich beim Thema Sucht ‚wie ein *Mann*' (!), also geschlossen vor den Betroffenen. Er selbst deutet vielleicht an, er werde zusammenbrechen oder sich das Leben nehmen, wenn man die Sache ‚auf die Spitze' treibe – eine subtil wirksame Drohung und Erpressung.

Da ist es leicht vorstellbar, daß kein Firmenangehöriger es riskiert, energisch vorzugehen oder eine Suchtrichtlinie konsequent anzugehen.

1 Merkwürdigkeiten bei der Entstehungsgeschichte einer Betriebsvereinbarung Sucht

Wie eine Richtlinie entsteht, die der Sucht auf Betriebsebene entgegenwirken soll, erfährt man als Außenstehender in der Regel erst, wenn sie formell veröffentlicht wird. Allerdings werden dann oft Kuriosa sichtbar, die aus Komödien oder Tragödien zu stammen scheinen.

So wurde in einer großen Landesbehörde ein Beamter mit der Abfassung des Textes beauftragt, der selbst süchtig war. Es geschah zwei Jahre lang nichts. – In einer Firma wurde der interne Suchtberater von den, eine Richtlinienformulierung vorzubereitenden Gesprächen mit der Begründung ausgeschlossen, er sei in dieser Angelegenheit ja parteilich und verfüge nicht über die erforderliche juristische Neutralität. – In einer anderen Firma wurde dem Betriebsrat die von diesem zuerst angebotene und dann eingeforderte Mitarbeit bei der Abfassung des Textes verweigert (‚...wir müssen diesen Brüdern ab und zu zeigen, wo ihre Grenzen liegen!').

Gute Richtlinien entstehen – so wie familiäre Vereinbarungen durch Palaver und Konsens in der Familienkonferenz – in der Regel dann, wenn sie in Zusammenarbeit von Personalabteilung, Betriebsrat und Suchtberatung auf breiter interdisziplinärer Grundlage formuliert und nicht per Abstimmungsmehrheit, sondern nach gründliche Diskussion im Konsens verabschiedet werden. Von Vorteil ist es, wenn sofort ein Termin für die Überarbeitung festgelegt wird. Zum Beispiel, wenn zwei bis fünf Jahre Erfahrungen mit dieser Fassung gesammelt worden sind.

2 Unbrauchbare Betriebsvereinbarungen

Manche Betriebsvereinbarungen zum Thema Sucht und manche Richtlinien sind so ungeeignet, dem Süchtigen und der Sucht gerecht zu werden, daß dies sofort ins Auge springt:

- Der Text ist schwer verständlich und widersprüchlich.
- Schlüsselbegriffe werden nicht definiert.
- Bestimmungen des Textes widersprechen offensichtlich dem Arbeitsrecht oder dem Beamtenrecht.
- Dem Suchtberater wird eine Rolle zugewiesen, die sein Scheitern sicherstellt.

So enthielt eine Betriebsvereinbarung, die ich kennenlernte, die Zusage, über das erste Gespräch zwischen Vorgesetztem und Mitarbeiter werde ersterer Stillschweigen bewahren; aber natürlich kann eine solche Bestimmung den Beamten nicht von der dienstlichen Berichtspflicht an seinen Vorgesetzten entbinden; und natürlich spielt die spätere Bekanntgabe des ersten Gesprächs an die Personalabteilung eine wichtige Rolle bei der weiteren Behandlung des Falles, zum Beispiel vor dem Arbeitsgericht. – In einer anderen Richtlinie wurde dem betriebsinternen Suchtberater die Aufgabe zugewiesen, ggf. zusammen mit dem Vorgesetzten durch Konsens festzustellen, daß der Mitarbeiter süchtig sei, und mit jenem zusammen über die Zweckmäßigkeit einer Abmahnung zu befinden. – Eine große Wissenschaftseinrichtung wies die Vorgesetzten in einem Schreiben von zwanzig Zeilen an, wie sie in ihrem Bereich Suchtprävention zu praktizieren sollten – gewiß ist nichts daraus geworden.

Mag sein, daß in allen Fällen nicht bösartiges Verhindernwollen von Suchtprävention ausschlaggebend war, sondern Unkenntnis und Inkompetenz. Co- Abhängigkeit ist nicht an das Kriterium der bewußten Absicht gebunden, sondern nur vom Ergebnis her definiert: Als Verhalten, daß der Aufrechterhaltung der Sucht entgegenkommt und ihr dienlich ist.

Ambivalente Haltung des Personals der Betriebsvereinbarung gegenüber. (‚Kann ja gar nicht klappen')

Ist die Richtlinie einmal fertig, zeigt sich manchmal, daß weder ihre Autoren noch ihre Institution sich ihrer recht zu freuen vermögen, sondern eher mißmutig und unfroh auf ihr eigenes Werk blicken. Nun liegt es Nahe, daß die Richtlinie auch angewendet wird. Sowohl Personalrat wie auch Suchtberater und auch ein Teil der Belegschaft fordern dies. Das kann für die Personalabteilung recht unangenehm werden.

Eine Richtlinie, die ich einmal kennenlernte, hieß ‚Betriebsvereinbarung zur Gleichbehandlung suchtgefährdeter Mitarbeiterinnen und Mitarbeiter'. Nun fiel aber dem Personalrat auf, daß betroffene Mitarbeiter nur bis einschließlich der Gehaltsstufe A12 gleichbehandelt wurden, oberhalb davon jedoch nicht mehr. Als sie dies in der Personalabteilung monierten, gab es abwechselnd Achselzucken und Leugnen. Wenn Vorgesetzte die Richtlinie konsequent anwendeten, ließ die Personalabteilung jegliche Konsequenz vermissen und entschied nach Parteibuch.

In einem ministeriumsinternen Kolloquium zum Thema Suchtprävention rief mir ein Jurist, der an der internen Richtlinie selbst federführend mitgearbeitet hatte, zu:

„Die kann ja gar nicht klappen, so wie die abgefaßt worden ist!" Als er merkte wie danach eine Stille eintrat und sich alle Blicke auf ihn richteten, stockte er. Dann sagte er verwirrt: „Na ja, wir Juristen können die Richtlinien ja nur so abfassen, daß sie vor Gericht wasserdicht ist. Wie man sie umsetzt, dafür haben wir ja sie, die Psychologen!"

Halbherzige Vorgesetztenschulung

In vielen Institutionen werden mittlerweile Vorgesetztenschulungen zum Thema Suchtprävention durchgeführt. Auffallend ist die merkwürdige Halbherzigkeit, die bei der Einführung der Maßnahme manchmal herrscht:

- Gelder werden bewilligt und dann wieder gestrichen.
- Die Teilnahme wird als verpflichtend ausgewiesen und dann durch zahlreiche Ausnahmen wieder aufgeweicht, so daß am Ende die Ausnahmen zur Regel werden.
- Nach einigen Seminaren wird das schulende Personal ohne Begründung ausgewechselt oder die ganze Maßnahme abgesagt.

In der Führungslehre werden solche Vorgänge scherzhaft als ‚Management by Chaos' bezeichnet: Aufgaben werden übertragen, die Ressourcen zu ihrer Ausführung aber verweigert. Bei der anvisierten Zielgruppe der Vorgesetzten und Mitarbeiter entsteht so der Eindruck, es sei der Institution doch nicht ganz ernst mit der Suchtprävention.

Der süchtige Mitarbeiter als Symptomträger

In der Familientherapie wird oft die Hypothese gewählt, der Symptomträger genieße insgeheim und unbewußt Schutz und Wohlwollen der ganzen Familie, weil er auffällt und aneckt und auf diese Weise allen anderen Familienangehörigen die Chance gibt, unauffällig zu erscheinen. Sein Symptom ist Repräsentant der Spannungen und Konflikte, die im ganzen System Familie herrschen. Aber sie sind durch ihn personifiziert und an ihn gebunden. Auf die restlichen Familienmitglieder fallen weder Schatten noch Makel.

So könnte man auch den süchtigen Mitarbeiter in der Firma als Symptomträger der Firmenkonflikte und Arbeitsbelastungen betrachten: Der Schwächste hält das Arbeitstempo nicht mehr durch, bricht als erster zusammen und greift zum Suchtmittel. Plausibel ist dies zumindest insoweit, als dem süchtigen Mitarbeiter außer Entrüstung auch oft Mitleid entgegengebracht und ein Schonraum zur Verfügung gestellt wird, ganz so, als sympathisiere man klammheimlich oder offen mit seinem abweichenden Verhalten, das dazu beiträgt, eine kranke Homöostase aufrecht zu halten.

Auf dem Hintergrund der zuletzt dargestellten Argumentationsfigur sind auch folgende weiteren Co-Abhängigen-Verhaltensweisen in Team und Institution verstehbar:

- Am Arbeitsplatz werden Aufgaben, die der Süchtige schlecht oder nicht löst, auf seine Kollegen verteilt.
- Kollegen akzeptieren dies aus einer falsch verstandenen Kameradschaft heraus.
- Der Vorgesetzte äußert zum Beispiel: „Ich weiß, daß er trinkt. Aber man muß das verstehen. Er hat familiäre und finanzielle Probleme. Wenn ich ihm jetzt auch noch Vorwürfe mache, bricht er bestimmt endgültig zusammen. Ich will nicht die Verantwortung dafür übernehmen, daß er sich vielleicht das Leben nimmt."

- Der Vorgesetzte äußert:" Ich weiß, daß er trinkt. Aber betrunken leistet er immer noch mehr als andere Mitarbeiter im nüchternen Zustand."
- Im Betrieb wird zur Suchtproblematik geschwiegen; oder Mitarbeiter mit einem Suchtproblem werden immer wieder in andere Abteilungen versetzt, etwa noch in Verbindung mit einer Beförderung.

Auch im gesamtgesellschaftlichen Prozessen beobachten wir die Neigung zur Co-Abhängigkeit:

- Werbeagenturen stellen in Verbindung mit Suchtstoffen Erfolg, Attraktivität, Sex, gute Laune, Urlaub, Zärtlichkeit, Gesundheit, usw. in Aussicht.
- Dealer stellen die Rauschmittel fast unkontrolliert und sanktionsfrei zur Verfügung.
- Großunternehmen werben mit ihren Produkten auf Rave-Parties und stellen auf diesem Wege Kontexte her, in denen sogenannte Designerdrogen konsumiert werden können.
- Freier nutzen den Suchtdruck abhängiger Prostituierter und Stricher zur preisgünstigen sexuellen Ausbeutung und finanzieren so deren Sucht.
- Ärzte verschreiben Medikamente immer weiter, obwohl sie deren Suchtpotential kennen und die Gefährdung der Patienten wahrnehmen.
- Krankenkassen genehmigen nur noch Behandlungen, die unterhalb dessen liegen, was von der Suchtproplematik her angezeigt ist (kurz statt lang, ambulant statt stationär, Selbsthilfe statt professioneller Beratung).
- Im Kampf um die Belegung lassen sich Institutionen der Suchthilfe in Konzept und Therapie auf Kompromisse ein, die fachlich nicht vertretbar sind.
- Psychotherapeuten lassen Patienten in der Suchtbehandlung Verstöße gegen den therapeutischen Kontrakt durchgehen, wie in einer Art geheimer Kumpanei.

4. Co- Abhängigkeit in der Supervision

Schätzungen gehen seit geraumer Zeit von etwa 5-10 % süchtigen oder suchtgefährdeten Menschen in dem berufstätigen Teil der Bevölkerung aus (zuletzt: DHS 1997). Wenn wir innerhalb dieser Spanne die konservativste Schätzung wählen, müssen wir annehmen, daß jeder zwanzigste Supervisand und jeder zwanzigste Supervisor ein Suchtproblem hat.

Mit Phänomenen der Co-Abhängigkeit kann der Supervisor dabei auf mehrfache Weise konfrontiert sein:

- Der Supervisand schließt mit dem Supervisor einen Kontrakt, sucht aber versteckt eine Hilfestellung für sein Suchtproblem.
- Der Supervisand berichtet über seine beruflichen Probleme, spart aber das Suchtproblem dabei gezielt aus. In diesem Fall ist der Supervisor selbst der Co-Abhängige, solange er das Arrangement nicht durchschaut, in dessen Rahmen er seinen Dienst versieht, oder es durchschaut und es nicht anspricht.
- Zu dem supervidierten Team gehört ein süchtiges Mitglied. Alle wissen von seiner Sucht und sprechen in der Supervision auch über die Probleme, die es in der Zusammenarbeit mit diesem Kollegen gibt, sagen aber nichts über den Suchthinter-

grund. Der Supervisor arbeitet an den Themen, die das Team ihm nennt, dringt aber aufgrund seiner Unkenntnis nicht zum Kern des Problems vor. Das Team schaut seiner Erfolglosigkeit tatenlos zu.

- Die Institution regt für einen Mitarbeiter Supervision an und bezahlt sie auch, hofft aber, daß der Supervisor die Sucht des so unter falschem Etikett geförderten Mitarbeiters erkennen und behandeln wird. Diese Institution verhält sich zugleich fürsorglich, indem sie eine Hilfestellung etabliert, *und* co-abhängig, indem sie sich selbst bedeckt hält und zuläßt, daß das Wirksamwerden der Hilfe von vielen Unwägbarkeiten abhängig wird.
- Die Institution zeigt bei einem Mitarbeiter eine nicht nachvollziehbare Nachsicht; der Supervisor schließt daraus, mit den Arbeitsproblemen könne es dann nicht so dramatisch sein, und sieht davon ab, nachhaltig zu intervenieren.
- Der Supervisor selbst hat auf dem Gebiet Sucht einen blinden Fleck und erkennt das Offensichtliche nicht; oder er sieht es, betrachtet es aber nicht als Teil seines supervisorischen Auftrags daran zu rühren, und spart das Thema aus. Auch dies ist Co-Abhängigkeit.
- Nicht zuletzt ist es möglich, daß der Supervisor selbst ein Suchtproblem hat und seine supervisorische Arbeit in verminderter Qualität tut. Das Team nimmt seine Dienste dennoch weiterhin in Anspruch, aus Bequemlichkeit, falsch verstandenem Takt, weil er das Team mit unbequemen Fragen verschont, weil man ihm doch nicht kündigen könne, weil er doch schon mit der Sucht so große Probleme habe, usw. In diesem Fall ist der Supervisor Opfer der Co-Abhängigkeit in seiner Umgebung.

Alles, was ich in diesem Abschnitt bis hierhin geschildert habe, findet auf der nächsten Ebene noch einmal statt. Der Klient, von dem der Supervisand berichtet, ist süchtig oder suchtgefährdet. *Er* wird von seinem Team gedeckt; die Institution handelt nicht, überfürsorglich, unentschlossen und mehrdeutig. Der Supervisand bekommt von dem allen nichts mit, weil er der Thematik gegenüber einen blinden Fleck hat oder selbst gefährdet ist. Was ist angesichts dieser Komplexität der Verhältnisse zu tun?

Wie dringend die Frage der Co- Abhängigkeit für den Supervisor ist, mögen Leserinnen und Leser mit Hilfe der folgenden Fragen selbst vor Augen führen:

1. Wie gut sind sie mit ihren eigenen Suchtbereitschaften vertraut? Hilft ihnen dies, bei Supervisanden hellhörig zu sein, wenn diese in beiläufigen Bemerkungen und kleinen Andeutungen diese Thematik anklingen lassen?
2. Wieviele süchtige oder suchtgefährdete Supervisanden haben sie schon gehabt?
3. Wie oft hat ihnen – außer in den Bereichen Sucht, Aids und Psychiatrie – ein Supervisand schon von einem süchtigen Klienten berichtet oder angedeutet, daß er selbst süchtig sei?

Wenn die Frage (2) mit ‚noch nie‘ oder ‚fast noch nie‘ beantwortet wird, so scheint Aufmerksamkeit geboten. Denn dies wäre angesichts der Verbreitung von Suchtphänomenen in der Gesellschaft der absolut unwahrscheinliche Fall. Tatsächlich müssen wir, wenn wir regelmäßig supervisorisch arbeiten, fest damit rechnen, daß uns suchtgefährdete Supervisanden begegnen – wie auch suchtgefährdete Kollegen. Die Antworten ‚noch nie‘ oder ‚fast noch nie‘ weisen also ihrerseits daraufhin, daß wir uns als Supervisoren möglicherweise co-abhängig verhalten.

5. Wege aus der Co-Abhängigkeit

Die Co-Abhängigkeit ist deshalb so schwer anzugehen, weil wir

- sie nicht bemerken,
- sie erkennen, aber ethisch für geboten halten oder
- keine Alternative für unser co-abhängiges Verhalten sehen können.

Aber es ist möglich sich Schritt für Schritt Klarheit zu verschaffen. Wenn wir zum Beispiel einem Supervisanden gegenüber eine übermäßige falsche Fürsorge an uns wahrnehmen, mit oder ohne gleichzeitigen Suchtverdacht, so gewinnen wir jedenfalls einen ersten Anhaltspunkt: In unserer Beziehung zu diesem Supervisanden engagieren wir uns u.U. in einem Maß, daß es uns selbst nicht gut tut.

Der nächste Schritt kann sein, daß wir der Hypothese Suchtthematik vermehrt unsere Aufmerksamkeit zuwenden, ohne sie nach Art eines Staatsanwaltes in den Mittelpunkt unseres Interesses zu stellen. Die Häufung der Anzeichen aus Arbeitsqualität, Sozialbeziehung, Konsumverhalten und Gesundheitsstatus (Fengler 1994) dürfte uns in dieser Hinsicht schnell einen sicheren Eindruck vermitteln.

Der schwerste Schritt dürfte für viele Supervisoren sein, den fundierten Eindruck einer Suchtproblematik auszusprechen. Wer sich auf diesem Gebiet nicht firm fühlt – und dies dürfte bei fast allen Supervisorinnen und Supervisoren der Fall sein – dem sei empfohlen, sich zur Vorbereitung auf ein solches aufdeckendes Gespräch selbst supervisorische Hilfe zu beschaffen.

Das Gespräch selbst kann für den Supervisanden eine Hilfestellung sein oder auch zum Abbruch der Arbeitsbeziehung führen. Was den Supervisor veranlassen kann dieses Risiko *dennoch* einzugehen, ist die Kenntnis von den Folgen von denen Einige in absehbarer Zeit für den süchtigen Supervisanden eintreten werden, wenn *nichts* geschieht: Unfall, chronische Erkrankung, Überschuldung, Arbeitsplatzverlust, Trennung, Scheidung, Wohnungsverlust, Verlust des Sorgerechts, Neurologische Schädigung, Delinquenz, Psychose, Selbsttötungsversuch oder Tötungsversuch. Diese Perspektiven können den beteiligten Supervisor dazu veranlassen, der Verführung zur Co-Abhängigkeit zu widerstehen und jedenfalls den Versuch einer Klärung zu unternehmen.

Anders sieht die Sache aus, wenn das Thema Sucht im Team eine Rolle spielt. Hier gilt das, was ich für den einzelnen Supervisanden gesagt habe, nur dann, wenn dessen Suchtproblematik im Team bereits bekannt ist, was allerdings in der Regel der Fall sein dürfte. Andernfalls muß der Supervisor gut abwägen, ob es seine Aufgabe ist, den süchtigen Mitarbeiter zu outen.

Auf Institutionsebene wieder sind die Verhältnisse einfacher. Die Tendenz der Institution, Suchtvorgänge zu dulden oder zu fördern, sowohl Sucht bekämpfend als auch sich co-abhängig zu verhalten, kann im Rahmen von Institutionsberatung und Organisationsentwicklung benannt werden. Es wird dem Supervisor vielleicht nicht gedankt, wenn er so verfährt. Wenn er aber in der Co-Abhängigkeit der Institution ein ernsthaftes Hindernis erkennt, effektiv zu arbeiten und die Zufriedenheit der Mitarbeiter zu erhalten, so gehört es zu seinen Aufgaben, dies wiederholt und nachdrücklich auszusprechen.

Literatur

Appel, Ch. (1995): Co-Abhängigkeit: Eine neue Sucht? Abhängigkeiten 1(3), S. 38-45
Bätschi-Waldvogel, M. (1995): Co- Abhängigkeit als komplementäres Verhaltensmuster bei Frauen. Abhängigkeiten 1(2), S. 37-42
Deutsche Hauptstelle gegen die Suchtgefahr (1993): Sucht und Familie. Lambertus, Freiburg.
Deutsche Hauptstelle gegen die Suchtgefahr (1997): Jahrbuch Sucht. Neulandt, Geesthacht.
Fengler, J. (1994): Süchtige und Tüchtige: Begegnung und Arbeit mit Abhängigen. Pfeiffer, München.
Hallmaier, R. (1985): Eine systemtheoretische Beschreibung einer Alkoholikerfamilie. Suchtgefahren, 31 (3), S. 271- 277
Rennert, M. (1989): Was Sucht für die Familie bedeutet. Lambertus, Freiburg.
Rußland, R. (1985): Das Suchtbuch für die Arbeitswelt. IG- Metall, Frankfurt.
Schaef, A.-W.(1986): Co-Abhängigkeit. Boegner-Kaufmann, Wildberg.

Konflikte und Entwicklungen an der Grenze von Ehrenamt und Profession

– Umsonst ist nicht vergebens –

Wolfgang Schmidbauer

Der Laie und der Professionelle: Allgemeine Gesichtspunkte

Die Auseinandersetzungen zwischen Laienhelfern[1] und professionellen Helfern gewinnen aus den Veränderungen der modernen Gesellschaft neue Dimensionen und unerwartete Verwicklungen. Wir stehen heute in einer Periode des Übergangs von einer durch das Leitbild der Industriearbeit geprägten Kultur zu einer postmodernen Konsum- und Freizeitorientierung. Die Sicherung der Identität durch die Berufsarbeit schwindet; die im Reformoptimismus der 60er und 70er Jahre konzipierte Versorgung aller Bedürftigen mit sozialpädagogischen und therapeutischen Dienstleistungen stößt an materielle Grenzen. An die ehrenamtliche Arbeit richten sich neue Erwartungen:

1. Sie soll das von den Professionellen aus wirtschaftlichen Gründen nicht mehr angemessen versorgte Feld kostengünstig betreuen.
2. Sie soll als „Bürgerarbeit“ die schwindende Versorgung mit ausreichend finanzierten und sinnstiftenden Arbeitsplätzen kompensieren.
3. Sie soll soziale Innovationen tragen (Stichwort „Bürgerinitiative“), die von den Behörden und den behördennahen Organisationen (Kirche, öffentliche Träger) nicht geleistet werden.

Seinem Selbstbild nach ist der Laienhelfer nicht so festgelegt wie der Profi. Er steckt nicht in dem Korsett der beruflichen und wirtschaftlichen Zwänge, hat viel mehr Chancen, seine spontane Hilfsbereitschaft zu erhalten und sie nicht dadurch zu überlasten und schließlich auszubrennen, daß er zuviel von ihr erwartet. Ehrenamtliche sehen ihre Tätigkeit als Freizeitsituation, Professionelle stellen sich auf einen Arbeitsalltag ein, in dem sie als Experten Probleme lösen. „Dem Ehrenamtlichen ist die Beziehungsebene wichtiger, dem Hauptamtlichen die Sachebene“, stellt Marianne Gumpinger (1996) fest. Viele Gruppen von Laienhelfern sind so strukturiert, daß um einen harten Kern, der über lange Zeit stabil bleibt, eine mehr oder weniger lockere Randschicht gelagert ist – Personen, die für kürzere oder längere Zeit aktiv sind, diese Aktivität jedoch auch wieder aufgeben, wenn sich ihre Lebenssituation ändert. Der Laie ist sich seiner eige-

---

1 Ich verwende „Laienhelfer“ und „ehrenamtliche Helfer“ in gleicher Bedeutung. Gemeinsames Merkmal ist die nicht oder nur geringfügig bezahlte Arbeit. Zur Geschichte und den unterschiedlichen Definitionen des Ehrenamtes siehe Jocaob (1993), die auch die unterschiedliche biographische Bedeutung des ehrenamtlichen Engagements dokumentiert.

nen Grenzen, Ängste und Schwierigkeiten wohl bewußt, schwankt aber in seinem Urteil über den professionellen Helfer zwischen Idealisierung und Entwertung. Die Ambivalenztoleranz der „depressiven Position“ im Sinn von Melanie Klein muß erarbeitet werden, wenn Laien und Professionelle kooperieren sollen. Angesichts der unweigerlich Schwächen des beruflichen Helfers fühlt sich der Laie sonst um sein Idealbild betrogen und reagiert vorwurfsvoll.

Ein Beispiel: In einer Selbsterfahrungsgruppe aus Laienhelfern und Professionellen in der Psychiatrie spricht einer der Psychiater über seine Schwierigkeiten, fordernden und ständig unzufriedenen Patienten mit der Geduld und Freundlichkeit zu begegnen, die er für notwendig hielt. Die anwesenden Laienhelfer reagierten darauf nicht einfühlend oder stützend, sondern aggressiv. Wenn sie sich schon keine Aggressionsäußerungen gegen die von ihnen betreuten Klienten erlaubten, dann dürfe er es erst recht nicht. Er werde doch dafür bezahlt, sich um die Patienten zu kümmern, es ginge nicht an, daß er nun auf einmal überfordert sein wolle. Solche Situationen belegen, wie Idealisierungen einen offenen Austausch erschweren. Der Professionelle, der seine Schwäche offen zeigt, wird in ihr nicht akzeptiert, sondern abgelehnt und auf seine idealisierte Rolle festgelegt. So droht die Gefahr, daß jeder die Vorurteile des anderen bestätigt: der Professionelle, daß man dem Laien eine untadelige Fassade vorspielen muß; der Laie, daß die Professionellen nicht engagiert sind.

In den letzten Jahren hat sich die Qualität des sozialen Ehrenamts verändert. Neben Menschen, die nach wie vor aus Werten heraus handeln, die sie für unanfechtbar halten (z.B. die biblische Offenbarung im Sinne „geben ist seliger als nehmen“), treten andere, die zwar ebenso bereit sind, Arbeitszeit herzuschenken, es aber aus stärker individualisierten, selbstbezogenen Motiven heraus tun. Sie wünschen sich Abwechslung, wollen neben einem technischen Beruf etwas mit Menschen zu tun haben, sehnen sich aus einem als zu eng erlebten Alltag mit Haushalt und Kindern nach neuen Aufgaben. Wer heute ehrenamtliche Mitarbeiter gewinnen und Organisationen stabilisieren will, in denen diese tätig sind, der muß diesen neuen Bedürfnissen entgegenkommen. „Ehrenamtliche nur anzuwerben und sie dann mit den oft schwierigen und überfordernden Aufgaben aus Kostengründen allein zu lassen, wird immer weniger akzeptiert werden, je mehr Möglichkeiten der Unterstützung und Beratung allgemein bekannt sind.“ (Gumpinger 1996, S.320)

Ehrenamtliche leisten jährlich rund 300 Millionen Arbeitsstunden, was nach den Berechnungen des Statistischen Bundesamtes volkswirtschaftlich einem Wert von etwa 50 Milliarden Mark entspricht. Dabei liegt Deutschland international keineswegs an der Spitze; hierzulande sind gerade 18 Prozent der Bevölkerung aktiv, das ist nur ein Drittel der US-amerikanischen Quote und immerhin noch neun Prozent weniger als der europäische Durchschnitt. Es scheint ein beträchtliches Potential zu geben: nach Meinungsumfragen antworten knapp 40 Prozent der Befragten, sie könnten sich gut vorstellen, als Laienhelfer aktiv zu werden.

Aber diese Potentiale werden gegenwärtig noch wenig genutzt. Gerade in den traditionellen Arbeitsbereichen sind viele ehrenamtliche Helfer überaltert und für Aufgaben nicht mehr geeignet, die erheblich komplexer geworden sind. Nach dem amerikanischem Vorbild der volunteer centers haben die großen Trägervereine darauf reagiert. Allein die Caritas hat mit einer Initialfinanzierung von fünf Millionen Mark inzwischen 17 „Freiwilligenzentren“ gegründet. Sie sollen zwischen den Interessenten an einer Laienhelfer-Tätigkeit und den jeweiligen Verbänden und Einrichtungen vermitteln. Vorbild für diese Initiative ist die Freiwilligen-Agentur Bremen. Nach einem Bericht von Christian Pietscher haben die Leiter dieser Agenturen allerdings nicht selten Probleme mit dem Verdacht, daß gemeinnützige Vereine, die bei ihnen anfragen, kostenlose Hilfsarbeiter suchen oder gar bezahlte Kräfte einsparen wollen. Im Saarland wurde eine Landesarbeitsgemeinschaft „Pro Ehrenamt" gegründet, in der Kirchen, Sportvereine, soziale und kulturelle Einrichtungen, Parteien und Gewerkschaften vertreten sind. Auch das Bundesministerium für Familie, Senioren, Frauen und Jugend unterstützt entsprechende Aktivitäten.

Unter dem Gesichtspunkt der Organisationsberatung lassen sich drei Felder unterscheiden:

1. Reine Laienhelfergruppen, die keine Professionalisierung anstreben und sich auch selbst verwalten. Hier werden Supervisoren oder Organisationsberater kaum jemals konsultiert.
2. Initiativen von Laien und/oder Professionellen, die in Freizeitarbeit etwas aufbauen, das später eine professionelle Struktur gewinnen und in bezahlte Arbeitsverhältnisse übergeführt werden soll. Hier werden Supervisoren und/oder Organisationsentwickler meistens dann einbezogen, wenn es nach diesem Übergang zu Problemen kommt.
3. Gemischte Gruppen aus Ehrenamtlichen und Professionellen, in denen die bezahlten Mitarbeiter die Ehrenamtlichen betreuen und auch kontrollieren. Hier ist Supervision oft ein „Service" an die Ehrenamtlichen (z.B. erhalten die Mitarbeiter der Telefonseelsorge vielfach kein Honorar, aber die Träger bezahlen die monatliche Supervision durch einen professionellen Berater). In der Entwicklung solcher Einrichtungen besteht erheblicher Nachholbedarf, um die inzwischen anspruchsvoller gewordenen Ehrenamtlichen nicht zu frustrieren.

Ein Supervisor soll den Verlust der idealisierten Gründergestalt ersetzen: Der Übergang von einer familiären zu einer professionellen Organisation

Das folgende Beispiel soll die Dynamik zeigen, die mit den Idealisierungsprozessen und der Enttäuschungsverarbeitung während des Übergangs von einer Initiativgruppe zu einer bürokratisch und legal abgesicherten Organisation zusammenhängt. Auf diesem Weg gehen oft die charismatischen Gründer „verloren", zum Teil, weil sie sich an die bürokratischen Forderungen nicht anpassen können, zum Teil, weil sie es nicht wollen. Und obwohl ihr Verlust oft unvermeidlich ist, führt er zu Traumatisierungen der Organisation und institutionellen Reaktionen auf diese, die den Berater zunächst sehr verwirren.

Ein Supervisor wird von einer Einrichtung angefragt, in der auffällige Jugendliche in Übergangswohngruppen betreut werden. Er vereinbart ein Vorgespräch, diskutiert die Arbeitssituation, die Inhalte der geplanten Beratung und erfährt schließlich, daß das Team noch nicht entschieden hat, ob es die noch laufende Supervision bei einem Kollegen beenden oder neben der mit ihm geplanten Supervision weiterführen will. Er regt nun an, auf diese Doppelsupervision zu verzichten, sich entweder für den bisherigen Supervisor zu entscheiden oder mit ihm einen neuen Anfang zu machen. Er wundert sich jetzt, was eine Anfrage neben der noch laufenden Supervision bei dem Kollegen zu bedeuten hat, den er für sehr qualifiziert hält. Es handelt sich um einen promovierten Psychoanalytiker mit Abschluß an einem angesehenen Institut und Auslandserfahrungen bei einer hochbewerteten Koryphäe, der bereits einige Bücher über stationäre Psychotherapie verfaßt hat. Nach einem Jahr wird ihm mitgeteilt, der Kollege habe nun die Supervision von sich aus beendet; im Team sei eine Einigung, mit dem alten oder dem neuen Supervisor zu arbeiten, nicht zu erzielen gewesen.

Auch der neue Supervisor ist promoviert, Mitglied in mehreren Fachgesellschaften, ausgebildeter Psychoanalytiker mit einem zweiten Schwerpunkt in Organisationsentwicklung. Er stellt beim ersten Termin fest, daß das Team äußerlich günstige Arbeitsbedingungen hat – die Jugendlichen wohnen mit Betreuern und Therapeuten in einer Jugendstilvilla in einem idyllischen Vorort – in sich aber heillos zerstritten ist. Die Hauptkampflinie scheint zwischen den Sozialpädagogen und den Therapeuten zu liegen, die zu festen Terminen Einzelbehandlungen durchführen. Die gegenwärtige Leiterin ist eine freundliche Heilpädagogin, offensichtlich eine Kompromißkandidatin zwischen der Diplom-Psychologin, die vor ihr die Leitung hatte, und den Sozialpädagogen, welche die größere Gruppe der Teammitglieder stellen. Der Supervisor erkundigt sich, weshalb die frühere Leitung ihr Amt aufgeben mußte, und erfährt, daß die Kombination von einziger Vollakademikerin in der Einrichtung und Leitung den Teammitgliedern „zuviel" war. Die Psychologin gab die Leitung ohne Kampf ab, weil sie – ob Leiterin oder nicht – das gleiche BAT-Gehalt erhielt und der Vorwürfe müde war, die zwischen „Therapeuten" und „Betreuern" zirkulierten.

Beide Gruppen schienen hinter Wällen zu sitzen und sich gegenseitig mit Entwertungen zu beharken; die Leiterin wirkte ohnmächtig, die zerstrittenen Gruppen zur Kooperation zu bringen. Die vier Betreuer warfen den beiden Therapeuten – der Psychologin und einer Sozialpädagogin mit Kunsttherapieausbildung – vor, daß sich diese hinter ihrer Schweigepflicht verschanzten und zu keiner Auskunft bereit seien, was sie während ihrer Therapie mit den Klienten besprächen. Wenn die Betreuer einen Vorschlag machten – beispielsweise einen Jugendlichen, der stabil erscheine, zu entlassen – behaupte die Kunsttherapeutin, er sei suizidal und müsse unbedingt bleiben. Aber den Betreuern erscheine das als pure Willkür. Niemand wisse, wie fundiert diese Urteile seien. Man traue der Kunsttherapeutin zu, die Jugendlichen zu beeinflussen, um ihre Vorurteile zu bestätigen. Wenn sie wolle, daß einer depressiv sei, dann gebe sie ihm eben nur schwarze Farben; wenn er dann ein düsteres Bild male, behaupte sie, er sei gefährdet. In Wirklichkeit wolle sie aber nur mit ihm weiter malen und keinen unbequemen neuen Klienten. Sie sei im Grunde auch gar keine richtige Therapeutin, sondern eine Sozialpädagogin wie die Betreuer auch. Zusatzausbildungen hätten auch die Betreuer abgeschlossen, manche bessere, als es die der Kunsttherapeutin sei.

Die Psychologin hielt sich völlig zurück; ihr schien es zu gefallen, daß ihre Rivalin angegriffen wurde. Die Heilpädagogin suchte zu schlichten: schließlich sei Maria als Therapeutin angestellt, und deshalb sei das, was sie mache, Therapie. Wen einer von den Betreuern trotz seiner gleichen formalen Qualifikation eine Stunde mit einem Jugendlichen rede, sei das ein pädagogisches Gespräch. Aber leider – jetzt blickte sie hilfesuchend auf den Supervisor – geschehe es auch, daß ein Betreuer eine ganze Stunde lang mit einem Jugendlichen spreche und das Therapie nenne, worauf dieser dann nicht mehr in seine Therapiestunde gehe, er habe schließlich in dieser Woche schon eine Stunde Therapie gemacht. Außerdem würden die Betreuer behaupten, daß die Therapeuten keine wirklichen Therapeuten seien, weil keine ihrer Zusatzausbildungen anerkannt sei, das sei unsolidarisch.

Der Supervisor fühlte sich blockiert. Als Therapeut mußten ihn die Unterstellungen, welche die Kunsttherapeutin trafen, zumindest streifen. Er fragte nach einem Konzept; das Team schien aufzustöhnen und ein Betreuer behauptete, Konzeptarbeit hätten sie in den vergangenen Jahren mit seinem Vorgänger bis zum Erbrechen geleistet, er sei dafür, jetzt mit einer richtigen Supervision zu beginnen und die Fronten endlich aufzulösen. Was um Himmelswillen, dachte der Supervisor, hatte sein Vorgänger hier gemacht? Das war doch ein hochqualifizierter Mann, wie konnte es geschehen, daß sich dieses Chaos aus seiner Konzeptarbeit ergab? Konnte er sagen, daß es Unsinn sei, in dieser Jugendwohngemeinschaft Therapiestunden unter Schweigepflicht durchzuführen und auf diese Weise Therapie und Pädagogik auseinanderzudividieren? War er als Therapeut nicht auch verpflichtet, Schweigepflichten zu respektieren? Warum setzte sich die Leiterin nicht durch?

In der Institutionsanalyse[2] betrachteten wir den Gegensatz zwischen dem Wunsch dieses Teams nach zwei hochqualifizierten Therapeuten-Supervisoren – möglichst gleichzeitig – und der krassen Konzeptlosigkeit und Inkompetenz seiner Selbstdarstellung. Eine erste Interpretation war die narzißtische Objektwahl: der spitzenqualifizierte Therapeut ist sozusagen das professionelle Ideal der Einrichtung; wenn möglichst viel von ihm in möglichst vielen Gestalten in sie kommt, kann sie ihre Selbstgefühlsmängel ausgleichen. Die Phantasie, zwei solcher Supervisoren gleichzeitig zu haben, drückt einen Wunsch aus, die Kluft zwischen Betreuern und Therapeuten symbolisch zu schließen. Die hochidealisierten Stellvertreter müssen bewerkstelligen, was den Mitarbeitern nicht gelingt; wenn sie daran scheitern, ist es immerhin möglich, sich daran aufzuwerten, daß selbst „echte" Therapeuten nicht mit der Situation zurechtkommen.

Die betreffende Wohngemeinschaft war von einer Initativgruppe der Reformbewegung in der Psychiatrie gegründet worden, die sich mit Modellen wie dem der „Therapeutischen Gemeinschaft" (R. Laing) gegen die etablierten Institutionen abgrenzte und beispielsweise psychiatrische Diagnosen als Etikettierung und Stigmatisierung auffälligen Verhaltens ansah, die in einer wahrhaft humanen Einrichtung nichts zu suchen hätten. Nach einigen Jahren verlangten die Geldgeber, daß die Mitarbeiter professionelle Qualifikationen vorweisen müßten. Das führte dazu, daß die von allen geschätzte und charismatisch-integrierende „zentrale Person" der Gründungsphase, eine Psychiatrieschwester und frühere Stationsleiterin, nicht mehr in leitender Funktion mitarbeiten konnte. Um kostendeckende Tagessätze zu erhalten, mußten ein therapeutischer Dienst eingerichtet und höherbezahlte Diplom-Psychologen eingestellt werden; dennoch konnte sich die Gruppe nicht von den früheren Idealen verabschieden. Die Therapeuten, in ihrem Stellenwert Nachfolger der verlorenen „zentralen Figur", sollten Übermenschen sein und sowohl die neuen Professionaliserungsbedürfnisse wie die alten Gemeinschaftswünsche erfüllen. Eine derartige Idealisierung mündet häufig in eine Entwertung; sie erschwert die Anpassung an die Realität und die Anforderungen einer Kooperation zwischen unterschiedlichen Ausgangsberufen. Der Supervisor begegnete

2 Eine ausführliche Definition findet sich bei M. Wolf im „Handbuch der Supervision 2" – Der Hrsg.

der Spätphase eines Kompensationsversuchs, in dem die therapeutischen Mitarbeiter für das Schlechte, das in die Gemeinschaft gekommen war, verantwortlich gemacht wurden, während von dem idealisierten Supervisor erwartet wurde, die narzißtischen Mangelzustände auszugleichen. Als der neue Supervisor diese Zusammenhänge herausgearbeitet hatte, wurde auch verständlich, daß der frühere Supervisor vor allem als Leiterersatz verwendet worden war. „Wenn er da war, haben wir uns in den schwierigen Fällen einigen können, aber das hat immer nur einige Tage vorgehalten."

Nach einigen Sitzungen bat der Supervisor wieder, die beschriebene Einrichtung in der Institutionsanalyse[3] reflektieren zu können. Er verstehe manches nicht, was sich inzwischen ergeben habe, vor allem nicht, weshalb das Team, das erst so gezögert habe, sich auf ihn einzulassen, jetzt eine Art Abhängigkeit zeige und sich verhalte wie ein Kind, das vergessen hat, wie man sich die Schuhe zubindet, um die Zuwendung der Mutter zu erzwingen. Er habe den Eindruck, etwas erarbeitet und geklärt zu haben – dann komme am nächsten Tag ein Anruf mit der Bitte um einen Extratermin, weil neue Konflikte aufgebrochen seien. Auch habe er ein Stück von der Gründungsgeschichte herausgefunden: eine der Gründerinnen, eine Sozialpädagogin, die damals in einem Krankenhaus arbeitete, habe mit dem Oberarzt der Klinik in S., von der viele Patienten zugewiesen würden, ein Verhältnis gehabt. In diesem Kontext seien beide auf den Gedanken gekommen, eine solche Wohngemeinschaft zu gründen; dann hätten sie den Trägerverein gesucht.

Aus dieser Ergänzung ergeben sich neue Metaphern, um die Rolle des Supervisors zu präzisieren, in die ihn die Institution nach ihrem unbewußten Mythos bringen „will". Er soll die Nachfolge des begehrten, aber nicht verfügbaren Geliebten antreten, der immer zuwenig tut und zuwenig „da" ist. Das Team verhält sich wie die illegitime Geliebte, welche versuchen muß, ihre Ansprüche mit allen Mitteln durchzusetzen; es agiert sozusagen „hysterisch", d.h. setzt regressive Mittel ein, um sich zur Geltung zu bringen. Diese Metapher kann auch einen weiteren Aspekt der Dynamik von Organisationen erläutern, die sich von eher familiären Formen zu geregelten Institutionen entwickeln.

Solange freundschaftliche Beziehungen vorherrschen, sind keine Regelungen notwendig, um Interessengegensätze so zu bändigen, daß sie die Zusammenarbeit nicht lähmen. Ähnlich wie in Familien wird subjektiv „aus Liebe (zur Aufgabe)" gehandelt – und ähnlich wie in Familien sind die Enttäuschungen, die Ansprüche und die aus versagten Ansprüchen resultierenden Aggressionen sehr heftig, wenn diese Liebe die Organisation nicht mehr trägt, sondern z.B. deutlich wird, daß für gleiches Engagement ungleiche Gehälter bezahlt werden. Der Supervisor ist in solchen Situationen häufig der, an den Erwartungen gerichtet werden, „mich zu verstehen", d.h. die frustrierten Wünsche an eine familiäre Institution doch noch durchzusetzen. Wenn der Supervisor dann die regressiven Bedürfnisse analysiert und nicht erfüllt, kann es geschehen, daß durch eine Steigerung der Regression die drohende Versagung dieser Bedürfnisse aufgeschoben werden soll. Interessant ist in diesem Zusammenhang das offenkundige „schlechte Gewissen" des Su-

3 Unter Institutionsanalyse verstehe ich die Analyse der Übertragungen, welche ein Berater auf eine soziale Struktur hin entwickelt. Das methodische Instrument, um solche Übertragungen zu erforschen, ist die institutionsanalytische Balintgruppe, z.B. mit Supervisoren, oder aber die Kontrollsupervision bzw. die „Supervision der Supervision".

pervisors gegenüber dem Kontrollsupervisor, diesen „schon wieder mit dieser Supervision zu behelligen"; hier spiegelt sich die ambivalent erlebte Bedürftigkeit des Teams. Man kann vermuten, daß der unzuverlässige, idealisierte Geliebte bzw. der unentbehrliche, aber die Arbeit der Sozialpädagogen eigentliche eher störende Therapeut ebenso wie der nicht immer präsente, aber doch idealisierte Supervisor allesamt Gegenstand unbewußter Aggressionen sind; die überflüssige Entschuldigung des Supervisors belegt seine Identifizierung mit dieser durch latente Aggressivität geprägten Situation.

Die Ex-User in der Drogentherapie

In der Drogentherapie finden wir ein gesellschaftliches Feld, in dem es eine Laienbewegung gibt, die von sich behauptet, kompetenter zu sein als das professionelle System. Diese Haltung unterscheidet die Situation in der Suchtbehandlung von anderen gesellschaftlichen Bereichen, in denen Laienhelfer tätig sind, die sich nicht aus dem eigenen Betroffensein qualifizieren. Die Ex-User in der Drogentherapie nehmen eine Zwischenstellung ein. Sie sind Professionelle geworden und werden in den Einrichtungen auf Planstellen bezahlt. Anderseits ist der Ex-User in besonderer Weise mit dem Süchtigen verbunden. Wer selbst getrunken oder gefixt hat, der kennt die Ausreden, die Lügen, die Selbsttäuschung, den zur zweiten Natur gewordenen Betrug so gut, daß er nicht leicht beschwindelt werden kann. Er bietet nicht nur Therapie als Dienstleistung an, er verkörpert diese auch, er beweist mit seiner Person, daß eine Heilung möglich ist. Der gesunde Therapeut wirkt wie ein Wegweiser, der eine Richtung zeigt ohne selbst die Strecke zu wandern. Der Ex-User hingegen ist ein Pfadfinder, er war schon einmal in der Unterwelt und hat herausgefunden.

Allerdings gehört es zur Dynamik der Sucht, daß viele Versuche, ihr abzuschwören, nur vorübergehend sind. Daher wird auch immer wieder berichtet, wie Ex-User, die bereits einige Jahre in einer Einrichtung gearbeitet haben, doch wieder in einer persönlichen Krise rückfällig werden. Aber auch andere Formen einer fortbestehenden Abhängigkeit können zu Spannungen führen. Die Sucht entsteht meist durch gesteigerte narzißtische Bedürftigkeit. Sie bahnt der Einstellung den Weg, daß Kränkungen und Versagungen nicht ohne stimmungsverändernde Hilfsmittel bewältigt werden können. Die Selbstdisziplin ist zu gering, die narzißtischen Defizite sind zu groß, der chemische Tröster ist der lockende Kompromiß; er entschädigt für die früheren Defizite, Versagungen, Beleidigungen und eine Zeit lang auch für die schließlich größte Kränkung – nämlich die, von einem Stoff abhängig zu sein.

In der Industriegesellschaft haben die Menschen nicht mehr vor Hunger, Kälte oder wilden Tieren Angst, sondern vor dem Mangel an Liebe und Anerkennung durch ihre Mitmenschen. Die Rolle des Helfers bietet die Möglichkeit, Gefahren abzuwehren, die unserer narzißtischen Stabilität durch Liebesverlust und durch unerfüllte Sehnsucht nach Anerkennung drohen. Unter dem Gesichtspunkt der Psychodynamik und der Neurosentheorie ist also die Helfer-Rolle durchaus mit der Sucht verwandt: beide enthalten Versuche, Kränkungen zu vermindern, welche durch emotionale Abhängigkeit und durch eine Versagung neurotischer Liebesbedürfnisse entstehen.[4] Der Helfer

4 Das neurotische Liebesbedürfnis hat Karen Horney beschrieben. Seine einfachste Definition: Der Betroffene will auch da geliebt werden, wo er selbst eher feindlich eingestellt ist. Er will nicht für

tut das, indem er die Beziehungen zu seinen Mitmenschen kontrolliert. Das Helfer-Syndrom ist dadurch definiert, daß es im Leben eines Betroffenen je nach Ausprägung des „Helfens als Abwehr" nur noch wenige oder gar keine Gefühlsbeziehungen gibt, die nicht von der Helfer-Schützling-Rollenverteilung bestimmt sind. Der Süchtige hingegen kontrolliert die körperlich-emotionalen Voraussetzungen seiner Kränkbarkeit. Er kann sich „zumachen", er ist „cool". Die Helfer-Rolle wird durch Sublimierung der ursprünglichen narzißtischen Bedürfnisse und durch stabile Reaktionsbildungen gegen die sadistischen Impulse aufgebaut, welche dem Wunsch nach einer verläßlichen Kontrolle über das mütterliche Objekt entspringen. Die Sucht hingegen ist vorwiegend durch eine Regression auf primitive Abwehrformen wie die Spaltung und die Selbstmanipulation bedingt.

Verwandlungen des Betreuten in einen Betreuer sind das kulturstiftende Moment schlechthin. Die Identifizierung mit einer mächtigen, zunächst bedrohlichen Gestalt ist mehr als ein Abwehrmechanismus, wie ihn Anna Freud als „Identifizierung mit dem Angreifer" beschrieben hat. Sie bildet das Rückgrat der Institutionen vom buddhistischen Kloster bis zur modernen Armee: immer wird aus dem Novizen der Mönch, aus dem Rekruten der Feldwebel, aus dem Schüler der Lehrer. Oft ist diese Identifizierung dann besonders gründlich, wenn sie besonders viel Angst bindet – d.h. wenn sich der Novize besonders vor dem Mönch, der Schüler besonders vor dem Lehrer gefürchtet hat.

Wer Feldwebel wird, muß die Armee nicht mehr verlassen, wer Lehrer wird, bleibt immer in der Schule. An diese Prozesse klingt der ein wenig zynische, ein wenig wahre Spruch an, daß es leichter ist, einen neuen Therapeuten zu produzieren, als einen geheilten Patienten. Einrichtungen, die Ex-User als Therapeuten beschäftigen, legen eine Zwischenphase ein, um zu verhindern, daß es Patienten gibt, die den neugebackenen Therapeuten noch als ihresgleichen erlebt haben. So soll auch erreicht werden, daß der Süchtige den Beweis liefert, außerhalb der Einrichtung ganz normal und clean leben zu können. Aber dieser Alltag außerhalb der Therapie hat naturgemäß eine andere Qualität, wenn er als Übergangsphase konzipiert wird und nicht als definitive Trennung.

Die Sucht unterscheidet sich von anderen psychischen Störungen dadurch, daß bei vielen Ex-Süchtigen und professionellen Therapeuten die Meinung herrscht, der Süchtige könne zwar abstinent leben, aber er sei dann nicht geheilt, sondern nur trocken. Der Gedanke, er könne nach einigen Monaten oder Jahren der Enthaltung vom Suchtmittel wieder ganz normal trinken oder ein bißchen Koks probieren, wird als gefährliche Illusion angegriffen: dieser Selbstbetrug sei der kürzeste Weg in den Rückfall. Vermutlich ist das nicht universell gültig und doch ein wichtiges Gegengift gegen die fortbestehende Neigung des Süchtigen, seine Abhängigkeit zu bagatellisieren. Verglichen damit, ist die dogmatische Abstinenz gewiß das geringere Übel. Auffällig ist aber, daß fast alle Vertreter der Abstinenz-Position keine Ambivalenzdiskussion ihrer These zulassen. Sie scheinen nicht zugestehen zu können, daß sie zwar manchen Gefährdeten vom Rückfall abhält, aber anderseits auch manchen Rückfälligen tiefer in die Abhängigkeit treibt, der sich wohl einen reduzierten Genuß, aber keine völlige Abstinenz zutraut.

---

eigene, liebevolle Gefühle geliebt werden, sondern für Leistungen. Die Grenzen zwichen diesem Konzept und dem der depressiven Charakterstruktur sind unscharf.

Der Auffassung vom nicht geheilten, nur trockenen Alkoholiker entspricht der Gedanke, daß die dauernde Gefährdung durch einen dauerhaft gemachten Einfluß von außen entschärft werden muß. Die anonymen Alkoholiker fordern die lebenslange Teilnahme an den Selbsthilfegruppen, um niemals zu vergessen, daß sie nicht gesund sind. Dieser Gedanke hat eine religiöse, kultische Qualität. Die wissenschaftlichen Erkenntnisse sind so eindeutig nicht; sie besagen, daß manche Süchtige ohne solche Stützen gesund werden und andere sie brauchen. Vermutlich drückt diese Dogmatik aus, daß viele Süchtige in einer Art Gegendogmatik an der Überzeugung festhalten, sie seien gar nicht abhängig, sie sähen nur momentan nicht ein, warum sie gerade jetzt aufhören sollten. Hier erleichtert eine Helfer-Position, daß es sich bei dieser Behauptung immer um eine Lüge und eine Unmöglichkeit handle, die radikale und engagierte Bekehrungsarbeit.

Die Gefahr der wechselseitigen Entwertung

Die Droge ist Materie, Stoff, Objekt, Institution – sie ist ein Mittel, das der Einzelne seiner Umwelt entgegensetzen kann, wenn ihm mißbehagt, was sie mit ihm macht. Sie wird sozusagen gegen die Übermacht der sozialen Einrichtungen verwendet, die das Individuum ebenfalls als kompakte Strukturen erlebt, die seinen Weg kanalisieren. Wir können uns Gesellschaften vorstellen, die so beschaffen sind, daß jede Frau und jeder Mann in ihnen ohne Drogen auskommen; wir können uns andere denken (wie Huxleys Brave New World), in der alle Erwachsenen mit Drogen leben. Die meisten Gesellschaften liegen zwischen diesen Polen; bereits in altsteinzeitlichen Kulturen werden berauschende Lianen, Kakteen und Pilze konsumiert; der Ackerbau kultiviert Mohn, Hanf und Rebe; die Industriegesellschaft brennt Schnaps und synthetisiert Opiate oder Benzodiazepine. Problematisch wird die Sucht von dem Augenblick an, in dem die Droge zur Ware wird: jetzt muß der einzelne Konsument seinen Stoff nicht mehr selbst erzeugen, was von ihm Arbeit und Disziplin verlangt; er kann ihn kaufen und ist daher in viel stärkerer Weise durch Regressionen gefährdet. So gerät der Süchtige auf eine abschüssige Bahn, auf der es häufig für ihn kein Halten mehr gibt.

Nun ist die Regression ein vieldeutiges Merkmal. Sie eröffnet den Zugang zu kreativen, künstlerischen Welten, aber sie gefährdet auch die Anpassung und kann aus verantwortungsvollen, selbstkritischen Erwachsenen realitätsblinde, verlogene Junkies machen. Die Entwicklung der Psychotherapie ist auch eine Entwicklung immer differenzierterer Umgangsformen mit Regressionen. Sie beruhen darauf, daß ein im Erwachsenenleben sonst nicht übliches Maß an Aufmerksamkeit und Zuwendung eingesetzt wird, um Konflikte in einem Schonraum kontrollierbar zu beleben. Der Therapeut bietet eine begrenzte, aber professionell abgesicherte, positive Gefühlsbeziehung. Damit kann er dem neurotisch Kranken eine Möglichkeit eröffnen, Einschränkungen seines Erlebens durch Angst und Hemmung zu überwinden.

Verwandelt sich der Süchtige in einen Therapeuten, dann kann er von den Möglichkeiten dieser Rolle, narzißtische Bestätigung zu gewinnen, in einer Weise abhängig werden, die seine frühere Regression wiederholt. Er braucht den Erfolg um fast jeden Preis, er muß die Patienten auf den richtigen Weg bringen. Wenn in einer Einrichtung die Tatsache, einmal süchtig gewesen zu sein und diese Abhängigkeit durch die Identifizierung mit einem der Therapeuten überwunden zu haben, als Qualifikation für die

Arbeit mit Abhängigen gilt, geht leicht die Einsicht verloren, daß bei solchen Identifizierungen nicht das Ich, sondern das Über-Ich und das Ich-Ideal der Elterngestalt aufgenommen werden. Dann wird es schwierig, die professionell üblichen und an sich vernünftigen Schutzmaßnahmen und Mäßigungen aufrechtzuerhalten. Die Therapie wird zum Holzschnitt. Es gibt nur noch schwarz und weiß, gute, therapiewillige und linke, therapieblockierende Klienten; die guten erhalten Zuwendung, die schlechten werden hinausgeekelt. Für einen Klienten ist es kaum möglich, mit einem solchen Therapeuten Ambivalenzen zu diskutieren oder gemischte Erfahrungen zu machen: er muß sich diesem entweder anschließen, oder er wird keinen Kontakt finden und als ungeeignet gelten.

Professionelle Standards werden nicht durch Spitzenleistungen oder durch den glücklichen Erfolg definiert, sondern durch den Umgang mit Scheitern und durch die Sicherheit, nicht unter eine definierte Mindestleistung zu sinken. Wenn etwa der Arzt sich klarmachen kann, daß er nach den Regeln der ärztlichen Kunst behandelt hat, darf er auch bei einem Fehlschlag sein Honorar beanspruchen und seinen Feierabend genießen. Für den Ex-User, der als Suchttherapeut arbeitet, der seine persönliche Lebens- und Heilungsgeschichte einbringt, ist es ungleich schwerer, ein Modell des kunstgerechten, objektivierbaren, durchschnittlich guten Vorgehens zu entwickeln. Vollends unmöglich wird für ihn eine angemessene Toleranz für Mißerfolge, wenn er keinen Rahmen (wie eine Teamsupervision) hat, in dem offen über diese psychischen Belastungen gesprochen und die Trennung von Kunstfehlern und unrealistischen Erfolgsansprüchen immer wieder verfeinert werden kann. Ein solches Team zu entwikkeln, ist in der Suchttherapie aber besonders schwierig.

Wer Drogeneinrichtungen mit anderen Institutionen vergleicht, in denen er Supervision durchgeführt hat, entdeckt in ihnen spezifische Merkmale. Das Klima der Drogenarbeit ist stark von der Abwehr narzißtischer Kränkungen und oraler Ansprüche bestimmt – genau den Themen, welche die Pathologie der Sucht charkterisieren. So legen Mitarbeiter in den gegenseitigen Rückmeldungen häufig den Schwerpunkt auf Kritik; es gibt nur wenig Anerkennung, die Teams wirken oft ausgehungert, jeder möchte Bestätigung, findet aber an denen, die sie ihm geben könnten, viel auszusetzen. Die Mitarbeiter empfinden ihre Umgangsformen miteinander eher kränkend als aufbauend.

Diese Teamkultur hängt damit zusammen, daß der Süchtige in der Regel kein Patient ist, von dem der Therapeut narzißtische Bestätigung erwarten kann. Die Arbeit mit ihm ist manchmal fesselnd, aber der Therapeut fühlt sich oft belastet, ausgesogen. Während der „nur" neurotische Klient einer Psychotherapie oft bereits den Behandlungsbeginn als deutliche Entlastung erlebt und dem Therapeuten ein frühes Erfolgserlebnis vermittelt, erlebt der Süchtige die Therapie zunächst nur als Belastung. Ihre Prämisse ist die Abstinenz, der Verzicht auf das Gift, welches doch in den letzten Jahren zum Universalmittel gegen Enttäuschungen und Kränkungen geworden ist, die der Klient einer Therapieeinrichtung mit von Tag zu Tag verletzlicheren Nerven erlebt. Was kann die Behandlung da schon an Entlastung bieten! Es ist, als ob man dem Sportwagenfahrer ein Tretauto gibt und ihm beteuert, so sei es besser für ihn und er werde, wenn er ein wenig übe, schon vorankommen.

Während der professionelle Therapeut in solchen Situationen daran denken kann, ob er sich nicht in einigen Jahren aus dieser belastenden Arbeit zurückzieht, hat der Ex-User keine solche Perspektive. Das gilt verschärft, wenn er keine allgemein anerkannte Zusatzausbildung erworben hat, sondern nur in „seiner" Einrichtung qualifiziert ist, im selben Rahmen seine eigene Therapie gemacht und eine Anstellung als Therapeut gefunden hat. Dann ist er nur innerhalb dieser Institution Therapeut und überall sonst ein Ex-Junkie mit abgebrochener Ausbildung.

Der Verdacht, daß solche Therapeuten den Trägern von Drogeneinrichtungen als billige Arbeitskräfte helfen, konkurrenzfähig zu bleiben, wird in der Therapieszene häufig formuliert. Je länger ein Ex-User als Therapeut in einer Drogeneinrichtung arbeitet, desto mehr wachsen auch die Konfliktpotentiale. Von Karrieremöglichkeiten ausgeschlossen, soll er die Knochenarbeit leisten. Die Sozialpädagogen, Psychologen, Ärzte, die neben ihm auf ihren Halbtagsstellungen kommen und gehen, werden von ihm angelernt, erhalten aber von Anfang an ein höheres Gehalt. Wenn sie ohne Vorerfahrung in Suchttherapie kommen, hilft ihnen auch eine Therapieausbildung nicht viel. Jedesmal ist nicht nur die Anleitung, sondern auch die Diplomatie des Ex-Users gefragt. Er muß vermitteln, wo in der Einrichtung, die er aus beiden Perspektiven – der des Patienten und der des Therapeuten – kennt, der Hase läuft. Und es muß so geschehen, daß sich der Arzt oder Psychologe nicht allzusehr in ihrem beruflichen Narzißmus gekränkt fühlen.

Diese Spannungen können die auf den ersten Blick so innovativ anmutende Lösung, die Drogenkranken zu Therapeuten zu machen, ad absurdum führen, wenn nicht besondere Aufmerksamkeit auf diese Situation gelegt wird. Die offene Aussprache über eigene Kränkungs- und Versagenserlebnisse kann da nicht gelingen, wo in einer ungemilderten und unreflektierten Rivalität die Kompetenzphantasien aufeinanderprallen und die immer unsichere Situation, ob das drogenfreie Leben gelingt oder nicht, durch falsche Sicherheiten und Sündenbocksuchen abgewehrt wird. Der Ex-User wird dann behaupten, daß niemand, der nicht selbst süchtig war, wirklich eine Ahnung von Süchtigen haben und ihnen etwas Glaubwürdiges vermitteln kann. Der professionelle Therapeut wird die mangelnden diagnostischen und therapietechnischen Fähigkeiten des Ex-Users bloßstellen oder ihm vermitteln, er sei letztlich doch ein Junkie geblieben. Jeder Mißerfolg des jeweiligen Konkurrenten wird zum Schaden der Einrichtung als persönlicher Erfolg verbucht. Der Profi verfolgt mit kaum verhehlter Schadenfreude, wie der missionarische Ex-User scheitert; der Ex-User genießt die Solidarität in der Patientengruppe, welche ihm mit der Überzeugung eine klammheimliche Freude macht, Psychotherapeuten seien alle selber neurotisch und hätten nie im Leben den Mut, den ein Junkie jeden Tag beweist. Der Profi wirft während des Wochenenddienstes einen rückfälligen Klienten aus der Einrichtung, den ein Ex-User betreut, der ganz sicher ist, er hätte ihn noch motivieren können.

Diese Szenen entstammen realen Ereignissen, wie man sie in der Supervision in Drogeneinrichtungen erfährt. Aber die Auswahl ist einseitig und auf die möglichen Konflikte zentriert. Es gibt in vielen Institutionen, die Ex-User beschäftigen, harmonische, über viele Jahre hin stabile Beziehungen zwischen ihnen und professionellen Therapeuten, die beide Seiten bereichern. Das gelingt vor allem dann, wenn die persönliche Qualität des Kontakts die gegenseitige Wertschätzung sichert und die Gefahren von Kränkung und Rückzug verkleinert. Das setzt Strukturen voraus, in denen professionelle Therapeuten die Drogenarbeit nicht als unangenehme Durchgangsstation erleben und Ex-User darin gefördert werden, sich für einen Arbeitsplatzwechsel zu qualifizieren, um nicht ausgebrannt weiterarbeiten zu müssen. Das heißt auch, daß die

Einrichtung in der Lage ist, in gewissem Umfang einen Ausgleich für die ungerechte Verteilung von Geld und Karrieremöglichkeiten zu schaffen.

Aspekte des „Laien“ und des „Professionellen“ in der Führung

Führen bedeutet für die meisten Menschen anführen, vorwärts führen, zu Expansion und Eroberung. Aber diese Bedeutung drückt eine Illusion aus: Leben wird darin als Fortschritt, als Steigerung von Kompetenz, als Ausdehnung der eigenen Macht verstanden. Die Einsicht, daß das nur die eine Seite der Medaille ist, bleibt verdrängt. Aber jedem Sieg steht eine Niederlage gegenüber, und während sich Siege sozusagen von selbst bewältigen, ist die Verarbeitung der Niederlage das Kriterium, welches den fähigen Führer vom unfähigen unterscheidet. Erst in der Bewältigung des Rückzugs erweist sich die Kompetenz eines Leiters. Denn der Rückzug läßt das Eltern-Kind-Modell der Führung zersplittern, in dem jener der beste Führer ist, der in allem klüger, stärker, erfahrener ist, wie es eben Eltern für Kinder sind oder doch so lange scheinen, wie die Kinder klein sind und die Schwächen der Eltern verleugnen, weil es sich mit idealisierten Eltern leichter und sicherer lebt als mit Eltern, deren Schwäche ich kritisch erkenne.

Im siegreichen Vormarsch bestätigen sich Führer und Geführte. Ganz anders nach der Niederlage. Jetzt gilt es nicht mehr Anerkennung zu verteilen, sondern Entwertung, Scham und Schuld. Hierarchiezerfall und Ordnungsverlust in der Niederlage läßt sich in intimen Partnerschaften ebenso nachweisen wie in Armeen, in Unternehmen ebenso wie in Fußballmannschaften, wo die Frage nach dem Wechsel des Trainers fast schon zur Krisenroutine gehört.

Häufig werden Organisationsentwicklungsmaßnahmen beansprucht, sobald die bisherige Führung in Frage steht. In Initiativgruppen ist dieser Zeitpunkt meist mit dem einer ersten Konsolidierung identisch. Beispiel: Die vier Studentinnen der Sozialpädagogik, die ein Projekt über Kunsttherapie für Senioren initiiert haben und zunächst mit persönlichen Opfern und ohne Fördermittel arbeiteten, erhalten eine Finanzhilfe aus einem städtischen Fonds. Die Vergabe ist an die Einrichtung eines formellen Trägervereins mit einer ersten Vorsitzenden gekoppelt. Während bisher die Entscheidungen nach einem unformalisierten Konsensmodell getroffen wurden, entzünden sich an der Frage, wer die formelle Leitung übernehmen und wie die auf eine Stelle und die Raummiete beschränkten Fördermittel genutzt werden sollen, unerwartet heftige Auseinandersetzungen, welche die Gruppe zu zersprengen drohen.

Ähnliche Konflikte treten in einer Laienhelfergruppe, die bisher ehrenamtliche Eingliederungshilfe für Strafentlassene geleistet hat, zu dem Zeitpunkt auf, an dem der große, konfessionelle Trägerverband endlich eine Halbtagsstelle für eine Geschäftsführerin finanziert. Allen Mitgliedern ist zwar klar, daß nur Frau A. diese Stelle bekommen kann, weil sie immer die meiste Organisationsarbeit geleistet hat, bei allen behördlichen Ansprechpartnern bestens bekannt ist und ihr Lebensgefährte als Gefängnispsychologe arbeitet. Aber das bisher von Freundschaft und Anerkennung bestimmte Verhältnis der übrigen Laienhelfer zu Frau A. gerät in eine Krise, weil die Mitglieder der Gruppe wollen, daß Frau A. neben ihrer bezahlten Arbeit nach wie vor im gleichen Umfang wie die Gruppenmitglieder ehrenamtlich arbeitet, während Frau A. zunächst glaubt, daß sie in Zukunft dank der von ihr gewonnenen Unterstützung durch den Träger für ihr Engagement einen angemessenen Gehalt bekommt.

Diese Krise nimmt sich in der hier beschriebenen Zusammenfassung banal aus. Aber wer den Stil der Auseinandersetzung in kirchlich geprägten Organisationen kennt, wird nachvollziehen, daß es in der Organisationsentwicklung viel Zeit und Geduld braucht, eher unter den dicken Vermummungen von Rücksichtnahme, Harmoniebedürfnis und ängstlicher Vermeidung offener Wunschäußerungen („ich lasse mir von niemandem hier Egoismus vorwerfen") die Konfliktdynamik deutlich wird. Erst dann können Absprachen über die bezahlten und die nach wie vor ehrenamtlich geleisteten Arbeitsbereiche der Geschäftsführerin getroffen werden. Die institutionsanalytische Arbeit kann eine große Hilfe sein, um die jeweiligen Mythen der Organisation zu erkennen und mit ihnen umzugehen. Zu forsches Vorgehen des Organisationsentwicklers verprellt die Laienhelfer und führt dazu, daß sie sich unter Ausreden zurückziehen. Während der OE-Berater in der Wirtschaft damit rechnen kann, daß die Klienten ihre Bedürfnislage offen diskutieren und relativ rasch unterschiedliche egoistische Interessen herausgearbeitet werden können, muß er in der Laienhelfer-Szene erst einmal herausfinden, um welche Ziele es den Beteiligten geht, welche Gratifikationen sie offen suchen und welche eher im Hintergrund eine Rolle spielen.

Wenn z.B. dem Leiter einer Telefonseelsorge[5] von den Ehrenamtlichen vorgeworfen wird, er „sei nie da", dann könnte das heißen, daß er diese Aufgabe nicht ernst nimmt. In dem Fall, an den ich hier denke, war das aber keineswegs der Fall; der Leiter war sehr engagiert, bemühte sich ständig um Qualitätssicherung, organisierte Fortbildungen und arbeitete auf ehrenamtlicher Basis in einem Dachverband. Aber er war auch eine asketische, disziplinierte, eher depressiv strukturierte Persönlichkeit und wurde an einem Vorgänger gemessen, dessen Stärken Trinkfestigkeit und Jovialität waren. In einer Organisationsberatung ließ sich herausarbeiten, daß der Leiter seine Bemühungen den Laienhelfern nicht ausreichend vermittelte und deshalb viele von ihnen überzeugt waren, seine Qualitätsbemühungen und seine Gremienarbeit hätten gar nichts mit ihnen zu tun, seien allein „sein Hobby".

In ihrem Bericht über die Supervision in einem Prostituiertenprojekt hat Andrea Multhaupt-Meckel die Probleme der Kooperation zwischen Sozialarbeiterinnen und Aussteigerinnen – die einen auf ABM-Basis arbeitend, die anderen nach einem AsS-Modell („Arbeit statt Sozialhilfe") – beschrieben. Zum Vorgespräch haben sich alle Aussteigerinnen krank gemeldet. In der ersten Sitzung wird die Supervisorin von einer der Ex-Prostituierten mit dem Vorwurf empfangen, sie sehe aus wie die Sozialarbeiterin, die sie als Jugendliche ins Heim gebracht habe. Die Geschäftsführerin, die im Hintergrund Fäden zieht und die Initiative aufgebaut hat, boykottiert die Supervision. Es gelingt weder, die Gründe dafür zu verstehen, noch sie einzubinden.

Die Supervisorin wird eine ohnmächtige Ersatz-Leiterin. Sie fürchtet, ihre professionelle Distanz zu verlieren und verpaßt ihrer Widersacherin Gänsefüßchen: „Wie nie zuvor in meiner supervisorischen Tätigkeit war ich empört über die Bedingungen die-

5 In einem sonst sehr gründlichen Bericht über die Motivation und Supervision der Ehrenamtlichen in der Telefonseelsorge von Michaela A.C. Schumacher (1996) taucht die Spannung zwischen den professionellen (bezahlten) Mitarbeitern und den ehrenamtlichen Helfern überhaupt nicht auf. Die latente Spannung einer bezahlten Beratungsarbeit mit unbezahlten Mitarbeitern bleibt ein Tabu.

ses Arbeitsplatzes, über das Verhalten dieser „Führungskraft". Berichtete Vorfälle überschritten die Grenzen der Legalität. Ich wurde zur Mitstreiterin für Recht und Gerechtigkeit."(Multhaupt-Meckel 1997, S.109) Die Geschäftsführerin ist zu den Supervisionsterminen krank oder hat wichtigere Aufgaben. Gerade deshalb scheint aber die Supervision sich um die Launen und Manöver, den von der Geschäftsführerin ausgeübten Druck und ihren Rückzug zu zentrieren. Es gelingt nicht, mit dem Team aus professionellen Helferinnen und Ex-Prostituierten über die Dämonisierung der Geschäftsführung hinauszukommen; schließlich steigt die Supervisorin aus, die befristeten Arbeitsverhältnisse der ABM-Kräfte werden nicht verlängert und von den ausgestiegenen Prostituierten hört man, daß die meisten wieder in diesem Beruf arbeiten. Hart am Rand einer Fehlleistung ist die Bemerkung der Supervisorin, in Frauenprojekten gehe es um „den Kampf gegen weibliche Unterdrückung", auch wenn hinzugesetzt wird „Gewalt in der Ehe, sexueller Mißbrauch, Sextourismus, Sexismus usw."(a.a.O., S.110).

Solche ungeschminkten Berichte sind ebenso wertvoll wie selten. Sie zeigen, daß SupervisorInnen oft dort eingesetzt werden, wo der Beratungswunsch einen ungelösten Konflikt in der Organisation ausdrückt. Nur ausnahmsweise kann es dann gelingen, diesen Konflikt zu bearbeiten; in den meisten Fällen wird die Beratung gemäß seiner Dynamik funktionalisiert. Es ist wie in dem alten Witz vom ungläubigen Versicherungsagenten, der im Sterben liegt und dessen fromme Kinder einen Pastor rufen. Der Pastor geht versichert fort; der Kaufmann bleibt unbekehrt.

Die Zukunft der Arbeit

In den Industriegesellschaften wächst die Ungleichheit zwischen den hochqualifizierten, gutverdienenden Schichten und den Arbeitslosen oder den „modernen Taglöhnern", die sozial ungesichert oft in Mehrfachjobs billig arbeiten.[6] Die Europäer klagen über ihre hohen Soziallasten; die Amerikaner, die ihr „Jobwunder" feiern, zahlen für ihr Gefängnissystem nicht weniger als die Deutschen für ihr soziales Netz. Der traditionellen Ökonomie gehen die Lösungsmodelle aus; in dem neuen Bericht des Club of Rome konzipieren Orio Giarini und Patrick Liedtke eine Vollbeschäftigung durch „gemeinnützige" Tätigkeit für jene, welche in der Industrie keine Arbeit mehr finden und sich nicht selbständig machen wollen oder können. Wer gesund ist und nichts tut, hat auch keinen Anspruch auf Sozialhilfe mehr; wer gut die Hälfte der Woche für die öffentlichen Belange tätig ist, bezieht ein Mindestgehalt.

Woran sich die Geister scheiden, ist der Zwang. Der Sartre-Schüler André Gorz plädierte 1985 für ein Grundeinkommen ohne Gegenleistung; der Münchner Soziologe Ulrich Beck für eine „Tätigkeitsgesellschaft", in der Gemeinwohlunternehmer Menschen gezielt in den Bereichen einsetzen, die bisher auch durch Ehrenamtliche abgedeckt wurden: Bildung, Kulturpflege, Betreuung von Kindern, Strafgefangenen, Sterbenden, Alten, Obdachlosen oder Asylbewerbern. So sollen die Städte wohnlicher werden, die Kultur bunter. Beck wünscht sich hier mehr staatliche Anreize: die freiwilligen Leistungen werden nicht entlohnt, sondern belohnt; Qualifikationen und Rentenan-

6 Siehe hierzu auch die kritischen Beiträge von P. Heintel sowie von Ch. Morgenroth & O. Negt im Einleitungskapitel. – Der Hrsg.

sprüche werden anerkannt; nur wer keine anderen Einkünfte hat, erhält ein Bürgergeld aus den Sozialhilfekassen.

So würde Arbeitslosigkeit viel von ihrem Schrecken verlieren; allerdings setzt die Verwirklichung solcher Programme viel Umdenken voraus. In einem Interview hat der Münchner Soziologe Gerd Mutz, einer der Fürsprecher der „Tätigkeitsgesellschaft", sich gegen das Vorurteil gewehrt, er wolle Erwerbsarbeit durch Bürgerarbeit ersetzen. Beide Felder sollen sich parallel entwickeln; Phasen der Erwerbsarbeit sollen mit Weiterbildungszeiten und Phasen eines Engagements abwechseln, das jetzt nicht mehr „ehrenamtlich", sondern „bürgerschaftlich" heißt, weil es aus staatlichen oder privaten Quellen finanziert wird.

Untersuchungen von Mutz haben gezeigt, daß Arbeitslose ihre Situation sehr viel besser bewältigen und auch leichter wieder eine Stelle finden, wenn sie sich in einer Initiativgruppe engagieren. Gegenwärtig ist die Situation allerdings noch so, daß Arbeitslose weniger ehrenamtlich engagiert sind als Berufstätige; vermutlich liegt das an der narzißtischen Kränkung durch die Arbeitslosigkeit, die im sozialen Engagement verarbeitet werden muß, während die Betroffenen durch sozialen Rückzug ihre Traumatisierung besser verdrängen können.

Angesichts der enormen sozialen Dynamik der Arbeitslosigkeit und der künftigen Auseinandersetzungen über die „Zukunft der Arbeit" kommen auf Berater und Supervisoren, die an Organisationsentwicklung interessiert sind, große Aufgaben zu. Die bisherigen Erfahrungen des Autors, der selbst an einigen Initiativgruppen mitgearbeitet hat, sprechen dafür, daß solche Berater sich auf den Umgang mit den (oft verleugneten) narzißtischen Kränkungen und den Rückzugsneigungen in der Freiwilligenarbeit gründlich vorbereiten sollten. Sowohl in den Freiwilligenzentren, den Börsen für Laienhelfer und den Einrichtungen, die sich eventuell aus dem Aufbau der „Tätigkeitsgesellschaft" entwickeln werden, ist die Entwicklung konfliktfähiger Teams und einer modernen Führungskultur unerläßlich. Auch Berater müssen sich darauf vorbereiten, daß sie nicht ihre ganze Karriere in einem stabilen Setting (z.B. Supervision professioneller Arbeit) verbringen können. Flexibilität, Kreativität und die Suche nach neuen Modellen für die betreuten Organisationen werden darüber mitentscheiden, ob Supervision und OE zukunftsfähig bleiben.

Literatur

Beck, U. (1996): Kapitalismus ohne Arbeit. Der Spiegel 20,S. 140-146

Beck, U. (Hrsg.) (1997): Kinder der Freiheit. Frankfurt

Belardi, N.(1996): Vom Ehrenamt zur Supervision – Beratung von Laien. In: OSC 4, S. 299-305

Belardi, N. (1996): Supervision. Eine Einführung für soziale Berufe. Freiburg

Giarini, O., Liedtke, P.M. (1998): Wie wir arbeiten werden. Der neue Bericht an den Club of Rome. Hamburg

Gorz, A. (1985): Wege ins Paradies. Thesen zur Krise, Automation und Zukunft der Arbeit. Berlin (

Gumpinger, M.(1996): Das soziale Ehrenamt und sein Verhältnis zur Supervision, in: OSC 3, S. 305-323

Illich, I. (1978): Die Nemesis der Medizin. Reinbek.

Jakob, G. (1993): Zwischen Dienst und Selbstbezug. Eine biographieanalytische Untersuchung ehrenamtlichen Engagements. Opladen

Keupp, H. (1988): Riskante Chancen. Heidelberg

Keupp, H.(1987): Soziale Netzwerke – Eine Metapher des gesellschaftlichen Umbruchs? In: Keupp, H., Röhrle, B. (Hrsg.), Soziale Netzwerke, Frankfurt

Moeller, M.L. (1981): Anders Helfen. Selbsthilfegruppen und Fachleute arbeiten zusammen. Stuttgart
Multhaupt-Meckel, A. (1997): Supervision in einem Prostituiertenprojekt. Keine lustvolle Erfahrung. In: Forum Supervision 5, S. 100 – 112
Mutz, G. (1998): Der Job ist nur die halbe Arbeit. Die Zeit Nr.10/1998, S. 25
Pietscher, Ch. (1998): Kostenlos, aber nicht umsonst. Bericht in der Süddeutschen Zeitung v. 28.2.1998
Pühl, H. (Hrsg.) (1996): Supervision in Institutionen. Frankfurt (2. Aufl. 1997)
Rifkin, J. (1996): Das Ende der Arbeit und ihre Zukunft. Frankfurt
Schmidbauer, W. (1983,1992): Helfen als Beruf. Die Ware Nächstenliebe. Reinbek
Schmidbauer, W. (1993): Die Identität des Laienhelfers. In: Hohl, J., Reisbeck,G. (Hg.): Individuum – Lebenswelt – Gesellschaft. Texte zu Sozialpsychologie und Soziologie. Wien
Schmidbauer, W. (1997): Laienkultur und professionelle Kultur in der Drogentherapie. In: Forum Supervision 5, S. 77 – 92
Schumacher, M. (1996): Motivation und Supervision von ehrenamtlichen MitarbeiterInnen in der Telefonseelsorge, in: OSC 3, S. 323-337
Schur, M. (1970): Sigmund Freud – Leben und Sterben. Frankfurt

Supervision und Geschlecht – Kritische Anmerkungen aus sozialpsychologischer Sicht

Sabine Scheffler

Von der Ausgrenzung einer Strukturkategorie

Supervision und Coaching finden in einem Alltag statt, in dem die Plausibilität und scheinbare Natürlichkeit der Geschlechterordnung in Hierarchie, Geschlechtersegregation, Arbeitsbereichen und Organisationsstrukturen ungebrochen wirkt.[1] Die Differenz ist sichtbar, ideologisch gut abgesichert über eine letztendlich biologisch begründete geschlechtsspezifische Arbeitsteilung. So bleibt der Prozeß der Konstruktion von Zweigeschlechtlichkeit unsichtbar; unsichtbar bleibt auch, wie Dominanz und Macht einseitig verteilt werden, wie Kontexte auf das Geschlecht als soziale Strukturkategorie rekurrieren, ohne daß dies sichtbar würde. Dabei reagiert die Praxis eher nach dem Motto: „Gleichberechtigung o.K., Quotierung überflüssig, Feminismus indiskutabel".

Es ist sicher zulässig, Supervision den angewandten Sozialwissenschaften zuzuordnen. Von daher ist es legitim zu verfolgen, wie anwendungsbezogene Begrifflichkeiten der Institutionssupervision (Begrifflichkeiten z.B.: Organisation, Hierarchie, Führung, Rollenanalyse) „Geschlecht" reflektieren, wie die Strukturkategorie „Geschlecht" im Erklärungswissen für Prozesse und Interventionen aufscheint. Dies trifft auch für Erklärungssystematiken wie die Psychoanalyse oder die systemische Theorie zu; hier jedoch werden am Beispiel von Organisation und Führung sozialpsychologische und/oder soziologische Begrifflichkeiten diskutiert. Bei diesem grundlegenden Thema wird man sicherlich immer wieder gezwungen, zwischen der scheinbaren Abgehobenheit der Theorie und der scheinbaren Plausibilität des Praktischen einen Weg zu finden, was letztendlich schwierig ist, wenn es um die Dekonstruktion von angenehmen Gewißheiten und um die Erkenntnis der begrenzten Möglichkeiten kritischen Tuns geht.

In den letzten zwanzig Jahren hat die Frauen-, oder tolerabler die Geschlechterforschung auf die grundlegende Bedeutung der Strukturkategorie „Geschlecht" für sozialen Wandel, Veränderungen von Privat- und öffentlicher Sphäre und deren notwendiger Vermittlung hingewiesen. Lebensarbeitszeitmodelle, die auf einer männlich bestimmten Erwerbsbiographie aufruhen, werden bei der Verknappung von Arbeit obsolet. Supervision als professionelle „Veränderungsbegleitung" (Fürstenau 1992) bietet von der genannten Umschreibung her Möglichkeiten, begrenzten sozialen Wandel zu fordern, Irrationalitäten des Geschlechterverhältnisses zu reflektieren und professio-

1 Siehe hierzu auch den Beitrag von C. Morgenroth & O. Negt. – Der Hrsg.

nelle Rollenbeziehungen unter dem Blickwinkel dichotomer Geschlechterbezogenheit zu analysieren.

Die Arbeitsmarkt – und Erwerbssituation hat sich für Frauen mit dem neuen Rationalisierungsschub der 90er Jahre verschlechtert (vgl. DIE WOCHE vom 16.02.1995). Gleichzeitig werden weibliche Führungsqualitäten wie Empathie, Beziehungsfähigkeit, die „Care-taking-Perspektive" als Hoffnungsträger für die Leichtigkeit einer Karriere im Management betont. Karrieren im Management enden für Frauen in der Regel in der mittleren Ebene der Organisationen. Auch die bereits vorliegenden Analysen zur Eigendynamik homosozialer Teams in supervisorischen Kontexten werden vor allem unter dem Differenzaspekt gesehen. So gibt es Beschreibungen von frauenspezifischen Dynamiken in Teams und Analysen der qualitativen Arbeitsplatzveränderung in der Frauenprojektbewegung (Bauer, Gröning 1994; Dorst 1991; Doppert 1993; Rieger 1993; Scheffler 1991, 1993). Die Bedeutung der Strukturkategorie „Geschlecht" ist darüber hinaus jedoch in der supervisorischen Theorie und Praxis wenig thematisiert. Hier und da gibt es mühsam erstrittene Schwerpunktabhandlungen zu Frauen und Supervision (vgl. Hege 1991; Forum Supervision 1995, Jonas 1994; Dürmeier 1998).

2. Geschlecht als Strukturkategorie

„Die gesellschaftlichen Rahmenbedingungen, die in ihrer Auswirkung in bürokratisch organisierten Institutionen nicht unterschätzt werden dürfen" (Pühl 1998, S. 8), machen die Analyse der Verschränkungen der Strukturkategorie „Geschlecht" in begriffliches Denken und in Interventionsstrategien der Supervision hinein sinnvoll. Strukturelles Arbeiten und Intervenieren wird auf diese Weise gefördert.

Wenn im folgenden von „Geschlecht" (Gender) gesprochen wird, hat das Konzept „Gender" mehrere Bedeutungsdimensionen:

1. Es macht im konstruktivistischen Sinne möglich, die Interaktion – „doing" – auf dem Hintergrund der neueren Sichtweise zu fokussieren, die „Geschlecht" als Strategien der Herstellung von Identität in Situationen begreifen (Kotthoff 1993, Schultz 1990, Hare-Mustin/Mareck 1990, Hagemann-White 1993).
   – *„Geschlecht als interaktives situationsgebundenes Konstrukt"* -
2. Das Konzept „Geschlecht" verdeutlicht die notwendigen sichtbaren Unterschiede im Verhalten, die durch das Leben in unterschiedlichen Kontexten und Positionen nötig werden.
   – *„Geschlechterdifferenz"* –
3. Die umfassende Konzeptualisierung von „Geschlechterdifferenz" hat Rohde-Dachser (1991) in ihrer Kritik am System der Psychoanalyse entwickelt (vgl. Anm. 1). Wichtig ist an Rohde-Dachsers Umschreibungsversuch der Gedanke, daß Systeme und Strukturen vergeschlechtlicht sind (Genderedness, die Dimension: expressives Symbolsystem der Kultur), ebenso daß das Unbewußte Dichotomien, Polaritäten und Asymmetrien des Geschlechterverhältnisses folgt.
   - *Geschlecht als Strukturkategorie* –

In diesem Sinne hat das Konzept vom Geschlechterverhältnis Platzanweiserfunktion. Es ist am wenigsten eine Eigenschaft des Individuums, sondern ein hierarchisches System zur Organisierung von Macht. Frauen erfahren in dieser Systematik eine doppelte und widersprüchliche Vergesellschaftung (Beruf und Familie, Dackweiler 1995). Dies soll im folgenden an den Konzepten „Organisation“ und „Führungsfunktion“ erläutert werden.

3. Zum Beispiel: Organisation, Frauen und Männer

„Das Geschlecht läuft immer mit ...“. Dies ist der Titel einer Untersuchung über die Arbeitswelt von Professorinnen und Professoren (Schultz 1990). Diese Studie beschreibt praxisnah, was arbeiten in exponierten Positionen für Frauen bedeutet, insbesondere da die Organisationskultur der Institution Universität männlich ausgeprägt ist. Schultz hat die Arbeitswelt für Männer und Frauen in qualitativen Interviews erfaßt und analysiert. Auch wenn die Universität nicht als exemplarisch für andere Organisationen gelten kann, so handelt es sich bei der Universität doch um ein „monosoziales“ (Lippmann/Blumen 1976) System, das durch informelle Strukturen der Kontakte geprägt ist, wobei der gleichgeschlechtliche Umgang ebenso bedeutsam und wichtig ist wie im höheren Management. Frauen sind in diesem System ‚Alibipersonen‘ (Kanter 1977), da sie als Minderheitengruppe weniger als 15 % der Gesamtgruppe ausmachen.

Schultz hilft sich schließlich mit Begrifflichkeiten aus der Migrantenforschung, um die Anpassungs- und Bewältigungsstrukturen der Professorinnen zu beschreiben. Sie vollziehen einen „Akkulturationsprozeß, als Prozeß der abermaligen Anpassung an neue, kulturelle Lebensbedingungen“ (vgl. Schultz 1990). Der Alibistatus erfordert Anpassung und Gestaltung, Schultz bezeichnet das als „Leben in kulturellen Zwischenwelten“ (Hettlage 1985). Die Arbeitswelt der Universität, so meint Schultz, hat keine symbolischen und hierarchischen Präsentationen für Frau-Sein oder Weiblichkeit, deshalb muß die weibliche und persönliche Identität in der Interaktion und im alltäglichen Handlungsvollzug so hergestellt werden, daß sie sowohl dem Strukturprinzip der Organisation wie dem persönlichen Identitätsbedürfnis folgt. Die Geschlechtszugehörigkeit wird von allen befragten Frauen (21), aber von keinem der Männer (22) als entscheidend für die private und berufliche Lebensführung angesehen. Die Geschlechtszugehörigkeit beeinflußt die Lebensführung/Berufsgestaltung so weit nachhaltiger als die soziale Herkunft (Schultz 1990, S. 277).

Die berufliche Entwicklung der Männer verläuft im universitären System bruchloser, sie ist unterstützt von männlichen Mentoren. Frauen akkulturieren sich, indem sie außerordentliche Leistungen erbringen und hohe Ansprüche an sich selber haben. Die Karrieren der Frauen im Universitätsbereich sind nicht geradlinig und geplant, sondern eher von Zufällen bestimmt, die sich aktuell ergeben.

Dies als ein Beispiel, wie die Struktur einer Organisation (hier: Universität) den Lebensweg von Frauen und Männern unterschiedlich bestimmt, jenseits ihrer persönlichen Fähigkeiten und ihres Vermögens. („Frauen machen Quote, Männer machen das Programm“!)

Organisationen sind kein funktionales, neutrales Gebilde, sondern sie sind auf das Geschlechterverhältnis in besonderer Weise angewiesen, sie ruhen auf dem geschlechtersegregierten Arbeitsmarkt auf und reproduzieren ihn ständig neu. Sie prägen Erleben und Verhalten von Männern und Frauen nachhaltig. Organisationstheorien psychologischer und soziologischer Provenienz festigen den Umgang mit der geschlechtsspezifischen Arbeitsteilung, da sie das Konzept der geschlechtsspezifischen Arbeitsteilung in ihren theoretischen Ausführungen nicht berücksichtigen. Es ist bekannt, daß z.B. Mädchen trotz Förderprogrammen eine Technikdistanz entwickeln, Frauen meiden trotz gleicher Qualifikation Führungspositionen (Selbstausschlußverhalten von Frauen). Die Möglichkeiten zur Chancengleichheit treffen auf eine strukturelle Situation, die zur beruflichen Identität, als Schnittpunkt von persönlicher Sozialisation und sozialer Interaktion sichtlich nicht paßt. Berufliche Positionen sind von der Interaktion und Attribuierung her mit Erwartungen und Anforderungen verknüpft, die Geschlecht herstellen, daran erinnern oder eine Abweichung konstatieren. Das soziale Ordnungssystem „Geschlecht" ist strukturell vorhanden und wird interaktiv hergestellt. Männlich konotierte Berufe und Positionen erfordern spezielle Identitätsstrategien, die Leistungsbereitschaft und Abgrenzungsvermögen wie den Verzicht auf familiäre Verfügbarkeit erforderlich machen (Germann 1996; Stadelmann 1996).

„We can never ever do not gender" (West, Zimmermann 1991). So ist „doing gender" mehr als das Leben in einer Differenz. Denn indem wir die Zweigeschlechtlichkeit mit herstellen, so West & Zimmermann, vollziehen und bestätigen wir deren immanente Hierarchie. Die Höherwertigkeit des Männlichen wird nicht zusätzlich zu einer an sich neutralen Differenz erzeugt, wie sie in allen Ansätzen angenommen wird, welche den „kleinen Unterschied" als biologische Gegebenheit ansehen. In der Interaktion zeigt sich bei genauerer Betrachtung, daß wir Männlichkeit als Dominanz, Weiblichkeit als Unterordnung symbolisch vollziehen. Damit wirken wir alltäglich an der Fortschreibung patriarchaler Ungleichheit mit (Hagemann-White 1993, S. 72). Deshalb ist eine systematische Theorie von Geschlecht und Organisation wichtig. Akker (1991) faßt diese Notwendigkeit zusammen:

1. Die geschlechtsspezifische Arbeitsteilung, einschließlich der Teilung zwischen bezahlter und unbezahlter Arbeit (Hausarbeit), wird durch organisatorische Praktiken und durch Prozesse in Organisationen durchgesetzt.
2. Einkommens- und Statusungleichheit (Geschlechtersegregation) wird durch stratifikatorische Organisationsprozesse hergestellt.
3. Organisationen sind Foren, wo kulturelle Bilder von Geschlecht erzeugt und reorganisiert werden.
4. Aspekte individueller Geschlechtsrollenidentität – hier besonders „Maskulinität" – sind Ergebnisse von Organisationsprozessen und -druck (vgl. Manthey 1994).

Acker (1991) und Cockburn (1988) beschreiben nun Organisationen als einen vergeschlechtlichten Prozeß, in dem sowohl Geschlecht als auch Sexualität verschüttet sind durch einen geschlechtsneutralen, asexuellen Diskurs. Geschlecht, Körperlichkeit und Sexualität sind der Teil, der in Organisationen kontrolliert wird, so die These.

Formale Organisationen sind in ihren Strukturen dadurch zu charakterisieren, daß sie unabhängig von den individuellen Merkmalen ihrer Mitglieder funktionieren, daß sie hierarchisch gegliedert sind, daß sie Kontinuität und Sicherheit über die Kontrolle ihrer Mitglieder garantieren, und daß sie über eine Binnen-Außen-Differenzierung (Wertsystem, Verhaltenscodex, Organisationskultur) verfügen. Moderne Organisationstheorien sind zwar sensibel „für den Zusammenhang von Anforderungen und Verhalten in Organisationen und Maskulinität, aber es gibt keine Analyse der Geschlechterhierarchie in Organisationen und der Rolle, die ‚Sexualität und Geschlecht' zur Abwehr von Gleichheitsansprüchen von Frauen spielen." Damit aber sind sie (die Modelle) geschlechtsblind (Müller 1993, S. 97).

Eigentlich dürfte es ja keine Rolle spielen, ob eine Person in einer bestimmten Funktion ein Mann oder eine Frau ist, da Organisationen formal (entsexualisiert) sind; dennoch gehören Geschlechtszugehörigkeit und Organisation zusammen, denn Geschlecht ist ein diskriminierendes Merkmal auf dem Arbeitsmarkt. Die einen werden so für Entsagung „mit Status und Macht und Anerkennung belohnt", die anderen dagegen dürfen für Entsagung „liebenswert, fürsorglich und unterstützend" genannt werden (vgl. Anm. 2: Historisches zur Entwicklung von Organisationen).

Die kritische organisationstheoretische Debatte betont den Zusammenhang zwischen Organisation und impliziter Geschlechtlichkeit sowie ausgegrenzter Sexualität. Organisationen sind relational und mit Notwendigkeit sowohl auf die Geschlechterhierarchie hin organisiert, wie auch auf Kontrolle der Begierde und den Bedürfnisaufschub.

Wenn man eine Organisation als vergeschlechtlicht bezeichnet (gendered), dann heißt das, daß Erfolg und Mißerfolg, Kreativität und Kontrolle, Aktivität und Gefühl, Sinn, Bedeutung und Identität strukturiert sind durch die Unterscheidung von männlich und weiblich (vgl. Acker 1991). Gender ist integraler Bestandteil von Organisationsprozessen.

Die Vergeschlechtlichung passiert in fünf interaktiven Prozeßdimensionen:

1) *Teilungen entlang der Geschlechtlichkeit:*
   z.B. Arbeitsteilung, Verhaltensnormen, Zuweisung von psychischem und physischem Raum, Zuweisung von Macht (Beziehungsmacht). Dabei bringen die neuen Technologien zwar die Möglichkeit der Verwerfung von Segregationslinien mit sich, aber auch neu entstehende Jobs werden redefiniert, Semiprofessionen entstehen im Sinne der Arbeitsteilung (vgl. Medizin: Ärzte und Krankenschwestern; Programmiererin und Softwaremanager).
2) *Bilder, Attributionen und Projektionen:*
   Sie sind nötig, die Trennung auszudrücken und zu bestärken, wobei dann Ausnahmen die Regel bestätigen (Alibifrauen). Solche Konstrukte entstehen durch Sprache, Ideologie und die expressiven kulturellen Symbolsysteme (z.B. das Image des Topmanagers, Androgynität der Mode für Beruf und Öffentlichkeit für Frauen).
3) *Verhaltensebene zwischen Männern und Frauen, Männern und Männern, Frauen und Frauen:*
   Alle Verhaltensmuster, die Dominanz und Unterwerfung einschließen (vgl. interaktive doing-gender-Prozesse, nachgewiesen in Kommunikationsanalysen; Kotthoff 1993, oder die Vergeschlechtlichung der Sprache, Pusch 1990).
4) *Prozesse, die eine geschlechtsspezifische Individualität entstehen lassen:*
   Persönliche Bewußtheit über die drei Aspekte von gender, hier Arbeitsvermögen, Ausdruck (Sprache und Kleidung), geschlechtsspezifische Selbstpräsentation.
5) Gender ist der Bezugsrahmen für andere Strukturen und Systeme, die als geschlechtsneutral erscheinen:
   Die scheinbar neutrale Logik von Organisationen schlägt sich nieder in ihren Regeln, in Arbeitsverträgen, in Führungsanweisungen, vor allem aber in den Arbeitsplatzbewertungsverfahren (job evaluation, vgl. Acker 1991).

Die Unternehmenskultur „corporate identity“ fördert eher das Bild einer hegemonialen Männlichkeit, der Manager ist „hart“, „professionell“, „kompetent“, „potent“, „attraktiv“ – mit Familie – und „emotional kontrolliert“. Manager, die korpulent sind oder so erscheinen, sind bei der Jobsuche signifikant benachteiligt (Hare-Mustin/Maracek 1990). Dabei ist wichtig, daß das Image des Maskulinen je nach Bedarf erweitert werden kann um Flexibilität, Sensibilität und Empathie für die Belange der Mitarbeiter (neue Führungsstile, Männer in therapeutischen Institutionen). Es ist z.B. ein Charakteristikum des geschlechtersegregierten Arbeitsmarkts, daß die Zuschreibungen in den „Jobs“ je nach Status wechseln und im Prinzip beliebig sind (vgl. Gildemeister, Wetterer 1992). Sinkt ein Beruf im Status, so werden die Konnotierungen „weiblich“. Geschlechtlichkeit wird Berufen nach Status zugewiesen und führt so zu Ausgrenzungen und nicht umgekehrt (vgl. Anmerkung 3).

Acker (1991) zeigt in ihren Ausführungen zur Struktur der Arbeitsplatzbewertungsverfahren, welchen impliziten Bewertungen die Arbeitsplatzbeschreibung unterliegt. Dabei betont sie besonders, daß mit der Arbeitsplatzbeschreibung und -bewertung Positionen umrissen werden, die zunächst nur auf dem Papier existieren. Lebendige, tatsächliche Arbeit geschieht erst, wenn der Arbeitnehmer die Position einnimmt und sie mit seinem Verhalten als Rolle ausfüllt. Die Rationalität des Bewertungsprozesses schließt aber das konkrete Individuum aus, weil es auch Absicht ist, Charakteristika von Jobs zu benennen und Menschen zu suchen, die zum Job passen. Über die unterschiedliche Bewertung von Positionen entstehen so Hierarchien, die auf abstrakten, logischen Differenzen beruhen. Dabei unterstellt die Arbeitsplatzbewertung Hierarchie als zu akzeptierendes Prinzip von Arbeit. Acker (1991) formuliert pointiert: Arbeitsplätze und Hierarchie sind abstrakte Kategorien; sie haben „keinen Körper, kein Geschlecht und keinen Besitzer“. So gibt es gleichsam außer der Arbeit keine Aspekte, die eine Person in einer Position bestimmen. Der abstrakte „körper- oder leiblose“ (dysembodied) Arbeiter ist nach Acker der männliche Arbeiter, dessen Leben auf Vollzeit- und lebenslange Arbeit hin strukturiert ist, dessen Frau sich um seine persönlichen Bedürfnisse und seine Kinder kümmert. Die weibliche Arbeitskraft, die andere Verpflichtungen hat, paßt nicht in diese abstrakte Arbeitsdefinition (der Lohn, den ein Arbeitnehmer erhält, ist definiert als Familienlohn).

Die organisatorische Arbeitsdefinition ist ein vergeschlechtlichtes Konzept, auch wenn es sich von der Logik her geschlechtsneutral und objektiv gibt. Die Beschreibung des Arbeitsplatzes beinhaltet immer schon die geschlechtsspezifische Arbeitsteilung und die Trennung in Öffentlichkeit und Privatheit. In den Arbeitsplatzbeschreibungen wird eine vergeschlechtlichte Organisation des häuslichen Lebens „mitgedacht“. Das aber ist die geschlechtliche Mitschrift des Rationalen und Unpersönlichen, die Bedürfnislosigkeit und „Körperlosigkeit“ voraussetzt.

Die Geschichte moderner Organisation schließt die Unterdrückung von Sexualität und konkreter Leiblichkeit ein. Arbeit erfordert die Fähigkeit zu Bedürfnisaufschub. Lust schreibt einen Subtext zu organisatorischen Abläufen. Die Verdrängung der Sexualität hat Auswirkungen auf die Struktur der Privatsphäre und vertieft die Trennung von Arbeit und Freizeit. Ebenso gefährden vielfältige andere Bedürfnisse und Gefühle den idealen Organisationsprozeß, es geht um die Kontrolle solcher Interferenzen. Zu persönliche Interpretationen von Arbeit sind eines der wichtigsten Themen in der Supervision. Schwangerschaften, Stillzeiten, Menstruation, zugewiesene Emotionalität und Erotik sind suspekt und stigmatisiert; solche Merkmale werden als Grund für Ausschluß und Kontrolle genutzt. Frauen werden entwertet, weil sie bei der gewachsenen Arbeitsteilung die Anforderungen des abstrakten Jobs nicht erfüllen können.

Die Duldung von pornographischen Postern in Umkleideräumen, das Gespräch über sexuelle Aktivitäten, anzügliche Witze sind Beispiele für den symbolischen Ausdruck von sexueller Aktivität, der in der Arbeitssituation toleriert wird, um die Kohäsion zu fördern und Streß zu reduzieren. Der symbolische Ausdruck männlicher Dominanz wirkt für Männer verbindend und wird durch Abgrenzung und Entwertung vollzogen. Die Unternehmenskultur („corporate identity") fördert das Bild von hegemonialer Männlichkeit.

Psychologisch gesehen sind Frauen in Organisationen und technologischen Berufen damit beschäftigt, Positionen auszufüllen, deren Struktur eine gesellschaftliche Spaltung fortschreiben. Schultz (1990) bezeichnet das als „Leben in Zwischenwelten". Die in der Supervision geschilderten Selbstwertproblematiken deuten so auf eine individuelle Verarbeitung einer strukturellen Gegebenheit hin. Rommelspacher (1992) beschreibt in ihrer Studie zu Konflikten im beruflichen Selbstverständnis von in der Praxis tätigen Sozialwissenschaftlerinnen die Sackgasse einer vergeschlechtlichten Berufsidentität. Widersprüche ergeben sich, wenn Frauen in der Berufstätigkeit (Organisation) den Beziehungsidealen und moralischen Anforderungen von care-taking, Mitmenschlichkeit und Verantwortlichkeit folgen. Dieser Widerspruch wird als Dilemma zwischen privat gelebter Weiblichkeit und Zweifeln an der Qualität der eigenen Professionalität formuliert, das komplementäre Verhältnis von privater und professioneller Beziehung wird sichtbar. Private und professionelle Hilfeleistungen, obwohl von gleicher Mitmenschlichkeit getragen, bleiben verschiedenartig und werden auch so erlebt, ruhen sie doch in einer unterschiedlichen Struktur, in einem unterschiedlich gestalteten Kontext. Sie lösen aber eine stabilisierende Suchbewegung im Sinne des „doing gender" aus (vgl. Rohde-Dachser 1985, die bereits auf die zwiespältige Wirkung der Emanzipation in sog. Frauenberufen am Beispiel der Therapeutinnen hinwies).

Die referierte Analyse von Organisationskonzepten verdeutlicht exemplarisch die Mehrdimensionalität Text und Subtextualität von Organisation. Die Mitschriften solcher Konzepte tragen einen gender-politischen Rest, der Gleichwertigkeit im Arbeitsgeschehen verhindert. Zunehmend ist auch zu hinterfragen, wie „männliches Arbeitsvermögen", das auf Beruf und Karriere ausgerichtet ist, Lebensqualität letztendlich behindert.

4. Zum Beispiel: Führungsfunktionen Frauen und Männer

Führungsfunktionen, ihre organisationssoziologische Anbindung, ihre Konstruktion und Rekonstruktion sind ein weiteres Beispiel für Erklärungsansätze, die Geschlechterverhältnisse benutzen, ohne sie zu benennen. Auch diese Denkmodelle ruhen auf der Strukturkategorie „Geschlecht" auf.

Die geringe Präsenz von Frauen in Führungspositionen ebenso wie die Benachteiligung der Frauen sei ein Problem der Frauen. Das ergab eine Expertenbefragung von Managementtrainern in Berlin (Manthey 1994). Dies stützt die Aussage, daß Managementpositionen ideologische und symbolische Funktionen haben, auch um geschlechtshierarchische Positionen zu bewahren.

Die derzeitigen Fortbildungsziele im Management betonen die Flexibilität des Führungsstils und erwarten auch von Männern eher Verhaltensformen, die persönliche Fähigkeiten fordern, wie Sensibilität, soziale Wahrnehmungsfähigkeit, Empathie und Mitarbeiterorientierung. Hier werden die sog. weiblichen Führungsqualitäten relevant, die Helgesen (1992) vom differenztheoretischen Ansatz her so betont, wie Kooperationsbereitschaft und mitarbeiterorientierter Führungsstil.

Fähigkeitsattribuierungen wechseln – wie schon gesagt – aber in der soziologischen Entwicklung eines Berufes je nach Bedarf. Die Attribuierungen zur beruflichen Kompetenz müssen lediglich die Bedeutung des Status einer Tätigkeit sichern, um dann die hierarchische Zuweisung zu garantieren (vgl. Anmerkung 3); Gildemeister, Wetterer 1992; Manthey 1996). Die Vergeschlechtlichung von Tätigkeiten ist das Ergebnis der Geschlechterdifferenz, dem der geschlechtersegregierte Arbeitsmarkt folgt und so die Zugangschancen und Karrierechancen einseitig sichert.

(„Ein bißchen mehr Weiblichkeit bitte, meine Herren, sonst können wir die Positionen nicht halten".)

Um die Dominanz von Männern in Führungspositionen zu sichern, werden die Verhaltensanforderungen geändert, die Spielräume für berufliche Anforderungen umdefiniert. Eine Managementqualifikation, die von der asymmetrischen Binarität her bisher eher Frauen zugewiesen war, wird redistribuiert. Rohde-Dachser (1985) hat z.B. die Emanzipationsmöglichkeiten des Mannes in therapeutischen Organisationen hervorgehoben und hat ähnlich wie Rommelspacher (1992) auf die Zwiespältigkeit der beruflichen Identität für Frauen in diesem Bereich verwiesen. Arbeitsanteile personenbezogener Dienstleistungen, wie Mitarbeitermotivation und „Gefühlsarbeit" sind stillschweigende, persönliche Qualifikationen, die aus dem Wissens- und Erfahrungsbereich in zwei Lebensbereichen erwachsen (Beruf und Familie). Sie gehören zu einem in der Erwerbsarbeit in den Hintergrund gedrängten Lebensbereich. Bei Bedarf werden sie redistribuiert und abstrakten Positionen neu zugewiesen.

Hochrangige Positionen sind nicht nur mit Macht (Entscheidungs- und Kontrollbefugnis) und Ansehen verbunden, solche Positionen sind auch Träger von gesellschaftlicher Ideologie und Organisationskulturen. Männliche Erwerbsarbeit ist mit der Erwartung der allseitigen Verfügbarkeit für den Arbeitsprozeß verknüpft. Mit neuen Anforderungen an die Qualifikation wird die Dominanz der beruflichen Einbindung aufs Neue hergestellt, die allseitige Verfügbarkeit von Männern ist aber nur zu erreichen, indem die Möglichkeit für Männer besteht, diesen Bereich zu monopolisieren. „Lebenslange Verpflichtung und Verantwortung, Unabhängigkeit, gesellschaftliche Anerkennung, gegenseitige Förderung und Unterstützung bei Bewährung wurden zu wesentlichen Bausteinen des Mann-Seins und gelten alle als berufsbezogen. Es kommt einem gefährlichen Bedeutungsverlust von Erwerbsarbeit gleich, wenn die Verfügbarkeit über die ideologieträchtigen Positionen an Legitimation verlöre" (Manthey 1994, S. 42ff) und die Geschlechterdifferenz weniger relevant würde. Eine Karrierefrau, gut plaziert, hat da eher konservierende Funktion, weil die Flexibilität des Systems sichtbar wird.

Die nun schon klassische empirische Forschung zu Führungsverhalten und Geschlechtsspezifität spricht dabei in der Gesamteinschätzung eher dafür, daß sogenannte weibliche Führungsqualitäten eher status- und positionsgebunden sind, also strukturell und interaktiv verankert sind:

- Sozialbezogenes Verhalten nimmt auch bei Frauen mit steigender beruflicher Position ab, autonomes Verhalten nimmt zu (Maracek 1990).
- Reaktionen auf Frauen und Männer sind eher von der Position des betroffenen Menschen in der Hierarchie bestimmt; je geringer der soziale Status, desto eindeutiger geschlechtsspezifische Ansprachen (Eagly 1987).
- Frauen zeigen dann Konkurrenzverhalten zueinander, wenn sie sich in gesicherten sozialen Kontexten bewegen (Keller, Moglen 1990);
- Frauen zeigen im Führungsverhalten keine unterschiedlichen Verhaltensweisen im Vergleich zu Männern (Dobbings, Platz 1986);

Diese empirischen Schlaglichter legen den Schluß nahe, daß sich geschlechtsspezifisches Verhalten verringert, wenn Frauen in Systemen und Kontexten qua Position und Status anerkannt werden. Es sind Macht- und interaktive Strukturen, die „Frauenverhalten"/„Männerverhalten" produzieren. Man könnte sagen, daß Frauen in ihrem Verhaltensrepertoire eher Copingstrategien wählen, die ihrer weniger anerkannten Position entsprechen: nach Anerkennung suchendes Verhalten, sich rückversicherndes Verhalten, Fürsorglichkeit, gruppenzentriertes Agieren. Die „weiblichen Führungsqualitäten" sind so eher ein Verhaltensrepertoire, das in Positionen mit Minderheitenstatus relevant wird. Gleichzeitig wird zur Zeit auf den Führungsebenen mitarbeiterzentriertes Verhalten trainiert, um als persönliche Kompetenz das Gleichgewicht der männerdominierten Subsysteme auf den Führungsetagen zu garantieren. Stratifikationseffekte, Wertewandel, Ungleichgewichte, Spannungen und Desorientierungen sind auszugleichen. Dies ist relativ stimmig und einfach mit den zentralen Argumentationslinien der sozialpsychologischen Führungsstildebatte zu verknüpfen (vgl. Anmerkung 4 zur klassischen Führungsstilforschung).

Die Führungsstildebatte und -forschung erbrachte als Dimension für erfolgreiches Leiten die Fähigkeit, flexibel in Abhängigkeit von der Einschätzung der Situation zwischen Mitarbeiterorientierung und Leistungsorientierung in der Führung zu wechseln.

Die (Un-)Bedeutsamkeit der weiblichen Führungskraft wird aber an anderer Stelle der Führungsdebatte entscheidender, nämlich mit den Forschungsansätzen zur symbolischen Funktion von Führung (vgl. Gebert, Rosenstiel 1993, S. 172ff). Dabei ist von Belang, wie der Führende den Erfolg bzw. Mißerfolg seiner MitarbeiterInnen erklärt (Attribuierungstheorien), um sich gemäß der persönlichen subjektiven Theorie zur Zielerreichung zu verhalten, aber auch wie Geführte den Unternehmenserfolg zuschreiben (vgl. Anmerkung 5).

Nach dem Konzept der „symbolischen Führung" (Pfeffer 1981; Schein 1985) verfügt Leitung über spezifische Sprachregelungen, sie fördert Interpretationsschemata, pflegt Zeremonien und Rituale, unterstreicht Traditionen und Mythen. Führung hat Akzeptanz- und Orientierungsfunktion. In dieser Sicht von Führung signalisiert z.B. Kontrollverhalten vor allem spezifische Werte und Überzeugungen und symbolisiert damit verhaltenssteuernde Erwartungen.

Frauen können diese Funktionen und Symbolisierungen jedoch in der Regel nicht garantieren, wenn dies auch in einzelnen Branchen durch Stratifikationseffekte gemildert zu sein scheint. Sie gefährden eher den ideologischen Konsens der scheinbaren Neutralität und Logik des Arbeitsplatzes, der für Männer und ihr Selbstverständnis so bindend ist; außerdem gefährden sie die von der Organisation her bindenden Werte der allseitigen Verfügbarkeit des „männlichen körperlosen Arbeiters", sie gefährden den

Dominanzanspruch der männerbündlerischen Kultur, die auf der Unsichtbarkeit von Haus- und Beziehungsarbeit aufruht. Die Beschäftigungsquoten von Frauen in Führungspositionen sind mit dem Rationalisierungsschub der 90er Jahre wieder rückläufig.

5. Praktischer Ausblick

Diese an zwei Konzepten geschilderten strukturellen Gegebenheiten können im Sinne einer Doppelstrategie in der Praxis in den Blick genommen werden. Bisher stand, von der Frauenbewegung zu Recht gefordert, der Aspekt der Differenz in der Bearbeitung und Interventionsstrategie in supervisorischen Zusammenhängen im Vordergrund (vgl. Einleitung). Hier wird zunächst das Geleugnete, Entwertete und die charakteristische Art, „in der Frauen miteinander tun", beschrieben, analysiert und sichtbar gemacht. Weibliche Identitätsstrategien erhalten im Kontext Bedeutsamkeit und werden wertgeschätzt. Geschlechterdifferenz wird bei dieser Arbeitsweise als psychosoziale Kategorie gesehen, wobei der eine Teil des asymmetrischen Systems der Geschlechterdifferenz im Sinne der Benachteiligung sichtbar und auch im Sinne von Parteilichkeit gewürdigt wird. Diese Arbeitsweise verdeutlicht, wie Geschlechterdifferenz wirksam wird. Die Arbeitsweise verdeutlicht, wie Geschlechterdifferenz wirksam wird und betont zuweilen überzogen „weibliche" Eigenarten und Verhaltensstile, die empirisch eher fragwürdig bleiben. Wir können die Mitwirkung bei der Konstruktion von Zweigeschlechtlichkeit weder aussetzen noch unterlassen. Die Arbeit mit der Geschlechterdifferenz ist immer eine Auseinandersetzung über etwas, was wir sind und nicht über etwas, was wir haben. Die soziale Kategorie „Geschlecht" ist im persönlichen Identitätsbereich nicht so disponibel, wohl aber im interaktiven und strukturellen Bereiche.

Denn der Differenzaspekt verweist zugleich auf die immanente Hierarchie und die konstruktivistische Perspektive. Mit dem Vollzug gelebter Zweigeschlechtlichkeit in Arbeitsvollzügen ist man konfrontiert, und während man daran arbeitet, stellt man sie gleichzeitig entweder mit her oder man sorgt in irgendeiner Art und Weise für ihr Fortbestehen.

Eine mögliche Reflexionshaltung der supervisorischen Position ist es, zu thematisieren, wie Frauen sich als Mitglieder eines Teams und Inhaberinnen einer Position präsentieren und gleichzeitig ihrer Geschlechtsidentität nicht verlustig gehen; in metakommunikativem Sinne können die Interaktionen fokussiert, die Modi der Bewältigung bewußt gemacht werden. Hagemann-White (1993, S. 74) schlägt eine Doppelstrategie für den Forschungsprozeß vor, die für den Supervisionsprozeß auch anwendbar erscheint:

„Die konstruktivistische Perspektive auf die Zweigeschlechtlichkeit ... zieht eine methodologische Komplexität nach sich. Sie verlangt von uns, nicht bloß unseren Blickwinkel zu verlagern, sondern zugleich den alten, im Vollzug gelebter Zweigeschlechtlichkeit involvierten Blick beizubehalten, da dieser das Instrument ist, mit dem wir das Material für jenen gewinnen. Wir müssen gleichsam doppelt hinschauen."

Sinngemäß fährt sie fort, ist die Geschlechtsbedeutung eines Arbeitsvollzuges zu erfassen. Frauen stellen damit in einer auf der Geschlechterdifferenz ruhenden Struktur, die keine symbolischen Positionen und keine Rollenrepertoires bereit hält, Identität her. In der Regel ist solches Verhalten nicht bewußt.

Nur so ist zu verstehen, was eine Mitarbeiterin tut, wenn sie sich z.B. in Teamzusammenhängen bei Macht- und Entscheidungsfragen zurückhält oder sich von Konkurrenz distanziert oder die liebevolle, unterstützende Beziehungsstruktur im Team hervorhebt: Sie gibt sich als Frau zu erkennen. So können Distanzierung von Konkurrenz und Macht, die emotionale Sprache, die verwandt wird, oder die Zuständigkeiten, die sich vom Prozeß her in Konfliktfällen ergeben, darauf verweisen, wie Frauen sich als Arbeitende präsentieren und gleichzeitig ihrer Geschlechtsidentität nicht verlustig gehen. Außerdem bietet sich interventionstechnisch die Möglichkeit, auf strukturelle Regelhaftigkeiten im Team zu fokussieren, die „vergeschlechtlicht" sind und möglicherweise für andere Spielräume zu sorgen.

Außerdem gibt es „in der Supervision ... in Phasen kognitiver Klärung und Diagnostik Möglichkeiten des Diskurses über Struktur und System" (Hege 1991, S. 6). Selbstverständlich ist den Ausführungen von Hege zuzustimmen, daß in der supervisorischen Praxis mit einem „genderpolitischen Rest" (Hege 1991, S. 6: „sozialpolitischer Rest") umzugehen ist, daß die Spielräume von Unternehmen und Nonprofit-Organisationen für die Reflexion der Geschlechterdifferenz beschränkt sind. Frauen, die an Positionen arbeiten, deren Arbeitsplatzbeschreibungen der Geschlechtersegregation und den geschlechtsspezifischen Berufszuweisungen zuarbeiten, die auf der Zweigeschlechtlichkeit aufruhen, leben in „Zwischenwelten" und bewältigen einen Akkulturationsprozeß. Das legen auch Untersuchungen über die Technikdistanz von Mädchen (Roloff 1993; vgl. Anmerkung 6) und die Copingstrategien von Professorinnen nahe (Schultz 1990), auch wenn vom differenztheoretischen Ansatz her die geschlechtsspezifischen Eigenheiten als zuweilen produktiv für das Unternehmen beschrieben werden (Helgesen 1992; Bischoff 1990). In der fallbezogenen Supervision entfaltet sich die Geschlechterdifferenz häufig in interaktiven „Inszenierungen" von und auf beiden Seiten; die Analyse und das Bewußtwerden von Gegenübertragungsprozessen ermöglicht Gefühle, Phantasien und Projektionen, um das Fremde zu entschlüsseln und dann auf die konkrete Fallarbeit rückzubeziehen.

Anmerkungen

1 „Geschlechterdifferenz – so wird spätestens hier deutlich – läßt sich nicht eindimensional abbilden. Parallel zu einem faktisch lebenspraktischen Strang des Geschlechterverhältnisses existiert mindestens ein zweiter, ideologischer. Geschlechterdifferenz kann so – abhängig von der Wahl der Perspektive – begriffen werden

1. als Lebenspraxis männlicher und weiblicher Individuen, wie sie aus der geschlechtlichen Arbeitsteilung resultiert;
2. als ein Muster geschlechtsspezifischer Rollenerwartungen, die eine Gesellschaft an ihre weiblichen und männlichen Mitglieder richtetet;
3. als ein Satz geschlechtstypischer Eigenschaften und Verhaltensmerkmale, der der unterschiedlichen Kulturgeschichte der Geschlechter (und damit auch ihren unterschiedlichen lebenspraktischen Erfahrungen) entstammt;
4. als Herrschaftsverhältnis;
5. als Teil des expressiven Symbolsystems der Kultur, zudem vor allem auch die Schöpfungen von Dichtung und Kunst gehören;
6. als Geschlechtermythologie (verankert z.B. in der Religion oder auch im säkularisierten Mythos einer Wissenschaft) mit der Funktion, die bestehende Geschlechtsrollenverteilung und mit

ihr die bestehende Geschlechterhierarchie zu legitimieren (dies ist gleichzeitig die Ebene der Ideologie);
7. im kollektiven Unbewußten einer Gesellschaft als das für ein oder beide Geschlechter Verpönte, aus der Sprache und dem Bewußtsein Ausgeschlossene und schließlich
8. im individuellen Unbewußten von Männern und Frauen entsprechend als geschlechtsgebundene unbewußte Phantasie." (Rohde-Dachser 1991, S. 25)

2 Sexualität wird im organisationstheoretischen Rahmen als Aktivität gesehen, deren Kontrolle und Unterwerfung einerseits und deren Befreiung und Verallgemeinerung andererseits die Entwicklung der modernen Zivilisation seit dem 18. Jahrhundert durchdringt (Foucault 1977; Marcuse 1968, zum Begriff der „repressiven Toleranz"; Elias 1976). Die Arbeitsplatzstruktur und –dynamik ist bestimmt durch die Dialektik von Kontrolle, Unterwerfung einerseits und Befreiung, Bedürfnisbefriedigung andererseits (Foucault 1977). Es ist eine Dialektik, die auch in der sozialpsychologischen Literatur als Widersprüchlichkeiten von Autonomie versus Abhängigkeit und Individualität versus Gruppe enthalten ist. Die moderne Art des Wirtschaftens ist an Zeitstruktur, Kontinuität und Planbarkeit und daher an die Entsexualisierung von Arbeit gebunden. Der Zusammenhang zwischen zölibatärer Lebensweise, organisatorischer Effizienz und gutem Management wird in historischen Betrachtungen immer wieder hergestellt (Klöster, Kirche und militärische Organisationen). Der Ausschluß von Sexualität aus organisierter Arbeit ist notwendig und ein Mittel zur Kontrolle. Die zunehmende Eigenkontrolle des Bürgers mit der beginnenden Neuzeit und der Entwicklung bürgerlicher Staatsformen verlangt sowohl nach Reglementierung und Sanktion wie nach Aufklärung und Enttabuisierung. In den bürgerlichen Revolutionen wird die äußere Norm ersetzt durch die Internalisierung. Es entsteht der heute noch wirksame Zusammenhang von organisatorischer Effizienz, gutem Management sowie monosozialer Arbeitskultur. Diese Art der Erwerbsarbeit fordert die Abspaltung von Hausarbeit und die Aufspaltung menschlicher Äußerungen in intime und öffentliche. Die Sphären von Öffentlichkeit und Privatheit entstehen. Der Ausschluß von Sexualität aus Organisationen ist ein Mittel zur Kontrolle, wobei Verzicht und Anpassung grundsätzlich mit Status und Prestige belohnt werden (vgl. auch Brecht, Mutter Courage, die als Marketenderin hinter dem Troß herzieht, oder Marlene Dietrich, die zur Truppenbetreuung durch Europa zog). Dies erfolgt gemeinsam mit der Aufspaltung von Erwerbsarbeit und Hausarbeit, also mit dem Entstehen von Produktionssphäre und Privatsphäre (vgl. auch 1833 Verbot von sexuellen Beziehungen am Arbeitsplatz in Preußen; zit.n. Müller 1993).

3 Der Verzicht von Frauen bedeutet den Ausschluß von (Hetero-) Sexualität. Damit wird Sexualität mit Frauen gleichgesetzt. Libidinöse Energie bleibt aber in Teilen erhalten, da nur die Heterosexualität gemeint war, nicht aber Homosexualität, die ja Generativität als Kontrollziel ausschließt. Sexualität und Begehren wird so in der Person voneinander losgelöst, der Konflikt wird durch Aufteilung, Abspaltung und Projektion geglättet, das Ideal der asexuellen Arbeitskraft ist hergestellt. Die Verbannung der Heterosexualität (Acker 1991) aus der Lohnarbeit bewirkt die tiefere Aufspaltung der Getrenntheit von Privatsphäre und Produktionssphäre. „Die Vorstellung eines entkörperlichten Arbeitsplatzes ist entstanden" (übersetzt v.d. Verfasserin). Diese „Entkörperlichung" funktioniert nicht nur über den Ausschluß von Frauen, sondern auch über die Nichtwahrnehmung von Homosexualität und Autosexualität der Belegschaft.

4 Die dialektische Betrachtungsweise von Sexualität und „Organisation als einem Prozeß von Kontrolle und Widerstand und ihre Bezogenheit aufeinander" sei sehr lobenswert, meint Müller (1993, S. 105), „aber geschlechtsblind". Denn Heterosexualität sei keine Beziehungskultur zwischen Gleichen, sondern ein hierarchisches Verhältnis, das zu Lasten von Frauen gehe. Unter Ausschluß der Perspektive von Geschlechterhierarchie erscheint dann sexuelle Belästigung als ein Widerstandsphänomen gegen Kontrolle und nicht im Sinne einer Geschlechterdifferenz, die Teil einer Dominanzkultur ist, als Ausdruck von Herrschaft und Dominanz. „Ohne ein theoretisches Konzept der Unterdrückung von Frauen, der Unterwerfung weiblicher Körperlichkeit unter männlich dominante soziale Konstruktionen, ohne die Analyse der Funktionen dieses Kontrollprozesses bleibt die Analyse der Verhältnisse von Sexualität, Organisation und Kontrolle hohl" (vgl. Müller 1993, S. 107).

5 Gildemeister, Wetterer (1992) führen beispielsweise die Geschichte des Sekretärberufes an: Der Wandel von einem männlich konotierten Beruf im vorigen Jahrhundert zu einem weiblich konotierten in diesem Jahrhundert. Bis auf den „Generalsekretär" der UNO gibt es nur noch wenige Sekretäre! Aber noch weniger Generalsekretärinnen! Gildemeister, Wetterer (1992) zeigen in ihrer Abhandlung von Umschrift der Berufe auf, wie die Konnotationen eines Berufes mit dem wechselnden Status des Berufes verändert werden, geschlechtsspezifische Zuschreibungen also an den Status einer Profession gebunden werden.

6 In der klassischen Führungsstilforschung wie in der alltagsweltlichen Plausibilität hat das Eigenschaftsparadigma viel sinnstiftende Funktion für die Zuschreibung von Führungsqualitäten. Setzt man aber den Erfolg von Führungsverhalten in Beziehung zur Zufriedenheit der MitarbeiterInnen, der gezeigten Leistung und der psychischen Beanspruchung durch einen Arbeitsplatz, so sind es nicht so sehr das Charisma einer Person oder einzelne Eigenschaften, die man trainieren könnte, die Führungserfolg garantieren. Aspekte im Verhalten, die mit „consideration" (Berücksichtigung der MitarbeiterInnenbelange) und „initiating" (gezeigte Initiative, Aktivität) umschrieben werden können, sind entscheidender (Gebert, Rosenstiel 1993). Daraus wird letztendlich so etwas wie eine Dimension „Mitarbeiterorientierung" und eine Dimension „Leistungsorientierung". Deren situationsgerechte Mischung aber bestimmt erfolgreiches Führungsverhalten.

7 Die Komplexität der Situation oder die Kontextabhängigkeit steht in der Debatte um Führungsstil und –funktionen so sehr im Vordergrund, daß die Forschung nach Eigenschaften und Verhaltensdimensionen als erfolglos zu bezeichnen ist. Führungseigenschaften und Verhaltensdimensionen sind also weniger relevant, sondern müssen, da die Situationen, die Führung erforderlich machen, so komplex sind, je persönlich nach Verständnis des Prozesses „gewagt" werden. Je mehr Erfahrung „mann" mit komplexen Situationen hat, je flexibler das Verhaltensrepertoire, je differenzierter das Wahrnehmungsspektrum, je mehr Emphase von der Persönlichkeit her möglich ist (Frauen haben in der Regel Managementerfahrung aus der Familien-, Haus- und Beziehungsarbeit), desto prozeßorientierter und effektiver kann die Führungsaufgabe gestaltet werden. Das ist der Hintergrund für die Managementtrainings in sozialen und persönlichen Kompetenzen; das ermöglicht auch zu sagen, daß Frauen sich da „leichter tun" und vielleicht über einen Erfahrungsbonus verfügen, der die Bedrohlichkeit einer Minderheitenposition in der Führungsetage von Fall zu Fall kompensiert.

8 Geführte haben die Tendenz, Erfolge internal mit Rekurs auf die Kategorie Führung und weniger external durch Bezugnahmen auf spezifische Konjunktur- und Branchenentwicklungen zu erklären. Da der Erfolg einer Unternehmung objektiv gesehen aber primär außenbestimmt ist, würden die beschriebenen internalen Kausalattributionen gegenüber dem Unternehmenserfolg im Grunde nur einer romantischen Heldenmythologie und einer Überschätzung der Einflußgröße ‚Führung'' Vorschub leisten" (Gebert, Rosenstiel 1993, S. 173).

9 Eine wichtige Funktion der Führung sei es, so meinen Pfeffer (1981) und Schein (1985) deshalb, den Glauben an die Relevanz der Führung zu stabilisieren und die Verantwortlichkeit der Führenden zu betonen. Führung habe über Symbolhandlungen und Rituale zur Aufrechterhaltung funktionaler Ideologien beizutragen, um Entscheidungskompetenz, Sicherheit und Orientierung zu vermitteln. Unternehmenspolitische Entscheidungen haben ja aber eher mit Macht als mit Sachlogik zu tun. Entscheidungen in Unternehmen sind mit einer Menge Beurteilungs-, Bewertungs- und Verteilungskonflikte verknüpft, die rational gar nicht auflösbar sind und sich in Unternehmen durch politische und/oder extern ablaufende wirtschaftliche Prozesse in der Wirkung gleichsam einstellen. Das Bewußtsein dieser Situation der geringen Einflußnahme destabilisiert aber Organisation, Zusammenhalt und Effektivität des Unternehmens, da die subjektive Sicherheit über die Möglichkeiten der Kontrolle der Unternehmenspolitik auf diese Weise verloren geht. So kommt es darauf an, daß die Führungspositionen mit Führenden besetzt sind, an denen die Sicherheit gebenden Zuschreibungen gut vollzogen werden können.

10 Roloff (1993) konnte in einer projektiven Untersuchung aufzeigen, daß etwa 85 % der Aussagen von Mädchen zur vermuteten Kollegialität von Männern in technischen Berufen negativ getönt waren (Entwertung, Unsachlichkeit, Konkurrenz, Nichtakzeptanz, Sexualisierung).

Literatur

Acker, J. (1991): Hierarchie, Jobs, Bodies: A Theory of Gendered Organizations. In: Lorber J., Farell S.A. (Eds.) (1991): The Social Construction of Gender, S. 162-180
Aulenbacher, B., Goldmann, M. (Hg.) (1993): Transformationen im Geschlechterverhältnis. Frankfurt/M.
Bauer, A., Gröning, K. (1994): Frauensupervision: Solidarität und Konkurrenz feministischer Schwestern. In: Pühl (Hg.) (1994), Handbuch der Supervision. Berlin: Marhold, S. 254-271
Bentner, A., Petersen, S.J. (Hg.) (1996): Neue Lernkultur in Organisationen, Personalentwicklung und Organisationsberatung mit Frauen, Frankfurt/New York
Bischoff, S. (1990): Frauen zwischen Macht und Mann. Männer in der Defensive. Führungskräfte in Zeiten des Umbruchs. Hamburg
Bock-Landweer, H. (1994): Frauenforschungsprofessuren. In: Feministische Studien 12 (1), S. 99-109
Cockburn, C. (1988): Die Herrschaftsmaschine. Geschlechterverhältnisse und technisches Know-how. Berlin, Hamburg
Cockburn, C. (1993): Blockierte Frauenwege, Wie Männer Gleichheit in Institutionen und Betrieben verweigern, Hamburg
Dackweiler, R. (1995): Ausgegrenzt und eingemeindet, Münster
Dobbing, G.H., Platz, S.J. (1986): Sex Differences in Leadership: How Real are They? Academy of Management Review 11, S. 118-127
Dorst, B. (1991): Psychoanalytische und gruppendynamische Besonderheiten von Frauengruppen. In: Supervision, Frankfurt/Main, H. 20., S. 8-22
Durmeier, W. (1998): Wie kann Supervision zur beruflichen Qualifizierung von Frauen beitragen? In: Supervision, H. 33, S. 60-78
Eagly, A.H. (1987): Sex Differences in Social Behavior: A Social-role Interpretation. Hillsdale, NJ.
Elias, N. (1976): Über den Prozeß der Zivilisation. 2 Bde. Frankfurt/M.
Foucault, M. (1977): Der Wille zum Wissen, Sexualität und Wahrheit, Bd. I. Frankfurt/M.
Fürstenau, P. (1992): Entwicklungsförderung durch Therapie. München
Gebert, D., Rosenstiel, L.(Hg.) (1993): Organisationspsychologie. Stuttgart
Germann, G. (1996): Der Krieg ist der Vater aller Dinge oder: Die Auseinandersetzung zwischen männlicher und weiblicher Kultur als Anstoß zur Unternehmensentwicklung. In: Benter, A.; Petersen, S.J. (Hg.) (1996): a.a.O., S. 173-189
Gildemeister, R., Wetterer, A. (1992): Wie Geschlechter gemacht werden. Die soziale Konstruktion der Zweigeschlechtlichkeit und ihre Reifizierung in der Frauenforschung: In: Knapp, Wetterer (Hg.), a.a.O., S. 252ff.
Hagemann-White, C. (1993): Die Konstrukteure des Geschlechts auf frischer Tat ertappen? Methodische Konsequenzen einer theoretischen Einsicht. Feministische Studien 11 (2), S. 68-79
Hare-Mustin, R.T., Maracek, J. (Hg.)(1990): Making a Difference Psychology and the Construction of Gender New Haven. London
Hege, M. (1991): Frauen in der Supervision. Supervision, Frankfurt/Main, H. 20, S. 1-20
Helgesen, S. (1992): Frauen führen anders. Vorteile eines neuen Führungsstils. Frankfurt/M.
Hettlage, H. (1985): Kulturelle Zwischenwelten. Fremdarbeiter – eine Ethnie. Schweizer Zeitschrift für Soziologie 2, S. 357-404
Jonas, M. (1994): Soziale Frauenräume in der Supervisionsausbildung. In: Forum Supervision, H. 4, S. 54-69
Kanter, R.M. (1977): Men and Women of the Corporation. New York. Basic Books
Keller, E.F., Moglen, H. (1990): Gefallene Engel. Frauen in der Wissenschaft. In: Miner, V., Longine, H.E. (Hg.), Konkurrenz. Eine Tabu unter Frauen. München, S. 14-34
Knapp, G.A., Wetterer, A. (Hg.) (1992): Traditionen, Brüche, Entwicklungen feministischer Theorie. Freiburg
Koppert, C. (Hg.)(1993): Glück, Alltag und Desaster. Über die Zusammenarbeit von Frauen. Berlin
Kotthoff, H. (1993): Kommunikative Stile, Asymmetrie und „Doing Gender“. Fallstudien zur Inszenierung von Expertinnen in Gesprächen. Feministische Studien 11 (2), S. 79-96
Lippmann-Blumen, J. (1976): Toward a Homosocial Theory of Sex Roles. An Explanation in Signs. In: Schultz, D. (1990), a.a.O., S. 15-32. Lorber, J., Farrell, S.A. (Eds.)(1991): The Social Construction of Gender. London
Luhmann, N. (1976): Funktionen und Folgen formaler Organisationen. Berlin
Manthey, H. (1994): Verordnetes Wohlbefinden oder Der neue Man(n)ager auf der Suche nach Authentizität. Zeitschrift für Frauenforschung, H. 4, S. 33-46

Manthey, H. (1996): Kompetenz und Leidenschaft – Von der Führungskraft zur Führungspersönlichkeit. In: Gruppendynamik, 27. Jg., H. 2, S. 202-213
Marcuse, H. (1968): Triebstruktur und Gesellschaft. Frankfurt/M.
Müller, U. (1993): Sexualität, Organisation und Kontrollen. In: Aulenbacher, B., Goldmann, M. (Hg.), a.a.O., S. 97-115
Pfeffer, G. (1981): Power in Organisations, Massachusetts, Pitman
Pühl, H. (Hg.) (1990): Handbuch der Supervision. Berlin
Pühl, H. (Hg.) (1994): Handbuch der Supervision 2. Berlin
Pühl, H. (1996): Supervision in Institutionen, Frankfurt/M. (2. Aufl. 1997)
Pühl, H. (1998): Team-Supervision, von der Subversion zur Institutionsanalyse, Göttingen
Pusch, L.F. (1990): Alle Menschen werden Schwestern. Feministische Sprachkritik. Frankfurt/M.
Rieger, R. (Hg.)(1993): Der Widerspenstigen Lähmung? Frauenprojekte zwischen Autonomie und Anpassung. Frankfurt/M.
Rohde-Dachser, Ch. (1985): Frauen als Psychotherapeuten. Das Janusgesicht der Emanzipation im Helfermilieu. In: Frühmann, R. (Hg.)(1985): Frauen und Therapie. Paderborn, S. 53-71
Rohde-Dachser, Ch. (1991): Expedition in den dunklen Kontinent Weiblichkeit im Diskurs der Psychoanalyse Berlin; Heidelberg; New York
Roloff, Ch. (1993): Weiblichkeit und Männlichkeit im Feld der Technik. Zum Erwerb technischer Kompetenz. In: Aulenbacher, B., Goldmann, M. (Hg.): a.a.O., S. 47-71
Rommelspacher, B. (1992): Mitmenschlichkeit und Unterwerfung. Zur Ambivalenz der weiblichen Moral. Frankfurt/M.
Scheffler, S. (1985): Zur Entwicklung selbst organisierter Frauenprojektgruppen. In: Frühmann, R. (Hg.): Frauen und Therapie. Paderborn, S. 151-164
Scheffler, S. (1991): Zur Dynamik in selbstorganisierten Projekten. Integrative Therapie 17 (1), S. 256-263
Scheffler, S. (1993): Wer ist denn nun das schönste Aschenputtel. In: Frauenberatung Wien (Hg.): Zusammenspiel und Kontrapunkt: Frauen, Team, Arbeit. Wien, S. 41-57
Scheffler, S. (1996): Organisationskultur in Frauenprojekten. In: Pühl, H. (1996), Supervisin in Institutionen, S. 226-241
Schein, N. (1985): Organisational culture and leadership. London
Schultz, D. (Hg.)(1990): Das Geschlecht läuft immer mit ... Die Arbeitswelt von Professorinnen und Professoren. Pfaffenweiler
Stadelmann, S. (1996): Man wählt den Beruf ja nicht umsonst. – Aus der Praxis einer Organisationsberaterin zwischen zwei Welten. In: Bentner/Petersen, a.a.O., S. 224-236.
West, C., Zimmermann, D.H. (1991): Doing gender. In: Lorber, Farell (Eds.): The social construction of gender. Newbury Park CA, London, New Delhi, S. 13f.

2. Kapitel: Fokus Organisationsentwicklung

Lernen und Lernende Organisation – Mythos und Realität

Gerhard Fatzer

Lernen und Lernende Organisation stellen wichtige Grundlagen einer erfolgreichen Organisation und einen Wettbewerbsvorteil dar. Was ist Mythos und was Realität in diesen neuen mentalen Modellen der Organisationsentwicklung? Der Beitrag stellt den „state of the art“ dar und unterzieht ihn einer kritischen Analyse jenseits von Trends.

Das Konzept des Lernens und der „lernenden Organisation“ ist in den letzten Jahren immer wichtiger geworden und wird vor allem mit dem Werk unseres amerikanischen Kollegen Peter Senge (1990, 1994, dt. 1993, 1996) vom Massachusetts Institute of Technology (MIT) und dem dort geschaffenen „Organizational learning Center“ (OLC) in Verbindung gebracht. Wir möchten in unserem Beitrag einige *Ansätze zum Lernen und zur „lernenden Organisation“* vorstellen, und den Ansatz der *Organisationsentwicklung* als einer immer wichtiger werdenden Disziplin von Veränderungsmanagement unterlegen. Wir möchten hier nicht alle Konzepte vorstellen, sondern verweisen auf ausführliche Darstellungen (Fatzer 1990, Sackmann 1993, Argyris, Senge, Schein in: Fatzer 1996, Argyris, Senge in: Fatzer 1993, Fatzer, Marsick 1998).

Lernen als Problemlösen

Wenn wir „Lernen“ für den Bereich des Lernens von Erwachsenen verstehen, finden wir den Ansatz des amerikanischen Organisationspsychologen David Kolb (1983, Fatzer 1987) am geeignetsten. Lernen wird beschrieben als Problemlösung und setzt Fähigkeiten voraus, die sich in vier verschiedenen Lernstilen manifestieren:

- Lernen durch konkrete Erfahrung
- Lernen durch reflektierende Beobachtung
- Lernen durch abstrakte Konzeptualisierung
- Lernen durch aktives Experimentieren

Daraus entstehen vier Lerntypen:

1. Der „Diverger“
2. Der „Assimilator“
3. Der „Konverger“
4. Der „Akkomodator“ (Detailbeschreibungen in Fatzer 1987)

Die Grundaussage hinter diesem Modell beschreibt Lernen als Problemlösen, das die vier Stationen umfaßt. Im Idealfall verfügt eine Person über unterschiedliche dieser Fähigkeiten, die dann als ganzes die Fähigkeit zur Problemlösung ergeben.

Diese können in einem dazu entwickelten Lernstiltest eruiert werden (Fatzer 1987). Nehmen wir diesen Problemlösungs- oder Lernkreis, sehen wir darin auch bereits eine Beschreibung von Lernen von Teams und ganzen Organisationen. Wir haben diesen Lernbegriff und den dazugehörigen Test schon in sehr vielen Organisationsentwicklungsprojekten verwendet, um die Lernfähigkeiten und den Lernbedarf und die vorhandenen Lernressourcen oder -barrieren zu eruieren. In einem Fallbeispiel wurde dies mit dem Karriereanker (von Schein 1994) kombiniert, um so ein „Assessment" der Gesamtorganisation zu erreichen (Fatzer 1998). Wir möchten mit diesem Lernbegriff für Erwachsene starten, um ihn dann mit den Weiterentwicklungen zur „lernenden Organisation" zu verbinden. Zur lernenden Organisation stellen wir die „Fünf Disziplinen" von Peter Senge und die Grundlagen zur „lernenden Organisation" von Victoria Marsick (1990, 1994, 1998) vor.

Die „Fünfte Disziplin" als Grundlage der lernenden Organisation

1990 veröffentlichte Peter Senge sein Buch die „Fünfte Disziplin", wo er die grundlegenden Disziplinen zur „lernenden Organisation" beschrieb. Das Buch wurde auch zum Erstaunen vom Autor selbst zu einem Weltbestseller. Die Kernaussage des Buches hebt hervor, daß Lernen die Grundlage jeder erfolgreichen Organisation sein müßte. In den Fünf Disziplinen (siehe Abb. 1) beschrieb Senge das methodische Repertoire auf dem Weg zur lernenden Organisation.

Senge hatte diese Disziplinen in Zusammenarbeit mit einer Gruppe von Kollegen am M.I.T. entwickelt und zusammen mit einigen Firmen praktisch ausprobiert. Seine Kollegen waren: Fred Kofman für den philosophisch-linguistischen Teil (Kofman/Senge 1996), Daniel Kim für den Bereich der „System Dynamics" (Kim 1993, Zeitschrift „Systems Thinker") zusammen mit der ganzen „System Dynamics"-Gruppe von Jay Forrester, William I. Isaacs für den Bereich des „Dialogs" (Isaacs 1996) und Edgar Schein als geistiger Vater (Schein 1996) zusammen mit Ed Nevis (Nevis 1997). Im Rahmen eines „Konsortiums lernender Unternehmen" wurden die „lernenden Organisationen" implementiert (Senge 1996).

Die Bücher von Senge erschienen erst sechs Jahre später in deutscher Übersetzung (Senge 1996) und wurden sehr gemischt aufgenommen. Wir erlebten selbst als praktische Organisationsentwickler bei verschiedenen Firmen, daß dieser Ansatz auf Skepsis, Unverständnis oder Ablehnung stieß. Wir wurden mit der Frage konfrontiert, ob nicht doch „jedes Unternehmen ein lernendes Unternehmen" sei. Auf der anderen Seite wurde klar, daß bei Senges „Fünf Disziplinen" ein eigentliches Modell der lernenden Organisation fehlt. Es wurde auch die Frage gestellt, ob das Ganze nicht einfach eine neue Welle im allgemeinen „Trendsurfen" darstelle (Shapiro 1996) und ob es nicht gar „einfach naiv" sei. Akademiker verstiegen sich gar zur Einschätzung, daß die ‚Fünfte Disziplin' eine „Strandlektüre" und der „amerikanisch-pragmatischen Naivität" darstelle. Hinter solchen Aussagen steckt natürlich häufig der Neid gescheiter, praxisferner, aber erfolgloser Akademiker oder auch die Überheblichkeit von Managern oder

Firmen, die alles über Veränderungsprozesse schon längst und viel besser wissen als alle Berater. Allerdings ist einiges an der Skepsis auch gerechtfertigt. Dies verhinderte allerdings nicht, daß die „Lernende Organisation" zum neusten Trend wurde und daß auch alle bekannten Expertenberatungsfirmen aus den Vereinigten Staaten behaupteten, sie würden jetzt überall die „lernende Organisation implementieren". Große Firmen erklärten im Rahmen ihrer Benchmarking-Programme das letzte Jahr zum Jahr der „lernenden Organisation" und eine große Firma erklärte als eines ihrer strategischen Ziele, die „schnellstlernende Organisation" zu werden. Arthur D. Little kaufte „Innovation Associates", die Beratungsfirma, die Senge mitbegründet hatte, auf und wollte das „Produkt lernende Organisation" weltweit vermarkten. Die meisten Firmen entdeckten dann, daß der Weg zur „lernenden Organisation" etwas mühseliger ist, als dies in den Hochglanzprospekten der Beratungsfirmen angeboten wurde, und heute gehört es bereits zum guten Ton, durch zynische Bemerkungen und spitze Anekdoten die Beschränktheit des Konzeptes aufzuzeigen und bereits auf die nächste „Trendwelle", nämlich Wissensmanagement, aufzuspringen. Shapiro (1996) hat in ihrem scharfsinnigen Buch aufgezeigt, daß „Trendsurfen" die Beschäftigung vieler Veränderungsmanager (neudeutsch „Change Manager"), interner und externer Berater darstellt und letztlich auch die Orientierungskrise in der heutigen Managementwissenschaft widerspiegelt.

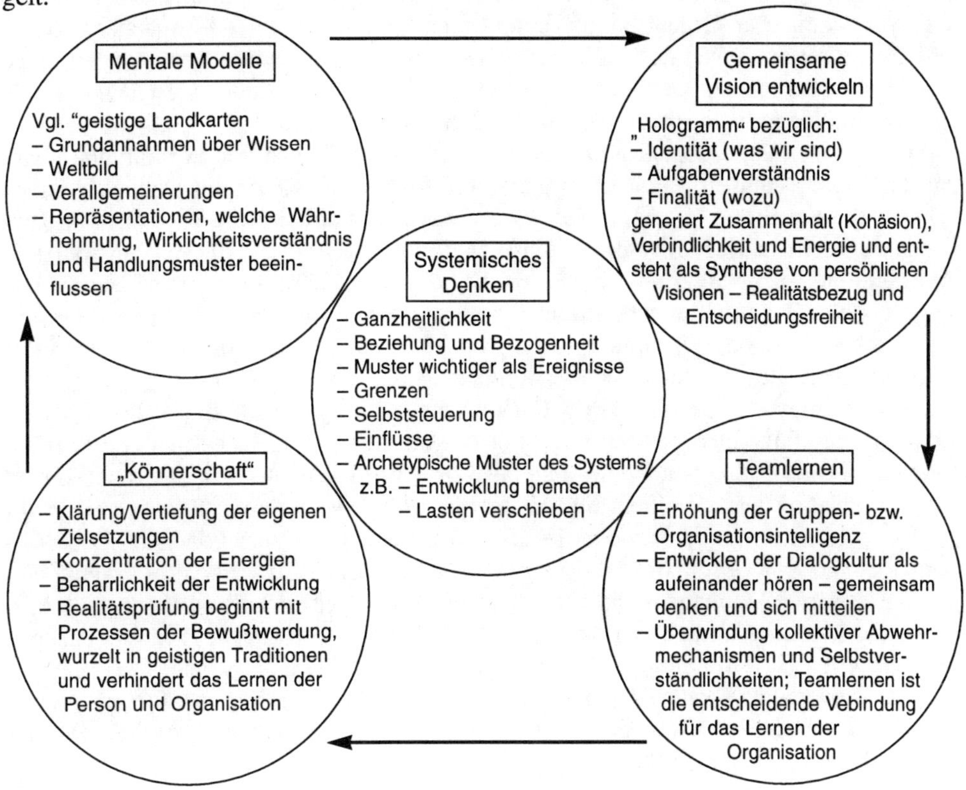

Abbildung. 1: Fünf Dimensionen einer lernenden Organisation (nach P. Penge: The fith disciplin, 1991)

aus: Fatzer in Pühl 1999, 201

Eine Vielzahl empirischer Studien hat aufgezeigt, daß Trends wie „Reengineering" (Hammer, Champy 1994, Vansina 1996) katastrophale Erfolgsquoten aufweisen und daß Veränderungen viel mehr Zeit brauchen und komplexer sind, als dies in den neusten Trendsellern weisgemacht wird. Hier können die beiden Gebiete der „lernenden Organisation" und der „Organisationsentwicklung" das nötige Knowhow beitragen, wie Veränderungsprozesse ablaufen.

An diesem Punkt ist das „Know how" der Organisationsentwickler nötig, die durch ihre Expertise in Prozeßberatung (Schein 1987, 1988, 1990, Fatzer 1991) solche Prozesse kennen. Das gleiche gilt für viele TQM-Programme, die vielfach an ihrer Nicht-Implementierung scheitern.[1] Unsere Erfahrung in diversen Projekten bestätigen dies, wo wir als Organisationsentwickler nach Ablauf von TQM-Programmen in Firmen hineingeholt wurden. Der Ansatz von Senge repräsentiert in dem Sinne die altbekannte, auf Lewin (1947) zurückgehende Botschaft, daß gute Organisationsentwicklung und die lernende Organisation nur dadurch möglich ist, daß „Betroffene zu Beteiligten gemacht werden". Jede Innovation und vor allem die Implementierung der lernenden Organisation kann nur durch die Beteiligten getragen werden.

Dies bedingt auch, daß zuerst eine gründliche Diagnose des Ist und Soll-Zustandes des Systems durchgeführt wird (Beckhard 1987, 1994), und zwar in Zusammenarbeit zwischen Berater und Auftraggebern.[2] Hier kann auch die irreführende Feststellung vieler „systemischer Organisationsberater" nicht helfen, die uns weismachen wollen, daß „Diagnose im systemischen Verständnis von OE" gar keinen Sinn mache. Es ist natürlich jedem professionellen Organisationsberater bewußt, daß „jede Diagnose eine massive Intervention" darstellt (Schein 1987, Nevis 1988).

Für die „lernende Organisation" ist dringend zu empfehlen, die Lernfähigkeit oder das Problembewußtsein der Auftraggeberorganisation genau zu eruieren. Wir haben sehr oft die Erfahrung gemacht, daß der Hinweis, man sollte keine Zeit für eine Diagnose verlieren, eine Form der „defensiven Routine" (Argyris 1993, 1996) darstellt und daß eine solche Beratung mit einem Blindflug ohne Bordinstrumente verglichen werden kann. Regelmäßig haben solche Auftraggeber nachher auch das Nicht-Eintreffen von Erfolgen oder Resultaten dem Berater vorgeworfen. Mit einer sorgfältigen Diagnose hätte dies verhindert werden können.

Hier scheint das Beispiel einer Bankengruppe auf, die uns einlud, den internen Trainern die „Fünf Disziplinen" vorzustellen und durch das „Bier-Spiel" eine Erfahrung von Systemdynamik zu vermitteln (ausführlich bei Senge 1996). Die Reaktion auf diese Simulation war eine derartige Widerspiegelung der internen Situation, daß wir diesem Kunden dringend davon abrieten, sich auf den Weg einer lernenden Organisation zu begeben. Kritisch anzumerken ist bei Senges Ansatz, daß noch sehr wenig empirische Beispiele vorhanden sind (Roth 1996, Senge et al. 1996) und daß das Organizational Learning Center sich als selbständige Organisation aus dem M.I.T. ausgelagert hat durch die Gründung der S.O.L., der Society of Organizational Learning, wo diverse Universitäten und Firmen angegliedert sind. Fallbeispiele im deutschsprachigen Raum werden im Rahmen unseres Lern-Netzwerkes zusammengetragen und publiziert (Fatzer/ Marsick 1998).

---

1 Mit diesen spezifischen Schwierigkeiten beschäftigt sich der Beitrag von A. Nilsson – Der Hrsg.

2 Siehe hierzu den Beitrag von K. Rappe-Giesecke – Der Hrsg.

Die „lernende Organisation“ nach dem Ansatz von Victoria Marsick

Fast gleichzeitig mit Senges „Fünfter Disziplin“ erschien Marsicks Buch „Sculpting the learning organization“, das sie zusammen mit Karen Watkins verfaßt hatte. Auf einer ähnlichen Grundlage, nämlich „Action Science“ von Argyris (1985, 1997) beschreiben sie die Dimensionen der lernenden Organisation, allerdings im Gegensatz zu Senge mit einem konkreten Modell.

Die Schritte auf dem „Weg zur lernenden Organisation“ werden angegeben und durch diagnostische Tests und Befragungen eruiert (Marsick 1995, 1997). Im Gegensatz zu Senge haben die beiden Autorinnen keinen Megatrend ausgelöst. Allerdings ist es der Verdienst von Marsick (1994), eine Sammlung von Fallbeispielen zusammengetragen zu haben, wo auch ein Vergleich verschiedener Ansätze zur lernenden Organisation erfolgt und ihre Wirksamkeit in Fallbeispielen dargelegt wird. Bestechend an diesem Ansatz ist die Sorgfältigkeit der Fallbeispiele und die Gründlichkeit des Vorgehens. Dies hat auch zur Folge, daß das Ganze akademischer und weniger verkaufsorientiert ist. Kritisch anzumerken ist die Allgemeinheit und Abstraktheit des Modells, was es für Manager entweder als abstrakt oder als banal erscheinen lassen mag. Der Einsatz der Vielzahl diagnostischer Instrumente mag es als kompliziert erscheinen lassen.

Überlegt man sich, wo das Konzept der „lernenden Organisation“ das erste Mal auftaucht, stößt man sowohl bei Senge als auch bei Marsick auf einen Autor, und zwar Chris Argyris, einen der Pioniere des Feldes der Organisationsentwicklung und der Organisationspsychologie, der aus der gleichen Generation stammt wie Ed Schein und auch im Rahmen der Senge-Gruppe eine zentrale Rolle spielt.

Lernende Organisation (nach Chris Argyris)

Die Grundlage des Konzeptes der „lernenden Organisation“ oder des „Organisationslernens“ ist 1978 durch den bekannten Organisationspsychologen Chris Argyris aus Harvard geschaffen worden. Sowohl Senge als auch Marsick stützen sich in großen Teilen auf seiner Pionierarbeit ab. Er hat einen Großteil seines umfangreichen Werks der Frage gewidmet, wie Organisationen lernen und wie gute Organisationsberatung aussieht. Dabei hat er als einer der wenigen auch genauestens, sozusagen auf der Mikroprozeßebene, beschrieben, wie Veränderungsprozesse in Organisationen aussehen, und wo es sich um *Abwehrroutinen* handelt (Argyris 1985,1993). Er unterscheidet in Anlehnung an Gregory Bateson zwei Formen des Lernens: Das sogenannte *Single-Loop-Lernen* und das *Double-Loop-Lernen.* Um dies bildlich auszudrücken: Einschlaufiges Lernen (Single-Loop) entspräche dem Thermostaten, der sich ein- oder abschaltet. Doppelschlaufiges Lernen (Double-Loop) wäre ein Thermostat, der die optimale Temperatur einstellen kann, indem nicht nur Fehler korrigiert werden, sondern indem das System lernt. Die gesamte Organisation lernt, indem z.B. Normen und Grundannahmen der Organisation, die Lernen verhindern, verändert werden. Ein schönes Beispiel ist die Organisation, welche ein Produkt X lanciert hat, das sich als Mißerfolg herausstellt. Die unterste Stufe der Organisation meldet dies in Form von Memos. Das mittlere Management findet diese Memos zu pessimistisch und beginnt, eigene

Nachforschungen zu machen. Es gibt die Informationen nur verkürzt und dosiert weiter nach oben, um nicht in einem schlechten Licht dazustehen. Das Top-Management ergreift erst Maßnahmen, nachdem riesige Verluste eingetreten sind. Als Beispiel könnte in der Schweiz die Uhrenindustrie im Bereich von Luxusuhren genannt werden. Stattdessen wäre es angebracht, diese „Organisations-Zwickmühle" dadurch zu entschärfen, daß widersprüchliche Normen thematisiert werden (hier: Fehler verstecken versus Fehler enthüllen). Solche „Organisations-Versteckspiele", wie dies Argyris nennt, sollten aufgedeckt und verändert werden. Wann geschieht nun dieses Organisationslernen oder „Lernen zweiter Ordnung"?

Bei vitalen Bedrohungen einer Organisation, wie z.B. bei Umweltkatastrophen oder Wettbewerbsbedrohung (z.B. durch die Dominanz von Microsoft); bei einer Revolution innerhalb des Organisationssystems (neues Management übernimmt die Leitung) oder von außerhalb (politisch); oder bei einer Krise, die durch das eigene Management produziert wird, um die Organisation aufzurütteln. Dies kann ein Rationalisierungsunterfangen sein oder eine Umwälzung des Makrosystems . Wenn wir hier lediglich Krisen als Möglichkeiten für Organisationslernen anführen, heißt dies nicht, daß nur Krisen Lernen ermöglichen. Allerdings ist die Idee, Lernen in einer Organisation auch in guten Zeiten zu institutionalisieren, neu. Bis jetzt zwangen im allgemeinen erst Organisationskrisen die Organisation zum Lernen oder Umlernen.

Zusammenfassend kann gesagt werden:

1. *Organisationslernen* muß eher als *Organisationsprozeß* statt als individueller Prozeß betrachtet werden. Auch wenn die einzelnen Mitglieder die Agenten des Lernens sind, über die Lernen stattfindet, ist der eigentliche Lernprozeß durch einen viel breiteren Set von sozialen, politischen und strukturellen Faktoren beeinflußt.
2. Organisationslernen ist eng verknüpft mit der *Erfahrung*, welche die Organisation besitzt. Durch frühere Erfahrung in einem Bereich des Entscheidungsprozesses oder in einer Aktivität lernt die Organisation, ihre Ziele anzupassen, selektiv ihre Aufmerksamkeit auf ihre Umgebung zu richten und die Suche nach Lösungen für Organisationsprobleme anzupassen.
3. Das Resultat von Organisationslernen wird *organisationsübergreifend* mitgeteilt, gemeinsam bewertet und in die zukünftigen Entscheidungsprozesse eingebaut.
4. Lernen umfaßt *grundlegende Veränderungen in den »Handlungstheorien (wie man's hier macht, Sicht der Welt) (Mentale Modelle bei Senge)* **„durch"**
5. *Lernen geschieht auf verschiedenen Ebenen der Organisation*, z.B. individuell-abteilungsbezogen, Organisation-Industrie oder Gesellschaft. Wichtig für Entscheidungen sind vor allem die Ebene der Organisation und der Umgebung. Erstere informiert über interne Ressourcen, Ziele, Möglichkeiten und Begrenzungen, die letztere ermöglicht eine stimmige Wahrnehmung der Umgebung für Entscheidungen.
6. Organisationslernen ist institutionalisiert in Form von *Lernsystemen,* die formelle als auch informelle Ausprägungen von Informationsaustausch, Planung und Kontrolle umfassen.

Betrachten wir den Prozeß, wie Menschen und Organisationen lernen, hat sich die *Veränderungskurve* speziell bewährt. Sie wurde von Jupp (1992) entwickelt und durch meine Kollegin Sonja Sackmann uns zugänglich gemacht (Jupp 1992, Sackmann 1993,

Fatzer 1993). Sie beschreibt die typischen Phasen, die bei Veränderungs- und Lernprozessen durchlaufen werden.

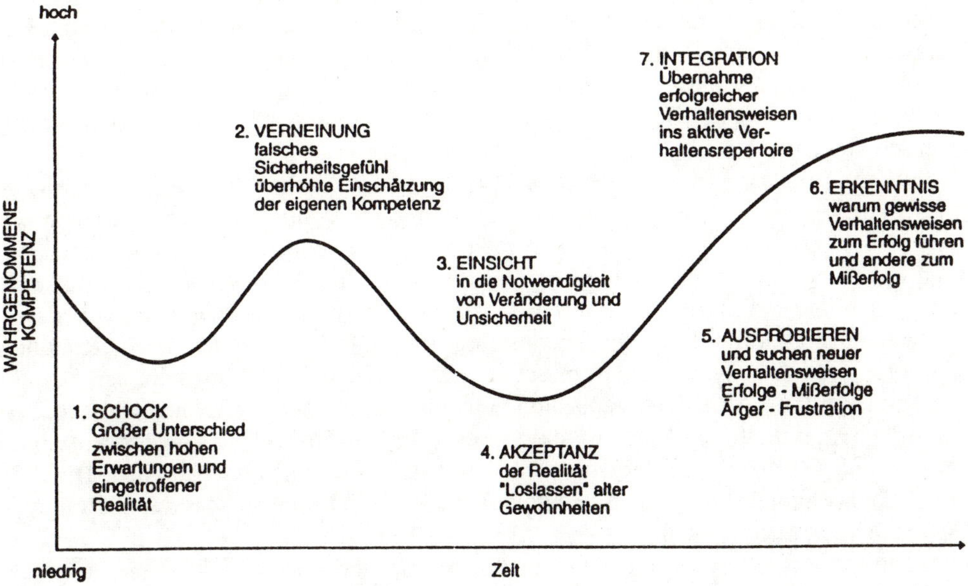

Abbildung 2: Die sieben Phasen der Veränderungskurve (Fatzer (1993) in: Pühl 1999, 205

Wichtig an diesem Modell ist die Blockierungsphase, die mit der defensiven Routine (von Argyris) vergleichbar ist. Häufig wird die Entwicklung zu einer lernenden Organisation extern begleitet.

Zur Rolle des Beraters in der lernfähigen Organisation

Organisationsentwicklung findet vielfach unter Anleitung eines externen Beraters statt. Die Rolle des OE-Beraters wird aus Gestalt- und Systemsicht als eine *Rolle an der Grenze* beschrieben. Der Berater muß einen Unterschied zum Klientensystem machen. Diese Rolle wird von Margulies (1978) als *marginale Rolle* beschrieben. In diesem Zusammenhang sind die Gestalt-Sichtweisen von Nevis (1988) erhellend, der die Rolle des Beraters unter dem Aspekt *Kontakt, Präsenz und Intervention* beschreibt.

Kontakt ist eine der Grundlagen des OE-Prozesses und meint die Betonung und Anerkennung der Unterschiede zwischen Berater und Klientensystem. Die Organisation lernt dadurch, daß sie diese Unterschiede sieht und im Rahmen von Feedback-Prozessen hört. Bezogen auf das Modell des Organisations-Eisbergs heißt dies, daß die Aspekte unterhalb des Wasserspiegels, die der Organisation unbewußt sind, bewußt gemacht werden.

Präsenz bedeutet im Zusammenhang mit OE, daß sich der OE-Berater sowohl real als auch symbolisch seiner Rolle bewußt ist und daß er im Laufe seiner Arbeit mehr darüber erfährt, welche Übertragungen er auslöst.

Mit *Intervention* ist die Tatsache umschrieben, daß Beratung und jegliche Form des Beraterverhaltens ein Dazwischenkommen, eine Unterbrechung von ablaufenden sozialen Prozessen darstellt. Nevis geht sogar so weit zu sagen, daß OE-Interventionen eine Zumutung und eine Störung für das Klientensystem darstellen. Auf diesem Hintergrund ist auch verständlich, daß *Widerstände* ein Begleitphänomen von OE-Prozessen darstellen.[3] Eine Organisation kann dann als lernfähig umschrieben werden, wenn sie mit diesen Irritationen umgehen kann, die durch den OE-Berater eingebracht werden können.

Wichtig für die Rolle des Beraters ist auch die Unterscheidung in die *verschiedenen Beratermodelle* von Schein (1993): in *Expertenberatung, Arzt-Patient-Beratung* und *Prozeßberatung.* Wie wird der Berater von der Klientenorganisation eingesetzt, und in welcher Rolle kann er sie hilfreich unterstützen und lernfähig machen? Ein weiterer wichtiger Punkt zur Rolle des Beraters umfaßt die *defensiven Routinen.* Es ist zentral für die Lernfähigkeit der Organisation, ob der Berater die defensiven Routinen der Organisation beleuchten und reflektieren kann. Allzu häufig ist es so, daß Berater zusammen mit der Klientenorganisation gemeinsame defensive Routinen aufbauen, so daß die Organisation nicht mehr lernt. Besonders drastische Beispiele hat Argyris (1993b) dargelegt, wo die Organisationen mit den Beratern das unbewußte Bündnis zur Tabuisierung der defensiven Routinen eingingen mit dem Effekt, daß die Organisationen nicht mehr lernten.

Die Rolle des Beraters für die lernende Organisation besteht darin, diese marginale Rolle einzusetzen und lernwirksam zu machen, indem z.B. Wahrnehmungen, Einschätzungen, Feedbacks und auch Expertenbeiträge der Organisation einen Spiegel vorhalten.

Literatur

Argyris, Ch. (1978): Organizational learning. Reading, Addison Wesley
Argyris, Ch. (1985): Strategy, change and defensive routines. Boston, Pitman
Argyris, Ch. (1993a): Eingeübte Inkompetenz, in: G. Fatzer (Hg.) 1993a.
Argyris, Ch. (1993b): Defensive Routinen, in: G. Fatzer (Hg.) 1993b.
Argyris, Ch. (1996): Gute Kommunikation, die Lernen verhindert, in: G. Fatzer (Hg.) 1996.
Beckhard, R. (1987): Organizational transitions. Reading, Addison Wesley
Beckhard, R. (1994): Changing the essence. San Franzisco, Jossey Bass
Bennis, W. (1986): Führungskräfte. Berlin,Campus (Orig. 1985)
Borwick, I. (1990): Systemische Beratung von Organisationen. In: G. Fatzer (Hg.) (1990)
Fatzer, G./ Jansen ,H.H. (1980): Gruppe als Methode. Weinheim, Bellte
Fatzer, G. (1987): Ganzheitliches Lernen. Paderborn, Junfermann (5. überarbeitete Aufl.1998)
Fatzer ,G. (Hg.) (1990): Supervision und Beratung. Köln, Ed.Hum. Psych. (7 .Aufl. 1997)
Fatzer, G.(1991): Prozeßberatung als Beratungsansatz der Neunziger Jahre, in: Wimmer R. (Hg.), Organisationsberatung, Wiesbaden, Gabler
Fatzer, G. (Hg.) (1993): Organisationsentwicklung für die Zukunft. Köln, Ed.Hum.Psych.
Fatzer, G. (1996): Organisationsentwicklung und Supervision. Trias Kompaß 1, Köln EHP
Fatzer, G., Marsick, V. (1998): Lernende Organisation – Ansätze und Fallbeispiele, Trias Kompaß 3, Köln, EHP
Fatzer, G., Rappe-Giesecke, K., Looss, W. (1998): Qualität von Beratung und Entwicklung. (Supervision – Coaching – Organisationsentwicklung), Köln, EHP
Forrester, J. (1961): System Dynamics, Cambridge, MIT Press

---

3 Mit dem Thema „Veränderungswiderstand“ beschäftigt sich ausführlich der Beitrag von U.-H. Thiel – Der Hrsg.

Hammer, M., Champy, J. (1994): Reengineering, Frankfurt, Campus
Isaacs, W. I. (1996): Dialog in der lernenden Organisation, in: G. Fatzer (Hg.) 1996.
Kofman, F., Senge, P. (1996): „Gemeinschaften des Lernens“, in: G. Fatzer (Hg.) 1996.
Kolb, D. (1971): Organizational psychology. Englewood Cliffs, Prentice Hall
Kolb ,D. (1983): Experiential learning. Engl. Cliffs, Prentice Hall
Margulies,N. et al.(1978): Conceptual foundations of OD. New York
Marsick, V., Watkins, K. (1990): Sculpting the learning organization. San Franzisco, Jossey Bass
Marsick, V., Watkins, K. ((1995): Team learning, ASTD
Marsick, V., Watkins, K. (1996): Learning organizations, ASTD
Nevis, Ed (1988): Organisationsberatung. Köln, EHP
Nevis, Ed, Di Bella, T. (1997): How organizations learn. San Franzisco, Jossey Bass
Roth, G. et al.(1996): The Auto-Company , Working Paper M.I.T
Sackmann, S. (1989): Unternehmenskultur. In: Sandner K. (Hrsg.) Politische Prozesse in Unternehmen., Berlin, Springer
Sackmann, S. (1993): Die lernfähige Organisation, in: G. Fatzer (Hg.) 1993.
Schein ,Ed (1985): Organizational culture and leadership. San Franzisco, Jossey Bass
Schein ,Ed (1987): Process consultation, Bd.2. Reading, Addison Wesley, Bd. 1, 1988.
Schein ,Ed ((1996): Dialog, Kultur und Organisationslernen, in: G. Fatzer (Hg.) 1996.
Senge, P. (1990): Fifth discipline. New York , Doubleday (dt. 1996)
Senge, P. ((1993): Fünfte Disziplin, in: G. Fatzer (Hg.) 1993
Shapiro, V. (1996): Trendsurfen in den Chef-Etagen, Frankfurt, Campus
Vansina, L. (1996): Business Reengineering , in: G. Fatzer (Hg.) 1996.

Organisationsentwicklung durch Qualitätssicherung? – Selbstbeforschung als ein Handwerkszeug lernender Organisationen

Thomas Floeth

Wer sich heute mit Qualitätssicherung (QS) befaßt, nimmt ein zweischneidiges Schwert zur Hand. Für die einen ist QS der Schlüssel zu einer effektiven sowie gleichzeitig hochwertigen – damit für Anwender wie Kunden befriedigenden – Leistung sowohl in der Industrie wie auch im Gesundheits- und Sozialwesen. Für die anderen ist sie die konsequente Fortführung eines Prozesses zunehmender Entfremdung und Ökonomisierung mitmenschlichen Umgangs.

In diesem Beitrag wird mit „Selbstbeforschung" ein Ansatz vorgestellt, der wertend Position bezieht und die „guten" Seiten von QS nutzt, ohne den „schlechten" auf dem Leim zu gehen. Es geht darum, die Fähigkeit von Mitarbeitern systematisch zu fördern, sich den Prozessen ihres Arbeitsalltags bewußt zu werden, Prioritäten selbständig zu setzen, Problemanalysen anzufertigen und Veränderungen durchzuführen. Wenn QS so in die Hände der betroffenen Akteure gelegt wird, führt sie sowohl zu deren persönlicher Weiterentwicklung als auch zur Organisationsentwicklung ihres Arbeitsfeldes – eine effektive Förderung der „Qualität" von Arbeitsprozeß und -ergebnis.

So brillant ein Konzept auch sein mag, nur in der Praxis wird es sich bewähren. Der Beitrag kann auf Erfahrungen im Rahmen eines Pilotprojektes zurückgreifen, bei dem Selbstbeforschung erstmals zum Einsatz kam. Für so eine Pilotstudie benötigt man Menschen mit dem Mut, etwas Neues auszuprobieren, zudem, wenn – wie in diesem Fall – ihr Berufsalltag in einer psychiatrischen Akutstation für sich genommen bereits eine große Herausforderung darstellt.[1] Ein erster Bericht dieses Pilotprojektes wurde auf dem 28. Soziologentag in Dresden 1996 gegeben (Floeth et al 1997).

---

1 Mein Dank gilt hier der Abteilung für Sozialpsychiatrie und Psychotherapie unter Leitung von Herrn Prof. Machleidt, dem Forscherteam Jens Haage, Kati Nitsch, Fatimeh Rajabi, Frank Schumacher und Gordana Wolf sowie allen Mitarbeitern der untersuchten Station. Ganz besonders bin ich jedoch dem Leitenden Oberarzt der Abteilung Dr. Hans Pfefferer-Wolf verbunden, ohne dessen Hilfe und fortwährende wissenschaftliche wie persönliche Begleitung diese Projekt so niemals hätte realisiert werden können.

1. Qualitätssicherung als Verfahren

Qualitätssicherung (QS) erlebt zur Zeit eine Hochkonjunktur. Der Hintergrund für die Einführung von Verfahren und Maßnahmen zur Qualitätssicherung ist dabei heute – mehr denn je – die Sparlogik. Von QS erwartet man Effektivitätssteigerung und damit einhergehend eine Kostenreduktion bei optimalerweise größerem Nutzen für alle Beteiligten – ein Wundermittel des aufgeklärten Kapitalismus.

In der Industrie führte die Implementierung von QS-Verfahren eine Welle von Arbeitsplatzabbau im Kiel mit sich. Heute ist die Angst um den Arbeitsplatz der Co-pilot jeder Neueinführung von QS-Verfahren. QS ist häufig nur ein „Deckmantel", unter dem Sparmaßnahmen Platzgreifen können (Pühl 1997).

Wenn wir hier von der Einführung eines QS-Verfahrens reden, haben wir also nicht unbedingt kreative lernfähige und -willige Mitarbeiter vor uns, denen eine starke „gesunde" Organisation durch QS Handwerkzeuge zur Verfügung stellt, womit das Arbeitsklima, Arbeitsresultat und der allgemeine Nutzen verbessert werden kann. Vielmehr haben wir es zu tun mit einem eng gewordenen Arbeitsmarkt und Unternehmen, die unabhängig von ihrer Stärke und Konkurrenzfähigkeit, Gewinne besonders durch wegrationierte Arbeitsplätze erzielen möchte.

Um nicht mißverstanden zu werden: es gibt genügend Unternehmen, die unter existentiellem Druck handeln. Aber systematischer Arbeitsplatzabbau findet heute nicht nur dort, sondern augenscheinlich überall statt. Und dementsprechend treibt manchen Mitarbeiter, sobald von QS die Rede ist, eine nicht unberechtigte Angst vor dem potentiellen Verlust des eigenen Arbeitsplatzes um.

Bei einer Begleitung eines sogenannten „Audits" in einem Industrieunternehmen, in dem das Qualitätsmanagement-System der Firma am Arbeitsplatz überprüft werden soll, wird deutlich, wie die Mitarbeiter vor Ort dieses Prüfungsverfahren erleben: sie selbst sind auf dem Prüfstand, schwitzend unter Streß, nur nichts Falsches sagen .... Was nützt da die Versicherung, daß dies eine Prüfung des Verfahrens, nicht der Person ist – seit Einführung des Systems wurden 35% der Arbeitsplätze abgebaut.

Nun ist dieser Rahmen von Kostendruck und Arbeitsplatzabbau, in dem QS heutzutage wo auch immer eingeführt wird bzw. diskutiert werden muß, äußerst ungeeignet, wenn man das Verfahren in seinen ihm innewohnenden Möglichkeiten für die Organisationsentwicklung darstellen will.

Wie könnte QS aussehen, die eine Organisation als Instrument der eigenen Entwicklung einsetzen möchte?

Fragen wir aber zuvor: Was ist eigentlich Qualitätssicherung?

Zunächst einmal kann Qualitätssicherung (quality assurance) als ein *Versprechen* verstanden werden. Sie gibt dem Nutzer einer Einrichtungen ein verbindliches Zusage hinsichtlich einer zu erwartenden Leistung:

„A promise of performance.... (Quality assurance) is the *act of assuring, the evidence, guarantee or earnest of what I am promising*, and the *state of certainty* which should be shared by he provider and the client." (Wilson 1987, S. 2 f).

Außerdem berücksichtigt der Begriff QS eine Qualitätserhebung sowie die fortwährende Suche nach Verbesserung:

„The term quality assurance is used ... to encompass quality measurement and continuous quality improvement. Quality assurance is more than controlling for set standards but requires an active search for constant improvement in the quality of the service“ (Richards,Heginbotham 1990, S. 5)

Damit bietet QS eine garantierte Zusicherung einer Leistung, deren Qualität geprüft und kontinuierlich zu bessern gesucht wird. Dies ist ein wertender „relationaler“ Qualitätsbegriff, der zwar nicht eine „objektive gute“ Qualität erfaßt, wohl aber den Veränderungswillen hin zu einer je besseren Qualität.

Wir setzen uns hier ab von der Sinnentleerung oder Umdefinition, die der Begriff in der heutigen Debatte ausgesetzt ist. So betrifft z.B. die gesetzlich geforderter QS überhaupt nicht eine Qualität an sich noch irgendeine Form von Verbesserung, sondern nur das QS-System als reines Verfahren mit seinen Akteuren und Organsiationsstrukturen (vgl. Schernuss 1998).

Zwei weitere Begriffe seien hier noch angesprochen, die auf Prozeßkontrolle und -verbesserung abzielen: Audit und Evaluation.

Audit (von audire: hören, anhören, auch: verhören) wurde zunächst nur auf die Prüfung von Berichten bezogen, später als Auswertung oder Prozeß-Evaluation in den Qualitätssicherungszyklus eingeführt. Heute wird Audit oder audit cycle oft erweitert um die Elemente Zielsetzung und Veränderung und dann synonym für QS verwendet (vgl. Kogan & Redfern 1995). Audits suchen dann Probleme im Ablauf eines Prozesses um diese anschließend zu beheben: „(clinical) audit is the process of reviewing the delivery of health care to identify deficiencies so that they may be remedied“ (Crombie et al.1993; S. 27)

Die Logik eines Audit-Zyklus läßt sich schematisch in folgender Verlaufsform darstellen (nach Richards & Heginbotham 1990):

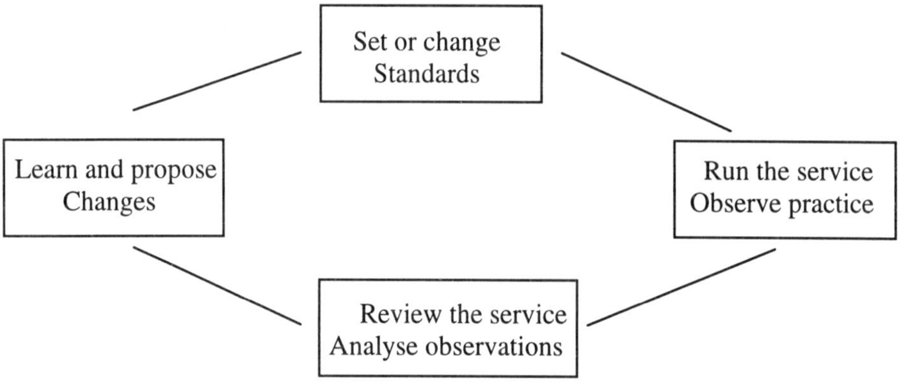

Evaluation wird heute verstanden als ein Element systematischen Planhandelns. Ein solches Handeln definiert zunächst Ziele (z.B. aus vorhandenen Leitsätzen einer Organisation oder aus in ihr entworfenen Zukunftsvisionen), beschreibt Wege zur Zielerfüllung, die anschließend plangemäß verfolgt werden. Evaluation ist dann das begleitende Verfahren, mit dem jeweils Handlungsprozesse und -ergebnisse studiert, mit Zielen abgeglichen sowie ggf. notwendige Veränderungsvorschläge eingebracht werden.

Es ist unschwer nachzuvollziehen, daß die Verfahrenslogik von QS, Audit und Evaluation in überschaubaren industriellen Produktionsbedingungen relativ leicht umzusetzen ist. Arbeitsabbläufe können dort in einzelne Produktionsschritte runtergebrochen werden, für die sich standardisierte Ablaufschemata herstellen lassen. Wenn Audit-Aktitiväten umschrieben werden mit Begriffen wie „Qualitätsfestlegung, -evaluation, -absicherung und -kontrolle („quality assessment, evaluation, assurance, control"), geschieht dies in Anlehnung an die Produkt-Logik der industriellen QS. Diese gehorcht jedoch ganz anderen Logiken als z.B. das Gesundheitswesen. Möglicherweise ist aber das Produktionsgeschehen in der Industrie doch nur sehr begrenzt vergleichbar mit dem Geschehen im Gesundheitswesen. Während im einen Fall eine Problemlösung in einer Neujustierung einer Maschine bestehen kann, geht es im anderen meist um die Veränderung menschlichen Handelns (vgl. Crombie et al 1993, S. 40f).

Eine Gleichsetzung der beiden Logiken schafft im günstigen Falle eine Reihe sinnentleerter „Plastikwörter" (Pörksen 1988) wie „Produkt" oder „Rentabilität" ohne Erkenntnisgewinn. Im ungünstigen Fall wird der mitmenschliche Umgang zum instrumentalisierten Warenaustausch von Produkten eines vorwiegend kommerziell gesteuerten Arbeitsprozesses. Wulff (1998) warnt sehr eindringlich vor den Folgen der „betriebswirtschaftlichen Dominanz", die sich zur Zeit besonders in der neuen Sprache des Gesundheitswesens zeigt. So ist die einzelfallbezogene Dokumentation aus seiner gut begründeten Sicht nicht so sehr Ausdruck von Qualitätskontrolle oder -sicherung, sondern vielmehr ein Einstieg in die Budgetierung und in Folge potentielle Rationierung ärztlicher Akte, die als kommerzielle Dienstleistungen zu reinen Ware mutieren.

Im Gesundheitswesen ist Qualität schon früh zum Thema geworden. Externe oder interne „audits" stellten Zu- und Mißstände fest und regten Veränderungen an. Ein historisches Beispiel eines Audits, das in einer beispiellosen Qualitätsverbesserung gipfelte, war die Prüfung und Reorganisation des britischen Hospitals im Krimkrieg 1854 durch Florence Nightingale. Ihr external audit führte zu einer wesentlichen Verbesserung der Situation: Die Mortalität der verletzten Soldaten sank innerhalb von 6 Monaten von 40% auf 2%! (Crombie et al 1993, S. 2f)

Zu Anfang der Qualitätsprüfungen ging es um die allmähliche Einführung von gewissen Mindestqualitätsstandards. Später trat in Industrie wie Gesundheitswesen ein anderer Zusammenhang in den Vordergrund: Qualität und Konkurrenz. Nicht von ungefähr waren die USA ein Vorreiter in dieser Bewegung, denn hier hat das marktwirtschaftliche Denken auch im Gesundheitswesen Tradition. Wenn heute also die Gesundheitsreform in Deutschland Qualitätssicherungsverfahren verpflichtend macht, dann ist dies ihr stärkster Impetus: Qualitätsprüfung lädt ein zu einem Wettbewerb der Anbieter und dient damit (idealiter) der Kostensenkung (Schernuss 1998).

So richtig dieser Gedanke theoretisch auch sein mag, ist der praktische Beweis hier allerdings noch nicht erbracht – ja, es mehren sich die Anzeichen, als würden gerade QS-Verfahren mit ihren zusätzlichen Aufgaben und Ansprüchen im Gesundheitswesen zu weiteren Kosten oder aber wegen Mitarbeiterüberlastung zu einem schlechteren Angebot (Stichwort „Qualität") führen. Heute drängen z.B. zunehmend solche Unternehmen in den Bereich ambulanter psychiatrischer Betreuung oder auch der Altenpflege, die nicht so sehr einer ethischen Grundhaltung der „guten" Pflege, Sozialarbeit oder Therapie sondern einer marktwirtschaftlichen Dienstleistungsideologie verpflichtet sind.

Die befürchtete Einführung eines monetär ausgerichteten Denkens bis in die Handlungsebene am Patienten ist nicht das einzige Problem in der QS-Debatte des Gesundheitswesens. Ein weiteres Problem ist die Frage von *Handlungsstandards.* Allen genannten Begriffen – Qualitätssicherung, Audit und Evaluation – liegt die gemeinsame Logik zugrunde, daß Strukturen (im Sinne organisatorischer Rahmenbedingungen), Prozesse und Ergebnisse auf der Folie von gesetzten Fixpunkten gemessen, abgeglichen und verbessert werden. Audits erkennen Probleme im Vergleich mit vereinbarten Standards, Evaluation betreibt fortwährenden Abgleich an definierten Zielen und im Zyklus der Qualitätssicherung steht „standard setting" an exponierter Stelle.

Wie also kommt man nun im Gesundheitswesen zu solchen Standards und Zielen?

Als erster Weg ist es im Nachgang zu den Vorgängen in der Industrie in den letzten Jahren besonders im Krankenhausbereich zu einer immensen *Entwicklung von formalisierten Standards* gekommen. Von den USA ausgehend haben sich in vielen Krankenhäusern Arbeitsgruppen aus dem Pflegebereich gebildet, die für ihre Einrichtung verbindliche Pflegestandards zu bestimmen suchen, die die QS am Ort ausrichten und idealiter zu nationalen oder sogar internationalen Standards der Pflegepraxis führen sollen. So verabschiedete die „12th National Conference on Classification of Nursing Diagnosis" um die klinische Pflegepraxis in den USA zu standardisieren 1996 eine Liste sogenannter „Pflegediagnosen", in denen „Pflegeprobleme" definiert, ihre Erkennungsmerkmale aufgeführt sowie Ziele und Maßnahmen festgelegt werden (vgl. für die Psychiatrie: Townsend 1998)

Ein Ende dieses „standard setting" ist noch nicht abzusehen. Es liegt nicht nur im heutigen Trend zur totalen computergestützten Meßbarkeit, sondern wird gleichzeitig für eine längst überfällige professionelle Aufwertung der pflegenden Berufe genutzt. Inwieweit dieses Verfahren zur wirklichen Verbesserung der Arbeitsergebnisse beiträgt, ist zur Zeit strittig. Wulff (1998) zeigt beispielsweise auf, wie Qualitätskontrolle nicht nur zur Verbesserung der Qualität sondern auch zu ihrer Verschlechterung eingesetzt werden kann. Einmal an Standards ausgerichtetes Handeln läßt sich mittels dieser Standards einfach herunterregulieren. Die Novellierung des Bundessozialhilfegesetzes weist in diese Richtung: Einsparung gelingen leichter, wenn wohldefinierte Leistungen reduziert werden. War im §93 BSHG zuvor noch von einer „bedarfsgerechten Hilfe" als orientierender Standard die Rede, sollen nun die Leistungen des Sozialhilfeträger „ausreichend, zweckmäßig und wirtschaftlich" sein, und „das Maß des Notwendigen nicht überschreiten". Dies ist besonders schmerzlich angesichts der Tatsache, daß die Einführung von audits im Gesundheitswesen ja gerade zur Aufwertung der Behandlung auf ein notwendiges Mindestmaß gedacht war.

Als zweiter Weg zu Standards können sich Organisationen auch einen *generellen Leitfaden* schaffen, an dem das konkrete Handeln auszurichten ist. So können Grundregeln, Konzeptionen oder Leitsätze einer Organisation zu einem solchen Leitfaden umformuliert und dann für die einzelnen Arbeitsfelder in konkrete Ziele operationalisiert werden.

Als Beispiel sei die PINEL-Gesellschaft, Berlin, erwähnt, ein Träger ambulanter psychiatrischer Versorgung. Hier stellt sich z.B. die Frage: „Was bedeutet der allge-

meine Leitsatz 1 der Gesellschaft („Psychisch Kranke sind Bürger mit allen Grundrechten wie Freiheit, Gleichheit und Geschwisterlichkeit") für mich als Betreuer von allein lebenden Klienten? Welche besonderen Ziele resultieren daraus für ihre persönlichen Betreuungspläne?" (vgl. auch das Vorgehen in der Teilanstalt Bethel der von Bodelschwinghschen Anstalten; s. Schernuss 1998.)

Der Vorteil dieses Verfahrens liegt darin, daß hier – für manche Einrichtungen erstmals – Konzeptionen und Leitsätze ernstgenommen und mit der wirklichen Arbeit verglichen werden können. Allerdings lassen sich nicht für alle Handlungsbereiche Standards aus den meist allgemein gehaltenen Leitsätzen ableiten.

Es gibt jedoch noch einen *dritten Weg*, die Vergleiche und Qualitätsverbesserung im Sinne der QS möglich machen: der systematische Einsatz des Handlungswissens der Handelnden selbst, seien sie Mitarbeiter oder Klient: Was ist *für sie* ein Problem? Was halten *sie* für veränderungsbedürftig? Hier setzt die Selbstbeforschung ein, ein Verfahren, das im folgenden als Konzept und in Anwendung vorgestellt wird.

Sozusagen noch relativ unbehelligt von den gesetzlichen Vorgaben und marktwirtschaftlichen Folgen von Qualitätssicherung wurde auf einer psychiatrischen Akutstation mit der Selbstbeforschung ein QS-Verfahren eingesetzt, das die besondere Eignung der QS für das Wachstum einer Organisation zum Tragen kommen läßt.

Selbstbeforschung nimmt die Handelnden vor Ort ernst als Experten ihrer eigenen Situation. Durch ihr Handeln und die intersubjektive Auseinandersetzung schaffen sie ihre eigenes Orientierungssystem – auch im Sinne von Standards – stets neu. Durch Selbstbeforschung werden sie befähigt, ihr Wissen systematisch einzusetzen in einen Prozeß wissenschaftlich fundierter Situationserhebung und -analyse sowie ihrer Veränderung. Sie wirken als Forscher ihres eigenen Arbeitsfeldes, verfahren nach etablierten Forschungsvorgaben und haben den Gütekriterien von Forschung zu genügen.

2. Selbstbeforschung

Selbstbeforschung beinhaltet zunächst einmal eine partielle oder vollständige Identität zwischen Subjekt und Objekt einer Forschung. Als Evaluationsverfahren eingesetzt, bedeutet dies, daß die eigene Arbeitswelt den dort Beschäftigten zum Forschungsgegenstand wird.

Den Ausgangspunkt des Verfahrens bildet die Erkenntnis, daß es durchaus möglich und sogar sinnvoll ist, methodenunkundigen interessierten Laien in kürzester Zeit genügend handwerkliche Grundkenntnisse und Techniken in *qualitativen Forschungsmethoden* zu vermitteln, so daß sie eine eigenständige Forschung auf feldangemessenem Niveau durchführen können. Qualitative Methoden werden nicht in der Theorie sondern in ihrer Anwendung zugänglich. So ist der nach einigen didaktischen Versuchen entwickelte Einführungskurs keine trockene Vortrags- oder Lektüreveranstaltung, sondern ein praktischer Workshop. Er basiert darauf, daß alle Teilnehmer die Verfahren (hier besonders Beobachtung und Datenanalyse) fortwährend konkret ausprobieren: Alltagssituationen werden zunächst auf Video, später live in unterschiedlichen Feldern beobachtet und als Daten rekonstruiert.

Nach dem Besuch des Methodenkurses beginnen einige Mitarbeiter einer Organisationseinheit – hier einer psychiatrischen Akutstation – eine Feldforschung in ihrem eigenen Arbeitsfeld. Die Analysetreffen des Forschungsteams begleitet der Kurstrainer, ebenso die erste Entwicklung von Analyseberichten und Veränderungsvorschlägen. In den folgenden Phasen weiterer Selbstbeforschung liegt die Arbeit ganz in der Hand der Mitarbeiter bzw. des Teams und der Trainer wird nur noch zu Einzelproblemen konsultiert. (Zum Ganzen: Floeth 1996; zur Didaktik von qualitativen Analysegruppen: s. Strauss 1988).

Das Vorgehen: Ein Mitarbeiter, der als teilnehmender Beobachter seines Arbeitsumfeldes wirken will, lernt zunächst einmal, sein eigenes, ihm so vertrautes Verständnis der dort vorgefundenen Situationen zu hinterfragen. Ist das, was er sieht, wirklich das, was es ist? Gibt es auch andere Weisen, die Dinge zu sehen? Er beginnt sich dafür zu interessieren, wie eine Situation von verschiedenen Akteuren verstanden, ja, wie sie gemeinsam (sozial) „hergestellt" wird.

Bei dieserart Beobachtung hält der angehende Forscher Daten fest, z.B. indem er Notizen anfertigt. Diese sind in dem Maße „Rohdaten", in dem sie nicht die Deutungen des Beobachters, sondern die der übrigen Akteure der Situation widerspiegeln.

Während bei der sogenannten Datenerhebung also die Deutungen des Forschers möglichst ausgeklammert werden sollen, geht es bei der Datenanalyse darum, die Wirklichkeit zu interpretieren. In einer qualitativen Analyse geschieht dies auf systematische Weise, indem möglichst vielfältige Bedeutungsmöglichkeiten erzeugt und ein neues Verständnis der beobachteten Situation entworfen wird.

Die qualitativen Analysen werden häufig in Teams vorgenommen. Da jeder Forscher unterschiedliche Perspektiven und „blinde Flecken" hat, werden diese im Diskurs sicht- und diskutierbar und so die Ergebnisse durch gemeinsame Analyse intersubjektiv validierbar. Die zugrundeliegenden Gütekriterien der qualitativen Methoden wie *kontrollierte Subjektivität, Glaubwürdigkeit, Plausibilität und Repräsentanz* ermöglichen auch dann solide Ergebnisse, wenn die Forscher selbst Teil des Untersuchungsgegenstandes sind.

Der Weg der Analyse führt über das sogenannte „Kodieren". Aus den gesammelten Rohdaten, die z.B. eine Arbeitssituation beschreiben, können Begriffe abgeleitet werden, die gewissermaßen „typisch" sind für ein bestimmtes generelles Denken und Handeln am Arbeitsplatz, das auch in anderen Situationen anzutreffen ist. Je nach Grad der Verallgemeinerbarkeit eines solchen Begriffes wird dieser als ein „Code", ein „Thema" oder sogar als ein „Leitthema" des Arbeitszusammenhangs klassifiziert. (Zu den Grundlagen qualitativen Vorgehens s. Strauss 1991, sowie Glaser 1978, Glaser & Strauss 1967, Corbin & Strauss 1990a+b, Cicourel 1964, Geertz 1983, Flick et al 1991)

Am Ende der Analyse sind die wichtigsten Codes miteinander in Beziehung gesetzt, zu Themen zusammengefaßt und – z.B. als Schema – geordnet dargestellt worden. So werden die zentralen Fragestellungen eines Arbeitsalltags in ihrer Bedeutung für den gesamten Arbeitszusammenhang verdeutlicht. Im Anschluß an diese Analyse können konkrete Veränderungsvorschläge entwickelt werden.

Die Stärke des vorgeschlagenen Vorgehens liegt gerade darin, daß Analysen auf unterschiedlichem Niveau stattfinden können, dort aber jeweils in sich abgeschlossen und von hoher Qualität sind. Zentral ist hierbei nicht die theoretische Aussagekraft einer Analyse, die ja idealerweise einen wissenschaftlichen Diskurs auszeichnet, sondern ihre praktische Anwendbarkeit auf die Fragestellungen, die das untersuchte Arbeitsfeld aufwirft.

2.2. Die Datenerhebung

Das Feld für einen ersten Einsatz des Verfahrens wurde an der Medizinischen Hochschule Hannover gefunden. Aufgrund empirischer Forschungserfahrung in der Psychiatrie (Floeth 1991) hatte sich dort ein Zugang zur Abteilung für Sozialpsychiatrie und Psychotherapie ergeben. Nachdem das Selbstbeforschungskonzept in der Abteilung vor verschiedenen Gremien (Leitung, Wissenschaftsforum, Mitarbeiterversammlung) vorgestellt worden war, erklärte sich eine psychiatrische Akutstation zu dem Wagnis bereit.

Bei der universitären Psychiatrie in Hannover handelt es sich nicht um eine sogenannte „Edelpsychiatrie" mit selektiertem Klientel. Obwohl Forschung und Ausbildung von wissenschaftlichem Personal zu den Aufgaben der psychiatrischen Abteilungen gehört, haben sie sich der – in diesem Fall sektorisierten – Pflichtversorgung der Region angeschlossen. (Zum Feld: Haselbeck et al 1987). Die Akutstationen der Abteilung nehmen infolgedessen alle psychiatrischen Patienten auf, die im Zuständigkeitssektor der Klinik wohnen und für einen stationären Aufenthalt eingewiesen werden. Entsprechend heterogen ist das jeweils auf den Stationen anzutreffende Klientel, wobei das Stationsklima je nach aktuell vorherrschenden Krankheitsbildern sehr verschieden sein kann. Diese Tatsache gemeinsam mit einem jederzeit möglichen abrupten Klimawechsel stellt eine enorme Belastung für den Arbeitsalltag der Mitarbeiter dar. Eine Selbstbeforschung in solch einem Arbeitsgebiet ist per se eine Herausforderung. Zu dem herrschenden Problemdruck kommt der zusätzliche Aufwand, den die Forschung zumindest für einige Mitarbeiter mit sich bringt, und der in unserem Fall nur zum Teil durch Ersatzkräfte und Aufwandsentschädigungen ausgeglichen wurde.

Das Projekt begann Ende Februar 1996 mit einem Intensivkurs, der mit Rücksicht auf die stationären Gegebenheiten verkürzt wurde und aus 12 Modulen an drei Tagen bestand. Sofort anschließend fand die Datenerhebung und -analyse in den Monaten März bis Mai 1996 statt. Das Team bestand aus einer Ärztin im Praktikum, einem Zivildienstleistendem und drei regulären Pflegekräften (Stationsneuling, Halbtagskraft und stellv. Stationsleiter). Die Mitarbeiter fügten in diesem Zeitraum bewußte Beobachtungsphasen in ihren Arbeitsalltag ein, sie schrieben Beobachtungen und auch generelle Erfahrungen nieder und verfertigten im fortgeschrittenerem Stadium der Studie Analysen einzelner Sachverhalte. Außerdem traf sich das Team zu wöchentlichen Sitzungen, in denen die Daten jeweils vorgestellt und später auch gemeinsam analysiert wurden.

Die fundierte Kenntnis des Teams über das Stationsleben sowie ihre Involviertheit in das Alltagsgeschehen erwiesen sich als hervorragende Datenquelle: Indem die Teammitglieder von ihren Stationserlebnissen berichteten und ihre Version verschiedener Situationen darstellte, wurden genau die Wahrnehmungs- und Arbeitsstrukturen sichtbar und einer späteren Analyse zugänglich gemacht, die auf der Station vorherrschend sind, diese prägen bzw. von ihr geprägt werden. Die Teamsitzungen selbst wurden damit also zur hervorragenden Datenquelle. Jede Sitzung wurde aufgezeichnet und eine Zusammenfassung sowie wörtliche Auszugstranskripte erstellt. Die neu erworbene Haltung des Beobachtens machte dabei den Teammitglieder vieles bisher Unbeachtete bewußt, was wiederum in ihren Berichten in den Teamsitzungen deutlich wurde. Die explizit verfaßten Feldnotizen sowie die Aufzeichnungen einiger Dienstübergaben dienten bei den Analysen nur als Ergänzung.

Der Sprung zwischen Arbeitsalltag und Beobachtungshaltung wurde anfangs häufig thematisiert. Dazu nachfolgend einige Auszüge aus der ersten Teamsitzung:

„Die erste Zeit nach dem Intensivkurs war schwierig. Wahrnehmung war überall. Ich habe versucht zu beobachten, in der Straßenbahn, auf der Straße, was die da so machen. Bei der Arbeit in eine ruhige Ecke zu setzen und ein paar Notizen zu machen, geht fast nicht. Situationen, die bedeutsam waren, habe ich wohl gesehen, aber nachher keine Zeit gehabt für Notizen. Die genauen Worte vergißt Du. Man hat absolut keine Zeit"

„Man sieht was, aber es fehlt der letzte Zentimeter, der den Hebel zum Umfallen bringt, die letzte Konsequenz. Man hat das Gefühl, das ist eine Situation, die ich beobachten kann, im nächsten Moment denke ich dann wieder an die Arbeit und dann ist die Situation schon wieder vorbei. Die letzte Konsequenz des Aufnehmens und Verarbeitens: daß man aus der Arbeit raus geht und in die Forscherrolle rein und dann gleich wieder zurück. Das fällt mir jetzt noch ziemlich schwer."

„Ich laß mich dann auch immer wieder reinziehen. Ich nehme schon die Situation wahr, die für mich auffällig sind. Nur daß ich mich dann eben aufrege und gar nicht mich zurücklehne und mit Forscheraugen sozusagen sehe – rein roh ohne Versuch der emotionalen Beteiligung. Aber dann regt mich manches so auf, weil ich auch auf Arbeit bin und eben auch bei vielem mit diskutieren muß oder auch will, ne, von meiner eigenen Persönlichkeit her, sehe ich mich dann gezwungen, mich da sofort wieder – bin ich schon wieder drin, mittendrin, bin dann auch wieder in der Arbeit und weiß dann hinterher: das war genau die Sequenz, die ich auch hätte beforschen können, aber habe mich dann doch für die Arbeit entschieden."

„Wo es dann schwer wird: sich bei Patientengesprächen kurzzeitig rauszuziehen und den Blickstandpunkt zu wechseln, da hatte ich sofort das Gefühl: Moment, wenn du jetzt nicht aufmerksam bist, dann verpasst Du was und dann geht das Gespräch völlig in die Binsen."

Dieses Thema kam jedoch bei den nachfolgenden Treffen immer seltener vor. Der Fokus, was und wie Beobachtung zu sein habe, verschob sich: Die eigenen Wahrnehmungen wurden im Rahmen von Analysen zunehmend als forschungsrelevant eingeschätzt. Außerdem wich die Notwendigkeit, Beobachtungen schriftlich festzuhalten der Möglichkeit, memorierte Beobachtungen mündlich in Teamtreffen vorzustellen. Forschung und Alltag fielen zusammen. Daß Beobachtung sich zu einer zusätzlichen Mitarbeiterqualifikation mit Langzeitwirkung entwickelt hatte, formuliert eine der Forscherinnen ein Jahr nach Abschluß des Projektes so: *„Das Bewußtsein der Menschen ändert sich. Du kannst z.B. in einer Streßsituation von Außen gucken, was eigentlich los ist."*

Wie wurde diese Feldphase von den übrigen Mitarbeitern der Station eingeschätzt? Zu Beginn wurde seitens des Oberarzt folgende Warnung formuliert: *„Man muß auch aufpassen, daß man sich nicht soweit selbst beforscht, daß das eigentliche Arbeiten darin besteht sich selbst zu beforschen und es einem irgendwann gar nicht mehr auffallen würde, wenn kein Patient mehr auf Station ist. Und man trotzdem soviel zu tun hätte, daß man keine Zeit hätte und nicht weiß, wo man die Arbeit unterbringen soll."*

Als Außensicht sei zudem aus einem Erfahrungsbericht des Stationsleiters als eines der „Beforschten" des Projekts zitiert: *„Das Thema sich selbst zu beforschen oder auch „sich selbst auf die Schliche kommen" war eine Herausforderung für das ge-*

samte Team der Station .. .. Es war spannend für mich, beforscht zu werden. Mit Neugier und etwas Zurückhaltung wurden die Forscher nach ihrem (Methoden-)Einführungskurs auf Station zurückerwartet. Obwohl allen bekannt war, daß die Forschung anonym durchgeführt wurde, begegnete das Team den Forschern anfänglich etwas vorsichtig und unsicher. Durch die tägliche Zusammenarbeit und einer gewissen Transparenz der Forschung legte sich die anfängliche Zurückhaltung und Vorsicht im Team rasch, und die alte Vertrautheit kehrte zurück. Es wurde auch bald zur Gewohnheit, daß die Forschungsmitglieder sich ab und zu zurückzogen und Notizen machten. Schon bald konnte ich beobachten, wie die Forscher immer sicherer und routinierter mit ihren Aufgaben umgingen." (Albert 1997)

Die hier geschilderte Normalisierung der Forschungssituation für die Beforschten wie die Forscher kann in den meisten qualitativen Feldforschungen gezeigt werden. An dieser Stelle ist die Differenzierung des ursprünglichen Stationsteams in „Team" und „die Forscher" interessant. Wenngleich eben diese Forscher selbst vorher und weiterhin Teammitglieder waren, so galten sie doch durch die Teilnahme am Methodeneinführungskurs und mit Beginn der Forschungsphase als „Forscher".

Im Laufe der Forschung entwickelte diese Aufteilung einige Dynamik, besonders, als einer der Forscher erste Erkenntnisse seiner Beobachtungen direkt in Veränderungen umsetzen wollte und dabei auf vehemente Gegenwehr stieß. Jedoch zwang der Druck des Alltagsgeschehens im Allgemeinen das Team zum gewohnten gemeinsamen Stationshandeln. Die Unterteilung verlor sich einige Monate nach Ende der Erhebungsphase ganz, nachdem die Forschungsergebnisse entweder in das Gewohnheitsdenken des Teams übergegangen oder dem Vergessen anheimgefallen waren.

Die Patienten wurden am Anfang der Forschung über das Projekt informiert, nahmen aber im allgemeinen wenig Notiz davon. Die Forschung fokussierte auch eher auf die Sicht der Mitarbeiter und ihren Arbeitsstil statt auf Patientenverhalten, wie sich auch in den Ergebnissen deutlich widerspiegelt. Ein psychiatrieerfahrener Patient nahm die Studie allerdings zum Anlaß, seine Sicht des Stationsalltags ausführlich darzustellen und seine Hilfe bei der Forschung anzubieten. Wenn es auch im Rahmen dieser Pilotstudie verfrüht gewesen wäre, prinzipiell steht einer Einbeziehung von Nutzern (user involvement) einer Einrichtung nichts im Wege.

2.3. Die Datenanalyse

Mit einer Datenanalyse wurde parallel zu der Datenerhebung bereits von der ersten Teamsitzung ab begonnen. Die angehenden Forscher stellten sich gegenseitig ihre Beobachtungen vor, diskutierten deren Relevanz und suchten nach weiterführenden Bedeutungen. So wurden bald erste analytisch potentiell bedeutsame Begriffe, die sogenannten „Codes" entwickelt, später auch „Themen" sowie „Leitthemen", mit denen zentrale Handlungsstrukturen der Stationsarbeit beschrieben werden können.

Die erste Präsentation von Ergebnissen während des Projekts vor Stationsmitarbeitern bestand aus einer Darstellung von 20 ausgewählten Codes, von denen fünf näher erläutert wurden: „Keine Zeit haben", „(Dienstzimmer-) Tür zu!", „Harmonie", Mittagsrunde sowie Kontinuität/Fluktuation (die in Anführungsstriche gesetzte Begriffe sind solche, die im Feld selbst gebraucht werden).

Das Kodieren von Felddaten sei an folgendem Fall exemplarisch erläutert:

In der ersten Teamsitzung äußerst sich ein Mitarbeiter über die Teilnahme an Besprechungen auf Station: „Bei mir ist das so: wenn irgendwo eine Besprechung stattfindet, dann habe ich so an mich, oder habe das Gefühl, ich muß da auch unbedingt mit dabeisein, weil ich sonst Angst habe, mir geht irgendwie wichtige Informationen flöten und ich verpaß was. Und da dann einfach mal zu sagen: ‚Nee, ich verlaß mich jetzt auch mal auf die anderen und reiß das nicht an mich, sondern bleib einfach draußen....' "

Bei etwas Routine lassen sich aus dieser Äußerung mehrere Codes formulieren:

- „mit dabei sein"
- Angst, wichtige Information zu verpassen
- „ich verpaß was"
- „ich verlaß mich auf die anderen"
- „etwas an sich reißen"
- „draußen bleiben"

Das alles sind Teilaussagen, die über die aktuelle Situation und auch über den Sprecher hinausweisen können. Ob dabei wirklich für die weitere Forschung relevante Codes getroffen werden, zeigt sich erst in einer vergleichenden Analyse vieler weiterer Daten. In diesem Falle konnte besonders der erste Code verallgemeinernde Bedeutung erlangen, da er auf ein gängiges Handlungsmuster der Mitarbeiter verwies: „Dabei sein ist alles". Wie schon im Entstehungszusammenhang so zeigten sich auch in der weiteren Analyse wichtige Bezüge zu Informationsfluß, Vertrauensstrukturen und innerstationäre Machtpolitik. „Dabei sein ist alles" konnte als eines der organisierenden Themen der Station herausgearbeitet werden, die das als Ergebnis zusammengestellte „Analyseschema zur Handlungsstruktur der Station" (s.u.) prägen.

Insgesamt wurden etwa 20 sogenannte analytische „Memos" verfaßt, in denen Codes aus dem Material entwickelt, mit anderen Materialen und Codes verglichen und zu Themen zusammengefaßt wurden. Die später verfaßten Memos griffen neben den Datenmaterialien auch auf allgemeine Feld- sowie Theoriekenntnisse zurück. Eine gesonderte Analyse wurde noch bei den Felddaten vorgenommen, die schon im Einführungskurs zustande gekommen waren. Dort waren von den Teilnehmern in der Distanz einer abgesonderten Kursveranstaltung vielfältige Einschätzungen der Stationsarbeit und als eine Übung Visionen einer Traumstation formuliert worden. Vieles, was später als zentrales Organisationsmoment der Station nachgewiesen werden konnte, war dort bereits thematisiert worden, ohne in seiner ganzen Tragweite deutlich zu werden.

Während einzelne Codes sich zu bedeutsameren „Themen" oder „Leitthemen" des Feldes verdichteten, wurden die Beziehungen zwischen den verschiedenen Codes und Themen in 8 Beziehungsschemata verdeutlicht. Mithilfe solcher Schemata ist es möglich, verschiedenste Aussagen über die Arbeit auf der Station oder in der Psychiatrie als Zusammenhänge zwischen signifikanten Codes verallgemeinert darzustellen. Das analytische Endergebnis der Forschung bestand schließlich aus folgendem Schema.

2.4. Analyse-Ergebnisse

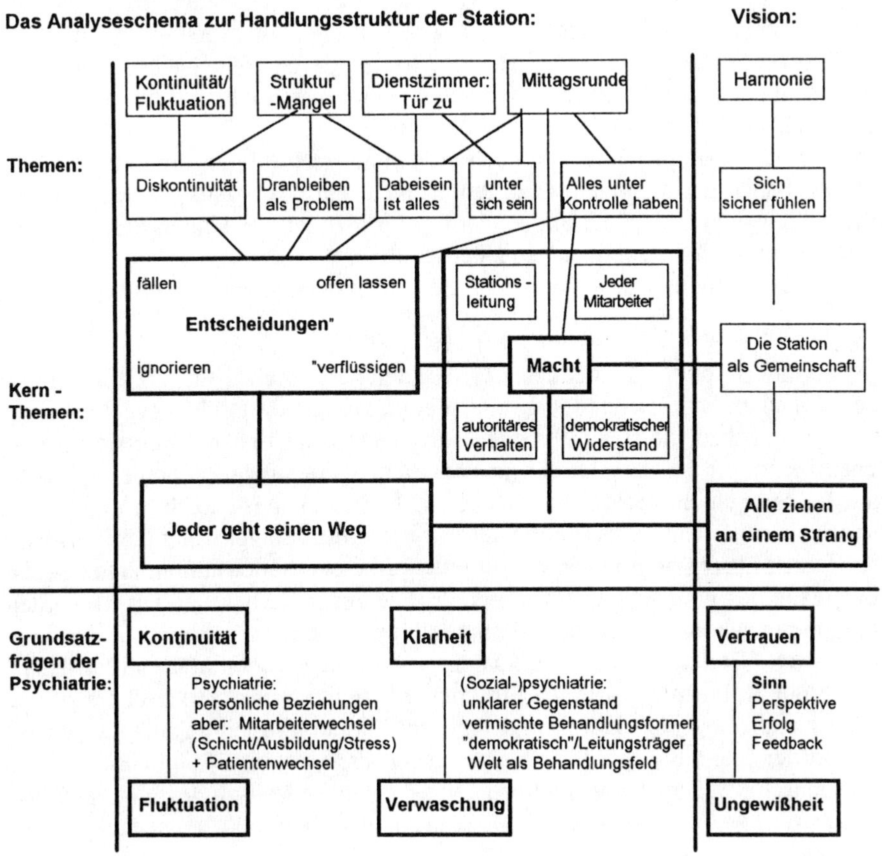

Zur Erläuterung:
Aus allen gesammelten Codes sind hier als Themen ausgewählt bzw. gebildet worden: Kontinuität/Fluktuation, Strukturmangel, geschlossene Dienstzimmertür, „Mittagsrunde".

Diese wiederum verwiesen auf andere Themen: Diskontinuität, Dranbleiben als Problem, „Dabeisein ist alles", „unter sich sein", „alles unter Kontrolle haben".

Gemeinsam verweisen all diese Themen auf *das besondere Entscheidungsgebahren* der Station: Entscheidungen werden je nach Durchsetzungsfähigkeit (Stichwort „Macht") der Beteiligten gefällt oder offen gelassen. Feste Entscheidungen werden dann aber nicht unbedingt durchgeführt, sondern häufig ignoriert oder auch „verflüssigt" (z.B., indem sie bei jeder Übergabe erneut zur Disposition gestellt werden). Sowohl bei der Entscheidung selbst als auch bei ihrer Durchführung sind fast immer mehrere Personen beteiligt, die in relativ ungeordneter Weise (Stichwort „Strukturmangel") agieren. In der Tendenz liegt hier ein individualisierte Entscheidung nach dem Muster „Jeder geht seinen Weg" vor.

Aber nur in der Tendenz. Gleichzeitig läßt sich auf Station bei einigen (vermutlich sogar vielen) Mitarbeitern auf der visionären Ebene der Traum von Mitarbeitergemeinschaft nachweisen, der in die Richtung zielt: „Alle ziehen an einem Strang". Zwischen diesen beiden Polen findet dann die Verhandlung und Verwirklichung von Entscheidungen auf Station statt, die mal mehr in die eine mal mehr in die andere Richtung tendieren. Eine in anderen Arbeitsbereichen häufigere Entscheidungsversion, daß die Leitung ihre Entscheidungsrichtung autoritativ durchsetzt („Jetzt ziehen wir alle an *meinem* Strang"), läßt sich auf der Station nur selten nachweisen und stößt bei der Belegschaft dann auch auf („demokratischen") Widerstand.[2]

Gerahmt wird die aufgezeigten stationären Handlungsstrukturen durch einige von Außen vorgegebenen Bedingungen. Hier geht es nicht nur das bereits im Schema aufgeführte Handlungsthema der Station, sondern um prinzipielle Eckdaten der Arbeit in der Psychiatrie und in der Medizinischen Hochschule.

In dem Analyseschema wurden drei zentrale Außenbedingungen angeführt:

– *Die Spannung zwischen Kontinuität und Fluktuation:*

Die Arbeit mit psychisch Leidenden erfordert den persönlichen Einsatz aller Mitarbeiter. Um überhaupt Behandlung und Veränderung der Leidensgegebenheiten möglich zu machen, müssen sehr enge Beziehungen zwischen Mitarbeitern und Patienten geknüpft werden. Diesen persönlichen Beziehungen entgegen läuft jedoch z.B. der Schichtwechsel, der nicht einem Beziehungs- sondern einem Arbeitsrythmus entspricht. Außerdem unterliegt diese Beziehungsarbeit dem fortwährenden Druck kurzer (und tendenziell immer kürzerer) Stationsaufenthalte, so daß der Weggang des Patienten, mit dem gerade eine enger Kontakt aufgebaut werden konnte, immer schon mitgedacht und mitgefühlt werden muß.

Der zweite Bereich, in dem die Spannung zwischen Kontinuität und Fluktuation eine große Rolle spielt ist in der Struktur der Medizinischen Hochschule zu finden, die gleichzeitig eine Klinik und eine Ausbildungseinrichtung darstellt. Entsprechend den Lehrnotwendigkeiten unterliegen die einzelnen Stationen und ihre „Kernmannschaft" dem fortwährenden Druck ständig wechselnder Kollegen wie Stationsärzten, Ärzte im Praktikum, Medizinstudenten im praktischen Jahr, Praktikanten usw..

Über dieserart Kontinuität/Fluktuations-Problematik hinaus spielt das Phänomen noch in verschiedenen Bereichen der Stationsarbeit eine Rolle wie z.B. durch das ständige Risiko des Unvorhergesehenen: der neu aufgenommenen Patient, der die Station „auseinandernimmt", ein Stimmungsumschwungs, der die Ruhe der letzten Wochen für Tage aussetzt, usw.

– *Die Spannung von Klarheit und Verwaschung:*

Hier geht es um einen Grundsatzbereich der Sozialpsychiatrie überhaupt: Was eigentlich ist der (Behandlungs-)Gegenstand, was das Behandlungsfeld? Was gehört zur Therapie, was nicht? Wie „demokratisch" hat Stationsarbeit als Teamarbeit[3] zu sein? Spannungen zwischen Team und Leitung sind jedenfalls ebenso vor diesem Hintergrund zu sehen, wie die oft langwierigen Diskussionen um verschiedene Be-

---

2 Mit dem Thema „Veränderungswiderstand" beschäftigt sich eingehend der Beitrag von H.-U. Thiel. – Der Hrsg.

3 Das Thema „Teamarbeit" und Team-Supervision handelt H. Pühl in seinem Beitrag ab. – Der Hrsg.

handlungswege bzw. –ebenen mit Argumenten wie: „die (Patientin) weiß ganz genau, was sie tut“; „ich bin doch keine Kindermädchen“; „man müßte den (Patienten) nach Hause begleiten und zusehen, daß er die Welt kennenlernt“ usw.

– *Die Spannung von Vertrauen und Ungewißheit:*

  Hierhin gehören zunächst einmal die situativen Einschätzungen, bei denen das gewohnte „Handeln wie üblich“ stets von plötzlichen Einbrüchen gefährdet werden kann. Dann sind hier aber auch die allgemeinen Schwierigkeiten bei der Einschätzung der eigenen Arbeit zu nennen: mit welcher Perspektive wird hier behandelt („Wird hier überhaupt einer mal gesund?“) und mit welchem Erfolg? Es ist der Mißerfolg, der sich in Form der wiederkehrenden Drehtürpatienten klarer dokumentiert. Feedback-Systeme existieren hier nicht, eine Erfolgskontrolle findet nicht statt.

Das Analyseschema wurde zweimal im Rahmen des Teams und einmal kliniköffentlich unter reger Teilnahme zur Diskussion gestellt. Für die weitere Arbeit erwiesen sich zwei Kritikpunkte als besonders ergiebig: Das Schema ließ die Perspektive der Station als Teil einer ständig auf sie Einfluß nehmenden Großeinrichtung relativ unbeleuchtet. Und das Schema war rein problemorientiert, ließ also die positiven Ressourcen der Station unberücksichtigt. Beide Anregungen wurden bei der Entwicklung der Veränderungsvorschläge aufgegriffen.

2.5. Die Veränderungen im Anschluß an die Forschung

In der den Analysen nachfolgenden Beratungsphase entwickelten die Forscher 5 Veränderungsvorschläge. Dabei bezog die Teamberatung nicht nur das Analyseschema und die gefundenen Handlungsthemen mit ein, sondern auch Erkenntnisse aus den vorangegangenen Analysen sowie die Resonanz des Feldes auf die Analysen. Die Ideen, über deren Relevanz sich alle Forscher einig waren, wurden schließlich als konkrete Vorschläge formuliert. In Kürze:

1. Vor dem Hintergrund eines als problematisch und äußerst aufwendig analysierten Entscheidungsverhaltens wird vorgeschlagen, Entscheidungen durch klarere Aufzeichnungen (Techniken zur deutlichen Darstellung, differenziert nach Verbindlichkeiten, u.a.) festzuschreiben.
2. Gegen die unklaren Zuständigkeiten soll das Bezugstherapeutensystem, bei dem Patienten jeweils eine Pflegekraft als Kontaktperson erhalten, durch spezifische Aufgabendefinitionen gestärkt werden.
3. Zur Verbesserung der eigenen Arbeitskontrolle und -einschätzung sollen Feedback-Bögen für Patienten und Mitarbeiter entworfen und eingesetzt werden.
4. Als Beitrag für ein besseres Stationsklima könnte die Freitags-Kaffeerunde von einer formalen Pflichtveranstaltung zu einer gemütlichen Freizeitveranstaltung umgestaltet werden.
5. Als Förderung von Einheit im Betreuungsteam wird geraten, das Selbstverständnis von Teamleitung von einer Repräsentanz der Klinikleitung (Leitungsbeschlüsse sind durchzusetzen) zu einer des Stationsteams (Beschlüsse werden als gleichrangige Partner im Team beraten) zu verändern.

Allen Vorschlägen ist die Tatsache gemein, daß hier liebgewordene oder einfach eingefahrene Haltungen zur Veränderung anstehen:

- ob Entscheidungen nicht mehr nur implizit gefällt bzw. umgeworfen werden, sondern statt dessen expliziert werden in Schrift und Stil,
- ob die Interaktion zwischen Patienten und Mitarbeitern von einem chaotischen „Jeder redet mit jedem über alles was er will“ zu einem strafferen „Die wichtigen Fragen werden an den Bezugstherapeuten verwiesen“ geordnet wird,
- ob die Qualität der Arbeit von einem relativ willkürlichen Gefühl zu einem abfragbaren Gut wird,
- ob Zwangsgemütlichkeit beim verordneten Kaffeeklatsch in Privatheit überwechselt, oder
- ob formale Hierarchie in gelebte Teamzusammenarbeit umgeformt werden soll,

es ist immer *eine grundsätzliche Veränderung* des eigenen Handelns von seiten der Mitarbeiter impliziert, ein Bruch im Gewohnheitshandeln einer Station.

Die Vorschläge wurden in einem Forschungsforum klinikweit veröffentlicht und auf zwei Teamnachmittagen mit allen Mitarbeitern der Station engagiert diskutiert. Während die Ergebnisse der Analysen mit eher mäßigem Interesse aufgenommen worden waren, stießen die unmittelbar handlungsrelevanten Veränderungsvorschläge auf größere Resonanz.

Alle Vorschläge stießen auf breite Zustimmung. Trotzdem fand in der Folgezeit eine Umsetzung der Vorschläge nur sehr zögerlich statt. Explizit wurde lediglich die Kaffeerunde verändert und ein Feedbackbogen entwickelt. Was sich aber in allen Vorschlagsbereichen entscheidend geändert hat, ist die *Haltung des Teams* zu den Fragestellungen. Nicht die wörtliche Ausführung dieser Vorschläge war es, die das Stationsklima merklich beeinflußt hat, sondern die Realisierung der Idee, die hinter diesen Vorschlägen liegt. So werden die Entscheidungen zwar immer noch nicht formal klar differenziert und notiert, aber die Tatsache, daß klare Entscheidungen ein Problem der Station sind, ist immer wieder präsent und wirkt entscheidungsfördernd.

Ein Besuch bei einigen Übergaben in jüngster Zeit zeigte z.B., wie Entscheidungen angemahnt und der Umgang mit ihnen hinterfragt wird („jetzt laß uns mal dabeibleiben!“, „was ist denn jetzt wirklich entschieden worden?“ u.ä.) und wie Bezugstherapeuten bei Fallbesprechungen an Bedeutung zugenommen haben. Auch werden die für die Arbeitsorganisation wichtigen Teamnachmittage und ihre Beratungsergebnisse nun ernster genommen (Protokolle werden ausgehängt und von jedem gegengezeichnet). Und generell war auf den besuchten Teamnachmittagen eine *Sensibilisierung der Mitarbeiter* spürbar für das gemeinsame Tun: „Was machen wir hier eigentlich?“

Neben den expliziten Veränderungsvorschlägen und ihren direkten bzw. indirekten Wirkungen gab es eine noch weitreichendere Veränderungen, die durch den Beobachtungs- und Analyseprozeß selbst evoziert worden waren. Die Tatsache, daß man sich dem Stationsleben als einem Wahrnehmungsgegenstand beobachtend genähert hatte und das eigene Alltagshandeln abstrakt quasi von Außen beschrieben sah, bewirkte eine Perspektivenveränderung. So kamen Dinge ins Bewußtsein, die vordem stets unbeachtet geblieben waren. Das Klima auf Station wurde dadurch nachhaltig beeinflußt.

In den Worten des „beforschten“ Stationsleiters: *„Obwohl die Forschung kaum merklich neben dem Arbeitsalltag einher lief, bewirkte sie viel Bewegung im Team. Die*

Forscher als ein Teil des Teams brachten durch ihre andere Betrachtungsweise der Dinge, Erkenntnisse, Ideen und Anregungen ins Team, deckten Probleme auf und trugen zur konstruktiven Bewältigung bei. Mit meiner Rolle als Leitung mußte ich mich verstärkt auseinandersetzen, was für mich sehr lehrreich war und zu einem besseren Rollenverständnis beigetragen hat. Im Rahmen eines demokratischen Teamverständnisses kann ich es durchaus akzeptieren, z.B. Anordnungen nicht einfach nur weiterzugeben, sondern diese zur Diskussion zu stellen und gewünschte Änderungen an übergeordneter Stelle zu vertreten.

Die fünf konkreten Veränderungsvorschläge für de Station sind meiner Meinung nach nur ein Teilergebnis des Forschungsprojektes. Auf Grund der vielen gesammelten Codes und der damit verbundenen Analysen, die über die Forscher auch ins Team gebracht wurden, hat sich einiges mehr verändert. Veränderungen, die nicht so spektakulär sind, aber das Stationsklima, den Arbeitsprozeß und den Teamfindungsprozeß erheblich beeinflussen." (Albert 1997)

Diese Einschätzung des Stationsleiters deckt sich mit Kommentaren, die seitens externer Beobachter des Stationsgeschehens (z.B. von Chef- und Oberärzten) formuliert wurden. Immer wieder ist von einem gestärkten Selbstverständnis des Teams die Rede. Konkret bedeutet dies auch, daß die untersuchte Station hinsichtlich des Aufnahmepotentials problematischer Patienten heute als wesentlich belastbarer eingeschätzt wird als in der Zeit vor der Forschung.

Die Einstellung der Mitarbeiter zum Prozeß der Selbstbeforschung hat sich im Laufe der Arbeit drastisch verändert. Zu Anfang des Prozesses war die Forschung skeptisch aufgenommen worden und von den 20 Mitarbeitern hatten sich schließlich 5 zur Teilnahme als Forscher bereit erklärt. Nach Abschluß der Forschung zeigten jüngst auf einem Teamnachmittag alle anwesenden Mitarbeiter des Tagdienstes Interesse, bei einer Fortführung des Projekts als Forscher mitzuarbeiten.

Zum Abschluß sei noch die Gesamteinschätzung des „beforschten" Stationsleiters angeführt: *Die Methode der Selbstbeforschung umfaßt komplexe Zusammenhänge, im Gegensatz zu anderen Methoden. Der Nutzen der Selbstbeforschung bedingt durch die erhöhte Motivation und Identifikation der Mitarbeiter, durch die Möglichkeit der Evaluation des Arbeitsprozesses und Qualitätssicherung von innen heraus, um nur einiges noch einmal zu nennen, wird sich längerfristig mit den dafür entstandenen Kosten dekken und so einen Gewinn für das Unternehmen Krankenhaus darstellen." (Albert 1997)*

3. Selbstbeforschung als Organisationsentwicklung

In diesem Artikel wird Selbstbeforschung als ein Verfahren der Qualitätsprüfung und -verbesserung in Arbeitszusammenhängen gefaßt. Als QS ist die Selbstbeforschung idealiter ein fortlaufender Prozeß, der sich vergleichbar dem bereits genannten Audit-Zyklus folgendermaßen darstellen läßt:

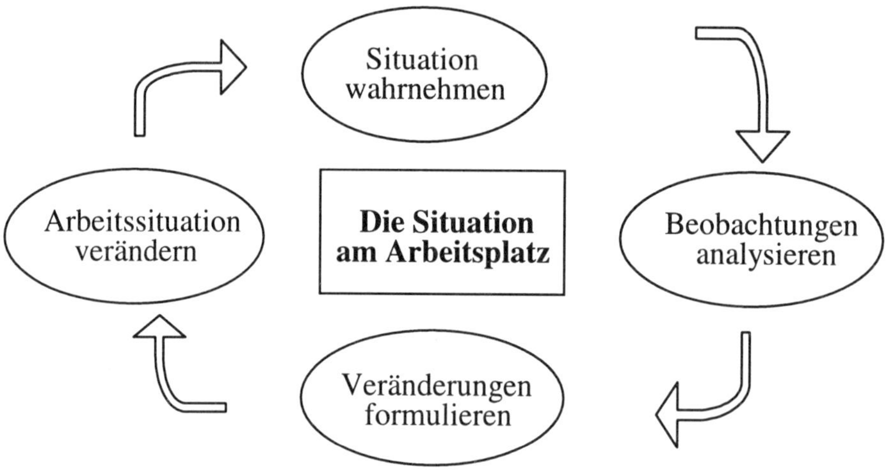

In der Logik der QS ist „**the ownership of the program**", sich das Verfahren zu eigen zu machen, eines der zentralen Grundsätze: „the program blongs to the practioner" (Wilson 1987; S. 5f). Bei der Selbstbeforschung ist nun die „ownership"-Frage konsequent zu Ende gedacht. Im oben skizzierten Schema beginnt diese Frage beim Fokus der Datenerhebung: Welche Situation wahrgenommen, was als wichtig bestimmt und was einer Analyse unterzogen wird, bestimmen die Mitarbeiter des Arbeitszusammenhangs selbst. Die Analysen, die nach allgemeinen wissenschaftlichen Standards verfahren, greifen besonders auf das – vordem oft gänzlich ungenutzte – Hintergrundwissen der Mitarbeiter zurück. Die Veränderungen werden nicht extern aufgesetzt oder an irgendwelchen Standards ausgerichtet, sondern situationsangemessen aus dem Arbeitsfeld selbst formuliert. Und die Durchführung liegt ebenfalls völlig in der Verantwortung derer, die sie betrifft. All dies wird im weiteren Verlauf wiederholt kontrolliert, neue Evaluationen, Analysen und Veränderungen treiben den Prozeß voran – immer in der Hand der Mitarbeiter. Was Qualität ist – sei es die der Struktur, des Prozesses oder des Ergebnisses – wird dabei von den forschenden Mitarbeitern selbst implizit oder explizit festgelegt.

Selbstbeforschung als arbeitsbegleitende Evaluation bedeutet also, daß Mitarbeiter eines Arbeitszusammenhangs als „Forscher" und „Akteure" für die Datenerhebung, die Analyse und die Veränderung selbst zuständig sind. Der externe Trainer wirkt lediglich als Prozeßbegleiter im Sinne eines „facilitator", der den Forschern Verfahren an die Hand gibt und Veränderungen ermöglicht, ohne selbst teil daran zu haben. Dieses „emanzipatorisch" ausgerichtet Vorgehen, bei dem es primär um eine tatsächliche Verbesserung der Situation und um die Selbstbestimmung der Akteure geht, wurde andernorts treffend als *„Empowerment Evaluation"* bezeichnet (Fetterman et al 1996).

Der Ansatz der Selbstbeforschung geht davon aus, daß die Mitarbeiter im allgemeinen sowohl das Potential als auch die Bereitschaft besitzen, ihre ihnen vertraute Arbeitssituation adäquat einzuschätzen und angemessen zu verändern. Nur wird dieses Potential gemeinhin nicht hinreichend genutzt. Es gibt unterschiedliche Formen von Mitarbeitererfahrungen wie das komplexe Gewohnheitswissen über den Arbeitszusammenhang, ein Gefühl für „das Richtige" oder auch ein Gespür, daß irgend etwas „faul" ist am Arbeitsplatz. Diese vielfältige Erfahrungen sind im Arbeitsalltag häufig der Quell von Ärger, Streit, Unlust oder auch deren Gegenteil, werden aber zu selten systematisch zur Bestandsaufnahme eines Arbeitszusammenhangs oder zu kreativem Handeln im Sinne notwendiger Veränderungen genutzt.

Was ist es eigentlich, was die Leute bisher an der Nutzung ihres Potentials hindert? Sie werden nicht gefragt und es fehlt ihnen die Phantasie oder das nötige Selbstvertrauen, von sich aus aktiv zu werden. Manch eingefahrene Sackgasse in den gegenseitigen Beziehungen am Arbeitsplatz wirken entmutigend. Und meistens fehlt die Technik, das Mitarbeiterwissen fruchtbar in den Arbeitsprozeß einzubringen.

Die Selbstbeforschung bietet diese Technik an. Sie stellt das Wissen und die Wahrnehmung der praktisch Handelnden in den Mittelpunkt. Sie weckt bei den Mitarbeitern und der Leitung ein Erstaunen darüber, daß man das Gewohnte auch ganz anderes sehen (und verstehen) lernen kann. In ihr werden neue Sichtweisen außerhalb des Eingefahrenen erschlossen und neue Handlungsoptionen entworfen. Und sie schickt die Menschen zurück in den Arbeitsprozeß mit einem anderen Verantwortungsgefühl für diesen Prozeß und seine Veränderbarkeit.

Voraussetzung sowohl der eigenen Entwicklung wie die der Organisation ist die *Aufrichtigkeit aller Beteiligten.* Selbstbeforschung in Händen der Mitarbeiter stellt hohe Ansprüche an ihre eigene Handlungsethik. Sie sollen die wirklich aufschlußreichen Daten und Situationen suchen und möglichst umfassend analysieren, selbst dann, wenn dies u. U. für sie selbst unangenehme Erkenntnisse mit sich bringt. Die Verantwortung für den Gesamtprozeß zu übernehmen bedeutet auch, die Resultate selbst anzuwenden und geforderte Aktionen auch dann auszuführen, wenn sie für einen selbst zunächst unangenehm sind.

Dies gilt in gleichem Maße auch für die Leitungsebene. Selbstbeforschung einzuführen in einen Betrieb bedeutet hier, Vertrauen in Mitarbeiter und in den Entwicklungsprozeß zu setzen sowie eigene Entscheidungsbefugnisse zurückzunehmen. Gerade wenn die anstehenden Veränderungen zunächst einmal befremdlich und vielleicht unverständlich erscheinen, liegt die Kunst darin, Geduld zu bewahren.

Natürlich wird eine Selbstbeforschung wie jeder Entwicklungsprozeß nicht ohne Reibung und Schwierigkeiten realisiert werden können. Organisationen wie deren Mitglieder tendieren zunächst zum Widerstand gegen alles Neue (Bain 1998). QS durch Selbstbeforschung ist eine Prozeß von Wachstum und Veränderung und als solcher besetzt mit Ängsten und Widerständen, die z.B. durch eine *supervisorische Begleitung* aufgefangen werden können. Diese kann zur Betreuung der Forschungsteams eingesetzt werden und die Einführung von Veränderungen in den Arbeitsalltag begleiten. Besonders mögliche Spannungen zwischen selbstbewußten Forschern und den übrigen Mitarbeitern am Arbeitsplatz sowie einer verunsicherten Leitung gilt es zu beachten. (Zur Verhältnis QS und Supervision: s. Pühl 1997)

Ein Supervisor kann hier als „Organisationsentwicklungs-Berater" fungieren, der den Kontext für Lern- und Entwicklungsprozesse innerhalb von Organisationen schafft, indem er

- die Reflexion über die vorhandenen Prozesse anregt
- die Kompetenz der Mitglieder zur Problemlösung steigert
- die Fähigkeiten fördert, interne Komplexität einer Organisation wahrzunehmen und damit umzugehen. (Franke 1993)

Forschungsstrategisch kann man Selbstbeforschung in die Tradition der „Aktionsforschung“ einreihen (vgl. z.B.: Horn 1979), die in ihrer engen Verknüpfung von feldinduzierter Datenerhebung, Problemlösungsmodellen und Modellauswertung von vielen Autoren als Programm von Organisationsentwicklungs-Prozessen gesehen werden (Diskussion in Franke 1993). Während bei der Aktionsforschung die Forscher ihre wissenschaftliche Kompetenz in engem Dialog mit dem Feld den dort Tätigen quasi „leihweise“ zur Verfügung stellen, wird bei der Selbstbeforschung die Kompetenz allerdings an das Feld selbst übertragen.

Bei der Selbstbeforschung sind die Mitarbeiter Forscher und Beforschte zugleich, die ihre Situation verändern und deren Situation sich verändert. Hier greift die Entwicklung der Mitarbeiter (personal development) in die Entwicklung der Organisation (organisational development).

Während geplante Organisationsentwicklung durch strategische Personalentwicklung vorangetrieben werden kann, geht es bei der Selbstbeforschung als QS eher um einen quasi „natürlichen“ Entwicklungsprozeß von Mensch und Organisation. Die Menschen erwerben Fähigkeiten und nutzen ihnen selbst oft unbewußte Kenntnisse weit über das von ihnen geplante oder erwartete Maß hinaus. Die Veränderungen, die sie selbst im Forschungsprozeß für notwendig erachten und durchführen, haben wiederum eine den Akteuren verborgene und durch sie meist nicht steuerbare Eigendynamik.

Die Organisation andererseits, innerhalb der diese Prozesse stattfinden, hat eine Art Eigenleben: sie ist quasi ein „lebender Organismus“, der „Selbstorganisation“ als eine seiner Eigenschaft hat. Organisationsentwicklung findet so nicht allein dadurch statt, daß eine Organisation aktiv – von Außen oder Innen – verändert wird, sondern auch durch Veränderungen, die der „intrinsische“ Entwicklungslogik der Organisation selbst folgen.

Organisationsentwicklung ist – gleich ob als spontane Selbstorganisation oder als strategische Personalentwicklung – eine Art Lern- und Entwicklungsprozeß. Die Lernfähigkeit von Organisation[4] wie von den in ihr Tätigen wird hier zum Schlüssel für die Entwicklung. Selbstbeforschung kann geradezu als ein Synonym für diese Lernfähigkeit gesehen werden, die zugleich ihre Basis und ihr Ziel ist. (Zum Ganzen: Franke 1993).

Indem Selbstbeforschung Veränderungen in die Hand der Mitarbeiter legt, die gleichzeitig von eigenen Perspektiven wie denen ihres Arbeitsfeldes geleitet werden, treibt sie sowohl den Einzelnen wie den Arbeitszusammenhang unaufhaltsam voran. Zwar werden phasenweise möglicherweise die individuellen Belange einzelner Forscher mehr im Vordergrund des Prozesses stehen, aber die intersubjektive Relativierung durch das Forscherteam und die kontinuierlich fortlaufende Prozeßlogik des Qualitätszyklus werden bald wieder die Themen des Arbeitszusammenhanges – besonders seine jeweils drängendsten Probleme – in den Blick der Forschung kommen lassen. So ist und bleibt „Verbesserung der Qualität“ der eigentliche Movens der Selbstbeforschung und jeder durch sie angeregten Entwicklung von Menschen und Organisationen.

---

4 Siehe hierzu die Beiträge von H. Petzold u.a. sowie von G. Fatzer. – Der Hrsg.

Literatur

Albert, M. (1997): Projekt zur Selbstbeforschung auf der Station 50a – Referat im Rahmen der Leiterausbildung an der Medizinischen Hochschule Hannover, Hannover. (unveröff. Manuskript).
Bain, A. (1998): Reformen gegen die Angst. Schulen, die nicht lernen, Krankenhäuser, die nicht gesunden: Wie lassen sich Organisationen erneuern? In: Die Zeit 35 v. 20.8.1998; S. 30
Cicourel, A. V. (1964): Method and measurement in sociology. New York
Corbin, J. & Strauss, A. L. (1990 a): Grounded Theory Research Procedures, Canons and Evaluative Criteria. Zeitschrift für Soziologie, 19, S. 418-427
Corbin, J. & Strauss, A. L. (1990 b): Basics of qualitative research. Grounded theory procedures and techniques. Newbury Park, Cal.
Crombie,I.K.; Davies, H.T.O.; Abraham, S.C.S.; Florey, C. du V. (1993): The Audit Handbook; Improving Health Care Through Clinical Audit; Chichester
Fettermann, D. M. et. al. (1995): Empowerment Evaluation. Knowledge and Tools for Self-Assessment & Accountability, Thousand Oaks, London, New Delhi.
Flick, U. et. al. (1991): Handbuch Qualitative Sozialforschung. München
Floeth, Th. (1991): Ein bißchen Chaos muß sein. Die psychiatrische Akutstation als soziales Milieu. Bonn.
Floeth, Th. (1996): Qualitative Methoden für eine Selbstevaluation. Intensivkurs für methodenunkundige angehende Feldforscher in einem Projekt der Selbstbeforschung (unveröffentlichter Reader).
Floeth, Th. et. al. (1997): „Sich selber auf die Schliche kommen" – Selbstbeforschung in der Psychiatrie mittels qualitativer soziologischer Methoden. In: Rehberg, Karl-Siegbert (Hg.): Differenz und Integration. Die Zukunft moderner Gesellschaften. Verhandlungen des 28. Kongresses der Deutschen Gesellschaft für Soziologie im Oktober 1996 in Dresden. Band II. Opladen. S. 269-274.
Franke, J. (1993): Organisationsentwicklung und Organisationsentwicklungsberatung. Eine wirtschaftspädagogische Perspektive, Köln
Geertz, C. (1983): Dichte Beschreibung, Frankfurt/M.
Glaser, B. (1978): Theoretical sensitivity. Mill Valley
Glaser, B. & Strauss, A. L. (1967): The discovery of grounded theory: strategies for qualitative research. New York
Horn, K. (Hrsg.) (1979): Aktionsforschung: Balanceakt ohne Netz? Frankfurt/M.
Kogan, M. & Redfern, S. (1995): Making Use of Clinical Audit. A Guide to Practice in the Health Professions, Buckingham
Pörksen, U. (1988): Plastikwörter. Die Sprache einer internationalen Diktatur. Stuttgart
Pühl, H. (1997): Qualitätssicherung durch Supervision – Qualitätsmerkmale von Supervision; in: Organisationsberatung – Supervision – Clinical Management; Heft 1/97; S. 75-84
Richards, H. & Heginbotham, Ch. (1990): Quality Assurance through Oberservation of Service Delivery, A Workbook, King's Fund College, London
Schernuss, R. (1998): Sichert die Qualitätssicherung die Qualität? In: Psychosoziale Umschau 2/98
Strauss, A. L. (1988): Teaching qualitative research methods courses: a conversation with Anselm Strauss. In: International Journal of Qualitative Studies in Education, 1: S. 91-99
Strauss, A. L. (1991): Grundlagen qualitativer Sozialforschung. Datenanalyse und Theoriebildung in der empirischen soziologischen Forschung. München
Townsend, M. C. (1998): Pflegediagnosen und Maßnahmen für die psychiatrische Pflege, Bern
Wilson; C.R.M. (1987): Hospital-wide Quality Assurance. Models for implementation and development, Toronto
Wulff, E. (1998): Mehr Qualität durch mehr Kontrolle? Versuch einer kritischen Bestandsaufnahme. In: Soziale Psychiatrie 2/98; S. 26-30

Widerstand gegen Veränderungen in Supervision und Organisationsberatung

Heinz-Ulrich Thiel

Überblick

Seit den 70er Jahren haben sich Supervision und Organisationsberatung im deutschsprachigen Raum konzeptionell ausdifferenziert und in der Praxis eine breite Akzeptanz gefunden. In diesem Zeitraum wurde das Thema ‚Widerstand' – sowohl der Widerstand gegen konkrete Veränderungsprozesse in Teams und der Gesamteinrichtung als auch gegen diese professionellen Interventionsformen als solche – in der Literatur tendenziell vernachlässigt. Nach der Phase der Etablierung dieser berufs- bzw. arbeitsweltbezogenen Beratungsmodelle ist es notwendig, sich systematisch Problemstellungen zuzuwenden, die auf dem Wege der theoretischen und marktstrategischen Entwicklung ‚auf der Strecke' geblieben sind.

In diesem Beitrag wird versucht, sich den semiotischen Facetten des Phänomens ‚Widerstand' definitorisch zu nähern und ausgewählte Erklärungsansätze heranzuziehen. Dabei werden verschiedene Ebenen unterschieden – z.B. der Widerstand von Individuen und der einer gesamten Organisation. Es wird ebenfalls die Möglichkeit in Betracht gezogen, daß sich der Widerstand gegen die OE-Strategie wie auch gegen die BeraterInnen richten kann. Es werden einige thematische Anlässe und Problemsituationen durch kurze Fallbeispiele illustriert und Hinweise auf angemessene Formen des Umgangs in einem komplexen Feld von Einflußfaktoren gegeben.

Begriffliche Assoziationen und Einschätzung der Literaturlage

T

Mit dem Wort ‚Widerstand' verbinde ich

- *politisches* Handeln (z.B. Widerstand gegen die Diktatur im ‚Dritten Reich', durch Bürgerinitiativen),
- *ökonomisch* bedingte Proteste und Aktionen (z.B. Widerstand gegen Stellenabbau und Firmenschließungen),
- *sozio-kulturelle* Differenzen (z.B. subversive Jugendkultur als Widerstand, vgl. Alheit 1994, 17),
- die *Abwehr von Unbewußtem* in der psychoanalytisch orientierten Therapie und Supervision sowie
- *innerinstitutionelle Interessengegensätze* bei strukturellen Veränderungen im Rahmen einer Organisationsentwicklung und beim innovativen Projektmanagement.

Thiel in: Pühl 1999, 228

Die semantische Bandbreite reicht also vom zumeist kollektiven und bewußten Kampf von Gruppen oder Teilen der Bevölkerung um gegenwärtige Lebensumstände und -formen über Auseinandersetzungen von MitarbeiterInnen beim Wandel ihrer Organisation bis hin zum individuellen Sich-Sträuben eines Klienten gegen das heilsame Aufdecken des verdrängten Vergangenen. Widerstand kann sich folglich gegen Bestehendes wenden – im Interesse einer besseren Zukunft – wie auch gegen Veränderungen richten – im Interesse des Erhalts von Bestehendem. Dabei können die Formen des Widerstands offen oder verdeckt, bewußt oder unbewußt sein (vgl. Stiefel 1994).

Welche Aspekte von Widerstand lassen sich nun im Hinblick auf Supervision und Organisationsberatung feststellen – also in der auf die Berufs- bzw. Arbeitswelt bezogenen Beratung im Hinblick auf die Weiterentwicklung von Personen, Teams und Einrichtungen? Nach meinem bisherigen Überblick findet in deutschsprachigen Veröffentlichungen kaum eine explizite und kontinuierliche Auseinandersetzung mit dem Widerstandsphänomen statt – dem Entstehen und den Auswirkungen, dem Verlauf und dem Umgang. Einige Autoren – insbesondere in der Managementliteratur – bleiben auf einer eher beschreibenden und pragmatischen Ebene. Dort interessiert vordringlich die Frage, woran man den Widerstand erkennt – z.B. „...Nörgeleien, Aufsässigkeit oder betretenes Schweigen, Unzufriedenheit", aber auch Kündigungen, Krankheit, Demotivation, mangelnde Mitarbeit, indirekte Sabotage (Becker/Langosch 1995, S. 189) – und wie man damit strategisch umgeht. Dabei werden Definitionen zugrundegelegt, bei denen die Gründe für einen Widerstand teilweise als unerklärlich dargestellt werden und im Dunkeln bleiben:

„Von Widerstand kann dann gesprochen werden, wenn vorgesehene *Entscheidungen* oder getroffene *Maßnahmen*, die auch bei *sorgfältiger Prüfung* als sinnvoll, *‚logisch'* oder sogar *dringend* notwendig erscheinen, aus zunächst nicht ersichtlichen Gründen bei einzelnen Individuen, bei einzelnen Gruppen oder bei der ganzen Belegschaft auf diffuse Ablehnung stoßen, nicht unmittelbar nachvollziehbare Bedenken erzeugen oder durch passives Verhalten unterlaufen werden" (Doppler/Lauterburg 1995, S. 293).

Widerstand wird hier eher als ein Sich-stemmen gegen sinnvolle Veränderungen bzw. eine besondere Form von ‚Störung' gesehen. Der Widerstand erscheint fast als ungerechtfertigt – etwa im Sinne eines Widerstandes wider besseres Wissen.

In anglo-amerikanischen Publikationen läßt sich seit den 60er Jahren eine ausführlichere Beschäftigung mit Veränderungswiderständen in der Organisationstheorie und -beratung verfolgen (vgl. Nevis 1988, S. 169 f.). So existieren z.B. Systematisierungsversuche für die häufigsten Gründe von Widerstand:

„1. Der Wunsch, etwas Wertvolles nicht aufzugeben.
1. Ein Mißverstehen der Veränderung und ihrer Implikationen.
2. Die Überzeugung, daß die Veränderung für die Organisation keinen Sinn hat.
3. Eine geringe Toleranz gegenüber Veränderung" (Kotter/Schlesinger 1979 zit. n. Nevis 1988, S. 170).

Während im deutschsprachigen Raum der Veränderungswiderstand im Rahmen von Managementfunktionen (vgl. Staehle 1991) und konkreter Praxisanleitung zur Projektgestaltung (vgl. Hansel/Lomnitz 1993) schon ab Mitte der 80er Jahre thematisiert wird, fügen beispielsweise Becker/Langosch ihrem einschlägigen Werk zur OE von 1984 erst in der vierten Auflage (1995, S. 189 ff.) ein eigenes, neunseitiges Kapitel über

„Widerstand bei Veränderungen in Organisationen“ hinzu. In der Supervisionsliteratur findet man zumindest bei der Interpretation einzelner Fallbeispiele einen Beitrag in dieser Richtung (vgl. Pühl 1988; Schreyögg 1992, S. 230 ff.). – ohne daß die Zunft bei diesem Thema einen gemeinsamen, längerfristigen Diskurs ‚anzettelt‘.

Insgesamt mag diese Literaturlage nachdenklich stimmen. Könnte es – provokativ gefragt – sein, daß sich Professionelle so wenig mit diesem zentralen Ereignis auseinandersetzen, weil es irgendwie am Lack der modernen ‚Wunderwaffe‘ OE und Supervision kratzt? Prozesse der Veränderung gehen eben nicht so reibungslos und linear vonstatten, wie es vorhandene Konzepte manchmal suggerieren. Oder müssen wir uns langsam von dem klassischen Begriff ‚Widerstand‘ verabschieden, weil dessen Bedeutungsfeld eventuell besser durch die Kategorie ‚Konflikt‘ abgedeckt ist? Tatsächlich wächst in den letzten Jahren die Anzahl von Veröffentlichungen zum letzteren Thema – vor allem in der Literatur zum Management und zur Organisationspsychologie (vgl. Glasl 1990; Regnet 1992; Berkel 1997). Der durch das interaktionistische und systemische Paradigma geprägte Begriff ‚Konflikt‘ betont vergleichsweise stärker die Wechselseitigkeit der Interessengegensätze und die Zirkularität des Geschehens. Demgegenüber bezeichnet der Begriff ‚Widerstand‘ vorwiegend das von Managern oder Beratern als Initiatoren von Wandel „wahrgenommene Verhalten anderer, die nicht bereit zu sein scheinen, Einflußnahme oder Hilfe zu akzeptieren“ (Nevis 1988, S. 169), so daß das Wort lediglich mit einseitiger Opposition verbunden wird, ohne das subjektive, ambivalente Erleben aller Beteiligten in einer konkreten Problemsituation einzubeziehen. Vor dem Hintergrund moderner Kommunikationstheorien hat es bereits Versuche gegeben, den Widerstandsbegriff interpersonal zu fassen (vgl. Mentzos 1976).

1. Der Widerstand einzelner Personen

Widerstand als Folge von Verlustängsten

Freud unterschied beim Begriff ‚Widerstand‘, der „am Beginn der Psychoanalyse eine entscheidende Rolle gespielt hat“ (Laplanche/Pontalis 1975, S. 623), in „Hemmung, Symptom und Angst“ von 1926 fünf Formen: Neben dem Widerstand des Unbewußten bzw. Es und dem des Über-Ichs (abgeleitet aus einem unbewußten Schuldgefühl und Strafbedürfnis) gibt es drei weitere, zur Ich-Funktion gehörende Widerstandsformen (Verdrängung, Übertragungswiderstand und sekundärer Krankheitsgewinn). Aus der therapeutischen Erfahrung des Widerstands folgt wiederum die Notwendigkeit des ‚Durcharbeitens‘:

„Man muß dem Kranken Zeit lassen, sich in den ihm unbekannten Widerstand zu vertiefen, ihn durchzuarbeiten, ihn zu überwinden, indem er ihm zum Trotze die Arbeit nach der analytischen Regel fortsetzt...Dieses Durcharbeiten der Widerstände mag in der Praxis zu einer beschwerlichen Aufgabe für den Analysierten und zu einer Geduldprobe für den Arzt werden. Es ist aber jenes Stück der Arbeit, welches die größte verändernde Einwirkung auf den Patienten hat und das die analytische Behandlung von jeder Suggestionsbeeinflussung unterscheidet“ (Freud 1946, S. 134 f.).

Ornstein (1996, S. 448) versteht unter dem psychoanalytischen Durcharbeiten das Akzeptieren, Verstehen und Erklären von während der Psychoanalyse „wiederbelebten

Entwicklungsbedürfnisse(n) und gewohnten Abwehrmechanismen". „Das Durcharbeiten (wird) hier als Prozeß betrachtet, in dem neu entwickelte Fähigkeiten es dem Patienten ermöglichen, Ängste abzubauen und damit symptomatisches Verhalten zu überwinden" (ebd. S. 454).

Nach Pühls (1988) Erfahrungen in der team- und institutionsorientierten Supervision muß Widerstand stets in Beziehung zum Phänomen Angst gesehen werden. Angst – mit der Folge verschiedener Abwehrformen – entsteht aus dem „Verlust an Umweltkontrolle", d.h. dem „Verlust an Handlungsfähigkeit und Orientierung" (ebd. S. 108). „Hinter Abwehr und Widerstand versteckt sich also allemal Angst, die verborgen bleiben will" (ebd. S. 112). „Man will bestimmte Dinge nicht an sich heranlassen, weil sie angsterzeugend sind. Die klassische Ausprägung des so induzierten Widerstandes ist der Glaube in einer Krisensituation, daß es überhaupt kein Problem gibt" (Krebsbach-Gnath 1992, S. 41). Widerstand ‚dient' – aus der Perspektive von Helfern formuliert – der Angstabwehr.

Potentiell können alle als problematisch erlebte Situationen im Rahmen komplexer Entwicklungs- und Veränderungsprozesse durch Supervision und OE Anlässe für einen Widerstand darstellen, indem sie subjektiv verborgene oder auch bewußte (Verlust-)Ängste auslösen. Veränderungen (z.B. von Konzeptionen, Leitungsstrukturen, Organisationsabläufen, Finanzierungsmodi) können beispielsweise auf der individuellen Ebene eines Mitarbeiters/einer Mitarbeiterin einhergehen mit eingetretenen negativen Folgen oder subjektiv befürchteten Auswirkungen auf den bisherigen Status und den Einfluß, das Tätigkeitsspektrum und die berufliche Identität, die Arbeitsbedingungen und -beziehungen (z.B. bei Umsetzung in eine andere Abteilung), das eigene Gehalt und die Arbeitsplatzsicherheit (z.B. angesichts von Mittelkürzungen). Hierbei überwiegen ökonomische und sozialpsychologische Ursachen von Widerständen (vgl. Staehle 1991, S. 902). Die Akzeptanz von Veränderungen ist eher als gering zu veranschlagen, insbesondere wenn die Chancen einer Partizipation an den Entscheidungsprozessen gering waren.

Aber man kann keinen Automatismus in dem Sinne unterstellen, daß jegliche Form des Verlusts von Kontrolle, Macht und Sicherheit angesichts von Veränderungen zum Widerstand führen *muß*, weil das Gefühl existentieller Bedrohung, die Stärke des Angstempfindens und aktives Aufbegehren von biografischen Erfahrungen und Gewohnheiten, der jeweiligen Persönlichkeitsstruktur, dem akutellen Umfeld und den zukünftigen Perspektiven abhängig sind. Wahrscheinlich wird Widerstand erst nach Überschreiten eines individuell unterschiedlichen Schwellenwertes manifest. Man muß den Widerstand wiederum selber als sich entwickelndes Phänomen im Sinne eines Prozesses mit mehreren Stadien bzw. Phasen auffassen, der sich von einem diffusen Gefühl über einen verbalen Widerspruch bis zum Handlungsakt entwickeln kann (vgl. das Widerstandsexperiment von Gamson/Fireman/Rytine zit. n. Sader 1991; Staehle 1991, S. 900).

Widerstand gegen zukünftige Überforderung und Überlastung

Es gibt nicht nur die (un)bewußte Angst, durch Veränderungen aufgrund von Supervision und OE im beruflichen Kontext etwas zu verlieren, was man besitzt, sondern auch eine Ambivalenz zwischen der Chance bzw. dem Interesse an einer persönlichen Weiterentwicklung einerseits – häufig in der Hoffnung, etwas zum Bisherigen hinzuzubekommen –

und der Furcht vor neuen Belastungen mit der Möglichkeit des Scheiterns andererseits. Im Rahmen von OE kann beispielsweise die Einführung von Gruppenarbeit und die Betonung der Selbstorganisation als problemlöseorientiertes Handlungsprinzip, die Entwicklung und Erprobung neuer Konzeptionen (wie z.B. die Regionalisierung und Vernetzung der sozialen Arbeit in bestimmten Bereichen), die Einführung von TQM mit seinen Qualitätssicherungssystemen u.U. eine interessante Veränderung von Arbeitsorganisation und -abläufen bedeuten sowie eine Delegation der Verantwortung (z.B. Personal-, Budget- und Aufgabenverantwortung) ‚nach unten'. Das impliziert zugleich auch ein Mehr an Verantwortung. Angesichts der angeführten Veränderungsanlässe können sich einzelne Mitarbeiter subjektiv überfordert fühlen, obwohl jene für sie persönlich eine Bereicherung ihres beruflichen Aufgabenfeldes und eine Weiterentwicklung ihrer Kompetenzen darstellen würden. Die Angst vor Überforderung hängt sicherlich auch mit dem *Grad der Neuartigkeit* (Handelt es sich um eine geringfügige Verbesserung oder um eine noch nie dagewesene, einrichtungsumfassende ‚Durchbruchs-Innovation'?) sowie dem *Ausmaß* einer Veränderung zusammen („Abrupte tiefgreifende Veränderungen in Organisationen lösen oft Befürchtungen, Ängste aus" (Becker/Langosch 1995, S. 189)).

Es handelt sich in diesen Fällen nicht so sehr um ein *Akzeptanzproblem* von Veränderungen bzw. Neuerungen an sich aufgrund befürchteter eigener Verluste, sondern eher um ein *Kompetenzproblem* (Es ist eine Chance – aber kann ich das? Bin ich den neuen Aufgaben gewachsen?). In den Zusammenhang individuell motivierter Widerstände gehört folglich die Tatsache, daß sich Mitarbeiter – auch Leitungskräfte – manchmal dessen bewußt sind, daß sie durch eine auch für sie interessante Neuerung im Rahmen von OE subjektiv überfordert und überlastet sind. Folgerichtig wehren sie sich gegen die Übernahme der Aufgabe.

„Wenn auch das Bedürfnis nach Abwechslung und neuen Erfahrungen zur natürlichen Ausstattung des Menschen zu gehören scheint, ... kann doch das individuelle Optimum an Veränderungen leicht überschritten werden. Der oft anzutreffende *Widerstand gegenüber Neuerungen* dürfte nicht nur verwehrten Mitbestimmungsmöglichkeiten entspringen, sondern kann auch das Symptom einer Überforderung darstellen" (Schuler 1993, S. 220).

Das folgende Beispiel aus der eigenen Erfahrung kann diesen Sachverhalt illustrieren. Ein ‚verdienter' Mitarbeiter in der Migrationsarbeit hat durch langjährige Kontakte zu ausländischen Familien und ‚Gastarbeitern' einer bestimmten Nationalität institutionelle Pionierarbeit geleistet. Er hatte große Schwierigkeiten und zeigte eher verdeckten Widerstand, ein neu einzuführendes Konzept mit dem Schwerpunkt einer nationalitätenübergreifenden Sicht von Problemen und einer entsprechenden Sozialarbeit verantwortlich mitzutragen. Einerseits war das nicht sein gewohnter Arbeitsstil, andererseits sah er auch die Vorteile des neuen Ansatzes. Die Aufarbeitung seiner bisher gewohnten Kommunikationsmuster mit großer wechselseitiger menschlicher Anerkennung, die Reflexion seiner lang zurückliegenden Berufsausbildung und der personalen Engpässe in der Abteilung machten es ihm aufgrund der Supervision möglich, die konzeptionelle Veränderung nicht vollständig zu blockieren, sondern noch mit auf den Weg zu bringen – allerdings ohne sich angesichts seines absehbaren Ruhestandes an der praktischen Arbeit zu beteiligen.

Das Gefühl einer potentiellen Überforderung oder faktischen Überlastung kann unterschiedliche Gründe haben. Aus Mangel an Informationen über die Ziele und den

Umfang, den Ablauf und die Auswirkungen der OE auf den individuellen Arbeitsplatz, das Team oder die Gesamtorganisation kann beispielsweise ein eher sachbezogener, kognitiv motivierter Widerstand entstehen (z.B. als ‚Bremser' von an sich gutgeheißenen Entwicklungsrichtungen). Widerstand gegen Überforderung und Überlastung kann aus einem Nicht-genau-Wissen oder dem klaren Bewußtsein mangelnder Kompetenzen bzw. Qualifikationen resultieren (z.B. aufgrund von Erfahrungen nach einer Phase des Ausprobierens) und sich steigern, wenn der Mitarbeiter nicht die erforderlichen Informationen und notwendige Unterstützung erhält (zu den Gründen für eine mangelnde Förderung, vgl. Senge 1996, S. 179 f.), um über die Phase der Unsicherheit hinwegzukommen, oder ‚unter Druck' gesetzt wird, was wiederum mit starken Emotionen – z.B. Verlustängsten – verbunden sein kann.

„Furcht und Angst entstehen..., wenn der Mitarbeiter die Aufgabenstellung als ungewöhnlich schwierig oder gar unlösbar empfindet. Verstärkt werden diese Gefühle, wenn negative Folgen und Sanktionen bei Nichterfüllung der Aufgaben erwartet oder sogar angekündigt werden" (Becker/Langosch 1995, S. 193).

Häufig wird davon ausgegangen, daß intrapsychischer und interpersonaler Widerstand eher bei den „passiv Innovierenden" (Becker/Langosch 1995, S. 192) als bei den ‚Machern' von Veränderung auf der Leitungsebene vorkommt. Meine eigenen Erfahrungen in der OE mit größeren Institutionen zeigen demgegenüber, daß manchmal kaum Unterschiede in der Intensität von Ängsten und Belastungen durch OE zwischen den Beteiligten bestehen. Diese Position wird von Rieckmann (1991, S. 131) geteilt:

„Ängste entstanden bei Führungskräften, daß sie die durch OE produzierten Zusatzkomplexitäten und Mehrarbeiten nicht mehr überschauen könnten, sich von Beratern total abhängig machten und unter Umständen zu entdecken hätten, selbst maßgeblicher Teil des Problems ... zu sein".

Hinzu kommt, daß auch das mittlere und obere Management selber Vorgesetzte (Vorstand, Geschäftsführung etc.) hat und gegenüber einer größeren Öffentlichkeit Rechenschaft über den Nutzen und die Kosten von OE geben muß.

Widerstand als ‚Gegenmacht' im Konkurrenzkampf um die ‚richtigen' OE-Ziele und -Wege

Supervision und OE haben es nicht nur thematisch mit *Macht* und *Einfluß* in Teams und Organisationen zu tun. Beratungsprozesse wie die Supervision oder die Organisationsberatung sind selber spezifische Strategien der Beeinflussung bzw. Veränderung – eine Tatsache, die gelegentlich von Professionellen übersehen, tabuisiert oder bagatellisiert wird.

„Interventionen sind, auf eine allgemeine Ebene gebracht, *Eingriffe in soziales Geschehen*, die bewußt auf Beeinflussung bzw. Veränderung dieses Geschehens angelegt sind ... Insofern sind sie selber *machtorientierte Verhaltensweisen*. Im professionellen Kontext werden damit Handlungen und Handlungsstrategien bezeichnet, die auf einer Diagnose des Geschehens aufbauen, sich dabei bestimmter wissenschaftlicher und zumeist auch alltagsweltlicher Theorien bedienen und dies in ein zielorientiertes Verhalten verwandeln. Interventionen sind in diesem Sinne vorrangig professionelle Verhaltensweisen von Gruppenleitern bzw. Trainern". (König 1996, S. 279)

In diesem Zusammenhang wird der Widerstand nicht aus einer unterstellten Renitenz auf seiten von MitarbeiterInnen, einer menschlich verständlichen Angst vor persönlichen Verlusten oder Schutz vor zukünftiger Überlastung erklärt. Es handelt sich nicht um das Problem einer grundsätzlichen Akzeptanz von Veränderungen – es geht also nicht um den Widerstand im Interesse der Beibehaltung eines gegenwärtigen Zustandes – oder um ein Kompetenz- bzw. Informationsproblem (vgl. Hansel/Lomnitz 1993, S. 172), sondern um die Variante eines Widerstandes im Sinne einer bewußten, aktiven, u.U. kompetenten und konstruktiven Machtauseinandersetzung gegenüber den Positionen anderer Organisationsmitglieder – aufgrund z.B. unterschiedlicher Wahrnehmungen und Informationsverarbeitungen, divergierender Beurteilungen von Ursachen und Zielen, alternativer Vorstellungen über Handlungskonsequenzen/-strategien und kontroverser Einschätzungen der zeitlichen, betriebswirtschaftlichen, arbeitsrechtlichen und personalen Rahmenbedingungen von Veränderungsprozessen. Widerstand als Gegenmacht bzw. „Konzeptions-Konkurrenz" (Staehle 1991, S. 902) ist hier eine Spielart von Interessengegensätzen und -konflikten (vgl. Ziel-, Beurteilungs- und Verteilungskonflikte bei Boy/ Dudek/ Kuschel 1996, S. 58) im Sinne eines Kampfes zwischen den betroffenen Organisationsmitgliedern (oder auch zwischen ihnen und den professionellen BeraterInnen, s. Kap. 4.) um beispielsweise die ‚richtigen' Ziele und optimalen Wege bzw. effiziente Strategien zur Durchführung einer Veränderung.

Diese Formen des Widerstands können in den unterschiedlichen *Phasen* eines Veränderungsprozesses auftreten (vgl. Thiel 1998). Neben dem Stadium der Problemanalyse sind in der berufs- und organisationsbezogenen Beratung weitere kritische Punkte in der Phase der Zielfindung und -operationalisierung, der Entscheidung von Lösungsalternativen, der Planung der Umsetzung, der Steuerung der Durchführung und des Controlling lokalisierbar.

2. Widerstand von Teams und Organisationen

Von dem bisher betrachteten *intrapsychischen* bzw. *interpersonalen* Widerstand ist ein *organisationaler* bzw. *struktureller* Widerstand unterscheidbar – z.B. zwischen einer Mitarbeiter-Gruppe und der Organisation oder der Gesamtorganisation und ihrem Umfeld.

‚Systemabwehr' innerhalb einer Organisation

Einen innerinstitutionell angelegten ‚Systemwiderspruch' zwischen der Organisation und einer Gruppe haben Heintel/Krainz (1991) insbesondere anhand von Projektteams herausgearbeitet.

„Projektmanagement ‚verletzt' nun die Funktionslogik hierarchisch strukturierter Organisationen gröblichst, es ist ein System, das nach ganz anderen Gesichtspunkten aufgebaut ist. Es verstößt sowohl gegen die hierarchische Ordnung, weil verschiedene Hierarchieebenen kurzgeschlossen werden, als auch gegen die sachlogisch funktionsteilige Organisationsstruktur, weil in Projekten Mitarbeiter aus verschiedenen Abteilungen eines Unternehmens kombiniert werden" (ebd. S. 329).

Dies führt zur „Systemabwehr", d.h. die Hierarchie als System wehrt Projektmanagement ab, indem es beispielsweise Projekte als folgenlose ‚Sandkastenspiele' handhabt. Beide Autoren haben verschiedene „Manöver der Systemabwehr" (1994) zu systematisieren versucht (Verleugnung, Suche nach dem Schuldigen, Alles ist Schicksal, Aktionismus und Selbstverkomplizierung) – alles Vermeidungsstrategien mit schnellen Lösungen ohne profunde Problemdefinition in der Organisation. Da in einigen Modellen (z.B. Management Center Vorarlberg 1992) wie auch zumeist in der Beratungspraxis die Planung und Steuerung von innovativen Projekten – Qualitätszirkel, Problemlösegruppen, Zukunftswerkstatt u.a. haben eine ähnliche Funktion – das Zentrum eines OE-Prozesses darstellen, kann beispielsweise bei einer zum Zeitpunkt der Einführung von Projektmanagement schwachen oder zerstrittenen Leitungsebene eine Befürwortung von Projektteams noch nicht mit Sicherheit bedeuten, daß die Gesamtverantwortung für die OE – aus welchen Gründen auch immer – wirklich und aktiv übernommen wird.

Der institutionelle Mythos als Abwehr

Wie schon in seinem Buch „Angst in Gruppen und Institutionen" (1988), in dem Pühl supervisorisch – per Gegenübertragung – den Kollektiv-Mythos „Wir sind doch alle gleich!" aufspürt und bearbeitet, geht es bei seinem Fallbeispiel (1995) um einen institutionellen „Mythos bzw. Ideologie" mit quasi-religiösen Zügen: „Es darf niemand entlassen und ausgegrenzt werden!" (ebd. S. 73). Dieser Satz galt für den Umgang mit Klienten einer gemeindenahen psychiatrischen Einrichtung. Obwohl faktisch immer wieder schwer behandelbare Patienten in klassisch-psychiatrische Kliniken verlegt wurden, wurde der Mythos der demokratischen Behandlung psychisch Kranker aufrechterhalten. Der ideologische Slogan fand aber auch Anwendung auf einen geschickt operierenden Mitarbeiter, der Kooperationsprobleme mit den unmittelbaren Kollegen hatte, wobei es auch Zweifel gab, „ob die Art seiner Betreuung für die Patienten hilfreich war" (ebd. S. 72).

Der uneinlösbare Anspruch muß zu Widersprüchen führen, die aber so angstbesetzt sind, „daß sie durch den institutionellen Mythos unter Kontrolle gehalten werden" (ebd. S. 74). Der in vielen Fällen dysfunktionale Mythos mit seiner Funktion, extreme und angstmachende Spannungen zu reduzieren, „...entwickelt sich im Laufe der Zeit zu einer stabilen Einheit von Wahrheit und Illusion, deshalb ist er auch mit der Firmenideologie gleichzusetzen" (ebd. S. 70).

Vor dem Hintergrund einer Angstabwehr als kollektivem Widerstand müssen m. E. auch die Handhabung von Leitbildern oder der Umgang mit Kernsätzen der Unternehmensziele und -kultur (bzw. corporate identity/CI) in einer Einrichtung im Rahmen eines OE-Prozesses hinterfragt werden. Daß z.B. Mitarbeiter das ‚höchste Gut' sind, wird evtl. just vor dem Hintergrund drohender Entlassungen formuliert. Ein Loblied auf ihre Qualifikationen kann durchaus einhergehen mit mangelnder oder schlecht geplanter Fortbildung. Wenn Leitbilder eine Orientierung suggerieren, aber im Berufsalltag die Einrichtung richtungslos ‚dahintrudelt', kommen sie ebenfalls in die Nähe eines institutionellen Mythos. Eine einhellige Front aller MitarbeiterInnen aus unterschiedlichen Hierarchieebenen gegen das Erstellen von Leitbildern ist manchmal ebenfalls als Widerstand zu interpretieren, wenn die Abwehr den (un)bewußten Zweck verfolgt, das von der (Fach-)Öffentlichkeit nicht geteilte Bild einer ‚feinen Einrichtung' institutionsintern dennoch aufrecht erhalten zu wollen. Insbesondere in psychosozialen Einrichtungen mit einer längeren Tradition an Konfliktvermeidung äußert sich dieser Widerstand eher verdeckt und ist schwer zu ‚entschlüsseln'.

Als Ideologie ist auch die Einstellung in Einrichtungen (evtl. auch auf seiten mancher OE-Berater) zu bewerten, daß ‚widerständige' MitarbeiterInnen grundsätzlich lernunwillig, renitent oder unqualifiziert seien. Dieses Stereotyp einer einseitigen Personalisierung und „Pathologisierung“ von Widerstand (vgl. Hansel/Lomnitz 1993, S. 153) wird auch durch die gesellschaftliche Gepflogenheit unterstützt, MitarbeiterInnen als beliebig lernfähig und grenzenlos motivierbar zu betrachten. MitarbeiterInnen sind skeptisch und lassen sich nicht einfach ‚überrollen‘. Es wäre wünschenswert, daß – in Analogie zur positiven Bewertung von Konflikten im Konzept eines teamorientierten Führungsstils – auch die konstruktiven Seiten des Widerstands hervorgehoben und positiv konnotiert würden (z.B. als stellvertretend artikulierte Sorge über die Ziele und Durchführung von geplanten Veränderungen; vgl. Schreyögg 1992, S. 237; Hansel/ Lomnitz 1993, S. 152) und die Transformation der häufig als privat etikettierten Angst in ein auch berufsbedingtes Phänomen gelänge.

3. Widerstand gegen OE bzw. die BeraterInnen

Boykott von OE-Maßnahmen

Es gibt nicht nur Widerstand innerhalb des Rahmens von Supervisions- und OE-Prozessen im Hinblick auf die Weiterentwicklung von Personen, Teams und Organisationen. Gelegentlich entdeckt man problematisierende Bemerkungen im Hinblick auf die Supervision und OE – sozusagen ein interner Widerstand in Richtung gewisser Entwicklungstendenzen und Begleiterscheinungen dieser professionellen Interventionsformen. Es ist daran zu erinnern, daß schon Freud den Widerstand im Sinne einer Oppositionshaltung gegen die Entdeckungen der Psychoanalyse selber verspürt und artikuliert hat. Die sprichwörtliche Abstinenz von LehrerInnen – zumindest zu Beginn der 90er Jahre – gegen die professionelle Supervision u.a. wegen ihrer vermuteten Nähe zur Therapie ist bekannt (vgl. Lippenmeier 1990). Geißler (1988) charakterisiert die ‚Supervision in der Moderne‘ als Nutznießerin der gegenwärtigen sozio-kulturellen Orientierungslosigkeit und betont ihre mögliche Ersatzfunktion in dem ‚Sinnvakuum‘.

Rieckmann (1991), der die Entwicklung der OE in der Bundesrepublik seit den 70er Jahren miterlebt hat, kritisiert den Mangel an gemeinsamen Zielvorstellungen und Methoden und hält die klassische, humanistisch-emanzipatorische OE gegenwärtig für „gestorben“ (ebd. S. 138; vgl. Wimmer 1991b). Mir sind mehrere Fallbeispiele aus dem Bildungs-, Kultur- und Sozialbereich bekannt, wo sich gegen die Strategie ‚OE‘ Unbehagen breitmacht oder gar Widerstand regt, indem MitarbeiterInnen oder Teams einer Organisation die praktische Umsetzung von entschiedenen Maßnahmen blockieren oder erfolgreich boykottieren, weil die Betroffenen beispielsweise bei der Problemdefinition nur mangelhaft beteiligt waren. Hinzu kommt, daß – im Vergleich zur Pionier- und Euphoriephase der OE bis Mitte der 80er Jahre – die Rationalisierung von Kommunikation und die Effektivierung von Arbeitsabläufen in den 90er Jahren immer häufiger einhergehen mit Entlassungen von Personal – ein Vorgang, der zumindest konnotativ den OE-Begriff belastet. Wenn zudem negative Erfahrungen im Zusammenhang einer durchgeführten OE kolportiert werden (z.B.: „OE ist eine Karriereleiter für die OE-Aktivisten innerhalb der Einrichtung!“), formiert sich allmählich Widerstand gegen dieses „Change Management“ – und damit potentiell auch gegen (neue) BeraterInnen.

Widerstand gegen Beraterkonzepte und -stile

Es können aber auch die Strategien zur Einführung von Entwicklungsprozessen (vgl. Becker/Langosch 1995, S. 208 f.) und ganz persönliche Kommunikations- bzw. Verhaltensstile der OE-BeraterInnen Widerstand erzeugen, befördern oder verhindern (vgl. Schreyögg 1992, S. 240 ff.). In Analogie zu den Erfahrungen von Fürstenau (1969) im Hinblick auf die Institution Schule[1] – er konstatiert eine Infantilisierung der Lehrer durch das Klientel ‚SchülerInnen' – kann u.U. von einer Regression oder gar Infantilisierung bzw. ‚Dekonstruktion' einer Mitarbeitergruppe durch das Auftreten eines bestimmten Beratertyps gesprochen werden. Bleibt z.B. ein Berater als ‚Leiter auf Zeit' neutral und abwartend, fallen die anderen eher aus ihrer bisherigen Rolle – und es kommt möglicherweise zu Regression, Abwehr und Widerstand – als bei einem Beratertyp, der in der Regel ‚agiert' und die positiven Kräfte schnell bindet – aber in der Gefahr ist, im Rahmen seines Helfersyndroms Formen des Widerstands nicht zuzulassen, weil er den als gegen sich gerichtetet empfinden könnte, was wiederum sein Anerkennungsbedürfnis in dieser unsicheren Situation nicht befriedigen würde.

Zum Widerstand kann es in der Supervision oder Organisationsberatung auch kommen, wenn der Wechsel der „Programme" (vgl. Rappe-Giesecke 1994) in einer Beratungssituation mit Organisationsmitgliedern vom Professionellen nicht transparent gemacht wird. Der Übergang von einer Fallbesprechung im Team zur ‚Selbstthematisierung' des Teams muß methodisch vorbereitet werden wie auch der Schritt von der Supervision eines Teams zur Organisationsberatung. In diesen Zusammenhang gehört auch die Grenze zwischen einer Organisationsberatung und einer Trainingsgruppe. Wimmer (1991a, S. 24f.) hat auf die unterschiedlichen Transfermodi im Hinblick auf den Übergang von der Lern- in die Alltagssituation hingewiesen. Eine klassische Trainingsgruppe hat wegen der erhöhten Intimität der Äußerungen und binnengruppalen Reflexionen kaum eine Chance, in die andersartige Realität übertragen zu werden. Es kann also durchaus der Fall vorkommen, daß sich der Widerstand nicht auf das zu bearbeitende Problem bzw. die geplante Veränderung, sondern die vom Professionellen vorgeschlagene oder gewählte Methode bezieht, die nicht auf die Zielgruppe, das Setting und die Thematik abgestimmt ist (vgl. Schreyögg 1992, S. 242).

Die Möglichkeit einer ‚Widerstands-Kollusion'

Anzunehmen ist auch der Fall eines gemeinsamen Widerstandes von Mitarbeitern *und* Beratern. Einerseits ist bekannt, daß Teamsupervisionen häufig ohne Anwesenheit der Leitungskräfte stattfinden, obwohl diese in der Regel auf irgendeine Art in das Problem ‚verwickelt' sind (vgl. Weigand 1990). Auf der anderen Seite legen selbstkritische Aussagen von Professionellen in der Leitungsberatung nahe, daß sie aufgrund biografischer und sozialisatorischer Erfahrungen – zumindest zu Beginn ihrer (frei)beruflichen Karriere – beim Coachen Schwierigkeiten im Umgang mit ‚Hierarchien hatten (vgl. Themenheft „Leitungsberatung" in der Zeitschrift „Supervision" von 1990). Es ist folglich eine Art ‚Kollusion' denkbar im Sinne eines gemeinsamen Widerstandes

1 Mit diesem Thema setzt sich J. Mietz in seinem Beitrag aus der Warte eines ‚halb-internen' Beraters auseinander. – Der Hrsg.

von MitarbeiterInnen *und* BeraterInnen gegen den Einbezug von Leitungskräften oder bestimmten Managementebenen (Vorstand, Geschäftsführung, Abteilungsleitung etc.) in den Beratungsprozeß von Teams und Organisationen, weil alle es ja wünschen, um scheinbar ‚störungsfreier' und ‚kollegialer' miteinander zu arbeiten!

4. Widerstand gegen Instabilität und Unsicherheit als sozio-kulturelles Phänomen

Das für die menschliche Entwicklungsgeschichte typische Neugierverhalten bedingt nach Pühl (1988, S. 65) eine höhere „Angstbereitschaft" – insbesondere in modernen, komplexen Gesellschaften. Diese Angst muß nicht an eine besondere Auslösesituation gebunden sein, sondern ist eine allgemein sinnvolle Vorsicht und notwendiger Schutz gegenüber Neuem. Dabei geht es um den Grad der Diskrepanz zwischen dem bisher Gelernten und dem Neuen. Widerstand – und das scheint ein Charakteristikum bzw. ein gemeinsamer Nenner aller Erklärungsansätze von Widerstand zu sein – entsteht offensichtlich bei einem bestimmten Differenzerleben zwischen ‚Altem' und ‚Neuem', zwischen Kontinuität und Diskontinuität, zwischen Wandel und Zäsur.

Durch OE und Supervision werden risikohafte Übergangssituationen bei Personen, Gruppen und Institutionen mental eröffnet bzw. aktional geschaffen. Beim Durchgang durch diese instabilen, außerhalb vom Gleichgewichtszustand befindlichen Situationen können Spontanes, Überraschendes, Unvorhersehbares und minimale Störungen mit großem Entwicklungseinfluß auftreten (vgl. Atmanspacher 1997). Diese Phase stellt eine Gratwanderung zwischen der Zerstörung eines stabilen Zustandes, die von Angst begleitet sein kann, und dem Schöpferischen dar, das wiederum untrennbar mit Instabilität, Komplexität und Unsicherheit verbunden ist. Der im psychoanalytischen Widerstandsbegriff vorherrschenden Angst vor Verlust oder dem Gefühl von Überforderung wird in den Überlegungen von Atmanspacher – mit einer gewissen Nähe zu chaos- und systemtheoretischen Überlegungen – die aktivierende Attraktion durch eine antizipatorische Zuversicht gegenüber dem Zukünftigen gegenübergestellt. Die Metapher der Gratwanderung bezieht sich „auf einen Weg zwischen sinnvoller Orientierung an der Vergangenheit und konstruktiver Öffnung zur Zukunft". Sowohl reiner ‚Zukunftsoptimismus' als auch reiner ‚Zukunftspessimismus' wären dann Abwehr- und Widerstandsformen gegen das Nichtaushalten-Können dieses ‚Zwischen', dieser Ungewißheit und Instabilität auf dem Wege zu einem potentiellen neuen Gleichgewicht bzw. einer neuen ‚Ordnung'. Vermutlich wird diese Schlüsselqualifikation des Umgangs mit Unsicherheit, Risiko, Angst und Instabilität (vgl. Beck 1986) angesichts einer nicht hinreichend prognostizierbaren Entwicklung eines Teams oder einer Organisation – insbesondere durch Supervision oder OE – in der Arbeitswelt der Zukunft immer wichtiger werden – sowohl für die Organisationsmitglieder als auch ihre Berater.

Das vorübergehende Sich-einrichten-können in instabilen und dynamischen Prozessen hängt auch von aktuellen gesellschaftlichen Einflüssen ab. Insbesondere in wirtschaftlichen Rezessionszeiten und dem damit einhergehenden hohen Konkurrenz-, Innovations- und Rationalisierungsdruck treten vermehrt und verschärft Formen des Widerstands auf unterschiedlichen Ebenen einer Organisation auf. Dazu trägt auch das manchmal forsche, beschwörende und unreflektierte Reden von *Innovation* (z.B. Produkt-, Verfahrens- und Sozialinnovation) bzw. *innovativem Management* im Sinne der (Er)Neuerung, der Umorientierung, des Wandels und der Veränderung bei (deren Notwendigkeit hier gar nicht bestritten werden soll), wenn Barrieren und Hindernisse – wie z.B. den Widerstand gegen eben diese Veränderungen und Neuerungen – nicht ernstgenommen und gewürdigt werden.

Es gibt eben gleichzeitig den Wunsch nach Stabilität und die Notwendigkeit der Veränderung von Teams und Unternehmen. Dann erscheint die Formulierung fast wie eine logische Konsequenz, daß nämlich „Veränderung und Widerstand gegen Veränderung die beiden notwendigen Pole in einem Spannungsfeld (sind), in dem sich jede Entwicklung vollziehen muß" (Hansel/ Lomnitz 1993, S. 153). Diese Position wird auch von Doppler/Lauterburg (1994) und Becker/Langosch geteilt (1995, S. 189: „Widerstände in Organisationen sind normale Begleiterscheinungen.") Betrachtet man das Erscheinungsjahr dieser Veröffentlichungen zur OE, so reift diese vermutlich aus der Beratungspraxis, nicht aus einer Theoriededuktion resultierende Einsicht allerdings erst Mitte der 90er Jahre zur beraterischen Selbstverständlicheit!

5. Strategien und Methoden des Umgangs mit Widerstand vor dem Hintergrund komplexer Einflußfaktoren

Bisher wurden Ursachen, Gründe und Erklärungsansätze von Widerstand auf der (inter)personalen, organisationalen und sozio-kulturellen *Ebene* sowie in Relation zu den OE-BeraterInnen betrachtet. Vor diesem Hintergrund werden im folgenden einige Strategien und Methoden des Umgangs mit Widerstand als Problembearbeitungsprozeß aufgrund der Literatur und eigener Erfahrungen herausgearbeitet, die je nach Klientel und Phase eines Beratungsprozesses ‚passend' gemacht, d.h. ausgewählt und kombiniert werden können. Zuerst wird die grundsätzliche Einstellung zum Phänomen ‚Widerstand' angesprochen, weil sie über alle weiteren Schritte entscheidet. Sodann werden der Weg auf der Suche nach Ursachenzusammenhängen thematisiert, der allgemeine Durcharbeitungsprozeß beleuchtet und schließlich ausgewählte handlungs- und reflexionsorientierte Umgangsformen mit Widerständen auf der (inter)personalen, team- und organisationsbezogenen Ebene skizziert. Zum Schluß möchte ich auf die Grenzen des Umgangs mit Widerstand durch die professionellen Interventionsformen Supervision und Organisationsberatung hinweisen.

Das Ziel des Umgangs: Nicht ‚gegen', sondern ‚mit' dem Widerstand gehen

Hansel/Lomnitz (1993), Doppler/Lauterburg (1995) und Becker/Langosch (1995) gehen – allerdings ohne ausgefeilte theoretische Begründung – als Grundregel davon aus, daß der Widerstand stets eine verschlüsselte „Botschaft" aufgrund von „Bedenken, Befürchtungen oder Angst" der Menschen enthält, die sich häufig mehr oder weniger deutlich ankündigen (vgl. Listen von Widerstandssymptomen bei Hansel/Lomnitz 1993, S. 150; Doppler/Lauterburg 1995, S. 296). Alle Autoren warnen vor einer Nichtbeachtung des Widerstands, weil durch den Widerstandskreislauf in der Regel das Engagement der Mitarbeiter verringert und der Gegendruck verstärkt würde (vgl. Senge 1996, S. 457). Sie sind sich darin einig, daß nicht *gegen*, sondern *mit* dem Widerstand in der OE gegangen werden muß. Becker/Langosch (1995, S. 196) unterstützen den „Grundsatz“ von Doppler/Lauterburg (1995, S. 303):

„Die unterschwellige emotionale Energie muß aufgenommen – d.h. zunächst einmal *ernst genommen* – und sinnvoll kanalisiert werden.

1. Druck wegnehmen (dem Widerstand Raum geben)
2. Antennen ausfahren (in Dialog treten, Ursachen erforschen)
3. Gemeinsame Absprachen (Vorgehen neu festlegen)“.

Von der Ursachenanalyse zum Verstehen des Sinns von ‚Widerstand‘

Um die Ursachen zu ‚erforschen‘ und die ‚Botschaft‘ zu verstehen, ist eine intensive Analyse und Reflexion verborgener Verlustängste, subjektiv empfundener Überforderungen, rationaler Interessengegensätze, von Mechanismen der Systemabwehr und institutioneller Mythen, der Beraterstile sowie weiterer Einflußfaktoren nötig – z.B. biographische und bisherige institutionelle Erfahrungen mit Veränderungsprozessen und Widerstand , um den ‚Sinn‘ von Widerständen plausibel und verstehbar zu machen.

Bei geplanten Veränderungen können in präventiver Absicht vorhandene Checklisten und Arbeitsblätter hilfreich sein – z.B. die „Kraftfeldanalyse“ zur Erfassung der Pro- und Kontrakräfte im Stadium der Ausgangssituation eines Veränderungsprozesses sowie die Einschätzung des Informations- und Akzeptanzgrades einer Veränderung bei den Betroffenen und Beteiligten hinsichtlich des Sinns einzelner Maßnahmen, der Vorgehensweise, des Zeitrahmens, der wirtschaftlichen Rahmenbedingungen und Qualifikationsanforderungen zur Vermeidung von Widerstand (vgl. Hansel/ Lomnitz 1993, S. 171 ff.). In diesen Zusammenhang gehört auch die Analyse der etablierten „Machtverhältnisse“ (Senge 1996, S. 113), in denen der Widerstand – beispielsweise aufgrund der Bedrohung von (traditionellen) Normen – verankert ist.

In Anlehnung an Neubergers Formel zum Begriff ‚Macht‘ (1980) könnte die diagnostische Formel auf dem Wege zum Umgang mit Widerstand in seinem komplexen Ursachen- bzw. Funktionszusammenhang etwa lauten:

Wer (mit wem) leistet Widerstand gegen *wen* oder welche *Veränderung*, aus welchen *Gründen* und mit welchem *Ziel, wann* und auf welcher *Ebene*, mit welchen *Mitteln/Strategien* und mit welcher (erhofften) *Wirkung*?

Diese analytische Erhellung ist eine wichtige Voraussetzung für das Erkennen und Verstehen von ‚Widerstand‘ sowie das Entwickeln von situationsgerechten Lösungsvorschlägen für den Umgang mit Widerstand, wenn es nicht zum blinden Aktionismus – gerade angesichts von Kosten- und Zeitdruck – und unnötigen (Konflikt-)Eskalationen in Teams und Organisationen kommen soll. Richtet sich beispielsweise der Widerstand gegen die Ergebnisse bzw. das Produkt oder gegen die Art der Durchführung?

Der Prozeß des Durcharbeitens

Freud hat aus seinen klinischen Erfahrungen die Notwendigkeit des ‚Durcharbeitens‘ von Widerständen abgeleitet und im Interesse der „Fortsetzung der Arbeit“ (zit. n. Laplanche/Pontalis 1975, S. 625) eine intensive Bearbeitung der ‚Störung‘ für wichtig gehalten im Hinblick auf all jenes, „...was in den Handlungen und Worten des Analysierten sich dem Zugang zu seinem Unbewußten entgegenstellt" (Laplanche/Pontalis 1975, S. 622). Es spricht trotz dieser psychoanalytischen Akzentsetzung einiges dafür, im Kontext der Eigendynamik von Organisationen den aktuellen Widerstand nicht ausschließlich auf kindlich-pathologische Erfahrungsmuster zu reduzieren (vgl. Schreyögg 1992, S. 233).

Vor dem Hintergrund einer langen organisationstheoretischen Beschäftigung mit Widerstand in Amerika hat Nevis (1988) in seinem gestalttherapeutischen Ansatz der Organisationsberatung ein Konzept von Widerstand als „Manifestation *vielfältig gerichteter Energie*" (ebd. S. 176) vorgestellt und den methodischen Umgang – den ‚Durcharbeitungsprozeß' – anhand von Fallbeispielen illustriert. Er geht von der Annahme aus, daß „Widerstand eine gesunde, selbstregulierende Äußerung ist, die der Berater als solche respektieren muß" (ebd. S. 179). Das „taktische Vorgehen" – das „Verbleiben am Widerstand" – folgt der paradoxen Theorie der Veränderung, „daß eine Person oder ein System erst dann von einem Zustand in einen anderen überwechseln kann, wenn der gegenwärtige Zustand voll erlebt und akzeptiert wird" (ebd. S. 179), und zwar von allen an einem konkreten Kooperationsproblem beteiligten Personen und Gruppen.

Verlustängste, subjektiv empfundene Überforderungen aufgrund fehlender Informationen bzw. Kompetenzen, der argumentative Kampf gegen die Ziele und Wege der anderen Partei bei der innovativen Gestaltung der institutionellen Zukunft sowie Aversionen gegen Beraterkonzepte und -stile können mit einem hohen emotionalen Anteil einhergehen. Deshalb sind einseitig kognitive Erklärungen von Widerstand und entsprechende Formen des Umgangs nicht ausreichend. In Analogie zu fortgeschrittenen Konflikt- (vgl. Regnet 1992) und gängigen Kommunikationstheorien stehen rational-sachbezogene und emotionale, psycho-soziale Aspekte in einer Wechselbeziehung.

Herausarbeiten lösungsorientierter Handlungsperspektiven

Nach dem Durcharbeiten stellt sich die Frage nach den Handlungskonsequenzen und -alternativen. Die Perspektiven fokussieren eine verbesserte Information, Partizipation, Qualifizierung und ressourcenorientierte Beratung der betroffenen Personen.

Zumeist gehen die pragmatischen Lösungsvorschläge in die Richtung, daß klarere Informationen über Ziele und Wege bei Veränderungen vorliegen müssen oder eine stärkere Mitbeteiligung bei der Planung oder Durchführung gewährleistet sein muß. In dieser Weise will auch Stiefel (1994) den Umgang mit seinen vier „Widerständler-Typen" (der ‚Saboteur', der ‚Rebell', der ‚Rechthaber', der ‚Naive') verstanden wissen, die er auf einem Koordinatenkreuz verortet, das durch die Skala *bewußter – unbewußter* Widerstand einerseits und *verdeckter – offener* Widerstand andererseits gebildet wird (vgl. die Typologie bei Krebsbach-Gnath 1992, S. 39).

Häufig kann nach einem ‚Durcharbeiten' von Ängsten durch Prozeduren des Verbzw. Aushandelns (vgl. Hansel/ Lomnitz 1993, S. 159) eine sinnvolle Korrektur von formulierten Zielen und geplanten Strategien bzw. Maßnahmen vorgenommen werden. So wird u.U. zwischen Gewinn und Verlust, zwischen Kontinuität und Diskontinität, zwischen Wandel und Zäsur eine neue Balance zur größeren beruflichen Zufriedenheit und Arbeitseffektivität ausgehandelt.

Bei subjektiv empfundener Überforderung kann z.B. eine ressourcenorientierte, d.h. auf Steigerung von Kompetenzen und Qualifikationen ausgerichtete Unterstützung durch Kollegen, eine gezielte Weiterbildung (z.B. Qualifikations- und Trainingsprogramm) oder Coaching geleistet werden. Es sollten auch förderliche und hinderliche Faktoren im Umfeld der Organisationsmitglieder angemessen berücksichtigt werden (z.B. Anschauen gelungener Veränderungen im gleichen Berufsfeld). Es ist z.B. bekannt, daß innovative Projekte weniger Widerstände wecken, wenn sie von der Hierarchie aktiv unterstützt werden. Es muß nicht immer der „unfähige Mitarbeiter" sein, der Widerstand gegen den geplanten Wandel bzw. Neuerungen leistet. „Projekte scheitern auch, wenn die organisatorischen Rahmenbedingungen nicht unterstützend sind" (Bekker/Langosch 1995, S. 190). Deshalb ist eine individualisierende Betrachtung durch interaktionale, gruppale und organisationale Aspekte zu ergänzen.

Reflexive Bearbeitung von strukturellen Widersprüchen zwischen Team und Organisation

Die Arbeit in (Projekt-)Teams mit einer stärkeren Vernetzung und Selbstorganisation kann schnell zu Widersprüchen mit der ‚Hierarchie' führen. „Führung bzw. Prozeßsteuerung bedeutet in dieser Situation den ständigen Zwang zu Synthetisierungsleistungen zwischen zwei Systemen, die einander ‚nicht mögen". (Heintel/ Krainz 1991, S. 329)

Hier muß nach unseren Erfahrungen im Rahmen von OE eine kontinuierliche ‚*Reflexionskultur*' (vgl. Schiersmann/Thiel 1998) insbesondere zwischen Projektteams und Leitungsebene bzw. Gesamtorganisation ‚installiert' werden. Das kann durch die Einrichtung von OE-Foren, öffentlichen Zwischenbilanzen unter Beteiligung der Mitarbeiterschaft, Workshops, OE-Zeitungen und einer Vernetzung der am OE-Prozeß beteiligten Gremien ergänzt und vertieft werden.

Organisationsberater und Projektsupervisoren müssen im Umgang mit der Systemabwehr auch für sich selber (erst recht im Hinblick auf die konkrete Einrichtung) zwischen dem vorherrschenden *Hierarchieprinzip* und der wachsenden *Selbstorganisation* eine Balance finden. Einerseits sind bisher in der Regel Organisationen ohne hierarchische Ordnung und eine OE-Beratung ohne einen Entscheiderkreis nicht denkbar, andererseits betonen die meisten mir bekannten OE-Konzepte die Selbstorganisation, die Kooperationsentwicklung in Teams sowie eine Machtumverteilung durch organisationales Lernen. Die Reflexion beider Prinzipien ist zugleich eine sozio-kulturelle Einübung in den Umgang mit Risiko und Instabilität auf der Ebene einer Organisation.

Die Analyse der Institution – ihre Struktur, Geschichte und Kultur

Die sog. Institutionsanalyse versucht vor dem Hintergrund der Dialektik von Institutions- und Angststruktur die Ängste der MitarbeiterInnen vor Veränderungen bzw. „die Widerstände zu verstehen und zu bearbeiten, die zwangsläufig dann aufbrechen, wenn vertraute Strukturen – und dazu gehören auch institutionelle Mythen – sich verändern" (Pühl 1995, S. 71). Interventionen auf der strukturellen Ebene der Veränderung durch Organisationsberater müssen auch die persönlichen Ängste der Mitarbeiter auf der Sach- und Beziehungsebene ernstnehmen. Wenn das Instrument fehlt, „die tieferliegenden Ängste und Widerstände" der Mitarbeiter/innen gegenüber Veränderungen zu bearbeiten, bleibt die Beratung nach Pühl (ebd. S. 71) „auf der Oberfläche". Die Angstannäherung der MitarbeiterInnen vollzieht sich nach Pühls Auffassung im Prozeß der projektiven Angstabwehr, d.h. durch die Projektion ihrer Ängste auf den Supervisor. „Die Überwindung der dem Widerstand zugrundeliegenden Angst gelingt um so besser, je sicherer der Supervisor seine Gefühle und Impulse als Gegenübertragung verstehen kann, die ihm wertvolle diagnostische Hinweise auf die Institutionsdynamik liefern“ (ebd. S. 76).

Im Hinblick auf das Entstehen, den Verlauf und die Auswirkungen von Widerstand ist – neben der Bearbeitung von Mythen, Leitbildern, Unternehmenskulturen, Tabus und dysfunktionalen Regeln einer Einrichtung – manchmal eine Betrachtung der *Institutionsgeschichte* aufschlußreich (vgl. Thiel 1996). Eine schnelle Abfolge von Veränderungen im institutionellen Aufgaben- und Selbstverständnis – insbesondere in jüngeren Einrichtungen – können Widerstände hervorrufen. Buchinger (1991) beleuchtet an einem Fallbeispiel, wie eine einzelne Gruppe bzw. Teileinrichtung, die vor der Expansion der Gesamtorganisation jahrelang eine besondere Nähe zur Geschäftsleitung hatte, sich weigert, die für andere gültige formale Organisationsstruktur auch auf sich anzuwenden.

Die Abfolge der bisher aufgeführten methodischen Hilfen könnte den Eindruck erwecken, als gäbe es eine strenge Zuordnung der Verfahren auf einer Skala zwischen ‚Person‘ und ‚Organisation‘. Sämtliche Verfahren können im Prinzip mit unterschiedlichen ‚Personenaggregaten‘ durchgeführt werden. Nach meinen Erfahrungen lassen sich häufig die *Muster* von Widerstand einer Einrichtung dadurch diagnostizieren, daß man hypothetisch überprüft, inwieweit konkrete Abwehrstrategien einzelner MitarbeiterInnen, eines einzelnen Teams, zwischen mehreren Teams oder einer Managementebene auch auf die Gesamtorganisation zutreffen. Es ist manchmal verblüffend, wie sich die Selbstähnlichkeit solcher Muster – als ‚Fraktale‘ in der Chaostheorie bezeichnet – auf den verschiedenen vertikalen und horizontalen Ebenen in demselben System wiederholen. Die Vermeidung direkter, persönlicher und offener Kommunikations- und Konfliktformen in einer Einrichtung der Erwachsenenbildung konnte zwischen Vorstand und Direktion, zwischen Direktion und Fachbereichsleitungen sowie zwischen der Fachbereichsleitungen und den jeweiligen Kursleiterinnen bzw. Honorarkräften beobachtet und lösungsorientiert reflektiert werden.

Grenzen der OE bei der Bearbeitung von Widerständen

Die vorgenannten Ansätze des Umgangs mit Widerstand zeichnen sich durch eine dialogische Struktur aus. Manche Widerstände können auch durch Supervision und OE nicht bearbeitet bzw. aufgehoben werden! Legt man Glasls Stufenmodell einer Konflikteskalation (1990) zugrunde, so ‚greifen‘ bei Überschreiten gewisser Schwellen Supervision und Organisationsberatung nicht mehr, sondern sind nur noch Machtformen wie juristisch bindende Entscheidungen (z.B. Kündigungen) wirksam. Ein ausführliches Fallbeispiel für die Grenzen von OE als Interventionsform liefert die von Volmberg u. a. (1995) vorgenommene Reanalyse der auch öffentlich ausgetragenen Auseinandersetzungen um die Präsidentin der Hamburger Hochschule für Bildende Künste. Trotz dieser Einschränkung kann die intensive Bearbeitung von Widerstand in dem oben beschriebenen Sinne einen wesentlichen Beitrag zur produktiven Gestaltung der institutionellen Zukunft leisten.

Literatur

Alheit, P. (1994): Zivile Kultur. Verlust und Wiederaneignung der Moderne. Frankfurt/New York (Campus)

Atmanspacher, H. (1997): Vorsichtige Gratwanderung zwischen alt und neu – Wie riskant ist das Risiko – Der Begriff der ‚Instabilität' gibt Aufschluß" (Frankfurter Rundschau vom 5. 8. 1997)

Beck, U. (1986): Risikogesellschaft. Auf dem Weg in eine andere Moderne. Frankfurt a.M. (Suhrkamp)

Becker, H./ Langosch, I. (1995): Produktivität und Menschlichkeit. Organisationsentwicklung und ihre Anwendung in der Praxis. 4. erw. Aufl., Stuttgart (Ferdinand Enke)

Berkel, K. (1997): Konflikttraining. Konflikte verstehen, analysieren, bewältigen. 5., neuberab. und erw. Aufl. Heidelberg (I.H. Sauer)

Boy, J./ Dudek, C./ Kuschel, (1996): Projektmanagement: Grundlagen, Methoden und Techniken, Zusammenhänge. (3. Aufl.),Offenbach (Gabal)

Buchinger, K. (1991): Eine Organisation hält sich für eine Gruppe und ein anderer Irrtum des Supervisors. In: Brandau, H. (Hg.): Supervision aus systemischer Sicht. Salzburg (Otto Müller), 101-115

Doppler, K./ Lauterburg, C. (1995): Change Management. Den Unternehmenswandel gestalten. 4., erw. u. überarb. Aufl., Frankfurt a. Main/ New York (Campus)

Freud, S. (1971): Hemmung, Symptom und Angst (1926). In: Freud-Studienausgabe. Bd. VI. Frankfurt a. M. (S. Fischer), 227-308

Freud, S. (1946): Erinnern, Wiederholen und Durcharbeiten. In: Sigmund Freud: Gesammelte Werke. Chronologisch geordnet. Bd. 10: Werke aus den Jahren 1913-1917. London: Publishing Co.Ltd., 126-136

Fürstenau, P. (1969): Zur Psychoanalyse der Schule als Institution. In: Furck, C. -L. (Hg.): . Weinheim/ Basel (Beltz), 9 – 25

Geißler, K.A. (1988): Supervision in der Moderne – moderne Supervision. In: Supervision. Zeitschrift für berufsbezogene Beratung in sozialen, pädagogischen und therapeutischen Arbeitsfeldern, Nr. 14, 4-22

Glasl, F. (1990): Konfliktmanagement. Diagnose und Behandlung von Konflikten in Organisationen. Bern/ Stuttgart (2. Aufl.)

Hansel, J./ Lomnitz, G. (1993): Projektleiter – Praxis. 2. Aufl., Berlin (Springer)

Heintel, P./ Krainz, E. E. (1991): Führungsprobleme im Projektmanagement. In: Rosenstil, L. v. u.a. (Hg.): Führung von Mitarbeitern. Handbuch für erfolgreiches Personalmanagement. Stuttgart (Schäffer), 327-335

Heintel/ P., Krainz, E. E. (1994): Was bedeutet „Systemabwehr"? In: Götz, K. (Hg.): Theoretische Zumutungen. Vom Nutzen der systemischen Theorie für die Managementpraxis. Heidelberg (Carl Auer), 160-193

König, O. (1996): Macht in Gruppen. Gruppendynamische Prozesse und Interventionen. München (Pfeiffer)

Krebsbach-Gnath, C. (1992): Wandel und Widerstand. In: Krebsbach-Gnath, C. (Hg.): Den Wandel in Unternehmen steuern. Frankfurt a. M. (Frankfurter Allgemeine Zeitung, Verl.-Bereich Wirtschaftsbücher)

Laplanche, J./ Pontalis, J.-B.: Das Vokabular der Psychoanalyse. Zweiter Band. Frankfurt a. M. (Suhrkamp Taschenbuch), Zweite Auflage 1975

Lippenmeier, N. (1990)(Hg.): Supervision in Schule und Weiterbildung. Beiträge zur Supervision. Bd. 8. Gesamthochschule Kassel

Management Center Vorarlberg (1992)(Hg.): OE-Prozesse systemisch initiieren und gestalten. Dornbirn (2. überarb. Aufl.)

Mentzos, S. (1976): Interpersonale und institutionalisierte Abwehr. Frankfurt a. M (Suhrkamp)

Nevis, E. C. (1988): Organisationsberatung. Ein Gestalttherapeutischer Ansatz. Köln (Ed. Humanist. Psychol.)

Neuberger, O. (1980): Führung und Macht. Entwurf einer „Alltagstheorie der Führung". In: Reber, G. (Hg.): Macht in Organisationen. Stuttgart, 151-179

Ornstein, A. (1996): Die Angst vor der Wiederholung. Bemerkungen zum Prozeß des Durcharbeitens in der Psychoanalyse. In: Psyche. Zeitschrift für Psychoanalyse und ihre Anwendungen, H. 5, 444-462

Pühl, H. (1988): Angst in Gruppen und Institutionen. Frankfurt a. M. (Fischer-Taschenbuch) (überarb. Neuauflage 1994)

Pühl, H. (1995): Der institutionelle Mythos. In: Bauer, A./ Gröning, K. (Hg.): Institutionsgeschichten Institutionsanalysen. Sozialwissenschaftliche Einmischungen in Etagen und Schichten ihrer Regelwerke. Tübingen (Ed. diskord), 70-79

Rappe-Giesecke, K. (1994): Supervision. Gruppen- und Teamsupervision in Theorie und Praxis. Berlin-Heidelberg-New York (Springer)

Regnet, E. (1992): Konflikte in Organisationen. Formen, Funktion und Bewältigung. Göttingen/ Stuttgart (Verlag für Angewandte Psychologie)
Rieckmann, H. (1991): Organisationsentwicklung – von der Euphorie zu den Grenzen. In: Sattelberger, T. (Hg.): Die lernende Organisation. Wiesbaden (Gabler) 126-143
Sader, M. (1991): Anmerkungen zum Stand der Kleingruppenforschung. Gruppendynamik H. 3, 263-278
Schiersmann, C./ Thiel, H.-U. (1998): Projektentwicklung – eine Konkretion organisationalen Lernens. In: Arnold, R./ Gieseke, W. (Hg.): Die Weiterbildungsgesellschaft (im Druck)
Schreyögg, A. (1992): Supervision. Ein integratives Modell. Paderborn (Junfermann)
Schuler, H. (1993)(Hg.): Organisationspsychologie.
Senge, P. M. (1996): Die fünfte Disziplin. Kunste und Praxis der lernenden Organisation. 2. Aufl., Stuttgart (Klett-Cotta)
Staehle, W. (1991): Management. 6., überarb. Aufl., München
Stiefel, R. T. (1994): Eine einfache Kategorisierung von Widerstandsverhalten bei Veränderungsprojekten. In: Management-Andragogik und Organisationsentwicklung (MAO), H.4, 41-43
Supervision 1990, Themenheft 17: Leitungsberatung – Rolle der Leiter in organisationsbezogenen Beratungsprozessen.
Thiel, H.-U. (1996): Die Bedeutung der Institutionsgeschichte für den Supervisionsprozeß. In: Pühl, H. (Hg.): Supervision in Institutionen. Frankfurt a. M. (Fischer), 114-126
Thiel, H.-U. (1998): Fortbildung von Leitungskräften in pädagogisch-sozialen Berufen. Ein integratives Modell für Weiterbildung, Supervision und Organisationsentwicklung. 2. Aufl., Weinheim und München (Juventa)
Volmberg, B./ Leithäuser, T. / Neuberger, O./ Ortmann, G. /Sievers, B. (1995): Nach allen Regeln der Kunst. Macht und Geschlecht in Organisationen. Freiburg i. B.
Weigand, W. (1990): Interventionen in Organisationen: Ein Grenzgang zwischen Teamsupervision und Organisationsberatung. In: Pühl, H. (Hg.): Handbuch der Supervision. Bd. 1. Berlin (Edition Marhold), 175-193
Wimmer, R: (1991a): Wozu noch Gruppendynamik? Eine systemtheoretische Reflexion gruppendynamischer Arbeit. Gruppendynamik H.1, 5-28
Wimmer, R. (1991b): Organisationsberatung – Eine Wachstumsbranche ohne Selbstverständnis. Überlegungen zur Weiterführung des OE-Ansatzes in Richtung systemischer Beratung. In: Hofmann, M.: Theorie und Praxis der Unternehmensberatung. Heidelberg

„Reflexives Management“ – Wege zur diskursiven und koreflexiven Optimierung von Management als Systemfunktion

Hilarion Petzold, FranciscaVeale und Ursula Schneiter

1. Zur „philosophy“ von Organisationen

Fragen der Organisationskultur, der Macht, der betrieblichen Produktivität, des Betriebsklimas sind in fundamentaler Weise mit der *„management philosophy“* verbunden, wie sie – implizit oder explizit – in einem Unternehmen maßgeblich oder wirksam ist. Dabei ist das amerikanische *„philosophy“* als ein „Bündel von Konzepten und Leitideen“ zu sehen, ohne die Ansprüche an Elaboration und Kohärenz, die den deutschen Begriff „Philosophie“ kennzeichnen. „Philosophy“ ist „leichter“, hat eine pragmatische Praxisorientierung und einen „Sitz im Leben“. Sie erwächst aus einem Verständnis von Lebensprozessen und wirkt in Lebenspraxis hinein, *gestaltet* sie (Rorty 1981, 1989; Toulmin 1991). Bei genauerer Betrachtung erweist sich, daß Konzepte wie „corporate identity“, „organizational values“, Organisationskultur, Management (d.h. Planung, Organisation, Führungs- und Entscheidungspraxis), die das *Mikroklima* eines Unternehmens bestimmen, durch eine zugrundeliegende *„philosophy“* eng miteinander verknüpft sind. In all diesen Teilbereichen zeigen sich Vorstellungen der *allgemeinen Unternehmensphilosophie.* Diese sind wiederum nicht unabhängig von Orientierungen, Traditionen und Moden, die sich „im Feld“ von Wirtschaft und Industrie finden, gerade gängig sind und das Mesoklima dieses „Feldes“ (Petzold et al. 1994b, S. 321) prägen, wobei diese Moden selbst wiederum von politischen und gesellschaftlichen *Makroklimata*, Strömungen des „Zeitgeistes“ und seinen Hintergründen beeinflußt sind. In den westlichen Technologie- und Industriegesellschaften finden sich in den Unternehmen der freien Wirtschaft recht unterschiedliche *Unternehmensphilosophien* und damit verbundene *Managementtheorien* bzw. *-ideologien* (Petzold 1998a).

Für unseren „Integrativen Ansatz“ der Organisationsentwicklung, unsere Vorstellungen von Organisationskultur und Führung (Petzold 1994a; 1998a; Schreyögg 1991, 1995), unsere machttheoretischen Ansätze (Orth et al. 1995) haben wir durch die Auswertung verschiedener Unternehmensphilosophien und Managementmodelle und aufgrund unserer Praxis als Supervisoren und Organisationsberater in Profit- und Non-Profit-Organisationen mit sehr unterschiedlichen Managementkonzepten das *Metamodell* des *„reflexiven Managements“* (Petzold 1998a) entwickelt, das *in praxi* immer auch ein *„diskursives Management“* ist. In vielen Einzelaspekten bietet es Bekanntes, in „der Praxis Bewährtes“ (Popper), in einigen Aspekten bietet es Neues. Die innovative Dimension liegt in der Zusammenschau, der „synoptischen Leistung“ als konsistenter Vernetzung theoretischer und praxeologischer Strategien. Die metatheoretischen und theoretischen Grundkonzepte, auf die sich dieses Modell beziehen, wurden an anderer Stelle ausführlich dargestellt (Petzold 1991e, 1994a; 1998a). Hier genügt es festzustellen, daß *Reflexivität* eine anthropologische Grundqualität ist. Das menschliche Wesen ist durch Reflexivität gekennzeichnet, die sich – gegründet auf die (sprachliche) Sozialisation – als *Koreflexivität* bestimmen läßt. „Ich ging mit mir selbst zu Rate" (Heraklit B101) – koreflexive Dialoge zwischen *Ich* und *Selbst* als verinnerlichte Dialogmuster zwischen Selbst und Anderem (Mead 1934). Betont soll weiterhin werden, daß Reflexivität nicht nur kognitivistisch gesehen wird, sondern auch als eine emotive Qualität (der Nachdenklichkeit, der Besonnenheit, des inspirierenden Engagements) und als eine Form des Handelns im Kontextbezug. Durch die Berücksichtigung der Kontextdimensionen erweist sich Reflexivität als Prozeß der *Koreflexivität*, bei dem koemotive und kooperative Momente eine wesentliche Rolle spielen. Die artifizielle Trennung des kognitionswissenschaftlichen vom emotionstheoretischen (Damasio 1994; LeDoux 1998) und handlungstheoretischen Rahmen beim Bemühen, Situationen und Dynamiken im Praxisfeld *wahrzunehmen, zu erfassen, zu verstehen* und *zu erklären* (Petzold 1988a, b), soll damit vermieden werden. Schließlich soll unterstrichen werden: *Reflexives Management* bietet als *Metamodell* eine theoretische Perspektive und begründet eine persönliche Haltung. Aus beidem wird ein diskursives, interpersonales und ein fundiertes professionelles Handeln möglich. Reflexives Management ist weiterhin ein *Interventionsmodell,* und hier ist stets die Frage zu stellen: Ist dieses Modell bei einem Organisationsentwicklungsprojekt mit Blick auf die Situation des Unternehmens oder der Institution, auf die Bereitschaft der Entscheidungsträger und auf die personellen und infrastrukturellen Ressourcen überhaupt für eine Implementierung geeignet, oder sind andere Ansätze erforderlich?

2. Das Konzept des „reflexiven Managements"

„*Das*[*] Management" wird zunächst als „*systemische Funktion" innerhalb einer Organisation* angesehen und erst dann als die Gruppe der Personen und Positionsinhaber, die in einer Organisation die *Funktion* von Managern ausüben. Dieser Aspekt ist nachgeordnet. „*Das* Management als *Funktion*" ist für das Leben, die Arbeit, den Bestand des „Unternehmens als System" eine zentrale Steuerungsgröße, die genauso bedeutsam ist wie wichtige Kontexteinflüsse z.B. aus dem „Markt" oder der wirtschaftlichen Großwetterlage. „*Reflexives Management*" als von Positionsinhabern und Funktionsträgern praktizierte „*philosophy*" ist sich dieses funktionalen Charakters bewußt.

Es definiert sich als „die durch Konsens institutionalisierte Reflexion der zentralen Steuerungsfunktionen des Systems durch das System selbst in einem strukturell geregelten Diskurs und durch rekursive Prozesse der *Koreflexivität* aller Mitarbeiter im System mit dem Ziel seiner Bestandssicherung und der Optimierung seiner Produktivität und seiner klimatischen Qualität".

Damit wird *das* Management aus der einseitigen und eingleisigen, der *linearen* (d.h. auch unsystemischen) „Top-down-Orientierung" herausgenommen und wird auch für „Bottom-up-Einflüsse" zugänglich, so daß *nonlineare Prozesse*, wie sie für die

---

* Mit dieser *kursiven Schreibweise* wird jeweils Mangement als Systemfunktion gekennzeichnet.

Selbstorganisation komplexer Systeme kennzeichnend sind (Haken 1983, 1984, 1988; Haken, Mikhailov 1993; Kelso 1995), sich unbehindert vollziehen können, emotive Faktoren (Betriebsklima, Arbeitszufriedenheit) berücksichtigt werden und es zu *Konfluxphänomenen*, d.h. der kokreativen „Synergie aller Kräfte" kommt (Petzold, Orth 1997). Ob „*das* Management", d.h. die Steuerungsfunktion im Betrieb „gut oder schlecht läuft", wird damit aus allen Perspektiven und auf und in allen Ebenen reflektiert und durch *institutionalisierte Diskurse* kommuniziert.

Da Reflexion als rekursive Informationsverarbeitung „aus exzentrischer Position" Informationsbestände erfordert, Informationsverteilung jedoch sehr unterschiedlich ist, die Zugänglichkeit von Information, aber auch die Qualität der Information, ihre Bedeutung und Gewichtigkeit sehr stark variieren, sind in komplexen Organisationen Reflexionsprozesse „*des* Managements", die nur auf der Vorstandsebene, der Ebene des Topmanagements oder auch des mittleren Managements laufen, notwendigerweise eingeschränkt. Das gleiche gilt natürlich – zum Teil in weitaus größerem Maße – für Reflexionsprozesse auf den nachgeordneten Ebenen der Mitarbeiter. Genau deshalb bietet das Zusammenführen derartiger Reflexionsprozesse mit ihren koemotiven und kooperativen Dimensionen, die gemeinsame Diskussion von Ergebnissen in „Strategiegruppen", die unterschiedliche Ebenen vernetzen, den „klimatischen Boden" für eine „fundierte Kollegialität" (Petzold, Orth 1998). Man gewinnt einerseits die Chance zu *Mehrperspektivität* und *Exzentrizität*, zu *Überschau* und *Souveränität* für die einzelnen Mitarbeiter und andererseits die Chance der *Emergenz* (Krohn, Küppers 1992; Petzold 1998a) von übergeordneten Lösungen, von Leitideen und Handlungskonzepten für die Organisation. Das Unternehmen als Ganzes erhält damit die Möglichkeiten, ein *Optimum* an Ressourcennutzung (Petzold 1997) Produktivität und Qualität, ja *Exzellenz* zu erreichen. Die Qualitätssicherung[1] (Petzold, Orth, Sieper 1995) und Qualitätsentwicklung *des* Managements als Organisationsfunktion wird damit *eine Angelegenheit des Gesamtsystems.*

3. Mehrebenenreflexion – das Triplexmodell

„Reflexives Management" gründet in einer komplexen Theorie und Praxis der Reflexion, verstanden als „korespondierende (d.h. koreflexive, koemotive und kooperative) Analyse und Interpretation wahrgenommener Wirklichkeit mit der ganzen Breite und Tiefe ihrer Hintergrunds- und Untergrundsstrukturen". Eine solche als Metahermeneutik zu bezeichnende Reflexivität muß „unbewußte Diskurse" (Foucault), Ausblendungen und Blindheiten aufdecken, und dazu braucht sie „den Blick von innen und außen", den eigenen und den anderen Blick, Selbstreflexion und Koreflexion. Es werden hierzu die Konzepte der Korespondenz, Exzentrizität, Mehrperspektivitität in einem Modell der Mehrebenenreflexion, hier der „*Triplexreflexion*" (vgl. Abb. 2) zusammengefaßt (Petzold 1994a), das auf das „Wahrnehmen, Erfassen, Verstehen und Erklären" (Petzold 1991a, 123ff.) komplexer Wirklichkeit gerichtet ist (vgl. Abb. 1), auf das Erfassen von „Sinn in Zusammenhängen" (Luhmann 1978) und auf die Steigerung der „Sinnerfassungskapazität" (Petzold 1992a, 489 f., 700 ff.) von Einzelpersonen, Teams und Gremien.

---

1 Mit diesem Thema beschäftigt sich speziell der Beitrag von T. Floeth. – Der Hrsg.

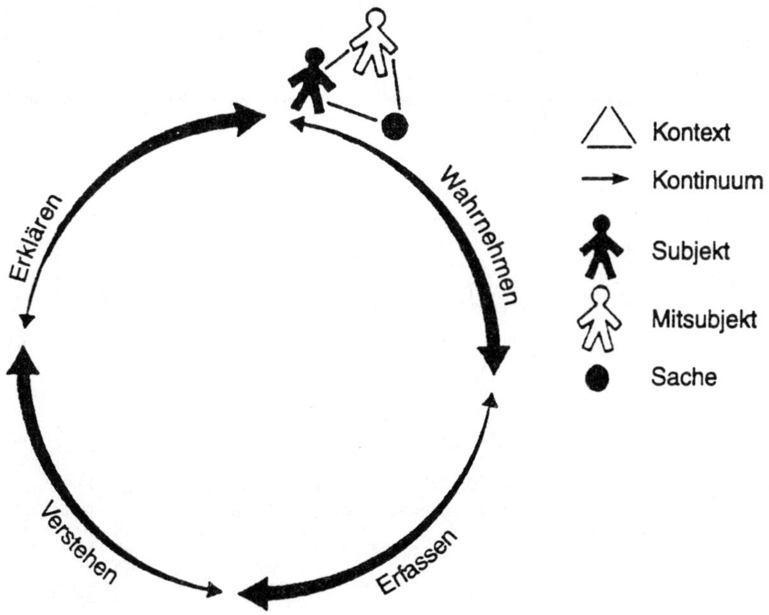

Abbildung 1: Die „hermeneutische Spirale" Integrativer Erkenntnistheorie (aus Petzold 1992a, S. 489)

Korespondenz ist die diskursive Auseinandersetzung über Probleme, Ressourcen, Potentiale und Kontextbedingungen auf der Sach- und Affektebene zwischen den an einer Aufgabe beteiligten Personen mit dem Ziel des Erreichens von *Konsens*, seiner Ausarbeitung zu *Konzepten* und deren Umsetzung in *Kooperation* (idem 1991e).

Exzentrizität ist die Fähigkeit, von Situationen, Problemen und Konzepten Abstand zu nehmen, ohne Kontakt zum Geschehen zu verlieren und in „engagierter Distanz" den breiten Kontext, Vergangenheitshintergründe, Zukunftsperspektiven und Alternativen zu betrachten (Petzold 1990o).

Mehrperspektivität ist die Fähigkeit, pluriforme Wirklichkeit exzentrisch aus verschiedenen Blickwinkeln (z.B. der Arbeitgeber, des Arbeiters, des Kunden) mit unterschiedlichen Optiken (z.B. der ökonomischen, der sozialpolitischen) und mit verschiedenen theoretischen Referenzrahmen (z.B. dem betriebswissenschaftlichen, dem organisationspsychologischen) zu betrachten, um neue Aspekte zu gewinnen, vorhandene *Komplexität* zu erfassen und in Korespondenzprozessen zu *reduzieren* (Petzold 1990o, 1994a; Schreyögg 1994).

In dem Modell der *Triplexreflexion* und seiner praktischen Umsetzung kommen diese Konzepte zum Tragen. Das Modell überschreitet das Konzept der „Beobachtungen zweiter Ordnung" (von Förster vgl. Luhmann 1992) durch die reflexive Dimension in interdisziplinären und transdisziplinären Diskursen (Petzold 1998a). Es sei kurz für diesen Kontext umrissen.

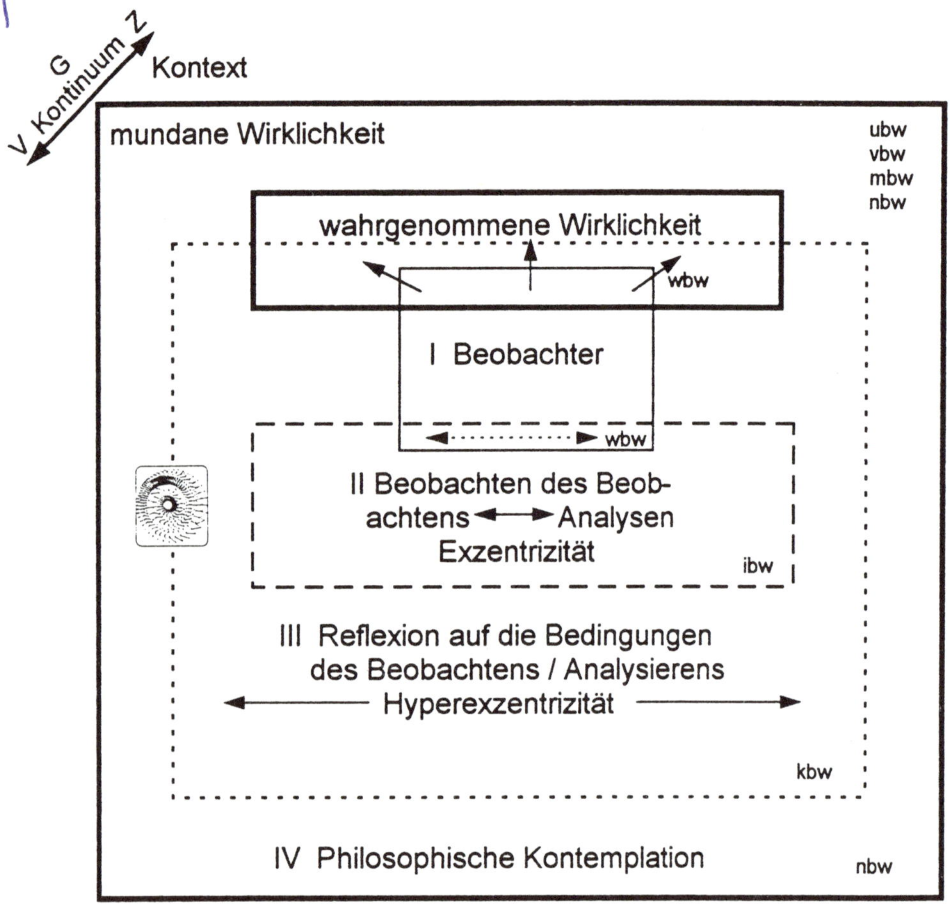

Abbildung 2: „Metahermeneutische Triplexreflexion" mehrperspektivisch wahrgenommener, korespondierend analysierter und philosophisch kontemplierter Wirklichkeit, aus Petzold (1994a) in: Pühl 1999, 250

Ebene I: In der Triplexreflexion betrachtet der Manager ein Team, ein Gremium, eine Situation (Marktphänomene, Kundenverhalten, Produktionsprozeß, Organisationsabläufe etc.) aus „exzentrischer Position" und reflektiert diese (jeder für sich und gemeinschaftlich).

Ebene II: In einem zweiten Schritt wird die Situation des Betrachtens und der Beobachtungs- und Reflexionsprozeß selbst mehrperspektivisch beobachtet und korespondierend analysiert, womit die Exzentrizität wächst.

Ebene III: In einem dritten Schritt wird dieser gesamte Vorgang in Ausdehnung der Mehrperspektivität auf übergeordnete oder hintergründige Bedingungen (einwirkende Traditionen, verdeckte *Diskurse* und Kulturen oder Teilkulturen, „philosophies", klimatische Faktoren, Feldbedingungen etc.) reflektiert – möglichst unter Beiziehung externaler Berater und in einem interdisziplinären Rahmen, um beeinträchtigende Klimata, Betriebsblindheiten, aber auch dysfunktionale oder überholte Prinzipien, demodierte Orientierungen – eventuell einer ganzen Branche oder eines Makrokontextes („die" deutsche Industrie!) – zu erkennen, was dann allerdings auf Ebene *III* den Diskurs in einem solchen Makrokontext, z.B. auf Tagungen, Konferenzen, in Publikationen selbst erforderlich macht. (Konzepte wie das des „Kaizen" oder der „lernenden Organisation"[2] sind aus solchen Diskursen hervorgegangen bzw. haben in rekursiven Prozessen zu solchen Diskursen beigetragen)

Zur Konkretisierung ein Beispiel: Manager beobachten das Betriebsklima (*Ebene I*), aber auch Mitarbeiter beobachten das Betriebsklima und reflektieren das Beobachtete. In Teambesprechungen und Konferenzen wird deutlich: *das* Management und die Manager wissen zu wenig über die Sicht der Mitarbeiter, die Mitarbeiter kommunizieren ihre Sicht nicht an *das* Management und seine Funktionsträger, die Manager. Es kommt zu informellen, eventuell durch Gremienarbeit zu formellen Gesprächen und Analysen (*Ebene II*) und zum Entschluß, externe Beratung beizuziehen. Im Prozeß der Beratung und der damit einhergehenden Reflexion der Gesamtstrukturen (*Ebene III*) wird eine „Betriebsklimaanalyse" beschlossen, um eine noch bessere Informations- und Reflexionsgrundlage für etwaige Maßnahmen zur Optimierung des Betriebsklimas, d.h. von emotionalen Lagen, von Stimmungen und Atmosphären im Betrieb zu gewinnen (was den Rekurs auf emotionspsychologische und -soziologische Theorien und Forschungen erforderlich macht). Gleichzeitig mit diesem Beschluß schlägt das Management der Beratungsfirma vor, den gesamten Prozeß durch einen ausgesuchten externen Spezialisten, der nicht der Beratungsrichtung der konsultieren Firma angehört, d.h. durch ein „Metaconsulting" (Petzold 1998a) begleiten zu lassen, um dessen kritische Anmerkungen und inspirierende Impulse „im Prozeß" der Betriebsklimaanalyse und der nachfolgenden Auswertung aufnehmen und verarbeiten zu können – bei einer derartig aufwendigen und einschneidenden Maßnahme eine sinnvolle Investition, die das Potential der *Ebene III* wesentlich steigern kann. (Eine der ersten Maßnahmen eines externen Beraters in einem solchen Projekt war das Installieren von Kontakt- und Feedbackpersonen auf jeder wichtigen Ebene als „Klimabarometer", die Beobachtungen in den Prozeß einspeisten). Bei allen großen Maßnahmen zur „Kulturveränderung" aufgrund interner Konzeptarbeit und/oder externer Beratung sollte man sich eine solche weitere „Metaperspektive", d.h. ein „Metaconsulting", leisten. *Ebene IV*: Es sei noch eine vierte Ebene erwähnt, in der der reflexive Rahmen überschritten wird. In der Gesamtauswertung solcher komplexen Prozesse kommt es zuweilen in Arbeitsgruppen zur *Emergenz* einer neuen „philosophy" als ein Resultat, das die in Korespondenz, Koreflexivität, Kokreativität gewonnenen Ergebnisse überschreitet und synthetisiert. In den Diskussionen entsteht eine Pause, eine Nachdenklichkeit kommt auf, eine Art *„philosophische Kontemplation"*, und irgend jemand im Team, im Gremium, in der Projektkonferenz spricht eine *Lösung* in die Stille, die „stimmt", die die Qualität von *„excellence"* hat. Es ist nicht *seine* Lösung, sondern in seiner *„Eingebung"* artikuliert sich der Zusammenfluß (*conflux*) aller Potentiale und Arbeitsleistungen, aller Kreativität und wechselseitiger Inspiration der Gruppe als *Emergenz*. Die Qualität philosophischer Kontemplation „ereignet" sich in intensiven Prozessen „reflexiven Managements". Es lohnt sich, diese Qualität zu kultivieren. Bertrand Russel hat eine solche

---

2 Siehe dazu auch den Beitrag von G. Fatzer – Der Hrsg.

Kultur als Geisteshaltung *praktischen* Philosophierens beschrieben. Der Kerntext sei – weil grundlegend für unseren Ansatz – zitiert:

»Der Wert der Philosophie darf nicht von irgendeinem festumrissenen Wissensstand abhängen, den man durch Studium erwerben könnte. Der Wert der Philosophie besteht im Gegenteil gerade wesentlich in der Ungewißheit, die sie mit sich bringt. [...] Sobald wir aber anfangen zu philosophieren, führen selbst die alltäglichen Dinge zu Fragen, die man nur sehr unvollständig beantworten kann. Die Philosophie kann uns zwar nicht mit Sicherheit sagen, wie die richtigen Antworten auf die gestellten Fragen heißen, aber sie kann uns viele Möglichkeiten zu bedenken geben, die unser Blickfeld erweitern und uns von der Tyrannei des Gewohnten befreien. Sie vermindert unsere Gewißheiten darüber, was die Dinge sind, aber sie vermehrt unser Wissen darüber, was die Dinge sein könnten. Sie schlägt die etwas arrogante Gewißheit derjenigen nieder, die sich niemals im Bereich des befreienden Zweifels aufgehalten haben, und sie hält unsere Fähigkeiten zu erstaunen wach, indem sie uns vertraute Dinge von uns nicht vertrauten Seiten zeigt ...“« (Russel 1964, 138)

4. Dimensionen des „reflexiven Managements“

Reflexives Management als „differenzierende und integrierende *philosophy*“ verlangt *Koreflexion*: die *Selbstreflexion* der Positionsinhaber auf ihre Funktion hin (und dann erst auf ihr Funktionieren hin), die zu korespondierender Reflexion auf der Peer-Ebene führen muß; weiterhin korespondierende Reflexion zwischen den einzelnen Führungs- und Mitarbeiterebenen, so daß eine *„koreflexive Qualität“* (Petzold, Orth 1997) entsteht, in der die *„Sinnerfassungskapazität“* der am Prozeß Beteiligten wächst (Petzold 1992a, S. 700 ff.). Deshalb ist dieser Ansatz immer auch ein *„dialogisches Management“* (Senge 1996) oder, wie wir formulieren, ein „diskursives Management“. *Korespondenzprozesse* (Petzold 1978c, 1991e) werden mit der Ausrichtung geführt, Übereinstimmung in Problemsicht, Fragestellungen, Einschätzungen und Bewertungen herzustellen oder zumindest *Dissens* aufzuzeigen und deutlich zu machen, so daß *Zwischenlösungen, Kompromisse* oder *Lösungs- und Handlungsperspektiven* gefunden werden können: *Konsens* (und sei es nur der „respektvolle Konsens über Dissens“), *Konzepte* und auf dieser Grundlage *Kooperation*. Deshalb sind im Ansatz des „reflexiven Managements“ auch Perspektiven des *„strategischen Managements“* berücksichtigt.

Reflexives Management als „differenzierende und zugleich integrierende *Kultur*“ (im Sinne von Organisations- bzw. Unternehmenskultur, die als Bündel „kollektiver Kognitionen und emotionaler Lagen“ verstanden werden, vgl. Petzold 1998a) bedeutet zumeist Veränderungen in der bestehenden Unternehmenskultur. Derartige Veränderungen können sektoriell in einzelne Abteilungen oder Bereiche eingeführt werden, um dann nach und nach zu Generalisierungseffekten auf das Gesamtunternehmen zu führen. Reflexives Management verlangt und schafft Transparenz, verlangt und schafft Kooperation, verlangt Verantwortungsbereitschaft und fördert und entwickelt Verantwortungsfähigkeit. Top-Down-Polarisierungen werden reduziert und die Lernfähigkeit der Organisation insgesamt, die Interaktionsqualität, Kommunikation und Kooperation der unterschiedlichen Führungs- und Arbeitsebenen wird optimiert.

Reflexives Management als „mehrperspektivischer und zugleich strukturelle Klarheit schaffender *Stil*" des Denkens, Fühlens und Handelns, als eine in „persönlicher Souveränität" und „fundierter Kollegialität" gegründete Haltung (ibid.) macht bei allen Beteiligten die Einsicht erforderlich, daß für das Funktionieren des Systems, für den Erfolg der Organisation, für die Produktivität des Unternehmens die *besonnene und korespondierende Auseinandersetzung über das „Management als Systemfunktion"* wesentlich ist und selbstverständlich sein muß.

Reflexives Management als „multimodale, methodenplurale Praxeologie" (d.h. theoretisch begründetes, praktisches Handeln) erfordert das beständige und systematische Evaluieren von Konzeptionen, Positionen, Funktionen, Strategien, von Handlungen und Handlungsergebnissen und von Klimata mit den Personen und durch die Personen, die die Positionen ausfüllen und die Strategien entwerfen und umsetzen. Es geht um ein Reflektieren und Evaluieren der im wesentlichen durch *das* Management betriebenen Maßnahmen und Strategien. Dabei dürfen die Mitwirkenden und Umsetzenden auf *allen Ebenen* nicht ausgenommen werden – vom Mitdenken nicht und von der Mitverantwortung nicht, ansonsten kann *Koreflexivität* nicht erreicht werden – und damit sind auch kokreative Prozesse und *Konfluxphänomene* (Petzold, Orth 1997) blokkiert oder beeinträchtigt.

Das Konzept des „reflexiven Managements" wirkt auf das Gesamtsystem durch das Faktum, daß das gesamte System die Managementfunktion reflektiert, daß alle Personen, die in der Managementfunktion tätig sind, diese reflektieren – wiederum unter Einbezug aller Informationen (sachbezogener, aber auch klimatisch-emotiver) aus dem Gesamtsystem, die nun „aktiv gesucht werden". *Das Management als Systemfunktion wird damit selbstreflektierend.* Bei einer derart hohen Vernetzung von Information kommt es dann aufgrund der konnektivierenden Prozesse im System zu Synergieeffekten und Emergenzphänomenen (Krohn, Küppers 1992; Petzold 1994a). Sehr viel an Kreativität und Innovation wird dadurch verhindert, daß Synergieeffekte durch mangelnde Vernetzung nicht zustande kommen, durch die Beeinträchtigung von Informationsflüssen innerhalb des Managements selbst und *zu den* Wirkungsbereichen des Managements hin bzw. *von den* Wirkungsbereichen her. Damit ist die Chance von komplexitätsreduzierenden Emergenzen, die als Ergebnisse von Arbeitsprozessen in Form von Konzepten, Plänen, Strategien etc. auftauchen, vergeben.

Im „reflexiven Management" kommt es beständig zu multiplen, rekursiven Prozessen. Eine dialogische, diskursive, eine korespondierende, d.h. koreflexive und koemotive *Organisationskultur* gewinnt ihre Effizienz aus dem Faktum, daß die optimale Vernetzung von Informationen in den reflexiven und klimatischen (emotiven) Prozessen und die „emotional intelligente" (Goleman 1997; Damasio 1994) *Konnektierung* dieser Prozesse selbst (Petzold 1994a) eine kokreative Wirkung entfalten können.

5. Implementierung von „reflexivem Management"

Um reflexives Management in Organisationen oder Institutionen insgesamt oder in Teilbereichen solcher Systeme zu implementieren ist es von zentraler Wichtigkeit, das *„Realitätsprinzip der strukturellen Rahmenbedingungen"* zu beachten und die Zustimmung der bestimmenden Instanzen zu erhalten, z.B. den *Konsens* der Eigner und des verantwortlichen Managements – d.h. der Positionsinhaber in den Topstrukturen. Dann muß die Kooperation der mittleren Führungsebene über die Implementierung einer solch einschneidenden Veränderung der Unternehmensphilosophie gewonnen werden, so daß diese Maßnahme wirklich bejaht wird, denn sie kann vertikal nur als „Top-down-Bewegung" initiiert werden und muß dann auf jeder Ebene in die Horizontale generalisieren. Dabei sind Konnektierungen zunächst einmal von Ebene zu Ebene vorzunehmen, weil zwischen Ebenen oftmals erhebliche *Kulturschranken* bestehen können. Außerdem kann es angezeigt sein, das Konzept des „reflexiven Managements" in Schritten oder (nur) in bestimmten Sektoren einer Organisation einzuführen. Gründe und Wege der Implementierung können sehr unterschiedlich sein. Je größer ein Unternehmen ist, desto schwieriger und zeitaufwendiger ist die Aufgabe, eine Managementkultur zu verändern, denn dies kann nicht nur oder überwiegend durch „Anweisung von oben" erfolgen, sondern erfordert die Veränderung individueller und kollektiver Kognitionen, emotiver und volitiver Schemata, d.h. auf der *Mikroebene* Muster beim einzelnen Manager und Mitarbeiter, die immer als Konfiguration (z.B. von Positionen und Rollen) gesehen werden müssen, und auf der *Mesoebene* Muster im Verhalten von Gruppen, schließlich auf der *Makroebene* Muster des ganzen Unternehmens. Dafür sind umfassende Bildungsprozesse erforderlich. Für eine Implementierung eignet sich deshalb der Weg über das Bildungssystem eines Unternehmens in besonderer Weise. Das bedeutet natürlich, daß das Bildungssystem selbst die Philosophie und Strategie des „reflexiven Managements" aufgenommen und umgesetzt hat und daß es weiterhin zu den Aufgaben des Bildungssystems gehört, *die* Managerfunktion zu optimieren, also Manager und ihre Mitarbeiter im Bereich der Human Resources mit modernen persönlichkeitsbildenden und Team- und Gremienarbeit verbessernden Methoden zu schulen, z.B. mit Coaching (Schreyögg 1995[3]), differentiellem Teamtraining, Chartings, Szenariotechniken etc. (Petzold 1998a, S. 301ff, S. 429ff). In einem seit zwei Jahren laufenden Organisationsentwicklungs- und Schulungsprojekt für die zum VW-Konzern gehörenden Skoda Autowerke, berate ich den Aufbau des betriebsinternen Weiterbildungszentrums einschließlich des Weiterbildungsprogrammes und erarbeite es konzeptuell mit den dortigen Mitarbeitern, welche von mir und meinem Team durch ein umfangreiches Curriculum zu Supervisoren (DGSv-Standard) und Coachs ausgebildet wurden, so daß eine personelle Infrastruktur für interne und externe Beratungs- und OE-Arbeit auf den Weg gebracht wurde, die ich derzeit mit meinen Kollegen supervidiere. Für dieses Projekt stellt der Ansatz des „reflexiven Managements" die Grundlage dar. Zielsetzung ist, daß die ausgebildeten inhouse Coaches, Berater und Trainer einen Metaansatz für ihre Arbeit erhalten, um Manager und Führungskräfte der verschiedenen Ebenen, Abteilungen und Teams zu beraten, zu coachen und in einen diskursiven und reflexiven Interaktions- und Kooperationsstil einzuführen. Neben einer Vermittlung moderner sozialwissenschaftlicher und systemtheoretischer Kenntnisse (z.B. attributions-, kontroll- oder identitätstheoretische Konzepte, konnektionistische und Selbstorganisationsmodelle) auf der Grundlage von Analysen und Beispielen aus der eigenen Situation und Praxis war es vor allem die Entwicklung personaler, sozialer und professioneller Kompetenzen und Performanzen (Petzold et al. 1994b), d.h. der Persönlichkeiten dieser Mitarbeiter, ihre Kooperation und Innovationsfähigkeit als

---

3 Siehe dazu den Beitrag von A. Schreyögg im ‚Handbuch der Supervision 2' (1994) – Der Hrsg.

Team bzw. als Abteilung im Sinne des diskursiven und reflexiven Ansatzes, die im Zentrum der Arbeit stand. Dieser Kontext und seine Kontinuumsdimension (d.h. seine historische, aktuale und prospektive Dimension) waren der Hintergrund für die supervisionspraktische, also prozessorientiert-interventive, beratungstechnische, coachingmethodische usw. Schulung und die praxeologische Weiterbildung in der Organisationsentwicklung. Wie charakteristisch für den „Integrativen Ansatz" (Petzold 1998a), wurden die Methoden durch die Methoden gelehrt und gelernt im Erleben und im Vollzug des eigenen, kokreativen Prozesses mit seinen Synergie- und Konfluxphänomenen (Petzold, Orth 1997), in seiner diskursiven Bearbeitung durch *Mehrebenenreflexionen* und in der Umsetzung des gelernten in eigenen Projekten innerhalb des Unternehmens. Diese wurden wiederum zurück ins Weiterbildungsteam gebracht, um dort ausgewertet, koreflektiert und in der Supervision metareflektiert zu werden. Der massive Kulturumbruch in diesem Unternehmen von einem sozialistischen Staatsbetrieb zu einem „global player" in einem multinationalen Konzern, das Aufeinandertreffen zweier Kulturen – der deutschen und der tschechischen, die zumal noch eine schwierige Geschichte miteinander haben –, die Zusammenarbeit von deutschen und tschechischen Führungskräften mit unterschiedlichen Managementtraditionen, Führungsstilen und Mentalitäten, z.T. in „Tandems", stellt alle Mitarbeiter und natürlich auch die Coaches vor große Anforderungen, was Flexibilität, kommunikative Leistungen, diskursive Reflexion, abgestimmte Kooperation anbelangt. All diese Themen und Probleme waren selbst Gegenstand des Projektes „Aufbau eines Weiterbildungszentrums, Entwicklung eines Weiterbildungsprogrammes für die spezifische Situation des Unternehmens". Aufgrund der elaborierten Coachingkultur der Volkswagen AG als Mutterunternehmen und seiner differenzierten „philosophy", was die Wertung von und der Umgang mit „Human Resources" in einem „atmenden Unternehmen" (Hartz 1996) anbelangt, war das „reflexive Management" für diese Aufgabe ein ideales Konzept: als eine zur VW-Vision konzeptsyntone, „differenzierende und integrierende Philosophie", als Angebot einer situationsadäquaten „flexibilisierenden und zugleich stabilisierenden Kultur" – der Integrative Ansatz ist besonders auf das Ermöglichen interkultureller und transkultureller Prozesse gerichtet (Petzold 1998a, S. 23ff) –, als „mehrperspektivischer und zugleich strukturelle Klarheit schaffender Stil des Denkens, Fühlens und Handelns" und als multimodale und methodenplurale Praxeologie". Diese Praxeologie rüstet sowohl für personzentriertes „differentielles Coaching"[4] (Petzold 1998a, d.h. Persönlichkeitscoaching, Konfliktcoaching, Innovationscoaching etc.) als auch für die Begleitung von Gruppen (Projektgruppen, Gremien), die Supervision von Teams mit unterschiedlichen Teamformaten[5] (ibid. S. 429ff) und für Interventionen auf der Ebene der Organisation aus. Es konnte aus diesem komplexen Projekt an dieser Stelle nur ein kurzes Beispiel für die Implementierung von „reflexiven Management" in einem spezifischen Prozess gegeben werden. Deshalb sollen noch einige praxeologische Hinweise folgen.

---

4 „Coaching als Alternative zur Organisationsberatung" bzw. als Ergänzung ist das Thema des Beitrages von A. Schreyögg. – Der Hrsg.

5 Auf das Konzept der Formate greift F. Buer in seinen Ausführungen zurück. – Der Hrsg.

6. Charting von Managementqualitäten (MQC)

Um die Management*funktion* als solche zu erfassen und im Sinne einer Qualitätssicherung und Qualitätsentwicklung (Petzold, Orth, Sieper 1995) zu beeinflussen, d.h. diskursfähig zu machen, verwenden wir das „Management-Quality-Charting" (MQC). Den Personen, die an einem Projekt teilnehmen – sei es auf einer Ebene, auf mehreren Ebenen oder durch alle Ebenen –, erhalten eine kompakte Einführung in das Konzept der „Management*funktion* als Systemqualität", wobei es sinnvoll werden kann, spezifische Managementbereiche zu umgrenzen, um Komplexität zu reduzieren und Aussagespezifität zu erreichen. Die Teilnehmer werden aufgefordert, „*das* Management" in seiner Funktionalität, seinen Qualitäten, seinen Strategien und seiner Effizienz, was die Steuerung des spezifischen Aufgabenbereiches oder etwaiger übergeordneter Aufgabenbereiche anbelangt, bildlich darzustellen. Sachbezogene, kognitive, emotionale und soziale Aspekte werden dabei aufgegriffen, Dimensionen wie „*Wertschöpfung, Interaktion, Kommunikation, Information, Umgang mit Macht und mit Ressourcen, Delegation, Transparenz, Planung, Zielformulierung, Erreichen von Zielen, Krafteinsatz, Arbeitsklima, Mitarbeiterzufriedenheit, Motivation*" usw. werden in dieser oder einer anderen, aus der Vorlaufdiagnostik zum Projekt zusammengestellten Auflistung der Aspekte der jeweiligen Management*funktion* auf einem Memoblatt ausgedruckt und den Teilnehmern zur Verfügung gestellt. Als Einzelpersonen oder als Kleingruppen versuchen sie dann die „Management*funktion*" im üblichen Chartingverfahren (Schneiter et al. 1996) auf großen Papierbögen darzustellen.

Wird in Kleingruppen gearbeitet, beginnt schon dort ein Diskurs über die Management*funktion*, eine Korespondenz über die Begriffe, ihre inhaltliche Bedeutung, ihren Bezug zu Management und Managerverhalten in der Abteilung oder in der darunter oder darüber liegenden Ebene. Je höher die Führungsebene, d.h. je mehr Personen in der Funktion von Managern an einem solchen Charting teilnehmen, desto selbstreflexiver verlaufen die Prozesse.

7. Optimierung als lösungs- und kontextorientierte Strategie

Das *Charting* hat eine deskriptive und eine evaluative Seite. Es wird versucht, einen Eindruck von den wichtigen Aspekten der Management*funktion* im System bzw. in relevanten Teilsystemen zu gewinnen, dann aber auch die gewonnen Eindrücke und Erkenntnisse zu bewerten, wobei die Bewertungsparameter im Diskurs erarbeitet, also selbst in koreflexiven Prozessen bestimmt werden, denn Kategorien wie „gut" oder „schlecht", „funktional" oder „dysfunktional" erweisen sich bald als unzureichend: *Dysfunktional* im Bezug auf was? *Gut* in Bezug auf welche Zielsetzung? *Schlecht* vor dem Hintergrund welcher Ressourcen und Möglichkeiten? *Ineffektiv* – warum? *Effektiv* – wie?

Das *Charting* der Managementqualität erfolgt in striktem Kontextbezug. Es wird damit nicht nur eine hohe „ökologische Validität" erreicht, sondern auch die Möglichkeit eröffnet, situationsspezifische Qualitätskriterien zu erarbeiten, die auf ihre impliziten oder ausdrücklich vorgetragenen Managementideologien und auf den Hintergrund der jeweiligen Unternehmensphilosophie hin befragt werden können. Dabei ist wesentlich, daß im Bereich von Human Resources eine Optimierungsorientierung verfolgt wird anstelle einer Maximierungsausrichtung, die für technische Systeme (z.B. Maschinen) zuweilen angezeigt sein kann, bei lebendigen Systemen mit ihren höchst individualisierten Rhythmen aber dysfunktional ist. Statt von *Total Quality Management* muß hier von *Optimal Quality Management* gesprochen werden, für das in spezifischer Zupassung auf die zu evaluierende Situation im „reflexiven Management" diskursiv Maßstäbe erarbeitet werden.

Reflexives Management zwischen den Ebenen erfährt durch „Management Quality Chartings" eine Unterstützung, weil durch den Vergleich der Charts und durch die Diskussion von Unterschiedlichkeiten und Übereinstimmungen deutlich werden kann, daß im Unterschiedlichen doch Gemeinsamkeiten vorhanden sein können und in scheinbar Gleichem erhebliche Unterschiede vorhanden sind.

Die „basic philosophy" des „Management Quality Charting" ist also in der Frage zentriert: „Was bringt weiter, wie kann optimiert werden?". Dabei geht es nicht nur um schnelle Lösungen oder gar um ein Vermeiden von Konflikten oder Problemen, die „unter den Teppich gekehrt werden". Es werden vielmehr schwierige Konstellationen als „lösbar" attribuiert: „Das sind passagere Phänomene, die verändert werden können! Dadurch, daß wir sie jetzt betrachten, hat die Veränderung schon begonnen!" Wo sich dennoch nichts bewegt, wird Veränderung nicht gewollt, oder die *Probleme* sind so groß, daß die Problemlösungsfähigkeiten der beteiligten Mitarbeiter überfordert sind, oder es mangelt an der Mindestausstattung mit *Ressourcen*, oder es fehlt an den erforderlichen *Potentialen* (Petzold 1997). Ohne Grundausstattung keine Veränderung der Entwicklungsrichtung, ohne Veränderungswillen und Entwicklungsbereitschaft „no change"!

„Management Quality Chartings" ermöglichen es (eventuell in Verbindung mit der Auswertung von Powermaps, Kartierungen der Organisationskultur und anderen Diagnose- und Interventionsinstrumenten der Integrativen Organisationsentwicklung, vgl. Petzold 1998a), mit den relevanten Entscheidungsträgern zu erarbeiten, in welchem Maße, wie weitgreifend, wie intensiv und in welchem Zeitraum das „reflexive Management" in der Organisation implementiert werden soll. Weil „reflexives Management" ein Prozeß und zugleich der Zielhorizont einer „philosophy" ist, Weg und Ziel also zusammenfallen, sind „Alles-Oder-Nichts-Strategien" verfehlt. Es gibt ganz ausdrücklich „halbe Sachen". „Halbe Sachen" können für bestimmte Organisationssituationen das Adäquate, ja, Optimale sein, „ganze Sachen" eine unproduktive Überforderung. Reflektierte „Step-By-Step-Strategien" können sich als angemessener erweisen als das „Durchziehen einer konsequenten Linie". Im korespondierenden Überdenken genau dieser Fragestellungen beginnt sich „reflexives Management" zu installieren.

Es ist – so hoffen wir – deutlich geworden, daß „reflexives Management" ein integratives Metamodell ist, eine „philosophy", die bestehende Managementphilosopien und -konzepte verwendet, aufgreift, systematisiert, zupaßt und auf eine breit ansetzende transversale Theorie systemischer Intervention zurückgreift (Petzold 1994a; 1998a) – allein schon in diesen konnektierenden Prozessen liegt ein hohes Innovationsmoment. Eine derart flexible Orientierung und institutionalisierte Selbstreflexion des Systems führt zu seiner elastischen Stabilität. Beides kann gewährleisten, daß dieser Ansatz zu keiner rigiden „Managementideologie" wird, die für innovationsorientierte, dynamische Organisationen unter komplexen Feldbedingungen dysfunktional werden muß.

Literatur

Damasio, A. (1994): Descartes Irrtum. Fühlen, Denken und Handeln des menschlichen Gehirns, München

Foucault, M. (1966): L''Archéologie du Savoir, Paris 1966; dtsch. Die Archäologie des Wissens, Frankfurt 1973.

Foucault, M. (1971): Die Ordnung der Dinge. Eine Archäologie der Humanwissenschaften, Frankfurt

Goleman, D. (1997): Emotionale Intelligenz, dtv, München

Hartz, P. (1996): Das atmende Unternehmen. Campus, Franfurt/M..

Haken, H. (1983³): Synergetics: An Introduction, Berlin, Heidelberg

Haken, H. (1984): The Science of Structures: Synergetics, New York

Haken, H. (1988): Information and Self-Organization, Berlin

Haken, H. (1988): Synergetics in Pattern Recognition and Associative Action, in: Haken, H. (Ed.): Neural and Synergetic Computers, Berlin

Haken, H./Mikhailov (Eds.) (1993): Interdisciplinary Approaches to Nonlinear Complex Systems, Berlin

Heraklit (1961): Fragmente in: Diels, H./Kranz, W., Fragmente der Vorsokratiker, 3 Bde., Berlin

Kelso, J.A.S. (1995): Dynamic Patterns. The Self-Organization of Brain and Behavior, Cambridge, Massachusetts

Krohn, W./Küppers, G. (Hrsg.) (1992): Emergenz: Die Entstehung von Ordnung, Organisation und Bedeutung, Frankfurt/M.

LeDoux, J. (1998): Das Netz der Gefühle. Wie Emotionen entstehen, Hauser, München

Luhmann, N. (1978): Vertrauen, ein Mechanismus zur Reduktion sozialer Komplexität, Stuttgart

Luhmann, N. (1992): Beobachtungen der Moderne. Westdeutscher Verlag, Opladen

Mead G.H. (1934): Mind, Self and Society, Chicago 1934; dtsch. Geist, Identität, Gesellschaft, Frankfurt 1968, 1973, 1975, 1988.

Petzold, H.G. (1978c): Das Korespondenzmodell in der Integrativen Agogik, Integrative Therapie 1 (1978c) S. 21-58.

Orth, I./Petzold, H.G./Sieper, J. (1995): Ideologeme der Macht in der Psychotherapie – Reflexionen zu Problemen und Anregungen für alternative Formen der Praxis, in: Petzold/Orth/Sieper (1995) S. 119-179.

Petzold, H.G. (1990o): Konzept und Praxis von Mehrperspektivität in der Integrativen Supervision, dargestellt an Fallbeispielen für Einzel- und Teambegleitung, Gestalt und Integration 2, S. 7-37.

Petzold, H.G. (1991a): Integrative Therapie. Ausgewählte Werke, Bd. II/1: Klinische Philosophie, Paderborn

Petzold, H.G. (1991e): Das Korespondenzmodell als Grundlage der Integrativen Therapie und Agogik, 1991e, in: Petzold (1991a) S. 19-90.

Petzold, H.G. (1992a): Integrative Therapie. Ausgewählte Werke, Bd. II/2: Klinische Theorie, Paderborn

Petzold, H.G. (1994a): Mehrperspektivität – ein Metakonzept für die Modellpluralität, konnektivierende Theorienbildung und für sozialinterventives Handelns in der Integrativen Supervision, Gestalt und Integration 2, S. 225-297.

Petzold, H.G. (1997p): Das Ressourcenkonzept in der sozialinterventiven Praxeologie und Systemberatung. Fritz Perls Institut, Düsseldorf

Petzold, H.G./Lemke, J./Rodriguez-Petzold, F. (1994b): Feldentwicklung und supervisorisches Lernen – Überlegungen zur Weiterbildung von Lehrsupervisoren aus Integrativer Perspektive: Kontext, Ziele, Qualitätsprofil, didaktische Konzeption, 1994b, Gestalt und Integration 1, S. 298-345.

Petzold, H.G./Orth, I.(1997): Das Konflux-Modell und die Arbeit mit kokreativen Prozessen in Teamsupervision und Organisationsberatung, Kunst und Therapie 1, S. 1-46 und in Petzold 1998.

Petzold, H.G./Orth, I., Wege zu „fundierter Kollegialität" – innerer Ort und äußerer Raum der Souveränität. In: Slembek, E., Geissner, H. (Hrsg.): Feedback. Das Selbstbild im Spiegel der Fremdbilder, S. 107-126. Röhrig Universitätsverlag, St. Ingbert

Petzold, H.G./Orth, I./Sieper, J. (Hrsg.) (1995): Qualitätssicherung und Didaktik in der therapeutischen Aus- und Weiterbildung, Sonderausgabe Gestalt und Integration, Fritz Perls Institut, Düsseldorf

Rorty, R. (1981): Der Spiegel der Natur. Eine Kritik der Philosophie, Frankfurt

Rorty, R (1989): Contingency, Irony and Solidarity, New York

Russel, B. (1964): Probleme der Philosophie, Frankfurt

Schneiter, U./Petzold, H.G./Rodriguez-Petzold, F. (1996): „Kulturkarten", „Power maps", „Charting" – kreative Ansätze in Supervision, Organisationsentwicklung und „reflexivem Management", Fritz Perls Institut, Düsseldorf und in Petzold 1998a.

Schreyögg, A. (1991): Supervision – ein Integratives Modell, Paderborn

Schreyögg, A. (1994): Wieviele „Brillen verwenden Berater"? Zur Bedeutung von Mehrperspektivität in Supervision und Organisationsberatung, Organisationsberatung, Supervision, Clinical Management (OSC) 1, S. 5-28.
Schreyögg, A. (1995): Coaching, Hamburg
Senge, P.M. (1996): Die fünfte Disziplin, Stuttgart
Toulmin, S. (1991). Kosmopolis. Die unerkannten Aufgaben der Moderne, Frankfurt

Das Management psycho-sozialer Dynamik und unbewußter Prozesse in Organisationen

Burkard Sievers

1. Einleitung

Die Frage, wie man den Zusammenhang von Psychoanalyse, Organisation, Beratung und Supervision verstehen und damit in der beruflichen Praxis arbeiten kann, beschäftigt mich schon gut fünfundzwanzig Jahre. Für meine Suche nach möglichen Antworten waren dabei – im Nachhinein betrachtet – vor allem zwei Begegnungen und deren jeweilige institutionelle Kontexte wichtig, die ich im Anschluß an mein Studium hatte. Zum einen war das ein gruppendynamisches Organisationslaboratorium, das 1971 von der Akademie für Jugendfragen in Münster veranstaltet wurde und in dem ich die Bekanntschaft von Gerhard Leuschner und Kees Wieringa machen durfte; zum anderen war es die Teilnahme an einer Leicester-Conference des Tavistock Institutes und die daraus hervorgegangene Freundschaft mit Gordon Lawrence, die meine Arbeit und meine wissenschaftliche Orientierung nachhaltig geprägt haben. Ich saß damals an meiner Dissertation über ‚Geheimnis und Geheimhaltung in sozialen Systemen' (Sievers (1974), zu der ich von Niklas Luhmann angeregt worden war. Er hatte mir während meines Studiums die Faszination vermittelt, Organisationen als komplexe soziale Systeme zu verstehen, die durch Reduktion von Komplexität eine eigene interne Wirklichkeit errichten und so mit ihren jeweils relevanten Umwelten in Beziehung treten. Als Soziologe hatte ich damals kaum ein Verständnis von Psychologie und schon gar nicht von Psychoanalyse. Mein Denken über Organisationen war vorwiegend kognitiv-rational geprägt, und die Einsicht, daß die eigene subjektive Erfahrung eine, wenn nicht gar die ausschlaggebende Quelle von Lernen sein könne, war mir damals noch recht fremd.

Vor allem bei dem gruppendynamischen Organisationslaboratorium wurde mir deutlich, wie sehr das damals noch weithin vorherrschende Arbeiten an Beziehungen zwischen Personen eines umfassenderen systemischen Verständnisses von Organisation entbehrte (Sievers 1973a). Ich entsinne mich noch sehr lebhaft daran, wie vor allem Wolfgang Weigand und ich immer wieder darum gefochten und uns zugleich darin auch verstrickt haben, sich mit der organisatorischen und politischen Realität dieser Veranstaltung auseinanderzusetzen. Gerhard Leuschner und Kees Wieringa haben wir beide es schließlich zu verdanken, daß wir – wenn auch in unterschiedlichen Rollen und in unterschiedlichem Umfang – diese Auseinandersetzung im Rahmen der Supervisionsausbildung an der Akademie für Jugendfragen in Münster für eine Reihe von Jahren haben fortführen können.

Während meiner Teilnahme an der Konferenz des Tavistock-Institutes in England, zu der Klaus Antons mich angeregt hatte, erlebte ich dann zum ersten Mal, daß sich eine systemische Betrachtungsweise von Organisation und Management sowie psychoanalytisches Verstehen auf eine Weise miteinander vereinbaren ließen, die die Exploration unbewußter Dynamiken von Gruppen und Systemen ermöglichte, ohne daß wir als Teilnehmer uns auf die Couch begeben mußten (Sievers 1973b). So wenig mir zum damaligen Zeitpunkt eine persönliche Psychoanalyse vorstellbar gewesen wäre, so sehr hat mich andererseits gerade das weitere, für diese zugleich systemische und psychoanalytische Methode typische Lernen aus Erfahrung schließlich zu der Überzeugung geführt, daß für die Arbeit mit dem Unbewußten in Organisationen eine vertiefte Auseinandersetzung mit der eigenen inneren Welt unverzichtbar ist.

Daß mir diese erste Teilnahme an einer Tavistock-Conference zugleich auf sehr eindrückliche Weise hat deutlich werden lassen, daß sich unbewußte Dynamiken und Prozesse in Organisationen häufig nicht ohne einen größeren gesellschaftlichen, politischen und historischen Hintergrund bzw. Rahmen verstehen lassen, ist vielleicht weniger dieser speziellen Methode als vielmehr den besonderen Begleitumständen zuzuschreiben, die auf dramatische Weise die Wirklichkeit des temporären Systems der Konferenz beeinflußt haben, die 1972 zur gleichen Zeit wie die Olympischen Spiele in München stattfand. Das Attentat palästinensischer Terroristen auf Mitglieder der israelischen Olympiamannschaft führte vor allem auf seiten der israelischen und amerikanischen Juden unter den Konferenzteilnehmern dazu, daß sie die von ihnen unbewußt reaktivierten traumatischen Erinnerungen an den Holocaust mit aller Wut und Gewalt zunächst vor allem auf die drei deutschen Teilnehmer richteten. Erst nach Tagen einer kriegsähnlichen Eskalation wurde es schließlich den meisten, allen voran den Briten, deutlich, daß sich weder das Attentat in München noch der aus der Gründung des Staates Israel resultierende palästinensisch-israelische Dauerkonflikt auf ein Problem zwischen Juden und Deutschen reduzieren ließ. Vielmehr war das Chaos, das die Organisation der Konferenz seit Tagen dominierte, nicht unabhängig von dem inneren Chaos der Teilnehmer und ihren jeweiligen unbewußten Bewältigungsstrategien zu verstehen. Das Aushalten, Durcharbeiten und zunehmende Verstehen dieser extrem psychotischen Organisationsdynamik hat mir nicht nur geholfen, meine zuvor eher naive Entschuldigung gegenüber der deutschen Nazivergangenheit der Judenvernichtung zu revidieren; ich bin sicher, daß aus dieser Erfahrung heraus auch die Kraft und das Interesse entstanden sind, viele Jahre später, nach dem Fall der Berliner Mauer und dem Ende des Kalten Krieges, das Projekt der Trans-European Managementseminare zu beginnen, bei dem die zugrunde liegende Frage, was es bedeutet, Manager in Europa zu sein, sicherlich nicht ohne die Exploration der unbewußten Anteile der historischen Vergangenheit Europas und der Beziehung einzelner Staaten zueinander beantwortet werden kann.

Was ich dem damaligen Konferenzbesuch in England über das bloße Kennenlernen der sogenannten Tavistock-Methode hinaus vor allem verdanke, war ein erster Zugang zu der dieser Art von Arbeit zugrunde liegenden psychoanalytischen Orientierung, die in der Tradition des Kleinianischen Ansatzes und der Theorie der Objektbeziehungen – vor allem durch Wilfred Bion – beeinflußt und geprägt worden war und von Autoren wie Elliot Jaques, Isabel Menzies oder Kenneth Rice auf die Analyse und Beratung von Organisationen ausgeweitet worden ist.[1]

2. Psycho-soziale Dynamik von Organisationen

Für mich ist es in erster Linie die mittlerweile zu einer Art modernem Klassiker gewordene Arbeit von Isabel Menzies (1974) über die ‚Angstabwehrfunktion sozialer Systeme' gewesen, die mir die Faszination vermittelt und die Augen dafür geöffnet hat, auf welche Weise die Interrelation zwischen den psychischen Systemen der Organisationsmitglieder und dem sozialen System der Organisation psychoanalytisch betrachtet und verstanden werden kann. Ausgehend von Jaques' These (1955, S. 478f., vgl. 1953, 1995; Hinshelwood 1993, S. 608 ff.), daß die Abwehr von psychotischen Ängsten das grundlegende Moment darstellt, was Individuen dazu veranlaßt, sich in Institutionen bzw. Organisationen zusammenzuschließen, hat Menzies in ihrer Untersuchung eines Krankenhauses aufgezeigt, wie die in der Organisation errichteten Strukturen und Mechanismen nicht nur der Abwehr der in der Arbeit entstehenden Ängste in bezug auf Krankheit, Leiden und Sterben dienen, sondern zugleich die therapeutischen Ziele der Institution untergraben und so letztlich einer angemessenen Versorgung der Patienten ebenso im Wege stehen wie sie sich dysfunktional auf das Befinden und das Engagement der Krankenhausmitarbeiter auswirken. Was mich bei dieser Arbeit und dem ihr zugrunde liegenden Konzept des *sozialen* Abwehrsystems auf ganz besondere Weise herausgefordert und auch meine eigene weitere Orientierung beeinflußt hat, ist die Tatsache, daß dieses Konzept einen Zugang zum Unbewußten in Organisationen ermöglicht, der deutlich über eine individualpsychologische Reduzierung auf die in Organisationen tätigen Menschen hinausgeht. Soziale Prozesse und Strukturen in Organisationen basieren häufig – ich möchte sagen, in der Regel – ebenso auf unbewußten Phantasien und Abwehrmechanismen ihrer Mitglieder wie sie diese wiederum – manchmal über Generationen hinweg – am Leben erhalten.

Im Unterschied zum angelsächsischen Sprachgebrauch, in dem sich in diesem Zusammenhang der Begriff der *Psychodynamik* von Organisationen durchgesetzt hat (z.B. Hirschhorn 1988; Hirschhorn & Barnett 1993; Czander 1993; vgl. Sievers 1994), scheint es mir insofern angemessener, von einer *psycho-sozialen* Dynamik zu sprechen, da dieser Begriff m.E. besser die Interdependenz und Wechselwirkung psychischer und sozialer Phänomene deutlich werden läßt: Unbewußte individuelle Phantasien und Abwehrmechanismen ‚kristallisieren' sich sozusagen in der ‚sozialen Realität' von Organisationen und mobilisieren als solche zugleich wieder eben diese Art von Phantasien, Ängsten und Abwehrmechanismen in den psychischen Systemen von Organisationsmitgliedern, Insassen oder Kunden.

So habe ich beispielsweise bei einer früheren Gelegenheit (Sievers 1996, 1998) auf die Metapher des Verschiebebahnhofs zurückgegriffen, um die Verstrickung zu verdeutlichen, mit der das Management einer Organisation und deren Mitglieder sich

1 Siehe hierzu auch den Beitrag von R. Heltzel in diesem Band und die kritische Auseinandersetzung mit dem „Unbewußten in Institutionen" von F. Wellendorf (in: H. Pühl, Supervision in Institutionen, 1996). – der Hrsg.

wechselseitig die Absicht unterstellten, die jeweils andere Seite verrückt machen zu wollen, wobei die damit zugleich einhergehende wechselseitige projektive Identifikation von Verrücktheit lange Zeit verborgen blieb.

In ähnlicher Weise ließe sich beispielsweise auch fragen, ob und inwieweit nicht auch die Einrichtung und die sogenannte Professionalisierung eines Berufsverbandes für Supervisoren als Funktion der sozialen Angstabwehr verstanden werden kann. Einerseits mag dieser Verband – und seine Struktur – der Angstbewältigung seiner Initiatoren und Mitglieder dienen, angesichts einer unzureichenden Legitimation, Reputation und Auftragslage möglicherweise den eigenen Lebensunterhalt nicht ausreichend bestreiten zu können. Andererseits mögen eben diese Mitglieder, vor allem aber die Ausbildungskandidaten unter ihnen, von der unbewußten Phantasie geleitet sein, angesichts der zahllosen Konkurrenz bereits zertifizierter Profis eh zu spät dran zu sein oder aber sich den vorgegebenen Strukturen (und Zwängen) anpassen zu müssen, um so schließlich doch noch einen Zipfel der ersehnten Freiheit zu erlangen, die ihnen in der bisherigen beruflichen Tätigkeit versagt gewesen oder abhanden gekommen ist.

Eine psycho-sozialdynamische Betrachtungsweise von Organisationen, die ich bei dieser Gelegenheit eher zu skizzieren denn ausführlicher zu entfalten vermag, kann nicht zuletzt auch mit der immer noch weitverbreiteten Auffassung aufräumen, als würden Organisationen und deren jeweilige Konfigurationen, Zwecke und Strukturen ausschließlich oder primär aufgrund rationaler Überlegungen errichtet und am Leben erhalten. Nicht selten sind die Existenz und die Strukturen von Organisationen ganz allgemein und insbesondere die von Unternehmen in einem mehr oder weniger umfangreichen Maße durch solche psycho-sozialen Dynamiken geprägt, die nicht nur wenig mit den expliziten Unternehmenszielen zu tun haben, sondern letztlich gar der Effektivität und Zielverwirklichung im Wege stehen.

Krankenhaus

In diesem Zusammenhang hat beispielsweise Gordon Lawrence (1995) unlängst auf sehr eindrucksvolle Weise deutlich gemacht, wie die aus dem zunehmenden Kostendruck resultierende, verstärkt betriebswirtschaftliche Orientierung von Krankenhäusern die Dominanz der Verwaltung begünstigt und zu allen möglichen Rationalisierungsverfahren wie Total Quality Management[2] oder Business Re-engineering Zuflucht suchen läßt. In dem Maße, wie die in Krankenhäusern tätigen Menschen sich in einer bislang unbekannten Weise enormem Streß und Ängsten ausgesetzt sehen, gerät das Management verstärkt unter Druck, solche Managementstrukturen zu entwickeln, die Planbarkeit, Sicherheit und Steuerung ermöglichen. Diese Bemühungen sind von der Phantasie geleitet, daß sich durch ein verstärktes Controlling die Grenzen effektiver managen lassen und daß sich so die Ängste und die aus der Umwelt resultierenden Unsicherheiten, wenn schon nicht beseitigen, so doch zumindest erfolgreich bewältigen lassen. Zugleich führen die aus der Sorge um das Überleben der Institution und die Zukunft des eigenen Arbeitsplatzes resultierenden psychotischen Ängste dazu, daß das Management projektiv mit der Rolle des Retters identifiziert wird und diese Projektionen nur allzu willfährig introjiziert. Dabei ist kaum auszuschließen, daß sich die ent-

2 Ein anschauliches Beispiel dafür liefert der Beitrag von A. Nilsson. – Der Hrsg.

sprechenden Rollenträger mit den eigenen individuellen psychotischen Anteilen verstricken, was letztlich wiederum dazu führt, daß diese Manager kollektiv eine autoritäre Organisationskultur propagieren, die auf seiten der im Krankenhaus Beschäftigten schließlich zu einer totalitären Grundhaltung führt.

Je stärker in einer solchen Institution die psychotische Dynamik dominiert, desto mehr nimmt ein Krankenhaus schließlich den Charakter einer pathologischen sozialen Organisation an, die – der individuellen pathologischen Organisation von Borderline- und extrem narzißtischen Persönlichkeiten nicht unähnlich (Steiner 1982, 1985, 1990, 1991, 1993; O'Shaughnessy 1990; vgl. Hinshelwood 1993, S. 546 ff.; Sievers 1997) – entweder durch eine extreme Spaltung vermeintlich guter und schlechter Teile oder aber durch eine ‚Liaison' der fragmentierten Teile geprägt ist, bei der die destruktiven Anteile die gesunden Anteile der Organisation lähmen oder gar zerstören.

Was das für die Organisationskultur eines Krankenhauses in der alltäglichen Praxis bedeutet, hat Lawrence (1995, S. 11) recht unverhohlen beschrieben:

„Eine solche Organisationskultur verringert die Fähigkeit zu denken und das Einfühlungsvermögen, was dazu führt, daß die Rollenträger kaum noch in der Lage sind, darüber nachzudenken, wie sie die Aufgaben ihrer Institution wahrnehmen, welcher Qualitätsvorstellungen und Methoden sie sich dabei bedienen, welche Bedeutung der Institution in bezug auf die Umwelt zukommt und wie die Managementstruktur sie schließlich dazu verleitet, ihre professionellen Werte und die ihrer Arbeit in der Institution zugrunde liegenden Überzeugungen zu desavouieren. Die eigentliche Komplexität der Gesundheitsfürsorge wird auf die kommerziellen Anforderungen einer Unternehmenskultur reduziert. Das führt dazu, daß die Menschen sich nur noch in dem engen Vorstellungsrahmen bewegen, in dem es aussschließlich um Vorrangigkeit und Kurzfristigkeit geht. Die Realität wird auf Gewinn und Verlust reduziert. Indem die Rollenträger psychisch verstärkt mit der Furcht vor Arbeitslosigkeit zu kämpfen haben, verengt sich ihr Fokus auf das eigene Überleben. Insoweit sie so von der inneren, politischen Realität der Institution gefangen genommen und absorbiert werden, wird schließlich die sehr viel weitergehende Frage nach der Bedeutung und dem Stellenwert von Spiritualität in der Institution irrelevant" (ebda., S. 13).

Am Ende steht dabei nur allzu leicht die dann nicht mehr hinterfragbare Überzeugung, daß Krankenhäuser nur dann erfolgreich seien und langfristig überleben können, wenn sie in gleicher Weise gemanagt werden wie etwa ein Elektrizitätswerk, eine Brotfabrik oder ein Schlachthof.

Offensichtlich unterscheidet sich die pathologische Organisation von Personen nicht allzu sehr von der von Organisationen: Vor allem, was ihren jeweiligen Umgang mit Verrücktheit betrifft, so scheint diese häufig hinter der Logik sowie der Erscheinungsweise von Normalität erfolgreich verborgen zu werden. Daß Organisationen gerade in Zeiten hoher Umweltturbulenz und angesichts des Drucks, sich verändern zu müssen, dazu tendieren, das innere Chaos und die damit einhergehenden Ängste mit einer Art rationaler Verrücktheit zu kaschieren, gilt sicherlich nicht nur für Krankenhäuser; ähnliche, vor allem durch Kostendruck, Rationalisierungszwänge, Anpassung an neue Technologien oder Marktverlagerungen bedingte Überlebensängste und Veränderungszwänge sind heutzutage für öffentliche oder kirchliche Einrichtungen ebenso an der Tagesordnung wie für viele Unternehmen.

3. Feindliche Übernahme

In welchem unvorhersehbaren Ausmaß Veränderungsprozesse von Unternehmen sowohl psychotische Ängste und Reaktionen auszulösen vermögen als auch selbst wieder Ausdruck einer über Generationen zurückreichenden psychotischen Dynamik sein können, ist erst unlängst wieder im Zusammenhang mit dem letztlich gescheiterten Übernahmeversuch von Thyssen durch Krupp deutlich geworden. Die Annahme, daß dieser Versuch einer unfreundlichen Übernahme eines Konzerns durch einen anderen im Frühjahr 1997 in erster Linie durch einen persönlichen Konflikt zwischen Gerhard Cromme und Dieter Vogel, die beiden Vorstandsvorsitzenden, erklärt werden könnte, ist sicherlich ebenso naiv wie der Erklärungsversuch über die Psychopathologie eines oder beider Topmanager. Daß Cromme, der Hauptinitiator dieses für deutsche Verhältnisse bislang einmaligen Überraschungscoups, dabei zur Hauptzielscheibe der Beschäftigten beider Konzerne wurde, von denen einige ihn wohl am liebsten gelyncht hätten, läßt sich im hier zugrunde liegenden Kontext psycho-sozialer Dynamik von Organisationen m.E. nur dann annähernd verstehen, wenn man zum einen die enorme Reaktion betrachtet, die der beabsichtigte Coup über die unmittelbar Beschäftigten beider Konzerne hinaus in der politischen Öffentlichkeit sowie in den Medien gefunden hat und wenn man zum anderen den organisatorischen bzw. unternehmerischen Kontext der Krupp-Hoesch AG und ihre Geschichte nicht aus dem Auge verliert, die sozusagen in dem Vorstandsvorsitzenden Cromme ihre momentane Inkarnation gefunden haben.

Einen weiteren, auch für das analytische Verstehen dieser Konfliktkonstellation und -eskalation letztlich nicht verzichtbaren Aspekt, der hier aufgrund des gegebenen Rahmens nicht weiter ausgeführt werden kann, möchte ich zumindest kurz ansprechen: Der mit der zunehmenden Globalisierung der Finanzmärkte einhergehende Trend zur Unternehmenswertsteigerung (shareholder value) als letztlich entscheidender Bewertungsgröße von Unternehmen und insbesondere von Aktiengesellschaften hat nicht nur das Ende des rheinischen Kapitalismus eingeläutet, der in Deutschland mehr und mehr einem weltweiten Mega-Kapitalismus[3] das Feld zu räumen hat; die manchmal geradezu gnadenlos erscheinende Hektik, Maßlosigkeit und Gier, mit der die institutionellen Großinvestoren, die Investmentbanken, Versicherungskonzerne und Rentenfonds, die reale Ökonomie der Produktion und Dienstleistungen anscheinend bedeutungslos werden lassen, Unternehmenswerte durch den Kauf oder die Veräußerung von Anteilen in enormem Ausmaß steigen oder fallen lassen können sowie die fast grenzenlose Macht, mit der die Großinvestoren das Topmanagement von Konzernen zu entsprechenden, auf die Unternehmenswertsteigerung ausgerichteten Strategien veranlassen und gegebenenfalls nötigen, legen es nahe, von einer globalen und tendenziell kollektiven Psychose zu sprechen (Sievers 1997).

Was die Reaktionen der Beschäftigten und der breiteren Öffentlichkeit betrifft, die ja letzten Endes zusammen mit der politischen Reaktion seitens des betroffenen Bundeslandes das Scheitern dieses Übernahmeversuches sowie das Zustandekommen einer rational vernünftig erscheinenden Fusion der Stahlaktivitäten beider Konzerne bewirkt

---

3 Siehe hierzu auch die kritischen Beiträge von P. Heintel sowie von Ch. Morgenroth/O. Negt und J. Kuczynski im Anhang. – Der Hrsg.

haben, so ist darin ein in diesem Lande so schon lange nicht mehr artikuliertes Maß an Vernichtungs- und Verfolgungsangst zum Ausdruck gekommen. Dabei spiegelt die ohnmächtige Wut der unmittelbar betroffenen Beschäftigten unverkennbar die in den letzten Jahren mehr und mehr berechtigte Angst vor Rationalisierungen und der damit einhergehenden Arbeitslosigkeit wider, die zusätzlich noch durch die zunehmende Dekonstruktion des Sozialstaates und die sich abzeichnende Rentenunsicherheit genährt wird.

Was mir darüber hinaus von besonderer Bedeutung für diese psychotische Grunddynamik zu sein scheint, ist die Tatsache, daß eine solche elementare Bedrohung und die damit einhergehenden Todesängste gerade von dem Vorstandsvorsitzenden der Firma Krupp ausgingen, dessen Vorgänger über mehr als ein Jahrhundert hinweg nicht nur von den jeweiligen deutschen Regierungen wegen ihrer staats- und kriegstragenden Rolle hofiert wurden, sondern eine Form des Paternalismus verkörperten, der Generationen von Arbeitern lebenslange Beschäftigung und umfangreiche Sozialleistungen gewährte, wenn sie bereit waren, sich der vorgegebenen Abhängigkeitskultur der ‚Krupp-Familie' anzupassen. Ähnlich wie es heute in Rüsselsheim noch heißt, daß jemand ‚beim Opel' schafft, so war die Identifikation als Kruppianer zugleich ein Symbol der Gewißheit, daß die Arbeit eines Arbeitslebens mit lebenslanger Fürsorge belohnt wurde. Wenngleich diese Gewißheit schon lange zuvor zur Fiktion geworden war, so hat doch wohl keine vergleichbare unternehmerische Entscheidung in der Geschichte Krupps so unverhohlen zum Ausdruck gebracht, daß die Unternehmensleitung um des Überlebens und Wachstums des Unternehmens willen nicht davor zurückscheut, einen nicht unbeträchtlichen Teil der Belegschaft zu opfern. Daß dies selbstverständlich sozialverträglich geschehen würde, ist dabei nur ein weiteres Indiz für die bereits angesprochene Normalität der Verrücktheit.

Den anderen Aspekt, daß nämlich der geplante Coup zugleich auf kruppinterne psychotische Dynamiken verweist, verdeutlicht beispielsweise die Aussage, die ein Hoesch-Betriebsrat in der Eskalationsphase der feindlichen Übernahme gemacht hat: „Diese Kerle zählen ihre vernichteten Arbeitsplätze wie Kampfflieger ihre Abschüsse. Gelingt der Coup, lassen sie sich als Manager des Jahres feiern" (Schießl 1997, S. 103). Damit bezieht sich dieses Betriebsratsmitglied darauf, daß Cromme 1992, drei Jahre, nachdem er Krupp als maroden Konzern übernommen hatte und ein Jahr nach der erfolgreich von ihm betriebenen Fusion mit Hoesch, diese Auszeichnung erhalten und damit die Feuertaufe bestanden hatte, die ihn fortan als unsterblichen Helden auswies. Trotz dieser Erfolge jedoch, die ja in herkömmlicher Manier ausschließlich dem Topmanager zugeschrieben werden – Bertold Brecht hat ja schon daran erinnert, daß Hannibal, als er die Alpen überquerte, allenfalls von seinen Elefanten, nicht aber von seinen Köchen und Offizieren gesprochen hat – trotz dieser Erfolge also, ist es keineswegs sicher, ob Krupp die nächsten fünf Jahre überleben wird (N.N. 1997, S. 95).

Wenn man, wie hier bereits mehrfach betont, auf eine Personalisierung verzichtet und sich statt dessen die psycho-soziale Dynamik zu vergegenwärtigen sucht, die sich – vor allem von innerhalb des Unternehmens – in Cromme, dem Inhaber der Topmanagementrolle verdichtet, dann hätte die gelungene Übernahme des mittlerweile längst viel größeren und erfolgreicheren Konkurrenten Thyssen den Kruppkonzern nicht nur in seiner ursprünglichen und über Jahrzehnte währenden, inzwischen jedoch längst vergangenen Vormachtstellung in Deutschland und der Welt bestätigt, sondern zugleich das glorreiche Ende einer fast hundertfünfzig Jahre andauernden Konkurrenz bedeutet, die seinerzeit in einer Art Bruderrivalität zwischen Alfred Krupp und August Thyssen um die Vormachtstellung an der Ruhr begonnen hatte und dann zunächst von den jeweiligen Erben und später – nach der Umwandlung von Krupp in eine Stiftung und den Verkauf von Thyssen durch die Urenkel des Gründers – von angestellten Stellvertretern fortgeführt wurde.

Die bloße Vorstellung, daß ein bewährter Topmanager, der eine weltberühmte Firma wie Krupp mit der erklärten Absicht übernommen hatte, diesen Konzern in das nächste Jahrtausend zu führen und der in der Tat so erfolgreich angefangen hatte, nur allzu bald entweder keine andere Wahl haben würde als den größten Konkurrenten um Fusion zu ersuchen oder gar Bankrott hätte erklären müssen, muß vor allem für Cromme selbst, aber auch für seine Managementkollegen und die Beschäftigten von Krupp sowie für die breitere Öffentlichkeit untragbar gewesen sein. Angesichts der tödlichen Bedrohung, der sowohl Krupp als auch Cromme selbst in der nur allzu nahen Zukunft ausgesetzt waren, wird er sich in seiner Topmanagementrolle der unausweichlichen Herausforderung gegenübergestellt gesehen haben, diesmal nicht nur wie ein anerkannter nationaler Meister, sondern wie ein Weltchampion zu handeln. Um diesen Beweis anzutreten, blieb ihm in seiner Phantasie kaum eine andere Wahl, als das Spiel zu spielen, das andernfalls möglicherweise andere Global Player mit Thyssen gespielt hätten. Manches spricht dafür, daß Cromme diesen Coup insofern mit dem Rücken zur Wand gestartet hatte, als er befürchten mußte, daß Krupp in absehbarer Zeit seinerseits von Thyssen übernommen worden wäre.

Derart in die Ecke gedrängt, scheint es, daß Cromme in seiner Topmanagementrolle den einzigen Ausweg in der psychotischen Lösung sah, den Rivalen in der festen Überzeugung anzugreifen, ihm eine endgültige Niederlage zu bereiten. Angesichts des mit psychotischen Bewußtseinszuständen in der Regel einhergehenden Realitätsverlustes ist es nicht allzu verwunderlich, daß Cromme – gemeinsam mit den wenigen in diesen Coup Eingeweihten – schließlich in einer unfreundlichen Übernahme die einzige Rettung zu sehen meinte, ist doch die sogenannte unfreundliche Übernahme letztlich nur ein Euphemismus, eine harmlose Umschreibung für eine *feindliche Übernahme*. Dieser Begriff bringt sehr viel angemessener zum Ausdruck, daß in einer psychotischen Situation aus Konkurrenten Feinde werden. Die Rigidität, mit der diese Strategie verfolgt wurde, verweist zugleich darauf, wie sehr eine Psychose die Fähigkeit für Intuition und Denken zerstört. Insofern als der für die Psychose typische Realitätsverlust gewöhnlich mit einem extremen Narzißmus einhergeht (Fromm 1968, S. 66), liegt die Vermutung nahe, daß im vorliegenden Fall das narzißtische Potential der Topmanagementrolle mit dem entsprechenden narzißtischen Teil der psycho-sozialen Dynamik kollidierte, durch die die Geschichte Krupps seitens ihres Gründers und seiner Nachfolger geprägt ist (vgl. Calogeras 1989).

4. Management und Beratung

Gerade angesichts der hier zuletzt skizzierten Überlegungen zur psycho-sozialen Dynamik der gescheiterten Krupp/Thyssen-Übernahme mag möglicherweise der Eindruck entstehen, daß es ja ganz interessant sei, den Versuch psychoanalytischen Verstehens auch auf eine solche größere Realitätsebene wie die interorganisatorische Beziehung zweier Unternehmen auszuweiten und zurecht mag man fragen, was denn eine solche Sichtweise noch mit Beratung und vor allem aber mit Supervision zu tun hat.

Statt eine generelle Antwort auf diese Frage zu geben, möchte ich aus meiner eigenen Sicht und Erfahrung dazu beitragen. Ich hatte gerade, in einem anderen Zusammenhang (Sievers 1997), meine Überlegungen zur Krupp/Thyssen-Übernahme beschrieben, als ich den Anruf eines Bekannten erhielt, der in einer leitenden Managementrolle in einem Tochterunternehmen von Thyssen tätig ist, und der um Einzelberatung anfragte. Wenngleich dieser Manager selbst und das Tochterunternehmen, in dem er tätig ist, auch nicht unmittelbar von dieser gescheiterten Übernahme und deren Folgen betroffen sind, so kommt mir – und ich bin ziemlich sicher auch meinem Klienten – diese meine Vorarbeit auch insofern sehr zugute, als sie mir hilft, die psychosoziale Dynamik und die Verstrickungen zu erahnen, die für ein (Tochter-)Unternehmen kennzeichnend sind, das gerade eine neue weltweite Kooperation mit einem ausländischen Unternehmen eingegangen ist, das heute bereits über eine Mehrheit der Anteile verfügt und, wenn sich die Kooperation bewährt, in absehbarer Zeit zum Alleineigentümer wird. Auf seiten des bisherigen Mutterunternehmens steht dabei die einfache, ökonomisch-rationale Überlegung im Hintergrund, sich künftig mehr auf das eigentliche Kerngeschäft zu zentrieren.

Die großen Unsicherheiten, Ängste und das Chaos, die mit einer solchen Neuorganisation einhergehen, waren auch an diesem Manager nicht spurlos vorübergegangen. Im Unterschied zu vielen anderen, die meist jedes Gespür und jede Sensibilität für derartige, nicht so harte Faktoren verloren haben und deren Existenz wohl auch als für das Geschäft irrelevant bezeichnen, hatte ich bei diesem Klienten sehr schnell den Eindruck, daß es ihm schwer fiel, die Sorgen und Befürchtungen, die mit seiner Arbeit in der neuen Firmenkonstellation einhergingen, in seiner Managementrolle zu halten und aus diesem Fokus heraus zu verstehen zu versuchen. Anstatt sich so beispielsweise eher als Seismograph für die im Unternehmen unvermeidbar stattfindenden ‚abrupten Verschiebungen' und ‚Erschütterungen' zu verstehen und diese Erfahrung auf ihre potentielle Bedeutung im organisatorischen Kontext in der Managementrolle verfügbar zu halten und sie zu reflektieren, macht ihm diese neue Situation persönlich zu schaffen. Die verständliche Angst um die eigene berufliche Zukunft war von der um das Überleben des Unternehmens nur schwer zu trennen; Gefühle der Einsamkeit gingen mit Selbstzweifeln einher und die Sorge um eine angemessene Altersversorgung nährte die Phantasie, wenn wirklich alles scheitern sollte, es woanders noch einmal ganz von vorne zu versuchen. Ich hoffe, daß es uns in der gemeinsamen Arbeit gelungen ist, diese Verstrickungen aufzuzisseln und ihn in seiner Fähigkeit zum Selbstmanagement in Rollen zu bestärken (Lawrence 1998).

Daß man als Berater oder Supervisor selbst nicht davor gefeit ist, unbewußt die psycho-soziale Dynamik eines Klientensystems zu personalisieren, dafür ist mir eine Erfahrung, die ich als Berater vor vielen Jahren gemacht habe, nach wie vor eine eindrucksvolle Lehre geblieben. Nach den ersten Gesprächen in einer Jugendstrafanstalt zu Beginn eines längeren Organisationsentwicklungsprojektes war ich über Tage hinweg sehr depressiv, ohne daß ich mir dies persönlich zu erklären vermochte. Zum damaligen Zeitpunkt war ich noch nicht mit Bions (1990; vgl. Hinshelwood 1993, S. 362 ff.) Theorie des Denkens vertraut gewesen, daß Denken nämlich die Fähigkeit voraussetzt, Frustration zu ertragen, was es der Psyche wiederum ermöglicht, „Gedanken zu entwickeln, mittels welcher die tolerierte Versagung ihrerseits noch erträglicher gemacht wird" (Bion 1990, S. 227). Erst später hat mir diese Theorie bei dem Verstehen geholfen, wie ich aus dieser Erfahrung in der Jugendstrafanstalt gelernt habe. Die Einsicht, daß ich mich offensichtlich von der Depressivität in der Institution hatte vereinnahmen oder anstecken lassen, half mir, die von mir erfahrene Wirklichkeit auf für mich damals neue Weise zu denken. Da Depressivität offensichtlich ein unverkennbarer Teil der psycho-sozialen Dynamik von (Jugend-)Gefängnissen ist, die von den Insassen wie den Vollzugsbeamten gleichermaßen am Leben erhalten – und von der gesellschaftlichen Umwelt genährt – wird, stellte sich zugleich die Frage, ob und wie die in der Anstalt tätigen Bediensteten es schaffen, diesen Teil der Dynamik auf der Ebene ihrer Rollen zu managen, oder ob diese soziale Depressivität nicht permanent mit ihrer eigenen, bereits sehr früh aus der Berufstätigkeit resultierenden Erfahrung kollidierte, daß alles Bemühen um die Resozialisierung von Gefangenen letzten Endes sinnlos ist und daß gerade sie, die Vollzugsbeamten – und nicht die Gefangenen, es sind, die zur Lebenslänglichkeit verurteilt sind.

Diese Überlegungen halfen uns im Verlauf des Beratungsprojektes nicht nur, mit den Vollzugsbeamten daran zu arbeiten, wie sie sich selbst in ihren Rollen auf eine weniger selbstzerstörerische Weise managen konnten; sie haben nicht zuletzt auch mein eigenes Vertrauen in die Beraterrolle in dem Sinne gestärkt, daß die emotionale Anteilnahme an der psycho-sozialen Dynamik eines Klientensystems generell und zumal dann, wenn es sich dabei um eine pathologische Organisation bzw. um die pathologischen Organisationsanteile handelt, nicht nur gar nicht zu vermeiden ist, sondern selbst – sofern sie entsprechend verarbeitet werden kann – eine unverzichtbare Quelle psychoanalytisch orientierter Beratung ist.

Mit meinen bisherigen Ausführungen habe ich hoffentlich einen Eindruck davon und ein Gespür dafür vermitteln können, wie ich mir den Zusammenhang von psychosozialer Dynamik und unbewußten Prozessen in Organisationen vorstelle – wenngleich vielleicht auch die Kleinianische Perspektive, von der ich ausgehe, für viele noch eher fremd sein mag – zumal sie ja, zumindest, was die Veröffentlichung entsprechender Übersetzungen betrifft, in Deutschland erst seit wenigen Jahren einen größeren Bekanntheitsgrad erfährt.

5. Das Rätsel der Sphinx

Wie eingangs bereits deutlich gemacht, hat der hier skizzierte, vorwiegend britisch-amerikanische Ansatz der Organisationsanalyse und -beratung mittlerweile eine annähernd fünfzigjährige Tradition. Seit den grundlegenden frühen Arbeiten haben sich nicht nur die in der wissenschaftlichen Literatur zum Ausdruck kommenden Themen und Fragestellungen deutlich erweitert und weiterentwickelt (vgl. Eisold 1997; Elieli 1994), darüber hinaus hat im internationalen Bereich vor allem die ISPSO, ‚The International Society for the Psychoanalytic Study of Organizations', in den letzten Jahren ein wichtiges Forum der Auseinandersetzung entstehen lassen, an der auch andere psychoanalytische Orientierungen teilnehmen. Trotz dieser erfreulichen und durchaus beachtlichen Entwicklung spricht jedoch vieles für die von Elieli (1994) vertretene Ansicht, daß die ‚Psychoanalyse von Organisationen‘ noch viel mehr im Entstehen ist als daß sich bereits von einer eigenständigen Disziplin sprechen ließe.

Diese Position bezieht auch Lawrence (1997), wenn er die These vertritt, daß die psychoanalytische Betrachtungsweise und Analyse von Organisationen sich bislang allzu einseitig und nahezu ausschließlich auf Ödipus konzentriert und dabei die Sphinx vernachlässigt habe. Die Beschränkung auf eine im klassischen therapeutischen Kontext vorwiegend dyadisch konzeptualisierte Analyse der inneren Welt des Individuums und die damit einhergehende psychoanalytische Theorieentwicklung, die in dieser Differenzierung des Mythos zum Ausdruck gebracht wird, spiegeln zwar die vorrangige Entwicklung der Psychoanalyse wider, vernachlässigen aber zugleich neuere psychoanalytische Denkrichtungen, die – vorwiegend im Rückgriff auf und in Weiterführung entsprechender Arbeiten von Bion (1971) – der Wirklichkeit von Organisationen einen zusätzlichen, eigenständigen Realitätsgehalt einräumen. Es sind gerade die überall im Entstehen und in einer rapiden Entwicklung begriffenen neueren Organisationsformen der Informationsgesellschaft, deren psychoanalytisches Verstehen eine stärkere Auseinandersetzung und Theorieentwicklung mit dem durch die Sphinx repräsentierten Teil der Wirklichkeit unumgänglich erscheinen läßt.

Diese Ödipus/Sphinx-Differenzierung geht auf Bion‘s (1961) (in der deutschen Ausgabe nicht enthaltene) Bemerkung in der Einleitung zu ‚Erfahrungen in Gruppen‘ (Bion 1971) zurück, mit der er darauf hinweist, daß Individual- und Gruppenanalyse zwei unterschiedliche Aspekte ein- und desselben Phänomens erfassen. Während bei der ersten Sichtweise, der Individual-Analyse, die ödipalen Beziehungen im Vordergrund stehen, richtet sich die Perspektive der Gruppenanalyse auf das Problem der Selbsterkenntnis, das in der mythischen Figur der Sphinx symbolisiert ist (vgl. Bléandonu 1994, S. 89; Bion 1971, S. 119; Lawrence 1997, S. 3 ff.). Beide Sichtweisen ergänzen sich gegenseitig, ohne daß einer der beiden eine höhere Wertigkeit oder größere Bedeutung zukommt. Bion selbst hat in diesem Zusammenhang von ‚binokularem Sehen‘ gesprochen.

Daß die Mehrzahl psychoanalytischer Organisationsanalysen bislang eher einseitig Interpretationen aus der Ödipusperspektive favorisiert, ist insofern nicht allzu verwunderlich, als nicht nur das Wissen über Psychoanalyse in überwiegendem Maße aus der Arbeit mit Patienten hervorgegangen ist, sondern auch, weil die Mehrzahl der Psychoanalytiker, die sich überhaupt mit Organisationsfragen befassen, mit kaum einer anderen als der klassischen Methode und deren Interpretationsrahmen vertraut ist. Eine derart verkürzte Sicht der Organisation kommt beispielsweise in Morgan‘s (1997) Kapitel des psychischen Gefängnisses in seinem – endlich auch auf deutsch erschienenen – Buch (‘Bilder der Organisation‘) zum Ausdruck; sie zieht sich auch wie ein roter Faden durch die zahlreichen Veröffentlichungen von Kets de Vries, die mehr oder weniger von dem Motto geprägt sind „Organisationen auf die Couch!“ (Kets de Vries u.a. 1991). Das führt dazu, daß Organisationen in erster Linie so verstanden werden, als seien sie vor allem durch die Psychopathologie ihrer zentralen Rolleninhaber geprägt (Lohmer 1997). Dieser Einseitigkeit und Verkürzung einer klinischen Betrachtungsweise stellt Lawrence (1997, S. 3) die provozierende These gegenüber, daß „Organisationen mehr wegen der Sphinx als wegen Ödipus existieren“.

In gewisser Weise trifft diese Kritik auch auf den von mir hier skizzierten Ansatz einer psychosozial-dynamischen Betrachtungsweise von Organisationen zu, wenngleich die diesem Ansatz zugrunde liegende systemische Perspektive explizit auch eine Entindividualisierung und Entpathologisierung des Unbewußten in Organisationen propagiert. So hilfreich etwa die Analogie der pathologischen Organisation des Individuums für ein besseres Verstehen des paranoid-schizoiden Verhaftetseins von Organisationen sein mag, so wenig entspricht beispielsweise die damit einhergehende Begrifflichkeit ‚psychotischer Ängste' und ‚sozialer Angstabwehr' dem Sprachgebrauch und den Denkgewohnheiten der in Organisationen arbeitenden Menschen – selbst dann, wenn sie für eine psychoanalytische Orientierung durchaus aufgeschlossen sind. In gewisser Hinsicht ist diese vorwiegende oder gar ausschließliche Fokussierung auf die aus den Tragödien der Kindheit resultierenden Phantasien sogar dysfunktional.

„Die in den Kindheits- und Reifeerfahrungen entstandenen Phantasien werden zwar durch das Lernen aus späteren Lebenserfahrungen modifiziert, aber insofern, als sie nicht ausgelöscht werden, tendieren sie dazu, in den tragischen Erfahrungen des späteren Lebens reaktiviert zu werden. Diese frühkindlichen Phantasien des Tragischen beeinflussen die Art, wie wir real erlebte Tragödien interpretieren. ... Das Festhalten an diesen eher privaten Phantasien verringert jedoch die Möglichkeit, daß Menschen aus der Erfahrung des Tragischen lernen und so an Reife gewinnen" (ebda., S. 4).

Wenn wir uns in Organisationen darauf beschränken, das darin unvermeidbare Chaos und die Angst vor der Zukunft allein aus der Perspektive des Ödipus, das heißt im Kontext der frühkindlichen Erfahrungen der einzelnen Organisationsmitglieder zu verstehen, dann begeben wir uns der Fähigkeit, aus Erfahrung zu lernen, einem Lernen, das die Sphinx symbolisiert:

„Ein Denken, das von der Frage des organisatorischen Überlebens bestimmt ist, ruft unausweichlich Phantasien einer Tragödie hervor, unabhängig davon, wie gut sich diese verheimlichen lassen oder nicht. Die Sphinx repräsentiert die Fähigkeit, die Art und den emotionalen Inhalt jedweden Denkens zu hinterfragen, einschließlich dessen, was zwar nicht zum Ausdruck gebracht wird, gleichwohl aber die Rollenträger in Organisationen beschäftigt, das ‚unthought known' (das ‚ungedachte Wissen') wie Bollas (1987,1989; 1995, S. 179) es nennt" (ebda.).

Im Gegensatz zu der zumindest im Alltagsverständnis von Psychoanalyse weitverbreiteten Auffassung, Denken eher als Indiz von Rationalisierung zu verstehen und entsprechend zu diskreditieren, stellt eine verstärkt an der Sphinx ausgerichtete Psychoanalyse von Organisationen eine große und für die meisten von uns zugleich ungewohnte Herausforderung dar. Das Denken in und über Organisationen in diesem Rahmen in dem Sinne neu zu denken, daß wir uns in unserer Berater- oder Supervisorenrolle mit dem Klienten(-system) auf ein Lernen aus den aktuellen Erfahrungen einlassen, eröffnet neue und bislang nicht vertraute Zugänge zum Unbewußten in Organisationen. Anstatt uns dabei ausschließlich an Ödipus zu erinnern und uns mit ihm zu identifizieren, wird es uns so hoffentlich zugleich möglich werden, auch den Schrekken und den Terror wieder zu vergegenwärtigen, den die Sphinx im Ödipusmythos für die Thebaner bedeutet hatte, bevor Ödipus das Rätsel zu lösen vermochte (vgl. Bléandonu 1994, S. 89).

Wie Karl Kerényi (1966, S. 84; vgl. Steiner 1985), der Mythenforscher und Tiefenpsychologe, deutlich macht, hat Ödipus sich zwar in dem Wesen, das die Sphinx mit ihrem Rätsel meinte, selbst erkannt, „nicht aber was der Mensch ist, nicht die Tükken seines Schicksals, denen er im Gegensatz zu den schicksallosen Göttern ausgeliefert ist!" Daß Ödipus das Rätsel zumindest zum Teil gelöst hat, hat die Thebaner davon befreit, daß die Sphinx einen nach dem anderen der ihrigen hinwegraffte. Für die Lösung des anderen Teils des Rätsels, die Frage nämlich, was der Mensch – und insbesondere der Mensch in Organisationen und der Gesellschaft – ist, und wie er die Tükken seines Schicksals zu meistern vermag, kann eine andere alte Erzählung (Kerényi 1966, S. 83) zumindest einen ‚methodischen' Hinweis geben: Vor der Lösung des Rätsels durch Ödipus „versammelten sich die Thebaner täglich, um über das Rätsel nachzusinnen, das die Sphinx ihnen aufgab". Dabei scheint es wohl unabdingbar in der Natur des Rätsels zu liegen, daß es zwar von den Musen gestellt ist, doch daß, wer es sich zu eigen macht, schließlich eher den Sirenen als den Musen ähnelt.

Die psycho-soziale Dynamik des Unbewußten in Organisationen und Gesellschaft ausschließlich mit der kurzen Elle des Ödipus messen zu wollen, hieße dem Trugschluß zu erliegen, die soziale Wirklichkeit sei einzig und allein eine Funktion der inneren Welt des Individuums und seiner jeweiligen Biographie.

Literatur

Bion, W.R. (1961): Experiences in Groups. London

Bion, W.R. (1971): Erfahrungen in Gruppen und andere Schriften. Stuttgart; Frankfurt/Main (1990)

Bion, W.R. (1990): Eine Theorie des Denkens, In: E. B. Spilius (Hrsg.), Melanie Klein Heute. Bd. 1: Beiträge zur Theorie. München, S. 225-235

Bléandonu, G. (1994): Wilfred Bion. His Life and Works 1897-1979. London

Bollas, Ch. (1987): The Shadow of the Object. Psychoanalysis of the Unthought Known. London (1997), Der Schatten des Objekts. Zur Psychoanalyse der frühen Entwicklung. Stuttgart

Bollas, Ch. (1989): Forces of Destiny. London

Bollas, Ch. (1995): Cracking up. The Work of Unconscious Experience. London

Calogeras, R.C. (1989): Die Krupp-Dynastie und die Wurzeln des deutschen Nationalcharakters. Eine psychoanalytische Kulturstudie. München

Czander, W.M. (1993): The Psychodynamics of Work and Organizations. Theory and Application. New York

Eisold, Kenneth (1997): Psychoanalysis Today: Implications for Organizational Applications. Free Associations, 6, 2, 38, S. 174-191

Elieli, R. (1994): Psychoanalytic Thinking and Organizations. Psychiatry 57, S. 78-91

Fromm, E. (1968): Die Seele des Menschen. Ihre Fähigkeit zum Guten und zum Bösen. Stuttgart

Hinshelwood, R.D. (1993): Wörterbuch der Kleinianischen Psychoanalyse. Stuttgart

Hirschhorn, L. (1988): The Workplace Within. Psychodynamics of Organization Life. Cambridge

Hirschhorn, L./Carole K. Barnett (Hrsg.) (1993): The Psychodynamics of Organizations. Philadelphia

Jaques, E. (1953): On the Dynamics of Social Structure. Human Relations 6, S. 3-23

Jaques, E. (1955): Social Systems as a Defence against Persecutory and Depressive Anxiety. In: Melanie Klein u. a., New Directions in Psycho-Analysis. The Significance of Infant Conflicts in the Patterns of Adult Behaviour. London, S. 478-498

Jaques, E. (1995): Why the Psychoanalytical Approach to Understanding Organizations is Dysfunctional. Human Relations 48, S. 343-349

Kérenyi, K. (1966): Die Mythologie der Griechen. Bd. II: Die Heroengeschichten. München

Kets de Vries, M. F. R. u. a. (Hrsg.) (1991): Organizations on the Couch: Clinical Perspectives on Organizational Behavior and Change. San Francisco, Cal.

Lawrence, W. G.(1995): The Seductiveness of Totalitarian States-of-Mind. Journal of Health Care Chaplaincy, 7, S.11-22

Lawrence, W. G. (1997): Centring of the Sphinx for the Psychoanalytic Study of Organizations. Manuskript, The International Society for the Psychoanalytic Study of Organizations 1997 Symposium; Philadelphia http://www.sba.oakland.edu/ispso/html/1997Lawr.htm)

Lawrence, W. G. (1998): Selbstmanagement in Rollen. Ein aktuelles Konzept. Freie Assoziation 1, S. 37-57

Lohmer, M. (1997), Das Unbewußte im Unternehmen – Zur Praxis psycho-dynamischer Organisationsberatung. Organisationsentwicklung 16,3, S. 20-30

Menzies, I. E. P. (1974): Die Angstabwehr-Funktion sozialer Systeme. Ein Fallbericht. Gruppendynamik 5, S. 183-216

Morgan, G. (1997): Bilder der Organisation. Stuttgart

N.N. (1997): Crash im Revier. Der Spiegel 13, S. 92-101

O'Shaughnessy, E. (1990): Klinische Untersuchung einer Abwehrorganisation. In: E. B. Spilius (Hrsg.), Melanie Klein Heute. Bd. 1: Beiträge zur Theorie. München, S. 367-390

Schießl, M. (1997): Wir haben eine Ohnmachtswut, In:. Der Spiegel 13, S. 102 f.

Sievers, B. (1973a): Laboratorium als soziales System. Ein Vorschlag zur Praxis der Theorie. Gruppendynamik 4, S. 336-360

Sievers, B. (1973b): Autorität und Organisation. Ein Laboratorium des Tavistock-Institutes. Soziale Welt 24, S. 361-383

Sievers, B. (1974): Geheimnis und Geheimhaltung in sozialen Systemen. Opladen

Sievers, B. (1994): Work, Death, and Life Itself. Essays on Management and Organization. Berlin

Sievers, B. (1996): Accounting for the Caprices of Madness. Narrative Fiction as a Means of Organizational Transcendence. Arbeitspapiere des Fachbereichs Wirtschaftswissenschaft der Bergischen Universität Wuppertal, Nr. 176

Sievers, B. (1997): Cacophony and Organizational Psychosis. Vortragsmanuskript, Conference ‚Uncertainty, Knowledge and Skill', Limburg University/Keele University, Hasselt (Belgien), 6.-8. 11. 1997

Sievers, B. (1998): Verrücktheit in Organisationen. Freie Assoziation 1, S. 113-133

Steiner, J. (1982): Perverse Relationships Between Parts of the Self: A Clinical Illustration. International Journal of Psycho-Analysis 63, S. 241-252

Steiner, J. (1985): Turning a Blind Eye: The Cover-up for Oedipus. International Review of Psycho-Analysis 12, S. 161-172

Steiner, J. (1990): Die Wechselwirkung zwischen pathologischen Organisationen und der paranoid-schizoiden und depressiven Position. In: E. B. Spilius (Hrsg.), Melanie Klein Heute. Bd. 1: Beiträge zur Theorie. München, S. 408-431

Steiner, J. (1991): A Psychotic Organization of the Personality. International Journal of Psycho-Analysis 72, S. 201-207

Steiner, J. (1993), Psychic Retreats. Pathological Organizations in Psychotic, Neurotic, and Borderline Patients. London

Coaching – Ergänzung oder Alternative zur Organisationsberatung

Astrid Schreyögg

1. Problemlage

Im vorliegenden Beitrag möchte ich die Relation zwischen Organisationsberatung und Coaching thematisieren. In Fällen, in denen Menschen ihre Organisation verändern wollen oder sogar müssen und dabei externe Beratung in Anspruch nehmen, stellt sich die Frage, in welchem sozialen Rahmen dies geschehen soll. Dann ist zu klären,

- ob die Beratung im Sinne von Organisationsberatung das gesamte soziale System umfassen oder
- ob die Beratung im Sinne von Coaching lediglich die Führungskräfte ansprechen soll, um sie zu befähigen, Veränderungen der Organisation selbst in die Hand zu nehmen.
- In vielen anderen Fällen scheint es ratsam, Organisationsberatung und Coaching als sich ergänzende Beratungsformen einzuplanen.

Meine zentrale These ist, daß die Entscheidung, ob Coaching und Organisationsberatung in einem ergänzenden oder konkurrierenden Verhältnis stehen sollen, im wesentlichen nach dem Zustand einer jeweiligen Organisation zu fällen ist. In Systemen, die man durch Organisationsberatung im Sinne von „Sanierungsmanagement" vor ihrem Untergang retten will, dient Coaching oft als wichtige Ergänzung. In weniger gefährdeten Organisationen erweist sich Coaching dagegen vielfach als die „bessere" Alternative zur Organisationsberatung

2. Coaching als Ergänzung zur Organisationsberatung

Aufgrund der Globalisierung, aufgrund der Verknappung von Ressourcen, aufgrund der Erhöhung der Umweltkomplexität (Doppler & Lauterburg 1994)[1], aufgrund des Transformationsprozesses sowie anderer Entwicklungen geraten heute viele Systeme unter existenzgefährdenden Druck. Die Insolvenzen bzw. Konkurse nehmen in einem erschreckenden Ausmaß zu. Lag ihre Zahl 1992 noch bei 14.000, belief sie sich 1996 schon auf das Doppelte (Stockert 1998). Es ist jedenfalls festzustellen, daß heute viele

1 Siehe hierzu auch die Beiträge von P. Heintel sowie von C.Morgenroth & O. Negt in der Einleitung. – Der Hrsg.

Firmen krisenhafte Erscheinungen aufweisen. Dabei lassen sich Krisen mit unterschiedlichem Gefährdungsgrad unterscheiden:

1. Bei strategischen Krisen handelt es sich um Orientierungslosigkeit im System, wie die weitere Zukunft gestaltet oder gesichert werden soll.
2. Ertragskrisen stellen dagegen Situationen dar, in denen die Firma keinen nennenswerten Output mehr erbringt oder in absehbarer Zeit erbringen wird.
3. Und bei Liquiditätskrisen, dem gravierendsten Krisenzustand handelt es sich sogar um Situationen, in denen schon einige Zeit eine Ertragskrise besteht, die aber nun zu akuter Finanzknappheit führt. Diese kann soweit fortgeschritten sein, daß an jedem Tag, an dem das System aufrecht erhalten wird, nur noch vermehrte Kosten entstehen etwa durch laufende Mieten, Personalausgaben, Materialkosten usw.

Angesichts derartiger Bedrohungen engagieren Finanzgeber, Gesellschafter oder Kreditinstitute, Organisationsberater. Das Topmanagement wird in solchen Fällen nicht mehr konsultiert, denn man geht davon aus, daß es aufgrund seiner Haltung bzw. seiner Inkompetenz die aktuelle Misere verschuldet hat. Es wird in der Regel sofort abgelöst. Die Berater sollen dann gewissermaßen die organisationsinternen Managementdefizite vorübergehend kompensieren. Sie haben allerdings in einem ersten Schritt zu prüfen, ob die Organisation überhaupt sanierungsfähig ist. Erst wenn sie auf der Basis ausführlicher Untersuchungen eine positive Prognose abgeben, werden sie von den Finanzgebern mit der Ausarbeitung eines Sanierungskonzeptes beauftragt.

Die jetzt fälligen organisatorischen Veränderungen, die mit dem Begriff „Sanierungsmanagement" umschrieben werden, bestehen zu einem großen Teil in „technischen Korrekturen" der Organisation. Auf dem Hintergrund traditioneller Organisationskonzepte und einem damit einher gehenden organisatorischen Konservatismus (Staehle 1991) werden hier fast immer radikale Veränderungen vorgeschlagen. Sie betreffen alle relevanten Parameter des Systems wie die strategische Ausrichtung, die organisatorische Struktur mit ihren Abläufen und natürlich die Personalsituation. Das Ziel ist die Kosten zu senken, die Qualität zu verbessern und den Output zu erhöhen.

Nun besteht gerade beim Sanierungsmanagement, das aufgrund von Kostendruck immer sehr rasch erfolgen muß, erhöhte Gefahr, daß die Sanierung nur vom Reißbrett aus geplant ist und die Organisationsmitglieder lediglich als Funktionsträger behandelt werden. Von solchem Vorgehen ist aber seit den 60er Jahren bekannt, daß es „Resistance to Change", d.h. organisatorischen Widerstand[2] (Watson 1975) erzeugt. Aus diesem Grund planen heute immer mehr Firmen, die auf Sanierungen spezialisiert sind, Maßnahmen ein, die den Organisationsmitgliedern auch in menschlicher Hinsicht Rechnung tragen. Stockert (1998), selbst Organisationsberater in Sanierungsfällen, nennt in diesem Zusammenhang vier Maßnahmenbündel, die seiner Meinung nach den Beratungserfolg maßgeblich beeinflussen:

1. In erster Linie muß für eine flüssige Kommunikation zwischen allen hierarchischen Ebenen und zwischen allen Abteilungen gesorgt werden. Die organisatorischen Neuentwicklungen sollten deshalb hierarchie- und abteilungsübergreifend erarbeitet werden.

---

2 Mit dem Thema „Veränderungswiderstand" beschäftigt sich eingehend der Beitrag von H.-U. Thiel. – Der Hrsg.

2. Es sollte auch auf allen hierarchischen Ebenen der gleiche Wissensstand bestehen. Erst dann bildet sich nämlich Vertrauen zu den Beratern wie zu dem gesamten Veränderungsprozeß.
3. Gerade beim Sanierungsmanagement sind möglichst früh die neuen Führungskräfte zu berufen. Sie sollten besonders sorgfältig angesprochen werden. Mit ihnen ist neben dem Alltagsgeschäft auch ihre berufliche Zukunft im Sinne von Karriereplanung zu verhandeln.
4. Eine zentrale Aufgabe von Beratern besteht aber darin, alle Hierarchie-Ebenen in die Konzeptarbeit einzubinden. Dadurch schafft man Transparenz und Vertrauen.

Solche Intentionen lassen sich nur durch ein Team von Beratern realisieren. Ein Teil von ihnen muß über betriebswirtschaftliche Kompetenzen verfügen, ein anderer über psychologische. Erfahrungsgemäß stellt sich erst in dieser Kombination der entsprechende wirtschaftliche Erfolg ein.

Dabei spielt die Unterstützung der Führungskräfte eine besondere Rolle:

* Wie oben angesprochen, wird im Sanierungsfall das bisherige Topmanagement möglichst schnell entmachtet und an seiner Stelle eine neue Führungscrew etabliert. Sie rekrutiert sich entweder aus der zweiten hierarchischen Ebene des Systems oder sie wird von außen engagiert. In beiden Fällen ist es hohen Belastungen ausgesetzt. Führungskräfte aus der zweiten Ebene sind mit veränderten Rollenanforderungen konfrontiert, denn sie müssen nun viel mehr Verantwortung für das Gesamtsystem übernehmen als bisher. Das ist im Sanierungsfall besonders anspruchsvoll, denn meistens werden jetzt neue organisatorische Muster im Sinne von Projekt- oder Matrixorganisationen etabliert. Und im Vergleich zu traditionellen Strukturen erfordern diese neuartige Führungshaltungen. Aber auch für systemfremde Führungskräfte ergeben sich hohe Anforderungen. Sie müssen nämlich die Kultur des Systems mit seinem informellen Unterleben überhaupt erst kennen lernen. Nur dann können sie passende Beeinflussungsstrategien wählen und angemessen plazieren. Für beide Gruppen von Führungskräften resultiert auch ein Belastungsfaktor aus der Tatsache, daß im Sanierungsfall immer eine Reihe von Freisetzungen bzw. Kündigungen fällig werden. Managern, die dem System schon länger angehören, fällt es oft sehr schwer, alt gedienten Mitarbeitern, die sie vielleicht schon lange persönlich kennen, zu kündigen. Aber auch von neuen Führungskräften wird eine derartige Situation als Belastung erlebt. Als der oder die „Neue da oben“ wollen sie sich meistens nicht gleich als „Scharfmacher“ präsentieren, sondern lieber als „Hoffnungträger“, der eine neue Ära einläutet.

* Geplante organisatorische Wandlungsprozesse, die der Sanierung dienen, müssen auch immer Veränderungen der gesamten Organisationskultur einschließen (vgl. Schreyögg 1996). Dann geht es z.B. um ein generell höheres Qualitätsbewußtsein oder eine generell bessere Kundenorientierung. Und solche Veränderungen lassen sich nur realisieren, wenn sie das gesamte Management bis zur Spitze mitträgt. Kulturelle Wandlungsprozesse vollziehen sich natürlich nicht nahtlos. Als in einer jeweiligen Arbeitswelt historisch gewachsene „Glaubenssysteme“ weisen sie in der Regel erhebliche Beharrungstendenzen auf (Bourdieu 1998). Es bedarf seitens des Managements schon einer guten Strahlkraft im Sinne transformationaler Führung (Steyrer 1995), um die Mitarbeiter für den Verzicht auf alte Rituale sowie alte Normen und Standards zu gewinnen und sie für neue, effizienz-orientierte Sinnsysteme zu erwärmen. Gerade in

Krisenzeiten tauchen in Organisationen auch dynamische informelle Führer auf. Sie können als „Retter in der Not“ für die Etablierung einer neuen Kultur durchaus hilfreich wirken. Als „Kulturbewahrer“ können sie aber auch konservierende Ambitionen entfalten und dann offen oder verdeckt alle Innovationen blockieren.

Mit allen diesen Erscheinungen müssen sich Führungskräfte im Sanierungsfall nicht nur auseinandersetzen, sie müssen sie im Sinne des Unternehmensziels auch möglichst konstruktiv handhaben. Das stellt eine hohe Anforderung dar, denn wie alle Beteiligten unterliegen auch sie einem erheblichen Erfolgsdruck. In solchen Situationen bietet Coaching die geeignete Unterstützung. Es fungiert dabei einerseits als Maßnahme der Personalentwicklung, bei der die Führungskräfte alle für sie aktuell relevanten organisatorischen Vorgänge mit ihren jeweiligen Implikationen verhandeln können. Es bietet andererseits Unterstützung bei „Freud und Leid im Beruf“ (Schreyögg 1995), denn hier kann die Führungskraft auch alle für sie emotional relevanten Phänomene ausbreiten und bearbeiten. Das betrifft dann irgendeinen Ärger mit der Buchhaltung ebenso wie die Freude über eine soeben gelungene Akquisition.

Der soziale Rahmen, in dem Coaching im jeweiligen Sanierungsfall stattfinden soll, ist mit den Führungskräften gesondert zu besprechen. Manche, besonders die Topleute, wünschen sich vielfach einen intimen Rahmen, so daß nur Einzelcoaching in Frage kommt. Andere bevorzugen aber Teamcoaching, innerhalb dessen sie schon zu Beginn der Sanierungskampagne als Führungskader auf mindestens zwei Hierarchieebenen alle organisatorischen Parameter planen bzw. beschließen. Für derartige Arrangements bietet sich „Tandemberatung“ durch zwei Coaches an, bei der einer über betriebswirtschaftliche Kompetenzen und der andere über psychologische verfügt.

Wenn im Verlauf der Sanierung neuartige organisatorische Strukturmuster wie selbst steuernde Arbeitsgruppen usw. etabliert werden, empfiehlt es sich ergänzend Gruppencoaching einzurichten. Auf diese Weise erhalten auch Führungskräfte unterer Hierarchieebenen wie Meister und Vorarbeiter entsprechende Unterstützung. Und solche Interaktionen unter Funktionsgleichen befördern nicht nur gute fachliche sondern auch gute menschliche Entwicklungen.

Es sei aber angemerkt, daß die Coaching-, wie alle anderen Beratungsaktivitäten, immer zeitlich limiert sind. Sie dauern jeweils nur so lange bis das neue Management und alle anderen Organisationsmitglieder eine neue, nun hoffentlich effizientere organisatorische Situation eingespielt haben.

3. Coaching als Alternative zur Organisationsberatung

In Organisationen, die keine Sanierungsfälle darstellen bzw. die keine Existenz bedrohenden Krisen aufweisen, müssen die Dinge anders beurteilt werden. Wie Greiner schon 1967 empirisch ermittelte, variiert der Erfolg von Organisationsberatung mit dem Ausmaß der organisatorischen Krise. Er behauptet, je krisenhafter ein System ist, desto mehr Erfolg weist die Beratung auf. Bei strategischer Orientierungslosigkeit oder bei milden Ertragskrisen wird also die Veränderung durch Beratung vergleichsweise geringer sein als bei Liquiditätskrisen. In diesen Fällen verbleibt ja das Topmanagement in seiner bisherigen Funktion. Es engagiert sich lediglich externe Berater, damit die Organisation zu einem besseren Zustand als bisher findet. Hier besteht sogar die Gefahr, daß Organisationsberatung ungünstige Konsequenzen nach sich zieht.

- Die Führungskräfte geben sich vielfach der Illusion hin, daß nun endlich jemand für die Beseitigung sämtlicher Mißstände sorgt. Das heißt, sie fühlen sich von ihrer Verantwortung ganz wunderbar entlastet. Mit ihren eventuellen administrativen Schwächen im Sinne mangelhafter Planung, inkompetenter Führung usw. brauchen sie sich nun nicht mehr auseinanderzusetzen, denn jetzt fungieren ja die Berater als Kompensatoren. So verhindert Organisationsberatung vielfach eine adäquate Kompetenz- und Rollenentwicklung der Führungskräfte. Besonders diejenigen von ihnen, die in ihre Position gelangten, weil sie sich als besonders gute Spezialisten in ihrem Fach – etwa als guter Ingenieur oder als guter Arzt – bewährt haben, die aber über keinerlei Managementkenntnisse verfügen, meinen nun, sich beruhigt zurücklehnen zu können.
- Eine andere Gefahr besteht darin, daß sich die Führungskräfte in den Augen der Organisationsmitglieder depotenzieren. Durch das Engagement externer Berater signalisiert das Management, daß es sich den administrativen Anforderungen entweder nicht gewachsen fühlt oder daß es diese Anforderungen als bedeutungslos einstuft. Durch die Präsenz eines Organisationsberaters oder auch Teamsupervisors in einer Organisation beginnt die formale Hierarchie außerdem subjektiv zu schrumpfen. Für den Zeitraum der jeweiligen Meetings nimmt ja auch tatsächlich der Berater die Alpha-Position ein. Das wiederum leistet letztlich autoritätsängstlichen Haltungen von Vorgesetzten und autoritätsfeindlichen von Mitarbeitern Vorschub.

Nun läßt sich allerdings einwenden, daß das Engagement von Organisationsberatern auch für Systeme, die keine Sanierungsfälle darstellen, seit den 60er Jahren durchaus populär ist. Unter der Bezeichnung „Organisationsentwicklung" (OE) wurden seit dieser Zeit eine ganze Reihe von Beratungskonzepten entwickelt. Sie weisen folgende Merkmale auf (vgl. G. Schreyögg 1998):

1. Durch sie sollen Organisationen jeweils gut durchdacht und gezielt verändert werden.
2. Die Veränderung ist immer ganzheitlich gedacht, d.h. das gesamte System soll sich in einem langfristigen Prozeß verändern.
3. Die Veränderungsstrategien stehen prinzipiell auf der Basis sozialwissenschaftlicher Konzepte.
4. Die Veränderungsstrategien richten sich immer gleichermaßen auf die formalen Strukturen und auf das Verhalten der Organisationsmitglieder.
5. Die Veränderungsstrategien werden jeweils von Spezialisten konzipiert und durchgeführt.

Es handelt sich also um Beratungsaktivitäten, die seitens der Change Agents sehr spezialisierte Kompetenzen erfordern. Wie oben angesprochen, erkannte schon in den 50er und 60er Jahren eine Reihe von Autoren, daß Veränderungvorhaben, die Organisationen lediglich als formale Systeme betrachten und dementsprechend auch nur formale Korrekturen einleiten, bei den Organisationsmitgliedern ein hohes Maß an Resistance to Change erzeugen. Dieser Widerstand besteht nicht nur in psychologisch zu interpretierenden Ängsten vor dem Neuen, sondern auch in durchaus realistischen Befürchtungen, Privilegien oder Einflußmöglichkeiten zu verlieren. Im Umfeld der Lewin-Schule wurden nun Veränderungsstrategien entworfen, bei denen der Tatsache Rechnung getragen wurde, daß es sich bei den Mitarbeitern nicht nur um Funktionsträger handelt, sondern auch um vernunftbegabte, handlungsfähige Menschen mit der Möglichkeit zur Mitentscheidung. Bei allen relevanten innerorganisatorischen Prozessen werden sie nun als Kollektiv mit beteiligt.

Entsprechend dem Lewin'schen Prozeßmodell muß zu Beginn eines Veränderungsprozesses bei den Organisationsmitgliedern zunächst Bereitschaft zur Veränderung erzeugt werden (Unfreezing). Während dessen geben sie idealerweise einen erstarrten Gleichgewichtszustand mit alten Gewohnheiten auf und stellen sich auf die Auseinandersetzung mit neuen Ideen ein. Anstöße für einen Unfreezing-Prozeß können von innen (etwa durch neue Mitarbeiter) oder von außen (z.B. durch neue Marktentwicklungen) kommen. Daran anschließend wird die eigentliche Veränderung in Gang gesetzt (Move). Sie erfolgt durch allerlei kunstvoll gestaltete Interaktionssequenzen. Den Abschluß bildet ein Stadium, in dem die neue Veränderung eigens stabilisiert werden soll (Freezing) (Lewin 1958).

Der Tendenz nach standen und stehen die OE-Ansätze unter dem Einfluß der Humanistischen Psychologie. Danach werden Dialogprozesse in einem sozialen Verband als grundsätzlich förderlich für Menschen betrachtet. Methodisch spielt dementsprechend Gruppenarbeit eine besondere Rolle[3]. So wie es seit den 70er Jahren üblich wurde, Psychotherapie unabhängig von individuellen Krisen zur persönlichen Förderung in Anspruch zu nehmen, tauchten jetzt auch Bestrebungen auf, Organisationsberater unabhängig von organisatorischen Einbrüchen zur Fortentwicklung des Systems zu engagieren. Ähnliche Positionen liegen vielen Supervisionsansätzen zugrunde. In diesem Feld wird im allgemeinen ebenfalls propagiert, daß Supervision unabhängig von einem höheren Krisen- oder Konfliktpotential konstruktive Effekte erbringt. Wenn es sich um die Supervision von Teams handelt, treffen sich dann deren Implikationen meistens mit denen der OE (Schreyögg 1998).

Im Verlauf der 80er Jahre tauchte nun zunehmend Kritik an der OE auf. Man warf ihr zunächst unreflektiertes Verharren an humanistisch psychologischen Standorten vor, was sich besonders in Naivität gegenüber Machtstrukturen dokumentiere (Kubicek et al. 1979 u.a.). OE erhalte dadurch den Status einer Zusatzaktivität bzw. einer etwas unverbindlichen Spielerei, die in Zeiten knapper werdender Ressourcen vermutlich nicht mehr angefordert werde.

Für unseren Zusammenhang erweist sich aber die Kritik an dem basalen Verständnis von organisatorischem Wandel, das den Konzepten zugrunde liegt, als besonders gravierend. Hier stechen vier Argumentationskomplexe hervor:

1. Organisationen werden in diesen Ansätzen als Klienten definiert, die von spezialisiert ausgebildeten Therapeuten/Beratern eigens kuriert werden müssen. Organisatorische Veränderung wird also als Aufgabe begriffen, die vom Management nicht realisiert werden kann, sondern für die eigens ausgebildete Spezialisten engagiert werden müssen. Das würde bedeuten, das Management bleibt dauerhaft auf Berater angewiesen.
2. OE-Modelle unterlegen Vorstellungen, daß sich organisatorische Veränderungen, auch die geplanten, kontinuierlich vollziehen. Organisationsprozeßmodelle (vgl.

3 Siehe hierzu auch den Beitrag über „Moderne Team-Supervision" von H. Pühl. – Der Hrsg.

Türk 1989) belegen aber ausnahmslos das Gegenteil. Entwicklungen von Organisationen vollziehen sich diskontinuierlich, nicht selten sogar völlig überraschend. Deshalb erfordern organisatorische Prozesse prinzipiell die spontane Adaptionsfähigkeit des Managements. Außerdem postuliert die Mehrzahl aller einschlägigen Autoren (Greiner 1972, Lievegoed 1974, Beer & Walton 1987 u.a.), daß sich die Entwicklung von Organisationen krisenhaft vollzieht. Angesichts solcher Krisen müssen oft kurzfristig sehr relevante Parameter einer Organisation modifiziert werden. Das erfordert von den Führungskräften die Bereitschaft zu fortwährendem Transformationsmanagement.

3. OE-Modelle sitzen auch vielfach der Prämisse auf, daß Probleme in Organisationen präzise zu umschreiben wären. Das ist aber ein Irrtum, denn konstruktivistisch betrachtet variieren die Problemformulierungen in einem System von Hierarchieebene zu Hierarchieebene, von Moment zu Moment, von Person zu Person usw. So erweisen sich auch organisatorische Komplikationen für Außenstehende vielfach als undurchschaubar. Systemsteuerung muß aber in einer fortlaufenden Folge von Problembeschreibungen und Problemlösungen bestehen, was nur durch das Management vor Ort geleistet werden kann.
4. Das Hauptargument gegen OE-Modelle ist aber das dort unterlegte Homöostasemodell. Der von Lewin propagierte Veränderungsprozeß, wonach jede Veränderung sozialer Systeme einer nachfolgenden Stabilisierung (Freezing) auf einem neuen Niveau bedarf, muß für Organisationen heute als problematisch betrachtet werden Eigentlich handelt es sich dabei um eine geradezu naive Vorstellung von organisatorischer Stabilität. Die Erfahrung lehrt aber, daß sich moderne Firmen wie etwa Hewlett-Packard in einem permanenten Prozeß der Innovation und damit letztlich der Instabilität befinden. Das trifft sich auch mit Idealvorstellungen von organisatorischer Lernfähigkeit, wonach Organisationen in einem permanenten Entwicklungsfluß befindlich sind (Reinhardt 1993, Eberl 1996 u.a.).

Insgesamt läßt sich behaupten, daß Veränderungen in Organisationen allgegenwärtige Phänomene darstellen. Es ist eine Aufgabe des Managements diese Entwicklungen laufend sorgfältig zu beobachten, um dann bei Bedarf geplante organisatorische Wandlungsprozesse selbst in Gang zu setzen. Solche Aktivitäten sind also selbstverständlicher Bestandteil der Managementaufgaben. Das heißt nun allerdings nicht, daß Führungskräfte alle diese Aufgaben im Alleingang wahrnehmen müssen oder gar sollen. Es ist vielmehr ihr Job, möglichst viele Mitarbeiter und besonders die in leitenden Positionen dafür zu gewinnen, daß sie organisatorische Entwicklungen ebenfalls beobachten und sich auch für die weitere Gestaltung des Systems verantwortlich fühlen.

Selbstverständlich erweisen sich diese wie viele andere Managementaufgaben gelegentlich als schwierig, so daß sich die betreffende Führungskraft fachliche wie menschliche Unterstützung wünscht. Solche Bedürfnisse ergeben sich fast immer bei neuen Führungskräften. Sie sollten sich dann einen Coach suchen, der sie zumindest in den Anfangsstadien etwa das erste Jahr ihrer Amtszeit begleitet. Im Idealfall gewinnen sie auf diese Weise eine immer klarere Vorstellung von ihren Aufgaben als „interner Organisationsentwickler" und von sich als Führungskraft, die möglichst viele Organisationsmitglieder zur Mitgestaltung der Organisation zu animieren weiß.

Allerdings ergeben sich auch für bereits langjährig amtierende Führungskräfte im Verlauf organisatorischer Prozesse immer wieder Fragestellungen, die sie mit einem externen Berater verhandeln wollen. Auch in solchen Fällen sind Beratungsstrategien vorzuziehen, bei denen sich die Führungskraft qua Coaching fachlich wie menschlich für ihre Aufgabenerfüllung stärken läßt.

Literatur

Beer; M. & Walton, A.E. (1987): Organization change and development. In: Annual Review of Psychology 38, 339-367.

Bourdieu, P. (1998): Praktische Vernunft. Zur Theorie des Handelns. Frankfurt/M.

Doppler, K., Lauterburg, Chr. (1994): Change Management. Den Unternehmenswandel gestalten. Frankfurt/M., New York.

Eberl, P.(1996): Die Idee des organisatorischen Lernens. Bern et al.

Greiner, L.E. (1967): Patterns of organization change. In: Harward Business Review 45, Nr. 3, S. 119-130.

Greiner, L.E. (1972): Evolution and revolution as organizational grow. In: Harward Buasiness Review 50, Nr 4. S. 37-46.

Kubicek, H., Leuck, H.G., Wächter, H. (1979): Organisationsentwicklung. In: Gruppendynamik 10, S. 297-318.

Lewin, K. (1958): Group dezision and social change. In: Maccoby, E.E., Newcomb, T.H., Hartley, E.L. (Ed.): Readings in Social Psychology, 3. Aufl., New York.

Lievegoed, R. (1974): Organisationen im Wandel. Bern, Stuttgart.

Reinhardt, R. (1994): Das Modell organisationaler Lernfähigkeit und die Gestaltung lernfähiger Organisationen. Frankfurt/M.

Schreyögg, A. (1995): Coaching. Frankfurt/M., New York.

Schreyögg, A. (1996): Organisationskultur und Supervision, in: H. Pühl (Hg.), Supervision in Institutionen, Frankfurt/M., S. 94-113

Schreyögg, A. (1998): Coaching in Kliniken – eine professionelle Alternative zur Supervision. In: Eck, D. (Hrsg.): Supervision in der Psychiatrie.

Schreyögg, G. (1998): Organisation. 2. Aufl., Wiesbaden.

Staehle, W. (1991): Organisatorischer Konservativismus in der Unternehmensberatung. In: Gruppendynamik 22, S. 19-32.

Steyrer, J. (1995): Charisma in Organisationen. Frankfurt/M., New York.

Stockert, A. M. (1998): Organisatorische Restrukturierung und Sanierungsmanagement – betriebswirtschaftliche und psychologische Auswirkungen. In: Gross. W. (Hrsg.): Karriere 2000. Bonn.

Türk, K. (1989): Neuere Entwicklungen in der Organisationsforschung. Stuttgart.

Watson, G. Widerstand gegen Veränderungen. In:Bennis, W.G., Benne, K.D., Chin, P. (Hrsg.): Änderung des Sozialverhaltens, Stuttgart.

Im Zwischen der Disziplinen – Veränderungsprozesse im Krankenhaus durch Umfassendes Qualitätsmanagement

Arne Nilsson

Das Krankenhaus hat eine gewachsene, arbeitsteilige Struktur, in der die einzelnen Berufsgruppen ihre jeweils spezifische Rolle einnehmen. Ich möchte in diesem Beitrag deutlich machen, welchen nützlichen Sinn die Arbeitsteilung des Krankenhauses einerseits hat, wie sie aber andererseits auch sachnotwendige Kooperation behindert und innovative Entwicklung hemmt. Der Versuch, Qualitätsmanagement in die Organisation Krankenhaus innovativ einzuführen, wird meines Erachtens wesentlich erleichtert, wenn es gelingt, den Sinn der Arbeitsteilung zu hinterfragen, denn die Arbeitsteilung geht in der Regel mit dysfunktionalen Spaltungen einher.

In meiner Rolle als Berater habe ich es wertvoll gefunden, vorübergehend als Klammer für die Spaltung zu dienen, um dann diese Klammerfunktion in die Organisation selbst zu integrieren. Auf diese Weise ist es möglich – bildlich gesprochen –, das ‚Zwischen' zu überbrücken, das die Disziplinen voneinander trennt. Die Arbeitsteilung läßt sich kulturell und institutionell relativieren, wodurch Spielraum für Entwicklung geschaffen wird.

1. Veränderungsdruck durch Qualitätsmanagement

Der antriebsstärkste Motor für Veränderungen im Krankenhaus ist gegenwärtig neben dem Kostendruck das Qualitätsmanagement (QM). QM beinhaltet im wesentlichen systematische Maßnahmen, durch welche die verschiedenen Qualitätsaspekte einer Leistung sichergestellt und gemessen werden. Das QM im Gesundheitswesen ist bereits seit 1988 gesetzlich vorgeschrieben, es gewinnt aber seine Bedeutung in den letzten Jahren vor allem durch den verstärkten Wettbewerb zwischen den Gesundheitsanbietern. Gute Qualität und ein überzeugendes QM dienen als Argumente gegenüber Kunden und Kostenträgern. Dabei läßt sich idealtypisch unterscheiden

- zwischen qualitäts*sichernden* Maßnahmen, die rückwärtsgewandt eine gelieferte Qualität (etwa die der Behandlungserfolge) nachweisen und halten
- und einem vorwärtsgewandten „Kontinuierlichen Verbesserungsprozeß" (KVP), durch den das Qualitätsdenken und -handeln stetig gesteigert wird[1].

---

1 Siehe hierzu auch den Beitrag über Qualitätssicherung von T. Floeth. – Der Hrsg.

Besonders das Total Quality Management (TQM) – „Umfassendes Qualitätsmanagement“ – beinhaltet, daß nicht nur die Qualität des Ergebnisses, sondern auch die der Prozesse und der Strukturen von allen Mitarbeitern fortwährend festgestellt und weiterentwickelt werden. Der Anspruch des TQM, Qualität stetig auszubauen, verlangt also die Beantwortung der sehr breit gemeinten Frage „Was ist an unserer Arbeit gut, und was können wir verbessern?“

Illustriert durch eine Fallgeschichte möchte ich zeigen, daß die Bearbeitung dieser Fragen unmittelbar in Reflexions- und Veränderungsprozesse führt, die sowohl denen der Supervision als auch denen der Organisationsentwicklung sehr ähneln können.[2] Um besser analysieren zu können, auf welche Situation das QM im Krankenhaus trifft, beginne ich mit einer allgemeinen Darstellung des Krankenhauses, wie es sich in seinen Strukturen zeigt. Ich frage nach dem „Funktionszusammenhang des Systems“ (Willke 1996, S.79), also danach, wie sich die Einzelteile des Ganzen auch in ihren Brüchen und Nonlinearitäten auf eine sinnhafte Ordnung hin verstehen lassen. Erst dann ist meines Erachtens nachzuvollziehen, welch große Herausforderung ein ernstgemeintes QM für das Krankenhaus darstellt.

2. Zwischen institutioneller und emotionaler Bewältigungsstruktur

Institutionelle Strukturen, aber auch informelle Ordnungen geben Sicherheit und emotionale Stabilität. QM hat Veränderungen zum Ziel und stellt daher die psychische Stabilität der Beschäftigten in Frage. Ihr Widerstand gegen Veränderungen[3] erklärt sich natürlich nicht allein dadurch, daß zum Beispiel materielle Nachteile oder Mehrbelastung für den einzelnen befürchtet werden, sondern Widerstand ist vor allem ein Schutz gegen die Verunsicherung von psychischer Stabilität. Um also QM einzuführen, bedarf es eines tieferen Verständnisses dafür, wie die Institution Krankenhaus ihre psychische Stabilität sichert, genauer: wie die Strukturen beschaffen sind, die zur psychischen Stabilität beitragen. Dabei verstehe ich unter „Struktur“ eine gegenwärtig nicht bewußte oder aber unbewußt zugrunde liegende Ordnung, die das Oberflächengeschehen regiert oder mindestens bahnt. Zur Struktur in diesem Sinne zähle ich vor allem das Organigramm, Entscheidungsbefugnisse, Aufgabenverteilungen usw. („harte Struktur“), aber auch wiederkehrende Muster im Erleben oder Verhalten der Beschäftigten sowie deren gemeinsame unbewußte Bedeutungen („weiche Struktur“[4]). Diese weichen Strukturen, insbesondere unbewußte oder aber auch dysfunktionale Verhaltensmuster, verstehe ich dabei nicht als individuelle Phänomene, die die Organisation im Sinne einer Ursache prägen, sondern umgekehrt: Die Organisation hat einen „Charakter“ (Becker 1988, S.88), der das Erleben und das Verhalten der Mitarbeiter strukturiert. Um nun die Struktur des Krankenhauses zu klären, gehe ich von der Zentralen Aufgabenstellung aus („primary task“), um verständlich zu machen, womit die Mitar-

2 Über die „Entwicklungsbegleitung in einer psychiatrischen Institution“ schreibt R. Hetzel in seinem Beitrag.. – Der Hrsg.

3 Veränderungswiderstand ist das Thema des Beitrages von H.-U. Thiel. – Der Hrsg.

4 B. Sievers setzt sich in seinem Beitrag mit der unbewußten psycho-sozialen Dynamik in Organisationen auseinander. – Der Hrsg.

beiter des Krankenhauses konfrontiert sind und welche bewußten und unbewußten Gefühle, Haltungen und Denkmuster das Krankenhaus prägen.

Die psychische Herausforderung an die Krankenhausmitarbeiter

Die Aufgabenstellung des Krankenhauses ist die medizinische und pflegerische Behandlung von kranken Menschen. Die Aufforderung der Gesellschaft und das Selbstverständnis von Pflegenden und Ärzten lautet, dem Kranken sein Leiden abzunehmen oder es zu lindern. Zu diesem Zweck müssen sie Dinge tun, die bei jedem Menschen mit massiven Hemmungen belegt sind. Sie müssen physisch in den Körper des Kranken eingreifen und sind täglich mit Reizen konfrontiert, die Ekel auslösen, wie Kot, Urin und Erbrochenem.[5] Sie erleben den Kranken in existentiellen Randsituationen, sehen und erleben, was sie sonst nie oder nur sehr ausnahmsweise erleben würden, etwa Wunden, Verstümmelungen, psychische Zusammenbrüche, Todesängste, Nacktheit oder auch den Verlust jeglichen „zivilisierten" Gebarens auf Seiten des Patienten. Hinzu kommt, daß die Mitarbeiter des Krankenhauses Verantwortung tragen, die in manchen Fällen auf Leben und Tod geht, daß sie dabei die Endlichkeit der Medizin, aber auch die Endlichkeit der Ressourcen aushalten müssen.

Welche psychischen Folgen hat das? Zum einen bedeutet die Konfrontation mit der Bedrohung oder Auflösung der leiblichen Ganzheit und Unversehrtheit der Patienten für die betreffenden Mitarbeiter eine enorme Herausforderung. Die Empathie mit dem Patienten kann frühe psychische Zustände wachrufen, die Lacan unter dem Begriff des „zerstückelten Körpers" beschrieben hat (Lacan 1971, S. 67): In den ersten Lebensmonaten erlebt das Kind die Einzelsensationen, die vom Körper Kunde geben, als angsterregendes Chaos, das nicht in seiner Ganzheit empfunden werden kann. Der Körper ist die bloß quantitative Ansammlung von taktilen, motorischen, visuellen, auditiven, Geruchs-, Verdauungs- und Schmerzwahrnehmungen, ohne daß diese Wahrnehmungen zu einer qualitativen Einheit verbunden werden können. Erst mit dem „Spiegelstadium", in dem sich das Kind äußerlich im Spiegel und – als psychische Ganzheit – in seinen Bezugspersonen repräsentiert sieht, gewinnt das Kind ein zusammenhängendes Körperbild (Nilsson 1977, S. 207ff). Wenn nun der Mitarbeiter im Krankenhaus mit dem Nicht-Heil-Sein oder dem Zerfall des Körpers konfrontiert ist, so ist sie ständig von Gefühlszuständen bedroht, die aus der Zeit vor dem Spiegelstadium stammen, also aus einer entwicklungspsychologisch sehr frühen Zeit. Mit anderen Worten, das Ausgangsniveau für die Verarbeitung psychischer Herausforderungen wird tendenziell nach unten gezogen, und zwar in Richtung auf ein Niveau unterhalb sprachlicher Symbolisierungsmöglichkeit. Neben Destruktivität und Lähmung durch zurückgehaltene Aggression spielt für die Verarbeitung der Krankenhausaufgabe die Spaltung in gut und böse (in gute und böse Körperteile) eine außerordentlich große Rolle.

Gleichzeitig – und in krassem Widerspruch dazu – wird das geforderte Handeln über sehr hohe und einseitig forcierte moralische Ansprüche gesichert. Die anspruchsvollen Verhaltensweisen und Gefühle, die von den Mitarbeitern erwartet werden, wie

---

5 Mit dieser Thematik setzt sich ebenfalls der Beitrag von G. Junkers über die Supervision im Altenbereich auseinander – Der Hrsg.

Leben-Erhalten, Geben oder Verzeihen, verlangen von den Mitarbeitern, die dazugehörigen affektiven Gegenpole auszuschalten, wie etwa Mordgelüste, Neid und Rachsucht, die natürlich nichtsdestotrotz existent sind. Das offenbare Verhalten führt also auf seiner Rückseite seine emotionalen Gegenteile mit sich, die im günstigen Falle sublimiert, umgelenkt oder auch nur unterdrückt werden. Wahrscheinlich ist die Sublimierung dieser „bösen" Gefühle die psychische Hauptleistung der Mitarbeiter eines Krankenhauses. Im ungünstigen Falle wird die Rückseite abgespalten werden. Diese Form der Verarbeitung entspricht der latenten archaischen Körperebene in der Aufgabendynamik des Krankenhauses.

Der abgespaltene aggressive Impuls bricht sich nun einerseits in verdeckter Form Bahn gegen die Patienten (mehr oder weniger ausnahmsweise). Die „Patiententötungen", die der Gerichtsgutachter Maisch (1977) als ein systematisches Phänomen in Industrienationen beschrieben hat, müssen auch vor diesem Hintergrund verstanden werden. Zum anderen werden die aggressiven Impulse aber vom Patienten weg auf die horizontale Ebene hin verschoben. Die Spaltung wendet sich dort gegen *die anderen*, meist die anderen Berufsgruppen, also gegen *die* technokratischen Ärzte, die nur an ihrem Prestige interessiert sind, oder gegen *die* Pflege, die wieder den Mund nicht aufkriegt, oder gegen *die* aus der Verwaltung, „die nichts zu tun haben, außer uns das Leben schwer zu machen". Im „Familienbetrieb mit paranoiden Tendenzen" (Degenhardt 1995) herrscht demzufolge vor, was jeder sofort atmosphärisch nachempfinden kann, der sich einmal längere Zeit auf einer Station an der Basis aufhält: Unter der Oberfläche der Funktionalität und der Hilfsbereitschaft sind Spaltungen in *wir* und *die* spürbar, Rationalisierungen des eigenen „Böse"-Seins (das überwiegend verdeckt und hinter dem Rücken anderer zum Ausdruck kommt) und aggressive Vorbehalte, die sich in einem lähmenden Dickicht manifestieren.

Die Arbeitsteilung als institutionalisierte Spaltung

Es steht zu vermuten, daß diese Spaltungen, historisch gesehen, an der Herausbildung der Arbeitsteilung im Krankenhaus maßgeblich beteiligt waren. Mindestens aber haben die Spaltungen die Arbeitsteilung mit einer entsprechenden inneren Bedeutung versehen. Es muß jedenfalls auffallen, daß die dreigeteilte Struktur des Krankenhauses insofern sehr eigentümlich ist, als daß sie traditionell an keinem Punkt der Organisation zusammengeführt wird (wie es sonst bei Arbeitsteilungen der Fall ist). Traditionell ist nämlich die Klinikleitung von der Pflegedienst-, der Ärztlichen und der Verwaltungsleitung besetzt; die Klinikleitungsmitglieder arbeiten aber nur vermöge eines guten Willens zusammen und verteidigen häufig genug lediglich ihre Königreiche gegeneinander anstatt der gemeinsamen Verantwortung „für die Ganzheit" gerecht zu werden. Vertikal handelt es sich um drei hierarchisch geordnete Organigramme nebeneinander, an deren Spitze jeweils ein König steht, der für sein Königreich weitestgehend autonom agieren kann (de jure, allerdings weniger de facto). Diese Hierarchieparallelität führt auf mittlerer und unterer Ebene dazu, daß Entscheidungen, die disziplinübergreifend zu fällen sind, entweder auf unvollständiger Informationsbasis beruhen oder von den direkt Beteiligten nach oben verwiesen werden, wo sie dann häufig genug im Zuständigkeitsdschungel verloren gehen. Die Tatsache, daß die Arbeitsteilung erst sehr weit oben oder auch gar nicht zusammengeführt wird, ist vor allem auffallend, wenn man bedenkt, wie eng die verschiedenen Berufsgruppen bei der Aufgabenerfüllung miteinander kooperieren müssen oder wenigstens sollten.

Kurz, die Institution Krankenhaus ist von einer tiefen Spaltung durchzogen, die sich durch die Aufgabenerfüllung, aber ebenso durch das Organigramm zieht. Menzies (1974) hat in ihrem klassischen Text eindrucksvoll gezeigt, wie die Beschaffenheit der Institution Krankenhaus rückwirkend wiederum neue Pflegedienstmitarbeiter auf die entsprechenden Spaltungsprozesse sozialisiert. Individuen, die „höhere“ Abwehrprozesse mitbringen oder ausbilden wollen, werden entweder ausgestoßen, oder aber sie passen sich an. Auf diese Weise stabilisiert sich die Spaltung emotional und organisatorisch wechselseitig. Der Arzt trägt die medizinische Endverantwortung und greift physisch in den Körper ein, die Pflege besorgt das Aus-der-Welt-Schaffen von Eiter und Fäkalien und stellt sich der seelischen Not des Kranken in seiner ganzen Breite. Die Bereitstellung und Beschränkung der Ressourcen wiederum obliegt der Verwaltung, die der Aufgabe äußerlich scheint. Mit anderen Worten, der Arzt schiebt die Schwester, die Schwester schiebt den Arzt zwischen sich und den Patienten; beide schieben die Ressourcenverwaltung in das Verwaltungsgebäude.

Die Spaltung ermöglicht auf diese Weise einerseits, bei der Aufgabenerfüllung das seelische Gleichgewicht zu halten. Andererseits aber weisen die Organisationsstrukturen natürlich auch Kosten auf: Ritualisierte Grabenkämpfe zwischen den Berufsgruppen, Unflexibilität bei organisatorischen Herausforderungen und vor allem keine Ganzheitlichkeit gegenüber dem Patienten gehören im traditionellen Krankenhaus zur Tagesordnung. Gerade die Ganzheitlichkeit gegenüber dem Patienten ist nun aber eines der erklärten Hauptziele des TQM.

3. Zwischen den Disziplinen Supervision und Organisationsentwicklung

Kernstück des TQM ist die sogenannte Kundenorientierung. Man unterscheidet dabei zwischen Haupt- und Nebenkunden sowie zwischen internen und externen Kunden. Ein Pflegedienstmitarbeiter könnte für sich etwa folgende „Kunden“ benennen:

	Hauptkunde	**Nebenkunde**
		Niedergelassene
	Patient	Andere Krankenhäuser
		ambulante Pflegedienste
extern	Angehörige	Behörden, Gerichte
	Krankenkasse	Sanitätshäuser
		Apotheke
		usw.
		Stationsarzt
		Krankengymnastik, Ergotherapie usw.
intern	Pflegekollegen	Oberarzt
	Stationsleitung	Patientenverwaltung
		Labor
		usw.

Nilson in: Pühl 1999, 286

Der Grundgedanke dieses Kundenbegriffs lautet erstens, daß *jeder* Mensch Kunde ist, mit dem ein Mitarbeiter zu tun hat – gleich ob dieser jemand innerhalb oder außerhalb der Organisation steht. Zweitens meint Kundenorientierung im Sinne des TQM, den Kunden nicht nur in einem zentralen Punkt zufriedenzustellen (zum Beispiel hinsichtlich des Behandlungserfolges), sondern in jeder Hinsicht, beispielsweise auch in puncto zwischenmenschlichem, ganzheitlichem Umgang mit dem Patienten. (Die Diskussion über die Bedeutung und die Sinnhaftigkeit davon, den kommerziellen Begriff des Kunden auf soziale Aufgaben zu übertragen, lasse ich hier aus.)

Daraus ist ersichtlich, daß das TQM in seiner Konsequenz die psychische wie organisatorische Spaltung im Krankenhaus nachhaltig konfrontiert: Zum einen darüber, dem Patienten ganzheitlich zu begegnen, also als einzelner Mitarbeiter nicht teil-, sondern multifunktional auf den Patienten zuzugehen; zum anderen darüber, daß die angefeindeten anderen Berufsgruppen eben nicht als Feinde, sondern als Kunden zu betrachten sind, deren Wohl dem jeweiligen Mitarbeiter bald nahezu ebenso wichtig sein soll wie das des Patienten. Eine Intensivierung der Kunden- bzw. Patientenorientierung hat also vor allem zur Folge, daß sich die Mitarbeiter des Krankenhauses mit ihrer traditionell gewachsenen Arbeitsteilung neu auseinandersetzen müssen.

Da die psychische und organisatorische Spaltung aufs Engste miteinander verflochten sind, bedarf es bei entsprechenden Veränderungsprozessen nun auch Interventionen, die auf beide Ebenen zugeschnitten sind. Andernfalls dürfte die Gefahr groß sein, daß das eine durch das andere blockiert wird. Die Frage „Was können wir verbessern?“ führt idealerweise in Reflexions- und Veränderungsprozesse, die sich als Supervision und Organisationsentwicklung gegenseitig ergänzen. Eine Verschachtelung beider Herangehensweisen scheint mir notwendig, weil sich das Krankenhaus einerseits weitestgehend als reflexionsresistent erweist (sich also einer Beratungsform wie der der Supervision schwer zugänglich zeigt). Andererseits aber laufen äußerliche Veränderungen letzten Endes leer, wenn sie die Psycho- und Soziodynamik nicht reflektieren und verändern. Der Einstieg über eine eher sachlich-inhaltliche Neuerung (wie es das TQM ist), die dann eine Bearbeitung der weichen wie der harten Struktur nach sich zieht, scheint mir dabei ein Trojanisches Pferd zu sein, durch das die Interventionen das Innere des Systems erreichen (Willke 1996, S. 8).

4. Zwischen den Disziplinen: Ein geriatrisches Krankenhaus

Im folgenden skizziere ich die Geschichte eines kleinen geriatrischen Krankenhauses, das über das TQM einen langfristigen und tiefgreifenden Veränderungsprozeß begonnen hat.

Allgemeiner Hintergrund

Es handelt sich um ein kleines Krankenhaus, bestehend aus sechs Stationen, das in dem gewachsenen Viertel einer Großstadt verwurzelt ist. Seine Mitarbeiter wie die Patienten stammen häufig aus der direkten Umgebung, das Haus arbeitet unter christlicher Trägerschaft und schaut auf eine bewegte diakonische Geschichte zurück. Nach dem Fachrichtungswechsel zur Geriatrie beschloß die Klinikleitung des Hauses in Abstimmung mit dem Träger Anfang 1995 das „Geriatrische Konzept" (GK), das unter anderem beinhaltet

- Orientierung an den Prinzipien Ganzheitlichkeit, Multiprofessionalität und Behandlung auch nach dem Kriterium der Lebensqualität für die Patienten
- Neuschaffung von interdisziplinären Stationsteams
- Einführung von Total Quality Management
- Das Bobath-Konzept als zugrundeliegendes Pflege- und Therapieverfahren.

Zur Umsetzung des Konzepts wurde geplant, pro Jahr jeweils eine Station auf das GK „umzustellen". Zu diesem Zweck wurden der jeweiligen Station ein Jahr lang vier Betten freigehalten. Alle Mitglieder des Teams besuchten im Laufe dieses Jahres eine zweiwöchige Bobathfortbildung. Das neugeschaffene multiprofessionelle Team bestand nun nicht mehr in der Form, daß nur Pflege und Stationsarzt zu einer bestimmten Station gehören und die in der Geriatrie sehr wichtigen „Therapeuten" (Krankengymnastik, Ergotherapeuten, Logopäden usw.) aus ihren Abteilungen fallweise abgerufen wurden. Statt dessen wurden die Therapeuten als Personen bestimmten Stationen fest zugeordnet und bildeten mit Arzt und Pflege gemeinsam das „stationsgebundene Team", welches zugleich wesentlich autonomer als zuvor über sich und die eigenen Arbeitsweisen entscheiden konnte. Das Team hatte in einer wöchentlichen Teamsitzung von 1½ Stunden unter Moderation und Beratung die Aufgabe, QM-Projekte zu bearbeiten und nach Möglichkeit eingeführte Verbesserungen durch Messungen zu begründen oder deren positive Wirkungen durch Messungen nachzuweisen. Mittlerweile läuft die Umstellung auf der vierten Station.

Die für all diese Maßnahmen erforderlichen Finanzen wurden aus dem gegebenen Budget entnommen, also in Form von Sparmaßnahmen auf das gesamte Haus verteilt. Wie allgemein im Gesundheitswesen gegenwärtig üblich, stand und steht das Haus die gesamte Zeit über unter einem enormen Spardruck, der Energien für Veränderung zuweilen völlig blockiert.

Was meine Rolle betrifft, so wurde ich in Form eines Teilzeitvertrages, der von Jahr zu Jahr verlängert wurde, zunächst mit der Aufgabe betraut, die Stationen bei ihren QM-Projekten und in ihrer Teamentwicklung durch „Moderation" und Prozeßberatung zu unterstützen. Außerdem sollte ich die Teilprozesse für das Haus transparent machen und die Ergebnisse mit der Klinikleitung rückkoppeln. Die sich bald daraus ergebenden Prozesse auch in der Leitungsebene (inclusive Träger) wurden von mir dann ebenfalls begleitet, wobei ich als „Moderator" auch die Rolle einnahm, die Leitung mit den Entwicklungen innerhalb und außerhalb des Hauses zu konfrontieren und ihr die Notwendigkeit von Verantwortungsübernahme deutlich zu machen. Auch die sich entwickelnden Auseinandersetzungen zwischen den Stationen und der Klinikleitung wurden von mir moderiert. Zugleich supervidierte ich eine Reihe weiterer Teileinheiten des Hauses, die in der direkten oder indirekten Folge der ersten Ergebnisse und Fragen ebenfalls in Reflexions- und Veränderungsprozesse eingetreten waren (beispielsweise einzelne Therapieabteilungen wie Krankengymnastik oder Ergotherapie, den Sozialdienst, die Ärzteschaft oder die Pflegedienstleitung mit den Stationsleitungen). In vielen dieser Teilprozesse wiederholten sich dabei Themen, die für das gesamte Haus von Bedeutung waren, etwa Verteilungskämpfe untereinander in Phasen zunehmenden Spardrucks, Frage nach der Rolle der jeweiligen Leitung, als die Klinikleitung ihre Führungsfunktion kritisiert sah, usw. Hier war es meine Aufgabe, die isoliert wahrgenommenen Themen in den Zusammenhang der übergeordneten Gesamtentwicklung zu stellen und gegebenenfalls für eine Anpassung in der Gesamtentwicklung zu sorgen.

Verlauf der Entwicklung

Als ein Ergebnis des ersten Jahres zeigte sich neben erfolgreichen QM-Projekten und einer fortschreitenden Teamentwicklung eine deutliche Unzufriedenheit des betreffenden Stationsteams mit der Klinikleitung. Das Team fühlte sich zu wenig unterstützt, nahm die bestehenden Dissonanzen innerhalb der Klinikleitung wahr und fragte die Klinikleitungsmitglieder fordernd, ob denn das TQM hinsichtlich der Zusammenarbeit nicht auch für sie gelte. Diese Kritik war der Anlaß für ein Resümee des ersten Jahres innerhalb der Klinikleitung, bei dem ich die Führungslosigkeit des Stationsteams problematisierte. Es entstand daraus über knapp ein Jahr lang eine von mir moderierte Arbeitsgruppe, bestehend aus dem Träger in Person des Direktors (der ein Pastor ist), der Klinikleitung und weiteren Leitungskräften aus der mittleren Ebene (Personalabteilungsleitung, Oberärzte etc.). In dieser Arbeitsgruppe kam es immer wieder zu erheblichen Spannungen, besonders zwischen Verwaltungs- und Ärztlicher Leitung. Hinsichtlich der Form ließ sich keine Vereinbarung über das Wie, die Aufgabe und den Zweck der Arbeitsgruppe erzielen. Inhaltlich konnte sich die Klinikleitung im Hinblick auf die Fortführung des Prozesses zuletzt nur noch auf ein „Qualitätsmanagement unterhalb der Klinikleitung“ einigen, obwohl man 2 Jahre zuvor das TQM für das ganze Haus beschlossen hatte. Symbolisch manifestierte sich der Dissens also am „T“ des TQM, also gerade an der Stelle, wo die arbeitsteilige Struktur und Kultur durch ein „umfassenderes“, „ganzheitlicheres“ Arbeiten überwunden werden sollte. Die Arbeitsgruppe trennte sich resignativ in eine bis heute anhaltende „Denkpause“.

Parallel zu diesem Prozeß auf Leitungsebene im zweiten Jahr startete die zweite Station mit der Umstellung. Hier hatte das Team Mühe, im Gruppenbewußtsein auf ein handlungsfähiges Niveau zu gelangen. Endlose Verstrickungen in Argumentationen sowie versuchte und ständig wieder aufgehobene Verfahrensweisen zogen angespannte Lähmung und Enttäuschung nach sich. Obwohl die Gründe zum Teil in der Station selbst zu suchen waren, zeigte sich hier auch deutlich die Verschiebung der Handlungsunfähigkeit der Leitung auf die Stationsebene. Sie wurde vermittelt über die Tatsache, daß auch diese Station unter Führungslosigkeit leidete, die allerdings hier nicht, wie auf der ersten Station, in autonome Lösungsversuche und Kritik nach oben mündete, sondern zwischenzeitlich in Desorientierung und Handlungsunfähigkeit endete. Die Reflexion dieser Zusammenhänge half der Station zwar „theoretisch“, da die Führung aber nach wie vor nicht ausreichend wahrgenommen wurde, blieben vorerst Zweifel und Unzufriedenheit zurück.

In der Folge wollten Ärztliche- und Pflegedienstleitung deshalb die Führung des Teamprozesses verbessern – unabhängig davon, inwieweit die Klinikleitung ihre Zusammenarbeit konsolidieren würde. Im dritten Jahr bildete sich daher eine regelmäßige Sitzung aus Pflegedienstleitung, deren Stellvertretung, Ärztlicher Leitung, Chefärztin und den zwei Oberärzten. Hier wurden die strukturellen Defizite in der Führung des Teamprozesses erkannt, und es wurde nach Lösungen gesucht. Im Verlaufe dieser Suche zeigte sich immer wieder der Widerspruch zwischen den alten dreigeteilten Hierarchiestrukturen und der neuen interdisziplinären Teamstruktur, es kristallisierte sich aber auch das Erfordernis heraus, die interdisziplinäre Ganzheitlichkeit durch eine Führung im Sinne eines geeigneten Rahmens für die Wachstumsprozesse eines Gruppenniveaus zu erreichen.

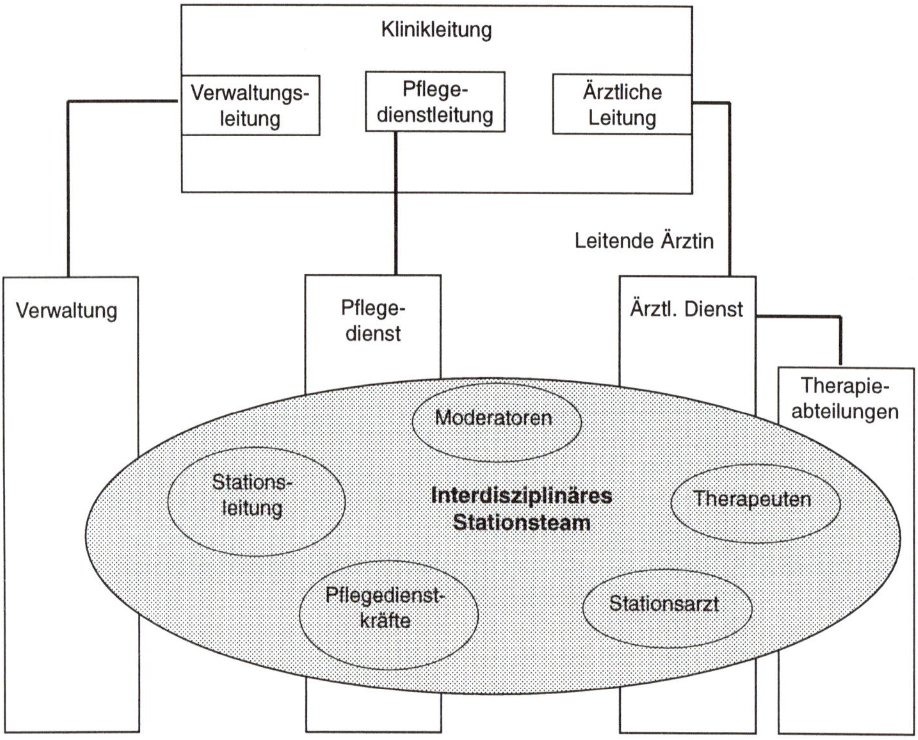

Abbildung: Die neue Teamstruktur (runde Symbole) in der tradierten, dreiteiligen Hierarchie (eckige Symbole)

Nielsen in: PfL 1999, 290

Dadurch wurde auf dieser Ebene ein Verständnis dafür erreicht, daß die Spannungen zwischen den Berufsgruppen immer wieder „gehalten" und verstanden werden müssen – vor allem, solange die eingeführte Interdisziplinarität zwar punktuell im Organigramm ihren Niederschlag gefunden hat, jedoch noch in den Säulen der dreigliedrigen Struktur steckt. Die letzten Endes gewählte Lösung bestand in einem „Teamleitungsmodell", wonach der Teamprozeß von Moderatoren geführt werden soll, die aus dem Team kommen und die durch Fortbildung für diese Aufgabe geschult werden. Idealerweise sollten die Moderatoren pro Station interdisziplinär besetzt sein. Als Stützung für diese schwierige Aufgabe sollte jeweils eine Oberärztin, die auch an den Teamsitzungen teilnimmt, im Hintergrund zur Verfügung stehen. Dadurch wurde die Aufgabe in die Institution integriert, Verantwortung für die interdisziplinären Prozesse zu übernehmen.

Parallel zu diesem Prozeß begann die dritte Station ihr Umstellungsjahr. Darin fand eine konstruktive Auseinandersetzung zwischen Ärztlicher und Pflegedienstleitung einerseits und dem Stationsteam andererseits statt. Der Leitung wurde ein Schwanken zwischen scheindemokratischem und verwaschen-autoritärem Verhalten vorgeworfen, während die Leitung kritisierte, daß sich das Team immer das Beste herauszupicken suchte und die Kosten bestimmter Entscheidungen, die es gefällt hatte, nicht übernehmen wollte. Dieser Prozeß führte zu einer Stärkung der Entscheidungsfähigkeit des Teams und trug auf Leitungsebene zugleich wesentlich zu dem eben erläuterten Teamleitungsmodell bei.

Für das laufende vierte Jahr ist vorgesehen, daß meine Moderatorenaufgabe auf der betreffenden Station nach einem halben Jahr an die Teammoderatoren übergeben wird und ich diese dann im zweiten Halbjahr im Sinne eines Coachings bei ihrer Moderation unterstütze. Auf der Ebene Pflegedienst- und Ärztliche Leitung hat sich aktuell die Situation ergeben, daß man erstmals nicht nur reaktiv auf drängende Probleme antworten mußte, sondern sich vorwärtsgewandt einem systematischen QM auch auf dieser Ebene widmen konnte. Dies wird wahrscheinlich die Interdisziplinarität, also den *Zwischen*raum auch in der Leitungsebene abermals berühren, zumal sich schon zeigte, daß das konkrete Umsetzen des Teamleitungsmodell noch mit Leben gefüllt und in der Leitung vertieft werden muß. Als besondere Schwierigkeit zeigte sich wie erwartet die Verinnerlichung, daß es bei der Führung des Teamprozesses nicht um Führung im Sinne einer Vorgesetztenfunktion gehen konnte (die weiterhin der alten Hierarchiestruktur obliegt). Statt dessen ging es darum, einen Gruppenprozeß zu steuern und für diesen eine interdisziplinäre Klammer zu bilden.

Wie bereits erwähnt, haben sich parallel zu der skizzierten Gesamtentwicklung verschiedene Abteilungen oder Berufsgruppen ihrerseits mit Prozeßfragestellungen an mich gewandt, durch die sich die Entwicklung in der Organisation verbreiterte. Die übergreifenden Veränderungen und deren Auswirkungen wurden aufgenommen, für sich umgesetzt und weiterentwickelt. Gleichzeitig aber blieb es vor allem die Klinikleitung, welche die von ihr beschlossenen Maßstäbe für sich selbst bisher nicht umsetzen konnte. Ein Verstehen der zugrunde liegenden Ursachen war bisher nicht möglich; die Beteiligten betrachten die Möglichkeit einer nachhaltigen Lösung dieser Fragen mittlerweile sehr skeptisch.

5. Zwischen den Berufsgruppen im interdisziplinären Team

Wenn wir zunächst die Stationsteams in dieser Fallgeschichte betrachten, so ist ein wichtiger gemeinsamer Nenner der multiprofessionellen Teams, daß sie die in der harten Struktur vorgegebene Veränderung auch kulturell und sozialpsychologisch nachzuholen hatten. Die Bildung von interdisziplinären Teams hat, geriatrisch gesehen, eine einleuchtende fachliche Begründung (Multimorbidität der Patienten u.v.a.), so daß die Entscheidung dafür, die Therapeuten den Stationen fest zuzuordnen und der Teamfähigkeit mehr Raum zu geben, nicht viel Widerspruch auslöste. Im konkreten alltäglichen Geschehen zeigte sich aber naturgemäß, daß die postulierte Teamfähigkeit zunächst erarbeitet werden mußte. Die Folge waren mehr oder weniger schwere Krisen in den Teams und zum Teil außerordentlich komplizierte Gruppenprozesse, die ohne supervisorische Hilfestellung mit großer Wahrscheinlichkeit zu Destruktion und zu weiterer Verhärtung der tradierten Fronten geführt hätten.

Die sachliche Herausforderung für das Team, nämlich Qualitätsmanagement umzusetzen, erwies sich dabei gleichermaßen als Impulsgeber für teambezogene Fragestellungen wie auch als Verursacher von Krisen, die einen entsprechenden Lernprozeß bedingten. Zum einen nämlich kann das QM die Kooperation selbst ins Zentrum der Aufmerksamkeit rücken, weil die Zusammenarbeit ein wichtiges Kriterium der Prozeßqualität darstellt. Zum anderen erfordert die Reflexion von Schwachstellen in der Qualität der Arbeit natürlich eine Reihe von Teamfähigkeiten, die nicht per se gegeben sind. Hier ist an allererster Stelle die Entscheidungsfähigkeit zu nennen, also die Fähigkeit auf Gruppenniveau, einerseits relevante Aspekte ausreichend zu beleuchten und im Dialog zu kreativen Lösungen zu führen, andererseits aber auch irgendwann eine Entscheidung zu fällen, die tragfähig ist und nicht im nächsten Moment wieder neu aufgerollt werden muß. In diesem Zusammenhang spielt auch die Verantwortung des einzelnen für „das Team" als ein Ganzes, das die einzelnen Teammitglieder überschreitet, eine große Rolle, wenn es darum geht, das Team für die gemeinsame sachorientierte Analyse von Schwachstellen fähig zu machen.

Beides – die Frage nach der Prozeßqualität „Zusammenarbeit" wie auch die Anforderung, entscheidungsfähig zu sein – berührt nun aber die interdisziplinäre Psychodynamik, wie ich sie oben skizziert habe. Das geforderte interdisziplinäre Team, die Notwendigkeit, sachbezogene Entscheidungen stärker von der übergeordneten (nämlich letztlich patientenorientierteren) Perspektive der Interdisziplinarität aus zu fällen, konfrontiert die tradierte psychische Lösung für die Aufgabenstellung: nämlich die Lösung, die abgespaltenen aggressiven Impulse gegen die Patienten auf die anderen Berufsgruppen zu verschieben.

Spiegelungs- und Spaltungsphänomene

Wichtig für das Erarbeiten neuen Erlebens und Verhaltens ist zunächst ein Verständnis der Spiegelung der Patientendynamik, die sich im Team *inter*disziplinär aufspannt, also zwischen den Berufsgruppen Spannungen erzeugt. Im Fallbeispiel ist die Motivation der Patienten zur aktiven Mitarbeit bei Pflege und Therapie ein entscheidendes Thema, weil geriatrische Erfolge von dieser Eigenaktivität der Patienten wesentlich abhängen. Im interdisziplinären Team kann sich die Motivationslosigkeit der Patienten in der Weise spiegeln, daß die Pflege zu gemeinsamen Veränderungen ständig motiviert werden muß und sich passiv mitschleifen läßt, während die Therapeuten ihre Machtlosigkeit beklagen, die Kollegen aus der Pflege für gemeinsame Projekte zu gewinnen. Die Konfrontation mit dem hohem Alter und dem auch natürlicherweise nahenden Tod der Patienten kann sich darin wiederholen, daß die Therapeuten in Form ehrgeiziger Ziele für die Mobilisierung der Patienten das Ende der Möglichkeiten (also symbolisch: den Tod) hinausschieben wollen, während die Pflege diese Art des Leistungsdruckes verurteilt.

Natürlich ist es wünschenswert, diese offenkundigen Zusammenhänge zu reflektieren und ins Bewußtsein zu holen. Allerdings ist das oft schwierig, weil sie zum Teil unterhalb einer sprachlichen Symbolisierungsfähigkeit liegen. Es war mir oft nur möglich, diese Zusammenhänge für mich zu reflektieren – was allerdings nach meinem Eindruck bereits eine positive Wirkung hatte.

Ähnliches gilt für die Reflexion von Spaltungen, wobei ich mir gelegentlich wie der Hase vorkam, dem der Igel immer schon ein Stück voraus ist, denn die Spaltungen offenbarten sich in immer neuen Formen. Zum Beispiel stellte sich in einem Team nach langer Zeit heraus, daß für die Pflege „Teambildung" vor allem bedeutete, am Bett des Patienten interdisziplinär gemeinsam zu arbeiten, während die Therapeuten als Kriterium für gute Teamarbeit[6] ansahen, ob man in den Teamsitzungen gemeinsam zu tragfähigen Entscheidungen gelangen konnte. Mit anderen Worten, man hatte sich gegenseitig des guten Willens zur Teambildung versichert, spaltete sich dann aber in der unausgesprochenen Deutung dieses Begriffes auf. Verwickeltere Fälle waren, daß das Mehr an Ganzheitlichkeit gegenüber dem Patienten von einigen so gedeutet wurde, nicht nur selbst über die eigene enge Arbeitsaufgabe hinaus für den Patienten da zu sein, sondern die Ganzheitlichkeit zum Anlaß zu nehmen, in die Arbeitserfüllung anderer hineinzuregieren, sie zu kritisieren und besserwisserisch zu korrigieren. Der horizontale Graben wurde hier also in einen vertikalen umgemünzt, indem sich Angehörige einer Berufsgruppe über die einer anderen erhoben. Mit dem sachlich richtigen Hinweis auf Patientenorientierung wurden auch gern unliebsame Arbeiten anderen aufgedrückt, ohne aber für einen Ausgleich an anderer Stelle zu sorgen. Solcherart Hartnäkkigkeit, die bestehenden Grenzen und Gräben aufrechtzuerhalten bzw. durch neue zu ersetzen, müssen als Bedarf verstanden werden, die geforderte Ganzheitlichkeit nicht übers Knie zu brechen, sondern Schritt für Schritt psychische Stabilität neu herzustellen. Für mich als Prozeßbegleiter kam es in diesen Gruppenprozessen darauf an, aufbrechende Spaltungen aufzufangen, einerseits indem ich sie im Sinne des Bionschen Containermodells[7] aushielt (Bion 1992, S.146ff), andererseits indem ich versuchte, entsprechende Ereignisse auf die Struktur des Krankenhauses zurückzuführen, um ein disziplinübergreifendes, systemisches Verständnis zu erwirken, das die beteiligten Individuen als Personen entlastete.

Lernsituationen schaffen durch sachliche Problemstellungen

Supervision als Institution ist mit der Institution Krankenhaus meines Erachtens nur mühsam kompatibel zu machen (das fängt bei der Unmöglichkeit an, ein Pflegeteam zu einem Zeitpunkt an einen Tisch zu bekommen, und hört bei der ausgeprägten Schwierigkeit auf, zuständige Entscheidungsträger zu finden). Das Krankenhaus verfügt nicht über eine Reflexionskultur und neigt auch in sachlichen Fragen zu Aktionismus bei mangelhafter Analyse. QM im Krankenhaus bietet für diese Schwierigkeit einen guten Ansatzpunkt, weil Teamfähigkeiten anhand konkreter Sachfragen zum Thema werden können. Es ist möglich, Lernsituationen zu schaffen, die nicht bei einem „Wir müssen mal über unsere Beziehungen sprechen" anfangen, sondern ihren Ausgang von mehr oder minder direkt patientenbezogenen Fragestellungen nehmen. Deren Weiterentwicklung werden auch vor dem aktuellen Hintergrund als notwendig eingesehen, daß Krankenhäuser um ihre Existenz bangen müssen. Im Rahmen eines sachlichen Konzepts stoßen vorwärtsgewandte Verbesserungen, aber auch rückwärts gewandte Reflexionsprozesse auf weniger Widerwillen, weil der notwendige Rahmen schon durch die Sache gestärkt ist. Von dort kann dann deutlich werden, daß die ursprüngliche Sach-

---

6 Zum Thema Teamarbeit siehe auch die Beiträge von H. Pühl über „Moderne Team-Supervision" und von S. Scheffler über „Teamkonflikte" – Der Hrsg.

7 Vgl. hierzu den Beitrag von R. Lazar „W.R. Bions Modell ‚Container-Contained' als eine (psychoanalytische) Leitidee in der Supervision" im ‚Handbuch der Supervision 2' – Der Hrsg.

frage nur dann zur Lösung kommt, wenn Mitarbeiter ihre Verantwortung wahrnehmen, von einer Metaebene aus nicht nur über Sachfragen, sondern auch über Verfahrensfragen zu verhandeln (Wie soll vorgegangen werden? Wie soll das entscheiden werden?). Die erhöhte Verantwortlichkeit für den „Teamgeist" scheint dann auch eine Möglichkeit zur Sublimierung darzustellen. Für das Erlernen dieser Fähigkeiten, für die Bewältigung der Veränderungsprozesse, welche die eigentlichen Leistungsprozesse steuern, dafür bedarf es einer Unterstützung im Sinne einer Organisationssupervision (Gotthardt-Lorenz 1994).

6. Zwischen oben und unten

In früheren Phasen der QM-Geschichte wurden Sicherung und Entwicklung von Qualität häufig von der Führung nach unten delegiert (etwa an dafür eingerichtete Stabsstellen). Infolge unbefriedigender Ergebnisse hat man jedoch später gefordert, daß QM in den Verantwortungsbereich der Leitung falle und auch dort zu beginnen habe (Hanselmann/Selm 1996). Sicher ist man auf Leitungsebene auch im dargestellten Fall der Versuchung erlegen, sich gegenseitig der vermeintlichen Gemeinsamkeiten zu versichern und die konkrete Umsetzung von Ganzheitlichkeit ans Patientenbett zu phantasieren (etwas, das von der Klinikleitung weit weg ist). Speziell im Krankenhaus ist tatsächlich die Gefahr der Verantwortungsdelegation nach unten sehr groß, weil sich die Spaltung von den horizontalen Ebenen auf die vertikale Ebene verschieben kann. Im dargestellten Fall symbolisiert sich dieser Zusammenhang am Konflikt auf der obersten horizontalen Ebene, nämlich der Ebene der Klinikleitung, die sich über die Notwendigkeit und die Bedeutung des „T" im TQM nicht einigen kann. Hier scheint mir von großer Bedeutung, daß es keine übergeordnete Funktion gibt, die auch das Dreiergremium der Klinikleitung interdisziplinär zusammenbindet. Der Träger (der im Fallbeispiel zudem kürzlich personell wechselte) nimmt diese Funktion höchstens ausnahmsweise wahr. Diese Umstände haben hier die Konsequenz, daß sich der Veränderungsprozeß nur *unterhalb* der Klinikleitung fortsetzt. Zwar haben meines Wissens viele laufende TQM-Prozesse die Erfahrung gemacht, daß das QM an irgendeiner Stelle in der Organisation beginnt (ob nun oben oder unten) und sich im günstigeren Fall von dort ausbreitet. Damit das geschieht, muß nicht immer die Leitung von Anfang mit voller Kraft mitrudern. Sicher aber muß sie *irgendwann* mitrudern, um Prozesse nicht zu konterkarieren. Andernfalls würde sich im dargestellten Fall die fehlende Klammer für die Interdisziplinarität, die sich im Stationsteam bemerkbar macht, weiterhin von der Klinikleitung aus in das Haus hinein abbilden.

Das Besondere im Falle des Krankenhauses läßt sich auch in diesem Zusammenhang vor dem Hintergrund der Spaltungsdynamik verstehen. Die Herausforderung des TQM an die Leitungskräfte besteht meines Erachtens darin, einerseits selbst das sachliche und menschliche Ineinandergreifen der Disziplinen auch für die Leitungsebene zu erlernen (mit all den Schwierigkeiten, die sich auch auf Stationsebene zeigen), zum anderen darin, nach unten die horizontale Spaltung in Richtung auf mehr Ganzheitlichkeit zusammenzuhalten. Dies erfordert sicher auch gruppendynamische Fähigkeiten, die von der Ausbildung her natürlich nicht von vorneherein unterstellt werden können.

Die Blockade von Veränderungspotentialen durch das Organigramm

Wenn wir uns noch einmal die tradierte Struktur der drei Hierarchiesäulen Pflege, Ärzte, Verwaltung vergegenwärtigen, so hat diese Struktur auf der Sachebene vor allem zur Folge, daß sämtliche Probleme, Fragen und Entscheidungen, die mehr als eine Berufsgruppe betreffen, nicht auf der dazugehörigen Ebene bearbeitet werden können. Es besteht zwar für fast alle Fragen die Notwendigkeit, die Tätigkeiten horizontal aufs Engste aufeinander abzustimmen, aber dennoch hat sich jede Berufsgruppe in ihren Entscheidungen jeweils verschiedenen Hierarchieschienen zu verantworten. Wenn etwa eine Krankenschwester mit einer Ergotherapeutin die Veränderung eines bestimmten Arbeitsablaufes besprechen will, die zunächst einmal nur sie und ihre gleichrangigen Kollegen der Pflege und der Ergotherapie dieser Station betrifft, so wird die Ergotherapeutin bei ihrer Entscheidung mit ihrer Vorgesetzten Rücksprache halten müssen (die wiederum der Chefärztin verantwortlich ist). Die Leitung der Ergotherapie ist nun aber nicht befugt, eine klärende Entscheidung zu fällen, also eine, die auch die Belange der Pflege mit einschließt. Statt dessen muß sie entweder zur Pflegedienstleitung gehen, um dort aus zweiter Hand ein Problem über die Köpfe derjenigen hinweg zu besprechen, die das Problem eigentlich haben. Oder sie verweist die Frage zurück nach unten, indem sie ihrer Ergotherapeutin sagt, sie solle die Pflege bitten, das Problem mit *ihrer* Leitung zu besprechen. Diese komplizierte Situation führt also entweder dazu, daß die Bearbeitung derartiger Fragen im Sande verläuft, oder, daß Verantwortlichkeiten nach oben delegiert werden, oder aber, daß Entscheidungen von den betroffenen Mitarbeitern gefällt werden, die aber spüren, daß ihre Entscheidung sachlich und hierarchisch in der Luft hängt. Rasche und kompetenznahe Entscheidungen sind also maßgeblich erschwert; sie werden entweder gar nicht gefällt oder aber sozusagen kopflos.

Viele Probleme und Weiterentwicklungspotentiale, die mehr als eine Berufsgruppe betreffen, gehen im Zwischenraum der Hierarchieschienen schlicht und einfach verloren. Systematisch nimmt sich ihrer keiner an. Unter diesen Bedingungen ist ein nachhaltiges QM nicht möglich, das auf kompetenznahe Sachanalysen und -entscheidungen setzt, die in entsprechenden berufsübergreifenden Zirkeln erarbeitet werden sollen. Das Übergreifende bedarf einer Anpassung in der Struktur, weil „jede beabsichtigte Neudefinition von Sinn innerhalb eines Systems (...) die Veränderung von Strukturen“ verlangt (Willke 1996, S. 80). Im dargestellten Fall ist der erste Schritt in diese Richtung die Einrichtung des interdisziplinären Stationsteams. Wie bereits angeklungen, gerät diese Veränderung aber mit der nach wie vor bestehende Drei-Säulen-Hierarchie in Konflikt. Dieser Konflikt muß als Antrieb für den nächsten Veränderungsschritt genutzt werden, denn sonst würde die gewollte Eigendynamik des Stationsteams bald von der alten Struktur gelähmt werden. Im interdisziplinären Team würde dann vielleicht netter diskutiert, aber jede Entscheidung würde sich weiterhin im undurchsichtigen Veto übergeordneter Einzelentscheider verlieren.

Anpassung in der institutionellen Struktur

Im Fallbeispiel wurde daher zwischen Ärztlicher und Pflegedienstleitung beschlossen, den interdisziplinären Teamprozeß nicht weiter sich selbst zu überlassen, sondern ihm eine Führung zu geben. In der Diskussion wurde zunächst eine radikale Lösung favorisiert, welche die dreigeteilte Struktur noch nachhaltiger aufgehoben hätte. Diese Lösung hätte vorgesehen, die Teamführung jeweils einer ärztlichen bzw. Pflegedienst-Leitungskraft zu übergeben: Den sechs Stationen hätten die beiden Pflegedienstleiter und die vier Leitenden Ärzte (Ärztlicher Leiter, Chefärztin, zwei Oberärzte) genau entsprochen. Diese Lösung wäre aus zwei Gründen interessant gewesen: Zum einen wären die obersten Führungskräfte noch mehr in die Verantwortung gekommen, den von ihnen angestoßenen Entwicklungsprozeß auch im Alltag zu *tragen*. Zum anderen aber, und das scheint mir das wichtigere zu sein, hätte diese Lösung bedeutet, daß jedes Stationsteam auch in seiner Leitung die Dreiteilung aufgehoben hätte. Die Leitung des Teams wäre nicht mehr in Parallelhierarchien aufgeteilt gewesen, sondern von einer Position aus zusammengehalten. Symbolisch bedeutsam wäre hier sicher auch gewesen, daß die Leitung nicht fachlich definiert wäre, sondern in dem einen Team aus der pflegerischen, im anderen aus der ärztlichen Berufsgruppe stammen würde. Diese Variante wäre einem Bild sehr nahe gekommen, das man dem bisherigen Modell des Krankenhauses idealtypisch gegenüberstellen könnte: Ein interdisziplinäres Team wird von einer Funktion aus geleitet. Die Besetzung der Funktion ist nicht fachlich gebunden (könnte also aus einem Betriebswirt, einer Pflegedienstleitung oder einem Leitenden Arzt bestehen) und wird nach dem Kriterium entschieden, ob die in Frage stehende Person in der Lage ist, disziplinübergreifende Fachlichkeit zu entwickeln, vor allem aber disziplinübergreifende Dynamik steuern zu können.

Tatsächlich wurde diese Lösung mit mehr oder weniger überzeugenden Begründungen fallengelassen; möglicherweise hätte sie die Veränderungsfähigkeit des Hauses zum gegebenen Zeitpunkt auch überstiegen. Ganz ähnlich ist es bisher (an juristischen Problemen) gescheitert, die Leitenden Ärzte als ein gleichberechtigtes Ärzte-Leitungsteam zu organisieren, womit auch ein Stück vertikaler Spaltung aufgehoben würde. Statt dessen entschied man sich, wie oben erwähnt, zu einem Modell, in dem der Teamprozeß von Moderatoren aus dem Team und von der zuständigen Leitenden Ärztin geführt wird. Davon unberührt blieb aber die Vorgesetztenfunktion der Hierarchieschienen.

Sicher ist zu erwarten, daß der Druck des Systems aus sich selbst heraus, die Spannung zwischen alter und neuer Struktur zu überwinden, bestehen bleiben wird. Die gegenwärtige Situation kostet rein äußerlich schon sehr viel Energie und Sitzungsbedarf, weil vieles quasi doppelt geklärt werden muß, nämlich einmal nach den alten und einmal nach den neuen Spielregeln. Weitere Anpassungen in der Kultur, vor allem aber auch in der Struktur werden nach meinem Dafürhalten kommen müssen. Allerdings wird man sich dabei wohl auf lange Zeiträume einstellen müssen, weil mit diesen Veränderungen ein historisch verwurzeltes tradiertes Systemmodell und kulturell tiefsitzende Imagines von Krankenhaus und Heilung auf dem Spiel stehen.

6. Zwischen den Stühlen: Die Beratung aus interner Position

Die übliche fachliche Ansicht, interne Beratung stehe einer externen Beratung in ihrer Qualität nach, gilt für Veränderung im Krankenhaus meines Erachtens nur bedingt. Die spezifische Abwehrstruktur des Krankenhauses öffnet sich leichter einem, der „sowieso von unseren Zuständen hier weiß". Die frühe Abwehrstruktur des Krankenhauses generiert eine starke Angst, Leute von außen könnten etwas Böses aufdecken, das man lieber verdeckt halten sollte (man denke an die Art und Weise, wie mit angeblichen oder tatsächlichen „Skandalen" im Krankenhaus umgegangen wird). Im dargestellten Fall habe ich als Berater aus einer internen Position heraus agiert, was nach meiner Wahrnehmung die Angst der Mitarbeiter vor Aufdeckung gemildert hat. Man konnte bei mir die internen Umstände als bekannt voraussetzen. Das Ich-weiß-Bescheid also öffnet, wenn andererseits ein Urteilen über Personen streng vermieden wird. Zugleich konnte ich als Bindeglied und Vermittler imaginiert werden. Meines Erachtens besteht die übergeordnete Funktion des Beraters für die Organisation Krankenhaus darin, diesen Standpunkt des ‚Zwischen' den tradierten Hierarchien in vielen kleinen Einzelsituationen erfahrbar zu machen. Auf diese Weise wird quasi ein brachliegendes Feld, das außerhalb der gewohnheitsmäßigen Wahrnehmung liegt und deshalb bisher nicht genutzt werden kann, einer potentiellen Nutzung zugänglich gemacht. Es geht hier darum, vom ‚Zwischen' aus anzutreten, dieses ‚Zwischen' als Lücke und Aufgabenfeld kenntlich zu machen und die Verantwortlichkeit für das ‚Zwischen' nach und nach in die Institution zu verankern – institutionell und kulturell.

Gleichzeitig hat eine interne Position natürlich auch ihren Preis, typischerweise etwa mangelnden Abstand, größere Gefahr der Verstrickung, Verlust des „fremden Blickes" usw. Tatsächlich habe ich fachlich-methodische Nachteile vor allem (aber nicht nur) in der Beratung der Leitung erlebt. Dazu gehören eine größere Hemmung zu konfrontieren, die Gefahr, sich mit der Leitung oder der Basis zu solidarisieren (oder so eingeordnet zu werden), und auch eine größere Verunsicherung seitens der jeweils Beratenen in bezug auf meine Rolle. Für mich überraschenderweise habe ich einige dieser Rollenprobleme jedoch ganz gut kompensieren können, unter anderem durch folgende Maßnahmen:

- Permanente Auftrags- und Rollenklärung nach allen Seiten und Transparenz über die Ergebnisse nach allen Seiten.
- Dreiecksverhältnis zwischen Basis, Leitung und Berater permanent reflektieren (Pühl 1996).
- Ausgeprägte Rechtschaffenheit im Umgang mit sensiblen Informationen. (Ich nenne das die „Schwarze-Loch-Funktion": Informationen für das eigene Verständnis und die eigene Interventionsauswahl zwar nutzen, aber gleichzeitig sozusagen „vergessen".)
- Jede Teileinheit nach außen schützen, allgemeine Einsichten aber breit veröffentlichen.
- Immer mit Sachfragen beginnen, aber Beziehungen thematisieren, wenn sich das Thematisieren direkt aus den Sachfragen her rechtfertigt.
- In der eigenen finanziellen Existenz möglichst unabhängig sein.

Der Verlust von Grenzen

Dessen ungeachtet bedeutet eine interne Position für den Berater dennoch ein deutliches Mehr an psychischer Belastung, welche die Existenz im „Zwischen den Fronten" mit sich bringt. Auffallend häufig gerate ich in Situationen, in denen mir heiß wird oder in denen ich schwitze, in denen mir etwas peinlich ist und ich erröte. Ich verstehe das als den Ausdruck davon, daß ich ständig in Gefahr bin, zu intim zu sein oder zu werden, daß ich also, um das ‚Zwischen' zu besetzen, in das System hinein muß, aber dabei stets befürchten muß, meine Grenzen und die Grenzen anderer nicht zu wahren (sicher auch eine Spiegelung der Patientendynamik). Meine Position hat sich auch in meinem lange Zeit unbewußten dauerhaften Erleben niedergeschlagen, worin vor allem das stabile Bild meiner inneren Grenzen angegriffen wird. Dieses Erleben ist in einem Traum verdichtet, den ich in der Anfangsphase des Prozesses in dem Krankenhaus hatte:

Ich befinde mich als Soldat an der Front. Der Feind steht aber nicht nur gegenüber auf der anderen Seite, sondern löst unsere Front auf, indem er hinter unsere Linien schwer bewaffnete Fallschirmspringer absetzt. Neben meiner schlechten Bewaffnung und einem fehlenden Schützengraben lösen die hinter mir herunterfliegenden Fallschirmspringer bei mir ein massives Bedrohungsgefühl aus, das mit dem Gefühl einhergeht, kein Außen mehr zu haben, das eine Verteidigungslinie gegen Angreifer sein könnte. Mein Innenfeld ist quasi grenzenlos in einem feindlichen größeren Feld aufgelöst.

Gefühle, die diesem Traum entsprechen, habe ich lange Zeit unbewußt auf mein Privatleben verschoben. Nur dort konnte ich sie bewußt erleben und dort sah ich sie auch verursacht. Erst nach einiger Zeit ist mir bewußt geworden, daß es sich dabei um eine Verschiebung handelte: Die Auflösung meines Selbst, meines Standpunktes und meiner Grenzen ist die adäquate Gefühlsreaktion auf die interne Position in jenem Krankenhaus. Das Bewußtwerden hat allerdings nicht zu einem Verschwinden der entsprechenden Gefühle geführt; ich kann jedoch ihr Auftreten inzwischen zur Analyse von konkreten Situationen nutzen. Die schwierige psychische Situation besteht also darin, das „Schlachtfeld" trotz dieser Gefühle nicht zu verlassen, den „Feind" zu differenzieren und dessen phantasierte Aggression gegen mich als einen Ausdruck der Dynamik des Systems zu verstehen. Von einem Außenstandpunkt wäre dies alles sicher leichter, das Problem würde sich aber auch weniger stellen, unter anderem deshalb, weil der Außenstandpunkt wahrscheinlich auch weniger Wirkung entfalten würde.

7. Zusammenfassung

QM im Krankenhaus klingt zunächst technisch und harmlos, aber wenn es nicht als Alibi, sondern im nachdrücklichen Sinne betrieben wird, stellt es einen starken Hebel dar, um Veränderungen wechselseitig einzufordern und nachprüfbar zu machen. Wichtiger Ansatzpunkt für Analyse und Bearbeitung ist die Interdisziplinarität in der Dreiteilung. Dabei ist es hilfreich, die Arbeitsteilung im Krankenhaus mit ihrer typischen dreigeteilten Hierarchiestruktur nicht nur als ergonomische Rationalität, sondern auch als Ergebnis von Abwehrprozessen gegenüber den Patienten zu verstehen, insbesondere als Ergebnis von Spaltungen. Die Spaltung, die sich *inter*disziplinär, also *zwischen* den Berufsgruppen in Form von Feindbildern u.ä. aufspannt, gibt der dreigeteilten hierarchischen Organisationsform des Krankenhauses ihre spezifische Bedeutung. TQM im Krankenhaus kann seinem Anspruch nur gerecht werden, wenn es sich dieser emotionalen und institutionellen Struktur stellt. Die Konfrontation der Struktur verlangt, sie als wichtiges Bewältigungsmittel *und* als hinderliche Abwehr zu verstehen.

Eine nachhaltige Relativierung von Arbeitsteilung und Spaltung erfordert Interventionen, die sowohl auf die institutionelle Struktur als auch auf das Neuverstehen der interdisziplinären Dynamik zielen. Beide Seiten müssen im organischen Wechsel bearbeitet werden, was auf der Handlungsebene der Beratung Maßnahmen der Organisationsentwicklung und Prozesse der Supervision notwendig macht. Die sach- und zielorientierte Entwicklung der Organisation bedarf notwendigerweise auch supervisorischer Prozesse, denn mit dem Umfassenden Qualitätsmanagement wird der Grundkonflikt zwischen Ganzheitlichkeit und deren Abwehr immer wieder aufs Neue thematisiert.

Literatur

Becker, H. (1998): Psychoanalyse und Organisation – Zur Bedeutung unbewußter Sozialisation in Organisationen, in: Freie Assoziation, 1.Jg., 1+2/1998, S. 81-100.
Bion, W.R. (1992): Lernen durch Erfahrung. Frankfurt/M.
Degenhardt, C. (1995): Team-Supervision im Allgemeinkrankenhaus: Familienbetrieb mit paranoiden Tendenzen, in: Triangel (Hg.), Familie – Gruppe – Institution: Die Vielfalt in der Dreiheit. Hille.
Gotthardt-Lorenz, A. (1994): Organisationssupervision: Rollen und Interventionsfelder, in: H. Pühl (Hg.), Handbuch der Supervision 2. Berlin.
Hanselmann, M./Selm, R. (1996): Qualitätsfähigkeit. Bern-Stuttgart-Wien.
Lacan, J. (1991): Schriften I. Weinheim-Berlin.
Maisch, H. (1997): Patiententötungen. München.
Menzies, I.E.P. (1974): Die Angstabwehr-Funktion sozialer Systeme – ein Fallbericht, in: Gruppendynamik. Forschung und Praxis, 5.Jg., S. 183-216.
Nilsson, A. (1997): Das Spiel der Sprache. Regensburg.
Pühl, H.(1996): Supervision in Institutionen. Frankfurt (2. Aufl. 1997)
Willke, H. (1996): Systemtheorie II: Interventionstheorie. Stuttgart.

Revitalisierung einer Dienstleistungsorganisation in einem Großunternehmen – Ein Projektbericht

Hüseyin Özdemir

1 Kritische Ausgangslage vor der Revitalisierung

Die zentrale Dienstleistungseinheit eines Großunternehmens (Einkauf, Informatik, Technik, Personal) war in den Jahren in extreme Kritik seitens der Nutzer (interne Kunden) und der Vorstände gekommen. Die Nutzer kritisierten die schlechte Leistung, die „Unbeweglichkeit" und die fehlende Dienstleistungsorientierung der Einheit. Der Vorstand seinerseits beklagte die kontinuierlich steigenden Kosten, die niemand im Griff zu haben schien. Mehrere Versuche innerhalb der letzten Jahre, „das große Schiff", unter Einbeziehung namhafter Beratungsfirmen, noch auf neuen Erfolgskurs zu bringen, waren gescheitert. Die Kosten stiegen weiter, die Eigenmotivation der MitarbeiterInnen und die Unzufriedenheit der Kunden sank. Die Dienstleistungseinheit selbst fühlte sich „in die Ecke gedrängt".

Durch ein seit einem Jahr laufendes Effizienzsteigerungs-Projekt, welches im engsten Führungskreis durchgeführt und die Erarbeitung einer neuen, „schlanken" Organisationsform zum Ziel hatte, waren die Ängste und Frustrationen der Führungskräfte und MitarbeiterInnen auf einem Höchststand.

Die fehlgeschlagenen Effizienzsteigerungsversuche der letzten Jahre hatten die Verantwortlichen dazu veranlaßt, das Projekt in einem sehr kleinen Kreis mit starker externer Unterstützung durchzuführen. Die externe Beratung war Teil der Unternehmenskultur geworden. Der involvierte interne Kreis nahm nur noch Ergebnisse ab, die durch die Berater, unter Einbringung der Erfahrungen aus anderen Firmen, erarbeitet worden waren. Alles in allem eine schwierige und verfahrene Ausgangslage. Die Organisation schien wie in „Ohnmacht" gefallen.

Im folgenden wird die erfolgreiche Revitalisierung dieser in Resignation und Ohnmacht gefallenen Organisation und der Start der Umsetzung der Neuorganisation aufgezeigt. Dies ist im wesentlichen durch die an Organisationsentwicklungsprinzipien ausgerichteten Vorgehensweise gelungen.

Die Geschäftsführung beauftragte ein externes Beratungsteam mit Kompetenzen in organisationskonzeptioneller- und Prozeßberatung. Unter Prozeßberatung wird hier der bewußte Umgang mit der psychosozialen Dynamik der Gesamtorganisation, der Teams und der involvierten Personen in der Projektarbeit verstanden. Das heißt, daß insbesondere auch an Ängsten, Widerständen und Hoffnungen gearbeitet werden.[1] Das Bera-

1 Siehe hierzu auch den Beitrag von H-U. Thiel. – Der Hrsg.

tungsteam bildete gemeinsam mit drei internen MitarbeiterInnen das Koordinationsteam für das Gesamtprojekt und die Revitalisierungsarbeit.

Der Schwerpunkt lag in der methodisch-konzeptionellen *und* in der prozeduralen Begleitung. Methodisch-konzeptionelle Beratung bedeutet die gemeinsame Planung und Konzipierung des Gesamtvorgehens, die Erarbeitung bzw. Überprüfung von Führungs- und Organisationskonzepten verstanden. Die Revitalisierung wurde durch die Konzipierung und Begleitung von Kommunikationsveranstaltungen stark unterstützt. Die Prozeßbegleitung lag in der Beratung des Gesamtprozesses, im Coaching der Geschäftsführung und von Führungskräften[2], in der Konzipierung und Moderation von Workshops und Führungsklausuren, in der Erarbeitung von Dramaturgien bzw. Regieanweisungen für Kommunikationsveranstaltungen. Unser Ziel war es, durch unsere Arbeitsweise und durch gezielte Interventionen die Organisation zu revitalisieren (diesen Begriff haben wir im Sinne der Wiederbelebung aus der Medizin entliehen) und gleichzeitig zukunftsweisende Konzepte mit dem Klientensystem zu entwickeln (Strategien, Führungsstrukturen, Ablaufmodelierung usw.).

2 Warum überhaupt Revitalisierung – was wäre geschehen, wenn nichts geschehen wäre?

Die Revitalisierung hatte bereits mit der Einsicht der Geschäftsführung, die Vorgehens- und Arbeitsweise im Projekt zu ändern, begonnen. Die bisherige Arbeit an Konzepten im kleinen Kreis hatte zu extremen Gerüchten und Vertrauensverlusten gegenüber der Geschäftsführung geführt und enorme Widerstände aufgebaut. Der erfolgreiche Start der neuen Organisation war durch diese Situation stark bedroht und insgesamt in Frage gestellt.

Mit dem umfassenden Revitalisierungs-Programm erhoffte sich die Geschäftsführung die Freisetzung von neuen Energien und Initiativen für die Verinnerlichung sowie erfolgreiche Umsetzung der neuen Organisationsform. Dies durfte jedoch nicht durch reines „psychologisieren" noch durch „programmatische" Arbeiten („Konzepte haben wir meterweise"), sondern durch eher pragmatische, umsetzungsorientierte Arbeit erfolgen („die neue Organisation zum Fliegen bringen"). Alles in allem eine völlig andere Vorgehensweise als bisher. Im einzelnen wurden mit der Revitalisierung folgende Ziele verfolgt

- Transparenz zu schaffen über Hintergründe der bisherigen Projektarbeiten (Ziele, Gründe, Beteiligte, Vorgehen, bisherige Ergebnisse, weitere Schritte).
- In die Auseinandersetzung zu gehen mit der Projektvergangenheit, den verpaßten Lern- und Entwicklungschancen.
- Verständnis und Akzeptanz für die neue Konzeption durch Arbeit an den Widerständen und Blockaden zu schaffen.
- Eine neue Aufbauorganisation (Orientierung und Initialisierung) zu starten.
- Die neue Organisationskonzeption (operative Aufgaben, Prozesse, Funktionen, Rollen) umzusetzen.

---

2 Mit diesem Thema beschäftigt sich der Beitrag von A. Scheyögg. – Der Hrsg

- Die Teamentwicklung in den neuen Einheiten durch intensive Zusammenarbeit und Auseinandersetzung mit den neuen Aufträgen, Aufgaben, Selbstverständnissen, Rollen und Zielen zu beginnen und eine neue,
- lern- und entwicklungsorientierte Zusammenarbeit in der weiteren Projektarbeit aufzubauen.

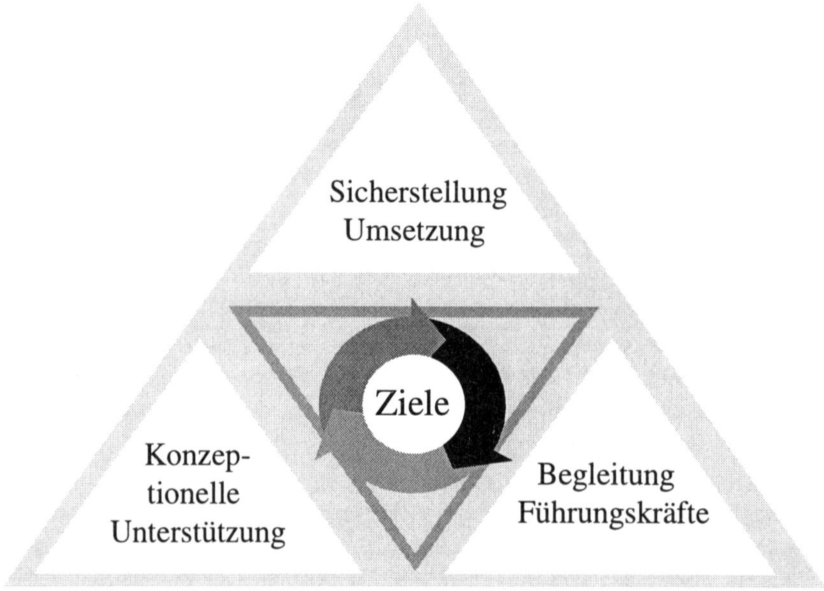

3. Fast unlösbare Fragen zu Beginn des Programms – „wir werden die Situation nicht ändern können“

In der Vorbereitung mußten wir die Vorgehensweise und die Planung der Revitalisierungsaktivitäten an kritischen Fragen ausrichten, die für das Gelingen der organisatorischen Neupositionierung und für die Zielerreichung der weiteren Revitalisierung der Dienstleistungseinheit von zentraler Bedeutung waren:

- Wie können wir das bisherige Projektsystem, das seit einem Jahr intensiv an der neuen Organisationskonzeption gearbeitet hat und damit einen enormen Wissens- und Entwicklungsvorsprung besitzt, an das Organisationssystem „andocken“? An dieser Frage wurde uns die Spaltung zwischen „Gut“ (neues Konzept) und „Böse“ (alles Frühere) deutlich. Durch das „homogene Gute“ und das „homogene Schlechte“ welches nicht gleichzeitig bearbeitet werden konnte, entstand eine blockierende Leere. Hier galt es beide Teile wahrzunehmen, zu akzeptieren und zu einer integrierenden Bearbeitung zu bringen.
- Wie öffnen wir die Mitarbeiterschaft der gesamten Dienstleistungseinheit (800 MA) für die neuen Ideen und Wertvorstellungen (Dienstleistungs- und Kosten bzw. Ergebnisorientierung)?

- Wie können wir eine professionelle Projektkultur (Auftraggeber-Auftragnehmer-Rollen) entwickeln?
- Wie schaffen wir es, eine Aufbruchs- und Innovationsbereitschaft und -stimmung entstehen zu lassen?
- Wie können wir einen bewußten „Schnitt“ zwischen den bisherigen negativen Effizienzsteigerungserfahrungen und den neuen Zielen bzw. Ansätzen ziehen?
- Wie wirken wir gegen die „Versandungs“ängste („das hatten wir doch alles schon einmal“)?
- Wie schaffen wir gegenüber der bisherigen Geschäftsführung, die auch zukünftig aus Sicht der Vorstände verantwortlich bleiben soll, Vertrauen („wie sollen wir mit den alten Köpfen den Wandel schaffen?“)?

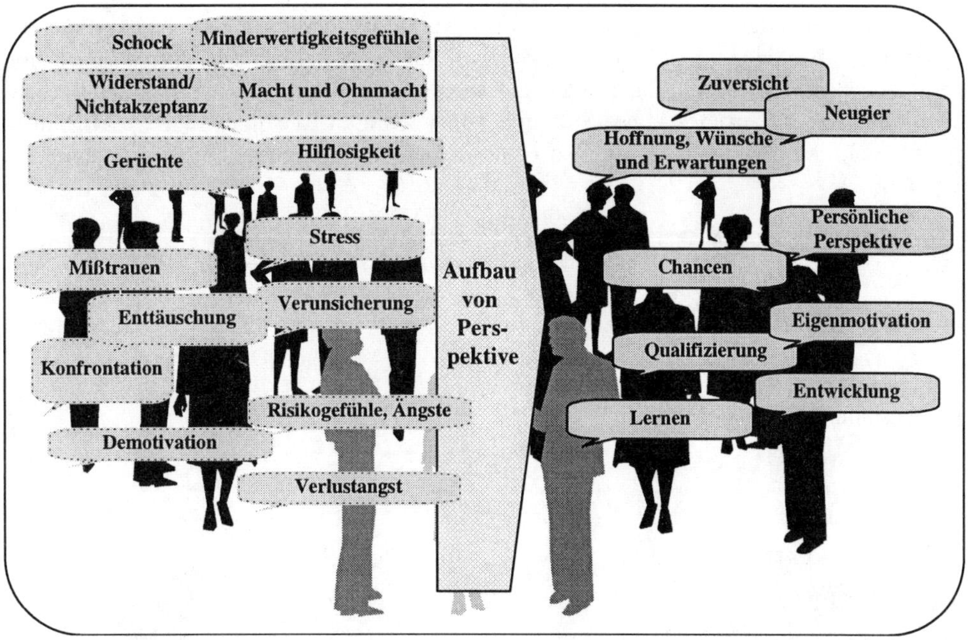

4. Umfassende Revitalisierung auf drei Ebenen

Die Revitalisierung der Dienstleistungseinheit wurde auf den Ebenen Organisation (Strukturen, Führungsorganisation), Team (Führungsteams, Abteilungen und Projektteams) und Person (Führungskräfte, Projektleiter, sonstige Schlüsselpersonen) angestrebt. Als Gesamtorientierung diente das Organisationsleitbild, welches die organisatorischen Werte, insbesondere die Delegation von Entscheidungskompetenzen an MitarbeiterInnen mit Kundenverantwortung (etwas modisch „Empowerment“ genannt), kurze Entscheidungswege (im Sinne von „schlank und rank“) oder etwa die interne und damit auch externe Dienstleistungsorientierung (Auftraggeber-/Auftragnehmer-Beziehung), beinhaltete.

Auf der Organisationsebene wurden zunächst Aktivitäten und Maßnahmen durchgeführt, die zur schnelleren Geschäftsaufnahme der neuen Organisationsform erforderlich waren, wie z.B. die Erarbeitung einer Aufbaustruktur (Beschreibung und Besetzung von Führungspositionen), Entwicklung einer Führungsorganisation (Gremien und deren Zusammenspiel), Personalauswahlaktivitäten (Assessment Center) und die Information der internen Kunden über die neuen Strukturen, Verantwortlichkeiten und Prozesse.

Auf der Teamebene wurden die neu gebildeten Organisationseinheiten in Form von Workshops und Klausuren zusammengebracht und auf ihre neuen Aufgaben vorbereitet. Ergebnisse der intensiven Workshops waren gemeinsam erarbeitete Teamstrategien, Leitlinien der Zusammenarbeit in den Teams und konkrete Maßnahmenplanungen zur aktiven Gestaltung der weiteren Teamentwicklung[3]. Bei dieser Arbeit wurden die Teams durch die Berater gecoacht.

Neben der Arbeit auf der Organisations- und Teamebene wurde der Fokus auf die Personenebene gelegt. Schlüsselpersonen wurden in Form von Rollenberatung (eine rollenzentrierte Form des Coachings) auf ihre neuen Rollen und den Rollenwechsel vorbereitet. Ziel hierbei war die Stützung von wichtigen Leistungsträgern. Abwanderungsgefährdete Personen konnten so gehalten und für die neuen Aufgaben gewonnen werden.

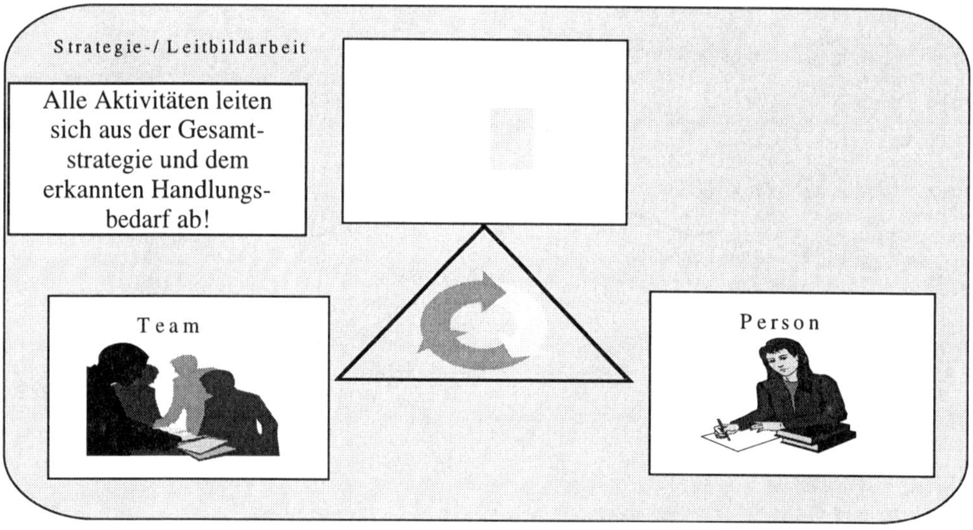

5. Die Ziele je Ansatz

Um die Revitalisierung der Organisation und den kulturellen Wandel sicherzustellen, bedingten sich die (Ideal-)Ziele der Ansatzebenen gegenseitig. Voraussetzung des Erfolges auf der Teamebene war die erfolgreiche Zielverfolgung auf der Personenebene. Unser Ziel war es, die gesamte Organisation durch die intensive Arbeit an den drei

3 Siehe zu diesem Thema auch den Beitrag von H. Pühl. – Der Hrsg.

Ebenen aufzurütteln, in Bewegung zu bringen – „wie ein Marschallplan, um zu retten was noch zu retten war“.

Ansatz	Ziele
Organisation	• Wiedererlangung der Arbeitsfähigkeit. • Schaffung der Voraussetzungen für kontinuierliches Lernen und eines • Rahmens für erfolgreiche Team- und Personalentwicklung (im Sinne einer lernenden Organisation). • Förderung der Kooperation und Zusammenarbeit an organisatorischen Nahtstellen (Team zu Team).
Team	• Erhöhung der Arbeitsfähigkeit der Teams und Freisetzen von Innovationspotentialen und -energien. • Förderung des gegenseitigen Vertrauens der Teammitglieder. • Unterstützung des Einzelnen im Team bei der Veränderung. • Sicherstellung des gemeinsamen „Tragens“ der langfristigen Organisationskonzeption von allen Teammitgliedern.
Person	• Klärung und Gestaltung der eigenen Rolle im Team und in der Organisation. • Steigerung der Konflikt- und Teamfähigkeit. • Erhöhung der Qualifikation. • Förderung der Eigenmotivation.

Die Koordination aller Aktivitäten war Aufgabe des Koordinationsteams. Parallel wurde ein Team mit der Aufgabe den Revitalisierungserfolg kontinuierlich zu messen und zu überprüfen eingerichtet. Diese Teams wurden mit eigenen Führungskräften besetzt und durch die externen Berater methodisch und prozedural begleitet. Die Zielerreichung wurde durch regelmäßige Berichterstattung an das Koordinationsteam und das Revitalisierungs-Controlling „gemessen“. Weiteres Meßinstrument war die Durchführung einer Mitarbeiter- und Kundenbefragung sechs Monate nach Prozeßbeginn.

6. Voraussetzungen des Revitalisierungs-Programms

Das Revitalisierungs-Programm begann nach intensivem Team-Coaching der Geschäftsführung mit einem Initialisierungs-Workshop. Zur Gewährleistung einer erfolgreichen Durchführung des Initialisierungs-Workshops und des gesamten Revitalisierungs-Programms mußten folgende Voraussetzungen erfüllt werden.

- Offizielle Verabschiedung der Aufbauorganisation (wichtig als Symbol für die notwendige Verbindlichkeit im Prozeß).
- Die Geschäftsführung führte mit allen Teilnehmern des Workshops Personalgespräche („jeder weiß wo er zukünftig hingehört“).
- Die vorab zu verschickende, schriftliche Information über die Gesamtkonzeption war verabschiedet worden und damit kommunizierbar („es dürfen keine Irritationen bei MitarbeiterInnen auftreten, was denn nun gültig ist ?!“).
- „Rückendeckung“ durch Vorstand für das Revitalisierungs-Programm („die stehen wirklich dahinter“).
- Intensive Vorbereitung der Geschäftsführung („welche Fragen könnten gestellt werden? Wir müssen als *eine* Geschäftsführung einheitlich auftreten“).

Durch ein einheitliches Vorgehen und eine minutiöse Planung der Schritte beispielsweise anhand von Regieanweisungen, einheitlichen Präsentationsfolien, Redemanuskripten und Vorbereitungsmeetings, wurde Vertrauen bei den MitarbeiterInnen gewonnen („so kennen wir die Geschäftsführung ja gar nicht“). Gleichzeitig wurde die Angst bei der Geschäftsführung, vor ihre MitarbeiterInnen zu treten, verringert. Die strenge Planung wurde, insbesondere in den Workshops, allerdings nicht immer bis zur letzten Minute eingehalten. Hier galt eher das Motto „Konflikte haben Vorrang“. Für die Geschäftsführung war es äußerst wichtig, „ihre“ Regieanweisung in der Hand zu halten. Diese Form der Vorbereitung und Begleitung stützte die Geschäftsführung in schwierigen Situationen („die werden versuchen uns auseinanderzunehmen“). Sie faßte wieder Mut, um immer freier und offener vor ihre Mitarbeiterschaft zu treten und kritischen Fragen und Anmerkungen gegenüber Rede und Antwort zu stehen.

7. Phasen der Revitalisierung – Gesamtüberblick

Die Revitalisierung begann mit einem Initialisierungs-Workshop und wurde mit einem Controlling-Workshop beendet. Alle MitarbeiterInnen wurden nach dem Initialisierungs-Workshop in einer Gesamt-MitarbeiterInnenveranstaltung über die neue Vision und Organisationskonzeption informiert, Chancen und Risiken wurden offen und kritisch diskutiert. In der Veranstaltung wurden die Diskussionsbeiträge der MitarbeiterInnen für alle sichtbar auf großen Plakaten simultan festgehalten („die nehmen unsere Beiträge wirklich ernst!“). Dieser Gesamtinformation schlossen sich Gruppengespräche in den neu zusammengesetzten Funktionen an, in denen Inhalte vertieft bearbeitet und Knackpunkte im kleinen Kreise besprochen werden konnten. Die Workshopergebnisse wurden nach 6 Monaten in einem Controlling-Workshop zusammengeführt. Hierdurch konnten die Ergebnisse aus den einzelnen Funktionsworkshops zu einem Gesamtergebnis konsolidiert werden und die Gesamtorganisationskonzeption im Hinblick auf Realisierbarkeit und Veränderungsbedarfe überprüft werden.

Während des Revitalisierungs-Prozesses wurde parallel die Kommunikation mit weiteren Interessengruppen z.B. dem Betriebsrat, Aufsichtsrat, Vorstand und den Fachbereichen (interne Kunden) intensiviert, um auch auf dieser Ebene Vertrauen in die Leistungsfähigkeit der Dienstleistungseinheit allmählich wieder aufzubauen.

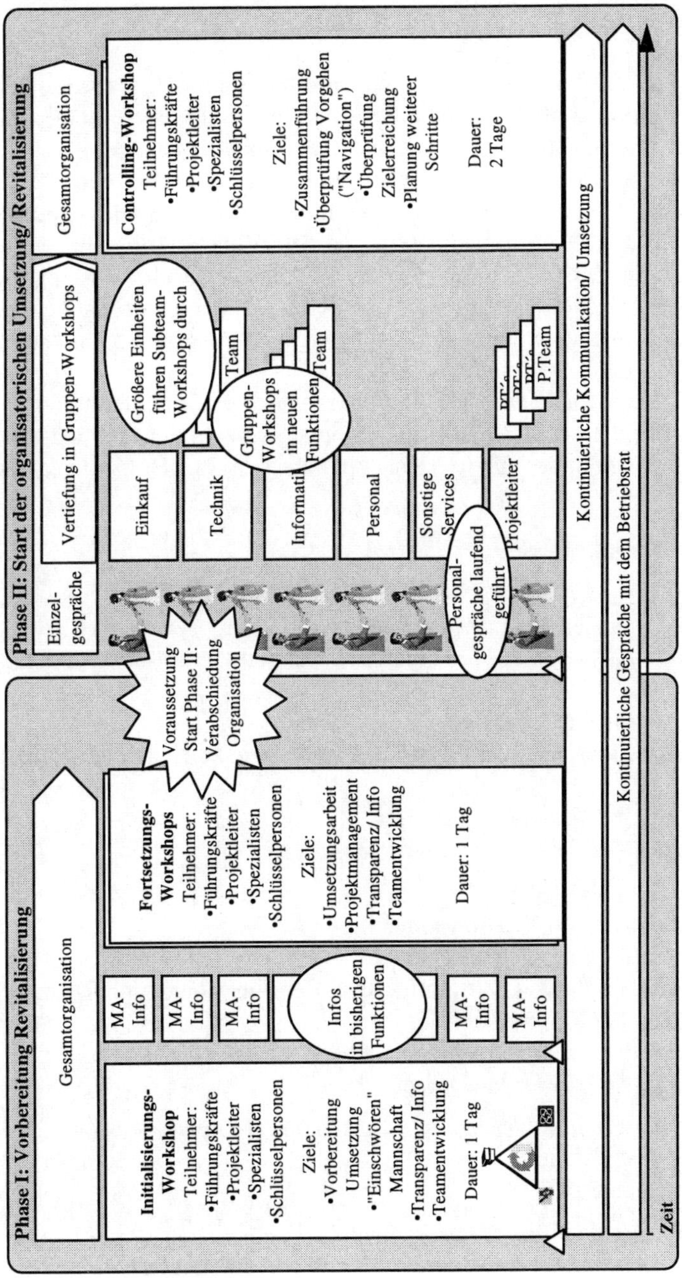

Phase I: Vorbereitung Revitalisierung
Gesamtorganisation
Initialisierungs-Workshop
Teilnehmer:
•Führungskräfte
•Projektleiter
•Spezialisten
•Schlüsselpersonen
Ziele:
•Vorbereitung Umsetzung
•"Einschwören" Mannschaft
•Transparenz/ Info
•Teamentwicklung
Dauer: 1 Tag
MA-Info
MA-Info
MA-Info
Infos in bisherigen Funktionen
MA-Info
MA-Info
Fortsetzungs-Workshops
Teilnehmer:
•Führungskräfte
•Projektleiter
•Spezialisten
•Schlüsselpersonen
Ziele:
•Umsetzungsarbeit
•Projektmanagement
•Transparenz/ Info
•Teamentwicklung
Dauer: 1 Tag
Voraussetzung Start Phase II: Verabschiedung Organisation
Phase II: Start der organisatorischen Umsetzung/ Revitalisierung
Einzel-gespräche
Personal-gespräche laufend geführt
Vertiefung in Gruppen-Workshops
Einkauf
Technik
Informatik
Personal
Sonstige Services
Projektleiter
Größere Einheiten führen Subteam-Workshops durch
Team
Gruppen-Workshops in neuen Funktionen
Team
P.Team
Gesamtorganisation
Controlling-Workshop
Teilnehmer:
•Führungskräfte
•Projektleiter
•Spezialisten
•Schlüsselpersonen
Ziele:
•Zusammenführung
•Überprüfung Vorgehen ("Navigation")
•Überprüfung Zielerreichung
•Planung weiterer Schritte
Dauer: 2 Tage
Kontinuierliche Kommunikation/ Umsetzung
Kontinuierliche Gespräche mit dem Betriebsrat
Zeit

7.1 Start der Revitalisierung mit einem Initialisierungs-Workshop

Die Umsetzung der neuen Aufbauorganisation begann mit einem Initialisierungs-Workshop, an dem alle Führungskräfte, Projektleiter, Experten und weitere Schlüsselpersonen teilnahmen. Der Initialisierungs-Workshop hatte für den Beginn der Revitalisierung eine große Bedeutung. In diesem Workshop kamen die neuen Berater, die für eine neue Haltung und Arbeitsform standen, zum erstenmal mit allen Schlüsselpersonen („Rückgrat der Organisation“) zusammen. Versuche der TeilnehmerInnen, die Berater in bekannter Manier als Experten zu aktivieren, mußten enttäuscht werden. Die Revitalisierung konnte nur erfolgreich sein, wenn es gelingt, die Eigeninitiative und -verantwortung an die Organisationsmitglieder zurückzugeben. Dieses Signal mußte bereits in diesem ersten Workshop vermittelt werden.

Auf Basis der unten genannten Themenschwerpunkte wurde im Vorfeld eine interaktive Workshop-Dramaturgie erarbeitet, die es ermöglichte, sowohl auf fachlich-konzeptioneller als auch auf prozeduraler Ebene (Knackpunkte, Ängste, Hoffnungen) zu arbeiten.

Workshop-Themenschwerpunkte

Projekt Historie
- Was waren die Ziele der bisherigen Projektarbeit?
- Kernaussagen aus der Analyse. Was kam eigentlich bei den Organisationsuntersuchungen heraus?
- In welchen Phasen sind wir vorgegangen?
- Wer war am Prozeß beteiligt? Wie war die Arbeitsweise (wie zufrieden bzw. unzufrieden)?
- Was ist die aktuelle Beschlußlage des Vorstands?
- Wie wird es weitergehen (Projektvorgehen, -organisation)?

Zukünftiges Gesamtkonzept
- Vision, Strategie, Ziele der Dienstleistungseinheit.
- Aufbauorganisation (Strukturen/Rollen/Personen)?
- Ablauforganisation (wer macht was, Zusammenspiel der Funktionen und Teams)?
- Erfolgs- und Meßgrößen der Funktionen.
- Wie ist der Prozeß der Funktionsbesetzung gelaufen?
- Eckpunkte des zukünftigen Projektmanagements?

Leitlinien unserer Zusammenarbeit in der neuen Dienstleistungseinheit
- Wie wollen wir zusammenarbeiten?
- Was wollen wir auf keinen Fall?

Sprachregelung (Vorbereitung der Gruppengespräche)
- Was muß in den Folgegesprächen an MitarbeiterInnen weitergegeben werden?
- Sicherstellung, daß die Geschäftsführung und alle übrigen Führungskräfte einheitliche, verbindliche Aussagen zu zentralen Fragen geben.

Weiteres Vorgehen
- Termine (wann wird sich dieser Kreis wieder treffen; Kontinuität aufzeigen).
- Maßnahmenplanung (Verbindlichkeit zeigen durch konkrete weitere Maßnahmen, Verantwortlichkeiten und Abschlußterminen).

Auswertung des Workshops
– Feedback einholen als Element der neuen Kundenorientierung
(„Allein die Auswertung war ein Aha-erlebnis!")

7.2. Zwei Varianten der MitarbeiterInnen Information – „wir dürfen uns nicht übernehmen"

Grundsätzlich bestand die Möglichkeit, MitarbeiterInnen in einer Großveranstaltung oder in separaten Gruppengesprächen über die bisherigen Pojektergebnisse, die zukünftige Aufbauorganisation und Konzeption zu informieren. Im Vorfeld besprachen wir die Lage und wägten unterschiedliche Varianten gegeneinander ab. Bei diesen Vorbereitungsgesprächen, die als Teamcoaching der Geschäftsführung abliefen, war es wichtig, die negativen Erfahrungen der Vergangenheit mit Mitarbeiterveranstaltungen („die jedesmal in einer Schlacht, unter aktiver Beteiligung des Betriebsrates, endete") offen und behutsam zu besprechen. Das Aufzeigen der positiven Erfahrungen des Beraters aus vergleichbaren Situationen erzeugte Sicherheit und schaffte eine Plattform für ein konstruktives Gespräch. Diese Kommunikationsmodelle wurden kritisch „auseinandergenommen" und der aktuellen Situation angepaßt.

Variante 1: Gesamtinfo-Veranstaltung		
Beschreibung	Pro	Kontra
• Zwei bis drei Stunden (z.B. 9.00 bis 11.30 Uhr, anschließend Imbiß) • Alle Mitarbeiterinnen, Vorstand, Betriebsrat • In einem großen Hotelsaal • Regieanweisung, Redemanuskript, Folienpräsentation	• Gemeinsamer Geschäftsführungsauftritt • Einheitliche und zeitgleiche Information aller Mitarbeiterinnen • Auftritt Vorstand möglich (Verbindlichkeit!) • Deutliche Signalwirkung („wir legen los"). • Einheitlicher „Startschuß" Gesamtorganisationsgefühl entsteht	• Aufwendiger Rahmen • Eingeschränkte Diskussionsmöglichkeiten • Gefahr der Großgruppendynamik – „erneute Schlacht"

Alternativ boten wir der Geschäftsführung parallele, kleinere Kommunikationsveranstaltung an.

Variante 2: Info über Gruppengespräche		
Beschreibung	Pro	Kontra
• Geschäftsführung ist immer anwesend • Einheitliche Regieanweisung und Foliensätze für Vorgesetzte	• Tiefere Diskussionen sofort möglich • Persönlichere Atmosphäre	• Könnte zeitlich auseinander-driften (nur straffe Terminierung sinnvoll) • Gefahr der unterschiedlichen inhaltlichen Signale durch Leitung • Kein einheitlicher „Startschuß" • Zeitaufwand für oberste Geschäftsführung hoch • Vermischung von Info-Veranstaltung und Umsetzungs-Workshop

Die Geschäftsführung entschloß sich für die Verbindung dieser beiden Varianten. An einem Nachmittag startete die Mitarbeiterkommunikation mit einer einstündigen Gesamtrunde, in der durch die oberste Geschäftsführung die Ziele, Hintergründe, Vorgehen, bisherige Gesamtergebnisse in Form einer Präsentation dargestellt wurden. Auftretende Verständnisfragen wurden beantwortet. Kritischer Diskussionsbedarf wurde dadurch aufgefangen, daß auf Pin-Tafeln die gestellten Fragen wortwörtlich festgehalten wurden. Nach einer kurzen Stellungnahme durch die Geschäftsführung wurde die Diskussion dieser Fragen in die nachfolgenden Gruppenveranstaltungen verlegt.

7.3. Was uns bei dem Kommunikationsprozeß leitete

Die Bedeutung einer intensiven und offenen Kommunikation für den Erfolg der Revitalisierung konnte nicht hoch genug eingeschätzt werden. Sie war die Basis für die Akzeptanz der Projektergebnisse und für das Gelingen ihrer weiteren Umsetzung. Dabei gilt, je größer die mit einem Projekt beabsichtigte Veränderung ist, desto intensiver muß die Kommunikation über das Projekt sein.

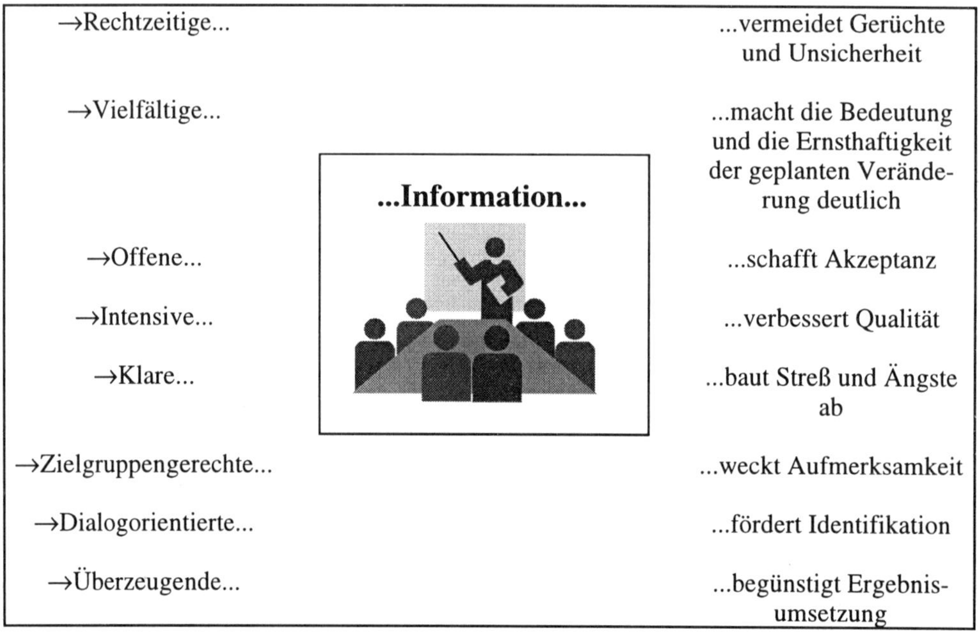

7.4. Vertiefung in Gruppengesprächen

Nach den Kommunikationsrunden wurden je Funktion und Projektteam kaskadenförmig Workshops durchgeführt. Ziel dieser intensiven, ein- bis zweitägigen Runden war das Runterbrechen der Gesamtkonzeption auf die unteren Funktionen.

Ziele	• Auftakt der Umsetzung in den Funktionen • Klärung der Zusammenarbeit an den Nahtstellen • Teambildung (Information/ Akzeptanz/ Motivationsförderung)
Inhalte	Detaillierung der Gesamt- und Einzelkonzeption in • Rahmenbedingungen • Geschäftsauftrag und Ziele • Aufgaben • Strukturen • Prozesse und deren Optimierung • Zusammenspiel mit übrigen Bereichen (Nahtstellen) • Rollen (Selbstverständnis) Leitbildvertiefung Gruppenzielvereinbarung - kurz- (3-6 Monate) bis mittelfristig (1-2 Jahre) Erarbeiten einer Maßnahmenplanung Weiteres Vorgehen
Teilnehmer	Führungskraft, MitarbeiterInnen, Geschäftsführung (kurz zu Beginn und gegen Ende), Moderatoren
Termin	Schnellstmöglich nach Mitarbeiterinfo-Veranstaltung
Ort	Nutzung der eigenen Räumlichkeiten (Arbeit im System!)
Vorbereitung	• Regieanweisung • Vorbereitungsgespräche mit/ Begleitung der Führungskraft • Foliensatz über Konzeption und Sprachregelung über Projektstatus • Infrastruktur (Raum, Pin-wände, Moderatorenkoffer, Flipchart, OVH-Projektor)

8. Erfolgsfaktoren der Revitalisierung

8.1. Erfolgsfaktoren *vor* dem Start der Revitalisierung

Unten benannte Faktoren wurden im Vorfeld des Revitalisierungsprozesses durch die Geschäftsführung erarbeitet und sichergestellt.

Erfolgsfaktor	Herausforderung
Strategische Fundierung der Reorganisation	• Keine Reorganisation ohne strategische Fundierung – Identifikation von echten Wertsteigerungspotentialen. • Geht die Geschäftsführung von gleichen Zielen und Selbstverständnis der Reorganisation aus?
Unterschied der vorhandenen Organisationskultur von zukünftiger Zielkultur	• Auch wenn Kulturwandel erwartet wird, ist zu entscheiden, wie intensiv der „Kulturschock" für die MitarbeiterInnen sein darf (abhängig vom Gesamtleidensdruck).
Berücksichtigung der Zeit „danach"	• Bei der Planung Berücksichtigung der Zeit „danach". • Durchsetzbarkeit von Maßnahmen; keine Versprechungen, die in der Umsetzungsphase nicht gehalten werden können.
Frühzeitige Revitalisierungsplanung	• Frühzeitige Planung der Revitalisierungsschritte. • Einbeziehung des Führungsteams in die Planung.
Kommunikation	• Einbindung aller MitarbeiterInnen durch regelmäßige schriftliche und dialogorientierte Kommunikation. • Schaffung der Veränderungsbereitschaft.

8.2. Erfolgsfaktoren *während* der Revitalisierung

Erfolgsfaktor	Herausforderung
Kontinuität in der Verantwortung	Hohe hierarchische Aufhängung und Kontinuität der Revitalisierungs-Verantwortung.
Eindeutige Revitalisierungsziele	Formulierung und Kommunikation von unmißverständlichen und meßbaren Zielen für die Revitalisierung.
Überwachung des Revitalisierungsfortschrittes	Entwicklung von Kontrollmechanismen zur Überwachung des Revitalisierungsfortschrittes (Revitalisierungs-Controlling, Meilensteine).
Personal-entscheidungen	Frühzeitige und nachvollziehbare Personalentscheidungen (weitestgehender Abschluß vor Revitalisierung).
Neue Orientierungs-möglichkeiten	Schaffung von neuen Identifikationsmöglichkeiten (Vision unserer Zukunft/ Erarbeitung gemeinsamer kultureller Werte, Leitbild unserer Zusammenarbeit) für MitarbeiterInnen und „Marktpartner".
Persönliche Vorteile für Mitarbeiter	Verdeutlichung der persönlichen Vorteile für die von der Neupositionierung betroffenen Mitarbeiter.
Offener Umgang mit Konflikten	Offener, konstruktiver Umgang mit kritischen Themen („Knackpunkte offen auf den Tisch").
Schnelle und positive Ergebnisse	Initiierung von Revitalisierungsschritten, die schnelle und positive Ergebnisse erwarten lassen.

8.3. Erfolgsfaktoren *„nach"* der Revitalisierung

Erfolgsfaktor	Erläuterung
Controlling	Überwachung der Ziele und Zielerreichung der Revitalisierung durch Revitalisierungs-Controlling und permanente Auswertung, Mitarbeiter- und Kundenbefragung (Zufriedenheitsindizes).
Anpassung	Konsequente Anpassung der Ziele und Vorgehensweise bei eindeutig erkannter Fehlentwicklung.
Vertrauensbildung	Aufbau und Festigung der vertrauensvollen Partnerschaft.
Wachstum	Gemeinsames Wachstum in neue (innovative) „Geschäftsfelder" (sichtbare Erfolge).
Langfristigkeit	Kontinuierliche Weiterentwicklung der Organisation im Sinne der Zukunftsvision und des organisatorischen Lernens.

9. Arbeitsweise im Revitalisierungs-Programm

Das Zusammenspiel und die Integration der drei Arbeitsebenen Inhalte, Methoden und Prozeß waren die wesentlichen Elemente des Revitalisierungs-Programms. Neben der Konzeptarbeit und Umsetzung wurde auf die Prozeßebene große Aufmerksamkeit gelegt (Team- und Persönlichkeitsentwicklung). Der Management-Berater brachte seine Kompetenz insbesondere auf den Ebenen Methode und Prozeß ein.

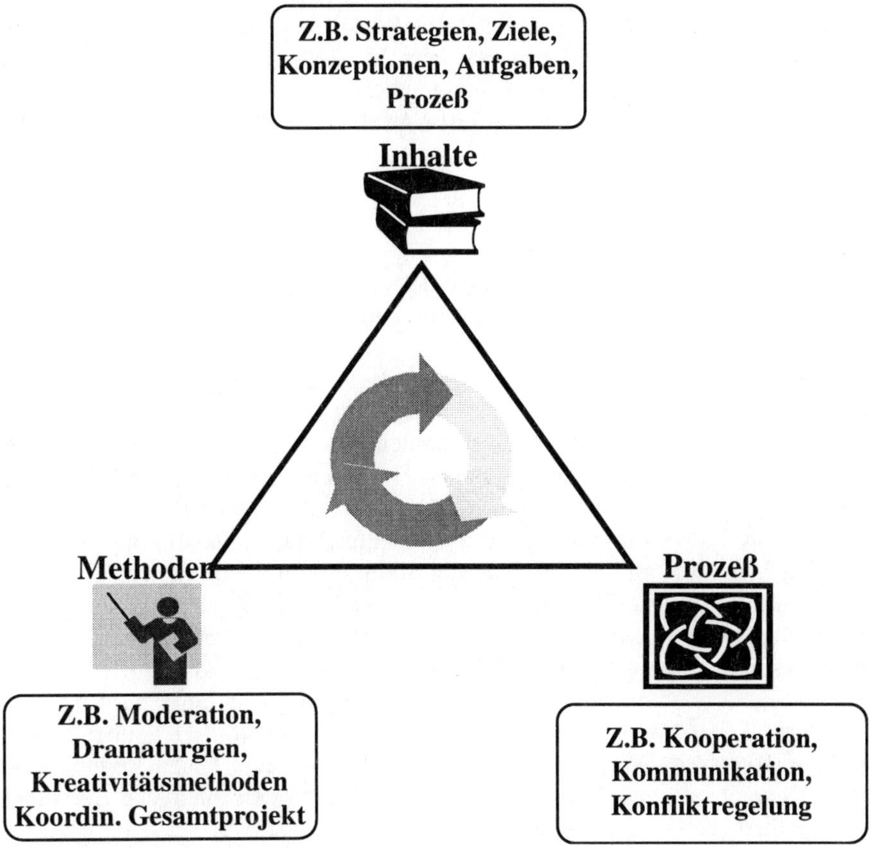

10 Rolle und Beitrag der Berater im Revitalisierungsprozeß

Im Verlauf der Revitalisierung konnten die externen Berater in enger Kooperation mit dem Klientensystem unterschiedliche, für den Revitalisierungserfolg elementare Aufgaben, erfüllen.

Rolle	Beitrag
Beraten	• Know-how einbringen aus ähnlichen Fällen. • Bei Bedarf Unterstützung bei Redemanuskripten (zu Beginn ghostwriting, später an interne MitarbeiterIn übergeben).
Regeln	• Konflikte erkennen, benennen und zur Regelung bringen.
Begleiten	• Kontinuität sichern über alle Phasen. • Stützen der Führungskräfte durch Einzel- und Teamcoaching.
Überprüfen	• „Objektive" (neutrale) Sichtweise bei Bewertung, Planung, Realisierung, Controlling.
Unterstützen	• Kapazitative Unterstützung der Führungskräfte und Mitarbeiter.
Moderieren	• Als neutraler Dritter Gespräche, Workshops vorbereiten (Regieanweisungen/Dramaturgien), leiten, dokumentieren.

Die genannten Rollen änderten sich im Verlauf des Revitalisierungsprozesses. Ziel des Beratungssystems war es, das Klientensystem zu befähigen, inhaltliche und methodische Aufgaben mittelfristig selbst zu übernehmen. Hier war der Berater aufgefordert, den Lerntransfer sicherzustellen, und selbst eine eher begleitende Rolle einzunehmen.

11. Resümee

Die größte Herausforderung war die Frage des „andockens" mehrerer Systeme miteinander. Das bisherige Projektsystem mußte mit dem originären Organisationssystem gekoppelt bzw. angedockt werden.

Die bisherige Projektarbeit, und damit alle Beteiligten Gruppen und Personen bildeten ein temporär aufgebautes System. Dieses temporäre System hatte Konzepte und Innovationsideen entwickelt. Erste Lernmomente und Erfahrungen waren gemacht. Das temporäre System hatte gewissermaßen ein Eigenleben und einen Eigensinn entwickelt.

Die zentrale Frage war nun, die beiden Systeme miteinander zu koppeln. Das temporäre (Projekt)system mußte in das Organisationssystem überführt werden. Ein Lerntransfer mußte stattfinden. Das Projektsystem, welches ein Vorsprung gegenüber dem Organisationssystem besaß, mußte seine Sonderstellung, über alle Informationen und Ideen zu verfügen, zugunsten der erfolgreichen Umsetzung und langfristigen Sicherstellung der Zielerreichung aufgeben. Dies war insgesamt kein einfacher Prozeß, da es auch viel um „Teilenkönnen" und „sich vom geliebten Projekt lösen können" ging.

Ein weiteres systemisches Andocken war zwischen dem neuen Beratungssystem und dem Klientensystem erforderlich. Hier galt es, die unterschiedliche Beratungshaltung und Arbeitsweise der OE-Berater im Vergleich zu den bisher beteiligten Experten-Beratern, in das System einzuführen. Die Hauptschwierigkeit bestand darin, daß das Klientensystem gewissermaßen „verwöhnt" worden war. Es war bereit gewesen, jegliche Verantwortung und Aktivität in die Hände der Experten-Beratern zu legen. Ein Experimentieren und Lernen wurde in der Vergangenheit eher im Experten-Beratungssystem erprobt. Das Klientensystem hatte hierdurch wichtige Lern- und Entwicklungschancen verpaßt. Durch den neuen Revitalisierungsprozeß wurde der Transfer des know-hows vom Beratungssystem zum Klientensystem sichergestellt. Die Wahrnehmung der Eigenerfahrung und -verantwortung des Klienten wurde zur obersten Maxime erklärt.

Das Selbstwertgefühl der „geprügelten" Dienstleistungseinheit wurde durch den Revitalisierungsprozeß über ein Jahr gesteigert. Die Dienstleistungseinheit konnte eine neue Kommunikations- und Lernkultur erfolgreich aufbauen, und die Umsetzung der neuen Konzeption wurde dadurch abgesichert.

Die intensive und offene Kommunikation in gemischten Teams erlaubte eine Annäherung der MitarbeiterInnen und Führungskräfte. Unterschiede und Konflikte konnten offen angesprochen werden. Hierdurch wurde gegenseitiges Verständnis und Vertrauen geschaffen.

Insgesamt ist der Innovations- und Lernprozeß mit dieser Revitalisierung in Gang gesetzt worden. Der Prozeß steht sozusagen noch am Anfang. Letztlich werden die internen Kunden und MitarbeiterInnen den Erfolg bzw. Mißerfolg der Revitalisierung am ehesten beurteilen können. Die Zeichen stehen jedoch gut, die Akzeptanz bei MitarbeiterInnen und Kunden wächst von Tag zu Tag!

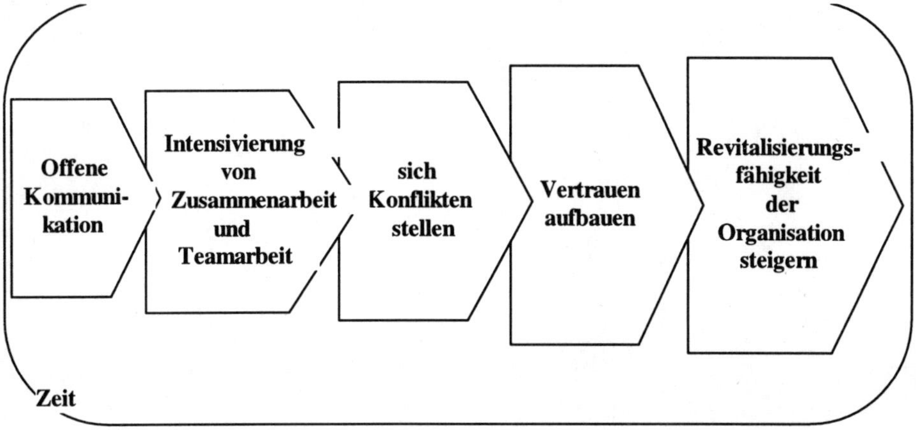

3. Kapitel: Innovation durch Supervision und OE

Diagnose in Supervision und Organisationsberatung: Gemeinsamkeiten und Unterschiede

Kornelia Rappe-Giesecke

1. Einleitung

Das Wort Diagnose weckt leicht Vorstellungen von ÄrztInnen, die mit Hilfe technischer Geräte PatientInnen betrachten und „vermessen". Man denkt an PsychologInnen, die mit Hilfe von Tests den Grad an Gesundheit oder Gestörtheit von Menschen klassifizieren. Der Begriff stammt aus einem Professionsverständnis, das die Trennung von Diagnostizierendem und Diagnostizierten unterstellt, wobei man davon ausgeht, daß eine einseitige Beobachtung stattfindet. Zum anderen wird nahegelegt, daß nur der oder die ExpertIn das Wissen hat, während der Laie der Expertise vertrauen kann und auch keine Verantwortung für die Erstellung der Diagnose übernehmen braucht. Dieses Verständnis von professionellen Beziehungen widerspricht Werten wie: Ressourcenorientiertheit, Betroffene zu Beteiligten zu machen, die Verantwortung für den Prozeß bei den Ratsuchenden zu lassen und als BeraterIn nicht als ExpertIn, sondern als ProzeßbegleiterIn aufzutreten. Gelingt es uns, den Begriff der Diagnose umzuwerten oder sollte man einen neuen prägen? In der Literatur zur Organisationsentwicklung ist der Begriff üblich und wird auch im interaktiven Sinne gebraucht, während er in der Literatur zur Supervision eher seltener auftaucht, was gute Gründe hat, wie wir später sehen werden.

Nun gibt es keine Möglichkeit, das Ziel einer Beratung festzulegen und das dafür optimale Setting zu bestimmen, ohne daß man zuvor Daten gesammelt, sie ausgewertet und zu einer Bewertung der Situation der Ratsuchenden gekommen ist. Meine Fragestellung ist, welche Unterschiede gibt es zwischen Supervision und Organisationsberatung in der Art und Weise, wie sie Diagnosen im Beratungsprozeß durchführen und welche Gemeinsamkeiten zwischen beiden Beratungsformen in Bezug auf Vorgehen und Maximen professionellen Handelns, Haltung und Werk bestehen. Meine Datenbasis sind die veröffentlichten Beratungskonzepte, meine eigenen Praxiserfahrungen sowie die mir durch Kontroll- und Lehrsupervision als auch durch kollegialen Austausch bekannte Praxis von KollegInnen.

Noch ein paar Worte zur Begriffsklärung. Ich benutze in diesem Aufsatz den Begriff Organisationsberatung und nicht Organisationsentwicklung. Letzteres ist ein übergreifendes Konzept, um Veränderungsprozessen unter das die Entwicklung einer Organisation durch das Management oder andere Subsysteme fällt als auch die Entwicklung mit Hilfe externer BeraterInnen. Da es sich hier um die Mitwirkung von BeraterInnen an solchen Prozessen handelt, verwende ich den Begriff Organisationsberatung. (Anm. 1)

2. Thesen

1. Das *Modell von Beratung*, daß das ratsuchende System hat und das Modell, das das Beratersystem hat, sind am Anfang eines Beratungsprozesses nie deckungsgleich. Wie eine Beratung idealerweise abläuft, wie die Rollen aussehen und insbesondere wie die Verantwortung für den Beratungserfolg verteilt ist, muß in den ersten Phasen verhandelt werden. Von OrganisationsberaterInnen wird in der Regel erwartet, daß sie eine Expertenrolle einnehmen und Lösungen präsentieren oder sie werden als „ÄrztInnen" geholt, die nicht nur die Verantwortung für die Lösung, sondern auch für die Diagnose übernehmen. Von SupervisorInnen wird in der Regel keine Expertenberatung, sondern eher Beratung im Rahmen der „Arzt-Patient-Hypothese" erwartet. (Anm. 2)

   SupervisorInnen und OrganisationsberaterInnen gemeinsam ist, daß ihr Selbstbild und ihr Rollenverständnis dem der Prozeßberatung entspricht. Die Diagnosephase als auch die Arbeit im dann folgenden Prozeß gelingt nur, wenn diese paradoxe Situation aufgelöst wird.
2. *Supervision kürzt die Diagnosephase* ab und schließt gleich einen Kontrakt über die Maßnahme. In der Organisationsberatung kontraktiert man im Idealfall nur die Diagnosephase. Welche Maßnahme die angemessene ist, bleibt an dieser Stelle noch offen.
3. Das Beratersystem besteht in der Supervision meist aus einem einzelnen Supervisor oder einer Supervisorin, der oder die der Organisation oder einem ihrer Subsysteme gegenübertritt. Organisationsberatung und damit Diagnose kann nur in einem *BeraterInnenteam* erfolgen. Das Beratersystem muß eine annähernd hohe Komplexität aufweisen, wie das ratsuchende System, es muß sich also in diesem Falle um eine Organisation handeln.
4. Eine Organisationsdiagnose zu erstellen heißt, die Kultur einer Organisation zu verstehen. Dies kann nur durch Teams geschehen, zu denen *Insider und Externe* gehören. Die Aufgabe des Beratersystems ist es, sich in der Organisation zu vernetzen, um einerseits Zugang zu verschiedenen Stellen zu erhalten und andererseits die Innenperspektive einbeziehen zu können. Während OrganisationsberaterInnen mit der obersten Führungsebene den LinienmanagerInnen, internen Beraterinnen und PersonalentwicklerInnen in unterschiedlicher Weise kooperieren sollten, bekommen die SupervisorInnen in der Regel nur Kontakt zu den LinienmanagerInnen und ihrem Auftrag gebenden System. Die Datenbasis, die der Diagnose zugrunde liegt, ist in diesem Falle schmaler.

3. Beratungsmodelle

„Wir brauchen Supervision, weil wir einen Konflikt zwischen Team und Leitung haben", oder „ich habe Schwierigkeiten mit inkooperativen KlientInnen, ich brauche Einzelsupervision", sind Anfragen, die SupervisorInnen häufig bekommen. In diesen Fällen haben die Ratsuchenden das Problem bereits diagnostiziert, sie wissen, welche Maßnahme angemessen ist, sind nur noch auf der Suche nach einem geeigneten Experten, der diese ausführen kann. OrganisationsberaterInnen treffen häufig auf folgende Anfragen: „Unsere Mitarbeiter sind nicht kundenorientiert genug, bitte machen Sie doch mal mit ihnen einen Workshop zur Kundenorientierung“ oder „führen Sie doch mal eine Befragung bei den Führungskräften darüber durch, ob und wie sie unsere neuen Führungsgrundsätze umsetzen.“ Auch diese Anfragen sind solche nach einer bestimmten Maßnahme, zu der man jemand mit Expertise braucht.

„Unsere Kooperation klappt überhaupt nicht mehr, wir wissen auch nicht woran es liegt“, sagt mir jemand, der am Telefon um eine Teamsupervision nachfragt. „Mir geht es so schlecht, ich komme im Moment mit überhaupt nichts mehr in meinem Beruf klar.“ Dies sind Supervisionsanfragen, die die Diagnose des Problems noch offen lassen. Eine Nachfrage nach Organisationsberatung: „Unsere neuen Qualitätsstandards werden überhaupt nicht eingehalten, wir verstehen nicht woran das liegt.“ In diesen Fällen bieten die Ratsuchenden Symptome oder Probleme an, deren Ursachen ihnen nicht bekannt sind, für die sie auch noch keine Lösung sehen. Gefragt ist der oder die BeraterIn als Arzt, der eine Diagnose für dieses Problem liefern und entsprechende Maßnahmen empfehlen kann. Im Unterschied zum ersten Fall wird die Diagnose als hilfreich angesehen.

Beide Modelle sind sehr voraussetzungsvoll und enthalten hohe Fehlerquellen, wenn diese Voraussetzungen nicht vorliegen (vgl. Abb. 1)

Oft wird das Prozeßberatungsmodell als das eigentlich „richtige“ Modell interpretiert. Schein sagt sehr deutlich, daß dies das optimalste Vorgehen für den Berater ist, der bestimmte Wertvorstellungen verfolgt, wie sie in der OE entwickelt worden sind, daß aber die anderen beiden Beratungsmodelle für Situationen, in denen die dort gemachten Voraussetzungen vorliegen, ideal sind. Was man anwendet, hängt also einmal vom Ziel der Beratung ab, das man vor der Diagnose nur noch nicht kennen kann, zum anderen von den Wertvorstellungen des Beraters. Der dritte Punkt ist, daß, um überhaupt eine Diagnose durchführen zu können welches dieser Modelle angezeigt ist, man zunächst einmal an das ratsuchende System Anschluß finden muß. Ich habe es noch nicht erlebt, daß die Bedingungen, die das Prozeßberatungsmodell fordert, in irgendeiner Organisation oder bei einem Ratsuchenden vorgelegen haben. Die eine Möglichkeit ist es, sich zunächst die Rollen anweisen zu lassen und dann, wenn sich Vertrauen aufgebaut hat, in einen switch von der Experten- zur Prozeßberaterrolle vorzunehmen, indem man z.B. Verantwortung abgibt und die Beteiligten stärker einbezieht. Die andere Möglichkeit besteht darin, daß dritte Modell „zu verkaufen“, indem man sie in wertschätzender Weise darauf hinweist, daß sie sicherlich ja auch schon an Lösungen gearbeitet haben und sicher nicht davon ausgehen, daß Externe innerhalb von wenigen Stunden das schaffen können, woran sie ein Jahr gearbeitet haben.

Die Beziehungsbotschaften, die hinter diesen Modellen stehen, zu kennen, ist m.E. unabdingbar für BeraterInnen. Während die ersten beiden sagen: „Ich nehme Dir die Verantwortung ab“, sagt das dritte: „Du behälst die Verantwortung für Dich und Dein Handeln. Ich als Berater zeige Dir durch die Art wie ich frage, wie ich vorgehe, wie Du diese Probleme das nächste Mal allein ohne mich lösen kannst.“

Bleibt man in der Diagnosephase auf dem ExpertInnen- oder ÄrztInnen-Standpunkt, so ist es sehr schwierig, in der darauffolgenden Phase zum Standpunkt der ProzeßbegleiterIn zu wechseln. Die Weichen werden am Anfang gestellt und auch die Botschaften am Anfang gesendet. Von daher ist es ratsam, in beiden Beratungsformen diese Paradoxie zwischen Erwartungen des ratsuchenden Systems und Werten und Zielen der BeraterInnen möglichst frühzeitig aufzulösen.

Drei Grundmodelle der Beratung (nach E. H. Schein, 1987)

Grundmodell (was es ist)	*Grundannahmen, Voraussetzungen* (...daß es funktioniert)
Beratung als Beschaffung von Information und Professionalität Der Klient weiß, • *was das Problem* ist; • welche *Lösung* benötigt wird; • *woher* die Lösung kommenkann. Der Berater beschafft die nötigen Informationen und erarbeitet dieLösungen	a) Der Klient hat das Problem richtig *diagnostiziert* b) Klient hat Professionalität bzw. Spezialistentum des *Beraters* richtig *beurteilt.* c) Klient hat Problem, und welche Art Lösung benötigt wird, richtig *kommuniziert.* d) Klient hat die *Konsequenzen* der Informationsbeschaffung bzw. der verlangten durchgedacht und akzeptiert.
Beratung im Rahmen der Arzt-Patienten-Hypothese • Der *Klient* spürt bzw. leidet unter bestimmten Unzulänglichkeiten oder Problemen, deren *Ursachen* sowie mögliche *Lösungsansätze* ihm aber unbekannt sind. • Der Berater übernimmt die Verantwortung für eine richtige *Diagnose* (erfassung) der Problems und dessen angemessene *Lösung* • Klient ist abhängig vom Beratungsprozeß bis zur Lösungsfindung.	a) Der *Diagnoseprozeß* selbst wird als nützlich und hilfreich angesehen. b) Der Klient hat die *Symptome* (Indikatoren) richtig interpretiert und den Bereich, in welchem das Problem auftritt, richtig lokalisiert. c) Der indizierte *Problembereich* (Person oder Gruppe) gibt die notwendigen Informationen für eine zutreffende Diagnose; er manipuliert nicht, sondern ist kooperativ. d) Klient *versteht* die Diagnose und den Lösungsvorschlag des Beraters richtig und ist bereit, ihn *anzuwenden.* e) Klient kann nach der Beraterintervention allein wunschgemäß weiter funktionieren.
Das Prozeß-beratungs-Modell (Process Consultation) • Der Klient *hat* das Problem und behält während des ganzen Beratungsprozesses die volle *Verantwortung* dafür • *Berater* hilft dem Klienten, die prozeßhaften Ereignisse seiner Umwelt *wahrzunehmen*, richtig zu interpretieren und zu *verstehen* und ihnen angemessen zu begegnen (handeln), • Stärkstes *Involvement* (Betroffen- und Beteiligtsein) des Klienten, sich selber zu helfen und vermeidet, vom Klienten in eines der vorangehenden Modelle gebracht zu werden.	a) Klient spürt Wunsch nach Veränderung (Problembewußtsein), hat aber das Problem nicht im Griff (Ursache – Lösung). b) Klient kennt Möglichkeit der Lösung nicht oder nur unzureichend; dies auch bezüglich der Frage, wer ihm helfen könnte. c) Das Problem ist so beschaffen, daß der Klient nicht nur jemanden braucht, der die Problemursachen und -lösungen herausfindet, sondern daß der Klient durch die aktive Teilnahme am Diagnoseprozeß profitiert. d) Klient hat „konstruktive" Absichten; er ist durch Ziele und Werte motiviert, die der Berater akzeptieren kann, und ist in der Lage, eine sog. „helfende Beziehung" einzugehen. e) Der Klient ist letzlich der einzige, der wirklich weiß, welche Interventionsform für ihn jetzt hilfreich ist. Er kontrolliert also die Situation. f) Der Klient ist fähig zu lernen, wie er seine Organisationsprobleme erkennen und lösen kann.

Abbildung1: Drei Grundmodell der Beratung nach E.H. Schein aus Eck 1993

4. Phasen des Beratungsprozesses

Supervision beginnt in der Regel wie auch Organisationsberatung mit dem Erstkontakt, aber schon dann scheiden sich die Wege. Während man in der Supervision mit einem Sondierungsgespräch[1] versucht, das Beratungsanliegen soweit zu klären, daß man zu einem Kontrakt über Supervision in einem bestimmten Setting kommen kann, versucht man in der Organisationsberatung zunächst erst einmal einen Auftrag für die Diagnose des Ist-Zustandes zu bekommen. Die folgende Tabelle zeigt die Phasen eines idealen und vollständigen Beratungsprozesses.

Der Ablauf des Beratungsprozesses

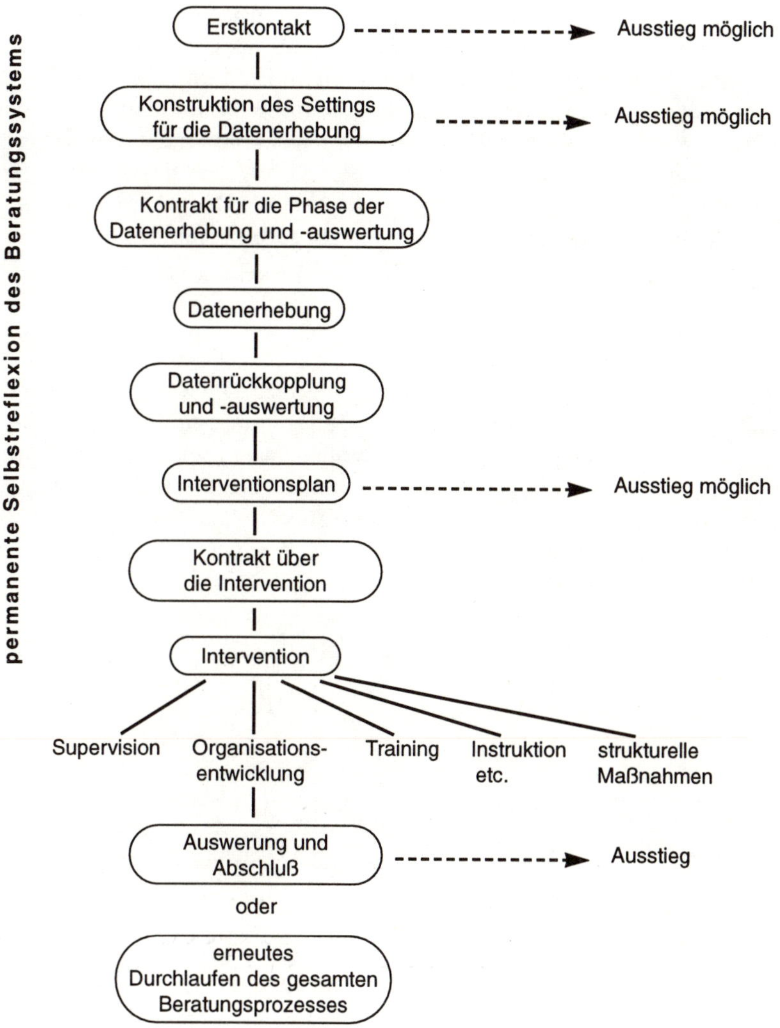

Abbildung 2: Der Ablauf des Beratungsprozesses aus Giesecke & Rappe-Giesecke 1997

1 Siehe hierzu den Beitrag über „Moderne Team-Supervision“ von H. Pühl. – Der Hrsg.

Dieser orientiert sich an dem aus der Aktionsforschung kommenden Ablauf von Datenerhebung, -auswertung, -rückkopplung und Interventionsplan. Während Organisationsberatung, die sich dieser sozialwissenschaftlichen Forschungsmethode bedient, die Diagnosephase massiv expandiert, kürzt Supervision sie in der Regel im vier Phasen ab (2. bis 5.). Alle diese Phasen laufen entweder im Sondierungsgespräch in schneller Folge ab oder werden im Supervisionsprozeß nachgeholt. Es ist evident, daß in dieser Verkürzung natürlich eine höhere Fehlerquote liegt, was die Entscheidung für Ziele, Setting und zu beteiligende Personen betrifft. Aus diesem Grunde habe ich in mein Supervisionsmodell von Anfang an eine Vorphase der Problemdiagnose eingebaut. Auch Pühl kontraktiert bei Teamsupervisionsanfragen grundsätzlich eine Sondierungsphase. Seine und auch meine Erfahrung ist, daß dies nicht schwer durchzusetzen ist, wenn man vom Wert einer präzisen Diagnose und Indikationsstellung überzeugt ist. (Anm. 3) Der Unterschied zwischen dieser Expandierung des Sondierungsgesprächs und dem Vorgehen in der Organisationsberatung liegt immer noch darin, daß ich in der Supervision innerhalb des Systems, was bei mir Rat sucht, bleibe und evtl. noch mit dessen Führungskraft spreche, während ich in der Organisationsberatung Rollenträger und Gruppierungen befrage, die nicht Kontaktklienten, also Anfrager waren.(Anm. 4) Ziel der Diagnose in der Organisationsberatung ist es ja überhaupt zu ermitteln, wer der Klient ist, während man dies in der Supervision als gegeben nimmt.

5. Die Etablierung des Beratungssystems

Die Systemtheorie hat sich lange mit der Frage beschäftigt, wie es überhaupt möglich ist, von außen in Systeme intervenieren zu können. (Anm. 5) Für mich ist die Antwort auf diese Frage, daß man ein neues System etabliert, was weder mit dem System identisch ist, aus dem der oder die BeraterInnen kommen noch mit dem System, aus dem die Ratsuchenden kommen. Das folgende Schaubild zeigt, daß das *Beratungssystem* Schnittmengen mit dem *Beratersystem*, dem *ratsuchenden und dem auftraggebenden System* hat, darüber hinaus aber eigene Strukturen und Prozesse aufweist.

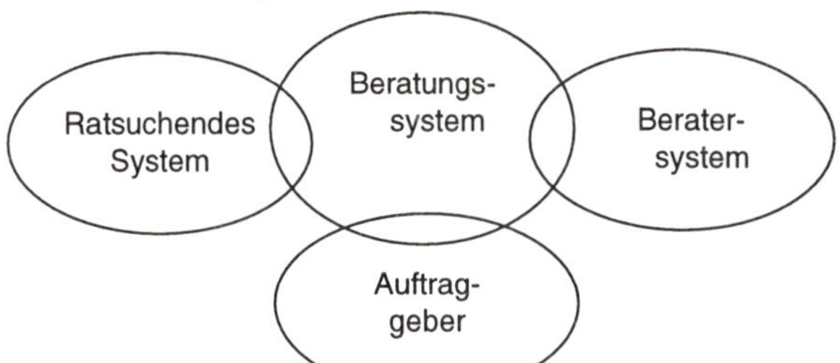

Abbildung 3: Die Komplexität des Beratungssystems aus Giesecke & Rappe-Giesecke 1998

Es entsteht ein neues System mit eigenen Regeln, Zugangsbedingungen, Rollendefinitionen, Zielen, System-Umwelt-Beziehungen und einer eigenen Identität. Dieses System ist das Ergebnis eines Aushandlungsprozesses, in den die Erwartungen der drei beteiligten Umweltsysteme eingehen. Die Gestaltung eines solchen Beratungssystems wird in den Sondierungsgesprächen verhandelt.

In der Supervision geht es darum, daß Setting für die Durchführung der Supervision zu etablieren, d.h. wer ist Supervisand, wer ist Auftraggeber, wer ist Berater und wie kooperieren diese drei, um das vereinbarte Ziel zu erreichen? Wie schafft es die Supervision, sich von den angrenzenden Umwelten, d.h. der Organisation, den Führungskräften, den KlientInnen und auch den BeraterInnen abzugrenzen und gleichzeitig ihren Anschluß an sie zu gestalten? In der Organisationsberatung geht es zunächst um die Gestaltung eines Beratungssystems, das die Aufgabe hat, eine Diagnose zu stellen und einen Interventions- oder Maßnahmeplan vorzuschlagen. Bei der personellen Zusammensetzung des Beratungssystems ist zu beachten, daß es auf jeden Fall aus Internen und Externen besteht. Die Internen können involvierte Führungskräfte, Personalentwickler oder interne Organisationsentwickler, Projektleiter oder was Senge „internal networker" nennt, sein. (Anm. 6) Der Versuch die oberste Führungsebene einzubinden, um sich einen Auftrag für eine solche Diagnose und die entsprechende Unterstützung für das Projekt zu holen und die Suche nach geeigneten Internen für die Durchführung der Diagnose löst in der Regel schon Unruhe im System aus. Ergreift diese bei der Etablierung des Beratungssystems zunächst nur kleinere Teile der Organisation, so werden die Auswirkungen heftiger, wenn die Diagnose dann real durchgeführt wird. Das Beratungssystem muß sich in der Verantwortung dafür fühlen, diesen ausgelösten Fragen bei den MitarbeiterInnen, den Führungskräften und anderen zu begegnen. Dies kann man am ehesten dadurch tun, daß man die erhobenen Daten und die eigenen Interpretationsvorschläge den Beteiligten zurückkoppelt und sie um ihre Interpretation dieser Daten bittet. Es heißt, man befragt nicht viele Mitarbeiter, wie dies Unternehmensberatungsfirmen tun und legt dann dem Management die Ergebnisse der Befragung, in die lediglich die Interpretationen der BeraterInnen eingehen vor, sondern man beteiligt in höchstmöglichem Maße die Betroffenen an der Datenauswertung und setzt sie in Kenntnis über die Ergebnisse. Dies entspricht der Philosophie von Organisationsentwicklung Betroffene zu Beteiligten zu machen. Wie man bei der Diagnose vorgehen kann, schildere ich im nächsten Kapitel.

Die an der Beratung beteiligten Systeme sehen in der Supervision also ganz anders aus als in der Organisationsberatung. Das BeraterInnen-System besteht in der Supervision meist aus einer Person, in der Organisationsberatung sollte es hingegen aus einem Team von BeraterInnen mit unterschiedlichen Spezialisierung bestehen. Das ratsuchende System ist in der Supervision in der Regel deckungsgleich mit dem Beratungssystem plus BeraterIn. In der Organisationsberatung besteht es aus unterschiedlichen Typen von KlientInnen, nämlich Kontaktklienten, solchen die einbezogen werden, den intermediate clients (Schein 1997) und später den primären Klienten. Das auftraggebende System ist häufig identisch mit dem ratsuchenden System in der Supervision, wenn nicht, handelt es sich meistens um eine Führungskraft, die Beratung für Einzelne oder Gruppen von Mitarbeitern sucht. In der Organisationsberatung muß der Auftraggeber erst gesucht werden, ist es der Kontaktklient oder fragt der nur im Auftrag des eigentlichen Auftraggebers nach? Das Beratungssystem besteht also in der Supervision im wesentlichen aus dem ratsuchenden System und dem Berater, während es in der Diagnosephase in der Organisationsberatung aus dem BeraterInnen-Team und Mitgliedern der Organisation besteht, die zu großer Wahrscheinlichkeit nicht Ratsuchende sind, sondern zur Gruppe der intermediate clients gehören. Hier erhält das BeraterInnenteam Unterstützung von internen SpezialistInnen für Kultur, Struktur und Prozesse in der Organisation. Dieser Typus steht in der Supervision in der Regel nicht zur Verfügung.

6. Verfahren der Informationsgewinnung und -verarbeitung

Gemeinsam ist Supervision und Organisationsberatung, daß sie Informationen sowohl durch *Selbst- als auch durch Fremdbeobachtung* gewinnen. Die BeraterInnen nehmen gelegentlich den Standpunkt des außenstehenden Beobachters ein und nehmen das Verhalten der Ratsuchenden, die Gestaltung der Räumlichkeiten etc. wahr. Sie lesen Konzeptionen, Leitbilder, Führungsgrundsätze oder ggf. Bilanzen, die die Organisation schriftlich zur Verfügung stellt. Hierbei ist es natürlich wichtig, daß die BeraterInnen auf dem Niveau von real Beobachtbarem anfangen, ihre eigenen Grundannahmen über diese Organisation zu prüfen und sich nicht gleich zu Schlußfolgerungen verlocken lassen. (Anm. 7)

Umwelterkenntnis durch Selbstbeobachtung ist eine Form der Informationsgewinnung, die charakteristisch für diesen beiden Beratungsmethoden ist. Die Analyse der ausgelösten Affekte, der eigenen Gegenübertragung, die Analyse von Spiegelungsphänomenen, dienen SupervisorInnen dazu zu verstehen, was Ratsuchenden passiert. Geht es nicht mehr um Einzelne, sondern um Subsysteme von Organisationen, so ist die *Selbstanalyse des Beratungssystems als Spiegel auch sozialer Strukturen des ratsuchenden Systems* (ggf. auch mal des Beraterinnensystems) wesentliches Handwerkszeug (vgl. dazu Giesecke und Rappe-Giesecke 1997, S. 599-609). Geht es um die Analyse psychodynamischer Prozesse und sozialer Strukturen, so sind die Beratungssysteme gefordert, sich jeweils korrespondierend als psychisches oder soziales System selbst zu analysieren. „Wie verteilen wir hier unsere Rollen? Halten wir uns an unsere Absprachen und Kontrakte? Wie wird kooperiert? Wie werden die Systemgrenzen gezogen?“, dies alles sind Fragen zur Analyse der sozialen Strukturen des Beratungssystems verstanden als Mittel zum Verstehen der sozialen Struktur des ratsuchenden Systems. Die Fähigkeit von Systemen, andere Systeme zu spiegeln, wird in der Diagnosephase systematisch genutzt, um das andere System nicht nur durch Daten, die durch Fremdbeobachtung, sondern auch durch Daten, die durch Selbstbeobachtung gewonnen werden, zu stützen. Die Mitglieder des ratsuchenden Systems, die dies erleben, lernen dadurch, wie man diese Form von Informationsgewinnung betreiben kann und wozu sie nützlich ist. Dies hat im Sinne der OE-Philosophie den Effekt, daß die Beteiligten Fähigkeiten erwerben, um später selbst solche Diagnose durchführen zu können. Die Informationsgewinnung wird also in beiden Beratungssettings als *soziale Informationsgewinnung und -verarbeitung* organisiert. Im Gegensatz zum Experten oder Arzt-Patienten-Beratungsmodell, in dem ein individueller Wahrnehmungs-Verarbeitungs-Prozeß im Berater oder in der Beraterin abläuft, handelt es sich hier um einen kollektiven Prozeß sozialer Informationsverarbeitung. Dies ist insofern vorzuziehen, als es in Organisationen ja in der Regel nicht um individuelle Informationsverarbeitung, sondern im soziale geht.

Worauf legt man nun den Fokus, wenn man eine Diagnose machen will? Dies scheint ja zunächst erst einmal vom einzelnen Auftrag abzuhängen. Die grundlegende Maxime für professionelles Handeln, der ich hier folge, ist folgende: Ich konzentriere mich darauf, wie die Aufgabe der Organisation oder des jeweiligen Subsystems, ihre primary task, erfüllt wird, wie also die Prozesse aussehen, die die Organisation entwikkelt, um diese Aufgabe zu lösen.(Anm. 9) Supervision und Organisationsberatung haben grundsätzlich die Möglichkeit, den Fokus auf die Aufgabe der Organisation oder auf die Beziehungen in der Organisation zu legen. In der Supervision wird der Einstieg über die interpersonellen Beziehungen häufig gewünscht, führt aber in den meisten Fällen dazu, daß sich die Probleme verschärfen (s. hierzu auch den Beitrag von Pühl zur Teamsupervision in diesem Band). Anfragen für Organisationsberatung hingegen enthalten meistens den Hinweis, sehr aufgabenbezogen, erfolgs- und zielorientiert vorzugehen. Hält man sich an letzteres, ignoriert die Menschen und ihre Beziehungen, die bei der Erfüllung dieser Aufgaben beteiligt sind, so scheitern die Interventionen spätestens bei der Umsetzung von Beschlüssen und Maßnahmen. Da es der Sinn von Organisationen ist, Funktionen für Umweltsysteme zu erfüllen, sprich für KlientInnen oder KundInnen, liegt es nahe auf die Aufgabe zu fokussieren. Daß die Tendenz sich mit sich und seinen Beziehungen zu beschäftigen in den meisten Organisationen recht stark ist, im Not-for-Profit-Bereich offen, im Profit-Bereich eher verdeckt, ist es eine große Verlockung hier einzusteigen. Als Beraterin werde ich nach meinem Verständnis geholt damit ich dazu beitrage, daß die Aufgabe, die diese Organisation hat, besser erfüllt wird. Daß dies nur mit zufriedenen MitarbeiterInnen, Führungskräften und KlientInnen möglich ist, ist klar. Diese Zufriedenheit kann jedoch nach meiner Erfahrung nicht über Beziehungsklärung und Fokussierung auf Personen erreicht werden. Also mache ich mich zunächst daran zu klären, welches Verständnis die Einzelnen von der Aufgabe haben und wie sie sie umsetzen, was dabei gut und produktiv läuft und was nicht so gut funktioniert. Dies hat den Effekt, daß die Einzelnen entlastet werden und man gleich die Orientierung auf die Strukturen und Prozesse des Systems bekommt. Dies kann man in der Supervision natürlich nur mit dem anfragenden System tun, in der Organisationsberatung würde ich als Teil des Beratungssystems daraufhin intervenieren, daß dies im Fokus der Diagnose ist.

7. Diagnosemethoden in der Organistionsberatung

Ich möchte jetzt einen kurzen Überblick über Settings und Methoden der Diagnose, wie sie in der Organisationsberatung angewandt werden, geben.

- *Workshops*, die entweder abteilungs-, professions- und hierarchieübergreifend veranstaltet werden oder mit einzelnen Gruppierungen und Subsystemen der Organisation. Hier arbeitet man in der Regel mit Moderationsmethoden und kreativem Verfahren und versucht gemeinsam einen Prozeß sozialer Informationsgewinnung und -verarbeitung eine Erhebung des Istzustandes zu zuvor vereinbarten Fragestellungen. Methoden, die man hier auch anwenden kann, sind die Kräftefeldanalyse nach Lewin, die Softanalyse oder das 6-Boxen-Modell von Weissbord (Anm. 10).
- *Interviews.* Dies können narrative, halboffene oder Leitfadeninterviews sein. Um sich einen guten Überblick über den betreffenden Bereich der Organisation, den man zunächst befragen will, zu bekommen, sollte man quer durch Hierarchien, Professionen und Abteilungen Interviews mit ausgewählten Einzelpersonen machen. Möglich sind auch Gruppeninterviews, in denen man nach der Methode des Gruppendiskussionsverfahrens arbeitet.
- *Teilnehmende Beobachtung*. Die Mitglieder des Beratungssystems gehen wie Ethnographen durch die Organisation, nehmen an ihrem Alltagsleben teil und gewinnen so Feldnotizen.

- *Dokumentenanalyse.* Es ist sinnvoll, einschlägige Verschriftlichungen von Führungsgrundsätzen, Leitbildern, Ablaufplanungen und Konzeptionen und Bilanzen etc. zu studieren.
- *Fragebögen.* Handelt es sich um eine recht große Organisation, in der man nicht alle Mitglieder befragen kann und will, so erweist sich ein Fragebogen in Kombination mit diesen anderen Verfahren als sinnvoll, um mehrere Perspektiven und somit eine breitere Datenbasis zu bekommen.
- *Kundenbefragung.* Wie zufrieden Kunden mit einer Organisation sind, wie sie sie erleben und bewerten, kann man wiederum in Form von Interviews oder Fragebögen erfahren.

Bei der Entscheidung für eine dieser Diagnosemethoden sollte man sich stets überlegen, welche Beziehungsbotschaft man damit sendet. So weisen Doppler und Lauterburg (1994, S. 186) darauf hin, daß z.B. der Einsatz von Fragebögen, deren Auswertungsergebnisse nicht veröffentlicht werden, die Botschaft sendet: „Wir wollen statistische Daten erheben, aber sie als Mitarbeiter interessieren uns nicht." Grundsätzlich ist ein Methodenmix angesagt und man sollte Verfahren wählen, an denen die Beteiligten schon jetzt lernen können, wie man Probleme diagnostiziert.

Hat man die Datensammlung beendet, so sitzt man vor einer Menge von Tonbändern, Aufzeichnungen, Dokumenten, Metaplanwänden, also einem riesigen Berg von Daten. Die Aufgabe ist nun, diese Daten zu sichten, zu ordnen und zu bewerten. Dies ist ein Szenario, vor dem sich die meisten BeraterInnen fürchten. In der Regel ist es so, daß im Beratungssystem im Laufe dieser verschiedenen Schritte sich schon Hypothesen heraus kristallisieren, die man im nächsten Interview oder im nächsten Workshop schon einmal testen kann. Hier ist die Kooperation zwischen insidern und outsidern, die unterschiedliche Nähe und Ferne zur Kultur haben und unterschiedlich abhängig von der Organisation sind, zwingend notwendig, um zu einer Datenpräsentation zu kommen, die die Türen für weiteres Lernen öffnet, also anschlußfähig ist, gleichzeitig aber genügend Impulse für Lernen und Veränderungen bereit hält.(Anm. 11) In manchen Settings fällt Datenerhebung und -bewertung zusammen, wie z.B. in Workshops. Dort ist es nicht nötig, in einem gesonderten Setting die Daten zurückzukoppeln, sondern es reicht aus, den gut dokumentierten Verlauf und die Ergebnisse der Workshops den Beteiligten zur Verfügung zu stellen. Fallen die Settings nicht überein, so ist es sinnvoll Hypothesen und Datenmaterial den jeweils Beteiligten vorzulegen, sie hierzu erneut zu befragen und diese Daten wiederum zu dokumentieren. Diese Rückkopplungsprozesse sind also nur bei solchen relativ rückkopplungsfreien Methoden, wie Interviews, Fragebögen etc. notwendig.

Die Führungsebene wird jetzt in den Diagnoseprozeß auf jeden Fall einbezogen werden, da es darum geht, Maßnahmen vorzuschlagen und darüber ggf. einen Kontrakt zu schließen. Erste Ideen dazu sollte das Beratungssystem entwickeln, ehe es der Führung Feedback über die Ergebnisse der Diagnose gibt. Nach diesen Gesprächen macht das Beratungssystem einen Vorschlag dazu, welche Maßnahmen im einzelnen ergriffen werden sollten, ob es also um Trainings von sozialen Kompetenzen gehen sollte, um Supervision, um die Einrichtung von Projektgruppen, die Umstrukturierung eines Bereichs, die Entwicklung eines Leitbildes etc. Diese Vorschläge müssen dann mit dem Abnehmer der Beratungsleistung und dem Auftraggeber kontraktiert werden. Dazu gehört in der Regel in größeren Organisationen die oberste Führungsebene, der Betriebsrat muß einbezogen werden, und die jeweiligen Abnehmer der Beratungsleistung. In der Regel konstruiert man eine Steuerungsgruppe, die den weiteren Prozeß koordiniert.

8. Schlußfolgerung

Der Idealfall der Beratungsarbeit ist es für mich, einen Kontrakt über eine Diagnosephase mit dem ratsuchenden System zu schließen, und nicht schon einen Kontrakt über eine bestimmte Maßnahme. Dies ist nicht nur bei Nachfragen nach Supervision recht schwierig durchzusetzen, sondern auch bei solchen nach Organisationsentwicklung. Eine gute Diagnose erhöht die Qualität der Beratung erheblich. Gelingt mir dies nicht, so muß ich vornherein im Kontrakt mir Möglichkeiten schaffen, den Vertrag und auch das Setting zu verändern, wenn es sich zeigt, daß die Ziele der Beratung andere als zunächst angenommen sind und das ausgewählte Setting dazu nicht mehr paßt. Wir wissen, daß die Möglichkeit ideale Rahmenbedingungen für das eigene professionelle Handeln herzustellen, die die Ratsuchenden natürlich nicht kennen können, begrenzt wird durch die Notwendigkeit anschlußfähig an das System zu sein. Im Einzelfall kann man entscheiden, ob man auf den idealen Bedingungen besteht und damit ggf. den Auftrag nicht bekommt oder sich zunächst dem System anpaßt und dann langsam versucht im Sinne der Prozeßberatung zu intervenieren. Grundsätzlich gilt für mich, daß professionelle Standards – wie auch dieser – kein Selbstzweck sind. Es bleibt eine natürliche Spannung bestehen zwischen der Anschlußfähigkeit an die Ratsuchenden und ihre Kultur und meine Mitverantwortung für das Gelingen des Beratungserfolgs, die sich aus meinem Wissen über Rahmenbedingungen von Beratung speist. Ich versuche hier dem Leitsatz der Bauhaus-Designer zu folgen: form follows function.

Anmerkungen

1 Organisationsentwicklung ist in meinem Verständnis in erster Linie eine Managementaufgabe, zu deren Lösung interne oder externe BeraterInnen hinzugezogen werden können. Ein Klassiker der Organisationsentwicklung, nämlich „Process Consultation" von Ed Schein ist sowohl für Manager als auch für Berater geschrieben: „Lessons for Managers and Consultants."
Noch einige Anmerkungen zu meinem Hintergrund: Ich bin seit vielen Jahren in der Ausbildung sowohl von SupervisorInnen als auch von OrganisationsberaterInnen tätig und verfüge selbst über Praxiserfahrungen in beiden Beratungsformen sowohl im Not-for-Profit- als auch im Profit-Bereich. Forschungen habe ich zunächst über Supervision und in den letzten Jahren auch zu Organisationsentwicklungsprozessen durchgeführt. Überlegungen zu den ersten Phasen des Beratungsprozeß habe ich in Rappe-Giesecke 1994b dargestellt.

2 Die Unterscheidung zwischen Beratung nach dem Expertenmodell, nach dem Arzt-Patienten-Modell und nach dem Prozeßberatungsmodell hat Ed Schein eingeführt. Vgl. 1987: Three models of Consultation, S. 22-38. Eine Übersetzung und Zusammenfassung dieser Ideen findet sich in Fatzer 1993a, S. 62 ff.

3 Vgl. dazu Pühl 1998, S. 78 und Rappe-Giesecke 1994a, Abschn. 5.1: Ablauf der Problemdiagnose, S. 113-117.

4 Kontaktklienten sind solche, die mich anfragen, die aber nicht in jedem Fall für sich selbst Beratung haben wollen, sondern vermitteln, z.B. Führungskräfte, Sprecher von Gruppierungen oder

Personalentwickler. In der Organisationsberatung arbeite ich mich von den contact clients über die, wie Schein sie nennt, „intermediate client“, die ich brauche um die nächsten Schritte zu planen und Zugang zur Organisation zu bekommen etc. zu den „primary client“, die den Beratungsbedarf haben, vor. Vgl. Schein 1987, S. 117 ff.

5 Vgl. dazu z.B. Willke 1996, insb. Abschnitt 4.1: Das Problem der operativen Geschlossenheit der Organisation.

6 Peter Senge und die Forscherinnen vom SOL (Society for organisational learning) beschäftigen sich mit der Frage, wie man wirkungsvolle Veränderungsprozesse in Organisationen initiieren und gestalten kann. Senge ist der Auffassung, daß das Lernen bei den Managern anfangen muß und daß die Berater Lernprozesse in Organisationen nur wirksam in Kooperation mit den drei Managementebenen angehen können: Mit den local line leaders, das sind Linienmanager und Projektleiter, den executive leader, das ist die oberste Führungsebene und den internal networker, das können Mitarbeiter mit guten Beziehungen im ganzen Unternehmen, also Leute aus Stabsabteilungen oder Organisationsmitglieder mit hoher informeller Macht sein. Der Einbezug der letzteren Gruppe in ein solches Beratungssystem hält er für absolut notwendig. Vgl. Senge 1996b

7 Wie stark unsere eigenen mentalen Modelle über die Welt unsere Beobachtung lenken, wissen wir nicht zuletzt durch den Konstruktivismus. Ein großer Teil von Organisationsberatung besteht darin, die mentalen Modelle, die Organisationsmitglieder über ihre Organisation, ihre Aufgabe etc. haben, die in der Regel unbewußt sind, ans Licht zu heben. Es ist natürlich für die BeraterInnen überdies notwendig, sich über ihn eigenen mentalen Modelle, die ihre Beobachtung von Organisationen unbewußt steuern, im Klaren zu sein. Nicht nur für die BeraterInnen, sondern auch für diejenigen aus der Organisation, die an der Diagnose mitwirken, ist es von großer Bedeutung, nicht zu schnell von Beobachtungen auf Schlußfolgerungen zu kommen. Es gibt in dem „Fieldbook zu lernenden Organisationen“ eine sehr bildliche Darstellung des Schlußfolgerungsprozesses, nämlich die ladder of inference, die Abstraktionsleiter. Vgl. Senge u.a. 1994, S. 242 ff., deutsch S. 279 ff. Die Untersuchung mentaler Modelle ist eine Disziplin der lernenden Organisation, z.B. vgl. Senge ebd. Praktiziert wird sie in der von Isaacs entwickelten Dialogtechnik. Vgl. William Isaacs: Dialogue im Fieldbook, S. 357 ff. und Ed Schein 1996, S. 209-228.

8 Vgl. dazu Giesecke und Rappe-Giesecke 1997, S. 599-609

9 Ich folge hier der Auffassung von Ed Schein, der sagt, daß der günstigste Fokus auf dem „task process“ liegt. Er differenziert dann für einzelne Interventionen zwischen Inhalt, Prozeß und Struktur von Aufgaben oder Beziehungen. Vgl. Schein 1987, S. 40-53. Eck hat 1993 im Aufsatz über Rollencoaching die entsprechende Tabelle übersetzt. Vgl. S. 217

10 Eine Darstellung der Kräftefeldanalyse und des 6-Boxen-Modells von Weisbord findet man in Kap. 2.4: Die Diagnose bei Schmidt und Berg 1995, S. 118-154. Die Softanalyse stellt Eck in seinem Aufsatz über Rollencoaching 1993, S. 231-135 vor. Seinen Überblick über Diagnosemethoden in der Organisationsberatung findet sich bei Weisbord 1984, Sackmann 1993, bei Doppler/Lauterburg 1994 im Kap. 2 und bei Baumgartner et al 1996. Die Autoren vom Management Center Vorarlberg nennen diese Diagnosephase Phase der Situationsklärung.

11 Wie man mit diesem Problem umgeht, der Organisation Erkenntnisse zu vermitteln, sie gleichzeitig aber auch zu motivieren, daß sie diese zur Kenntnis nimmt, damit beschäftigt sich George Roth mit seinen „learning histories“. Ihm geht es darum, Ergebnisse von Veränderungsprozessen, die in einem Subsystem stattgefunden haben, der gesamten Organisation so zur Verfügung zu stellen, daß sie bereit ist, sich mit diesen Veränderungen auseinanderzusetzen. Vgl. dazu Roth 1997 und Roth und Kleiner 1996. Roth ist Mitglied der Gruppe, die am MIT in Boston um Ed Schein herum die Ideen zur lernenden Organisation entwickelt hat, die Senge in der 5. Disziplin veröffentlicht hat.

Literatur

Baumgartner, I., Häfele, W., Schwarz, M., Sohm, K. (1996): Die Prinzipien systemischer Organisationsentwicklung. Bern und Stuttgart

Doppler, K. und Lauterburg, C. (1994, 2. Aufl.): Change Management. Frankfurt/M.

Eck, C.D. (1993, 4. Aufl.): Rollencoaching als Supervision, in: Fatzer, G. (Hg.), Supervision und Beratung. Ein Handbuch. Köln, S. 209-248

Fatzer, G. (1993a, 4. Aufl.): Phasendynamik und Zielsetzung der Supervision und Organisationsberatung, in: ders. (Hg.), Supervision und Beratung. Ein Handbuch. Köln, S. 53-84

Fatzer, G. (1993b, 4. Aufl.): Institutions- und Systemdynamik der Supervision, in: ders. (Hg.), Supervision und Beratung. Ein Handbuch. Köln, S. 85-108

Fatzer, G., Rappe-Giesecke, K., Looss, W. (1998): Qualität und Leistung von Beratung: Supervision, Coaching und Organisationsentwicklung. Köln

Giesecke, M. und Rappe-Giesecke, K. (1997): Supervision als Medium kommunikativer Sozialforschung – Die Integration von Selbsterfahrung und distanzierter Betrachtung in Beratung und Wissenschaft. Frankfurt/M.

Giesecke, M. und Rappe-Giesecke, K. (1998): Was kann man aus dem gegenwärtigen Entwicklungsstand der Beratung für die Gestaltung kommunikativer Sozialforschung lernen, in: Journal für Psychologie 3/1998

Isaacs, W. (1996): Der Dialog, in: Senge, P.M., Kleiner, A., Das Fieldbock zur fünften Disziplin. Stuttgart S. 412-420

Pühl, H. (1998): Team-Supervision – Von der Subversion zur Institutionsanalyse. Göttingen

Rappe-Giesecke, K. (1994a, 2. Aufl.): Supervision – Gruppen- und Teamsupervision in Theorie und Praxis. Heidelberg

Rappe-Giesecke, K. (1994b): Vom Beratungsanliegen zur Beratungsvereinbarung – Diagnose und Setting, in: Pühl, H. (Hg.), Handbuch der Supervision 2. Berlin S. 15-25

Roth, G. (1997): How to Make Experience Your Company's Best Teacher, in: Harward Business Review sept.-oct. 1997 reprint 97506

Roth, G. und Kleiner, A. (1996): The Learning Iniative at the AutoCo Epsilon Program. Working Paper des Center for organizational Learning – Massachusetts Institute of Technology.

Sackmann, S. (1993): Diagnose von sozialen Systemen, in: Fatzer, G. (Hg.), Supervision und Beratung. Ein Handbuch. Köln, S. 341-362

Schein, E.H. (1987): Process Consultation Volume II – Lessons for Managers and Consultants. Reading, Massachusetts

Schein, E.H.(1996): Über Dialog, Kultur und Organisationslernen, in: Fatzer, G. (Hg.), Organisationsentwicklung und Supervision: Erfolgsfaktoren bei Veränderungsprozessen. Köln, S. 209-228, (engl. 1993): On Dialogue, Culture and Organizational Learning, in: Organizational Dynamic. Winter, S. 40-51

Schmidt, E.R. und Berg, H.G. (1995): Beraten mit Kontakt – Handbuch für Gemeinde- und Organisationsberatung. Offenbach

Senge, P.M. (1996): Die fünfte Disziplin – Kunst und Praxis der lernenden Organisation. Stuttgart. (engl. 1990): The Fifth Discipline. The Art and Practice of the Learning Organization. New York

Senge, P.M. (1996b): The Ecology of leadership, in: Leader to leader, fall 1996, S. 18-23

Senge, P.M., Kleiner, A., Roberts, C. u.a. (1996): Das Fieldbook zur 5. Disziplin. Stuttgart. (engl. 1994): The Fifth Discipline Fieldbook. New York

Weisbord, M.R. (1994): Organisationsdiagnose – Ein Handbuch mit Theorie und Praxis. Goch. (engl. 1978): Organizational Diagnosis. Reading, Massachusetts

Willke, H. (1996a, 2. Aufl.): Systemtheorie II: Interventionstheorie. Stuttgart

Entwicklungsbegleitung in psychiatrischen Organisationen

Rudolf Heltzel

Im folgenden wird ein mehrdimensionales Konzept der Begleitung von Veränderungen in psychiatrischen Organisationen beschrieben, das über einen Zeitraum von nunmehr 10 Jahren entwickelt und in den verschiedensten Praxiszusammenhängen erprobt wurde. Ich könnte auch umgekehrt formulieren, daß das Konzept in der konkreten Supervisions-, Beratungs- und Fortbildungsarbeit Konturen annahm, also in einer fortwährenden Korrespondenz von Theorie und Praxis entstand. Da es also ohne den Bezug zu meiner Tätigkeit als Fortbildner, Berater und Supervisor nicht darstellbar ist, skizziere ich einleitend kurz, worin diese besteht: Ich bin als in der gemeindenahen Psychiatrie erfahrener Psychiater und frei praktizierender Psychoanalytiker/Gruppenanalytiker seit einem Jahrzehnt in den unterschiedlichsten psychiatrischen Arbeitszusammenhängen als „Externer" engagiert und verstehe diese Arbeit als *Entwicklungs- oder Veränderungsbegleitung*, die dem Berater (Supervisor, Fortbildner) das Bemühen abverlangt, auf spezifische (jeweils erst zu ermittelnde) Entwicklungsbedarfe mit dem möglichst flexiblen, dabei möglichst reflektierten Angebot spezifischer Interventionsinstrumentarien zu antworten. Obwohl ich um die Unterschiede von Supervision, Beratung, Organisationsentwicklung und Fortbildung weiß und deren Differentialindikationen immer wieder abwäge, gehe ich doch davon aus, daß ein konkreter Beratungsprozeß vor Ort den flexiblen (und reflektierten) Wechsel zwischen verschiedenen Dimensionen der externen Begleitung erforderlich machen kann. Leitfaden und Entscheidungshilfe ist dabei die immer wieder neu zu stellende Frage, an welchem Punkt der Organisationsentwicklung sich das zu beratende System (oder Subsystem) befindet, vor welchen Herausforderungen der Entwicklung es steht, welchen Konflikten es ausgesetzt ist und welche Wege der Weiterentwicklung es in der näheren Zukunft beschreiten will oder sollte. Je nachdem wie diese Fragen zu beantworten sind (reflektierte, im laufenden Prozeß wiederholte Auftragsklärung und Kontraktgestaltung) können dann unterschiedliche Dimensionen der begleitenden Unterstützung anstehen. Dabei fußt mein Konzept der externen Entwicklungs- oder Veränderungsbegleitung auf *Feldkompetenz*, die in einer längeren Phase der Mitarbeit in psychiatrischen Arbeitszusammenhängen begründet, sowie fortlaufend und systematisch erweitert wurde (Heltzel 1998). – Die *Beratungskompetenz* der hier diskutierten Konzepte basiert auf Psychoanalyse und Gruppenanalyse, bezieht jedoch (anders als dies mitunter geschieht) Ansätze der Institutionsanalyse, der Systemtheorie und der Organisationslehre ein, was nicht nur spezifische Folgen für die Modi des Wahrnehmens und Verstehens, sondern auch für die Praxis des Intervenierens hat (siehe dazu: Heltzel 1998).

1. Organisationsentwicklung in Zeiten des Übergangs

Die Veränderungen, die psychiatrischen Organisationen abverlangt werden, geschehen nicht im luftleeren Raum. Sie sind vielmehr die (teils unmittelbare, teils mittelbare, nur bei differenzierter Betrachtung ableitbare) Folge gesamtgesellschaftlicher, sozial- und gesundheitspolitischer Verwerfungsprozesse, die es zunächst zu skizzieren gilt. Das Verständnis dieser übergeordneten Zusammenhänge ist Voraussetzung reflektierter externer Begleitung selbst in kleineren und kleinsten Subsystemen heutiger Organisationen, auch in der psychiatrischen Versorgungslandschaft. Egal, ob in diesem Kontext von „Reflexiver Modernisierung" (Giddens 1997, Beck 1998), „Dritter Moderne" (Münch 1998) oder „Postmoderne" (Bauman 1995, Welsch 1997) gesprochen wird – die Rede ist immer von gesellschaftlichen Zerreiß- und Umwälzungsprozessen[1], die sowohl Individuen als auch Institutionen und Organisationen in ihrem Innersten irritieren. Hintergrund dieser Prozesse und deren materielle Ausgangsbasis sind revolutionäre Neuerungen im Bereich der Informationstechnologie und der Kommunikation. Sie werden potenziert durch finanz- und wirtschaftspolitische Prozesse (Stichwort „Globalisierung"), die in ihren Folgen wie z.B. der Infragestellung überlieferter Nationalstaaten noch gar nicht abzusehen sind und vielen Autoren als Einleitung eines Epochenwechsels erscheinen (Beck 1997; Albrow 1998; Münch 1998). Diese Dynamiken werden sowohl unsere Vorstellungen vom Arbeitsleben als auch unsere Identitäts- und Lebenskonzepte (mit all ihren Konsequenzen für zukünftige Institutionen und Organisationen) radikal verändern. Und was in Zukunft Realität sein wird, zeichnet sich schon jetzt ab: wir leben *in Zeiten des Übergangs*, der Brüche, Irritationen und Ambivalenzen: „Was den einen als Verfall und Krise erscheint, ist für die anderen ein Aufbruch zu neuen Ufern."(Beck 1996, S. 19). Dies ist die Matrix für Veränderungen in Organisationen, und wer für diese Dynamik sensibel ist, kann sie in ihren feinen und feinsten Verästelungen in Teamsupervisionen, Leitungsberatungen, Projektgruppen, Fortbildungsseminaren und Großgruppensitzungen wahrnehmen. Die unten aufgeführten Beispiele aus meiner Supervisions- und Beratungspraxis verdeutlichen dies. – In den folgenden Abschnitten werden einige Aspekte des Wandels, so weit sie mir für die hier diskutierte Thematik zentral erscheinen, knapp zusammengefaßt:

1. Zunehmender ökonomischer Druck

Über Jahrzehnte hinweg schien es, als sei die Finanzierung der „human services" ein Selbstläufer. Diese Zeiten sind unwiederbringlich vorbei. Die Finanzierung von Gesundheitsleistungen (und eben auch psychiatrischer Versorgungsangebote) ist vorwiegend Sache der Kranken-, daneben auch der Rentenversicherungen. In Zeiten prosperierenden Wirtschaftswachstums war dieses Versicherungssystem sehr erfolgreich und

---

1 Diese Thematik vertieft in den Einleitungsbeiträgen von P. Heintel und C. Morgenroth/O. Negt. – Der Hrsg.

finanzierte weitgehend unwidersprochen einen Markt ohne spürbare Sättigungsgrenzen. Aufgrund global-ökonomischer Entwicklungstendenzen befindet sich dieses System seit Jahren in einer tiefgreifenden Strukturkrise, von der nicht anzunehmen ist, daß sie in absehbarer Zeit behoben werden kann. Versicherungsbeiträge sind Anteile der Lohnnebenkosten. Auf dem Hintergrund einer verschärft und teilweise tendenziös geführten „Standortdebatte" wird der Entwicklung der Beitragssysteme vermehrte Aufmerksamkeit geschenkt. Jährliche Defizite in Milliardenhöhe bewirken einen wachsenden Widerstand gegen Beitragserhöhungen, wobei den Anbietern von Gesundheitsleistungen diesbezüglich eine relativ geschlossene Front von Arbeitgebern, Arbeitnehmern und der Politik gegenübersteht (Harsch 1998). Es besteht ein gesetzlich vorgegebenes *„Wirtschaftlichkeitsgebot"*, das seit einigen Jahren zunehmend beachtet und umgesetzt wird. Die Folgen für die Anbieter sind bekannt, sie prägen inzwischen das Klima in nahezu allen Organisationen des Gesundheitswesens: zunehmender Konkurrenz-, Effizienz- und Legitimationsdruck, zunehmende Existenzunsicherheit. – Als Nebenfolgen: zunehmende Formalisierung von Leistungsnachweisen, Dokumentationsmanie, Standardisierungsdruck. Wie alles in diesen Zeiten des Umbruchs und des Übergangs ist auch dies hochambivalent: einerseits können Qualitätszirkel und die systematische Umsetzung von „Qualitätsstandards"[2] genutzt werden, um verfestigte Strukturen in Bewegung zu bringen. Andererseits können alle diese Schritte zur bloßen Formalisierung und Ritualisierung verkommen, so daß der Abwehrcharakter dieser Maßnahmen in den Vordergrund tritt. Nicht umsonst stammen die Untersuchungen von I. Menzies Lyth, in denen sie erstmals den psychosozialen Abwehrcharakter bürokratischer Praktiken beschrieb, aus Krankenhäusern: was als besonders effizient und rationell daherkommt (exzessiver Schriftverkehr, Dokumentationen, Kontrollen etc.), erweist sich danach nicht selten als wirksame „Hilfe", um persönlichen Kontakt, zwischenmenschliche Beziehung und damit verbundene hochgradige Irritationen und Ängste zu vermeiden (Lyth 1984; s auch: Obholzer u. Zagier Roberts 1994 sowie Hirschhorn 1997).

2. Zunehmende Komplexität der Arbeit

Krankenhäuser gehören schon an sich zu den komplexesten Organisationen, die moderne Gesellschaften hervorgebracht haben (Grossmann 1993, 1995). Sie erfüllen unterschiedlichste Funktionen unter stark wechselnden, oftmals chaotischen, teilweise dramatischen Bedingungen und sind zur jederzeitigen Weiterentwicklung und Innovation „bei laufendem Motor" verpflichtet.[3] Die Belastungen, denen MitarbeiterInnen in diesem Zusammenhang ausgesetzt sind, können enorm sein. Es besteht kein Grund anzunehmen, daß psychiatrische Abteilungen und sozialpsychiatrische Einrichtungen im allgemeinen zurückstehen, was die Komplexität der zu erfüllenden Aufgaben angeht – im Gegenteil. Der Nachtdienst einer jungen Assistenzärztin kann z.B., ohne daß es zu Ruhepausen käme, durchaus in der über Stunden anhaltenden Abfolge von Kriseninterventionen einschließlich intensivmedizinischer Maßnahmen bestehen, etwa in folgender Reihenfolge: Soforthilfe mit Magenspülung, Gespräch und intensivmedizinischer Versorgung einer Patientin nach Suicidversuch; dramatisches Familiengespräch bei

---

2 Siehe hierzu den Beitrag von T. Floeth über „Oualitätssicherung". – Der Hrsg.

3 A. Nilsson bringt ein Beispiel dafür in seinem Beitrag. – Der Hrsg.

psychotischer Ersterkrankung eines Jugendlichen; Notfalleinsatz bei einem aggressiv aufgeladenen, real bedrohlichem Patienten, einschließlich Einrichtung einer zwangsweisen Unterbringung, Zwangsmedikation und Fixierung; dazwischen (und mitunter zeitgleich erwünscht) mehrere Aufnahmegespräche, in denen die Ärztin möglichst entspannt zuhören und Indikationen zur Behandlung abklären muß; klärende Gespräche mit MitarbeiterInnen im Zusammenhang mit Aufnahmen und Therapieentscheidungen, viele Telefonate mit niedergelassenen Ärzten, Polizeidienststellen oder anderen Kooperationspartnern etc.. Und was hier für die Ärztin skizziert wurde, gilt vergleichbar auch für andere Berufsgruppen, etwa das Pflegepersonal: gerade bei dieser Berufsgruppe laufen in der Regel die vielfältigsten, widersprüchlichsten Informationen und Arbeitsaufforderungen zusammen und bedürfen der permanenten Klärung und Integration. Insgesamt ist sicher, daß die Komplexität und die damit zusammenhängenden psychosozialen Belastungen am Arbeitsplatz „Psychiatrie" allgemein dramatisch anwachsen: für alle Beschäftigten gilt, daß Berufsrollen und primäre Aufgaben, Arbeitsstrukturen und Arbeitsabläufe so komplex, so unscharf abgegrenzt, so vielschichtig zusammengesetzt erscheinen, daß große Ängste, Unsicherheiten und Irritationen die Folge sind. Therapieren, Dokumentieren, Kooperieren, Kommunizieren, Strukturieren, Organisieren, Integrieren, lebenslang Lernen... – *„The world of work implodes"*, (Hirschhorn 1997, S. 7), dies gilt nicht nur für Technik und Produktion, sondern gerade auch für den Bereich der „human services" und hier speziell für psychiatrisch-psychotherapeutische Arbeitszusammenhänge. – Das Containing der zugehörigen Ängste und Verunsicherungen ist, wie unten diskutiert wird, zentrale Aufgabe des externen Begleiters (Lazar 1994, 1998).

3. Dynamisierung des Organisationslebens

Wo Konkurrenz zum entscheidenden Motor gesellschaftlicher Entwicklung wird, stehen die Zeichen schlecht für eine Entdeckung der Langsamkeit. Wer die (unsichere) Existenz sichern will, muß für komparative Wettbewerbsvorteile Sorge tragen. Dies führt unmittelbar zum Druck in Richtung ständiger Veränderung und Innovation, verbunden mit ständigem Strukturwandel und permanenten Umbrüchen: die Welt als *eine endlose Abfolge von Ungleichgewichten* (Münch 1998, S. 173). Dies hat weitere Folgen: der Druck auf die MitarbeiterInnen zur permanenten Anpassung an neue Verhältnisse wird kontinuierlich größer. Da die Erhöhung der Anpassungsgeschwindigkeit allein aber nicht ausreicht, um dem rapiden Strukturwandel gewachsen zu sein, da es also mit der Flexibilität einzelner nicht getan ist, entsteht ein Zwang in Richtung Flexibilisierung des Gesamtsystems: zum rasanten Tempo des Strukturwandels passen langfristige Beschäftigungsverhältnisse nicht mehr. „Statt dessen entsteht ein Kontinuum unterschiedlicher Organisationsformen der Arbeit. Sie liegen irgendwo zwischen abhängiger Erwerbstätigkeit und Unternehmertum, zwischen Voll- und Teilzeit, zwischen permanenter Anstellung und kurzfristiger, projektbezogener Zusammenarbeit" (Heuser 1996, S. 66). Mir sind psychiatrische Teams bekannt, in denen die Mehrzahl der Teammitglieder nur über zeitbefristete Verträge verfügen. In manchen klinischen Abteilungen werden neue Pflegekräfte generell nur noch mit 1-Jahres-Verträgen angestellt, die um jeweils ein weiteres Jahr verlängert werden, wenn die ökonomischen Rahmenbedingungen dies zulassen. Ein solches Arbeitsleben erfordert nicht nur lebenslanges Lernen, sondern ein hohes Maß an vor allem innerer Beweglichkeit und Risikobereitschaft. Stabilität wird zur Ausnahme, Diskontinuität und Wandel zum Dauerzustand. Aus der Sicht des Organisationsberaters formuliert daher Wimmer (1996, S. 52) als zentrale Aufgabe von Unternehmen (bzw. leitendem Management): „Altes Auflösen und Neues schaffen mit dem Wissen, daß nichts mehr von Dauer ist". Aus der Sicht einer (kritischen) Theorie der Postmoderne beschreibt Bauman den gleichen Sachverhalt mit der Metapher des *„Strudels"*: „Jede Ordnung, die gefunden werden kann, ist ein ortsgebundenes, auftauchendes, transitorisches Phänomen; seine Natur kann am besten in der Metapher eines Strudels erfaßt werden, der in einem dahinströmenden Fluß entsteht und seine Gestalt nur während eines verhältnismäßig kurzen Zeitraums und nur auf Kosten eines unablässigen Stoffwechsels und einer beständigen Inhaltserneuerung beibehalten kann. (...) Der postmoderne Zustand ist ein Ort ständiger Mobilität und Veränderungen, aber er kennt keine klare Entwicklungsrichtung." (Bauman 1995, S. 224) – Es dürfte klar sein, daß dies enorme psychosoziale Konsequenzen für das Individuum hat: die „Kosten" der skizzierten Entwicklung werden hoch sein, auch wenn sie nicht nur zur massenhaften Überforderung, sondern auch zur Befreiung aus überkommenen Zwängen, zum spielerischen Experimentieren mit neuen „Identitäten des Überganges" (Welsch 1990) führen mag. Unstrittig ist auch, daß nicht nur die Individuen, sondern auch die von ihnen geschaffenen Institutionen und Organisationen in den Strudel des Lebens gerissen werden: sie werden überleben können – allerdings immer nur bis „auf weiteres". – Dies führt unmittelbar zum nächsten Punkt.

4. Chronische Unbestimmtheit

Menschen benötigen stabile Institutionen und Organisationen, um sich sicher fühlen zu können. Solche Organisationen ermöglichen ein Gefühl des Dazugehörens, sie schützen vor dem Erleben verlassen und einsam zu sein und sind damit identitätsstiftend. Sie erlauben klare Zuschreibungen, wer gut und wer böse, wer innen und außen, wer Opfer und Täter, wer unschuldig und schuldig, wer oben und unten ist (Obholzer u. Zagier Roberts 1994). Auch wenn diese Spaltungs-, Projektions- und Verleugnungsprozesse oftmals die Quelle großen und anhaltenden Leidens sind – sie erfüllen doch eine eminent wichtige und unersetzliche Funktion im Seelenleben von Individuen wie im Zusammenleben von Menschen, indem sie diese vor unerträglicher Irritation und katastrophischen Ängsten schützen und ihnen erlauben einfach (komplexitätsreduzierend) zu denken. Entsprechend sind alle Versuche, Institutionen und Organisationen in Bewegung zu bringen, unausweichlich mit Angst verbunden bzw. mit erheblichen Widerständen gegen das Aufkommen und Erleben dieser Angst. Da Management eng mit Veränderung verknüpft ist, bedeutet Management immer auch Management von Angst und Management von Widerstand[4], der aus dieser Angst resultiert (Obholzer 1997). – Alle oben skizzierten destabilisierenden Facetten der derzeitigen „Epoche des Übergangs" (Konkurrenzdruck, Existenzunsicherheit, Überkomplexität der Arbeit, Zeitdruck, permanenter Strukturwandel, chronische Unbestimmheit, Fragmentarisierung, Wurzellosigkeit, etc.) bündeln sich in der *Angst*, die sie hervorrufen. Es ist eine der

4 H-U. Thiel setzt sich in seinem Beitrag ausführlich mit den Formen des Veränderungswiderstandes auseinander. – Der Hrsg.

zentralen Herausforderungen für Organisationen, dieser Ballung an Destabilisierung wirkungsvoll entgegenzuwirken (vgl. Pühl 1988). Supervision, Fortbildung und Organisationsentwicklung (bzw. -beratung) erlangen hierbei zunehmende Bedeutung, da sie wesentlich zu dem erforderlichen Containing und zur Entwicklung einer „lernenden Organisation"[5] beitragen können. Bevor ich diese Aufgaben detaillierter ausführe, soll ein *Beispiel* verdeutlichen, wie sich die oben skizzierten Rahmenbedingungen in der Alltagspraxis einer Organisation im Übergang konkretisieren (Anm. 1):

Die klinische Abteilung, die ich hier vorstelle, versorgte eine bestimmte, anerkannt „schwierige" psychiatrische Klientel mit traditionellen, vorwiegend stationären Behandlungsangeboten. Als ich vor einigen Jahren mit der Anfrage nach Supervision eines der Behandlungsteams konfrontiert wurde, saßen mir im Erstkontakt erschöpfte Teammitglieder gegenüber, die über klimatische Belastungen und die Befürchtung berichteten, das Gespräch nicht ungeschützt führen zu können. Ich entschloß mich daher, die Supervision in meine Praxisräume zu verlegen, wo ich zur Supervisionssitzung Tee ausschenkte. Auf diesem fürsorglichen Wege kam ganz allmählich eine Reflexion der schwierigen Arbeitsbedingungen in Gang, die ich hier in all ihren Windungen und von (nachvollziehbaren) Widerständen geprägten Prozeßabläufen nicht angemessen wiedergeben kann. Tatsächlich nahmen alle Teammitglieder teil, wobei nun deutlich wurde, daß die Welt in der Organisation stabil war – wenngleich alle Beteiligten ernsthaft unter den innerorganisatorischen Schwierigkeiten litten. Immerhin: es gab relativ feste, über Jahre entstandene Vorstellungen über die Verhältnisse in der Abteilung. – Ich verstand diese Phase der Arbeit als einen Prozeß des allmählichen Vertrauensaufbaus, als Phase der fürsorglichen Entlastung erschöpfter MitarbeiterInnen und als Einstieg in eine (fokussierte) Organisationsberatung, indem ich das Team als Subsystem der Gesamtorganisation auffaßte und meine Interventionen an den Erfordernissen des Gesamtsystems orientierte.

Aus dieser Sicht war die zeitweise Teilnahme der Leitung an der Supervision sinnvoll. Später, als Probleme und Schwierigkeiten im Zusammenhang mit der Modernisierung der Angebote und die Neustrukturierung der Abteilung deutlich wurden, schlug ich die Einrichtung einer von mir moderierten Projektgruppe vor. Dies war zwingend erforderlich, da die Belegung sank und die Existenz der Abteilung gefährdet schien. Auch den schwierigen Aushandlungsprozeß innerhalb dieser Gruppe, an der neben der Leitung und der Verwaltung auch der Personalrat (und natürlich die Repräsentanten der Mitarbeiterteams) beteiligt waren, kann ich an dieser Stelle nicht einmal andeutungsweise stimmig wiedergeben. Jedenfalls kamen nach und nach viele der eingefahrenen „Gewißheiten" ins Rutschen und die Veränderungswünsche der Klientel wie der umgebenden Außenwelt wurden aufmerksamer gehört und konkret aufgenommen – dies alles natürlich stets in einem von vielen Ängsten und Widerständen geprägten, langwierigem Prozeß. – Im Ergebnis erarbeitete die Projektgruppe nach Vorschlägen der Leitung eine Umstrukturierung, die schließlich offiziell zwischen Leitung, Kostenträgern und Personalrat beschlossen wurde. Diese umfangreiche organisatorische und inhaltliche Neuordnung wurde mit großem Kraftaufwand, unter hohem Zeitdruck (Drohung der existentiellen Gefährdung) und beachtlichem Engagement aller Beteiligten umgesetzt. Gerade als dies erfolgreich geschehen war und alle stolz, aber ermü-

---

5 G. Fatzer setzt sich in seinem Beitrag kritisch damit auseinander, – Der Hrsg.

det einer gewissen Atempause bedurft hätten, wurde die Organisation von einer erneuten und ebenfalls ernst zu nehmenden Außeneinwirkung erreicht, so daß wiederum mit existenzerhaltenden Maßnahmen „durchgestartet" werden mußte.... Ich erinnere die entsprechende Sitzung gut, alle waren betroffen.

In dieser „permanenten Abfolge von Ungleichgewichten", die eine besondere Fähigkeit abverlangt, immer wieder neu zu orten, wo die Fahrt hinführen soll, ging es immer wieder auch um einen Ort der Stabilität und der Beharrung: Da verschiedentlich über das „Klima" in der Einrichtung geklagt wurde, das von Entwertung und Gerede über Kollegen geprägt sei, und da sich MitarbeiterInnen der Verwaltung und der Wirtschaftsabteilung von dem Prozeß der Organisationsentwicklung ausgegrenzt erlebten, schlug ich zusätzlich zur monatlichen Sitzung der Projektgruppe (die Supervision war inzwischen beendet) vierteljährlich stattfindende Großgruppensitzungen aller Abteilungsangehörigen unter meiner Leitung vor. In diesen Sitzungen ging und geht es weiterhin darum, warum die Organisation einen konkreten Ort der Beharrung (eine bestimmte Abteilung) braucht, wie dieser beschaffen ist und was seinen Wert darstellt. Mir kommt dieser Ort inzwischen mitunter wie eine umschriebene Insel der Beharrung und Stabilität (also der Ruhe) in einem Meer von Unruhe und Wandel vor. – Ohne daß ich dies an dieser Stelle differenziert aufnehmen will, sei festgehalten, daß ich in diesem Prozeß der Organisationsentwicklung zuerst Teamsupervisor (der punktuell die Leitung einbezog), später Moderator einer abteilungsübergreifenden Projektgruppe und schließlich Leiter einer Großgruppe für alle MitarbeiterInnen und Leitungskräfte der Abteilung war. Obwohl meine Rolle wechselte und ich zeitweise mit zwei unterschiedlichen Rollen an verschiedenen Orten den Prozeß begleitete, glaube ich doch, einem Grundsatz gefolgt zu sein (Heltzel 1997): die Organisation und einige ihrer Subsysteme auf einem schwierigen, aber auch faszinierenden Weg der Anpassung an sich verändernde Umwelten begleitet zu haben (wie dies im übrigen auch in von Kollegen geleiteten weiteren Supervisions- und Beratungsangeboten für andere Subsysteme der Einrichtung geschieht).

Ich schließe diesen einleitenden Abschnitt, indem ich festhalte, welche Konsequenzen die skizzierten Umbrüche und Belastungen für die Praxis von Supervision und Organisationsentwicklung bzw. -beratung haben: Supervisoren und Berater sollten in ihrer Arbeit die Rollenflexibilität und innere Beweglichkeit, die ihren Auftraggebern Tag für Tag abverlangt werden, selbst vorleben können (s. auch: Heltzel 1997). Dabei müssen sie dem Containing der den Prozeß notwendig begleitenden Ängste und Irritationen große Bedeutung zumessen. Teams und Organisationen benötigen Halt, um in einer Welt des Chaos und des permanenten Wandels nicht zu verzweifeln. Teams und Organisationen benötigen darüber hinaus Orte des Austausches, der Transparenz, der Kommunikation. Sie brauchen Unterstützung bei der Entwicklung von Kooperation und Lernen (dazu siehe: Lazar 1998). Sie benötigen schließlich „eine beständige Zufuhr von Orientierungen, die die jeweiligen Bewegungen anleiten könnte" (Bauman 1995, S. 230), also Fortbildungsengagement und Konzeptarbeit. – Mit diesem letzteren Punkt fahre ich fort.

2. Fortbildung als Bestandteil von Personal- und Organisationsentwicklung

An vielen Stellen eines laufenden Supervisions- oder Beratungsprozesses läßt sich ein mehr oder weniger dringender Bedarf an fachlicher Fortbildung oder inhaltlich-konzeptioneller Klärung feststellen – sofern der Supervisor/Berater vorbereitet ist, entsprechende Signale aufzunehmen und als solche zu erkennen. Das kann er schlecht, wenn ihm die Feld- und Beratungskompetenz fehlt, um die mitunter sehr subtil eingebrachten Bedarfe aufzugreifen und *durch seine Intervention* dazu beizutragen, daß sie als Bedürfnisse wahrgenommen und als solche artikuliert werden können.

So ist etwa denkbar, daß MitarbeiterInnen in der Fallsupervision anhaltend überfordert und hilflos wirken, wenn sie über Kontakte zu Familienangehörigen ihrer psychiatrischen Patienten berichten. Vielleicht benötigen sie nicht vorwiegend oder nicht ausschließlich psychoanalytisch geleitete Unterstützung szenischen Verstehens, sondern eine der Supervisionsveranstaltung parallel laufende Fortbildung in familienorientierter, systemischer Arbeit? Vielleicht bedarf es einer entsprechenden Anregung des Supervisors, damit dieser Schritt von der Leitung aufgegriffen und gemeinsam unternommen werden kann? Und wenn dieser Schritt nicht an einem auswärtigen „Institut für XY“, sondern am Arbeitsplatz erfolgte und sich auf die tatsächlich zu behandelnden Patienten und ihre Familie bezöge – womöglich noch in Korrespondenz zur und in Abstimmung mit der Supervision – könnte dies nicht ein wichtiger Beitrag zur Konzeptbildung in der Einrichtung sein? – Natürlich ist denkbar, daß die Hilflosigkeit im Umgang mit den Eltern der Patienten weniger einen Fortbildungsbedarf, als vielmehr eine Kontaktstörung zwischen Team und der Leitung des Projekts widerspiegelt. Aber in meinem (konstruierten) Beispiel will ich von dieser Möglichkeit absehen.

Oder es ist der (wiederum konstruierte) Fall, daß das Team einer Beratungsstelle für Suchtkranke in der Teamsupervision immer wieder die Überlastung mit „Neufällen“ anspricht, ohne daß Wartelisten das Problem mildern könnten. Vielleicht benötigt das Team (neben der Reflexion der habituellen Überforderungsneigung) eine begleitende, auf die konkreten Anforderungen der Beratungsstelle zugeschnittene Fortbildung in Gruppenarbeit, da ohne diese inhaltliche Neuorientierung der Ansturm der Klienten gar nicht zu bewältigen ist? Und vielleicht wäre diese Umstellung bewährter therapeutischer Praxis nicht nur in organisatorisch-praktischer Hinsicht nützlich, sondern würde die Arbeit mit Abhängigkeitskranken auch inhaltlich befruchten? Vielleicht würde der Schritt von der Arbeit in der Dyade zur Arbeit in der Gruppe die Kooperation und den Austausch im Team voranbringen? Wenn nach und nach alle Teammitglieder sowie der Leiter diese Fortbildung besuchen würden – könnte dies nicht ein sinnvoller Baustein einer ohnehin anstehenden Personal- und Organisationsentwicklung sein? Vielleicht wäre dieser Schritt in eine Gruppenöffentlichkeit hinein sogar ein sinnvoller Beitrag, um das chronisch „schwierige“ Verhältnis zum Umfeld der Beratungsstelle, also zu Kooperationspartnern und Öffentlichkeitsvertretern zu verbessern?

Der Fall ist hypothetisch, soll aber zeigen, daß alle diese Fragen nur gestellt (und womöglich beantwortet) werden könnten, wenn der Supervisor über genügend Feld- und Beratungskompetenz verfügt, um die zunächst einmal unspezifische Klage dauernder Überforderung durch „Neufälle“ innerlich zu etwas Tieferem zu organisieren: zu der verborgenen (noch nicht bewußten) Anfrage um fachliche Fortbildung und der darin noch einmal verborgenen (noch nicht bewußten) Hoffnung auf die gemeinsame Entwicklung im Team sowie im Verhältnis zwischen Team und „Außenwelt". *Ob dies so ist*, kann nur in einer gemeinsamen Suche, in einer – was den Ausgang angeht – offenen Selbstreflektion geklärt werden. Die Anregung dazu kann (und muß mitunter) der Supervisor geben, was voraussetzt, daß die ursprünglich vorgebrachte symptomatische Klage nicht *ausschließlich* im Feld der Berater-Klient-Beziehung und damit als szenischer Ausdruck eines Übertragungsgeschehens, einer neurotischen Persönlichkeitsfixierung („Helfersyndrom") etc. aufgenommen und verstanden wird. Der von mir skizzierte Focus, welcher die Gestaltung der beruflichen Rolle, die Teamentwicklung und die Struktur der Grenze zwischen Team und Umwelt thematisiert, fiele dann unter den Tisch. – Natürlich wäre auch hier denkbar, daß die symptomatische Klage des Teams ein (verborgenes) Leitungsproblem anrührt, daß also nicht Fortbildung als Baustein von PE/OE, sondern Leitungsberatung anstände. Aber auch in diesem Fall will ich von diesem Zuwachs an Komplexität absehen.

In den folgenden Abschnitten werden nicht fiktive Bedarfe, sondern *zwei konkrete Beispiele von Fortbildungsprojekten* diskutiert, die als integrierte Anteile einer komplexen Organisationsentwicklung verstanden werden können. In beiden Fällen handelt es sich um Ansätze berufsgruppenbezogener fachlicher Qualifikation (einmal für den Kreis der Assistenten, Oberärzte und Leitenden Ärzte einer Klinik für Psychiatrie und Psychotherapie; einmal für eine repräsentative Gruppe von Pflegekräften einer Abteilung für Psychiatrie und Psychotherapie am Allgemeinkrankenhaus, einschließlich der zuständigen Pflegedienstleitung), und ebenfalls für beide Projekte gilt, daß die Einrichtung zur Sektorversorgung verpflichtet ist. Beide male geht es um die Verbindung von Gemeindepsychiatrie und angewandter Psychoanalyse im Sinne einer verstehenden, psychodynamischen Versorgung.

Ein solches Projekt basiert, obgleich es in einem höchst aktuellen Kontext der Qualifizierung psychiatrisch-psychotherapeutischer Arbeit steht (Facharztqualifikation in Psychiatrie und Psychotherapie; Etablierung von Bezugskrankenpflege in der Psychiatrie), auf jahrzehntelanger Forschung, die mit dem Namen Michael Balints verbunden ist: In seiner Arbeit mit Allgemeinärzten hatte dieser den (seinerzeit dissidenten) Grundsatz entwickelt, daß die Einführung psychotherapeutischer Kompetenz nicht in der Entwicklung spezialisierter Ausbildungsgänge und in der Einrichtung selektiv arbeitender psychotherapeutischer Spezialangebote zu bestehen habe, sondern in der innovativen *Veränderung von Alltagspraxis*. Gegenstand dieser Arbeit, die Balint selbst als Forschungsansatz verstand, war die Entwicklung einer therapeutischen Grundhaltung, die der Allgemeinmediziner in seiner üblichen Sprechstundenpraxis, während seiner Hausbesuche etc. einnehmen konnte: „Was ich meine, ist dies: Was der Allgemeinarzt tut, seine eigentliche Tätigkeit, sollte äußerlich dieselbe bleiben: geduldig mit den Patienten sprechen, ihren Klagen zuhören, sein bewährtes diagnostisches Können anwenden, um herauszufinden, was sie wirklich von ihrem Arzt benötigen, und ihnen das zu geben, was ihren Bedürfnissen am ehesten entspricht. Die Änderung, an die ich denke, ist eine innere Angelegenheit: Sie betrifft das, was der Allgemeinarzt denkt und fühlt, während er seine Arbeit tut" (Balint 1989, S. 122). – Diese „Psychotherapie" im Rahmen der alltäglichen Arzt-Patient-Kontakte konnte nicht in theoretischen Programmen fernab von der Praxis, sondern nur im unmittelbaren Kontakt mit ihr (in fallorientierter Balint-Arbeit) erlernt werden. Diese Innovation knüpfte zwar an die Tradition psychoanalytischer Fallseminare an (Untersuchung der Übertragungs-Gegenübertragungs-Beziehung in der Methode der freien Gruppenassoziation), brach zugleich jedoch radikal mit der überlieferten Anschauung, wonach psychoanalytisch ausgerichtete Arbeit ausschließlich in der analytischen Situation (Dyade, Couch etc.) stattfinden könne. Sie war umwälzend auch, weil der Prozeß der innovativen Entwicklung in einer Gruppe von Allgemeinärzten stattfand, also nicht vorwiegend expertengeleitet . Balint selbst definierte sich als Lernender.

Auf den Bereich der psychiatrischen Pflichtversorgung übertragen bedeutet dies (Heltzel 1994): Die „psychotherapeutische" Qualifikation von MitarbeiterInnen in der Psychiatrie sollte möglichst praxisnah und anwendungsorientiert erfolgen. Sie sollte diese in die Lage versetzen, alle Versorgungstätigkeiten im psychiatrischen Alltag psychodynamisch orientiert durchzuführen, d.h. alles psychiatrische Tun „psychotherapeutisch" zu durchdringen (Rohde-Dachser 1979). Dies ist ein hoher Anspruch, der natürlich immer nur annäherungsweise zu realisieren ist. Er gibt sozusagen das ideelle Ziel an, auf das hingearbeitet werden sollte – auch wenn jeder weiß, daß es im Rahmen psychiatrischer Pflichtversorgung immer nur punktuell erreicht werden kann. Die angestrebte therapeutische *Grundhaltung* drückt sich darin aus, was die Pflegekraft denkt und fühlt, während sie mit einem Patienten in Kontakt steht, wie sie diesen Kontakt gestaltet und aufrechterhält (für Ärzte gilt Analoges, immer bezogen auf die üblichen therapeutischen Verrichtungen: eine Untersuchung, ein Aufnahmegespräch, ein Visitenkontakt, eine Zwangsmedikation etc.).

Im *Unterschied* zu klassischen Balintgruppen treffen in einer psychiatrischen Einrichtung nicht unabhängige Einzelunternehmer, sondern Gruppen von MitarbeiterInnen zusammen, die in der Patientenversorgung miteinander kooperieren. Nehmen zusätzlich Leitungskräfte teil, wie dies in beiden erwähnten Projekten der Fall ist, so ist der Bezug zur Gesamtorganisation und ihrer therapeutischen und organisatorischen Vernetzung naturgemäß noch dichter. Findet außerdem nicht nur praxisnahe Fallarbeit, sondern im Wechsel auch theoriegeleitete Konzeptarbeit statt, und wird diese nicht beliebig, sondern reflektiert und begründet strukturiert, so liegt nahe, daß langfristig angelegte Projekte nicht nur fachliche Qualifizierung transportieren, sondern darüber hinaus bedeutsame Akzente in der Personal- und Organisationsentwicklung setzen können. Dies gilt besonders, wenn sie in Korrespondenz zu parallel laufenden Supervisionsprozessen stehen.

Im Detail sehen die erwähnten Projekte so aus:

Der Kreis der Klinikassistenten trifft sich seit Jahren alle 2 Wochen für 1 ½ Stunden am Freitag nachmittag. Die Klinikleitung ist durch den regelmäßig teilnehmenden Leitenden Oberarzt, durch weitere Oberärzte und den Leitenden Arzt (sofern es seine sonstigen Verpflichtungen zulassen) an der Arbeit beteiligt. Je nach Arbeitsanfall auf den Stationen ist das Engagement wechselnd, im Kern aber konstant. Über längere Zeit wurde spontan ein „Fall" aus der laufenden Alltagsarbeit berichtet, wobei die Gruppe in freier Assoziation ein gemeinsames Verstehen des szenischen Geschehens anstrebte. In unsystematischer (aber begründeter) Abfolge und immer bezogen auf Berichtetes folgten Theorie-Referate, z.B. Bausteine einer psychodynamischen Behandlungskonzeption für Schizophrene (Heltzel. 1998b), oder etwa Konzepte von Übertragung und Gegenübertragung, das Konzept des Szenischen Verstehens usw. In letzter Zeit gehen wir umgekehrt vor: es werden nach und nach zentrale Dimensionen einer psychodynamischen Psychiatrie referiert, worauf in Korrespondenz zu diesen Theorieanteilen ein „Fall“ vorgestellt wird, anhand dessen die Runde (in freier Gruppenassoziation) eine Konkretisierung des Konzepts erarbeitet. Da hier im wesentlichen, wenn auch in wechselnder Zusammensetzung, der Kreis der Ärzte/Assistenten (unter Beteiligung der Leitungsebene) miteinander kommuniziert, trägt diese Runde über die Zeit zu einer gemeinsam geteilten therapeutischen Identität bei. Mit Sicherheit fördert sie die Offenheit untereinander, den konstruktiven Austausch und die Toleranz gegenüber unterschiedlichen Haltungen, Einstellungen und Verfahrensweisen, da im wesentlichen ungeschminkt und ungeachtet der Reaktionen anderer über eigene Behandlungen und die persönliche Beteiligung daran berichtet wird. Es ist viel, wenn Psychiater nicht mehr darüber in Harnisch geraten, was falsch und was richtig ist in der Therapie ihrer Patienten, und wenn sie Phantasien, Einfälle, Stimmungen und Körperverfassungen als Beiträge zur Beziehungsanalyse aufnehmen und stehen lassen können. – Ich will die Harmonie nicht überbetonen: natürlich verbleiben erhebliche Spannungen zwischen den Aktionszwängen des gemeindepsychiatrischen Alltags und einer kontemplativ ausgerichteten Haltung des Verstehens. Psychiatrie und Psychoanalyse leben bestenfalls in einer „friedlichen Koexistenz“, die von der spannungsvollen Gegensätzlichkeit beider komplementären Zugänge lebt (Heltzel 1994). Widerstände gegen eine „psychotherapeutische Durchdringung“ äußern sich spätestens dann, wenn auf die wiederkehrende Klage, daß der hektische Stationsalltag eine halbwegs systematische „Pflege“ der psychodynamischen Grundhaltung nicht erlaube, mit dem ernst gemeinten Vorschlag reagiert wird, ein Projekt zu starten, in dem auf einer Station (und gemeinsam mit dem zuständigen Oberarzt) modellhaft die Umsetzung psychodynamisch verstandener Behandlungsplanung erprobt würde. – Nein, so sei es nicht gemeint gewesen, an Verpflichtungen, an Projekten und Umsetzungsprogrammen habe man genug, der Freitag nachmittag sei der Ort für kontemplativen Austausch, für kreatives Assoziieren, für freie Phantasie, für Verstehen ohne Handlungszwang. Jedes Umsetzungsprojekt gefährde diesen inzwischen so geschätzten Freiraum mitten im Dauerchaos psychiatrischer Alltagszwänge... Obwohl der Widerstandscharakter dieser Reaktion offenbar scheint, halte ich es für möglich, daß in der Ablehnung konkreter Projektaktivität ein im positiven Sinn „aufrührerischer“ Ansatz steckt: der inzwischen fest verankerte Raum für Gefühl und Phantasie, für Austausch und Kontemplation soll auf jeden Fall erhalten werden, er soll nicht im (gut gemeinten) Projektaktionismus untergehen...

Etwas von diesem Wunsch nach „Freiraum“ schwingt auch in meinem zweiten Beispiel mit: hier treffen sich an einem ganzen Freitag und einmal vierteljährlich ein Dutzend Pflegekräfte einer Psychiatrischen Abteilung am Allgemeinkrankenhaus plus zuständiger Pflegedienstleitung (plus einem halben Dutzend weiterer Berufskollegen aus anderen Einrichtungen), um sich mit meiner Begleitung und Unterstützung über psychodynamische Psychiatrie, also über angewandte Psychoanalyse in der gemeindepsychiatrischen Versorgung auszutauschen. Mehr noch als im oben berichteten Projekt gilt hier, daß der Erfolg (und der Spaß!) eines solchen Unternehmens davon abhängt, wie sehr es den Beteiligten gelingt, miteinander in einen kreativen Austausch, in einen anregenden Dialog zu kommen. Niemand nimmt die Mühe eines ganzen Tages auf sich, wenn er trockene Theorie vorgesetzt bekommt und sich am Schluß der Veranstaltung nach einem Nutzerhandbuch sehnt, weil er nicht weiß, wie er die vermittelten abstrakten Konzepte in seine Alltagspraxis hinüberretten kann. – Also referiere ich noch weniger im Stück, als ich es unter Ärzten tue, ich bediene mich einer klaren Sprache, die sich nicht davor scheut, selbst komplexe psychoanalytische Zusammenhänge anschaulich wiederzugeben, ich ermuntere die Gruppe, sich einzubringen und lasse Durcheinander zu. – Auf diese Weise gelingt es, selbst schwierige Themen wie „Szenisches Verstehen" und „Konzepte von Übertragung und Gegenübertragung" lebendig durchzuarbeiten. Dies geht so, daß ich beginne zu referieren, aber recht bald durch Zwischenfragen, verschiedene Beispiele aus der Arbeit, aus dem eigenen Leben usw. unterbrochen werde. Indem wir diesen Anregungen nachgehen, verliere ich zwar gelegentlich mein didaktisches Konzept aus den Augen, aber die Gruppe beschäftigt sich engagiert mit der zentralen Thematik: „Wie geschieht szenische Begegnung auf Station?" „Woran spürt man Übertragung und Gegenübertragung?" „Wie ereignet sich Übertragung in der therapeutischen Arbeit, und wie im eigenen Leben?".

Es ist evident, daß hier eine sensible Balance gesucht und gefunden werden muß, denn in der Gruppe sitzen Berufskollegen, die untereinander nicht nur kooperieren, sondern auch konkurrieren, und es tauschen sich Vorgesetzte (Pflegedienstleitung) und MitarbeiterInnen unterschiedlicher Ebenen aus (Stationsleitungen und ihnen Unterstellte). So ist es entscheidend, bestimmte Themen, Konflikte, Problembereiche anzusprechen, andere nur anzudeuten, noch andere mit Takt zu vermeiden. Dem Leiter einer solchen Gruppe (in der es im Grunde genommen um ein komplexes Gemisch aus Fortbildung, Supervision und – fokussierter, nämlich berufsbezogener – Selbsterfahrung geht) obliegt die Verantwortung für deren bekömmlichen Verlauf. Er muß einmal zu Offenheit ermuntern (und dabei auch selbst Modell sein), ein andermal aufmerksam eine weitere Erforschung und Vertiefung bremsen; er muß zeitweise Verwirrung, ja Konfusion zulassen können und dennoch zum Denken zurückfinden; er muß verschiedenste Ebenen der Kommunikation (der „Fall", die Mitarbeiterin, die Patient-Schwestern-Beziehung, die Beziehung zwischen Schwester und Leitungskraft, die Beziehungen der Gruppenteilnehmer untereinander, die Beziehungen der Gruppe und der einzelnen Gruppenteilnehmer zum Gruppenleiter, usw....) wahrnehmen und integrieren können. Auf diese Weise wird der Leiter nicht nur zum Modell für emotionale Präsenz und Offenheit (was immer noch viele Psychoanalytiker von dieser Art „Öffentlichkeitsarbeit" abhält), sondern auch zum Vorbild, was die Bereitschaft angeht, unterschiedliche Rollen in einer Tätigkeit zu vereinen, mit unterschiedlichen Identitäten im Rahmen eines beruflichen Engagements umzugehen. – Mein eigenes Berufsideal ist das einer möglichst reflektiert eingebrachten Flexibilität im Umgang mit verschiedenen beruflichen Rollen. Es ist nie einfach, dies umzusetzen, aber auch nie langweilig.

Zurück zu meiner Kasuistik: Wenn ein Projekt wie das hier skizzierte über einen ausreichend langen Zeitraum durchgeführt wird, und wenn die Teilnehmergruppe für die vertretene Organisation repräsentativ ist (also möglichst auch die Leitungsebene einbezieht bzw. von dieser getragen wird), dann kann es einen spürbaren Beitrag zur Konzeptbildung in der Arbeit leisten. Ist die Abteilung psychoanalytisch orientiert und daher bestrebt, Psychiatrie in psychodynamischer Ausrichtung zu praktizieren, dann stellt ein solches Projekt einen wichtigen Baustein der Qualitätssicherung in der stationär-psychiatrischen Versorgung im Sinne der Mitarbeiter-Qualifizierung (Personalentwicklung) dar. Für die beteiligten Pflegekräfte gilt, daß eine so gestaltete Fortbildung wesentlich dazu beitragen kann, die emotionalen und zwischenmenschlichen Be-

lastungen zu verarbeiten, die mit zeitgemäßer Bezugskrankenpflege verbunden sind. Eine an den Erfordernissen der somatischen Medizin orientierte (höchstens noch verhaltenstherapeutisch unterfütterte) „Pflegeplanung" wird jedenfalls der hochkomplexen Herausforderung psychiatrischer Beziehungspflege nicht gerecht.

Damit ist der Bezug zur Einleitung dieses Textes hergestellt. Aufnahme und Gestaltung therapeutischer Beziehungen unter den Bedingungen psychiatrischer Alltagspraxis stellt eine hochkomplexe (in den letzten Jahren zunehmend belastender werdende) professionelle Herausforderung dar. Ich skizziere den Kontext dieser Tätigkeit mit wenigen Strichen: Der Arbeitstag von Mitarbeitern in der Psychiatrie ist – relativ unabhängig von der Berufsgruppe – von zunehmenden Belastungsfaktoren geprägt. Die ökonomischen Rahmenbedingungen erzwingen eine nahezu dauernde Voll- und Überbelegung (um zeitweise und geringfügig niedrigere Auslastungen und damit drohende dauerhafte Mittel- und Stellenkürzungen zu vermeiden); diese Maximalauslastung ist mit immer kürzer werdenden Liegezeiten, mit zunehmend restriktiveren Eingriffen von Kostenträgern und deren Medizinischen Diensten, mit verbreiteten Infragestellungen der Existenz einzelner Abteilungen oder ganzer Organisationen verknüpft; selbst wo die Existenz der Einrichtung nicht oder noch nicht zur Disposition steht, nehmen Dokumentationspflichten, Effizienznachweise, Kostenstatistiken etc. immer mehr Überhand; gleichzeitig steigen die Ansprüche an die Komplexität psychiatrischer Angebote, da vielfältige Ergebnisse aus Wissenschaft, Forschung und therapeutischer Praxis die Notwendigkeit mehrdimensionaler diagnostisch-therapeutischer Angebote belegen; angesichts zunehmend knapper werdender finanzieller Ressourcen steigt der Zwang zum Wettbewerb unter den Trägern psychiatrischer Einrichtungen; hinzu kommt, daß die Psychiatrie von Klientenseite her (Verbände der Psychiatrieerfahrenen, Angehörigen-Initiativen) zunehmend wirkungsvoller mit deren Interessen, Wünschen und Bedürfnissen konfrontiert wird; überall wächst daher der Druck zu immer dringlicher werdenden Anpassungen an immer schwieriger werdende Bedingungen, und überall müssen diese Anpassungsprozesse mitten im hektischen Alltagschaos (dessen ständige Reproduktion zugleich ein notwendiger Schutz vor dem Erleben von Verwirrung, Angst und Verzweiflung ist) bewerkstelligt werden. – Dies alles und noch manche zusätzlichen Aspekte sind der Hintergrund für eine Arbeit, die *ohnehin* mit maximalen emotionalen Belastungen für alle Beteiligten verbunden ist (s. dazu: Heltzel 1997): MitarbeiterInnen, die sich auf die zwischenmenschliche Begegnung mit ihren Patienten wirklich einzulassen versuchen, werden unabwendbar mit schwierigsten Gegenübertragungsgefühlen konfrontiert; diese hängen auch mit den existentiellen Bedrängnissen psychiatrischer Patienten zusammen, in deren Innerem Dynamiken von Untergang und Tod, von Identitätskonfusion und nicht mehr integrierbarer Überkomplexität, von Haß und Verfolgung wüten; MitarbeiterInnen geraten zwangsläufig in vorübergehende oder gar anhaltende emotionale und interaktionelle Verstrickungen mit diesen Patienten und werden in der Zusammenarbeit unter Kollegen in hochregressive Abwehrbewegungen hineingezogen, die sie vor dem Ansturm sehr ursprünglicher („primitiver") Ängste schützen sollen. – *Die Welt der Arbeit implodiert.*

Unter diesen Bedingungen brauchen Beschäftigte in der Psychiatrie Räume, in denen sie zur Ruhe kommen, in denen sie Abstand vom Geschehen und immer wieder Halt finden können. Räume, in denen sie die Fähigkeit zurückgewinnen können, wieder zu integrieren und zu denken, in denen sie sich so ungestört wie möglich austauschen und gegenseitig wahrnehmen können. Räume, in denen sie sich intensiv neuen Aufgaben stellen und lernen können. – Veranstaltungen wie die oben beschriebenen können solche Räume sein.

3. Teamentwicklung auf Leitungsebene

Es versteht sich von selbst, daß die dargestellte Dynamik des Umbruchs und des Wandels „bei laufendem Motor" nicht nur die Ebene der Mitarbeiter-Teams, sondern ebenso die unterschiedlichen Leitungsebenen erreicht hat und sowohl die Alltagsarbeit als auch die mittel- und langfristig angelegte Projektierung von Managementaufgaben wesentlich prägt. – In Zeiten der allgemeinen Existenzunsicherheit ist die längerfristige Überlebenssicherung der unterstellten Verantwortungsbereiche zentrale Leitungsaufgabe (Wimmer 1996). Dabei ist die spezifische Leistung von Führung immer weniger einzelnen Personen zuzuschreiben. „Steuerung passiert im Zusammenwirken zwischen Führungskräften gleicher oder unterschiedlicher Ebenen, sie vollzieht sich Arbeitsteams. Sie ist eine Gemeinschaftsleistung (...)" (Wimmer 1996, S. 53). Leitungsprozesse verlagern sich tendentiell in Teams, die ihrerseits wieder Teams leiten . Das liegt u.a. daran, daß die zur Entscheidung und Umsetzung anstehenden Problematiken zu komplex sind, als daß sie von nur einer Person verantwortlich bewältigt werden könnten. Leitungsteams stehen im Kontext der dargestellten Herausforderungen (Zeit- und Leistungsdruck, Effizienzwänge, Wirtschaftlichkeitsgebot, Überlebensprobleme etc.) enorm unter Druck. Für Grossmann (1993, 1995) steht daher fest, daß die Professionalisierung von Leitungsarbeit (insbesondere auf der Ebene des „mittleren Managements", also den Oberarztbereich sowie die Stations- und Abteilungsleitungen betreffend) der zentrale Angelpunkt der Organisationsentwicklung im Krankenhaus ist. Erfolgreiche Teamentwicklung[6] in diesen Bereichen gilt als bedeutsamer Beitrag zur Organisationsentwicklung und ist von entscheidender integrativer Wirkung. Auch nach meiner Erfahrung trifft diese Einschätzung zu, und zwar nicht nur für den Krankenhaussektor, sondern für im Grunde alle Organisationen in der psychiatrischen Versorgung, sofern sie eine gewisse Größe und Komplexität erreichen.

Fatal ist allerdings, daß sich gegenwärtig zwei Belastungsdimensionen in psychiatrischen Organisationen potenzieren: Einmal bewirkt die Eigenart der primären Aufgabe dieser Einrichtungen (Versorgung psychisch Kranker, also von Menschen in schwer regressiven Verfassungen), daß MitarbeiterInnen und Leitungskräfte, Teams und ganze Organisationen mehr oder weniger ständig unter dem Einfluß massiver regressionsfördernder Kräfte stehen; es kommt hinzu, daß in Zeiten der Existenzunsicherheit und der Überlebensnot für Projekte, Abteilungen und Organisationen dieser Druck in Richtung Regression noch einmal zusätzlichen Schub erhält: Wo die Angst um das Überleben dominiert, reagieren nicht nur Einzelne, sondern gerade auch Gruppen und Organisationen verstärkt mit „primitiven" Abwehrmaßnahmen, die sich lähmend bzw. destruktiv auf die Aufgabenerfüllung auswirken. Unter diesen Bedingungen wird es zur zentralen Managementaufgabe, diese Arbeit an der primären Aufgabe der Organisation wieder herzustellen und so ein tatsächliches Überleben (im Sinne der Realitätsbewälti-

---

6 Siehe hierzu auch den Beitrag von H. Pühl „Moderne Teamsupervision". – Der Hrsg.

gung) zu ermöglichen. Die Gruppenprozesse, die damit angesprochen sind, haben mit dem Oszillieren zwischen sog. Grundannahmen und dem Funktionieren als Arbeitsgruppe bzw. mit dem Wechsel zwischen der paranoid-schizoiden und der depressiven Position zu tun. Bei diesen Konzepten geht es letztlich um den Übergang von „Unreife" zu „Reife", von Stillstand zu Entwicklung, also um Themen, die zentral mit dem Überleben von Organisationen und den Aufgaben des Managements verknüpft sind. Ich kann sie hier nicht ausführlich referieren und verweise auf weiterführende Literatur: Kernberg 1988; Obholzer u. Zagier Roberts 1994; Lazar 1994, 1998.

Wie können Leitungskräfte angesichts solcher Dynamik dazu beitragen, daß Entwicklung, Denken und Aufgabenorientierung die Oberhand erlangen? Zwei Aspekte sind hier besonders wichtig: Erstens ist es zentrale Aufgabe von Leitungen, ein wirksames Containing für die die Dynamik unterhaltenden Ängste bereitzustellen. Dazu gehört, daß angemessene Räume für Austausch, Kommunikation und Kooperation in der Organisation und ihren Subsystemen geschaffen werden, so daß Integration möglich wird. Auf diesen Punkt gehe ich im folgenden Abschnitt näher ein. – Zweitens sollten Leitungskräfte (was banal scheint, aber nicht überall Praxis ist) *mit positivem Beispiel vorangehen* und Akzente in Bezug auf die eigene Teamentwicklung setzen. Von einer solchen Entwicklung geht, wenn sie denn gelingt, eine nicht zu unterschätzende Wirkung auf MitarbeiterInnen und damit eine beachtliche integrative Kraft aus, die in alle Bereiche der Organisation ausstrahlen kann. Effektive Mittel, um diese Teamentwicklung auf Leitungsebene zu fördern, sind Arbeitsklausuren und fortlaufende Leitungsberatungen (im Team) bzw. Teamsupervisionen. Bisher ist es allerdings wohl so, daß von diesen Möglichkeiten noch relativ wenig Gebrauch gemacht wird. Immer noch sind die Zeiten nicht vorbei, in denen Leitende Ärzte ihr Bedauern darüber zum Ausdruck bringen, daß regelmäßige Supervisionen von der Psych-PV als Qualitätsmerkmal gefordert werden. Bei „Supervision" denken Leitungskräfte in der Psychiatrie immer noch zuerst und vorrangig an Unterstützung und Begleitung ihrer MitarbeiterInnen. Nur langsam entwickelt sich ein kritisches Bewußtsein darüber, daß die Bewilligung einer eigenen (Leitungs-) Teamberatung und deren effektiver Verlauf ein sinnvoller Baustein in der Organisationsentwicklung sein kann. Die eigene Bedürftigkeit, was unterstützende Begleitung angeht, wird häufig immer noch viel zu spät, nämlich erst beim Eintreten gravierender gesundheitlicher Beeinträchtigungen eingestanden (Weigand 1994). Immer noch ist es in manchen Leitern nicht verdächtig, auch die schwierigsten Entscheidungen ohne jede professionelle externe Hilfe auf den Weg zu bringen. Immer noch halten viele die Supervisionsbedürftigkeit von Leitern für eine Erfindung geschäftstüchtiger Supervisoren. Hier muß letztlich jede und jeder die eigene Entscheidung treffen. Wer sich allerdings wider besseres Wissen gegen Schritte der Selbstreflektion, des Austausches, der Kommunikation und Kooperation entscheidet, obwohl entsprechende Hilfen verfügbar wären, trifft u.U. eine Wahl, deren Preis hoch ist. Er wählt nicht selten Spaltung und Fragmentierung statt Integration, trifft also eine Entscheidung mit folgenschweren Konsequenzen für die Organisation: „paranoid-schizoid by choice", wie sich in Abwandlung verbreiteter Managementsprache sagen ließe (Obholzer u. Zagier Roberts 1994, S. 172).

Eine inzwischen aber doch anwachsende Zahl von Leitungsteams entscheidet sich anders und wählt den Weg einer eigenen Teamentwicklung, die durch Supervision/ Beratung begleitet wird. In Krankenhaus-Abteilungen können dies Teams sein, die aus den Leitungen aller therapeutischen Bereiche (insbesondere Ärzte und Krankenpflege) sowie den Oberärzten bestehen. Das bedeutet schon qua Zusammensetzung der Runde eine Entscheidung für Austausch, Abstimmung und Kooperation und gegen die ansonsten verbreitete Abschottung der Verantwortungsbereiche untereinander. Anderswo sind es Teams, die sich aus Projektleitungen zusammensetzen, oder etwa Leitungsteams aus dem Bereich der psychiatrischen Krankenpflege (Pflegedienstleitung, deren Stellvertreterin und alle Stationsleitungen mit Stellvertretungen). Insbesondere in Zeiten der Strukturumbrüche und des permanenten Organisationswandels können solche Gruppen, wenn sie konstruktiv zusammenarbeiten, Ressourcen sinnvoll bündeln und kreative Anstöße für die weitere Entwicklung unterstellter Einheiten geben. Grabenkriege, Informationssackgassen und Alleingänge kommen in diesen Tagen besonders teuer zu stehen.

Wenn ich Leitungsteams supervidiere, gehe ich als Gruppenleiter in der Art eines *Moderators* vor, indem ich versuche, „(...) Spannung und Angst in der Gruppe auf einem erträglichen Niveau zu halten, um konstruktiv arbeiten zu können." (Foulkes 1977, S. 48): Ich fühle mich verantwortlich für die klare Rahmengestaltung der Sitzung, signalisiere Beginn und Ende der Arbeitssitzung und rege an, im Kreis zu sitzen. Es gibt keine Tagesordnung und keine Meldepflicht, jede und jeder kann sich einbringen, wie er möchte. Der Chef ist diesbezüglich allen anderen Teilnehmern gleichgestellt. Es können alle Themen angesprochen werden, die im Zusammenhang der Arbeitsaufgabe von Bedeutung scheinen, auch wenn sie zunächst seltsam anmuten. Es gibt kein „Blitzlicht" zu Beginn und keines am Ende, ich achte aber darauf, wer sich nicht oder kaum zu Wort meldet und spreche dies an, wenn es mir notwendig erscheint. Nicht nur sind alle Themen zugelassen, sondern auch alle unterschiedlichen Meinungen, Stimmungen und Phantasien. Dabei kommt es mir darauf an, nach und nach einen Kommunikationsprozeß zu fördern, in dem sich die Teammitglieder aufmerksam zuhören, in dem sie sich ernst nehmen und durch die Gemeinsamkeit des Gesprächs allmählich dazu übergehen, gemeinsam zu denken (es ist nicht gerade die Regel, daß Gruppen dies ohnehin schon tun). Im Verlauf des Gruppenprozesses ist es sehr bedeutsam, daß unterschiedliche Haltungen, Meinungen etc. nicht zwanghaft vereinheitlicht werden. Es ist ein Paradox, daß die Gemeinsamkeit am Ende tiefer und echter ist, wenn Unterschiede und Konflikte toleriert werden.

Ich kann relativ lange zuhören, ohne mich selbst einzubringen, aber auch relativ aktiv intervenieren, wenn mir dies nötig oder sinnvoll erscheint. Für welches Verhalten ich mich entscheide, hängt vom Gruppenprozeß ab, wobei ich alle meine Interventionen daran ausrichte, die Kommunikation innerhalb der Gruppe und zwischen den verschiedenen Teilnehmern nicht zu behindern und möglichst zu fördern. Deutungen spielen in dieser Hinsicht eine geringe, fast zu vernachlässigende Rolle. Viel wichtiger ist die Grundhaltung des Leiters und der Umstand, wie er diese durch seine persönliche Präsenz in der Gruppe vermittelt. Der Leiter (...) übt durch sein Beispiel einen wichtigen Einfluß aus. Er prägt ein Muster wünschenswerten Verhaltens, statt auf die Gruppe einzureden." (Foulkes 1974, S. 85) Als Gruppenleiter befinde ich mich auf der Grenze zwischen Gruppe und Außenwelt: ich bin als „Externer" engagiert und als solcher nicht auf die gleiche Weise in institutionelle Dynamiken involviert wie die Gruppenmitglieder. Zugleich bin ich Mitglied der Gruppe, wenn auch eines mit einer besonderen (Leitungs-) Rolle. Ich fühle mich als *„Freund im Kampf"*, wie dies Lazar (1998, S.

275) sehr schön formuliert hat, also als „(...) jemand, der einem zur Seite steht, einen unterstützt, manchmal auch, wenn nötig, kritisiert, der aber im Kampf selber nicht mitkämpft, nicht mitkämpfen kann, denn letztlich muß jeder seinen Kampf selbst führen". Ich mache immer wieder die Erfahrung, daß Gruppen bzw. Teams mit dieser Rollenauffassung gut leben können – Supervisoren und Berater machen sich unglaubwürdig, wenn sie unmittelbar in den Kampf verstrickt sind (Buchinger 1996). – Wenn ich zuhöre versuche ich, der Vielschichtigkeit und Komplexität des Gruppenprozesses annähernd gerecht zu werden, indem ich mich sowohl den Einzelnen mit ihren Problemen, Nöten und Konflikten als auch ihren Beziehungen zu anderen Gruppenteilnehmern, als auch dem Gruppenthema zuwende, das sie mit ihrem Beitrag anklingen lassen. Das kann z.B. eine der oben beschriebenen Grundannahmen sein, die sich durch den Einzelnen als Sprecher artikuliert und auf die sich wiederum andere mit ihren folgenden Beiträgen beziehen. Auf diese Weise denkt und spricht die Gruppe als Ganzes.

Wenn es gut geht, entsteht so ein Gruppenprozeß, in dem Isolierung durch Kontakt und Beziehung ersetzt wird, in dem sowohl Gemeinsamkeit als auch Unterschied und Konflikt zugelassen werden können, in dem es zur Erfahrung wirklicher Kooperation, gelegentlich zur bewußten Erfahrung gemeinsamen Denkens kommt, was immer einen tiefen Eindruck auf alle Beteiligten hinterläßt. – Wenn es gut geht, entsteht etwas Spielerisches, ein Moment von Spiel mitten im Moloch des Organisationslebens. Darauf gehe ich unten nochmals ein.

Der vorgestellte Ansatz versteht sich als angewandte Gruppenanalyse, wobei die Übertragung auf das Feld der Team- und Organisationsentwicklung natürlich zusätzliche Modifikationen erforderlich macht: um konstruktiv arbeiten und effektiv leiten zu können, reicht bekanntlich assoziativer Freiraum allein nicht aus. Selbstreflektion ermöglicht das Denken in Widersprüchen und Konflikten und setzt die übliche Logik beruflicher Tätigkeit vorübergehend außer Kraft. So entscheidend wichtig dies ist, ein (Leitungs-) Team muß in Beratungen immer wieder auch alternierend diskutieren, um Entscheidungen vorzubereiten, also zwischen (kontemplativer) Selbstreflektion und (sachbezogener) Diskussion hin- und herwechseln können. Das erfordert Flexibilität auch des Moderators, der also, wenn es ansteht, einen eigenen Rollenwechsel einführen muß: bei Bedarf sollte er die Position des Moderators verlassen und (vorübergehend) zum Ratgeber werden können, indem er Anregungen bezüglich der weiteren Entwicklung gibt, gelegentlich auch „pädagogisch" interveniert, ohne ins Belehren zu verfallen (Lazar 1998, S. 275). Es ist eine immer wieder spannende Erfahrung für alle am Beratungssystem Beteiligten, daß das (Arbeits-) Leben eine größere Rollenvielfalt vorsieht, als es unsere Ausbildungsgänge suggerieren. – Auch das folgende *Beispiel* einer Leitungssupervision vermittelt etwas von dieser Komplexität:

In vierteljährlichem Abstand kommt das Leitungsteam der Krankenpflege in der Abteilung eines psychiatrischen Fachkrankenhauses (Pflegedienstleitung mit Stellvertretung sowie alle Stationsleitungen mit Stellvertretungen) zu einem Block zweier Supervisionssitzungen von jeweils 2 Std. Dauer zusammen. – Hintergrund dieses Engagements sind umfangreiche und tiefgreifende Umstrukturierungen, die in den nächsten Jahren auf das Haus zukommen werden. Da diese Veränderungen einschneidend sein und eine große Zahl von Beschäftigten in unterschiedlicher, teils schwerwiegender Weise betreffen werden, wurde zusätzlich zu den laufenden Stations-Supervisionen diese Leitungs-Supervision begonnen, um den kommenden Herausforderungen auf Lei-

tungsebene möglichst reflektiert begegnen zu können. – Ein Supervisionsblock von 2 Sitzungen soll hier, natürlich extrem zusammengefaßt und verdichtet, nachgezeichnet werden. Ich will damit verdeutlichen, wie sich eine Hintergrundthematik tiefgreifender Strukturveränderungen in einer Leitungs-Team-Supervision widerspiegeln kann. – Zu Beginn der ersten Sitzung wird unter reger Beteiligung aller Teammitglieder die anstehende Umstrukturierung des Hauses und der Abteilung geschildert. Schwierige Zeiten werden auf alle MitarbeiterInnen zukommen: Wie sollen Bettenstreichungen und damit zusammenhängende Veränderungen im Personalbereich (Nichtverlängerung auslaufender Verträge, Vorruhestandsregelungen, Sozialpläne, Versetzungen etc.) bewältigt werden, wo doch die Situation seit Monaten durch chronische Überbelegungen, also zusätzlichen Belastungsdruck gekennzeichnet ist? Und wie soll man sich die Umstellung auf neue Konzepte unter diesen Bedingungen vorstellen? Wie kann das zusammen gehen: verstehende Psychiatrie, Bezugskrankenpflege – und Arbeitsverdichtung? Obwohl am Anfang dieser Aussprache der Tenor vorherrscht, „da müssen wir ran, da dürfen wir keine Angst vor haben", breitet sich in der Sitzung nach und nach die ganze Schwere der Atmosphäre, die ganze Last des Druckes, das ganze Ausmaß der Angst aus. Überlastung, Überforderung, Irritation, Kränkung, Selbstzweifel, Wut und Zukunftsängste werden artikuliert und erhalten Raum. Alle, die sie im hektischen Alltag psychiatrischer Pflichtversorgung ständig die Zähne zusammenbeißen und den ihnen unterstellten Mitarbeitern Mut machen müssen, können für 2 Stunden „loslassen", aufstöhnen, Atem holen. Es ist sehr wichtig, diesen Bedürfnissen Raum zu geben und die mit Angst angefüllte Situation nicht vorschnell (in eigener Angstabwehr) zu strukturieren. Indem die Moderation Raum läßt für das Durcheinander der Gefühle, indem sie Verständnis dafür äußert und darauf vertraut, daß die Gruppe gemeinsam weiterkommt, schafft sie Containing. – In der zweiten Sitzung bringt sich eine Stationsleitung mit einem konkreten Konflikt ein, den sie mit älteren Schwestern ihres Teams erlebt. Die Leitung schildert diese als Gruppe älterer, überforderter, mehr oder weniger hilfloser Mitarbeiterinnen, die sich von der Stationsleitung mütterlich „betüddeln" lassen und mit den kommenden Umstrukturierungen mit Sicherheit überfordert sein werden – schon jetzt seien sie im Grunde an ihren Grenzen angelangt...Die Supervisionsgruppe wendet sich nun interessiert und mit vertieftem Engagement diesem Konflikt zu, wobei schrittweise deutlicher wird, wie „die Mädels" und die Stationsleitung in einer Übertragungs-Gegenübertragungs-Dynamik miteinander verstrickt sind: beide Seiten halten am Bild der hilflosen Kinder fest. Nun wird (auch für die Stationsleitung) spürbar, daß diese Mitarbeiterinnen nicht nur schwach und hilflos sind, sondern das Klima auf Station, ja sogar bestimmte Inhalte der Arbeit auf ihre Weise bestimmen – sie haben nicht wenig Macht und Einfluß, obwohl sie so ohnmächtig scheinen! Die Stationsleitung nimmt aus dieser Supervisionssitzung viele Anregungen mit, wie sie auf neue, ungewohnte Weise zu ihren Kolleginnen im Team Kontakt aufnehmen kann – so, daß nicht immer nur eine regressiv getönte Mutter-Kind-Interaktion reinszeniert wird. Sie kann dies aufnehmen, weil sie den Kern der Übertragungs-Gegenübertragungs-Dynamik verstanden hat, die die Verstrickung offenbar unterhält. – Daneben könnte diese Sitzung auch etwas ansprechen, was die Beziehung der Stationsleitungen zur Pflegedienstleitung betrifft: vielleicht spielt sich auch hier etwas von der skizzierten Dynamik ab, vielleicht gilt auch hier, daß die „Kinder" vorwiegend klein, schwach und unterstützungsbedürftig, die „Mutter" aber allseits versorgend *(und übermächtig) erlebt wird? – Noch eine Ebene tiefer mag es sein, daß die Gruppe der Leitungskräfte auf diesem Wege (indem sie das Problem auf der Ebene der Stationsmitarbeiter abhandelt) eigene Ängste, aber auch eigene Hoffnungen in Bezug auf den anstehenden Wandel in der Organisation thematisiert: Werden die Leitungskräfte durch die neuen Herausforderungen überfordert sein? Werden sie daher der mütterlichen Versorgung bedürfen – um den Preis, nicht selbständig zu werden? Oder können sie die eigenen erwachsenen Ressourcen nutzen und die Entwicklungsaufgaben bewältigen, vielleicht mit Hilfe der Supervision? – Diese Fragen sind alle noch nicht angesprochen und werden es womöglich gar nicht. Es ist aber wichtig, daß sie vom Supervisor gedacht und aufgenommen werden können. Nicht selten gelingt dies erst im Anschluß an eine Sitzung: „Ich denke auch nicht, daß wir versuchen sollten, alles zu verstehen (...) es würde festlegen. (...) Daher neige ich dazu, die Dinge ungelöst und unvollständig zu lassen (ohne >Schluß<)." (Foulkes 1974, S. 28)*

4. Großgruppensupervision als Beitrag zur Organisationsentwicklung

Es ist ein merkwürdiger, traurig und nachdenklich stimmender Umstand, daß ausgerechnet dasjenige Supervisionssetting, das – historisch gesehen – in denkbar engster Verbindung zur Organisationsentwicklung in der Psychiatrie steht, in Deutschland heute das am wenigsten genutzte ist. Die Rede ist von der entwicklungsbegleitenden Arbeit in Großgruppen, und ich hoffe, mit diesem Text ein wenig dazu beitragen zu können, daß diese Form angewandter Gruppenanalyse in der deutschsprachigen Psychiatrie die Beachtung und Anerkennung erfährt, die ihr m.E. zukommt. (Anm. 2) – Die Anwendung der Gruppenanalyse auf große Gruppen (von mehr als zwanzig bis zu mehr als hundert Teilnehmern) geht auf die Entwicklung der *Therapeutischen Gemeinschaft* zurück, wie sie in der britischen Psychiatrie noch während des Krieges gegen Nazi-Deutschland und dann in den Jahrzehnten danach entwickelt wurde. Schon vor mehr als zwei Jahrzehneten waren sich Psychoanalyse, Gruppenanalyse, Psychiatrie und Organisationsberatung sehr nahe, und wir sollten an diesen Erfahrungen anknüpfen und von ihnen lernen: Innovation lebt von der (dialektischen) Spannung zwischen Traditionsbewahrung und Ursprünglichkeit (Winnicott 1971). In diesem Sinne beziehe ich mich auf Theorie und Praxis der Gruppenanalyse von Großgruppen, adaptiere diese Konzepte jedoch an die heutigen Verhältnisse in der Supervision und Beratung im Feld der Psychiatrie, wo es nicht um „Experimente in Massenpsychologie" (Shaked 1994) geht, sondern um die hilfreiche Begleitung, Unterstützung und Förderung von Entwicklung in schwierigen Zeiten. Wie in der als Beitrag zur OE verstandenen Fortbildung und in der Leitungsberatung müssen dabei unterschiedliche Konzepte integriert und an jeweils spezifische Bedingungen angepaßt werden. Das ist nur möglich, wenn sich der Supervisor/Berater nicht allzu sehr durch festgeschriebene (orthodoxe) Vorgaben einengen läßt: „Er sollte auf keinen Fall starr sein, er muß vielmehr bereit sein, flexibel zu reagieren und sich mit der Gruppe zu verändern – er muß der beste Patient in der Gruppe sein." (Foulkes 1977, S. 48)

Großgruppenarbeit als Begleitung und Förderung von OE ist insbesondere dann indiziert, wenn eine Organisation sich in Phasen tiefgreifenden Wandels befindet und dabei zentral ansteht, Fragmentarisierung zur vermeiden bzw. zu überwinden, also den Zusammenhang verschiedener Teams, Abteilungen, Institute etc. im Kontext komplexer Aufgabenerfüllung und damit unumgänglich zusammenhängender Widersprüche und Konflikte zu sichern. Dabei bestehen vielfältige Berührungspunkte oder Übergänge zur Konzeptarbeit i.S. der Reorganisation der fachlich-inhaltlichen Ausrichtung. Das Setting der abteilungsübergreifenden, alle betreffenden MitarbeiterInnen und die zuständigen Leitungsgremien erreichenden Großgruppe spiegelt dann schon als solches das Erfordernis der *Integration unterschiedlicher Subsysteme* wider, die ansonsten abgetrennt und isoliert voneinander oder untereinander konkurrierend und unkoordiniert vor sich hinarbeiten. Es kann auf diese Weise Kontakt, Austausch und Informationsfluß ermöglichen, wenn es gelingt, überkommene Blockaden, Widersprüche und Konflikte nicht auszuklammern, sondern sich ihnen – mit der Bereitschaft zur Bearbeitung – zuzuwenden. Wenn die Großgruppe in diesem Sinne als Forum des Austausches, der offenen Kommunikation, der Konfliktbearbeitung (Obholzer u. Zagier Roberst 1994, S. 208) von den MitarbeiterInnen und Leitungskräften akzeptiert und ernst genommen wird, kann sie zu einem Ort werden, an dem – wie nirgendwo sonst in der *Gesamt*organisation – eine Berührung von Phantasie und Realität, also „Spielen" im Sinne Winnicotts (Winnicott 1971; s. auch: Ogden 1997; Streeck-Fischer 1997) möglich wird. Was ist damit gemeint?

Mit dem Begriff des „potentiellen Raumes" bezeichnete Winnicott einen *Zwischenbereich* zwischen Phantasie und Realität, der u.a. jede Form der gelingenden Psychotherapie, den Bereich des Spielens, den der Übergangsphänomene und den der kulturellen Erfahrung und der Kreativität umfaßt. In allen diesen Bereichen kommt es zur (dialektischen) Spannung zwischen außen und innen, zwischen subjektivem Erleben und objektiven Gegebenheiten. Im Spiel (in der Psychotherapie, in der Beratung etc.) wird eine Situation geschaffen, die zugleich wirklich und nicht wirklich ist, zugleich ernst und nicht ernst. Dieser Raum kann, wenn er von allen Beteiligten als solcher akzeptiert wird, zu einem Ort werden, an dem sich Neues, Kreatives entwickelt.[7] Die Voraussetzung dafür ist, daß das „Spielen" nicht verordnet oder erzwungen ist, also nicht aus Gefügigkeit resultiert, sondern aus einem spontanen Impuls heraus. Dies kann wiederum nicht von vornherein erwartet werden (es wäre bestenfalls naiv und schlimmstenfalls verrückt, voraussetzungslos arglos zu sein), sondern bedarf des (geprüften und allmählich aufgebauten) Vertrauens: Spiel (Psychotherapie, Beratung, Supervision) kann nur *innerhalb einer Vertrauensbeziehung* stattfinden, was übertragen auf die hier zur Diskussion stehende Thematik heißt: die Gestaltung des Projekts „Großgruppe" muß so beschaffen sein, daß sich in diesem Sinne Schritt für Schritt eine bekömmliche, konstruktive, kreative Arbeit entwickeln kann.

Das bedeutet mehreres:

1. Kommt es darauf an, große Sorgfalt auf die Gestaltung des äußeren Rahmens zu legen, also darauf zu achten, daß an immer gleichem Ort zu immer gleicher Zeit relativ ungestört und relativ überschaubar (fester Stuhlkreis, möglichst Blickkontakt) gearbeitet werden kann. Die Bedeutung, die der Gruppenleiter diesen Faktoren zumißt und die Achtsamkeit, die er diesbezüglich walten läßt, ist für den Großgruppenprozeß bedeutsamer als jede Deutung (pers. Mitteilung G. Wilke, London).
2. Der Gruppenleiter muß zuallererst eine Entscheidung treffen, ob er die Gruppe in tiefste Ängste stürzen oder Angst und Spannung auf einem erträglichen Niveau

7 Auf das Konzept des ‚Zwischen' rekurriert auch A. Nilsson in seinem Beitrag. – Der Hrsg.

halten will (Foulkes, 1974, S. 48). Wer „Experimente in Massenpsychologie" vermeiden und Organisationsentwicklung fördern will, wählt die zweite von Foulkes erwähnte Variante.

3. Der Gruppenleiter muß sich darüber klar sein, daß ihn die Großgruppe mit suggestiver Macht ausstattet. Gerade deshalb sollte er bescheiden bleiben und sich klarmachen, daß angesichts der Komplexität der Großgruppe selbst die besten Einsichten immer nur Teilwahrheiten sein können. Hinzu kommt, daß Interpretationen (Deutungen) in Großgruppen noch weniger Berechtigung haben als dies in Gruppen ohnehin der Fall ist (siehe oben).
4. Der Gruppenleiter sollte vielmehr nicht-interpretative Interventionen bevorzugen, dies sollten „(...) ganz *persönliche*, aufrichtige Äußerungen darüber sein, wie man *sich selbst* angesichts der spezifischen Beiträge von Individuen oder Gruppen von Individuen fühlt; diese Äußerungen unterscheiden sich von bloßen persönlichen Enthüllungen jedoch darin, daß sie nur dann abgegeben werden, wenn man sich darüber klargeworden ist, daß die eigene innere Position auch über die Situation der anderen etwas auszusagen vermag. (...) Nichtinterpretative (...) Interventionen bieten so ein Modell dafür, wie ein Individuum nicht zu >der Gruppe<, sondern zu den anwesenden Individuen in Beziehung treten kann" (Main 1977, S. 76).
5. Nicht nur auf diese Weise, sondern noch viel grundsätzlicher stellt der Leiter durch die Art, wie er sich selber in die Gruppe und deren Prozeß einbringt einen Rahmen, eine Tradition der Zusammenarbeit her, indem er sich selbst als (leitendes) Gruppenmitglied einbringt: Er personifiziert, wie Foulkes es selbst ausdrückte, das gruppenanalytische Prinzip (Foulkes 1974, S. 26). Die Gruppenteilnehmer können diesem Beispiel folgen, wenn es ihnen sinnvoll erscheint.
6. Auf dem Hintergrund dieser Überlegungen benennt der Gruppenleiter, wenn er verstanden zu haben glaubt, Themen, welche die Gruppe beschäftigen. Dies tut er nicht in „Ein-Satz-Deutungen" aus dem gruppenanalytischen Zauberkasten, sondern eher, indem er die Äußerungen verschiedener Gruppenmitglieder noch einmal wiederholt, zusammenfaßt und damit „auf den Punkt bringt". Er „deutet" also nicht, sondern er „integriert", womit er nach meinem Verständnis der spezifischen *„Holding-Together-Function"* des Gruppenanalytikers Ausdruck verleiht (Hearst 1982) Dieser Grundhaltung kommt insbesondere im *psychiatrischen* Kontext besondere Bedeutung zu.
7. Wie in der Kleingruppenarbeit (Leitungssupervision, siehe oben) erinnert sich der Leiter bei Bedarf daran, daß er keine therapeutische Gruppe, sondern eine Zusammenkunft von Professionellen leitet, die die Entwicklung der Organisation begleiten und möglichst fördern soll. Er gibt auf diesem Hintergrund, wenn es ihm überzeugend erscheint, Anregungen den OE-Prozeß betreffend, und er stellt Verknüpfungen zu anderen Segmenten des OE-Prozesses (z.B: parallel laufenden Teamsupervisionen oder Fortbildungsveranstaltungen) her.
8. Trotz dieser gelegentlichen strukturierenden Elemente findet die Großgruppensitzung – wie Kleingruppensitzungen auch – unstrukturiert, d.h. in freier Gruppenassoziation statt: es gibt keine Tagesordnung, keine verabredete Reihenfolge der Wortmeldungen, keine Diskussionshierarchie. Der leitende Arzt oder der leitende Krankenpfleger sind, ohne daß deren Identität als „Chef" verleugnet würde (sie kann im Gegenteil Thema ganzer Sitzungen sein), *in der Gruppe* Teilnehmer wie

andere auch. So haben sie auch kein Anrecht auf „besondere" Behandlung und können Zielscheibe heftiger Affekte oder Angriffe sein (dann steht ihnen derselbe Schutz zu wie allen anderen auch).

9. Der Erfolg gruppenanalytischer Arbeit (dies gilt in besonderem Maße für Großgruppen) hängt entscheidend davon ab, inwieweit die Gruppe (und beispielhaft ihr Leiter) eine stimmige Balance zwischen dem Zulassen heftiger Affekte und Konflikte, also dem Ansteigen von Spannung und dem stützenden Gegensteuern findet. Hier muß jedes Gruppenmitglied (und beispielhaft der Gruppenleiter) eigenes „Fingerspitzengefühl" entwickeln. Ich zitiere noch einmal Foulkes, dem offenbar nichts an „Experimenten" zulasten von Gruppenmitgliedern lag: „Man könnte sagen, daß der Leiter eine >erträgliche Gleichgewichtsstörung< anzielt, daß er das Verhältnis von konstruktiven und destruktiven Tendenzen, zwischen aufrüttelnden und stützenden Wirkungen dauernd aussteuern muß" (Foulkes 1974, S. 85).
10. Das notwendige Containing, das die Großgruppe (wiederum beispielhaft) vom Leiter erhofft (sonst käme sie gar nicht zusammen), kommt *nicht* dadurch zustande, daß dieser jeden Affekt, jeden Ausbruch, jeden Konflikt „gelassen" geschehen läßt, so als könne ihm (und der Gruppe) nichts zu viel und unerträglich werden. Das wäre falsch verstandenes Containing und schädlich für den Gruppenprozeß: Als in einer von mir geleiteten Gruppe ein Mitarbeiter den Leiter in einer heftigen Debatte mit einer verletzenden Bemerkung angriff, war ich gelähmt und wußte nicht zu reagieren. Auch der Leiter überging die Attacke. In der Folgesitzung sprach er den Vorfall und v.a. mein Verhalten allerdings noch einmal an und sagte, er habe sich in unangemessener Weise angegriffen und *von mir* ungenügend geschützt gefühlt – so ginge es nicht. Er hatte Recht, ich gestand meinen Fehler ein und der Mitarbeiter war betroffen, nachdenklich und entschuldigte sich bei ihm. Die Balance war vorübergehend gekippt und erst nach erneuter Bearbeitung des Vorfalls einschließlich meines Fehlers wieder hergestellt.

Unter der Voraussetzung einer in gemeinsamer Arbeit entwickelten Vertrauensbeziehung kann die Großgruppensupervision zu einem fest verankerten Ort in der Einrichtung werden, an dem zentrale, alle Beschäftigten bewegende Ereignisse, Probleme, Ängste, Beziehungsstörungen und Konflikte thematisiert werden können. Dabei zeichnet sich erfolgreiche Arbeit durch genau jenes zeitgleiche Aufeinandertreffen von objektiver Realität und subjektivem Erleben aus, das Winnicott „Spielen" nennt: ohne die äußere Wirklichkeit zu verdrängen oder zu verleugnen, können sich die Teilnehmer der Großgruppe ihrem subjektiven Erleben, ihrem psychischen Befinden innerhalb dieser vorgegebenen Realität zuwenden. Und andersherum: ohne über die eigene Befindlichkeit, das eigene Erleben hinwegzugehen, können sich alle den Herausforderungen zuwenden, die sich real stellen. Was ist „wirklicher" – die objektive Realität – oder die Phantasie, das subjektive Erleben? Die Gruppe kann zu einem gemeinsam akzeptierten *Zwischenbereich* werden, in dem diese Frage nicht beantwortet wird, weil sie niemand stellt. Sie kann zu einem Ort werden, an dem sich Phantasie und Realität überschneiden (dürfen) und Möglichkeiten bestehen, die Organisation sowie die Beziehungen der in ihr arbeitenden Menschen in einem anderen, neuen Licht zu sehen. Gäbe es solche Orte in unseren Organisationen nicht (es muß nicht die Großgruppe sein), dann wäre das (Arbeits-) Leben entweder langweilig (weil die alles dominierende objektive Realität die Imagination erdrückt) oder verrückt (weil die Realität der Phantasie vollends untergeordnet ist). Sich entwickelnde, durch Erfahrung lernende psychiatrische Organisationen sollten weder nur das eine noch nur das andere sein.

Bevor ich in einem abschließenden Beispiel schildere, wie fortlaufende Großgruppensupervision den Entwicklungsprozeß einer psychiatrischen Abteilung sinnvoll begleiten kann, will ich noch einige Anmerkungen zur *Frequenz* und zur *Zusammensetzung* der Gruppen vorausschicken: Die Protagonisten der Großgruppenarbeit empfahlen seinerzeit hochfrequente Sitzungen, aber die Zeiten für solche Vorschläge dürften nicht nur in Großbritannien endgültig der Vergangenheit angehören. Zudem hatten die entsprechenden Konzepte eine therapeutische Ausrichtung und dienten nicht ausschließlich der Entwicklungsbegleitung von Organisationen. Für diese Zwecke hielte ich Blöcke von zwei aufeinander folgenden Sitzungen im Monatsabstand für optimal. Aber selbst für dieses Setting fehlt es an den allermeisten Orten sowohl an den finanziellen als auch an den zeitlichen Ressourcen. So habe ich Erfahrungen mit Sitzungsblöcken im Quartalsabstand gesammelt und dabei den Eindruck gewonnen, daß durchaus effektive Arbeit geleistet werden kann. Dies ist deshalb so, weil, wie mir verschiedentlich berichtet wurde, die Großgruppensitzungen jeweils zentrale Organisationsthematiken aufgriffen und weitere Diskussionen unter den Mitarbeitern anstießen, die die Auseinandersetzung fruchtbar fortführten. Man muß sich dabei vergegenwärtigen, daß abteilungsübergreifende Gruppen, an denen dann je Sitzung 30-40 Personen teilnehmen, eine große Zahl von Mitarbeitern erreichen. Wenn diese Zusammensetzung alle relevanten Subsysteme der Organisation und die Leitungsebenen widerspiegelt, stellen vierteljährlich stattfindende Sitzungsblöcke einen nicht zu unterschätzenden Eingriff in das Gesamtsystem dar. Der große Abstand der Sitzungen vertraut dabei auf die selbststeuernden Ressourcen des Systems. – Das folgende *Beispiel* illustriert eine solche Arbeit und soll v.a. den Zusammenhang von Organisationsentwicklung und Großgruppensupervision verdeutlichen. Natürlich ist jede zusammenfassende Skizze eines längeren Supervisionsprozesses immer etwas höchst Subjektives:

Die Organisation, die ich im Setting der Großgruppensupervision seit etwa 2 Jahren begleite, ist eine neu geschaffene Abteilung an einem Allgemeinkrankenhaus, die mit psychiatrischer Sektorversorgung betraut ist. Den Beginn der Supervision markierten tiefgreifende, existentielle Verunsicherungen aller Beteiligten, da das weitere Bestehen der Abteilung – trotz ihres noch nicht lang zurückliegenden und bisher sehr erfolgreichen Starts – aus übergeordneter, ökonomischer Sicht nicht gesichert schien. Eine noch nicht fest besetzte Chefarztstelle, der Weggang der pflegerischen Abteilungsleitung, der unsichere Ausbau weiterer, ursprünglich fest geplanter Stationen – all dies kennzeichnete die wirklich schwierige Situation des Neubeginns. Wenig später wurde Gewißheit, was schon länger als Befürchtung im Raum stand: ein Teil der „neuen" MitarbeiterInnen der Abteilung sollte sich aus langjährig Erfahrenen rekrutieren, die aus einer weiter entfernt liegenden, von Schließung betroffenen Abteilung stammten und – den Umständen entsprechend – alles andere als freiwillig ihren Dienst antraten. Wie sich später ergab, waren diese MitarbeiterInnen abrupt und ohne die Gelegenheit eines Abschiedes zu erhalten mit der Schließung der Abteilung konfrontiert worden, in der sie lange Jahre gemeinsam gearbeitet hatten – ein denkbar komplizierter Start in eine neue Zusammenarbeit, der für alle Beteiligten traumatischen Charakter hatte. Aber nicht nur auf Mitarbeiterebene, sondern auch auf der Ebene der Ärztlichen und Krankenpflegeleitung gab es Anlaß für Mißtrauen und Verunsicherung, da die Ent-

scheidungskriterien vorgesetzter Stellen weitgehend unklar waren und daher lange ungeklärt blieb, unter welchen Bedingungen welche Art von Fortführung der Arbeit vorstellbar schien. Diese grundlegenden Unwägbarkeiten und Belastungen bestanden entweder schon zu Beginn der Supervision oder sie wurden im Verlaufe des ersten Jahres der Zusammenarbeit bekannt und damit Thema in der Großgruppe.

Diese fand während der gesamten Zeit in regelmäßigen vierteljährlichen Abständen und dann jeweils in Form eines Blocks zweier zusammengehöriger Sitzungen statt, wobei MitarbeiterInnen aller Stationen und Unterabteilungen sowie die Ärztliche und Pflegedienstleitung von Beginn an kontinuierlich engagiert waren. Da die Sitzungen in der normalen Arbeitszeit liegen, wechseln sich einige der Teilnehmer in der ersten und zweiten Sitzung ab, die Akutversorgung wäre ansonsten nicht gewährleistet. So begegne ich in jeder Sitzung immer wieder neuen Gesichtern – eine Widerspiegelung des permanenten Wandels der Abteilung. Da die Gruppensitzungen jeweils von etwa 30-40 Personen besucht werden, erreicht die Veranstaltung jeweils etwa 50 Personen aus allen therapeutisch tätigen Berufsgruppen. Sie findet in einem ruhig gelegenen, großen Raum statt, in dem ein großer Kreis von Stühlen so gestellt werden kann, daß Blickkontakt besteht. Auch die Akustik ist sehr gut. Während die Gruppensitzungen zu Beginn der Supervision, als die Abteilung noch im Aufbau begriffen war, ganz ungestört verlaufen konnten, kommt es in letzter Zeit vor, daß ein Notruf einige der TeilnehmerInnen dazu zwingt, die Sitzung vorübergehend zu verlassen – wenn sich akute Krisen ereignen, muß auch während der Supervisionssitzung gehandelt werden können – ein Abbild der spezifischen Aufgabenstellung der Abteilung (Sektorversorgung!).

Wie leicht nachzuvollziehen ist, waren tiefe Verunsicherungen und in der Folge davon Konflikte innerhalb der Abteilung der Anlaß zur Supervision. Wegen der besonderen Umfeldbedingungen schlug ich schon nach der ersten telefonischen Kontaktaufnahme die Großgruppe als vermutlich angezeigtes Setting vor, und nach zwei Probesitzungen wurde beschlossen, für ein Jahr zusammenzuarbeiten, später erschien ein zweites Jahr selbstverständlich. Natürlich war es zunächst entscheidend, einen Raum (ein Containing) für all die Spannungen, Verunsicherungen und Gefühle der Überlastung, der Angst und der Wut zur Verfügung zu stellen, die in der schwierigen Lage sowohl Einzelne, als auch Gruppen von Beschäftigten, als auch die ganze Abteilung bewegten. Immer wieder war die Großgruppe ein Raum, in dem dieses Erleben ausgedrückt und damit kommuniziert werden konnte. Große Spannungen zwischen den Berufsgruppen kamen auf, wobei insbesondere die Gruppe der Pflegekräfte Kritik an der Abteilungsleitung vorbrachte. Die Wut war nachvollziehbar, aber die Großgruppe kam in intensiver Kleinarbeit wiederholt zu dem Ergebnis, daß die Vorstellung, eine bestimmte Gruppierung im Haus (die Ärztliche Leitung, die Verwaltung usw.) oder eine noch übergeordnete Gruppierung sei Urheberin der Schwierigkeiten, zu kurz griff. Der Zwang zur dauernden Vollbelegung z.B. war weder durch konkrete ärztliche, noch verwaltungstechnische Verordnungen vorgegeben, sondern Folge gesundheitspolitisch wirksamer Rahmenbedingungen, denen alle konkret erreichbaren Verantwortlichen gleichermaßen unterlagen. Und die Entscheidung über die Zahl der Nachtwachen, die die Großgruppe mehr als einmal beschäftigte, war wirklich schwierig: entweder entschied man sich für mehr Präsenz am Tage (dann war Bezugspflege eher denkbar), oder für mehr Präsenz in der Nacht (dann war mehr für die Sicherheit in bedrohlichen Situationen gesorgt). Beides aber schien beim besten Willen nicht machbar! Entweder gute Möglichkeiten für Bezugskrankenpflege oder gute Bedingungen für Sicherheit und Ruhe in Situationen von Gewalt und Unruhe – diese Thematik kam noch auf andere Weise in den Raum. Sie wurde durch die Dynamik von „Neuen und Alten" ausgelöst, wobei „neu" heißen konnte: neu in der Psychiatrie und noch unerfahren, aber mit starkem Interesse an therapeutisch ausgerichteter Arbeit. „Neu" konnte aber auch heißen: neu im Haus, aber alt an Erfahrung und mit starkem Interesse an Sicherheit in der psychiatrischen Arbeit. Und „alt" konnte heißen: schon länger im Haus, aber neu in der Psychiatrie. Oder: erfahren in der Psychiatrie, aber neu im Haus...Ich formuliere dies mit Bedacht, denn ich will ausdrücken, daß im Verlauf der Gruppenarbeit die „alten" Kategorien „neu" gedacht wurden: einmal wurde deutlich, daß die Patienten beides benötigen – Sicherheit und zwischenmenschliche Begegnung, Struktur und Beziehung. Und was hieß da schon „alt" und „neu"? Das war der fallbezogene Aspekt. Und dann kam hinzu, daß sich auf noch andere Weise erwies, daß „Alte" und „Neue" irgendwie im gleichen Boot saßen: die einen waren gekränkt, enttäuscht, traurig und wütend, weil sie – nach vielen Jahren der Tätigkeit – gehen mußten, ohne großen Abschied, ohne große Anerkennung ihrer Arbeit. Und die anderen waren mit ähnlichem Erleben beschäftigt, weil sie voller Hoffnung auf eine andere Art von Psychiatrie gekommen waren und nun realisieren mußten, daß es zwar engagierte Arbeit, aber eben Sektorversorgung war: der ganz normale Alltag der Psychiatrie... So waren alle mit Abschieden und mit den Schmerz befaßt, den die Wirklichkeit bei denjenigen auslöst, die sich ihr stellen.

Während die Abteilung mit solchen Themen, Konflikten und Problemen beschäftigt war, also während des ganzen ersten Jahres der Supervision, stabilisierte sich die Situation allmählich. Die Patienten kamen zu Hauf und waren im allgemeinen zufrieden, die einweisenden Ärzte lobten die Arbeit, Verwaltung und Politik anerkannten und bestätigten die Existenz der Einrichtung, die noch fehlenden Stationen wurden ausgebaut, das Konzept durch den nun definitiv zuständigen Chef der Abteilung erweitert usw. – war also alles viel Lärm um nichts gewesen? – Die sich in Organisationen auskennen, werden wissen, daß dies nicht so ist. Die Abteilung hat ernsthafte Konflikte und Bedrohungen ihrer Existenz vorübergehend gemeistert und zeitgleich die Patientenversorgung aufgebaut, aufrechterhalten und weiterentwickelt. Sie hat Aufbau und Umbauten „bei laufendem Motor" geleistet. Sie hat dies verbunden mit einer Reflexion mancher mit dem Prozeß verbundener Schwierigkeiten und Widersprüche und dabei MitarbeiterInnen die Gelegenheit gegeben, sich selbst mit ihren Gedanken, Phantasien, Gefühlen, Wünschen, mit ihrer Subjektivität und ihren Beziehungen in die Arbeit einzubringen – soweit dies im hektischen und bedrängenden Alltag der Psychiatrie eben möglich ist. Auch wenn manches, wie es in der Großgruppe hieß, an eine „Notreifung" erinnerte, hat sie ihre Aufgaben „gut genug" erfüllt. Aber was heißt das schon für die Zukunft? – Was die Großgruppe angeht, so hat sie wohl mit dazu beigetragen, daß viele Belastungen durchgestanden und die Beziehungen untereinander trotzdem gefestigt werden konnten. Zumindest sind sie nicht zerbrochen, was auch denkbar gewesen wäre. Sie hat geholfen, einige zentrale Themen aufzunehmen und auszutauschen, die Gruppen von Mitarbeitern oder die ganze Abteilung betreffen. In einer Phase der unumgänglichen Verunsicherung und der Unruhe hat sie, soweit dies möglich war, zur Stabilität und zum Zusammenhalt in der Abteilung beigetragen und damit vielleicht auch Wachstum und Entwicklung ermöglicht – „bis auf weiteres".

Anmerkungen

1. Für alle Praxisbeispiele dieser Arbeit gilt: die Darstellungen sind anonymisiert und, wo es mir ohne eine Verzerrung der Inhalte machbar erschien, zusätzlich in Details verändert, so daß eine Identifizierung nur für Insider oder Kenner der Szene denkbar ist. Da dies nicht vollkommen auszuschließen ist, habe ich allen Stellen die sie betreffenden Teile des Manuskripts zugesandt und erhielt die Zustimmung zur Veröffentlichung.
2. In der neueren Unternehmensberatung und OE ist mit dem Konzept des „Dialogs" eine Form der Aussprache in Gruppen (und Großgruppen) entwickelt und propagiert worden, die verblüffende Überschneidungen mit der Gruppenanalyse (bzw. ihrer Anwendung in Großgruppen) aufweist. (siehe dazu z. B. die Beiträge von Kofman/Senge, Isaacs und Schein in Fatzer, G. (Hrsg.) 1996; Mandl, C. 1996; Bohm, D. 1998). Bei den teilweise sehr anschaulichen Skizzierungen der Austauschprozesse (i.S. „gemeinsamen Denkens") erhält man wiederholt den Eindruck, daß stimmig verlaufende gruppenanalytische Sitzungen geschildert werden. Auch die Grundannahmen des Konzepts enthalten zahlreiche Anleihen bei der Foulkes'schen Gruppenanalyse – freilich ohne daß dieser Bezug an irgendeiner Stelle benannt würde. Der einzige (eher versteckte) Hinweis auf die Verwandtschaft beider Konzepte findet sich bei dem Physiker Bohm (auf den sich die anderen Vertreter des Dialogkonzeptes beziehen), der seinen Freund Patrick de Maré als einen der Mentoren des Konzepts erwähnt und eine Veröffentlichung dieses Autors zitiert. – Dieser war ein Schüler S. H. Foulkes, als solcher Präsident der Group-Analytic-Society in London und Mitautor des von Lionel Kreeger herausgegebenen Sammelbandes über die Anwendung der Gruppenanalyse in großen Gruppen (Kreeger, L. 1977 (Hrsg.). Den Grundlagenbeitrag in diesem Band schrieb Foulkes...

Literaturverzeichnis

Albrow, M. (1998): Abschied vom Nationalstaat. Frankfurt/Main (Suhrkamp).

Balint, M. (1989): Psychotherapie und der praktische Arzt. In: Nedelmann, C. u. H. Ferstl (Hrsg.): Die Methode der Balintgruppe. Stuttgart (Klett.Cotta), 122-132.

Bauman, Z. (1995): Ansichten der Postmoderne. Hamburg (Argument).

Beck, U. (1997): Was ist Globalisierung? Frankfurt (Suhrkamp).

Beck, U. u. E. Beck-Gernsheim (Hrsg.) (1994): Riskante Freiheiten. Frankfurt (Suhrkamp).

Beck, U., A. Giddens u. S. Lash (1996): Reflexive Modernisierung. Frankfurt (Suhrkamp).

Bohm, D. (1998): Der Dialog.Stuttgart (Klett-Cotta).

Buchinger, K. (1996): Zur politischen Brisanz der Supervision. In: Fatzer, G. (Hrsg.): Organisationsentwicklung und Supervision: Erfolgsfaktoren bei Veränderungsprozessen. Köln (Edition Humanistische Psychologie), 243-252.

Fatzer, G. (Hrsg.) (1996): Organisationsentwicklung und Supervision: Erfolgsfaktoren bei Veränderungsprozessen. Köln (Edition Humanistische Psychologie).

Foulkes, S. (1974): Gruppenanalytische Psychotherapie. München (Kindler).

Foulkes, S. (1977): Probleme der großen Gruppe vom gruppenanalytischen Standpunkt aus. In: Kreeger, L. (Hrsg.): Die Großgruppe. Stuttgart (Klett) 27-49.

Giddens, A. (1996): Leben in einer posttraditionalen Gesellschaft. In: Beck, U., A. Giddens u. S. Lash (1996):Reflexive Modernisierung. Frankfurt (Suhrkamp), 113-194).

Giddens, A. (1997): Konsequenzen der Moderne, 2. Aufl.. Frankfurt (Suhrkamp).

Grossmann, R. (1993): Leitungsfunktionen und Organisationsentwicklung im Krankenhaus. In: Badura, B. u.a. (Hrsg.) (1993): System Krankenhaus.Weinheim/München (Juventa), 301-321.

Grossmann, R. (1995): das Krankenhaus auf dem Weg zur „lernenden Organisation". Zum Verhältnis von Qualifizierung und Organisationsentwicklung. In: Gruppendynamik, 26. Jg., 203-222.

Harsch, W. (1998): Zum Verhältnis von Psychoanalyse und Ökonomie. In: Psyche, 52. Jg., 1-29.

Hearst, L. (1982): Restoring the Impaired Self as an Essential Correctiv Experience in Group Analysis. Zitiert in: Finger-Trescher, U.: Wirkfaktoren der Einzel- und Gruppenanalyse. Stuttgart-Bad Cannstadt 1991 (fromann-holzboog), 131.

Heltzel, R. (1994): Thesen zur psychotherapeutischen Qualifizierung von Psychiatern. In: Psychiatrische Praxis, 21. Jg., 215-220.
Heltzel, R. (1997): Der psychoanalytische Beitrag zur stationär-psychiatrischen Versorgung. In: Zeitschrift Supervision, Heft 32/ 1997, 68-85.
Heltzel, R. (1998): Die Bedeutung von Feldkompetenz für Beratung und Supervision in der Psychiatrie. In: Heltzel, R. (Hrsg.): Supervision in der psychiatrischen Klinik. Zeitschrift psychosozial, 20. Jg., Heft 70/1997, S. 57-70.
Heuser, U.J. (1996): Tausend Welten. Die Auflösung der Gesellschaft im digitalen Zeitalter. Berlin (Berlin Verlag).
Hirschhorn, L. (1997): The Workplace Within. Psychodynamics of Organizational Life. 7. Aufl. Massachusetts Institute of Technology (MIT Press).
Kreeger, L. (Hrsg.) (1977): Die Großgruppe. Stuttgart (Klett).
Lazar, R. A. (1994): Einige Hauptaspekte von W. R. Bions Modell der Gruppe und ihre Anwendung in der Supervision und Beratung sozialer Institutionen. In: Verein für Psychoanalytische Sozialarbeit (Hrsg.): Supervision in der psychoanalytischen Sozialarbeit. Tübingen (diskord), 86-120.
Lazar, R. A. (1998): Das Individuum, das Unbewußte und die Organisation – Ein Bion-Tavistock-Modell von Beratung und Supervision in Organisationen. In: Eckes-Lapp, R. u. J. Körner (Hrsg.): Psychoanalyse im sozialen Feld. Giessen (Psychosozial), 263-292.
Main, T. (1977): Zur Psychodynamik großer Gruppen. In: Kreeger, L. (Hrsg.): Die Großgruppe. Stuttgart (Klett), 50-80.
Mandl, C. (1996): Dialogos oder eine Collage über Team-Lernen. In: Organisationsentwicklung, 15. Jg., Heft 4, 32-45.
Menzies. I. (1984): A Case-Study in the Functioning of Social Systems as a Defense against Anxiety: A Report on a Study of the Nursing Service of a general Hospital. In: Kets de Vries, M. (Ed.): The Irrational Executive. Psychoanalytic Explorations in Management. Madison (International University Press), 392-435.
Münch, G. (1998): Globale Dynamik, lokale Lebenswelten. Frankfurt (Suhrkamp).
Obholzer, A. (1997): Das Unbewußte bei der Arbeit. In: Eisenbach-Stangl, I. u. M. Ertl (Hrsg.): Unbewußtes in Organisationen. Zur Psychoanalyse von sozialen systemen. Wien (Facultas), 17-38.
Obholzer, A. u. V. Zagier Roberts (Eds.) (1994): The unconcious at work. Individual and organizational stress in the human services. Londen/New York (Routledge).
Ogden, T. (1997): Über den potentiellen Raum. In: Forum der Psychoanalyse, 13. Jg., 1-18.
Pühl, H. (1988): Angst in Gruppen und Institutionen. Frankfurt (Fischer), Neuauflage 1994 (Busch)
Rohde-Dachser, C. (1979): Ärztliche Psychotherapie-Weiterbildung in der psychiatrischen Klinik – Erfahrungen und Reflexionen am Beispiel der MHH. In: Psychiiatrische Praxis, 6. Jg., 183-194.
Streeck-Fischer, A. Verschiedene Formen des Spiels in der analytischen Psychotherapie. In: Forum der Psychoanalyse, 13. Jg., 19-37.
Weigand, W. (1994): Leitungsberatung. In: Pühl, H. (Hrsg.): Handbuch der Supervision 2. Berlin (Edition Marhold), 152-161.
Welsch, W. (1990): Ästhetisches Denken. Stuttgart (Reclam).
Welsch, W. (1997): Unsere postmoderne Moderne, 5. Aufl. Berlin (Akademie).
Wimmer, R. (1996): Die Zukunft von Führung. Brauchen wir noch Vorgesetzte im herkömmlichen Sinn? In: Organisationsentwicklung, 15. Jg., Heft 4, 46-57.
Winnicott, D. W. (1971): Vom Spiel zur Kreativität. Suttgart (Klett).

Entwicklungsberatung für den Hochschulbereich

Nando Belardi

1. Problembereich

Supervision kommt im Öffentlichen Dienst noch relativ selten vor. Dabei arbeiten dort etwa 1/5 aller 32 Mio. Erwerbstätigen. Von den über 6 Mio. Arbeitnehmern des Öffentlichen Dienstes in Deutschland sind mehr als 500.000 im Hochschulbereich tätig. *Ziel* dieses Beitrages ist es, die Strukturbedingungen des neuen „Beratungsmarktes Hochschulen" zu beschreiben. Dazu sollen die praktischen Erfahrungen in der Evaluation und Innovation von Studiengängen verbunden werden mit dem Beratungswissen über Non-Profit-Organisationen sowie den wenigen vorliegenden Supervisionserfahrungen im Hochschulbereich. Es geht im folgenden Beitrag somit nicht um Supervisionangebote *in* der Hochschule für Studierende (z.B. angehende Sozialarbeiter, Sozialpädagogen, Lehrer, Mediziner, Juristen oder Theologen), sondern um Supervision, Organisationsberatung bzw. Organisationsentwicklung *für* die Hochschulen und ihre Subsysteme. Als übergeordneter Terminus wird auch von *Entwicklungsberatung* gesprochen, weil der Begriff Supervision zu eng ist. Nachstehend einige Gründe für die Notwendigkeit von Supervision für die Hochschulen. Im Zeitalter der Massenuniversität betreiben die Hochschulen längst nicht mehr Ausbildung von Eliten. Sie sind zu gehobenen Stätten der Berufsausbildung geworden und tragen auch zur kostengünstigen Entlastung des Arbeitsmarktes bei. Unbestritten ist, daß die deutschen Hochschulen von ihren Leistungen her im europäischen Durchschnitt eher mittelmäßig abschneiden („Spiegel Special" 1998). Sie sind von der Politik unterfinanziert, mit wuchernden Bürokratien versehen und dringend reformbedürftig. An Reformvorschlägen fehlt es nicht: So sollen Autonomiezuwachs, flache Hierarchien, Zunahme des Wettbewerbs, Globalhaushalte, leistungsgebundene Mittelzuweisungen, Entverbeamtung, interne und externe Evaluation von Lehre und Forschung bei gleichen Mitteln zu mehr Qualität beitragen (Daxner 1996; Glotz 1996). Internationale Experten sind sich einig, daß eine Leistungserhöhung der Hochschulen auch durch die Anwendung von Verfahren der Rechenschaftslegung und Qualitätsevaluation erreicht werden kann, wie es schon lange in den Niederlanden, Frankreich, England oder den USA praktiziert wird (Rau 1995; Richter 1996). Bekanntlich kam die Qualitätsdebatte viel zu spät nach Deutschland. Sie kam auch zum falschen Zeitpunkt, weil sie jetzt unglücklicherweise mit den anstehenden Finanzrestriktionen verknüpft wird.

Hochschulen als Organisationen

Bisher ist eine differenzierte organisationswissenschaftliche Betrachtung des Innenlebens von Hochschulen unbekannt. Untersucht man die Hochschulen, so stellt man eine Zwiespältigkeit und Unklarheit bei der Bestimmung des Organisationstypus fest. Auf der einen Seite ist vor allem der Verwaltungsbereich von Hochschulen durch das klassische Bürokratiemodell geprägt: Formalisierung, Regelgebundenheit, Aktenmäßigkeit aller Vorgänge, Amtsautorität, Hierarchie sowie neutrale Amtsführung. Hier dominiert die klassische Verwaltungsbürokratie früherer Zeiten, wie sie von Max Weber in seinen bekannten Bürokratieanalysen dargestellt worden ist. Die Verwaltungsbürokratie war damals als Gegenmodell zur feudalen Willkürherrschaft entstanden. Kommunikation, Interaktion, Austausch und Aushandlungsprozesse waren in diesem System unerwünscht. Inzwischen wird diese Form der Administration schon längst nicht mehr in modernen privatwirtschaftlichen Unternehmen praktiziert. Dort verwendet man die Erfahrungen aus dem Human-Ressources-Ansatz, der Entscheidungsforschung oder strukturalistische und systemtheoretische Ansätze (vgl. G. Schreyögg 1996, S. 52 ff.). Moderne Unternehmen leben von Dezentralisierung, Kundenorientierung, Flexibilität, flachen Hierarchien sowie von der optimalen Nutzung des Faktors „Humankapital". Leitung heißt heute: „Strukturen für Aushandlungsprozesse und Zielvereinbarungen schaffen" (Scala/Grossmann 1997, S. 30). Auch im Öffentlichen Dienst kommen Verwaltungs- und Organisationsreformen zunehmend vor. Man denke nur an die von der „Kommunalen Geschäftsstelle für Verwaltungsvereinfachung" (KGSt.) angeregten Reformen.[1] Innerhalb des Öffentlichen Dienstes scheinen die deutschen Hochschulen die letzte Bastion der klassischen Verwaltungsbürokratie zu sein. Anders als beispielsweise beim Einwohnermeldeamt oder den Landesverwaltungen dominiert hier die Verwaltung so sehr, daß man sagen könnte: die deutschen Hochschulverwaltungen sind die einzigen Bürokratien, die sich eigene Studiengänge leisten können. An vielen Hochschulen existiert das Bonmot, wonach es dem Hochschulkanzler, als Leiter der Hochschulverwaltung auf Lebenszeit, egal sei, wer „unter ihm" für einige Jahre als Rektor der Hochschule vorstehen würde. Die andere Seite der zwiespältigen „Organisationsstruktur Hochschule" sieht jedoch so aus, daß zentrale Mitglieder dieser Institution, vor allem die Professoren, nur allgemeinen gesetzlichen Rahmenbedingungen unterliegen. Vor allem im Bereich von Lehre und Forschung können sie in inhaltlicher Hinsicht frei agieren. Hier existieren z.T. noch unterschiedlich gehandhabte Entscheidungsmodi der „Gruppenuniversität". Auch der Sektor der Hochschulselbstverwaltung erfreut sich eines hohen Grades an Autonomie, aber auch an Ineffizienz. Bei der Verwendung von hochschuleigenen personellen und sächlichen Ressourcen sind die Professoren jedoch an enge bürokratische Vorgaben der Verwaltung gebunden. Hochschulen stellen somit eine noch kaum erforschte Mischform der teilautonomen Organisationen dar. Merkmale von Über- und Untersteuerung finden sich direkt und unverbunden nebeneinander. So existieren Übersteuerungselemente im Input-Bereich der Verwaltung neben Untersteuerungselementen im Output-Bereich von Forschung und Lehre. Eine besondere Note erlebt das Bürokratiemodell der Hochschulen durch die dort vorfindliche „Expertenkultur": Hochschulen sind ebenso wie Krankenhäuser und

1 Siehe hierzu die beiden Beiträge von U.B. Meyer und G. Rütz-Lewerenz. – Der Hrsg.

Schulen typische Expertenbetriebe; ihre Dienstleistung wird nach außen hin von Experten mit Monopolcharakter bestimmt. Im Binnenverhältnis jedoch werden diese Experten von der traditionellen Bürokratie in einer Art und Weise verwaltet, daß diese häufig den Output der Experten beeinträchtigt. Schon im Jahre 1967 hat Fürstenau in einem grundlegenden Beitrag über „Neuere Entwicklungen der Bürokratieforschung und das Schulwesen" auf die administrativen Hemmungen pädagogischer Prozesse aufmerksam gemacht. Im Zielkonflikt zwischen dem Organisationszweck „Lehren" oder „Verwalten" neigt die Administration eher zur Verwaltung pädagogischer Prozesse (Fürstenau 1979, S. 171). Zugespitzt formuliert befinden sich die Hochschulen im „Widerspruch zwischen Professionssystem und Organisation". Sie sind zwar ein hochprofessioneller Expertenbetrieb, verfügen jedoch lediglich über eine „archaische Sozialorganisation" (Scala/ Grossmann 1997, S. 165).

Wandel durch Krise?

Unter Fachleuten wird davon ausgegangen, daß die deutschen Hochschulen unter den gegenwärtigen Strukturbedingungen nicht in der Lage sind, sich selber zu innovieren. Viele Hochschulen gelten als wenig „lernfähig".[2] „Die europäischen Universitäten sind ein Hauptbeispiel für dumme Organisationen" (Willke 1997, S. 21). Während in modernen Organisationen der Wandel als notwendiger „Normalfall" eingeplant wird, finden Veränderungen an Hochschulen oft in Folge einer Krise statt. Diese Krisen wurden in der Regel über Gesetze, Verordnungen, Mittelkürzungen, Streichungen von Stellen und Studiengängen von der politischen Makroebene herbeigeführt. Durch ursprünglich sinnvolle Kosten- und Qualitätsargumente werden Evaluationen und Marktmechanismen etabliert. Das alleine bewirkt noch keine Krise. Die Krise kommt vor allem dadurch zustande, daß man viele andere Elemente der Hochschulen (Verwaltung, Personal- und Beamtenstruktur, Entscheidungsgremien) im Grunde genommen unverändert läßt. Im Korsett des herkömmlichen Öffentlichen Dienstes sollen sich die Hochschulen nun in einer neuartigen Wettbewerbslandschaft bewähren können. Durch Untersuchungen weiß man, daß die Resultate von „Rankings", also die Bewertung der Hochschulen, die Wahlen von Studienfach und Studienort beeinflussen (Balke u.a. 1991, S. 307 ff.). Im Sinne von Qualitätsmanagement sollte man sich die Studierenden als ‚interne' und die potentiellen Arbeitgeber der Studierenden als ‚externe' Kunden vorstellen.

Schon das macht gute Evaluationsergebnisse zu einem erstrebenswerten und eventuell auch überlebensnotwendigen Ziel der Hochschulen. Die Zukunft deutscher Hochschulen unter Wettbewerbsbedingungen könnte folgendermaßen aussehen: Deregulierung und Dezentralisierung können aus der Krise helfen. Die Hochschulleitung verwaltet ihre Ressourcen und gewährt eine Sockelfinanzierung für unbedingt notwendige Studiengänge und Forschungsbereiche. Neben den schon angedeuteten Veränderungen wie Globalhaushalt, Outputsteuerung, Qualitätsmanagement, Stärkung der Autonomie, Reformen im Personal- und Organisationsbereich werden vor allem *Zielvereinbarungen* notwendig sein. Die Hochschulleitung schließt solche Zielvereinbarungen mit den Fachbereichen, Instituten oder einzelnen Professoren ab. Etwa über die Anzahl der Studierenden, Qualität des Studiums oder den Forschungsoutput. Hierzu ist mehr Ma-

2 Zum Thema „Veränderungswiderstand" siehe den Beitrag von H.-U. Thiel. – Der Hrsg.

nagement-Kompetenz auf der Ebene von Rektorat und Dekanaten erforderlich (Hödl 1998). Will man die Rekrutierung dieser Funktionen nach den ständischen Prinzipien der Gruppenuniversität beibehalten, so werden Evaluation und externe Beratung vonnöten sein. In diesem Konzept einer management-orientierten Hochschule sollte auch eine *Prozeßverantwortlichkeit* installiert werden.

Chancen der Entwicklungsberatung

„Je mehr Autonomie der Staat den Universitäten zuweist, desto größer wird die Forderung nach Evaluationen. Das von der Wissenschaft selbst gesteuerte Evaluationsverfahren ist ein Mittel des Wettbewerbs“ (Deutscher Hochschulverband 1998, S. 237). Diese Aussage ist typisch für den aktuellen Stand der Reformdiskussionen an den deutschen Hochschulen. Man denkt an Evaluation von Outputs im Bereich von Lehre und Forschung. Selten überlegt man sich, daß Evaluation auch mit Strukturveränderungen verbunden werden müßte. Beim „Interdisziplinären Zentrum für Hochschuldidaktik“ der Universität Bielefeld denkt man auch an Strukturveränderungen. Dort wird Qualitätsevaluation mit der Organisationsentwicklung von Fachbereichen verknüpft. Auch hier geht es um zielorientierte Hochschulpolitik. Über Leitideen, Ressourcenbeschreibung, Ist-Soll-Vergleiche und spezielle Verfahren der Qualitätssicherung sollen die Stärken und Schwächen eines jeden Subsystems einer Hochschule dargestellt werden. Erhebungsinstrumente hierzu sind

Befragungen des Lehrpersonals sowie von Schlüsselpersonen des Studienganges (Dekan, Prüfungsausschuß, Lehrende, Studierende, Fachschaft). „In der Regel findet keine Analyse von Einzelveranstaltungen statt, da der Bericht primär strukturell orientiert ist und der Verlauf einer einzelnen Veranstaltung nicht im Vordergrund steht“ (Webler 1995, S. 304). Allerdings können die Ergebnisse von früheren Lehrbefragungen bzw. von Lehrberichten mit einbezogen werden. In Fachkreisen ist man sich einig, daß man „objektive“ Evaluationsergebnisse unterschiedlich interpretieren kann. So wurden in den vielen publizierten „Rankings“ der Medien (z.B. „Der Spiegel“, „Focus“, „Der Stern“, „Stiftung Warentest“) unvergleichbare Studiengänge, also Äpfel mit Birnen, verglichen. Studiengänge, die dabei „gut“ wegkamen, werben mit den „Ranking-Ergebnissen“. Andere, die schlecht abgeschnitten haben, ziehen deren Seriosität in Zweifel. Alle diese Erfahrungen zeigen auch, daß eine reine quantitative Evaluation uninteressant oder gar manipulativ sein kann. Deshalb ist es angemessener, ein mehrdimensionales Verfahren von quantitativen und qualitativen Methoden, unterstützt durch Supervision und Organisationsentwicklung, anzuwenden.

2. Praxis

Der Automobilbau als deutsche Schlüsselindustrie ist hoch innovativ und beschäftigt etwa 650.000 Menschen. Hier sind Supervision, Coaching und Organisationsentwicklung von der mittleren Leitungsetage an, längst keine Fremdworte mehr. Diese Begriffe sind jedoch im deutschen Hochschulbereich mit seinen 500.000 Beschäftigten noch unbekannt. Das hier vorhandene „Humankapital“ wird nicht systematisch gefördert, sondern verwaltet. So bewerten Manager in der Dienstleistungsbranche soziale Kompetenzen höher als Fachwissen. Als wichtige Kompetenzen für die Zukunft gelten Mobilität, Internationalität und Sprachkenntnisse („Die Welt" 21.6.1998). Supervision und Organisationswissen fördern das und werden auch an den Hochschulen gelehrt. Allerdings scheinen die Hochschulen selten in der Lage zu sein, diese Kompetenzen auch auf sich selber anzuwenden; sich selber zu reflektieren und zu innovieren. Gibt es überhaupt Erfahrungen über Supervision und Organisationsentwicklung *an* und *für* Hochschulen?

Intervisionsgruppe für Hochschullehrer

Hochschullehrer verfügen selten über ausgeprägte Kompetenzen in allen nachstehenden Bereichen von Lehre, Forschung, Gremienarbeit, Organisation des Studiums oder Projektmanagement. Aufgrund ihrer individualistischen Sozialisation und des Wettbewerbs untereinander lassen sich Hochschullehrer oft ungerne helfen. Diese Haltung ist auch eine Ursache dafür gewesen, daß viele hochschuldidaktischen Initiativen der siebziger Jahre gescheitert sind. Die sicherlich häufigste Anwendungsform von Supervision an der Hochschule sind Varianten von kollegialer Supervision, auch *Peer-Group-Supervision* oder *Intervision*[3] genannt. Vor allem in der Fachliteratur aus dieser Zeit findet man einige Berichte über Varianten kollegialer Supervision. So ist auch die Schilderung einer Supervisionsgruppe von Studierenden und Lehrenden bekannt. Dabei orientierte man sich an den Hinweisen von Rotering-Steinberg (1990) und Pallasch (1991). Nach Darstellung der Autoren sei diese „kollegiale Supervision" von fünf Dozenten und zehn Studierenden „ein voller Erfolg" gewesen (Arnold u.a. 1994, S. 19). Allerdings erinnert das Arrangement eher an eine Gruppendiskussion zwischen Lehrern und Schülern bzw. Helfern und Klienten. Die Zusammensetzung ermöglicht jedoch die direkte Mitteilung über Effektivität und Akzeptanz. Auch wenn es sich nicht um eine „kollegiale Supervision" in der Idealform handelt, sollen doch die Schwierigkeiten mitgeteilt werden, mit denen kollegiale Supervision zu kämpfen hat. Wenn an solchen Veranstaltungen vorwiegend Mitglieder aus einer Institution teilnehmen, können diese leicht von den anderen Organisationsangehörigen als Insider- oder Elitegruppen wahrgenommen werden. Möglicherweise verschärfen sich dann vorher bestehende konflikthafte Beziehungen. Oft sind leiterlose „kollegiale Supervisionsgruppen" nicht von langer Dauer. Gerade weil man Autoritätsprobleme durch einen formellen externen Leiter vermeiden wollte, kehren diese dann durch die „Hintertür" interner Leitungsschwierigkeiten zurück. So betrachtet ist der Wunsch nach einer leiterlosen Supervision oder einer Verringerung von Macht und Autorität gerade Ausdruck einer schon vorher vorhandenen unbewältigten Autoritätsproblematik. Ferner zeigen die Erfahrungen, daß die „kollegiale Supervision" eher dann gelingt, wenn keine überhöhten Ansprüche vorhanden sind, die Beteiligten sich als kompetent erleben und gegenseitig wertschätzen (Fengler u.a. 1994, S. 195).

Projektsupervision

„Ein Projekt ist eine größere und komplexe technische oder administrative oder wissenschaftliche oder soziale Realisierung mit einem bestimmten innovativen Gehalt,

3 Zu diesem Thema gibt es im „Handbuch der Supervision 2" zwei Beiträge, und zwar von J. Fengler u.a. und von H.-U. Thiel. – Der Hrsg.

welche einen hohen Planungs- und Koordinationsaufwand erfordert“ (Eck 1990, S. 328). Projekte sind oft interdisziplinär, stehen unter Zeitdruck, sind ziel- und erfolgsorientiert und benötigen einen hohen Aushandlungsaufwand. Immer häufiger verlangen die Geldgeber von Forschungsvorhaben eine externe Evaluation, Projektbegleitung oder Projektsupervision. Weiterbeschäftigung und beruflicher Werdegang vieler Forscher hängt vom Gelingen des Projektes ab. Ungesicherte Arbeitsverhältnisse und personelle Fluktuation verstärken bei vielen Drittmittelprojekten schon vorhandene interne Kommunikations- und Kooperationsprobleme (Gregor-Rauschtenberger/Hansel 1993). Die Erfahrungen zeigen, daß Supervision und Organisationsberatung gerade bei Drittmittelprojekten mit Millionenaufwand regelmäßig zu einer Verbesserung der Arbeitsbeziehungen und Steigerung der Ergebnisse führen.

Gruppenarbeit und Evaluationen

Abgesehen von den vielen Berichten über selbstreflexive Experimente an den Hochschulen der siebziger Jahre wie beispielsweise Gruppendynamik, Selbsterfahrungskurse, Praxisreflexionen, Balintgruppen, konnte in der Fachliteratur nur ein Beitrag über eine Gruppendiskussion zur Evaluierung von Studiengängen gefunden werden. Darin wird über die Evaluation der Fächer Biologie und Germanistik durch das „Interdisziplinäre Zentrum für Hochschuldidaktik“ (IZHD) an der Universität Hamburg wie auch von Aktivitäten des „Hochschul-Informations-Systems“ (HIS) Hannover berichtet. Dabei hat man allgemeine Regeln für die Gruppendiskussion entwickelt (Bülow-Schramm 1995, D 1.6, S. 1 ff.). Fachleute wissen, daß in jeder Gruppendiskussion mit berufsbezogenen Inhalten immer auch Elemente von Gruppensupervision enthalten sind. Für erfahrene Supervisoren dürfte es keine Schwierigkeit bereiten, bei derartigen einfach strukturierten Evaluationen als „externe Moderatoren“ zu fungieren. Es ist bekannt, daß Ergebnisse von Gruppendiskussionen nicht repräsentativ sind und daß diese keinen Ersatz für objektive Daten darstellen. Der Vorteil von halbstandardisierten Gruppendiskussionen liegt jedoch darin, daß derartige Gespräche in der Regel neue Gesichtspunkte zustande bringen; vor allem solche, die bei Fragebogenerhebungen zu kurz kommen.

Evaluation benötigt Supervision

Einen Übergangsbereich zwischen Evaluation und Supervision bilden Evaluationsverfahren, welche ein reflexives und dialogisches Element enthalten. So hat man Anfang der neunziger Jahren beim „Evaluations-Nordverbund“ der Hochschulen in Bremen, Hamburg, Rostock und Oldenburg die Fächer Germanistik, Biologie, Wirtschaftswissenschaften sowie Informatik untersucht. Dabei legte man auch Wert auf ein „diskursives Verfahren“ (Fischer-Bluhm 1995, D 3.3.). Auch die Bewertung der Soziologie an der Universität Bremen wurde von den Veranstaltern als „dialogischen Evaluation“ bezeichnet. Ältere Studierende verteilten nicht nur Fragebögen zur Bewertung der Lehrveranstaltungen, sondern sie regten auch die Studierenden und Lehrenden zu Gruppengesprächen über die Qualitätssteigerung der Lehre an (Peter/Wawrzinek 1995, D 3.1). Hier ist der Gedanke der qualitativen Evaluation schon eng mit einem Gruppenprozeß in einem dialogischen Verfahren verknüpft. Auch die Bewertungen der Zentralen Evaluationsagentur der niedersächsischen Hochschulen (ZEvA) in Hannover sind durch die mehrtägige Anwesenheit der *Peers* in den Fachbereichen/Fakultäten eigentlich Vorformen von Organisationsberatung.

Nachdem das Eis zwischen den Lehrenden und den Evaluatoren gebrochen war, wurden die externen Kolleginnen und Kollegen als „Klagemauer" und „Schiedsrichter" benutzt. Die Diskussion von Befragungsergebnissen und Lehrberichten hatte viele alte Pläne und deren Scheitern wieder aufleben lassen. Institutionsgeschichte stellte sich auch als Konflikt- und Kränkungsgeschichte dar. Die Lehrenden des Fachbereiches waren durch das Medium der externen Kollegengruppe motiviert, über ihre eigene Rolle und eine Reform ihrer Institution nachzudenken.

In der Regel reicht dann die Zeit nicht aus, um mit Hilfe der Externengruppe systematisch und längerfristig innovationsbezogene Prozesse einzuleiten. Dort wo die reine quantitative Evaluation aufhört, könnte jetzt – wenn man es geplant hätte – eine Supervision oder Organisationsentwicklung beginnen. Ähnlich sieht es auch der Leiter der niedersächsischen Evaluationsagentur: Schon nach Abschluß der Selbstevaluation wird seitens der Fächer das Verfahren „als hilfreich für die Fortentwicklung und Qualitätssicherung" bewertet. (Seidel 1997, S. 17).

Institutionssupervision

In der neueren Supervisionsliteratur wird inzwischen die Begrenztheit von Begriff und Praxis der Teamsupervision[4] zu Recht problematisiert (Belardi 1996, S.121 ff.; Leffers 1996, S. 12 ff.; Weigand 1996, S. 5 ff.). Für viele Formen der Beratung von Subsystemen an den Hochschulen ist der herkömmliche Begriff *Teamsupervision* wenig gut geeignet. Ein Team ist eine kooperierende mono- oder multiprofessionelle und zahlenmäßig überschaubare, oft sich egalitär verstehenden Arbeitsgruppe, die im Rahmen einer größeren Institution klar definierte Aufgaben und ein zumindest teilweise gemeinsames Klientel betreut. Nach dieser Definition gehören zu einem Team allenfalls die Mitarbeiter eines Lehrstuhles oder eines Instituts. Doch schon hier stößt der Teamgedanke an seine Grenzen. Viele Professoren sind zu sehr Individualisten, als daß sie sich als Teil eines Teams verstehen würden. Das ist erst recht nicht bei den nächst größeren Einheiten Fakultät oder Fachbereich der Fall. Wenn mindestens zwanzig Professoren und noch mehr wissenschaftliche wie nicht-wissenschaftliche Mitarbeiter vorhanden sind, kann man nicht mehr von einem Team sprechen. Auch wird es bei diesen Organisationsgrößen faktisch nie der Fall sein, daß alle Mitarbeiter an Konferenzen teilnehmen und einen Minimalkonsens vertreten. Deshalb soll im folgenden der Terminus *Institutionssupervision* bevorzugt werden. Denn dieser ist weiter angelegt als der Begriff „Teamsupervision". Unter *Institutionen* versteht man, ähnlich wie in der soziologischen Theoriediskussion (Schülein 1987, S. 100), in erster Linie oft nicht klar zu definierende Handlungsabläufe und Regelsysteme. Auf der Realebene ist das Feld der Institutionen somit breiter als das der Organisationen. So betrifft Institutionsberatung oder Institutionssupervision beispielsweise einen Teilbereich, einige Abteilungen, Querschnittgruppen oder vernetzte Teams bzw. Instanzen. Institutionssupervision meint deshalb nicht unbedingt, daß alle Angehörigen einer Einrichtung an dieser Re-

4 Siehe zu diesem Thema den Beitrag von H.Pühl über „Moderne Teamsupervision" – Der Hrsg.

flexion teilnehmen müssen; es sollten jedoch die maßgeblichen Entscheidungsträger bzw. Problembeteiligte einbezogen werden können. Oft ist diese Institutionssupervision zeitlich kürzer und in ihren Wirkungen möglicherweise begrenzter und unverbindlicher als eine Organisationsberatung oder Organisationsentwicklung (Belardi 1992). Im Gegensatz zur Institutionssupervision meint Organisationssupervision bzw. Organisationsberatung, daß weitere Instanzen oder übergeordnete Einrichtungen der Hochschulen direkt beteiligt oder eingebunden sind. Es geht also um einen verbindlichen und umfassenden Katalog von Maßnahmen. Begrifflich schließt die Organisationsentwicklung alle vorgenannten Maßnahmen, wie auch Leitungsberatung und Coaching[5] ein und zielt, auch mit Hilfe von empirischen Befragungen und Evaluationen, auf Strukturveränderungen ab.

Meine Erfahrungen mit Institutionssupervision an Hochschulen zeigen, daß diese vorwiegend von den sozialwissenschaftlichen Fachbereichen angefordert worden sind. In diesen Fachgebieten stellt die Selbstreflexion einen notwendigen Teil der professionellen Kompetenzen dar. Gleichzeitig ist der Regelungsbedarf in diesen Disziplinen weitaus höher als in technischen, naturwissenschaftlichen, juristischen oder ökonomischen Fachbereichen. Das hängt mit den dort vorhandenen fachlichen Mehrdeutigkeiten, pluralistischen Weltvorstellungen und ideologischen Positionen zusammen. Alles das erhöht das Konfliktpotential und den Aushandlungsbedarf. Es sind aber auch Institutionssupervisionen in Fachbereichen der Sprachwissenschaft, der Betriebswirtschaft und des Ingenieurwesens zustandegekommen. Im Sinne der „Nachfrageanalyse" (Wellendorf 1994) ist es interessant zu wissen, daß Publikationen und Vorträge wie auch die Tatsache, daß ich als Hochschullehrer „Kollege" bin, die Hauptwerbeträger gewesen sind. Selten wurde ausdrücklich „Supervision" angefordert. Nur einmal war Supervision oder Organisationsberatung im Zusammenhang mit breit angelegten empirischen Evaluationsmaßnahmen nachgefragt worden. In der Regel gingen die Anfragen in die Richtung von Gruppenleitung und Weiterbildung verbunden mit Theorie-Inputs oder Moderation bei der Neuorientierung von Studiengängen. Mein Wunsch war es, daß möglichst viele Problembeteiligte an den Treffen partizipieren sollten. Gleichzeitig stellte ich die Bedingung, daß kein sozialer Druck auf diejenigen ausgeübt werde, die nicht teilnehmen möchten. Die Spanne der Zusammenarbeit reichte von eintägigen Treffen bis zu mehr als 20 Sitzungen in zwei Jahren. In den meisten Fällen fanden Großgruppen-Treffen von etwa zehn bis dreißig Personen statt. Naturgemäß war der Teilnehmerkreis nicht konsistent. In der Regel waren Beteiligte mit hohem formalen Status („Schlüsselpersonen") häufiger anwesend. Dieses Setting läßt sich am ehesten als Institutionssupervision bezeichnen. Ziel war es, alle Beteiligten (als „Sprecher" ihrer Berufs- und Statusgruppen) zu Wort kommen zu lassen. Meine Rolle war eher strukturierend, moderierend und aktiv, weniger deutend und abstinent. Auch mit Hilfe methodischer Variationen gelang es, alle Anwesenden zu eigenen Redebeiträgen zu bewegen. Die Inhalte der dann folgenden Gespräche waren breit gestreut. Die Nennung der folgenden Themenschwerpunkte entspricht ungefähr der Häufigkeit des Vorkommens: Aufarbeitung alter Konflikte, Neuorientierung im Bereich von Person und Berufsrolle im institutionellen Zusammenhang, Verhältnis zu den Studierenden, Inhalte von Lehrveranstaltungen, Versuch der Konsensfindung in der No-

5 Mit diesem Thema beschäftigt sich A. Schreyögg in ihrem Beitrag. – Der Hrsg.

tengebung, Diskrepanz zwischen Anspruch und Wirklichkeit sowie Einsamkeit in der Rolle als Hochschullehrer. Diese hier angedeuteten Themen gehören eher in den Bereich Selbstvergewisserung, Psychohygiene und Identitätsstiftung. Sie entsprechen den bisher bekannten Ergebnissen aus der Akzeptanz- und Wirkungsforschung von Supervision (Belardi 1996, S. 186 ff.). Demgegenüber zielte ein zweiter Schwerpunkt von Themen stärker auf institutionelle Fragen und Veränderungsstrategien: Reorganisation von Fachbereichen, Fakultäten oder Studienschwerpunkten, neue Studien- und Prüfungsordnungen, Schließung alter bzw. Gründung neuer Studiengänge. Auch diese Nachrangigkeit institutioneller Fragen entspricht der Erfahrung aus der empirischen Supervisionsforschung. Abschließend soll noch auf Besonderheiten hingewiesen werden. In einem Fall kam es aufgrund struktureller Veränderungen und eines Konfliktes zu mehreren Sitzungen zwischen Hochschullehrern und Studierenden. Ziel war es, eine Einigung bezüglich der Handhabung von Anforderungen für Praktika zu erreichen. In zwei anderen Fällen wurde ich eher als Moderator angefragt. Es ging um Kooperationsprojekte zwischen deutschen Hochschulen und ihren ausländischen Partnereinrichtungen. Hier sollte Hilfestellung bei der Festlegung von Praktika und Errichtung gemeinsamer Studiengängen geleistet werden; gleichzeitig war der Wunsch vorhanden, das Kollegium zu supervidieren.

3. Theorie

In den folgenden Abschnitten wird der Versuch unternommen, die skizzierten praktischen Erfahrungen mit allgemeinen konzeptionellen Überlegungen aus der Beratungstheorie zu verbinden. Es soll ein feldspezifischer Ansatz von Supervision an Hochschulen umrissen werden. Dabei ist jedoch zu bedenken, daß die Felddynamiken (Berker 1992) der einzelnen Subsysteme von Hochschulen sich aufgrund der hochschultypischen Unter- und Übersteuerungsphänomene viel mehr unterscheiden als in Wirtschafts- und Verwaltungsorganisationen.

Erstkontakt, Nachfrageanalyse und Kontrakt

Es ist schon deutlich geworden, daß man die Entwicklungsberatung von Hochschulen bzw. Studiengängen mit Ansätzen aus der Supervision bzw. Organisationsberatung anderer Non-Profit-Einrichtungen vergleichen kann. An den Anfang jeder Beratung einer Institution gehört die genaue Analyse der Nachfrage nach Beratung (Wellendorf 1979, 1991, 1994; Rappe-Giesecke 1994). Allgemein gesprochen kann man als Berater nur erfolgreich sein, wenn man sich nicht dem Klientensystem unterwirft, sich nicht von ihm vereinnahmen läßt, es kritisch hinterfragt, neue Gesichtspunkte hineinbringt. Selbstreflexive Berater sollten dabei vor allem auf Dinge achten, die ihnen irgendwie merkwürdig vorkommen und/oder sie gefühlsmäßig intensiv beschäftigen. Sie sollten auch nicht auf die Problemdefinition der Anfrager hereinfallen. Denn meistens wird beim Erstkontakt schon ein Thema oder ein Problem genannt. „Nun liegt es in der Natur der Sache, daß das selbstformulierte Problem gar nicht das eigentliche Problem sein muß“ (Pühl 1998, S. 77). Manchmal handelt es sich um „Präsentierprobleme“ oder um Ablenkungsstrategien einer Interessengruppe bzw. eines Subsystems. Es kann sich auch um den „geheimen

Auftrag" handeln, sich als Berater mit etwas oder nicht mit etwas zu beschäftigen. „Auch hier ist die Problemdefinition bereits ein Teil des zu bearbeitenden Problems. Das hängst damit zusammen, daß jede Institution oder Subgruppe eine Problemdefinition findet, die ihrem Typus entspricht" (Pühl 1998, S. 77). Denn wenn die Hochschule bzw. ihre Vertreter als „Klientensystem" das Problem schon so gut kennen wie sie vorgeben, weshalb benötigen sie dann Hilfe von außen? Aus diesem Grunde sind auch die angefragten Beratungsschwerpunkte oft zweitrangig: Supervision, Coaching, Leitungs- oder Organisationsberatung, Personal- bzw. Managementtraining, Konzeptentwicklung oder Verbesserung der Kommunikationsformen, Evaluation und Organisationsentwicklung – alles kann angefragt werden. Oft wissen die Anfrager nicht genau, was damit gemeint ist. Gerade diese Diskrepanz zwischen Auftrag, Diagnose und möglicher Therapie ist es, welche gleichzeitig Gefahr und Chance des nun folgenden Beratungsprozesses ausmachen wird. Wie bei langfristiger Therapie oder Beratung ist es sinnvoll, sich eine Aushandlungsphase auszubedingen und die wesentlichen Vereinbarungen schriftlich festzuhalten. Die dann folgenden Arbeitssitzungen sollten zeitlich begrenzt und mit genauen Zielvorgaben versehen werden. Jede Veränderung oder Verletzung dieses Kontraktes (z.B. Absagen, Verspätungen, Abwesenheiten, differierende Informationen) ist vor der weiteren Arbeit vorrangig zu untersuchen, um eine Klärung herbeizuführen. Denn „rahmenbezogene Konflikte" haben eine „Bearbeitungspräferenz". Oft sind sie Ausdruck von (verborgenen) Krisen. „Die vorranggige Bearbeitung rahmenbezogener Konflikte (Krisen) erweist sich damit als besonders fruchtbar (chancenreich) bezüglich Veränderung. Rahmenbezogene Konflikte und Krisen führen bei erfolgreicher Bearbeitung häufig zu sprunghaften Veränderungen" (Fürstenau 1992, S. 206). Die Klärung einer weiteren Frage ist wichtig: Wer ist der Auftraggeber? In der Regel findet die Beratung an einer Hochschule im Rahmen eines „Dreieckskontraktes" statt. Beratungs- und Evaluationsgruppe als „Supervisoren", Subsystem der Hochschule als „Supervisand" sowie die geldgebende Hochschulleitung als „Auftraggeber". Aus der Erfahrung mit der Beratung im Hochschulbereich sollen zwei zentrale „Fettnäpfchen" benannt werden:

- Oft handelt es sich um eine mehr oder weniger direkte *Zwangsberatung*, weil das Subsystem in eine Krise geraten oder weil die Beratung Teil einer verordneten Evaluation ist. Hier sind in jedem Falle die Hintergründe dieser Zwangsberatung zu erörtern, sonst bleibt die Supervision „aufgesetzt" und fremdbestimmt.
- Zusätzlich oder parallel ist wie bei vielen Teamsupervisionen die Vermutung zu prüfen, ob es sich um ein delegiertes Leitungsproblem an das Subsystem der Hochschule handelt (vgl. Pühl 1998, S. 55 ff.). Die Berater sollen dann in der Fakultät etwas „kurieren", was eigentlich durch die Fakultäts- und Hochschulleitung oder die Politik verursacht worden ist. Oft versucht man sie auf eine Seite der Konfliktparteien zu ziehen.

Kommt dann ein Beratungskontrakt zustande, so ist eine gemeinsame Reflexion der Entwicklung und des Standes des Subsystems notwendig.

Institutionsgeschichte und Institutionsgeschichten

Ähnlich wie Individuen und Gruppen haben Institutionen ihre eigene Entwicklungsgeschichte (Vogel u.a. 1994). Diese ist auch eine Geschichte der Diskrepanz zwischen

Anspruch und Realität, Solidarität und Vereinzelung, Erfolgen und Mißerfolgen, Streitkultur und Kränkungen. Für viele Studiengänge waren die siebziger Jahre als *Pionierphase* eine Zeit des Anfangs und der Expansion. Im Jahre 1977 hat man die „Öffnung" der Universitäten beschlossen. Seitdem werden 70 % mehr Studenten, mit nur 6 % mehr an Personal und 10 % an zusätzlichen Sachmitteln durch die Hochschulen geschleust. Längst schon befinden sich Bereiche der deutschen Hochschulen in einer *Resignationsphase.* Geblieben sind jedoch viele Strukturen und Gewohnheiten der siebziger Jahre. Auch unter den neuen Wettbewerbsbedingungen werden die Hochschulen weiterhin nach den Prinzipien einer Ständegesellschaft verwaltet. In vielen Wahlgremien sind Entscheidung und Entscheidungsverantwortung nach wie vor entkoppelt. Die Untersteuerung der Studiengänge der letzten Jahrzehnte hatte viele interne Auseinandersetzungen und gewaltige Reibungsverluste zur Folge. Allerdings wirkten die Ideale der Vergangenheit immer noch als institutionelles Tabu.

Immer noch „fragten" Professoren die Studenten, ob sie denn damit einverstanden wären, wenn die Teilnahme an den laut Studienordnung vorgeschriebenen Lehrveranstaltungen auch verbindlich sein sollten. Viele Studierende nutzten die ihnen zugeschriebene Macht aus und es entzündeten sich immer wieder Konflikte um solche „Grenzfragen". Dieses Thema war bei einem Supervisionstreffen von Vertretern einer deutschen und einer niederländischen Hochschule den niederländischen Kollegen teilweise unverständlich. Im Nachbarland werden die Hochschulen seit Jahren evaluiert. Die Befragungsergebnisse beeinflussen auch die Studentenzahlen. Lehrende und Studierende sind ein „Leistungsbündnis" eingegangen. Ein schlechtes Image würde zum Rückgang von „Kunden" und Ressourcen führen.

Organisationskulturen

Organisationskultur verkörpert die „konzeptionelle Welt" der Organisationsmitglieder. Sie vermittelt Sinn und Orientierung in einer komplexen Welt, indem sie Muster für die Selektion, die Interpretation von Ereignissen vorgibt und Reaktionsweisen durch Handlungsprogramme vorstrukturiert" (G. Schreyögg 1996, S. 429). Die jeweilige Organisationskultur wurde geprägt durch frühere Angehörige der Einrichtung und sie beeinflußt neue Mitarbeiter. Organisationskulturen sind eher explizit. Denn sie beruhen nur teilweise auf erkennbaren und bewußten Normen, Standards und Basisannahmen. Hinsichtlich großer Hochschulen müssen wir sogar verschiedene Aspekte von Kultur auf unterschiedlichen Stufen und Subsystemen der Institution unterscheiden. Folglich sind die Organisationskulturen an deutschen Hochschulen sehr unterschiedlich ausgeprägt. Handelt es sich um ein überlaufenes Massenfach oder um einen Studiengang mit wenig Studierenden, der von der Einstellung bedroht ist? Geht es um ein überreguliertes technisches Studium oder einen verwahrlosten Studiengang, der mehr Ausnahmen als Regeln kennt? Befindet sich die Hochschule in West- oder Ostdeutschland? Haben die Absolventen gute oder schlechte Berufsaussichten? Trotz dieser Unterschiede und Vorbehalte gegenüber Verallgemeinerungen kann man eine idealtypische Unterscheidung von Kulturtypen in Hochschulen bzw. deren Subsystemen treffen. Wir sprechen von „starken" und „schwachen" Kulturen. „Innovative Kulturen" existieren eher in neuen, zukunftsversprechenden Studiengängen. Oft verfügen diese auch über Merkmale „integrativer Kulturen", indem sie den Menschen als „Humankapital" eine hohe

Wertschätzung entgegenbringen. Im technisch-naturwissenschaftlichen Bereich scheinen eher „Antreiber-Kulturen" vorzukommen. Hier dominiert das Leistungs- und Erfolgsdenken; Einzelleistungen scheinen wichtiger als Gruppenleistungen. Andere Subsysteme von Hochschulen haben Züge von „Apathischen Kulturen" angenommen. Diese zeigen sich in einem mangelnden Interesse am „Humankapital" Mensch. Statt Konsensbildung betreibt man eher Manipulation und Kabinettspolitik. Es ist verständlich, daß diese Merkmale eher bei „Organisationen im Niedergang, Dauerkrisen oder Schock" vorkommen; etwa in Studiengängen des geistes- und sozialwissenschaftlichen Bereiches, deren Absolventen über geringe Zukunftsperspektive verfügen (vgl. Fatzer 1990, S. 101).

Widerstände und Fallen

Mit welchen Schwierigkeiten müssen Supervisoren im Rahmen einer externen Beratungstätigkeit an der Hochschule rechnen? In erster Linie sollten sie sich vor ihren Erinnerungen und Affekten aus der eigenen Studienzeit hüten. Jeder der studiert hat, glaubt Hochschule zu kennen. Doch die Hochschulen, Studiengänge und Problemlagen sind sehr unterschiedlich. Möglicherweise werden die Hochschulangehörigen versuchen, die Berater zu entwerten, weil diese selber nicht über die notwendigen „akademischen Weihen" verfügen oder ein „anderes Fach" studiert haben. Im Gespräch kann es auch vorkommen, daß nicht-fachliche Themen (Personal- und Ressourcenknappheit, Termine, Zeiten, Räumlichkeiten) in fachliche Fragen umgedeutet werden. Dabei haben dann vor allem die Professoren das Definitionsmonopol und verfügen dem „fachfremden" Gesprächspartner gegenüber über einen „Heimvorteil". Befinden sich in der Gruppe der Evaluatoren jedoch auch Angehörige anderer Hochschulen (*Peers*), so ist es nicht selten, daß es schon Vorerfahrungen und Beziehungen miteinander geben kann. Wir haben es also nicht mehr mit einer von „Neutralität" und „Abstinenz" geprägten idealtypischen Beratungskonstellation zu tun. Die beforschten Hochschullehrer können sich „bewertet" fühlen, die Mitarbeit verweigern. Sie können jedoch auch die *Peers* als Bundesgenossen gegen andere Gruppen (Kollegen, Studenten, Fakultäts- und Hochschulleitung, Verwaltung, Ministerium, Öffentlichkeit) erleben und versuchen, diese für ihre Ziele einzuspannen. Umgekehrt fällt es den *Peers* manchmal schwer, in der neutralen Rolle zu verbleiben; etwa wenn sie mit den Innovatoren der Fakultät sympatisieren. Um diesen Beratungsfallen im speziellen Milieu der Hochschulen zu entgehen, plädiere ich für multiprofessionelle Beratergruppen. Fachkompetente Hochschullehrer sollten durch externe Supervisoren bzw. Organisationsberater ergänzt werden.

Der Evaluationsansatz der „Zentralen Evaluationsagentur" (ZEvA) in Niedersachsen berücksichtigt diese Probleme von persönlicher und fachlicher Nähe und Distanz. Für die dort tätigen Evaluationsgruppen werden vor allem „Peers" aus anderen Bundesländern verpflichtet. Zusätzlich legt man dabei noch Wert auf die Teilnahme eines Professors aus einer anderen Disziplin. Denkbar ist auch die Teilnahme von ein oder zwei Fachleuten aus dem Ausland. Neben den fachlichen Kompetenzen sind noch gruppendynamische und organisationswissenschaftliche Erfahrungen erforderlich.

Untersteuerungsstrategien

„Erfolgreiche Einflußnahme setzt voraus, daß man die Eigenlogik des Systems akzeptiert und berücksichtigt" (Scala/Grossmann 1997, S. 98). In organisatorischen Mischkulturen, wie es viele Subsysteme der Hochschulen nun einmal sind, haben sich in den letzten Jahrzehnten blühende informelle Strukturen verfestigt. Diese haben Kommunikations- und Handlungsstrategien begünstigt, die man in der sozialwissenschaftlichen Fachliteratur unter verschiedenen Gesichtspunkten schon beschrieben hat. So spricht man von „Spielen" (Berne 1970; Wieringa 1970, 1974) oder „Interaktionsritualen" (Goffman 1977). Diese für untergesteuerte Systeme typischen Kommunikations- und Handlungsstrategien werden zusammenfassend auch als „Mikropolitik" bezeichnet. Darunter versteht man das Bemühen, die „systemeigenen materiellen und menschlichen Ressourcen zur Erreichung persönlicher Ziele, insbesondere des Aufstiegs im System selbst und in anderen Systemen zu verwenden sowie zur Sicherung und Verbesserung der eigenen Existenzberechtigung" (Bosetzky 1972, S. 382). Mikropolitik ist eine „elementare Prozeßfunktion, die Umweltanpassung, Zielverwirklichung und Integration der Systemelemente sichern hilft" (Bosetzky 1992, S. 37). Es scheint so, daß je größer die Freiheitsgrade in einer Organisation sind, desto häufiger mikropolitische Prozesse vorkommen (G. Schreyögg 1996, S. 414). Im Bereich der sich bei Ressourcenknappheit teilweise selbst steuernden Hochschulen bzw. Studiengänge sind vor allem folgende *Taktiken* erfolgreich:

- *Koalitionsbildungen untereinander, um bestimmte Ergebnisse bei Verhandlungen und Abstimmungen zu erzielen. Wenn diese Absprachen geheim oder gar unter Bruch bisheriger Regeln erfolgten, hinterlassen sie bei der unterlegenen Fraktion entsprechenden Ärger und Kränkungen, die für die weitere Beziehungsdynamik nicht folgenlos bleiben.*
- *Fiktionen: Beim Kampf um die Ressourcen wird mit Fiktionen argumentiert. Man gibt vor, die Interessen der Studierenden, der Praxis, der Wirtschaft, der Hochschule usw. zu vertreten. Vernachlässigte Minderheiten sollen geschützt, die Einheit einer Institution soll bewahrt werden, nicht überprüfbare Daten werden als Tatsachen unterstellt.*
- *Beschwörung höherer Autoritäten erfolgt dann, wenn die Gegenseite von einem Vorhaben abgebracht werden soll. Beispiel: Es sei sinnlos, diesen Antrag an das Ministerium zu stellen oder diesen Brief an den Senat der Universität zu schreiben, weil man damit auf ein anderes Problem aufmerksam mache, man sich dann die Fakultät genauer „angucke" oder das nächste Projekt gefährde. Diese Strategie geht dann auch über in*
- *Täuschung: Hierbei handelt es sich nicht um eine offene Lüge, sondern um eine Manipulation von Informationen. Richtige, aber schwer nachprüfbare Sachverhalte werden selektiert und gefiltert weitergegeben: „Da soll ein neuer Erlaß in Vorbereitung sein, nach welchem solche Vorfälle geahndet werden sollen".*
- *Legenden- und Mythenbildung dient der Verklärung der Vergangenheit und der indirekten Kritik an denjenigen, welche für den schlechteren gegenwärtigen Zustand verantwortlich sein sollen. Häufig werden damit auch die neuen Mitglieder der Organisation ausgeschlossen, weil sie zum angeblichen Zeitpunkt der verklärten Idealsituation noch nicht zur Hochschule gehörten.*

- *Das „Böse-Ministerium-Spiel" kommt häufig vor. Reale und vermeintliche „Fehler" von Politik und Verwaltung geben dazu vielerlei Anlaß. Trotzdem bleibt zumindest ein „Rest" an eigener Verantwortlichkeit. Dieser wird jedoch gerne geleugnet und als Entlastung auf das „Ministerium" geschoben.*
- *Auch das „Schuld-ist-die Verwaltung-Spiel" funktioniert nach diesem projektiven Muster. Hierbei hat nicht das Ministerium, sondern die Hochschulverwaltung den „Schwarzen Peter".*
- *„Ich-nicht-weil... aber-Du"? ist möglicherweise das am meisten benutzte „Spiel" in teilautonomen Institutionen. Da selten Vorgesetztenfunktionen wahrgenommen werden, Leitung verpönt ist, notwendige Aufträge nur vollzogen werden, wenn sich jemand findet, der es „freiwillig" tut, kommt es bei den Besprechungen immer wieder zu diesem Spiel: „Ich kann nicht, weil...".*
- *Die „So-tun-als-ob-Strategie" wird ebenfalls häufig an den Hochschulen verwendet: Man tut so, als ob man überlastet wäre, genug zu tun hätte, das Vorhaben unterstützen würde, schon ein Gespräch geführt hätte usw.*
- *Auch der „Doppelspieler" gehört zu den Akteuren auf der hochschulpolitischen Bühne. Ein Doppelspieler ist eine Person, die im eigenen System persönliche Zwecke verfolgt, dazu jedoch nicht genügend Möglichkeiten und Macht zur Verfügung hat. Deswegen bedient sie sich eines anderen Systems (Ministerium, Hochschulleitung, Nachbarfakultät, Forschungsförderung, Praxiseinrichtung, Kunden, Abnehmer) um diese für die eigenen Interessen einzuspannen. Resultat dieses Doppelspieles ist, daß dann die externe Institution an die Fakultät diejenigen Anforderungen stellt, welche im persönlichen Interesse des Doppelspielers liegen.*

Interventionsstrategien

Als mögliche Interventionsstrategien stehen potentiell alle Erfahrungen und Praktiken zur Verfügung, die wir aus der Teamsupervision und Organisationsberatung kennen (vgl. Fatzer/Eck 1990; Pühl 1990, 1994). Berater müssen in der Lage sein, einen ständigen Perspektivenwechsel vornehmen zu können; von der psychotherapieähnlichen Beratung bis zur sozialwissenschaftlichen Organisationsanalyse. Hierbei sind von besonderer Bedeutung: strukturierte Großgruppenprozesse zur Sammlung von Informationen aus verschiedenen Statusgruppen, Konsensbildung über die Rangfolge von Maßnahmen, Hilfestellung bei Aushandlungsprozessen, Prozeßbegleitung und Ergebniskontrolle. Zusätzlich: Kleingruppen- und Institutionssupervision, Leitungsberatung und Coaching. Diese qualitativen Verfahren können gut mit quantitativen Maßnahmen (Datensammlung, empirischer Befragung) verknüpft werden.

Hochschulen als lernende Organisationen

Wenn traditionelle Organisationen in eine Krise geraten, gleichen sie – vereinfacht gesagt – einem Alkoholiker. Bei gleichbleibenden Bedingungen und Strukturen handeln sie nach dem Motto „Mehr von demselben". Das bedeutet: sie erleben, denken und handeln mit den Ressourcen, Mustern und Irrwegen, die zum Problem geführt haben. Damit reproduzieren sie das Problem und reißen sich noch tiefer in die Krise hinein. Viel Aufwand und Energie müssen dann darauf verwendet werden, die Fehler von gestern zu reparieren oder zu vertuschen. Dabei werden dann die Fehler von morgen vorbereitet. Demgegenüber ist bei innovativen Organisationen, vor allem solchen, die unter Wettbewerbsbedingungen existieren müssen, der Terminus von der „lernenden Organisation“[6] zum Schlüsselbegriff geworden. Lernende Organisationen betreiben ihren eigenen Wandel. Dieser Wandel ist kein Ausnahmefall und auch nicht immer das Ergebnis von Krisen; sondern dieser Wandel ist Alltag, also „Normalfall“. Weitere Merkmale von lernenden Organisationen sind: offenes problemorientiertes Kommunikationsklima, weitgehende Deckung von formalen und funktionalen Rollen und Autoritäten. Entscheidungsträger verfügen über die meisten Kompetenzen und tragen auch die Folgen ihrer Entscheidungen, materielle und immaterielle Entlohnungen für aktive, kreative und beziehungsoffene Mitglieder, hoher Grad der Antizipation von künftigen Problemen sowie offener Austausch über Lösungsstrategien. Derartige „lernende Organisationen“ haben zu diesem Zweck eigene Instanzen geschaffen, um den Wandel als Teil des Systemprozesses planmäßig voranzutreiben (G. Schreyögg 1996, S. 471 ff.). Beispielsweise werden spezielle autonome Arbeitsgruppen (*Querschnittgruppen, Stabsgruppen, Qualitätszirkel, externe und interne Beratungsteams*) damit beauftragt, kreative Ideen vorzubringen. Ziel der „lernenden Organisation“ ist es, den Wandel als allgemeine und gleichzeitig wichtigste Kompetenz der Organisation, als Wettbewerbsvorteil, einzusetzen.

4. Schlußbemerkung

Unbemerkt von vielen Supervisoren ist inzwischen ein Beratungsmarkt für Hochschulen entstanden. Schon jetzt kennen wir im deutschen Sprachraum mehrere untereinander konkurrierende Anbieter von Evaluation und Organisationsentwicklung für den Hochschulbereich. Von den über ½ Mio. Menschen, die im Hochschulbereich arbeiten, sind ungefähr 37.000 als Professoren und 143.000 als wissenschaftliche Mitarbeiter tätig. An über 320 deutschen Hochschulen befindet sich jeder Dritte der 20 bis 25jährigen an einem der 8.000 Studiengänge. Bei knapp zwei Millionen Studierenden existiert auch ein Markt für Informationen über die Qualität dieser Studiengänge (Webler 1995). Beispielsweise kostet die Evaluation eines Fachbereiches im „Nordverbund“ etwa 25.000 Mark (Deutscher Hochschulverband 1998, S. 237). Schon begrifflich läßt sich die Bewertung und Veränderung von Studiengängen kaum noch voneinander trennen. Evaluation geht jetzt schon in verschiedene Varianten von Entwicklungs- oder Organisationsberatung über. Bisher überwiegen jedoch eher zufällig zustandegekommene Beratungsarrangements, die zumeist „irgendwo“ zwischen Teamsupervision und Organisationsberatung angesiedelt sind. Ähnlich wie bei vielen Teamsupervisionen im psycho-sozialen Bereich ging es dabei mehr um die interne „Psychohygiene“ (Belardi 1996, S. 186) als um institutionalisierte Organisationsentwicklung. Trotzdem: Es wird ein wachsender Beratungsmarkt für Hochschulen entstehen. Auf diesem Markt werden nur multiprofessionelle Teams Chancen haben, wenn sie unterschiedliche Kompetenzen in den langwierigen Prozeß einbringen können: Erfahrungen in den jeweiligen Studiengängen und Studienfächern, Fähigkeiten in Supervision, Großgruppenarbeit

6 Mit dem Mythos der Lernenden Organisation beschäftigt sich G. Fatzer in seinem Beitrag. – Der Hrsg.

sowie organisationswissenschaftliche Kenntnisse. Das wäre zu verbinden mit Wissen und Können über alles, was mit Evaluation und Qualitätsmanagement zu tun hat, einschließlich des *Know how* eines mehrmonatigen Evaluations- und Organisationsentwicklungsprozesses. Unter erwerbswirtschaftlichen Gesichtspunken wird dieser Beratungsmarkt anfangs schwerfällig sein. Denn die Hochschulen sind in ihrer Binnenkultur bürokratisch dominiert und Teil des Öffentlichen Dienstes. Vielen Hochschulangehörigen ist die Vorstellung, sich extern beraten zu lassen, sicherlich noch fremd. Doch wenn in einigen Jahren die neue Steuerung vermehrt nach Studentenzahlen, Forschungs-*Output* und Evaluationsergebnissen vonstatten geht, wird man notgedrungen auf externe Hilfe zurückgreifen müssen, um den veränderten Bedingungen gerecht werden zu können. Hierbei werden nicht nur die Evaluationsagenturen sondern auch Beratungsfirmen, die alle Dienstleistungen als „Gesamtpaket" anbieten, eine gute Chance haben.

Literatur

Arnold, E. u.a. (1994): Kollegiale Supervision als Praxisbegleitung für HochschullehrerInnen. In: EWI-Report 9.

Balke, S. u.a. (1991): Auswirkungen der Spiegel-Rangliste westdeutscher Hochschulen auf die Wahl des Studienorts. In: Webler, W.-D./Otto, H.U. (Hg.) (1991): Der Ort der Lehre in der Hochschule. Lehrleistungen, Prestige und Hochschulwettbewerb. Weinheim: Beltz.

Belardi, N. (1992): Supervision. Von der Praxisberatung zur Organisationsentwicklung. Paderborn: Junfermann.

Belardi, N. (1996): Supervision. Eine Einführung für soziale Berufe. Freiburg: Lambertus.

Belardi, N. (1998): Evaluation ohne Organisationsberatung ist nur eine halbe Sache. In: Organisationsberatung, Supervision, Clinical Management 2.

Berker, P. (1992): Felddynamik. In: Supervision 21.

Berne, E. (1970): Spiele der Erwachsenen. Reinbek: Rowohlt.

Bosetzky, H. (1972): Die instrumentelle Funktion der Beförderung. In: Verwaltungsarchiv 63.

Bosetzky, H. (1992): Mikropolitik, Machiavellismus und Machtkumulation. In: Küpper, W./Ortmann, G. (Hg.): Mikropolitik. Opladen: Westdeutscher Verlag.

Bülow-Schramm, M.: (1995): Wer hat Angst vor Evaluatoren? In: Habel, E. (1995): Hochschulen zum Rapport. Erfahrungen mit internen Lehrberichten und Lehrberichten nach Hochschulgesetz an der Universität Dortmund. In: Evaluation der Lehre. Band 1. Stuttgart: Raabe.

Brunk, M. (1991): Applications of context to supervision in university counseling centers. In: The Clinical Supervisor 9.

Daxner, M. (1996): Ist die Uni noch zu retten? Reinbek: Rowohlt.

Deutscher Hochschulverband (1998): Leitsätze zur Evaluation. In: Forschung & Lehre 5.

Eck, C.D. (1990): Projektberatung und Projektbegleitung. In: Fatzer, G./Eck, C.D. (Hg.): Supervision und Beratung. Köln: Edition Humanistische Psychologie.

Fatzer, G./Eck, C.D. (Hg.): Supervision und Beratung. Köln: Edition Humanistische Psychologie.

Fatzer, G. (1990): Institutions- und Systemdynamik der Supervision. In: Fatzer, G./Eck, C.D. (Hg.): Supervision und Beratung. Köln: Edition Humanistische Psychologie.

Fatzer, G. (Hg) (1993): Organisationsentwicklung für die Zukunft. Köln: Edition Humanistische Psychologie.

Fengler, J. u.a. (1994): Peer-Group-Supervision. In: Pühl, H: (Hg.): Handbuch der Supervision 2. Berlin: Marhold.

Fischer-Bluhm, K. (1995): Gemeinsam geht es besser. Evaluationsprojekte im Verbund norddeutscher Hochschulen In: Handbuch Hochschullehre Highlights. Band 1. Evaluation der Lehre. Stuttgart: Raabe.

Fürstenau, P. (1979): Neuere Entwicklungen der Bürokratieforschung und das Schulwesen. In: dgl.: Zur Theorie psychoanalytischer Praxis. Stuttgart: Klett.

Fürstenau, P. (1992): Entwicklungsförderung durch Therapie. München: Pfeiffer.

Glotz, P. (1996): Im Kern verrottet? Fünf vor zwölf an Deutschlands Universitäten. Stuttgart: Deutsche Verlags Anstalt.

Goffman, E. (1977): Rahmen-Analyse. Frankfurt: Suhrkamp.
Goffman, E. (1996): Interaktionsrituale. Frankfurt: Suhrkamp.
Gregor-Rauschtenberger, B./Hansel, J. (1993): Innovative Projektführung. Berlin, Heidelberg: Springer.
Habel, E. (1995): Hochschulen zum Rapport. Erfahrungen mit internen Lehrberichten und Lehrberichten nach Hochschulgesetz an der Universität Dortmund. In: Evaluation der Lehre. Band 1. Stuttgart: Raabe.
Heinrich, P./Schulz zur Wiesch (Hg.) (1998): Wörterbuch zur Mikropolitik. Opladen: Leske und Budrich.
Hödl, E. (1998): Strategisches Management auf der Grundlage von Fachbereichsprogrammen. In: Das Hochschulwesen 1.
Hornke, L. (1997): Personalprofil Professor. In: Hoebing, H. (Hg.) (1997): Perspektiven für die Universität 2000. Neuwied: Luchterhand.
Küpper, W./Ortmann, G. (Hg.) (1992): Mikropolitik. Opladen: Leske und Budrich.
Leffers, C.-J. (1996): Teamsupervision. Ein fragwürdiger Begriff für Formen externer Beratung in Institutionen? In: Supervision 29.
Mentzos, S. (1976): Interpersonale und institutionalisierte Abwehr. Frankfurt/M.: Suhrkamp.
Neuberger, O. (1995): Mikropolitik. Stuttgart: Enke.
Oechsler, W./Reichwald, R. (1997): Managementstrukturen an deutschen Universitäten. In: Forschung & Lehre 6.
Pallasch, W. (1991): Supervision. Weinheim und München: Juventa.
Peter, L./Wawrzinek, A. (1995): Dialogische Evaluation. In: Habel, E. (Hg.): Handbuch Hochschullehre Highlights. Band 1. Evaluation der Lehre. Stuttgart: Raabe.
Pühl, H. (Hg) (1990): Handbuch der Supervision. Berlin: Marhold.
Pühl, H: (Hg.) (1994): Handbuch der Supervision 2. Berlin: Marhold.
Pühl, H. (1998): Team-Supervision. Von der Subversion zur Institutionsanalyse. Göttingen: Vandenhoeck und Ruprecht.
Rau, E. (1995): Evaluation der Hochschullehre/Evaluation of Teaching in Higher Education. Frankfurt/M.: Peter Lang.
Rappe-Giesecke, K. (1994): Vom Beratungsanliegen zur Beratungsvereinbarung. Diagnose und Setting. In: Richter, R (1996).: Qualitätsmanagement im europäischen Hochschulwesen. Drei Variationen über ein Thema: In: Zeitschrift für Sozialisationsforschung und Erziehungswissenschaft 2.
Rotering-Steinberg, S. (1990): Ein Modell kollegialer Supervision. In: Pühl, H. (Hg.): Handbuch Supervision. Berlin: Marhold.
Sackmann, S. (1993): Die lernfähige Organisation. In: Fatzer, G. (Hg.): Organisationsentwickung für die Zukunft. Köln: Edition Humanistische Psychologie.
Scala, K./Grossmann, R. (1997): Supervision in Organisationen. Weinheim und München: Juventa.
Schein, E. (1996): Unternehmenskultur. Frankfurt: Campus.
Schreyögg, A. (1995): Coaching. Frankfurt: Campus.
Schreyögg, G. (1996): Organisation. Mainz: Gabler.
Schülein, J. A. (1987): Theorie der Institution. Opladen: Westdeutscher Verlag.
Senge, P. (1996): Die fünfte Disziplin. Theorie und Kunst der lernenden Organisation. Stuttgart: Klett-Cotta.
Seidel, H. (1997): Zwei Jahre flächendeckende Evaluation von Lehre und Studium in Niedersachsen. In: Zentrale Evaluationsagentur (ZEvA) des Landes Niedersachsen: Qualitätssicherung in Lehre und Studium. Niedersächsische Erfahrungen im internationalen Vergleich. Hannover: Universität Hannover.
Sofsky, W./Paris, R. (1994): Figurationen sozialer Macht. Frankfurt/M.: Suhrkamp.
Spiegel Special (1998): Student '98. Hamburg.
Stahmer, I./Brauner, T. (1994): Öffentliche Verwaltung. Über große Pläne und kleine Schritte eine soziale Institution zu verändern. In: Pühl, H. (Hg): Handbuch der Supervision 2. Berlin: Marhold.
Vogel, H.-C. u.a. (1994): Werkbuch für Organisationsberater. Aachen: Institut für Beratung und Supervision.
Webler, W.-D./Otto, H.U. (Hg.) (1991): Der Ort der Lehre an der Hochschule. Weinheim und München: Juventa.
Webler, W.-D. (1995): Evaluation im Kontext der Organisationsentwicklung. Erfahrungen mit einem Modell für Lehrberichte. In: Beiträge zur Hochschulforschung 3.
Webler, W.-D. (1996): Qualitätssicherung in Lehre und Studium an deutschen Hochschulen. In: Zeitschrift für Sozialisationsforschung und Erziehungswissenschaft 2.
Weigand, W. (1996): Teamsupervision. Ein verschwommener Begriff. (Thesen). In: Supervision 29.
Wellendorf, F. (1979): Sozioanalyse und Beratung pädagogischer Institutionen. In: Geißler, K.H. (Hg.): Gruppendynamik für Lehrer. Reinbek: Rowohlt.
Wellendorf, F. (1986): Supervision als Institutionsanalyse. In: Pühl, H./Schmidbauer, W. (Hg.): Supervision und Psychoanalyse. München: Kösel. (Neuausgabe Frankfurt/M. 1991: Fischer).

Wellendorf, F. (1994): Supervision als Institutionsanalyse und zur Nachfrageanalyse. In: Pühl, H. (Hg.): Handbuch Supervision 2. Berlin: Marhold.
Wieringa, C. (1972): Spiele in der Supervision. In: Schwalbacher Blätter 3/1972.
Wieringa, C. (1974): Spiele in der Praxisberatung. In: Siegers, F.N.J. (Hg.) (1974): Praxisberatung in der Diskussion. Freiburg: Lambertus.
Willke, H. (1997): Supervision des Staates. Frankfurt: Suhrkamp.

Supervision und Konzeptentwicklung in der Arbeit mit alten Menschen

Gabriele Junkers

Einleitung[1]

Es mag den Leser überraschen, warum der Supervision und „Konzeptentwicklung" (Pühl 1998) in der Arbeit mit alten Menschen ein gesondertes Kapitel gewidmet wird: Obgleich es auf dem Gebiet der Gerontologie, Gerontopsychiatrie und der stationären wie ambulanten Altenhilfe innerhalb der letzten 25 Jahre weitreichende Entwicklungen gegeben hat, ist dieses Arbeitsfeld noch immer ein Stiefkind der Supervision.

An den Supervisor werden feldspezifische Anforderungen gestellt, die gerontologische Fachkenntnisse erfordern. Sie betreffen zunächst die Besonderheiten alter Menschen selbst: Die betreuende und pflegende Arbeit mit alten Menschen ist in besonderer Weise belastend und deprimierend: Sie konfrontiert z.B. unausweichlich mit heftigen Affekten, wie *Ärger, Wut, Schuld, Scham, Ohnmacht* und *Hoffnungslosigkeit*, sowie mit der Endlichkeit des Lebens, dem *Tod*. Das Gemeinsame alternder Menschen ist, daß sie die ihnen eigene Persönlichkeitsstruktur sowie ihre höchst individuelle somatische Ausstattung mitbringen, mit der sie bereits über viele Jahrzehnte hinweg gelebt haben. Beide Aspekte stehen miteinander in Wechselwirkung und unterliegen altersspezifischen Veränderungserscheinungen: Die körperliche Funktionstüchtigkeit nimmt ab, vielfältige Kränkungen müssen verarbeitet werden, althergebrachte Bewältigungsstrategien können u.U. aufgrund von körperlichen Einbußen oder seelischen Veränderungen nicht mehr erfolgreich eingesetzt werden. Die Fähigkeit, Affekte zu steuern, zu denken, sich sprachlich auszudrücken kann durch Alterungsprozesse in Mitleidenschaft gezogen werden. Viele alte Menschen leben – bewußt oder unbewußt – mit der Vorstellung des nahenden Todes; die damit verbundenen Ängste äußern sich auf unterschiedlichste Weise und setzen entsprechende Abwehrbewegungen in Gang. Die individuelle Problematik, die diese Menschen dann in die Obhut, Betreuung, und Abhängigkeit von helfenden Berufen und Institutionen bringt, ist äußerst vielfältig.[2]

Die spezifischen Bedingungen auf Seiten der alternden Menschen selbst haben spezifische Auswirkungen, sowohl auf die Personalstruktur wie auch auf die Organisationsstruktur von Einrichtungen.

---

1 Ich danke Frau Dagmar Kirchner und Elke Scherner für die kritische Durchsicht des Manuskriptes.

2 Zu einer ähnlichen Einschätzung kommt A. Nilsson in seinem Beitrag über seine Beratungsarbeit im Krankenhaus. – Der Hrsg.

Deshalb bedarf es einer genauen Analyse, welche Hilfen mit welchem Ziel durch welche Maßnahmen organisiert in Institutionen anzubieten sind. Eine sorgfältige und systematische *Konzeptentwicklung* dient einer konstruktiven Arbeitsatmosphäre, die sowohl in der Lage ist, durch klare Arbeitsaufträge Konflikte im Team zu minimieren, als auch den komplizierten Arbeitsauftrag nach außen hin zu verdeutlichen.

Als frühere Verhaltenstherapeutin sowie Gesprächspsychotherapeutin und heute praktizierende Psychoanalytikerin lege ich meinen Überlegungen im Wesentlichen psychoanalytische Annahmen, wie etwa solche von unbewußten Prozessen und Konflikten sowie Vorstellungen über persönlichkeitsimmanente Abwehrmaßnahmen zugrunde. Häufig ist es gerade das unverständliche und uneinfühlbare Verhalten alter pflegebedürftiger Menschen, das zu Spannungen in der pflegerischen Kommunikation führt und z.T. unaushaltbare Affekte im Betreuer bewirkt. Diese können dann schrittweise Auslöser für schwere Konflikte im Team werden. Gelingt es, die Interaktion aus dem Blickwinkel von unbewußten psychischen Prozesse zu beleuchten, so werden projektive Schuldzuweisungen und damit verbundene Affekte wie Ärger und Wut weniger individuell – schuldhaft erlebt und objektiv mehr als Information über den alten Menschen verstehbar werden. Der klientenzentrierte Ansatz stellt – ähnlich der Psychoanalyse – die gefühlshaften Aspekte der Kommunikation in den Vordergrund und verhindert damit ins Bodenlose führende vermeintliche Sachdiskussionen.

Ich werde im folgenden zunächst die Besonderheiten im Umgang mit Älteren eingehen, um von daher die spezifischen Probleme der Organisation in der Altenhilfe zu beleuchten. Abschließend werde ich Möglichkeiten und Schwierigkeiten in der Supervision im Bereich der Altenhilfe aufzeigen und mit Beispielen erläutern.

Besonderheiten in der Arbeit mit alten Menschen

Um das Spezifische dieses Arbeitsfeldes zu verdeutlichen, beginne ich mit der Beschreibung einiger Besonderheiten, die der Dynamik des Umganges mit Älteren ihr besonderes Gepräge verleihen.

- Das *negative gesellschaftliche Stereotyp* des alten Menschen schlägt sich auf das Ansehen der mit ihnen Befaßten wie auch der gesamten Institution nieder: Je stärker die Störung der zu Betreuenden, um so niedriger das Ansehen der mit ihnen Arbeitenden. Dies gilt für die praktische Arbeit vor Ort; mit zunehmender Praxisferne steigt das Ansehen derjenigen, die für die Belange alter Menschen arbeiten, wieder an.
- Daraus ergibt sich u.a., daß alte Menschen als Hilfsbedürftige in unserer heutigen Zeit als *nicht attraktiv*[3] gelten. Aus der Psychotherapieforschung ist bekannt, daß Psychotherapeuten junge Patienten bevorzugen und erfolgreicher mit ihnen arbeiten, wenn sie außerdem sozial begabt und intelligent sind und sich verbal gut ausdrücken können. Ältere Menschen repräsentieren das Gegenteil von diesem bevorzugten Klientenyp.
- Mit zunehmendem Alter kommt es zu einer ‚Entindividualisierung des Phänotypus': Die *Gleichförmigkeit des Aussehens* verringert die Neugier für Besonderheiten und Individuelles; außerdem nimmt das spontane mimische und gestische Aus-

3 Dies war nicht immer so: Stagnation und Vergangenheit sind zu negativ besetzten Begriffen geworden; alt wird eher als synonym mit dumm und nicht mehr als weise verstanden.

drucksverhalten ab. Indem die meisten älteren Menschen dadurch weniger auf sich aufmerksam machen, wird ihnen im betreuerischen Alltag auch weniger Aufmerksamkeit entgegengebracht. Die beschriebene Ausdrucksreduktion fördert eine auf das Handeln und schnelle Wirkung eingestellte Haltung anstelle von inne haltender Reflexion.

- Die meist vorherrschende *depressive Symptomatik*, der Vitalitätsverlust sowie heftige und unberechenbare Affektäußerungen wie z.B. aggressive Verhaltensweisen in Form etwa von ungerechtfertigten Beschimpfungen stellen die Mitarbeiter bei der Bewältigung der daraus resultierenden Ohnmachtsgefühle auf eine harte Probe. Die damit verbundene psychische Belastung aber wird häufig verleugnet.
- Mit steigendem Lebensalter nimmt die Wahrscheinlichkeit zu, gleichzeitig an mehreren verschiedenen Krankheiten zu leiden. Diese sogen. *Multimorbidität* und die dadurch verursachten Belastungen stellen nicht nur an die Bewältigungsstrategien der Betroffenen selbst große Anforderungen. Insofern ist die seelische Verfassung bei älteren Menschen drastischer als in jüngerem Alter von der körperlichen Gesundheit bzw. dem jeweils aktuellen Befinden abhängig. Dieses Ineinandergreifen von somatischen und psychischen Besonderheiten und Störungen komplizieren die richtige Einschätzung der Beschwerden durch die Betreuer.
- Die *Einfühlung* in alte Mensch ist besonders schwierig, da es zu Beschwerden kommen kann, die der jüngere Betreuer von sich selbst nicht kennt. Er kann sie um so weniger einfühlen, je geringer die Störungen nach außen hin sichtbar werden. Diese Uneinfühlbarkeit erschwert es, sich mit dem zu Pflegenden identifizieren zu können und kann in ein Nichtverstehen oder auch in die abwertende Fehleinschätzung münden:„der simuliert nur".
- Eine besondere Gefahr in der Betreuung alter Menschen liegt in der *Überschätzung des Erreichbaren* und dem daraus resultierenden überhöhten Anspruch an die eigene Leistung. Gründe dafür liegen sowohl in der Verleugnung von Defiziten bei alten Menschen selbst wie auch in einer falsch, weil übereifrig verstandenen Pflegeaufgabe.
- Der Arbeit der Institution wie auch der Pflegeperson liegt die *unbewußte Phantasie* zugrunde, daß gute Pflege bedeutet, den alten Menschen am Sterben zu hindern. Auf einer unbewußten Ebene wird das eigene Handeln also an der Frage gemessen: Kann ich den alten Menschen am Sterben hindern? Resignation und Depression können aus diesem falschen Kriterium, nach dem die Arbeit bemessen wird, resultieren.
- In kaum einem anderen sozialen Arbeitsbereich ist der *Tod* so präsent und wird gleichzeitig so verleugnet wie in der Arbeit mit alten Menschen. Die Angst davor, Fehler zu machen, entpuppt sich so bei näherem Hinsehen als einer Frage über Leben und Tod. Insofern gestalten sich auch die daraus resultierenden Konflikte im Team meist in einer Schärfe, die durch diesen Verständniszugang zu der zugrundeliegenden Angst besser verstanden werden können. Schließlich bedeutet auch jedes Sterben eine Gefährdung des Arbeitsplatzes: der noch lebende alte Mensch gilt als Arbeitsversicherung.
- Die *Rollenumkehr* zwischen alt und jung, Eltern und Kindern bewirkt eine Veränderung des Beziehungsgefüges. Wir sind gewohnt, dem älteren Menschen, der Vater oder Mutter sein könnte, mit einer bestimmten Haltung entgegenzutreten, meist Respekt und Wertschätzung. Nun aber kommt es zu einer Umkehr des Autoritätsgefüges

zwischen den Generationen. Aber auch spezifische Gegenübertragungskonstellationen[4] sind möglich, die eine konstruktive Interaktion verkomplizieren. Führen z.B. geistige und psychische Veränderungen dazu, daß sich ein Älterer verhält „wie ein Kind", besteht die Gefahr, ihn wie ein Kind zu behandeln. Hier werden die ‚Jungen' zu den ‚Alten' und die ‚Eltern' zu den ‚Kindern'. Es resultieren für beide Seiten Probleme, diese Rollenumkehr auszuhalten und mit ihr umzugehen.

– Das *Hinzutreten hirnorganisch bedingter Störungen* verändert das Erscheinungsbild und damit die Möglichkeit zur Kommunikation wiederum entscheidend. Je mehr diese am Störungsbild beteiligt sind, um so mehr treten *primitivere Formen des Ausdrucks und der Kommunikation*, vor allem auch der prämorbiden Psychopathologie in den Vordergrund: Damit wird es schwieriger, eine adäquate *Kommunikationsform* mit dem alten Menschen zu finden. So findet z.B. der Wunsch des Betreuers nach Kontakt keine Erwiderung und führt u.U. ins Leere.
– Bei dementiell veränderten alten Menschen versagt häufig teilweise oder ganz die *Sprache.* Dies bewirkt, daß Wünsche und Affekte in ihrer Heftigkeit nicht mehr durch den sprachlichen Ausdruck vermittelt und damit gemildert werden können. Ohne Sprache steht Wille gegen Wille: so kann es rasch zu tätlichen Auseinandersetzungen kommen. Mit dem eingebüßten Sprachvermögen geht einher, daß der spontane Sprachausdruck vermindert ist. Damit wird auch die Kommunikation über mögliche Symptome eingeschränkt oder gar unmöglich. Untersuchungen zeigen, daß die Betreuer sich reaktiv anpassen und ebenfalls weniger mit diesen alten Menschen sprechen. Ergebnis ist, daß nicht mehr gesprochen und fast nur noch gehandelt wird.
– Ebenfalls muß sich der Helfer, wenn hirnorganische Störungen hinzutreten, auf eine veränderte und z.T. fehlende Möglichkeit des *Denkens* wie auch der *Affektsteuerung* einstellen: Dem Helfer wird eine erhebliche psychische Stabilität oder auch Rigidität einerseits abverlangt, um sich von den Verwirrten nicht verwirren zu lassen.
– Es ist von großer Bedeutung zu wissen, daß es „das Wahre" und „das Eigentliche", also objektive Befunde oder Tatsachen, nicht gibt. Nur ein geringer Teil dessen, was die Helfer wahrnehmen, ist objektiv wahrnehmbar; ein großer Bereich gehört demjenigen des empathischen Verstehens an, der nicht ohne Projektion und projektive Identifikation[5] vor sich gehen kann. Die Vermischung von Selbst und Objekt öffnet der Konfusion und den daraus resultierenden Konflikten Tor und Tür. So kennt die Projektion keine Generationsgrenzen: die Helferin, die die Tochter der alten Patientin sein könnte, wird von ihr zur Mutter „gemacht"; entsprechend der persönlichen subjektiven Vorerfahrung zur „guten" oder „bösen" Mutter.
– Die schwerwiegendste Problematik betrifft die des *Umganges mit Schuld, Abschied und Tod.*

---

4 Übertragung und Gegenübertragung werden in der Psychoanalyse als wesentliche Faktoren des therapeutischen Prozesses angesehen. In den Therapeuten werden Eigenschaften und Motive ‚hineingelegt', die der Erinnerung an frühere Beziehungsaspekte bzw. -erfahrungen entsprechen. Als Gegenübertragung bezeichnet man Gefühle und Phantasien, die im Therapeuten als Reaktion darauf erlebbar werden. (Siehe dazu auch: König & Staats 1997).

5 Als *projektive Identifikation* bezeichnen wir eine Sonderform der Übertragung: Ein (alter) Mensch beeinflußt einen anderen (z.B. Betreuer) auf eine subtile Art und Weise, so daß er ihn dazu bringt, sich so zu verhalten, wie er es erwartet. Diese Form der „Mitteilung" kann in ‚normaler' (kommunikativer) oder auch schwer pathologischer Form auftreten.

Wir haben es also bei alten Patienten und Bewohnern mit einem weit gefächerten Spektrum von relativer psychischer Gesundheit (einer mitgebrachten primären Charakterstruktur) bis hin zur schweren psychischen Erkrankung zu tun. Dazu kann die weitere Dimension der hirnorganisch bedingten bzw. dementiellen Erkrankungen treten, die der jeweiligen psychischen Struktur noch wieder ihre besondere Eigenart verleiht.

Hier bekommen wir es dann mit einer Gruppe von Menschen zu tun, die aus psychiatrischer und psychoanalytischer Sicht als *strukturell Ich-gestört* bezeichnet werden können und in ihrer Problematik den psychotischen – und borderline – Störungen zuzuordnen sind. Sie verfügen meist nur noch über sehr eingeschränkte Ich-Funktionen. Reifere Abwehrmechanismen einschließlich der die Affekte mildernden Fähigkeiten wie: in Gedanken vorwegnehmendes Probehandeln oder Sublimierungen können nicht mehr angewendet werden; statt dessen kommen sehr *frühe Abwehrformen* wie Spaltung, Verleugnung, Realitätsverkennung, Projektion sowie projektive Identifikation vornehmlich zum Tragen, so daß aggressive und libidinöse Triebregungen in sehr direkter und drastischer Form zu Tage treten können.

Aus entsprechenden Literaturberichten (z.B. Trimborn 1983; Kernberg 1988) wissen wir, daß die stationäre Behandlung dieser Patienten vor allem deshalb schwer ist, weil das Potential an aggressivem Agieren kaum im Zaum zu halten ist. Im Unterschied zu vorwiegend psychisch gestörten Patienten ist bei Alterspatienten mit hirnorganischen Störungen zusätzlich das Zeitempfinden wie das planende Handeln gestört bis ausgeschaltet. Insofern kann sich das Agierpotential auf den Mikrokosmos der Dyade verlagern, und zwar in Form von schweren projektiv-identifikatorischen Prozessen, die mit einem intensiven regressiven Sog einher gehen.

Auf dem Hintergrund meiner praktischen Erfahrung möchte ich die Schätzung wagen, daß etwa 50% derjenigen betreuungs- und pflegebedürftigen Alten im ambulanten Bereich und etwa 70 bis 80% von ihnen im stationären Bereich hinsichtlich ihrer Primärpersönlichkeit als gestört (leicht – mittel – schwer) angesehen werden können. Unter dem Druck der bei hirnorganischen Prozessen nachlassenden Denk-, Kontroll- und Affektsteuerungsmöglichkeiten, drückt die Primärpersönlichkeit der Kommunikation mit der Betreuungsperson ihren Stempel auf. Archaische, entwicklungspsychologisch frühe Kommunikations- und Abwehrformen wie auch ein starker regressiver Sog beherrschen dann das Miteinander in der Institution wie auch zwischen Pflegendem und Gepflegtem.

Das subjektive Ausgeliefertsein gegenüber dem Nicht-mehr-Können aktiviert in den meisten Fällen im kranken alten Menschen alte Bewältigungsformen des Noch-Nicht-Könnens. Die Pflegeperson ist ständig mit der Reinszenierung der Psychopathologie des zu Betreuenden konfrontiert: dies stellt die Betreuer vor die schwere Aufgabe, die Dynamik der Psychopathologie nicht nur auszuhalten, sondern auch damit umzugehen; Häufig wirk verkannt, welch wichtige biographischen Informationen in diesen Gegenübertragungsphänomenen enthalten sind, da meist mit dementiell Veränderten ahistorisch gearbeitet wird: es fehlen sowohl Angehörige wie die Möglichkeit zur Selbstauskunft. Um Angaben über die Biographie zu erhalten, erlaubt die eingehende Analyse der Kommunikationsphänomene im Hier und Jetzt häufig eine hypothetische Rekonstruktion biographischer Anteile. Die Beantwortung der Frage: unter welchen äußeren und inneren Bedingungen hat dieser Mensch sein Leben gelebt, ist über eine differenzierte Beobachtung dessen möglich, wie er seine Beziehungen zu anderen Menschen im institutionellen Umfeld rekonstruiert. Ein richtiges Verständnis dieser Mitteilung kann dann eine wichtige Leitlinie für den therapeutisch orientierten pflegerischen Umgang vermitteln.

Die Institution im Dienste alter Menschen: Der Auftraggeber und seine sich verändernde Welt

Die Altenhilfe ist noch ein recht junges Arbeitsfeld. Erst vor gut 25 Jahren ist ein Heimgesetz zur Sicherung der institutionellen Betreuung alter Menschen geschaffen worden. Etwa zur gleichen Zeit wurden im Rahmen der Psychiatrie Enquete Vorstellungen über eine verbesserte Behandlung und Betreuung psychisch veränderter alter Menschen erarbeitet.

In Abhängigkeit von der Bevölkerungsstruktur, von ökonomischen Bedingungen, einem sich verändernden ‚Zeitgeist', wie ältere Menschen erlebt und gesehen werden sowie von politischen Entscheidungen unterliegen Konzepte, Formen und Organisation der Betreuung älterer Menschen heute einem raschen Wandel. Diese sich rasch verändernden Bedingungen im gerontologischen Arbeitsfeld führten zu einem großen Druck, der Hilfestellung durch Supervision dringend erforderlich macht, um die Arbeitsfähigkeit sowohl des Teams wie der Institution zu erhalten.

Dabei spielt die Betreuung von Höchstaltrigen sowie psychisch veränderten alten Menschen eine weitaus größere Rolle als noch vor etwa 20 Jahren: Die sozialpolitische Entwicklung gibt der ambulanten Betreuung aus Kostengründen den Vorrang. Insofern bringt die ambulante Pflege älterer Menschen in ihrer häuslichen Umgebung eine neue Nachfrage nach *fachorientierter Supervision* mit sich. Indem sich die Aufenthaltsdauer in den Heimen reduziert, verändert sich die Innenansicht der Altenheime entscheidend: es gibt heute sehr viel mehr Siechenheime, die Bewohner sind „kränker" bzw. „gestörter" als früher, reine ‚Sterbephasen' ziehen sich auf den Pflegestationen länger hin und sie werden von den Helfenden häufiger erlebt. Daraus resultiert, daß es kaum noch gewachsene Beziehungen zwischen Helfer und Bewohner gibt. Es gibt kaum noch wahrgenommene Individualität, die Kommunikation wird unpersönlicher und bietet dem Helfer weniger Möglichkeiten zum emotionalen Auftanken. Dazu kommt, daß das Personal flexibler eingesetzt wird und das Niveau der Professionalität relativ gering ist: Indem pro Schicht meist nur eine examinierte Pflegekraft eingesetzt wird, haben sich die Arbeitsbedingungen entscheidend verändert.

Mit der *Umorganisation der Altenhilfe* im Rahmen der Pflegeversicherung ist an die Stelle einer sozialen Dienstleistung, getragen von sozial- und religionsethischen Verpflichtungen einschließlich einer Orientierung am Konzept „Nächstenliebe" eine stärkere Kundenorientierung sowie Ausrichtung auf die ökonomische Situation hin propagiert worden.

Schließlich haben wir mit in Betracht zu ziehen, daß durch die Forderung nach *Qualitätssicherung*[6] eine weitere Dimension eingeführt wird, die als Verunsicherung und gelegentlich sogar als Bedrohung des Arbeitsplatzes erlebt wird. Insbesondere die Frage nach Prozeß- und Ergebnisqualität sind im Feld der Altenpflege und Gerontopsychiatrie äußerst schwer zu definieren, und daher selten verständlich beschrieben zu

6 Siehe hierzu den Beitrag von T. Floeth. – Der Hrsg.

finden (z.B. Junkers 1996). Was ist die Profitmaximierung bzw. Produktqualität eines Pflegeheimes für demente ältere Menschen?

Lassen Sie mich diese Fragen zunächst noch unter einem anderen Gesichtspunkt der *Besonderheiten von institutionalisierter Altenhilfe* betrachten:

Jede Organisation hat eine Aufgabe und dient einem *Zweck* oder einem *Ziel*. Die Organisation ist als ein offenes System zu verstehen, das einen bedarfsgeregelten „Eingang" (Input) hat sowie einen „Ausgang" (Output), der wiederum Auswirkungen auf den Bedarf, aber auch auf das Ansehen der Organisation haben wird. Das, was dazwischen liegt, bezeichnen wir als „Durchgang" (throughput), der sowohl Rückwirkungen auf den ‚Eingang' wie den ‚Ausgang' hat (Miller & Rice 1967).

Die spezifische Dienstleistung, hier am alten Menschen, und die in diesem Arbeitsfeld damit notwendig verbundene *Beziehungsarbeit* bestimmt im wesentlichen den ‚Durchgang'. Diese ist von mindestens drei Seiten her determiniert, die untereinander in Wechselwirkung stehen:

- Von der Eigenart des zu Betreuenden,
- von der Interaktion zwischen den Mitarbeitern sowie den
- konzeptuellen und leitenden Vorgaben der Institution.

Der ‚Ausgang' der Organisation ist im Fall des Altenheimes meistens der gestorbene Bewohner. Dies erscheint mir als das entscheidende Unterscheidungsmerkmal im Vergleich zu anderen Institutionen, die meist mehr oder weniger auf Zuwachs an Leben und Wohlbefinden ausgerichtet sind.

Der ‚Durchgang' im Altenheim ist durch zwei Ebenen gekennzeichnet: eine mehr oder weniger beobachtbare und eine geistig moralische. Die erste Ebene betrifft etwa sichtbare und damit leicht nachprüfbare Fragen, z.B. wie sauber wird gepflegt, wie behindertenadäquat ist das Haus eingerichtet, wie gut ist das Essen etc. (Dies entspräche in unserer heutigen Terminologie der Strukturqualität). Die zweite Ebene ist sehr viel schwieriger zu beurteilen: Warum ist der Umgang mit dem Bewohner gut oder schlecht? Wonach bemißt sich der Maßstab, um diese Frage zu beurteilen? (Dies entspräche der Prozeßqualität).

Ich habe die These aufgestellt, daß die Arbeit in Alteninstitutionen von einer *gemeinsamen unbewußten Phantasie* geleitet wird, die für die dort Tätigen eine Art Zusammenhalt garantiert: Es ist die unbewußte Überzeugung, Tod und Sterben verhindern zu können. „Wenn ich mir nur alle erdenkliche Mühe gebe, kann ich erreichen, daß der alte Mensch, den ich betreue, nicht sterben muß". Den Hintergrund dieser Phantasie bilden Allmachtsvorstellungen, die auch die Verleugnungen stützen, daß es Tod und Sterben nicht geben darf. Folgen wir der psychoanalytischen Annahme, wie sie z.B. von Jaques (1955) und auch von Pühl (1994) vertreten wird, daß soziale Systeme geschaffen werden, um sich gegen Unsicherheit und Ängste verteidigen zu können, so müssen wir sehen, daß Altersinstitutionen geschaffen werden, um sich vor Gefühlen von Bedrohung durch Vergänglichkeit und Tod schützen zu können. Ich bin überzeugt, daß die Art der auftauchenden Organisationsprobleme in Altersinstitutionen vor allem etwas mit dem Charakteristikum des Arbeitsgegenstandes, dem ‚Durchgang' zu tun haben, bzw. mit eben der Abwehr dieser Probleme. Wir haben es also bei vielen Alteninstitutionen mit solchen Konflikten zu tun, die durch *Ohnmacht* einerseits und *deren Abwehr durch Allmacht und Verleugnung* andererseits gekennzeichnet sind.

Versuchen die im institutionellen Dreieck Tätigen, sich dieser Probleme – in der Regel projektiv – zu entledigen, so liegt der Konflikt auf der Hand.

Schließlich möchte ich noch auf eine weitere Bedingung institutionalisierter Altenhilfe, nämlich die *Bedeutung der Regression*, eingehen.

Die oben beschriebenen Eigenarten der Aufgaben in Alteninstitutionen, in der stark regredierte Menschen behandelt und betreut werden, übt einen nicht zu unterschätzenden Einfluß auf die dort Arbeitenden sowie die in dieser Organisation herrschenden Gruppenprozesse aus. Der ‚Durchgang' oder das Produkt, welches Arbeitsgegenstand ist, beeinflußt das Funktionieren dieser Organisationen. Es besteht ein großer Druck, daß sich die spezifische Dynamik der Innenwelten und Objektbeziehungen der zu betreuenden alten Menschen mit all ihren Spannungen, primitiven Gefühlsinhalten und spezifischen Abwehrformen in der Institution bzw. der institutionalisierten Versorgung widerspiegelt.

Mit dieser durch Regression gekennzeichneten Dynamik geht außerdem eine Tendenz einher, die Triade auszuschalten (vgl. Pühl 1997). Damit meine ich, daß ein Sog hin zur dyadischen Beziehung zwar dem Funktionsniveau des zu betreuenden alten Menschen häufig entspricht, jedoch für die Betreuer dazu führt, daß alles Fremde, Andersartige, „Dritte" von außen als feindselige Bedrohung erlebt wird. Dies bekommt auch der Supervisor zu spüren, indem ihm mit Verachtung und Feindseligkeit begegnet wird. Insbesondere aber ist dadurch die dritte, betrachtende Position im Denken, durch die erst Reflektieren möglich wird, wie ausgeschaltet. Es fühlt sich an wie ein Diktat, daß nicht reflektiert, sondern nur gehandelt werden darf; dementsprechend wird der Supervisor, der die reflektierende Haltung einführen möchte, automatisch zum Feind erklärt.

Viele Supervisoren, mit denen ich gesprochen habe, fühlten sich durch das enorme aggressive Potential an die Grenzen des für sie aushaltbaren gebracht. Sie waren deshalb zu dem Fazit gekommen: Nie mehr Supervision in der Altenarbeit. Dozenten einer Weiterbildungseinrichtung für Supervisoren in der Altenarbeit fragten mich einmal: Wie kann es gelingen, mit dem aggressiven Potential, daß einem in diesem Arbeitsfeld begegnet, konstruktiv umzugehen? Dies ist ein Grund, weshalb ich eine therapeutische Grundausbildung für den Supervisor in der Altenhilfe für günstig halte. In der Ausbildung zum Supervisor für dieses Arbeitsfeld ist ein besonderes Gewicht auf die Vermittlung von Fähigkeiten zu legen, die den Supervisor in die Lage versetzen, aushalten zu können, sich z.B. als die Inkarnation des Bösen zu fühlen und sich dennoch die Reflexionsmöglichkeit zu bewahren, bzw. sie in der Situation zurückgewinnen zu können.[7] Dazu ist aber ein Konzept notwendig, indem verstehbar werden kann, warum ich zum Bösen gemacht werde und erst durch die Annahme dieser Rolle konstruktive Entwicklungen in Gang setzen kann.

Typisch für eine derartige Dynamik ist ferner, daß die entstehenden Konflikte in der Regel zunächst als individuelle, persönliche Konflikte – meist zwischen Mitarbeitern – wahrgenommen werden und von den Mitarbeitern selbst als Teamkonflikt[8] verstanden werden.

---

7 Siehe hierzu auch den Beitrag über Containment von R. Lazar im „Handbuch der Supervision 2". – Der Hrsg.

8 S. Scheffler setzt sich in ihrem Beitrag über „Teamkonflikte" ausführlich mit dieser Problematik auseinander.- Der Hrsg.

In wiederum engem Zusammenhang mit der beschriebenen Pathologie der Patienten/Bewohner und dem von ihnen ausgehenden Regressionsdruck steht der Impuls, Spannungen durch Machtausübung, „Durchgreifen" und Aggressionsbedürfnisse in sublimierter Form zuzulassen. Wut und Haß bilden das Gegenstück zur Idealisierung, die mit der Akzeptierung der beschriebenen hierarchischen Strukturen Hand in Hand geht. Stehen keine Worte zur Verfügung, oder jedenfalls ein Konfliktpartner, der für eine mit Worten geführten Auseinandersetzung offen ist, so kommt es zu einem Konflikt nach dem Motto: Auge um Auge, Zahn um Zahn, wo nur noch das Faustrecht Geltung hat. Je schwerer die Pathologie der zu Betreuenden, um so größer das Konfliktpotential im Team und um so dringlicher die Forderung nach klarer Organisation.

Ähnlich dem Supervisor muß der Leiter also in der Lage sein, das Aggressionspotential seiner Mitarbeiter aufgrund seiner eigenen Container-Funktion, aushalten und neutralisieren zu können.

Ich versuche im folgenden Schaubild zu verdeutlichen, wie der Druck aus den verschiedenen Bereichen auf die Mitarbeiter in der institutionaliserten Altenhilfe einwirkt:

Auf der einen Seite bestehen Anforderungen aufgrund sozial- und gesundheitspolitischer Vorgaben, die Einsparungen verordnen, die Pflegeversicherung mit all ihren Konsequenzen sowie die Forderung nach Qualitätssicherung.

Diese Anforderungen werden in der Regel durch die Leitung der Institution vermittelt bzw. umgesetzt.

Schließlich bestehen Anforderungen von Seiten der alten Menschen aufgrund der mit dem Alter einhergehenden Veränderungen, der individuellen Psychopathologie, die noch durch dementielle Prozesse verschärft wird, und die Kinder bzw. Angehörigen, die eine optimale Betreuung einfordern.

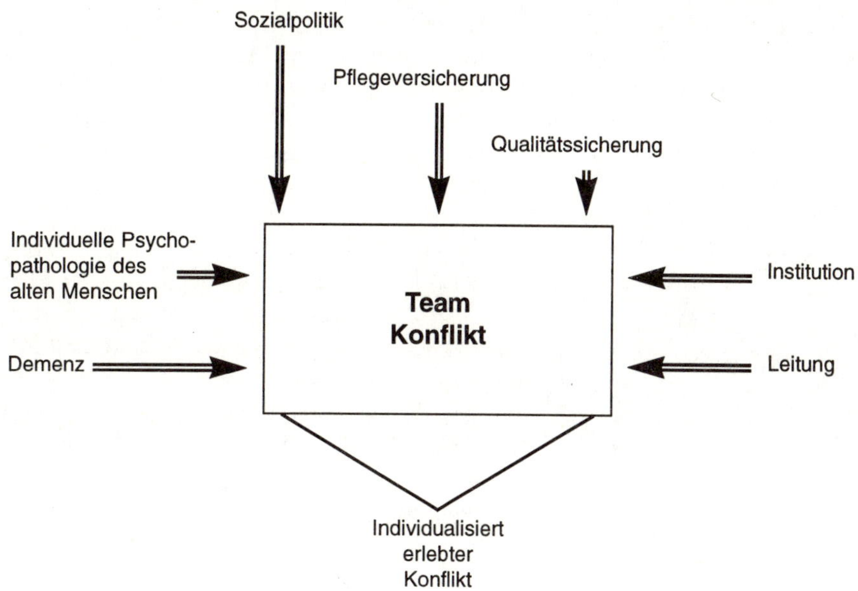

Junkers in: Pühl 1999, 385

Konzeptentwicklung

In dem dargestellten Beziehungsgeflecht von Einflußgrößen kann die klar strukturierte Erstellung eines Konzeptes Erleichterung bewirken. Es vermittelt objektiv benennbare Einigungen über Handlungsabläufe und Entscheidungsstrategien. Unter *Konzept* verstehe ich eine Beschreibung der Ziele, Besonderheiten, Arbeitsweisen und Organisationsstrukturen einer Institution in schriftlicher Form. Wird eine Institution neu geschaffen, so existiert ein solches Konzept meist nur in einer sehr allgemeinen und theoretisch gefaßten Form, abgefaßt durch diejenigen, die die Autorität dazu in Anspruch nehmen. Leider sind die, die den Beginn planen meist nicht diejenigen, die später die Arbeit „an der Front" leisten. In keiner Einrichtung in der ich als Supervisorin tätig war, existierte ein solches festgeschriebenes Konzept, das im Team bekannt bzw. als Leitfaden für die tägliche Praxis lebendig war.

Im Idealfall kann aus der Supervisionsarbeit das Anliegen erwachsen, für den eigenen Arbeitsrahmen ein solches Konzept zu erstellen. Mitarbeiter, die eine solche Arbeit übernehmen, bilden später häufig die kontinuierlichen „Säulen". Bei der gegenwärtig üblichen Personalfluktuation jedoch ist es wünschenswert, daß ein einmal bestehendes Konzept fortwährend überdacht und überarbeitet wird. Häufig wird dagegen gehalten: „Wozu die viele Arbeit, das landet doch nur in der Schublade". Gelingt es, die hinter dieser Haltung verborgenen Insuffizienzgefühle in bezug auf die helfende Arbeit und das vermeintliche Unvermögen in Worte zu fassen, so ist ein wichtiger Klärungsschritt getan.

Die Festlegungen durch die in einem Konzept getroffenen Aussagen im Sinne von Einigungen über die Ziele der Arbeit erleichtert die Kommunikation der Mitarbeiter untereinander sowie auch die Begründung ihrer Arbeitsweise nach außen, z.B. in Diskussionen und möglichen Auseinandersetzungen mit der Leitung. Die Erarbeitung eines Konzeptes im Team stärkt das Empfinden einer gemeinsamen Sache und die Möglichkeit der Identifikation mit der Organisation (vgl. Pühl 1988).

In dem Moment, wo Ziele und Struktur einer Organisation benennbar und deshalb erst beschreibbar geworden sind, ist auch der Einstieg für neue Mitarbeiter erleichtert. Sie fühlen sich so weniger ausgeschlossen. Statt der passiven Erwartung: „Wie soll es gemacht werden?" besteht nun das Angebot zu einer aktiven Überlegung und Festlegung: „Wie wollen *wir* es machen?"

Schließlich ist mit der Anregung, das eigene Handeln zu reflektieren, eine wichtige Lernaufgabe für betreuendes und pflegerisches Handeln verbunden. Auf der Ebene reflektierender Interaktion ist es notwendig, einen Moment zwischen der Äußerung des alten Menschen und der darauf folgenden Handlung durch den Helfer innezuhalten. Schlägt ein Bewohner um sich und direkt darauf folgt eine aggressive Gegenwehr des Betreuers, kann dieser nicht mehr darüber nachdenken, welche Bedeutung seine Reaktion hat. Das Trainieren des reflektierenden Innehaltens ist deshalb einer der wichtigsten Lerninhalte.

Folgende Ziele können wir zusammenfassend mit einer Konzepterarbeitung verbinden:

- Die Außendarstellung
- Innendarstellung
- Kooperationsförderung: Festlegung der Arbeitsweise, der Arbeitsaufteilung, der verbindenden Arbeitsziele.

- Abgrenzung der einzelnen Arbeitsanforderungensprofile.
- Reflektion des eigenen Handelns: z.B. Was tue ich, warum, mit welchem Ziel bzw. mit welcher Erwartung?

Besonderheiten der in der Altenhilfe Tätigen

Bevor ich nun auf die Supervision im engeren Sinne eingehe, möchte ich auf die spezielle Situation der in der Altenhilfe Tätigen eingehen.

Noch immer hat der 1873 geäußerte Satz des ersten Gerontopsychiaters Wille seine Bedeutung nicht verloren: Daß nämlich keine psychische Krankheit soviel Aufopferung und Geduld erfordere, wie der „Altersblödsinn". Seit etwa 30 Jahren gibt es das Berufsbild des Altenpflegers. Noch vor 25 Jahren gab es nur 5 Psychologen in Deutschland, die sich hauptsächlich mit den Belangen älterer Menschen befaßten. Bevor ich darauf eingehe wie es auszuhalten sein kann, diese schwierige Arbeit zu leisten und welche Qualifikationsanforderungen es gibt, möchte ich auf den paradoxen Arbeitsauftrag in der Altenhilfe mit seinen Implikationen eingehen.

Der gesellschaftliche Auftrag lautet: Alte Menschen zu behandeln und zu pflegen. Ursprünglich wurde die Pflege der alten Menschen – meist von den Frauen, den Töchtern und Schwiegertöchtern – in der Familie geleistet. Aufgrund vielfältiger Veränderungen ist dies häufig nicht mehr möglich. Dennoch erleben die Kinder der Betreuungsbedürftigen, die im Heim untergebracht wurden, die Pflege in der Institution als einen ständig präsenten Vorwurf, daß sie nicht selbst die Pflege übernommen haben: die Betreuung im Heim wird zu etwas Bösem. Was als böse erlebt wird, muß verschoben und/oder abgespalten werden: Je größer die unbewußten Schuldgefühle, um so mehr kommt es zu einem nicht endenden ‚Vorwurfsgerangel' mit dem Pflegepersonal.

Oft können auf diese Weise Gut und Böse nicht mehr unterschieden werden: Ist der Tod eines alten, leidenden hilfsbedürftigen Menschen eine Erlösung, also etwas Gutes oder etwas Böses, weil er den Vorwurf impliziert, nicht genügend unternommen zu haben, ihn zu begleiten und am Leben zu erhalten?

Viele Heimleiter haben unbewußt die Vorstellung, daß ihre Einrichtung nur dann gut arbeitet, wenn überall „Fröhlichkeit" herrscht und „Leben" zu beobachten ist (= vermeintliche Kundenorientierung). So habe ich z.B. einen Heimleiter erlebt, der bei seinen Besuchen auf den Stationen nur dann mit seinen Mitarbeitern zufrieden war, wenn die Bewohner, in einer Gruppe zusammensaßen und ‚guter Dinge' wirkten. Dieses Kriterium setzte die Mitarbeiter unter einen unrealistischen Arbeitsdruck: Viele Bewohner leben in der Institution, weil sie nicht fröhlich und im Kontakt mit anderen Menschen leben können. Dies sehe ich als ein typisches Beispiel für eine unbewußte Abwehr von Wenigerwerden, Tod, Gebrechlichkeit und Einsamkeit, aber auch als Beispiel dafür, wie schwer die der Arbeit implizit zugrunde liegenden Vorstellungen diskutiert werden können.

Auch wenn die direkt am Bewohner Arbeitenden häufig wissen, daß dies eine unrealistische Einstellung ist, haben sie meist selbst eine Laientheorie der Betreuung die folgendermaßen aussieht:

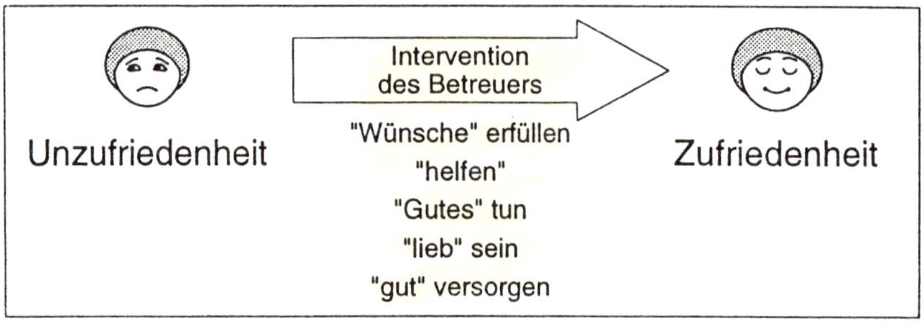

Es scheint so, als dürfe man sich eigene Bedürfnisse und Bedürftigkeit nicht eingestehen. Es besteht eine sehr große Angst davor, die Arbeit nicht zu schaffen, schlechter oder besser zu sein als der andere, sich bloßgestellt zu fühlen und vor allem, Fehler zu machen, z.B. nicht gut genug versorgt zu haben. Aber es besteht auch Angst davor, in eigenen Rachegefühlen und -impulsen entlarvt zu werden. Trennung, Abschied und Tod dürfen nicht thematisiert werden.

Ich habe oben skizzenhaft versucht, einige Aspekte der speziellen Situation alter Menschen selbst darzustellen. Um den Anforderungen an die Betreuenden, die daraus resultieren, gewachsen zu sein, ist eine relativ stabile psychische Ausstattung erforderlich, nicht zuletzt auch eine gute körperliche Gesundheit, da die Pflege auch den Einsatz konkreter körperlicher Kraft erforderlich macht.

Welchen Typus von Mitarbeitern treffen wir nun in Alteninstitutionen an? *Gibt es einen Mitarbeitertyp*, der besonders häufig in der Arbeit mit alten Menschen zu finden ist?

Ich gehe hier besonders auf die MitarbeiterInnen in Alten – und Pflegeheimen ein. Dort arbeiten vorwiegend Frauen mit einem Durchschnittsalter von 40 Jahren, von denen nur ein geringer Teil über eine qualifizierte Ausbildung verfügt.

Ihren Arbeitsschwerpunkt legen sie auf das Tun; eine intellektuelle Ausrichtung sowie das Reflektieren dessen, was getan wird, ist ihnen wenig vertraut und erweckt meist große Ängste. Sie möchten konkret sehen, was sie tun bzw. einen greifbaren Erfolg haben. Das Sehen bezieht sich meist auf den mimischen Ausdruck derjenigen, die sie betreuen: Vermeintliche Zufriedenheit oder Unzufriedenheit im mimischen Ausdruck sind Leitlinien ihres Handelns, das so in einem Laienmodell und nicht in einem professionell begründeten verankert ist (siehe Abb. oben).

Die Fähigkeit zum Reflektieren sowie der Ausrichtung an Ideen ist gering. Die Realisierung der Getrenntheit zwischen den eigenen seelischen Vorgängen und denen des anderen ist sehr eingeschränkt: Die meisten MitarbeiterInnen sind überzeugt, daß sie schon am besten wüßten, was für einen Bewohner am besten ist. Diese Einschätzung richtet sich dann aber nach eigenen Wünschen und Vorstellungen von Zufriedenheit, bzw. danach, was sie selbst als alter Mensch für hilfreich halten würden.

Es liegt auf der Hand, daß in dieser Uneinfühlbarkeit für fremdes seelisches Geschehen eine wichtige Wurzel für Teamkonflikte zu finden sind, denn alte Menschen fühlen sich unter denjenigen Bedingungen wohl, unter denen sie ihr Leben lang gelebt haben – auch wenn sie für den außenstehenden Betrachter auch noch so problematisch erscheinen mögen.

Sieht man hinter die Kulissen, findet man in den Familien der Altenpflegerinnen und -helferinnen häufig geballte soziale Probleme: Alkohol- und Drogensucht bei den eigenen Angehörigen treten hier gehäuft auf. Die Betreuungsarbeit für die alten Menschen dient dann u.U. der Flucht vor den eigenen häuslichen Problemen. Jedes Sich-Einlassen auf differenzierende Reflektion des eigenen Tuns kann hier zur Bedrohung des eigenen seelischen Gleichgewichts in bezug auf die eigene häusliche Situation werden. Es ist meines Erachtens die Aufgabe des Supervisors in diesem Arbeitsfeld, behutsam die Belastungsgrenze aufzuspüren und sie zu wahren, d.h. u.U. die Verleugnung der seelischen Probleme anzuerkennen und die Abwehr zu stärken. Wichtig ist hier, daß der Supervisor den Druck nicht erhöht, indem er pathologisiert, sondern u.U. sogar die Abwehr stärkt. Andererseits müssen wir auch anerkennen, daß die Fähigkeit, die Belastungen in diesem Arbeitsfeld überhaupt auszuhalten, u.U. nur mit einem bestimmten Ausmaß von Abwehr aufrechtzuerhalten ist. Auch ist ein bestimmtes Maß an Masochismus notwendig, um diese Arbeit überhaupt leisten zu können.

Vorrangig finden sich auch bei den Mitarbeitern frühe Abwehrformen: Spaltung und Verleugnung. Diese stehen in Wechselwirkung mit den Problemen, die sich aus dem Umgang mit Trennung, Abschied und dem Sterben ergeben. Eine Möglichkeit, die Schuldgefühle zu verarbeiten, sind Wiedergutmachungswünsche, die oft zum Vehikel für unrealistische Zielsetzungen werden. Andererseits sind auch viele verborgene Aggressionen in Form von Rache gegenüber vermeintlichen Elternfiguren zu beobachten: Unter Vorspiegelung ‚guter' Motive werden z.B. Ältere ohne Beschluß fixiert oder im Zimmer eingeschlossen. Ein mögliches Motiv der Angst vor Supervision könnte deshalb auch sein, daß diese Impulse aufgedeckt werden könnten.

Aufgaben und Ziele der Supervision in der Arbeit mit alten Menschen

Erst vor ca. 10-15 Jahren hat die Supervision in der Altenarbeit Eingang gefunden. Wie ich dargelegt habe, bewirken politische und ökonomische Veränderungen, daß der Druck auf die Arbeitssituation noch stärker als zuvor im Form von Spannungen und Konflikten erlebt werden und damit eine Hilfe von außen in Form von Supervision und Konzeptveränderungen immer dringlicher wird. Andererseits wird jedoch argumentiert, daß Supervision immer schwieriger zu finanzieren sei. Gelegentlich findet man sogar einen Personalrat vor, der Supervisionstätigkeit im Haus mit der Begründung ablehnt, daß auf diese Weise nur schlechte Arbeitsbedingungen verschleiert und eine vordergründige Entlastung herbeigeführt werden soll[9]. Die schwierige Aufgabe, die sich dem Supervisor in diesem Arbeitsfeld stellt, hat demnach nicht nur die spezifische Situation der alten Menschen, den sozialpolitischen Druck, die spezielle Form der Leitung der Institution, sondern in besonderer Weise auch die schwierige seelische Situation zu berücksichtigen, in der sich viele Supervisanden befinden. In diesem Spannungsfeld findet dann aktuell die Supervision statt.

Bei der *Nachfrage nach Supervision* in der Altenhilfe reicht die Spannweite des Aufgabenfeldes etwa von einer gerontopsychiatrischen Station, über eine Gruppe pfle-

9 Ich habe es selbst einmal erlebt, daß der Supervisor bei Anwesenheit eines Vertreters des Personalrates unter Beweis stellen sollte, daß er geeignet sei, aus personalpolitischer Sicht eben diese Bedingungen nicht zu verschleiern.

gender Angehöriger, die u.U. selbst in die Altersgruppe zwischen 50 und 70 Jahren fallen, schließlich über den Psychotherapeuten in der niedergelassenen Praxis, zum Betreuungsteam eines Altenheim, sei es im Wohnbereich für rüstige Senioren, einer speziell gerontopsychiatrischen Betreuungseinheit oder in einer Abteilung für Demenzkranke und Verwirrte. Bis auf die ärztliche Praxis und wenige Psychotherapiepraxen werden Versorgungsangebote für ältere Bürger von Organisationen und Institutionen sowie übergeordneten Trägerschaften angeboten. Dazu gehören außer spezifischen Angeboten wie Altenheimen, Altenwohnungen, Beratungsstellen für Ältere, speziellen geriatrischen Kliniken etc., aber auch Angebote, die zu einem großen oder überwiegenden Teil von Älteren genutzt werden, jedoch nicht spezifisch auf sie als Zielgruppe zugeschnitten sind, wie etwa das Allgemeinkrankenhaus, die Psychiatrischen Klinik, etc.

Der Leser wird bemerkt haben, daß ich den Blick hier vorwiegend auf den Bereich der Gerontopsychiatrie, der Altenheime und dort speziell der Betreuung dementiell veränderter Älterer gelenkt habe, die aber auch die Besonderheiten der ambulanten Krankenpflege gerade dieser Gruppe von Alterspatienten einschließt. Meiner Erfahrung nach eröffnet sich vor allem im Arbeitsbereich mit Dementen ein besonders großer Supervisionsbedarf, z.T. auch aufgrund eines Mangels an gerontologischem und psycho-gerontologischem Fachwissen.

Während Supervision früher vornehmlich als Maßnahme der Ausbildung in therapeutischen und therapienahen Berufen verstanden wurde, hat sich Supervision in den letzten Jahren zunächst zu einer berufsbegleitenden Maßnahme entwickelt (Pühl 1997 spricht von Fortbildungssupervision[10]), und ist gegenwärtig im günstigen Fall immer mehr mit der Organisationsentwicklung verzahnt worden.

Definition: Supervision ist eine Möglichkeit zur Konfliktbeschreibung, der Konfliktbesprechung und -lösung. Trotz der Existenz von Konflikten, sollte sie in der Lage sein, psychischen Druck zu lindern und damit Spannung zu mildern und Hilfen zur Konfliktlösung anzubieten. Es ist eine Arbeit, bei der es um den Menschen geht: deshalb braucht man Zeit; es ist eine Lernsituation, Anleitung und Fortbildung zugleich.

Ich sehe in der Supervision eine Methode zur Verbesserung der Arbeitsmöglichkeiten von Einzelnen oder Gruppen von Helfern mit ihren Klienten/Patienten/Bewohnern durch eine *gezielte Reflektion des eigenen Handelns*. Durch sie kann eine neue Basis für die verschiedenen therapeutischen Handlungsmöglichkeiten erarbeitet werden. Supervision sollte – ganz besonders im Bereich der Altenhilfe – als *Prozeß* betrachtet werden, der über einen längeren Zeitraum angelegt ist und der das Bestreben beinhaltet, die Fähigkeit zur Einfühlung unter schwierigen Bedingungen aufrecht erhalten zu können vermittelt (vg. auch Schmidbauer 1991). Um weiterhin wirksam sein zu können, entwickelt sich Supervision häufig zur Institutionsanalyse und Organisationsentwicklung fort. Dies habe ich am Beispiel der Konzeptarbeit aufgezeigt.

Die meisten Supervisoren greifen auf ein therapeutisches Persönlichkeitskonzept und therapeutische Erfahrung wie psychoanalytische, humanistische, systemische Ansätze etc. zurück, um den Supervisionsprozeß methodisch fundieren zu können.

Wie ich vorausgeschickt habe, basiert meine Form der Supervisionsarbeit auf dem psychoanalytischen Konzept. Ich halte sie insbesondere in der Arbeit mit hirnorganisch veränderten alten Menschen für empfehlenswert, weil wir es hier mit Ausdrucksformen

---

10 Ausführlich dazu das „Handbuch der Supervision 2". – Der Hrsg.

der Persönlichkeit zu tun haben, die nicht rational erklärbar und deshalb nicht mit logischem Denken angehbar sind. Die Annahme des Unbewußten impliziert die Überzeugung, daß wesentliche Teile menschlichen Lebens und Erlebens unbewußt ablaufen. Sie impliziert die Annahme eines psychischen Determinismus: daß nämlich jedes Erleben und Verhalten nur als Ergebnis von vorausgegangenen Ereignissen vorstellbar ist. Schließlich gehört dazu die Annahme, daß grundlegende Objektbeziehungsmuster in der Kindheit erworben werden. Die Annahme unbewußter Konflikte, Wünsche und Ängste halte ich in diesem Arbeitsfeld für unverzichtbar, um scheinbar unverständliches Verhalten und Handeln besser verstehbar werden zu lassen.

Von den vielen Zielen für die Supervision, die anderswo ausführlich dargestellt werden, möchte ich hier diejenigen herausstellen, die für dieses spezielle Arbeitsfeld von besonderer Bedeutung sind:

- Supervision sollte die *Belastung* durch die Arbeit *erleichtern.* So etwa sagte mir ein Team nach einer Reihe von Supervisionssitzungen: „Wir haben eigentlich nichts anders gemacht als vorher, aber wir haben uns bei der Arbeit anders, eigentlich besser gefühlt". Dies geschieht auf verschiedene Weise:
- Supervision sollte Möglichkeiten zur Entwicklung freisetzen und damit zur professionelle Weiterentwicklung bzw. Nachqualifikation und Nachrüstung von fachlicher Feldkompetenz beitragen.
- Supervision kann Fortbildung im Sinne von Vermittlung von Fachwissen bedeuten; indem es in die handlungsorientierte Arbeit einfließt, kann es u.U. wirkungsvoller abgerufen werden.
- Häufig ist reines Fachwissen bereits vorhanden, aber es gelingt nicht, das Wissen in die Bewältigung des mit dem Klienten Erlebten sowie in fachkompetentes Handeln umzusetzen, eben das Wissen für den Umgang mit Klienten nutzbar zu machen.
- Supervision kann theoretische Interesse wecken und damit die Fähigkeit zur gedanklichen Durchdringung der eigenen Arbeit fördern.
- *Erarbeitung der Fähigkeit, wie mit dem Gefühl starker Betroffenheit umzugehen ist*; bzw. wie es gelingen kann, eine gewisse emotionale Distanz zu dem Erlebten einzunehmen. Diese erst ermöglicht es, sich nicht der professionellen Resignation, dem Ausgebranntsein ausgeliefert zu fühlen. Wie kriege ich die Belastung von meiner Seele?
  - Selbsterfahrung und Einladung zur freien Äußerung von Gefühlen, positiver wie negativer Art.
  - Das beinhaltet die Vermittlung der Fähigkeit, wie Übertragungsreaktionen aufzuspüren und zu verstehen sind.
  - Voraussetzung dafür ist, die Etablierung der Fähigkeit, über eigene Gefühle und Denkvorgänge nachzudenken, ein Vorgang den wir analog der ‚therapeutischen Ichspaltung' auch „Supervisionsspaltung" nennen könnten.
  - Die Supervisionsarbeit darf die Abwehr nicht zerstören, sie darf sie höchstens bewußt machen. Dies gelingt in der Leitungssupervision meist eher als in Teams, in denen es um die direkte Zusammenarbeit mit alten Menschen geht.
  - Aufgabenorientierung statt reine Nächstenliebe (Versachlichung der Arbeit)
  - Training von: differenzierter Wahrnehmung
sprachlichem Ausdruck des Wahrgenommenen
Einordnung des Wahrgenommenen in übergeordnete Denkprozesse

- Die Fähigkeit, in lebensgeschichtlichen und historischen Zusammenhängen zu denken, ist für die Arbeit mit alten Menschen unerläßlich.
- das Team muß arbeitsfähig bleiben; Kränkungen und Bloßstellungen sind zu vermeiden.
- Ziel und Aufgabe für die Supervision ist auch abhängig von der institutionellen Rahmenbedingung.
- Altenarbeit als Sterbebegleitung.

Die Motivation: Wunsch nach und Widerstände[11] gegen Supervision

Der Wunsch nach Supervision kommt selten vom Team selber; häufiger regen z.B. neue Heimleiter dazu an oder neue Teammitglieder.

Verunsicherungen aufgrund von Veränderungen führen häufig zum Wunsch nach Unterstützung: so etwa durch die Pflegeversicherung, die in vielen Mitarbeitern existentielle Unsicherheit aktiviert, die Angst, neuen Formen des Controlling ausgeliefert zu sein. Anforderungen wie etwa: ‚Das Team soll funktionieren!' oder ‚das Team soll gute qualitative Arbeit leisten' setzen Einzelne sehr unter Druck, weil derartige Begriffe nicht mit Inhalt gefüllt sind.

Häufig sind es explizit therapeutische definierte Teams, die von sich aus zu dieser reflektierenden Arbeit motiviert sind.

Emotionale Probleme der einzelnen, wie z.B. Konflikte mit Kollegen und Vorgesetzen, oder Konflikte mit Angehörigen und Bewohnern („wir würden es besser machen"), und schließlich das sich alleingelassen Fühlen mit den menschlichen Problemen, einschließlich des Umganges mit Trennung, Tod und Abschied – all dies sind Probleme, die mit Ohnmacht und Schwäche verknüpft werden und in den Teams meist verleugnet werden müssen.

Wir treffen deshalb weit häufiger auf erhebliche Ablehnung gegenüber der Supervisionsarbeit, insbesondere dann, wenn sie „verordnet" wurde. Hinter den vielfältigsten Rationalisierungen wie z.B. „dazu haben wir keine Zeit, wir sind schon immer gut klargekommen, wir brauchen solche Rederei nicht" stehen meist ausgeprägte Ängste und z.B. Insuffizienzgefühle in bezug auf die Arbeit, die bei der Supervision offensichtlich werden könnten.

Diese kann der Supervisor häufig am „eigenen Leib" spüren, wenn er sich nämlich bereits beim ersten Kontakt mit einem Team, z.B. um einen Arbeitsauftrag zu erarbeiten, ausgelaugt, ausgeschlossen und entwertet vorkommt und sich in ihm selbst Gefühle von Unfähigkeit, Ungenügen und Resignation breitmachen, etwa wie ich es als Antwort auf den Kommentar empfunden habe: „Ich wollte immer schon mal sehen, wie ein Psychologe aussieht".

Es kann bei dieser Ablehnung auch um die Angst gehen, dazu verführt zu werden, über etwas zu sprechen, was täglich präsent ist, aber weil es so unerträglich ist, verleugnet werden muß: über Ekel, Ärger und Wut auf die alten Menschen, oder auch um Angst, „verpetzt" zu werden.

---

11 Mit dem Thema „Veränderungswiderstand" setzt sich H.-U. Thiel in seinem Beitrag eingehend auseinander. – Der Hrsg.

Die Qualifikation des Supervisors

Supervisoren bringen die verschiedensten Grundberufe mit: sie sind z.B. Psychologen, Ärzte, Sozialpädagogen, Pfarrer, Pfleger. Im Idealfall sollte der Supervisor selbst eine Supervisions-Ausbildung absolviert haben und in einer therapeutischen Technik ausgebildet sein. Eine besondere Feldkompetenz, also Erfahrung in der Arbeit mit älteren Menschen selbst erscheint mir für den Supervisor in diesem Arbeitsfeld unerläßlich; er sollte insbesondere Krankheitsverläufe begleitet haben sowie Kenntnisse über das Ineinandergreifen von somatischer und psychischer Störung bei alten Menschen besitzen. Nach meiner Praxiserfahrung sollte er nicht zu jung sein, also etwa jenseits der 35.

Beabsichtigt er, auch Leitungssupervision anzubieten, sollte er sich mit der spezifischen Organisation von Arbeitsabläufen in der Altenpflege sowie in den aktuellen politischen Vorgaben auskennen.

Die Motivation, die der Supervisor antrifft, ist meist passiv und von Ablehnung, und Widerstand geprägt. Es besteht eine große Angst vor Bloßstellung, vor Aufdekkung von Privatem, vor seelischer Berührung. Erwartet wird in der Regel eine Art Kochbuchwissen, um dann das, was der Supervisor zu bieten hat, in einem nächsten Zug wieder zu entwerten. Häufig trifft man auf polarisierende Spaltungen im Team, so daß es zur Bestimmung von „Engel“ und „Teufel“ kommt. Unterstellungen, häufig in Form von projektiven Schuldzuweisungen, sind an der Tagesordnung. Es besteht eine Tendenz, die Konflikte zu agieren, um damit auch wahre und echte Beziehungen zu vermeiden. Eine solche „Team-Seelendynamik“ stellt sehr hohe Anforderungen an den Supervisor. Insbesondere hat er das Leiden darin aufzudecken, um sich vor aggressiven Reaktionsbildungen auf die drastischen Angriffe hin schützen zu können. Er muß in der Lage sein, auszuhalten und konfliktreiche Affektzustände in sich zu bewahren, ohne dabei seine professionelle Haltung zu verlieren. Zeit allein reicht hier nicht, um Beziehungen wachsen zu lassen. Grundkenntnisse einer professionellen therapeutischen Haltung wie meines Erachtens auch ein gewisses Maß an Selbsterfahrung sind unerläßlich. Bei fehlender Professionalität besteht die Gefahr, bei diesen unaushaltbaren Übertragungsangeboten aufgrund der eigenen Psychodynamik bzw. Persönlichkeitsstruktur zu arbeiten und sich verstricken zu lassen.

Die Organisation von Supervision

Wie kommt es zu einer Supervisionsvereinbarung?[12]

Der Auftraggeber:
Derjenige, der sich an einen Supervisor wendet, ist nicht immer zugleich auch der Auftraggeber. Insofern beginnt die *Analyse des Auftrages* schon am Telefon. Häufig ist es ein Vorgesetzter, der es übernimmt, „einen Supervisor an Land zu ziehen“. Das Team, das supervidiert werden soll, hat häufig kein genuines Interesse an Supervision. Der Auftraggeber bzw. der die Supervision Finanzierende muß in die Vereinbarung (Analyse der Auftrages) mit einbezogen werden. Am Beginn steht also die Analyse des Auftrages: Wer will Supervision, für wen, in wessen Auftrag und wer zahlt die Supervision?

---

12 Anhand der Team-Supervision setzt sich H. Pühl mit diesen Fragen auseinander; K. Rappe-Giesecke geht in ihrem Beitrag ebenfalls auf die Kontrakt- und Diagnosephase ein. – Der Hrsg.

Analyse der Motive und Interessenlage des Teams:
Wer meldet sich wann, bei wem, auf welchem Wege mit welchem Anliegen? Was bewirkt eigentlich die Spannung, die Anlaß für den Wunsch zur Supervision gibt? Hinter dem Motiv, das häufig nur äußerst global zu benennen ist, "Konflikte sollen gelöst werden", „es soll besser werden", entfaltet sich dann die ganze Konfliktdynamik des Teams. Das sich ausschließliche Verbünden mit der Sichtweise des Teams steht in der Tradition der Verleugnung von Leitung im Bereich sozialer Arbeit.

Ein wichtiger Einsteig in die gemeinsame Supervisionsarbeit ist der Beginn, wo gemeinsam der Arbeitsauftrag zu formulieren ist. In Verbindung damit ist aufzuzeigen, daß alle Beteiligten unterschiedlich an die Aufgabe herangehen und dies eine Quelle von Ärger und Mißverständnissen sein kann.

Das Setting:
Als Setting bezeichne ich analog der psychotherapeutischen Situation die Verabredungen über das *wie, wann, wo, wie lange* sowie die Absprache der Termine. Auch über welchen Zeitraum hinweg eine Supervisionseinheit geplant ist, muß zu Beginn angesprochen werden.

Der Supervisior hat in dieser Vorfeldanalyse sowohl die äußeren wie auch die inneren Bedingungen der Situation zu untersuchen: So ist es z.B. von äußeren Bedingungen abhängig: z.B. wieviel Geld zur Verfügung steht, wie es möglich wird, möglichst viele Teammitglieder zur gleichen Zeit zusammenzurufen etc.

Eine Supervisionsgruppe hat in der Regel 6-12 Mitglieder. Diese entscheiden sich, ob sie als offene oder geschlossene Gruppe arbeiten wollen. Eine offene Gruppe besteht über einen unbegrenzten Zeitraum und nimmt neue Mitglieder auf. Eine geschlossene Gruppe setzt einen Arbeitszeitraum fest und arbeitet in dieser Zeit kontinuierlich mit den gleichen Teilnehmern.

Für Altenheime, die noch keine Supervisionserfahrung haben, hat sich die Verabredung einer begrenzten Sitzungszahlen wie z.B. 12 als günstiger Einstieg erwiesen; für diejenigen, die bereits Erfahrung haben, ist z.B. ein begrenzter Zeitraum von einem Jahr zu vereinbaren mit der Möglichkeit, daß beide Vertragspartner nach dieser Zeit sich noch einmal neu entscheiden können, ob sie die Arbeit weiterführen möchten oder nicht.

Ein Problem stellt die verordnete Supervision dar. Gelegentlich wird man als Supervisor von einem Institutionsleiter mit der Supervision eines Teams beauftragt. Meist ist er überzeugt, daß die Arbeit an diesem Ort nach seiner Einschätzung nicht richtig funktioniert. „Da hakt es immer", „da gibt's Probleme". Die ihn motivierende Vorstellung ist, daß die Supervision diese Probleme „aus dem Weg räumen kann". Meist sind jedoch die Teamteilnehmer selbst gegen eine solche „verordnete Supervision". Gelingt es nicht, vorab den Anlaß mit Leitung und Team gemeinsam zu klären und dadurch eine Motivation für die Supervisionsarbeit zu entwickeln, kommt es meist zu schleppenden und unproduktiven Supervisionsverläufen: Nach Möglichkeit sollte vorab geklärt werden, inwieweit das Anliegen des Leiters eigentlich ein Problem der Organisation, der *Führung* oder einer unproduktiven Arbeitsorganisation ist. Beispielsweise könnte man herausfinden, daß die Probleme im Team auf eine mangelhafte Information über Patienten/Bewohner zurückzuführen ist, da nur ungenügend Zeit für die Übergaben sowie Pflege- oder Therapieplanbesprechungen im Tagesablauf vorgesehen ist. In einem solchen Fall sollte dann die Supervisionsarbeit in Organisationsentwicklung übergehen.

Das Erstgespräch:
Das Erstgespräch vor Beginn der eigentlichen Arbeit sollte zunächst mit dem Auftraggeber und/oder mit allen an der Gruppenarbeit Beteiligten stattfinden. Gegenstand dieser ersten Sitzung ist die Benennung des Anlasses, die Abklärung der Bedürfnisse sowie die Vorstellung des Supervisors und seiner Arbeitsweise. Er versucht in diesem Gespräch außerdem zu erfassen, welche ersten Konfliktbereiche sich darstellen. Er ist an die Schweigepflicht[13] gebunden. Innerhalb eines Vertrages sind folgende Punkte zu klären: die Zeit, wann Supervision stattfindet, der Ort, wo die Arbeit stattfinden wird, die Frequenz (z.B. 14tägig, z.B. 90 Min.) und die Länge der gemeinsamen Arbeit sowie die Bezahlung des Supervisors.

Verschiedene Rahmenbedingungen für Supervision:
Aus dem Blickwinkel des Supervisanden unterscheiden wir Gruppen- von der Einzelsupervision. Aus dem Blickwinkel des Inhalts können wir die Teamsupervision abgrenzen, die entweder Konflikte im Team zum Thema hat oder aber Schwierigkeiten mit bestimmten Klienten (Fallsupervision).

Gegenstand der Teamsupervision sind Arbeitsschwierigkeiten und Konflikte im Team. Nach meiner Erfahrung besteht bei supervisionsunerfahrenen Teams eine große Skepsis und Angst vor der Phantasie, sich in einer Art „Selbsterfahrungsprozeß völlig ausziehen zu müssen". Ich ziehe es vor, Konflikte im Team erst dann zum Gegenstand der Supervision zu machen, wenn das Team bereits über positive Erfahrungen in der fallorientierten Supervision verfügt und eine Vertrauensebene gewachsen ist. Ich sehe es als meine Aufgabe, das Team während seiner Arbeit mit dem Supervisor arbeitsfähig zu halten. Falsch verstandenes Hochschäumen von Affekten schadet der gemeinsamen Arbeitsaufgabe.

Während Teamsupervision oft in Anspruch genommen wird, weil die Leitungsfunktion nicht wahrgenommen wird, kommen umgekehrt diejenigen, die Leitungsfunktionen innehaben mit einem Bewußtsein von mangelnder Leitungsbefähigung zur Supervision.

Leitungssupervision[14]

Leiten lernen ist nur dann möglich, wenn durch bewußte Gestaltung von Reflektions- und Handlungsprozessen dazu beigetragen wird, anonyme organisatorische Abläufe mit erlebnis- und erfahrungsbezogenem Wissen in Einklang zu bringen.

Die Übernahme von Leitungsaufgaben macht es notwendig, die Beziehung zu Kollegen, Mitarbeitern und Vorgesetzten neu zu überdenken und zu definieren. Viele Frauen, die Leitungspositionen innehaben, sind nicht für ihre Leitungsposition ausgebildet, sondern häufig ohne Vorbereitung zur Heimleitung ernannt worden; nach meiner Erfahrung werden Männer in diesen Positionen eher neu im Haus eingestellt.

Die Unfähigkeit, die neue Einsamkeit zu akzeptieren, kann in den Versuch münden, sich unter einem gewissen Regressionsdruck wieder den Teams annähern zu wol-

---

13 Für eine differenzierte Handhabung der Schweigepflicht plädiert H. Pühl in seinem Beitrag, da er davon ausgeht, daß gerade die Team-Supervision nur ein begrenzt geschützter Rahmen ist. – Der Hrsg.

14 Hierzu gibt es einen eigenstädigen Beitrag von W. Weigand im „Handbuch der Supervision 2". – Der Hrsg.

len, was jedoch zur Rollendiffusion und damit zu erheblichen Problemen für die Führungsposition führen kann. Es wird vielmehr notwendig, das 'nicht mehr dazu zu gehören' zu betrauern, sowie neue Möglichkeiten der Abgrenzung aber auch der neuen Kooperation, z.B. in einer Gruppe von Führungskräften zu erarbeiten. Supervision kann hier auch Hilfe zur Findung des eigenen Stils beinhalten.

Anders als in der Teamsupervision stößt der Supervisor mit seinem Anliegen, das eigene Tun zu reflektieren, bei dieser Gruppe meist mehr auf Interesse und Lernmotivation. Hier ist meist mit einem anderen Bildungshintergrund zu rechnen und es besteht Distanz zu körperlicher Berührung mit den alten Menschen selbst. Es ist eher möglich und auch erfolgreich, unbrauchbare Abwehrstrukturen aufzuzeigen.

Motivation wird z.B. über Spezialausbildung oder Kurse zum Fach Gerontopsychiatrie stimuliert und setzt sich im Schneeballsystem fort.

Spezielle Themenbereiche in der Leitungssupervision können folgende sein:

- Konfrontation mit den Angehörigen klären
- speziell dazu: die Herausarbeitung, wo es sich um Fehlversorgung oder um projektive Schuldzuweisung von Seiten der Angehörigen gegenüber dem Heim, der Heimleitung bzw. dem Pflegepersonal handelt.
- Struktur- und Arbeitsabläufe
- Kontrolle von Arbeitsabläufen
- Durchsetzungsfragen
- Mitarbeiterführung
- Krisenintervention: z.B. bei Mißhandlungen (z.B. Fixierung ohne richterlichen Beschluß) von Bewohnern durch Betreuer sowie Diebstahl
- Wie begründet man die Kosten für die Altenheimunterbringung
- Nicht bewältigbare Probleme in einem Arbeitsfeld

Eine wesentliche Aufgabe des Supervisors ist es hier, Realitäten aufzuzeigen bzw. an sie zu erinnern und überhöhte Ansprüche an die eigene Arbeit, die Grenzen des machbaren sowie projektive Verzerrungen aufzuzeigen: Auf eine Formel gebracht, das Problemfeld zu analysieren, Sachprobleme von solchen der Beziehung zu trennen, um schließlich auch einer Individualisierung der Probleme entgegenzuwirken.

Fallbeispiel: Eine Bewohnerin, Frau K., fällt nachts aus ihrem Bett. Sie wird nach vier Stunden gefunden, gleich darauf ärztlich untersucht und wieder ins Bett gebracht. Die Tochter der Altenheimbewohnerin, die in einer benachbarten Stadt wohnt, ist entsetzt über diesen Vorfall und veranlaßt mit großem Druck gegen das Heim, auch gegen den Wunsch ihrer Mutter, Frau K., daß diese in ihre Stadt in ein anderes Altenheim verlegt wird. Dort verstirbt sie nach 4 Monaten. In einer bekannten Boulevardzeitschrift erscheint ein Artikel mit der Überschrift: „Altenheimwohnerin fiel nachts aus dem Bett und starb". Die Tochter strengt einen Prozeß gegen die Heimleitung an. Erst als ein Fernsehsender die Bedingungen der Situation genauer recherchiert, läßt auch die Tochter der Bewohnerin ihre Anklage fallen.

In dieser Situation war es Aufgabe der Supervisorin, sich nicht mit in den Strudel der Affekte hineinziehen zu lassen, sondern Stück für Stück immer wieder die Realität aufzuzeigen: was wurde warum getan? Welche unterschiedlichen ethischen Auffassungen hat es in diesem Fall gegeben und warum sollte die eingenommene Haltung falsch sein? Auch sind die Grenzen des Machbaren, sowohl der Betreuer wie auch der Institution zu reflektieren: Die Auseinandersetzung mit den Implikationen des Zeitpunktes des Todes.

Die Leitungssupervision kann in Organisationsberatung übergehen: der Supervisor ist hier als Organisationsfachmann gefragt. Dabei geht es dann u.U. um eine spezielle Form der Einzelberatung im Sinne des Coaching[15].

Teamsupervision[16]

Im Gegensatz zur Supervision verschiedener Individuen in einer Gruppe (Gruppensupervision) handelt es sich hier um eine Gruppe, die sich bereits mehr oder weniger lang kennt und miteinander gearbeitet hat; in der Folge haben sich besondere Stile der Kommunikation untereinander ausgeprägt. Der Wunsch nach Teamsupervision wird fast immer von Teamkonflikten initiiert. Der Supervisor tritt dieser Gruppe als Außenstehender gegenüber. Er betrachtet sowohl daß sich ihm bietende Interaktionsgefüge wie auch die Art und Weise, in welcher Weise man ihm gegenübertritt. Vergleichbar dem analytischen Erstinterview lassen sich in dieser ersten Begegnung Besonderheiten identifizieren, die möglicherweise dann im Zusammenhang mit dem geschilderten Problem stehen.

Ein Team bringt meist alle Probleme eines geschickten Patienten mit; es hat die schwierige Aufgabe vor sich, eine eigene Vorstellungen von Supervision zu entwikkeln. In einer sondierenden ersten Phase der Supervision ist es die Aufgabe des Supervisors, den Konflikt des Teams zu identifizieren. Meist ist dieser Teamkonflikt ein Konflikt, der sich auf Probleme mit den Klienten und/oder mit der Institution aufpfropft. Meiner Erfahrung nach liegt ihm fast immer ein Konflikt zugrunde, der sich aus unterschiedlichen und nicht miteinander vereinbaren Bewertungen der Arbeitsaufgabe ergibt und ist deshalb auf unterschiedliche Einschätzung von Problemen im Umgang mit Klienten zurückzuführen. Diese Einschätzung liegt entweder in einem ohne von außen kommende Hilfe nicht objektivierbaren Annahme begründet, was gut und hilfreich sei, oder aber in einer unklar abgegrenzten Anweisung durch die Leitung.

Ich versuche deshalb in den ersten Gesprächen zu entscheiden, ob – wie zunächst meist – eine Fallsupervision angezeigt ist, oder aber statt dessen oder in Ergänzung die Leitungsebene der Supervision bedarf (Zur Methode der Nachfrageanalyse: vgl. Pühl 1997).

Fallbeispiel: Eine Heimleiterin bitte die Supervisoren dringend um Hilfe: „Im Team X geht es drunter und drüber, Sie müssen da helfen".

Bei der ersten Sitzung mit dem Team wird mit gegenseitigen Anschuldigungen begonnen, aus denen erst nach einiger Zeit hervorgeht, daß der Umgang mit dem Ehepaar R. die Ursache zu sein scheint: Die Gruppe läßt sich über die Leiden der Heimbewohnerin Frau R. aus, und klagt den Ehemann, Herrn R. an, der nicht nur alles, was das Personal täte, schlecht machen würde, sondern seiner Frau gegenüber ständig darüber spricht, wie schlecht die Welt draußen sei. Darüber weine Frau R. dann, lasse sich kaum trösten, und wolle wieder nach Hause. Ihr ist jedoch noch nicht gesagt

15 Siehe hierzu den Beitrag von A. Schreyögg. – Der Hrsg.
16 Siehe hierzu den ausführlichen Beitrag von H. Pühl. – Der Hrsg.

worden, daß sie aufgrund ihrer körperlichen Gebrechen nicht wieder nach Hause kommen könne. Das Team ist verzweifelt: „Wir wollen der Frau doch nur helfen, nur der Mann läßt uns nicht". Die Situation spitzte sich zu, als Frau R. einer Pflegerin in die Brust beißt.

Hinter der Hilflosigkeit des Teams treten Spannungen aufgrund unterschiedlicher Einschätzungen, was das richtige sei, zu Tage. Die Stationsleitung will dem Ehemann den Zutritt zum Heim verwehren. Der größte Teil des Teams möchte ein Einzelzimmer für Frau R., so daß die Mitbewohnerin im Zimmer durch die beschriebenen Konflikte nicht mehr so gestört werde.

Die Supervisorin läßt sich dazu hinreißen, ein Lösung auf der Handlungsebene zu finden: Frau R bekommt ihr Einzelzimmer. Danach will das Team nichts mehr von Herrn und Frau R. wissen: „Die sind uns jetzt egal".

Direkt nachdem die „Lösung" gefunden wurde, läßt sich die HL krank schreiben, die PDL hat die Leitung übernommen, die Supervisorin wird entlassen.

Die Überschrift könnte hier heißen: Einer ist zu viel oder einer soll gehen. Es ist ein typisches Beispiel dafür, daß die Triade nicht ausgehalten werden kann. Meines Erachtens wäre hier der Einstieg über die Analyse des Falles vielversprechender gewesen: Hat das Ehepaar schon früher in einer Symbiose gelebt, die dadurch zusammengehalten wurde, daß das Böse draußen lag? Dann wäre dies ein typisches Beispiel dafür, wie schwer es ist, Lebensbedingungen anzuerkennen, die der eigenen Überzeugung zuwiderlaufen: Man hätte mit dem Ehemann über die vergangene Lebensform sprechen können.

Zusätzlich wäre es aufgrund dieses Falles möglich geworden, einen Teamkonflikt zu benennen: ob es sein könne, daß diese Problematik auch im Team eine Rolle spiele?

So wäre u.U. ein Agieren der Problematik, wie oben beschrieben, zu verhindern gewesen.

Fallsupervision

Ich habe beschrieben, welch intensiver Psychodynamik die Mitarbeiter einer Einrichtung ausgeliefert sind. Die intensiven Übertragungs- und Gegenübertragungsprozesse im Zusammenspiel mit dem regressiven Sog können dazu führen, daß die Probleme individualisiert und wiederum projektiv abgewehrt werden. Ich meine damit, daß eine exakte Analyse des Falles, an dem der Zorn entbrennt, häufig weiterhilft, den vermeintlichen Teamkonflikt zu lösen.

1. Die Beschreibung des Problems: Ich beginne eine Sitzung mit der Bitte, zu schildern was aktuell Probleme bereitet. Fast immer kommen die Mitarbeiter auf einen Fall zu sprechen, den ich bitte, dann – frei, ohne Notizen – darzustellen. Besonders wichtig sind mir dabei die Schilderungen der Gefühle, die der Bewohner auslöst. Die Darstellung kann durch andere Mitglieder bestätigend oder andere Aspekte einbringend ergänzt werden.
2. Welche Stimmung löst die Schilderung aus?
3. Was fällt besonders auf? Fakten, Lücken, Unlogisches enthalten oft wichtige Informationen. Spricht z.B. ein Bewohner nie über das Alter des Kindes, kann dies bedeuten, daß nicht nachgezählt werden soll, denn dann könnte man herausfinden, daß dieses Kind unehelich gezeugt wurde.

4. Bewertung und Fokussierung des Problems: Welche aktuell durch die Schilderung in der Gruppe entstandenen Gefühle können die Fakten gewichten helfen? Ist das Problem mehr in der unterschiedlichen Bewertung durch Mitarbeiter entstanden (z.B. ein Bewohner liebt es, wenn man ihn duscht – nein, er haßt es) oder sind sich alle Mitarbeiter in der Einschätzung einig?
5. Gibt es Phantasien über den Fall, die durch die Darstellung ausgelöst werden?
6. Welche Charakterstruktur können wir aus der Beschreibung rekonstruieren? Was für ein Mensch ist er/sie gewesen? Welche Konsequenzen können wir daraus ziehen, wie er/sie leben möchte? Was ist für ihn/sie psychologisch und was nicht? Welche äußere Situation müssen wir konsequenterweise für ihn als hilfreich herstellen? Welche Art der Beziehungsaufnahme ist für ihn/sie die richtige?
7. Die Konsequenz einer solchen Fallarbeit kann z.B. in der Formulierung eines Focus liegen.

Lassen Sie mich abschließend mit einer Fallvignette verdeutlichen, wie etwas scheinbar Unverständliches mit Hilfe psychoanalytischer Supervisionsarbeit am Fall verständlich erscheinen kann.

Das Team eines Alten- und Pflegeheimes möchte über Frau K. sprechen. Sie ist 78 Jahre, nur zeitweilig verwirrt und macht die Nachtwache dadurch völlig ratlos, weil sie nachts nicht schläft, sich weigert, das Licht auszumachen und fortwährend – auch im Winter – darauf beharrt, daß das Fenster geöffnet bleibt.

Die bisher zu Worte kommenden Betreuer vermitteln eindrucksvoll ihre Hilflosigkeit, besser gesagt ihren Konflikt: Einerseits möchten sie, daß Frau K. bei einer normalen Zimmertemperatur schlafen kann und sich keine Erkältung einfängt; indem sie nach dieser Vorstellung handeln, werden sie jedoch in den Augen der Patientin zu jemandem, der böse ist.

Auf meine Nachfrage, ob Frau K. selbst Erklärungen zu ihrem Verhalten gäbe, bemerkt eine Schwester: „Immer wenn sie so richtig schwierig ist, empört und aggressiv reagiert, wenn ich das Licht ausmache, dann murmelt sie etwas wie, Der Kleine braucht doch frische Luft und Licht'." Ich frage daraufhin, ob jemand in der Runde eine Idee habe, was damit gemeint sein könne. Eine Betreuerin vermutet, daß dies etwas mit einer Geburt zu tun haben könne. Jetzt erst fällt einer anderen Betreuerin ein, daß sie Frau K. auch manchmal nachts im Bett umherwälze und Laute ausstoße, die in der Tat an eine Geburt erinnern würden. Auch dadurch seien die Betreuer hilflos geworden und hätten ihr ein Beruhigungsmittel gegeben.

Ich erläutere dem Team daraufhin, daß derartige Vorstellungen, die zunächst nicht mit der Realität in Übereinstimmung erscheinen würden, nicht aus der Luft gegriffen seien. Entweder habe der alte Mensch etwas Ähnliches in der Vorgeschichte real erlebt, oder aber etwas dieser Art habe in seiner Wunsch- und Phantasiewelt eine bedeutsame Rolle gespielt. In jedem Fall handele es sich dabei um ein Erlebnis oder eine Phantasie, das oder die damals mit intensiven Affekten verbunden gewesen sei.

Einer Mitarbeiterin fällt nun weiter ein, daß Frau K, sich manchmal so verhalte, als käme er Sohn zu Besuch, obgleich der doch schon längst gestorben sei. Als ich nach weiteren Informationen zur Biographie frage, ist das Einzige, was noch bekannt war, daß sie früher einmal einem Mann den Haushalt geführt habe. Ich bat daraufhin das Team, sich der Phantasie zu überlassen und mit dieser Haltung nachzuspüren, was wohl die „Geburt des Kleinen“ für Frau K. bedeutet habe. Etwas Freudiges, meint der einzige männliche Mitarbeiter. Die übrigen Mitarbeiterinnen dagegen sind sich einig, daß damit ein Problem verbunden sein müsse. „Vielleicht ist ihr Sohn unehelich geboren und sie schämt sich seiner, freut sich aber auch gleichzeitig über seine Geburt“. Obwohl diese Idee den Teilnehmern der Gruppe sofort plausibel erscheint, kommt sofort der Einwand „..aber das haben wir uns doch nur ausgedacht“.

Ich erläutere dem Team nun, daß bei der Besprechung eines Bewohners/Patienten immer nur ganz bestimmte Phantasien auftauchten, andere nicht und ich empfehle, derartigen Ideen anamnestisch nachzugehen.

In diesem geschilderten Fall haben Nachforschungen durch das Team ergeben, daß Frau K. lange einem Herrn den Haushalt geführt hatte und mit ihm eine eheähnliche Beziehung unterhielt. Erst als der Sohn 4 Jahre alt war, kam es zur Heirat; in seinem 25. Lebensjahr verstarb dieser Sohn an einem Autounfall.

Die weiterführenden Überlegungen des Teams ergaben, daß man versuchen wollte, ihr die Schuldgefühle zu nehmen, die mit ihrem Sohn verbunden waren. Die Nachtwache ging dazu über, auf die Phantasien der Bewohnerin einzugehen, sich mit ihr über die Geburt zu freuen. Nach kurzer Zeit war das Problemverhalten verschwunden.

Literatur

Jaques, E. (1955): Social systems as a defence against perseciutory and depressive anxietiy. In: Klein, M., P.Heimann & R.E. Money – Kyrle (eds.) New directions in psycho-analysis. Tavistock, London

Junkers, G. (1995): Klinische Psychologie und Psychosomatik des Alterns. Schattauer, Stuttgart

Junkers, G. (1996): Die Betreuung verwirrter alter Menschen in der Einrichtung; Überlegungen zur Qualität. In: Junkers, G., Moldenhauer,B. & U.Reuter. Pflegeversicherung; Konsequenzen für Reorganisation, Finanzierung und Qualitätssicherung. Schattauer, Stuttgart

Kernberg, O.F. (1988): Innere Welt und äußere Realität. Verlag Internationale Psychoanalyse, München – Wien

König, K., Staats, H. (1997). Übertragung und Gegenübertragung in Institutionen. In: H. Pühl, Supervision in Institutionen.Frankfurt/M., Fischer (2. Aufl.)

Miller, E.J., Rice, A.K. (1967): Systems of organization. Tavistock, London

Miller, E.J., & G.V. Gwynne, G.V. (1972): A life apart. Tavistock Publications Limited, London

Pühl, H. (1994): Angst in Gruppen und Institutionen. Hille (Erstveröffentlichung: Frankfurt/M, Fischer 1988)

Pühl, H. (1997): Supervisionsbeginn, Nachfrageananlyse und institutionelle Triangulierung, in: Ders., Supervision in Institutionen. Frankfurt/M., Fischer (2. Aufl.)

Pühl, H. (1998): Teamsupervision: Von der Subversion zur Institutionsanalyse. Göttingen, V&R

Schmidbauer,W. (1991): Psychologie. Lexikon der Grundbegriffe. Reinbek, Rowoldt

Trimborn, W. (1983): Die Zerstörung des therapeutischen Raumes. Das Dilemma stationärer Psychotherapie bei Borderline-Patienten. Psyche 37, S. 204-236.

Neue Steuerungen in der Jugend- und Sozialarbeit und die Supervision – oder: Den Teufel mit dem Beelzebub austreiben?

Günter Rütz-Lewerenz

1. Worum geht es eigentlich bei den „Neuen Steuerungen"?

Dieser Artikel unternimmt den Versuch einen Beitrag zur Versachlichung der Diskussionen um die „Neuen Steuerungen" zu leisten und die fast schon babylonische Sprachverwirrungen, die sich um diesen ominösen Begriff rankt, zu beenden.

Es geht – unbestritten – zunächst um Spar-, Rationalisierung-, Ab- und Umbaumaßnahmen in der öffentlichen Verwaltung und damit auch um das künftige Verhältnis zu den freien Trägern der Jugend- und Sozialarbeit.

„Nun tauchen genau in dieser Situation die Unternehmensberater auf, gerufen von Politikern und Verwaltungsspitzen, die mit immer geringeren Budgets dem Wahlvolk zeigen müssen, daß sie noch einigermaßen handlungsfähig sind. Und da wird allzu häufig durch die Herangehensweise dieser Unternehmen leichtfertig alles über einen Kamm gebürstet; man glaubt den sozialen Bereich organisieren zu können wie das Einwohnermeldeamt ... Doch fraglos haben im Rahmen dieser Diskussion die originären Adressaten sozialer Arbeit, nämlich die Armutsbevölkerung, eine beachtliche Karriere gemacht: waren sie zunächst schlichtweg Klienten, so wurden sie später zu Hilfebedürftigen, das KJHG machte sie zu Anspruchsberechtigten, dann wurden sie Bedarfsträger und seit einiger Zeit nennt man sie „Kunden". Die Sozialarbeiter, so sagt man, seinen nun Kundenberater, der Kunde solle König sein, und die Sozialarbeiter helfen ihm durch unerbittlich freundliches Verhalten bei seinen Problemen. Da stellt sich die Frage: ist das noch soziale Arbeit? Oder wird sie im Rahmen einer marktorientierten Konzernstrategie bis zur Unkenntlichkeit verbogen?" (Hinte, 1995, S. 87)

Aber: es geht auch um Qualitätssteigerung und -sicherung, um Transparenz, um Mitgestaltung und Selbstverantwortung. Und hier liegen die besonderen und faszinierenden Herausforderungen für die Supervisoren, hier werden sie bei ihrem Berufsethos gepackt. Angesichts leerer öffentlicher Kassen erscheint es schwierig, über die neuen Steuerungsmodelle in der Jugend- und Sozialarbeit in einen sachlichen Diskurs einzutreten. Zu offenkundig erscheint – vordergründig – den Ansatz dafür in den Haushaltslöchern zu finden und nicht im Versuch über Neue Steuerungsmodelle auch den Einstieg in eine (notwendige) Qualitätsentwicklung zu vermuten und denjenigen, die diese Arbeit als SozialarbeiterInnen zu leisten und als Supervisoren zu begleiten haben, den Gestaltungsrahmen zu gewähren, den nur sie kompetent zu füllen vermögen.

„Schuster bleib bei deinem Leisten" mag da so mancher Sozialarbeiter denken und sich verstört zurücklehnen – oder: selber einen Therapeuten/Supervisor konsultieren wollen. Wobei er dann aber verkennt, daß er tatsächlich wieder „bei seinem Leisten" angekommen ist und dieses – sein (!) – Werkzeug den Verwaltungsbürokraten endlich (!) aus den Händen nehmen kann, bevor die noch mehr Unfug damit anrichten. Handwerkliche Unterstützung dabei soll dieser – zweifelsfrei provokante – Diskussionsbeitrag ein Stück weit bieten.

Welche Ansprüche stellt die Praxis an die Supervision im Rahmen der neuen Steuerungen? Die Bundesarbeitsgemeinschaft der Landesjugendämter formulierte im November 1996 in einem Grundlagenpapier „Das Fachkräftegebot des Kinder- und Jugendhilfegesetzes" seine Vorstellungen wie folgt: „Gerade in einer Zeit, in der sowohl die Arbeitsweise wie die Leistungsfähigkeit der Jugendhilfe aufgabenkritisch betrachtet werden (Verwaltungsmodernisierung, Neue Steuerung) kommt der Qualifikation von Mitarbeiterinnen und Mitarbeitern eine hohe Bedeutung zu. Ganz abgesehen von sozialen und menschlichen Folgen kann sich ‚Sparen' bei den Personalkosten in diesem Bereich betriebswirtschaftlich als Bumerang erweisen, wenn eine unzureichende fachliche Befähigung zu einer Fehlentscheidung führt. So erfordern z.B. die gegenüber stationären Hilfen in der Regel kostengünstigeren ambulanten Hilfen eine anforderungsgerechte Ausstattung und Besetzung der sozialen Dienste.

Grundlegende Fähigkeiten im Bereich der Kommunikation, Konzeptentwicklung, Planung, Kooperation und Öffentlichkeitsarbeit erhalten in der Jugendhilfe zunehmend Bedeutung. Die entsprechenden Befähigungen sind im Rahmen der Ausbildung nicht umfassend sicherzustellen. Sie sollen vielmehr durch Fortbildung und Supervision vermittelt, weiterentwickelt und in fortlaufenden Prozessen kritischer Selbstüberprüfung aktualisiert werden.

Verantwortliche Tätigkeit in der Jugendhilfe setzt deshalb die Bereitschaft voraus, sich aktiv um Fortbildung und Supervision zu bemühen. Dies schließt Eigenfortbildung durch Verfolgen der Fachdiskussion und der Fachliteratur ein." Wolfgang Weigand schreibt im Vorwort der Werbebroschüre der Deutschen Gesellschaft für Supervision „Supervision – professionelle Beratung durch Qualitätssicherung am Arbeitsplatz":

„Supervision verfolgt ein dreifaches Ziel:

- aktuelle Konfliktlagen am Arbeitsplatz, vor allem Kommunikations- und Kooperationsbereitschaft zwischen Mitarbeiterinnen und Mitarbeitern, ihren Klienten, Kunden und Vorgesetzten zu bearbeiten;
- Organisation und Unternehmen besser in die Lage zu versetzen, die ihnen gesetzten Aufgaben zu erledigen und ihre eigentlichen Zielsetzungen zu erfüllen;
- Mitarbeiterinnen und Mitarbeiter sowie Führungskräfte im Sinne der Weiterbildung beruflich zu qualifizieren.

Supervision ist in der Form der Einzel- oder Gruppensupervision, der Leitungsberatung, Teamsupervision und Organisationssupervision ein effektiver Weg, um Probleme und Konflikte im Arbeitsalltag wahrzunehmen und verstehen zu lernen, um dann angemessene Veränderungsmöglichkeiten zu finden."

Damit treffen sich die Bedürfnisse der Kunden von Supervision mit dem, was die Berufsorganisation der Supervisoren verspricht. Doch was ist Theorie, was ist Realität, was ist Produktehrlichkeit?

Sozialabbau oder Qualitätssteigerung/-sicherung und Qualitätskontrolle? – Das ist hier die Frage!

In einem sind sich die SozialarbeiterInnen, Supervisoren und deren Kunden/Klienten zur Zeit vollkommen einig: die Neuen Steuerungen dienen dem Umbau des Sozialsystems und haben nur einen tieferen Sinn: sparen... sparen... sparen...Eine alte Weisheit sagt: auch Unwahrheiten werden durch gebetsmühlenartige Wiederholungen nicht wahr. Es werden Legenden um die sogenannten „Neuen Steuerungen“ gebildet und auf diesen Legenden soll dann die Arbeit aufbauen. Das gilt auch für die begleitenden Supervisionsprozesse, die dann aber auf wackligen Füßen stehen.

Weil es an dieser Legendenbildung scheinbar ein hochrangiges Interesse gibt, kommt es zu einem Bündnis gegen die Organisation (sprich: Obrigkeit). Häufig trifft sich die tendentielle Organisationsfeindlichkeit der SozialarbeiterInnen mit derjenigen der Supervisoren und beide treffen sich dann mit ihren ebenfalls organisations-/obrigkeitsfeindlichen Klienten. Es gibt einen „natürlichen“ Widerspruch zwischen Organisation und Sozialarbeit, der sich aus den berechtigten Arbeitnehmerinteressen der Sozialarbeiter herleitet. Dieser Tatsache eingedenk ist tendentielle Organisationsfeindlichkeit in diesem Kontext ansatzweise begründet, jedoch im Zusammenhang mit der Diskussion um die „Neuen Steuerungen“ fehl am Platze.

Die Koalition aus Sozialarbeit, Supervision und Klienten vergißt dabei nur zu gerne, daß die soziale Organisation nicht nur im Sinne einer „Einbahnstraße“: durch Vorgabe ökonomischer und struktureller Rahmenbedingungen die Sozialarbeit beeinflußt, sondern, daß umgekehrt auch die Strukturen, die Identität und die Priorität der sozialen Organisation durch eine klientenspezifische Sozialarbeit (durch Sozialarbeiter, Supervisoren und deren Klienten, die sie ja vertreten) mit den „Neuen Steuerungen“ veränderbar geworden sind! (vgl. Rütz-Lewerenz/Mochmann 1995, S. 112)

Es ist in der Tat ein mehr als unglücklicher „Zufall“, daß die Umsetzungsphase für die Neuen Steuerungen in eine Zeit fällt, wo das Sparen in den öffentlichen Haushalten zu einem zentralen und dringlichen Thema wurde. Wichtig ist aber zu wissen, daß die Entwicklung der „Neuen Steuerungen“ schon vor geraumer Zeit begann (als die öffentlichen Kassen noch mehr als gut gefüllt waren!) und die Verwaltungsreform schon ewig auf der Agenda steht (seit es Verwaltungen gibt werden sie reformiert – oder: sollten es werden!).

Geht der Supervisor von der Prämisse „Sozialabbau von oben“ aus, dann wird er in seinen Beratungsprozessen immer haarscharf am eigentlichen Thema vorbeirauschen. Für den Supervisor ist es daher eine Frage des Berufsethos, sich mit den anstehenden Veränderungen auseinanderzusetzen. Bei dieser Auseinandersetzung hat er sich zunächst in Erinnerung zu rufen, was Berufsethos für Supervisoren bedeutet:

„Berufsethos meint:

- das persönliche Wertgefüge, das bei der Ausübung der Berufsvollzüge zur Geltung kommt.
- das Gesamt der normativen Begriffe, Auffassungen und Einstellungen bzw. der Werte eines bestimmten Berufsstandes, die bei der Ausübung dieses Berufes von diesen Berufstätigen beachtet werden (deskriptiv) bzw. beachtet werden sollten (normativ).

Der Berufsethos des Supervisors ist bestimmt von:

- den allgemeinen gesetzlichen Vorgaben,
- den konkreten vertraglichen Verpflichtungen (Kontrakt),
- den Pflichten des (professionellen) Berufsstandes (Berufsordnung und professionelles Berufsverständnis) nach Richtigkeit und Klugheit des Vorgehens,
- dem eigenen Gewissen.

Zum Berufsethos des Supervisors gehört darüber hinaus die Fähigkeit und die Bereitschaft die unterschiedlichen Interessenebenen zwischen Organisation und Sozialarbeitern von einem kompetenten und professionellen Standpunkt ausgehend zu vermitteln. Da die Pflichten, die sich aus Recht, Kontrakt und Berufsordnung ergeben, allgemeine sind, müssen sie in der konkreten Situation nach bestem Wissen und Gewissen vom Berufstätigen angewandt werden. Die Fähigkeit, im konkreten Berufsvollzug mit den Widersprüchen, Spannungen und Konflikten, die bei dieser Konkretisierung notwendig auftreten, umzugehen und eine richtungsweisende Entscheidung zu fällen, gehört zur Grundkompetenz eines/r jeden Professionellen. (Buer 1997a)

Dies bedeutet für den Supervisor im Bereich der Neuen Steuerungen konkret, daß er eine (seine) „Haltung" gegenüber seinen Auftraggebern, der Supervisionsgruppe und dem Arbeitsfeld, in welchem er tätig wird, entwickeln muß. Er hat zu überprüfen, ob sein Angebot zur Erreichung der Zielsetzung

- angemessen ist (effizient)?
- wirksam für die Entwicklung der Organisation (effektiv)?
- die Ergebnisse der Supervision evaluiert werden,
- die Kontraktgestaltung sorgfältig ist,
- ein Interessenausgleich zwischen der Supervisionsgruppe und dem Auftraggeber beachtet wird. (vgl. Buer 1997b)

Um sich also „angemessen" zu verhalten und nicht (fast) zwangsläufig in ein Bündnis mit den Supervisanden „abzugleiten" ist es angezeigt zu überprüfen, welche persönlichen Präferenzen der Supervisor in Organisationen hat, in welcher „Kultur" und in welchen Beziehungsmodi er sich ganz persönlich zu Hause fühlt?

Von der Behörde zum Dienstleistungsunternehmen: die Einführung der „Neuen Steuerungen" und anderer Beziehungsmodi

Nichts hat die deutsche Sozialarbeit so sehr durcheinander gewirbelt, wie die Diskussion um die Neuen Steuerungen – aber auch die Diskussion um Supervision und Organisationsentwicklung innerhalb dieser Neuen Steuerungen. Einhergehend mit dem beabsichtigten Wechsel (von der Behörde zum Dienstleistungsunternehmen) ist auch ein „Umstieg", eine Veränderung in den bisherigen Beziehungsmodi, die weiter oben dargestellt wurden. Dem muß der Supervisor im Sinne einer Ausbalancierung unterschiedlicher Interessen und Ziele Rechnung tragen, diese Prozesse muß er moderieren und harmonisieren. Soziale Dienstleister sollen zugleich und zeitgleich Rationalisierer, Traditionsvermittler und Pioniere sein, damit stehen sie außerhalb der „gelernten" und bisher als positiv erlebten Beziehungsmodi. Eine Neubalancierung der Muster muß zwischen allen beteiligten Parteien ausgehandelt und verankert werden. Dabei kann sich professionelle Supervision nicht an unbegründeten oder auch traditionellen Herrschaftsinteressen orientieren, sondern muß für eine Mischung eintreten, die der professionellen Aufgabenerfüllung eines modernen, kostenbewußten und effizienten sozialen Dienstleisters förderlich ist.

„Bei der Realisierung dieser Prämissen kommt der Supervision eine zentrale Rolle zu: Im Sinne innerer Qualitätssicherung kann sie durch Team-Supervision und Leistungsberatung das Angebotsprofil deutlicher herausarbeiten. Ferner werden mit den Beteiligten institutionelle Schwachstellen diagnostiziert." (Pühl 1998, S. 152) Es bleibt aber nicht bei der Diagnose, sondern es geht um die Entwicklung konkreter Umsetzungsmöglichkeiten für die Praxis.

Geschichte und Geschichten

1985 begann die holländische Stadt Tilburg mit der Veränderung ihrer Verwaltungsstrukturen. Es gab eine klare Trennung zwischen Politik und Verwaltung, wobei die Verwaltung in Form einer Holding organisiert wurde (glückliches Holland!) und ihre Aufgaben im Rahmen von Budgets und Kontrakten managte (zum Beispiel durch Kontraktmanagement). Dieses erfolgreiche Modell wurde publik, alle Welt sprach über die Revolution in der Verwaltung der Kommune Tilburg und die entwickelte sich zu einem Mekka für die Kämmerer deutscher Städte, deren Stadtsäckel zunehmend schrumpfte. Sollte dort in Tilburg der „Stein der Weisen" gefunden worden sein?

Später begann die Kommunale Gemeinschaftsstelle (KGST) für Verwaltungsvereinfachung dieses niederländische Erfolgsmodell auf deutsche Verhältnisse zu übertragen.[1] Mit dem Bericht Nr. 5/1993 initiierte die KGST die Diskussion in den Amtsstuben der deutschen Kommunen. Mit dem Bericht Nr. 9/1994 unter dem Stich- und Reizwort „output-orientierte Steuerung in der Jugendhilfe" wurde der Versuch unternommen, die Vorstellungen und Modelle konsequent in die Denk-, Handlungs- und Verwaltungsstrukturen der deutschen Jugendhilfe zu übertragen.

Ein Widerspruch: Verwaltungsreform bei (fast) leeren Stadtsäckeln?

Unglücklicherweise kommt dieser – im Prinzip begrüßenswerte Anstoß! – nun in die Zeit des Sparens bei den Kommunen und paart sich mit dem Versuch, neoliberale Politikkonzepte auf die Sozialpolitik zu übertragen – oder: ihr überzustülpen. „Verschärft werden die Veränderungstendenzen durch gewandelte ökonomische Rahmenbedingungen. Längerfristig betrachtet ist die ökonomische Belastung in Folge der deutschen Einigung gewiß geringer, wenn man die Konstanz der krisenhaften Erscheinungen rund um den Erdball, die Grenzen des Wachstums, die Umweltprobleme in den Blick nimmt und darüber nachdenkt, welche Ressourcen wir in Zukunft zur Lösung dieser globalen Aufgaben aktivieren müssen. Vielleicht wird die Relevanz politisch vermittelter Lösungen sozialer Probleme abgelöst von der Relevanz der politischen Sicherung des Überlebens." (Nikles, 1998, S. 8/9) Dies ist zu beachten, sollte aber nicht von den sinnvollen Ansätzen ablenken und zu einer – zwangsläufig – unnötigen und kontraproduktiven Polarisierung in der Diskussion und in den Auseinandersetzung um die „Neuen Steuerungen" führen.

---

1 Siehe hierzu auch den Beitrag von U.B. Meyer „Supervision in Verwaltungsorganisationen ..." – Der Hrsg.

Verwaltungsreformen, das Aufbrechen alter Strukturen, Denken in neuen Modellen und Arbeitsformen ist notwendig, das Vorhandene bedarf immer wieder einer kritischen Überprüfung und Reflexionen über die Wirksamkeit und den Erfolg, denn das Festhalten an den gewohnten und vertrauten Strukturen schläfert ein, verhindert Innovation und die notwendigen neuen Denk- und Arbeitsansätze.

Die Abbildung 1 versucht die „Marktveränderungen" in Sozialarbeit und Supervision in gesamtgesellschaftliche Zusammenhänge zu stellen:

Marktveränderungen für Supervision

Globalisierung

Neue Steuerungen und ein europäischer Weg?

Auswirkung auf die EU-Ebene und nationale Politik
= veränderte Finanz- und Wirtschaftspolitik auf EU-Ebene
= keine verbindlichen Regelungen der Sozialpolitik auf EU-Ebene
(Sozialcharta)

Rückführung des Staatsanteils

Spaltung der Sozialpolitik

teilhabende:
- hoher sozialpolitischer Anteil

ausgegrenzte:
- geringer sozialpolitischer Anteil
- Ordnungspolitik
- Minimalversorgung
- Entertainment

Konsequenzen für Wohlfahrtsverbände/Staat/Wirtschaft

- Angleichung von Organisationsstrukturen (Betriebswirtschaft)
- Betriebliche Selbstorganisation in flexiblen Projekteinheiten
- flexible und schnell agierende Projekte und Firmen

- Arbeit mit weniger qualifizierten Kräften (s. Kindergärten)
- Wohltätigkeitsveranstaltungen
- soziales Gewissen
- Fachkräfte

Konsequenzen für die Supervision

Organisationssupervision
- Riesiger Bildungsbedarf
- OE (Organisationsentwicklung)
- Teamentwicklung
- Projektmanagement
- Coaching
- Strategieentwicklung
- Konzeptentwicklung (sehr unterschiedliche Settings in Form/Dauer/Kontrakt)

Markt = unklar
„Ob es die Supervisoren sind, wird sich zeigen"

Organisationen fragen Organisationen an

Professionssupervision
- Supervision der Führungskraft (Dipl. SA/SP)
- Stabilisierung der Hilfskräfte

(Dauerhafte Prozesse)

Markt = geklärt
„Die Supervisoren sind es"

Der typische Einzelkämpfer

Rütt-Lowerent 1999, in: Pühl, S. 406

Für den Supervisor ist es wichtig zu wissen, daß die Neuen Steuerungen ein fast „flächendeckendes" System von Veränderungen beinhalten. Jede Verwaltung entwickelt die Neuen Steuerungen nach ihren Gegebenheiten „vor Ort". Von daher sind die Neuen

Steuerungsmodelle in den einzelnen Kommunen extrem unterschiedlich, sie sollen/müssen variabel auf die Bedürfnisse und Besonderheiten der regionalen Strukturen aufbauen.

Deshalb kann eine Analyse (auch diese!) immer nur nach der Formel vorgenommen werden: wie geht die Stadt X im Verhältnis zur Stadt Y mit „ihren“ Neuen Steuerungen um, wo gibt es vergleichbare Ansätze, wo liegen die Unterschiede? Dabei gibt es in der Regel eine vergleichbare Systematik, die an dieser Stelle dargestellt werden soll:

In den Verwaltungen kommt es zu einem Paradigmenwechsel – weg von der hoheitlichen (bürgerfeindlichen!) Verwaltung (!) – hin zur bürgernahen und bürgerfreundlichen Kundenorientierung (= Verwaltung vs. Kunden/Bürgerorientierung).

Dabei sollte sich jede Verwaltung, jeder politische Verantwortungsträger und jede/r in die Neuen Steuerungsmodelle involvierte MitarbeiterIn der Sozialarbeit zunächst die folgenden Fragen stellen:

- „Was sind die strategischen Ziele und Aufgaben?
- Wer ist (sind) die Zielgruppe(n)?
- Bieten wir die richtigen Leistungen an?
- Stimmt die Qualität der Leistungen?
- Wie hoch sind die Kosten der Leistungserbringung“
- Werden die Leistungen zuverlässig und wirtschaftlich erbracht?
- Erreichen die Leistungen ihr Ziel?
- Wie kann den Erwartungen der Bürger und Bürgerinnen noch besser entsprochen werden?
- Ist die Leistungserbringung ausreichend flexibel?
- Werden die Fähigkeiten und die Verantwortungsbereitschaft der Mitarbeiterinnen und Mitarbeiter ausreichend genutzt und gefördert?“ (KGST-Bericht Nr. 9/94, S. 9 f.)

(Im übrigen könnten die Supervisoren diese Fragen auch gut und gerne auf ihre eigene Arbeit übertragen...) Aus diesen Grundfragen leitet sich logischerweise dann eine Veränderung der Verwaltungsstrukturen ab. Dabei werden folgende Schwerpunkte gesetzt:

„Wichtig ist vor allem:

- die Ergebnis- und Ressourcenverantwortung auf Fachbereichs- bzw. Amtsebene zusammenzuführen;
- Kompetenzen im Rahmen vereinbarter Leistungs- und Finanzziele auch auf die Sachbearbeitungsebene zu delegieren;
- nicht zwingend notwendige Zwischeninstanzen in Informations- und Entscheidungsverfahren abzubauen;
- das Personalmanagement durch Personalentwicklung, Mitarbeitergespräch(e) u.v.m auf die veränderten Bedingungen einzustellen;
- die technikunterstützte Informationsverarbeitung zu verbessern.“ (KGST-Bericht Nr. 9/1994, S. 14)

Unter den Aspekten Effektivität und Effizienz werden die Aufgaben der Verwaltung durchleuchtet. Effektivität bedeutet: ist das Handeln für die Qualität förderlich?

Effizienz: stehen Aufwand und Kosten in einem vertretbaren Verhältnis zu den Wirkungen?

Ausgehend von der Annahme das Verwaltungen dem Dienstleistungssektor zuzuordnen sind, werden diese in Produktbereiche eingeteilt. Jeder Bereich erhält sein eigenes Budget (Budgetierung), Produktbereiche werden unterteilt in Produktgruppen und

Produkte, die wiederum einzelne Leistungen erbringen. Leistungen werden durch Leistungsbeschreibungen definiert und durch interne und externe Qualitätskontrollen gesichert, d.h. Inhalt, Art und Umfang werden dokumentiert (Dokumentation).

Doch Sozialabbau durch die Hintertür der „Neuen Steuerungen"?

Auch wenn gewisse Formulierungen, wie beispielsweise „Weiterentwicklung der Hilfen zur Erziehung durch Kostenbegrenzung", den weiter oben beschriebenen Zusammenhang („Sozialabbau") ziemlich nahe legen, gilt es andererseits festzuhalten: „allerdings bedeutet eine Unterstützung für eine ...Verwaltungsmodernisierung keineswegs eine Zustimmung zu einer weiteren Einsparung auf Kosten der Ärmsten und Schwächsten dieses Landes". (Marquard 1998, S. 4).

Koalition zwischen vergleichbaren Interessen?

Wie kommt es nun zu diesen Bündnissen zwischen Supervisor und seinen Kunden? Die Neuen Steuerungen verändern Begriffe, Denkstrukturen aber auch die Organisationskultur. Die Beziehungsmodi drohen sich zu verändern: die als Gemeinschaft (Kennzeichen: Motiv/Treue, Stil/unkonventionell) und Bund (Kennzeichen: Motiv/Engagement, Stil/spontan) dominierten sozialen Arbeitsfelder verändern sich eher zur Gesellschaft (Kennzeichen: Motiv/Nutzen, Stil/kalkuliert, rationell (vgl. Buer, 1997: siehe weiter oben).

Gemeinschaft und Bund sind eher die Kulturen, die wir in Wohlfahrtsverbänden, aber auch in den sozialarbeiterischen Teilorganisationen der öffentlichen Verwaltung finden. Ich gehe also davon aus, daß sich in den Handlungssequenzen jeglicher Inszenierung in Organisationen, seien es kurze Vignetten oder ganze Dramenzyklen, diese drei Handlungsmuster als geheime Steuerungslogiken wiederfinden lassen. Ob eine Arbeitsorganisation ihre Aufgaben erfüllen kann oder nicht, hängt auch davon ab, ob die Mischung dieser drei Muster stimmt und ob die auflösenden Seiten dieser Muster durch ihre stabilisierenden Seiten kompensiert werden.

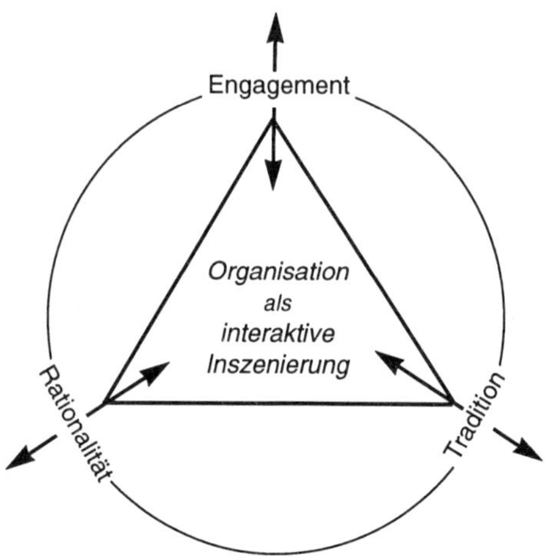

Abbildung 2: Organisation als interaktive Inszenierung

Diese drei Muster verstehe ich als für unsere Gesellschaft charakteristische Typisierungen von Tele-Beziehungen, wie Moreno sie in seiner soziodynamischen Theorie annimmt. Daher gibt es auch traditionell ein Mißtrauen (unkontrollierbar, was machen die denn?) in der Verwaltung der Sozialarbeit gegenüber aber auch umgekehrt. Nicht zu vergessen ist ferner, daß die Supervisoren aus genau diesen Kontexten kommen. Die „Neuen Steuerungen" fordern eine veränderte Kultur. Etwas zu verändern was sowohl Supervisoren wie Sozialarbeiter als wertvoll erachten ist ein sensibler Prozeß, der ständig von beiden – Sozialarbeiter und Supervisor – ein hohes Maß an Selbstreflexion fordert.

Mit dieser Veränderung haben aufgrund ihrer Geschichte beide Gruppen traditionell Probleme und damit eine größere Nähe zueinander. Aber genau diese „Kulturveränderung" ist ein zentrales Thema in Supervision und Organisationsentwicklung.

Chancen sehen und nutzen

Das die Neuen Steuerungen für die Supervision neue Handlungsfelder eröffnen, daß sie endlich Ernst machen mit Einwirkungs- und Gestaltungsmöglichkeiten, Eigenverantwortung, Kooperation, Qualitätssicherung[2], Erfahrungs- und Informationsaustausch zwischen Sozialarbeit/Supervision, Verwaltung/Bürokratie und Politik, diese Möglichkeiten werden von zu vielen Supervisoren leider (noch) nicht gesehen und schon gar nicht wahrgenommen. Die Supervisoren sollten die sich bietenden Chancen im Rahmen der Neuen Steuerungen unbedingt nutzen und dabei müssen sie nicht einmal befürchten, sich die Finger schmutzig zu machen und schon gar nicht korrumpiert zu werden (von der Verwaltungsebene) oder die Interessen ihrer Klienten zu „verraten". Das dies geht und auch wie, soll im folgenden Praxisbeispiel dokumentiert werden.

2. Supervision und/oder Organisationsentwicklung -ein Praxisfall

In der Stadt X soll die Einführung Neuer Steuerungen durch Supervision begleitet werden. Darum: Anruf eines Koordinators im Jugendamt aus dem Bereich Allgemeiner Sozialer Dienst (ASD). Anfrage nach Supervisoren mit dem Hinweis: uns ist wichtig, daß der künftige Supervisor sich in den Neuen Steuerungen bereits auskennt. Aufgabe und Auftrag sollte es sein „Teamsupervision mit dem Schwerpunkt: wie werden wir den Anforderungen durch die Neuen Steuerungen gerecht?" Und auch noch: „Fallsupervision über besondere Fälle aus der Alltagspraxis".

Der Hinweis, daß die Supervision nur dann übernommen werden könne, wenn die Entwicklung der neuen Organisationsstrukturen von besonderem Gewicht und Interesse sei, es dazu natürlich notwendig wäre ein Gespräch mit dem verantwortlichen Amtsleiter zu führen, der wurde zwar zur Kenntnis genommen – aber mehr auch nicht! Doch auch so: die Supervision kam zustande.

---

2 Siehe hierzu den Beitrag von T. Floeth.zur Qualitätssicherung. – Der Hrsg.

Eine neue Aufgabe: Kompetenz und Fachlichkeit gefordert

Bei der Vorstellung präsentierte sich ein junges, profiliertes und kompetentes Team: Die MitarbeiterInnen machten sehr schnell deutlich, daß sie nicht gewillt seien ihre Zeit dazu zu nutzen, um den Supervisor erst einmal in die Systematik und Begrifflichkeit der Neuen Steuerungen einzuführen(!). Es war die Erwartung da, daß die notwendige Feldkompetenz vorhanden sein müsse. Durch eine externe Beratungsfirma waren die Projektbeschreibung und Zuordnungen bereits vorgenommen worden. Ein Teil des Teams war bereits in ein Stadtteilbüro ausgegliedert worden; dieses Team war im Rahmen der Beratung einer ebenfalls beteiligten Fachhochschule auf eine gemeinsame Stadtteilarbeit orientiert und auch verpflichtet.

Die MitarbeiterInnen nahmen durchweg an Fortbildungen in Familientherapie, Gesprächstherapie und Beratung bei sexuellem Mißbrauch teil. Eher ungewöhnlich und auffällig war, daß der ehemalige ASD-Leiter Mitglied der Supervisions-Gruppe sein sollte, wiewohl er Koordinator eines anderen „Produkt"bereiches geworden war, dies, so der Hintergrund, aus „Schnittstellengründen".

Junges Team mit alten Zöpfen

Interessant war außerdem, daß die Termini im Team noch immer die „alten" waren. Die Gruppe sprach von „ASD" und nicht vom Produktbereich „Erzieherische Hilfen", sicherlich ein Hinweis darauf, daß neue Strukturen zwar definiert – vom Team aber noch lange nicht akzeptiert waren. Es kam zum Kontrakt. In der ersten Sitzung wurden die Anforderungen an die Supervision wie folgt konkretisiert:

1. Fallsupervision mit dem Schwerpunkt „Erlernen einer Fallbesprechungsstruktur", die es den MitarbeiterInnen besser ermöglichen soll, ihre Fälle effektiv zu besprechen und hieraus Entscheidungen abzuleiten.
2. Fallsupervision für diejenigen Fälle, die ohne ein Ergebnis im Team besprochen worden waren.
3. Prozessuale Begleitung in den Neustrukturierungsprozessen.

Diese Schwerpunkte und Inhalte wurden mit dem Amtsleiter (jetzt Fachbereichsleiter Jugend und Soziales) abgesprochen. Hierbei wurde auch vereinbart, daß gemeinsame Auswertungen möglich sind. Diese Verabredungen wurden dem Team natürlich zurückgemeldet.

Guter Wille zeigt nicht immer den besten (richtigen) Weg

Deutlich wurde, daß aufgrund der Umsetzungsprobleme der Neuen Steuerungen häufig ad hoc und damit für die Mitarbeiter chaotisch entschieden wurde. Ein weiteres Problem für das Team lag auch darin, daß das Beratungsunternehmen den Prozeß bis zur „Produktentwicklung" begleitet hatte, aber in der Umsetzung keine Beteiligung der externen Berater mehr vorgesehen war, dies sollte nun die Supervision leisten. Damit wurde klar, daß es häufig zu „Schnittstellen" zwischen Supervision und Organisationsentwicklung kommen würde. Oder – anders formuliert – daß in diesem Kontrakt nicht nur die Person, deren berufliche Rolle, sondern insbesondere die Organisation – und deren Veränderungsprozesse – im Focus stehen würden. Für einen organisationsunerfahrenen Supervisor wären bei diesem Kontrakt schon alle möglichen Hindernisse und Fallen im Weg gestanden.

Als sinnvollen Arbeitsansatz zum Einstieg in die Arbeit bot sich die soziometrische Methode des Spektrogramms: die Gruppe stellte sich in die Pole „Wie stehe ich zu den Neuen Steuerungen?“ In Aktion konnte dann weitergehend erarbeitet werden, was passieren oder sich verändern muß, damit eine andere Position besetzt werden kann? Hier wurden dann die Bedingungen der Gruppe zur Mitarbeit sehr deutlich, also erste positive Ansätze für eine gemeinsame Arbeit mit den Neuen Steuerungen.

Zielvorgaben, die Ängste freisetzen. Was wirkt dagegen?

Zielvorgabe für das Team war u.a., daß weitere Stadtteilbüros eröffnet werden sollen. Diese Planungsabsicht löste Ängste aus: Probleme der Vertretungsdienste, auch die Frage, wie können Teams noch so groß bleiben, daß eine effektive Fallbesprechung möglich ist? Ein besonderes Problem war es, daß die anderen MitarbeiterInnen das Konzept des bereits bestehenden gemeinwesen-orientierten Stadtteilbüros nicht mittrugen. Diese MitarbeiterInnen wiederum entwickelten die Angst, sich erneut und immer wieder verändern zu müssen.[3] Mit Hilfe der Techniken „Psychodrama“ und „Soziometrie“ wurden u.a. folgende Fragen einer Klärung zugeführt:

- wer geht mit wem in einen Stadtteil?
- welche Stadtteilteams wiederum bilden zusammen ein Team, das die Vertretungen regelt und wo die Fälle gemeinsam besprochen werden, wo die MitarbeiterInnen Entscheidungen im Team (und nicht einsam!) treffen können?

In einem Boot: Sozialarbeit und wirtschaftliche Jugendhilfe

Schnell wurde klar: wenn die Teams wirkliche Entscheidungen für die Hilfe zur Erziehung treffen, daß dann die wirtschaftliche Jugendhilfe mit am Tisch sitzen muß, deshalb wurde beschlossen, daß diese MitarbeiterInnen auch künftig an der Supervision teilnehmen sollen. Der Koordinator wurde beauftragt, dies mit dem Fachbereichsleiter und den zuständigen MitarbeiterInnen zu besprechen. Ergebnis: künftig nahmen die MitarbeiterInnen, die das Geld verwalten, an der Supervision teil und wurden, nach soziometrischer Wahl, den beiden neu entstandenen Teams direkt zugeteilt.

Ein fachlicher Dissens blieb während des gesamten Prozesses bestehen und wird auch künftig noch zu bearbeiten sein: was bedeutet für den Produktbereich Hilfen zur Erziehung der Ansatz einer „Sozialraumorientierung“? Ist es die Fortschreibung der Gemeinwesenarbeit? Um gemeinsam weiter arbeiten zu können wurde eine Brückendefinition entwickelt, mit der zur Zeit alle Teams mehr oder weniger gut leben und arbeiten können: Sozialraumorientierung heißt demnach: für den Klienten alle Angebotsmöglichkeiten eines Stadtteil aktivieren, die im Erziehungsprozeß hilfreich sein können (z.B. Integration in einen Sportverein o.ä.). Deutlich ist jedoch, daß dies ein einzelfall-bezogener Ansatz ist. Der (verdeckte) Wunsch der Politik, damit ein offenes Stadtteilangebot zu eta-

---

3 Mit dem Thema „Veränderungswiderstand“ setzt sich U.-H. Thiel in seinem Beitrag auseinander. – Der Hrsg.

blieren, wurde aus fachlicher Sicht verworfen. Es wurde aber auch deutlich, daß die Gruppe unter einer schweren Hypothek zu leiden hatte. Das Organisationsgutachten stellte die „schlichte" Behauptung auf, je mehr die ASD-Mitarbeiter zu Sozialmanagern des Stadtteils würden, um so stärker würden die Fallzahlen sinken. So schlicht – so dumm.

Alte Zöpfe abschneiden? Oder: in das neue „Outfit" einflechten?

Ein weiterer Punkt wurde für die Supervisionsgruppe zu einer wichtigen Auseinandersetzung: die Beteiligung des „alten" ASD-Leiters. Nachdem dieses Thema angesprochen war, wurden die Schnittstellen „offen" gemacht:

- Überblick über die externen Angebote der Jugendhilfe;
- „Service"-Pädagogik, d.h., Entwicklung neuer und maßgeschneiderter Angebote;
- Prüfung von Pflegefamilien.

Die Gruppe übernahm die Bereiche externe Angebote und Überprüfung der Pflegefamilien. Für die Servicepädagogik wurden klare Vereinbarungen darüber getroffen, wie ein künftiges Verfahren auszusehen hat. Damit war eine Verabschiedung von beiden Seiten mit einer klaren Perspektive möglich, was darüber hinaus die Struktur klärte, aber auch die Position des neuen Koordinators stärkte.

Die Prozesse wurden immer wieder durch gegenläufige Entwicklungen blockiert – teilweise auch konterkariert. Von den MitarbeiterInnen wurde der Wunsch geäußert mehr Zeit zu haben und die Entwicklungen verbindlicher zu machen. Es kam eine Zieldiskussion darüber auf, wie denn das Profil des Produktbereiches künftig aussehen könne und damit der Arbeitsbereich eines jeden einzelnen? Zur Klärung dieser und anderer Fragen standen als „Techniken" zur Verfügung:

- eine klare Diagnose,
- die Produktaufteilung und Struktur, erarbeitet von einem externen Beratungsunternehmen.

Was jetzt noch fehlte war, das Gerüst ausfüllen und mit „echtem" Leben zu versehen.

Zusätzliche Mittel für einen Workshop: Vom Leitfaden zum Leitbild

In Form eines Diskussionsentwurfs wurde der Supervisionsgruppe ein Leitfaden zur Entwicklung eines Leitbildes vorgelegt. Der Koordinator „erzieherische Hilfe" beantragte einen eintägigen Workshop unter Beteiligung des Fachbereichsleiters zur Entwicklung dieses Leitbildes, die Moderation wurde dem Supervisor übertragen, er strukturierte den Ablauf vor:

In Kleingruppen wurden verschiedene Themen vorbereitet, dazu gab es als Vorlage jeweils ein Flip-Chart, auf dem bereits eine beispielhafte Formulierung vorbereitet war. Ergebnis dieses Workshops war ein Leitbild des Produktbereiches und eine Aufbau- und Ablauforganisation für die konkrete Umsetzung der Neuen Steuerungen. Die erarbeitete Vorlage bestand aus folgenden Schwerpunkten zum Thema *„Leitbild des Produktbereiches erzieherische Hilfen und Aufbau- und Ablauforganisation"*:

1. Organisationsstruktur
2. Profil

3. Zielvereinbarungen
4. Hilfeleistungen
   - Beratung
   - Mitwirkung in gerichtlichen Verfahren
   - Erzieherische Hilfen
   - übergreifende Leistungen
5. Ablauforganisation
6. Jugendhilfeplanung und Controlling
7. Stellenübersicht des Produktbereiches Erzieherische Hilfen
8. Besprechungsstruktur
9. Organigramme
   - Gesamtverwaltung
   - Fachbereich 4
   - Produktbereich Erzieherische Hilfen

Hier nun die auszugsweise zitierten Aussagen der MitarbeiterInnen im Sinne von „Leitbildern" als Ergebnis des Workshops: *„Wir verstehen uns als Serviceorganisation der Bürger, die kurz-, mittel- oder langfristige Hilfen benötigen, um ein gemeinsames Leben in der Familie zu ermöglichen. Unsere oberste Priorität ist die Hilfe bei Krisen in Familien und der Schutz von Kindern und Jugendlichen bei Gefahr. Wir sorgen hier für eine geeignete Unterstützung ohne die bisherigen Lebenssysteme zu vernachlässigen. Wir versuchen in den Stadtteilen hilfreiche Netzwerke zu schaffen, die den Menschen die Möglichkeit eröffnen, sich selbst zu helfen."*

Es wurden also deutliche Prioritäten für die Arbeit gesetzt und eine klare Zieldefinition für die daraus abzuleitende Praxis entwickelt. Durch diese Klarheit wird auch für die Partner – die freien Träger der Jugendhilfe – deutlich, welche Erwartungen an sie gestellt werden. Und daraus leitet sich folgende Frage an die freien Träger ab: wollt ihr unter diesen Prämissen und in diesem Kontext mitarbeiten? Ein freier Träger muß also (auch!) seine Prioritäten neu und anders setzen. Der Anspruch der Mitarbeiter an sich selbst wurde ebenso klar und deutlich formuliert:

- *„Wir arbeiten in Teams, denn nur der fachliche Austausch verhindert Fehlentscheidungen und mögliche Fehlentwicklungen.*
- *Wir haben den Anspruch, uns weiterzuqualifizieren und uns modernen Formen sozialen Managements zu öffnen.*
- *Wir arbeiten kostenbewußt, d.h. wir achten auf Effektivität und Effizienz der Hilfen."*

Die Ergebnisse des Workshops wurden von einer Redaktionsgruppe überarbeitet und zusammengestellt. In der folgenden Supervisionssitzung wurde das Ergebnis abschließend diskutiert. Wichtig ist anzumerken, daß hier auch festgeschrieben wurde, daß künftig im Rahmen eines Budgets die Teams selbst die Entscheidung über die kostenintensiven Formen der Hilfen zur Erziehung treffen. Damit wird deutlich, daß dieser Prozeß – bei allen Brüchen – dazu geführt hat, daß die MitarbeiterInnen die Bereitschaft zu hoher Eigenverantwortung ausdrücklich bejahen. Das Ergebnis aus dem Workshop wurde dem Fachbereichsleiter als Arbeitspapier zur Unterschrift übergeben. Von dort wurde es zur Prüfung an das Personalamt weitergeleitet, dort mitgezeichnet und abschließend auch noch vom Stadtdirektor unterschrieben. Der Jugendhilfeausschuß und der Rat der Stadt haben dieses Dokument mittlerweile verabschiedet. Im Beschluß enthalten ist eine Aufstockung der Stellen für die sozialraum-orientierte Arbeit.

„Neue Steuerungen“: neue und ungeahnte Chancen zur eigenverantwortlichen Mitgestaltung innerhalb der „eigenen“ Organisationskultur

Dies alles zeigt: wenn die MitarbeiterInnen wollen, dann können sie – dank der „Neuen Steuerungen“ – einen erheblichen Einfluß auf ihre berufliche Rolle in einer (ihrer) Organisation nehmen, sie gestalten aktiv mit (auch an ihrer beruflichen Perspektive!), sie werden ernst genommen, die Politik und Bürokratie akzeptiert sie als (neue) PartnerInnen innerhalb ihrer Organisationskultur.

Konzept- und Fallsupervision: das Team hat seine Mitwirkungsmöglichkeiten gut genutzt

Als nächstes stand die Konzeptsupervision (Thema Sozialraumorientierung) an und die Begleitung des Aufbaus der Stadtteilteams und deren Kommunikations- und Besprechungsstruktur. Dieser Prozeß lief über ein Jahr mit einem klaren Ergebnis. Die Supervision wurde von der institutionellen Seite zunächst sehr kritisch beargwöhnt, dann – auch die Bürokratie ist lernfähig! – sehr positiv und zustimmend angenommen. Das gesamte Team beantragte die Mittel für eine zeitliche Verdichtung der Supervision. Die Verwaltung genehmigte daraufhin 3 Sitzungen zusätzlich und stellte die dafür notwendigen Mittel bereit (!). Parallel liefen auch die Fallsupervisionen weiter. Dort ist mittlerweile der Punkt erreicht, an dem eine „grobe“ Rahmenstruktur für die Fallbesprechungen in den Teams „gelernt“ ist:

1. Darstellung des Falles durch die/den verantwortliche/n MitarbeiterIn (z.T. Visualisierungen auf Flip-Charts wie: „das soziale Atom des Klienten“);
2. Rückfragen zum Fall;
3. Einfälle, Statements, Kommentare zur Diagnose;
4. Rückmeldung hierzu durch den Fallverantwortlichen;
5. Beratung einer gemeinsamen Einschätzung;
6. Entscheidung und Festlegung für das Hilfeplanverfahren.

Die Arbeit mit dieser Methode muß noch weiter trainiert werden, damit sie im vorgegebenen Zeitrahmen effektiv eingesetzt werden kann. Dann bleiben künftig für die Supervision nur noch die Bereiche, in denen aufgrund von Teamunklarheiten, diagnostischen Fragestellungen u.ä. gelagerten Problemen die Kleinteams noch zu keinen befriedigenden Ergebnissen kommen.

Ein verantwortungsbewußter Supervisor muß auch „loslassen“ können

Abschließend läßt sich an diesem Beispiel sehr gut verdeutlichen, daß Supervision mit den Elementen aus der Organisationsentwicklung „leben“ kann, wenn diese konsequent und klar umgesetzt werden.

Der Supervisor muß aber überzeugt davon sein, daß Organisationen sich positiv weiterentwickeln lassen und prinzipiell auch bereit sind, sich notwendige Fachkompetenz anzueignen.

Weitere Themen der Supervision im Rahmen der „Neuen Steuerungen“:

Fach- und Ressourcenverantwortung:
- Veränderung von Hierarchien
- Veränderung von Rollen
- Veränderung der Erwartungen an die Mitarbeiter
- Erhöhung von Entscheidungsfreiheiten

Budgetierung
- Verantwortlicher Umgang mit Finanzen
- Verknüpfung von Fachlichkeit und Ressourcen
- Transparenz

Kundenorientierung
- Bedürfnisorientierung
- Aufgabe der „ordnungspolitischen“ Sichtweise
- Einbeziehung der Klienten
- Kreative Antworten auf Einzelfallprobleme

Produktorientierung
- Klare Leistungsdefinition
- Differenzierte Diagnosen
- Überprüfung der bisher angebotenen Leistungen
- Umgang mit dem Begriff „Qualität“

Der 3er-Kontrakt zwischen Team/Supervisor und Leitung

Viele Supervisoren verstehen hierunter ein Anfangsgespräch, vielleicht eine Auswertung. Das Verständnis des Verfassers geht weit darüber hinaus: in dem dargestellten Beispiel wurde jeder wichtige Arbeitsschrift schriftlich fixiert und der Fachbereichsleitung zum Abzeichnen vorgelegt. Damit war immer klar, daß nichts ins „Luftleere“, sondern mit einem hohen Maß an Verbindlichkeit geplant wurde. Nur wenn der 3er-Kontrakt wirklich ernst genommen wird, kann er als Steuerungsinstrument dienen.

3. Zum Umgang mit „hard-facts“ (z.B. Aufbau- und Ablauforganisation) in organisationsbezogener Supervision

Modern ist heute der Begriff der systemischen Sichtweise in der Supervision. Diese Begrifflichkeit greift aber zu kurz, wenn die Strukturen von Organisationen zum Thema der Supervision gemacht werden sollen. Es muß mit „hard-facts“ umgegangen werden und hier scheinen die Organisationsentwickler den Supervisoren gegenüber im Vorteil und die Supervisoren bleiben scheinbar in der „Beziehungsecke“ stecken. Hard facts in diesem Sinne sind: Gesetze, Richtlinien, Dienstanweisungen u.ä., die den Arbeitsprozeß strukturieren; Soft facts in diesem Sinne meint: Kultur, Umgangsformen, Beziehungen in Organisationen, die sich auf die inneren Arbeitsstrukturen auswirken. Hier sollten die Supervisoren ihr Licht nicht schamhaft unter den Scheffel stellen, gegenüber den „reinen“ Organisationsentwicklern zeichnen sie sich dadurch aus, daß sie Hard facts und deren Auswirkungen auf die konkrete Arbeitssituation berücksichtigen, andererseits aber auch die Soft facts nie aus ihrem Focus aussparen: diese Verknüpfung ist organisationsbezogene Supervision.

4. Fazit

Die Neuen Steuerungen sind keine bloße Modeerscheinung (trendy!), sondern haben – positiv betrachtet – einen deutlichen Hintergrund: sie eröffnen die Chance mehr Einfluß auf den eigenen Arbeitsplatz zu bekommen, mehr Verantwortung zu übernehmen und eine höhere Professionalität zu erwerben. Hier können sich die Ansprüche der Auftraggeber von Supervision und diejenigen der Supervisoren decken. Es gilt also die Aufgabe zu erweitern: Öffnung der Supervision durch die Einbeziehung von Elementen der Organisationsentwicklung. Dies kann erfolgreich umgesetzt werden. Ein Supervisor, der sich in solche Prozesse einläßt, braucht sehr viel mehr als nur „Erlebnisse“ in Organisationen: er muß Organisationserfahrung besitzen und die Bereitschaft aufbringen auch mit „hard facts“ umzugehen.

Eine weitere Notwendigkeit liegt darin eine Haltung zu den Veränderungsprozessen zu entwickeln, da sonst – monetär angereizt – die Gefahr besteht, die gleichen Worthülsen zu verkaufen, wie sich dies in vielen Organisationsgut(schlecht!)-achten diverser Firmen niederschlägt. Der Supervisor steht in einer sozialpolitischen Verantwortung für sein Handeln. Aber er steht auch in der Gefahr zahnlos und beißgehemmt zu werden wegen seiner Nähe zur Kultur der Supervisanden, wie hier ausführlich dargestellt.

Dies gilt es für ihn immer wieder zu reflektieren, ansonsten versinkt er – gemeinsam mit „seiner“ Gruppe – ein einer tiefen und gemeinschaftlich erlittenen Depression angesichts der bösen neuen Welt, die geprägt ist von den Neuen Steuerungen. Auch die Arrangements stellen andere Ansprüche an seine Arbeit: Dokumentation, Entwicklung schriftlicher Konzepte sind gefragt. Wenn Wittenberger (1998, S. 128) auch etwas übertreibt, so werden sich doch Ansprüche verändern: „Qualitätssicherung meint aber auch, Supervision ökonomisch zu gestalten; Kurzinterventionen, schnelle und billigere Prozesse. Alles was länger als 5 Sitzungen dauert ist unökonomisch. Hierbei wird Supervision unter dem Kriterium der Effizienz überprüft oder verändert. Effizienz von Supervision bedeutet, Qualität unter den Bedingungen einer Kosten-Nutzen-Relation zu erbringen. Erst eine so gesicherte Form von Supervision könnte sich als gesellschaftlich legitimiert ausgeben.“ Einen herausragenden Aspekt möchte ich an den Schluß dieser Überlegungen stellen, er ist sozusagen die wichtigste „Klammer“ für alle Diskussionen, Aktionen und Handlungen im Zusammenhang mit sozialer Arbeit: „Soziale Arbeit ist Menschenrechtsprofession“ (vgl. Silvia Staub-Bernasconi 1996).

Literatur

Buer, F. (1977a): Glossar zur Ethik, Unveröffentlichtes Seminarmanuskript
Buer, F. (1977b): Aspekte des Berufsethos eines/r Supervisors/in, Unveröffentlichtes Seminarmanuskript
Hinte, W. (1995): Soziale Dienste und ihre neuen Herausforderungen – was tun mit den Unternehmensberatern?, in: Demokratische Gemeinde, 9/1995.
KGST (1993): Nr. 5/1993
KGST (1994): Nr. 9/1994
Marquard, P. (1998): Wie frei sind freie Träger?, in: Schlaglichter 1/98
Moreno, J.L. (1954): Die Grundlagen der Soziometrie, Opladen
Nikles, B. (1998): Steuerung der Jugendhilfe – Perspektiven und Anfragen, in: Max-Traeger-Stiftung, Neue Steuerungsmodelle in der Jugendhilfe, 2/98
Pühl, H. (1998): Teamsupervision – von der Subversion zur Institutionsanalyse, Göttingen
Rütz-Lewerenz, G./Mochmann, S. (1995): Sozialmanagement als unverzichtbare Komponente sozialer Arbeit, in Theorie und Praxis der sozialen Arbeit 3/95
Staub-Bernasconi, S. (1996): Thesen zur sozialen Arbeit als Menschenrechtsprofession, unveröffentlichtes Manuskript, Zürich
Wittenberger, G. (1998): Supervision und Qualitätssicherung – ein quergedachter Beitrag zum 3. Deutschen Supervisionstag, in Forum Supervision 2/98

Supervision in Verwaltungsorganisationen im Spannungsfeld zur Organisationsentwicklung

Ulrike B. Meyer

Ein Supervisionsauftrag in einem Amt der Landesverwaltung Baden-Württembergs in der Phase der Umstrukturierung, Ämterzusammenlegung, Finanzknappheit, Personaleinsparung etc. löste in mir einerseits Neugierde und positive Spannung aus, andererseits aber auch viele Fragen. Die spannendste Frage hieß: Welchen Part übernehme ich mit meiner Supervision im Gesamtkonzert der Beratungen und Veränderungen? Was kann mein spezifischer Beitrag zur Entwicklung einer Organisation der öffentlichen Verwaltung sein?

Supervision in der Landesverwaltung startete meines Wissens zunächst als Unterstützung von Beschäftigten mit dem Schwerpunkt „Beratung", z.B. Beraterinnen und Berater der Landwirtschaftsverwaltung. Das Ziel war die Umsetzung der Maßnahmen des Gutachtens einer Unternehmensberatung: „stärkere Ausrichtung des Methodenmixes in der Beratung bis Ende 1996 auf die Gruppenberatung ... " (Zweiter Bericht der Regierungskommission Verwaltungsreform, S. 137) Im Verlauf der Supervisionsprozesse wurden die eigentlichen Beratungsthemen zunehmend durch Probleme überlagert, die sich für die Ämter aus den Umstrukturierungsmaßnahmen der Landesverwaltung ableiteten. Teilnehmer von Supervisionsgruppen fragten nach externer Begleitung für Konfliktthemen aus der anstehenden Zusammenlegungen und Stellenreduzierungen in ihren Ämtern; das Regierungspräsidium kam dem Wunsch mit einem Supervisionsangebot an einzelne Ämter nach. Intern gibt es wohl Training und Beratung, aber keine Supervisorinnen oder Supervisoren.

Ein Supervisionsauftrag lautete, ein Landwirtschaftsamt über sechs Monate an acht halben Tagen bis zur Durchführung der geforderten Stellenreduzierung zu begleiten. Die Teilnahme an der Supervision war freiwillig, die Gruppengröße auf zwölf Teilnehmerinnen und Teilnehmer beschränkt. Der Amtsleiter nahm regelmäßig teil. Der Supervisionsprozeß wurde flankiert durch je eine Auftakt- und eine Abschlußveranstaltung für alle Beschäftigten des Amtes: zu Beginn wurde von allen ein Katalog anstehender Themen erarbeitet, zum Schluß wurde das Arbeitsvolumen nach dem Stellenabbau gemeinsam verteilt.

1. Die Situation

„Verwaltung 2000 „ in Baden Württemberg: Veränderung „von oben“

Die Reorganisation der Landesverwaltung als „Dienstleistungsunternehmen“ (Zit. Innenminister Schäuble in: Schriftenreihe der Stabsstelle für Verwaltungsreform, 1996, S. 3) ist mit etlichen Projekten in den neunziger Jahre angelaufen. 1997 gab es den ersten Behördenwettbewerb, um „die Behörden, die in den Bereichen Qualitäts-, Kunden- oder Mitarbeiterorientierung bemerkenswerte Ergebnisse erzielt haben, mit einer besonderen Anerkennung auszuzeichnen.“ Von 30 Fragen, deren Beantwortung in den Wettbewerb eingebracht werden, zielen 22 auf behördeninterne Prozesse, acht auf Kundenorientierung. 62 Behörden wurden zum Wettbewerb zugelassen, bei einer Schwankung der Beschäftigtenzahlen zwischen 10 und 3060. Dieser Wettbewerb gilt als Pilotprojekt benchmarking in Behörden der Bundesrepublik.

Wie wird der Wandlungsprozeß gestaltet? Vier Beratungsfirmen sind mit den Schulungen der Führungskräfte beauftragt. Flankierende Maßnahmen: Lektüre, Broschüren zum Selbststudium mit Leitfäden und Beispielen für die Führungspraxis. z. B. mit den Broschüren: „Das Mitarbeitergespräch“, „Die Mitarbeiterbefragung“ oder „Begriffe und Erläuterungen zur Modernisierung der Landesverwaltung“ (Stabsstelle Verwaltungsstruktur... Ba-Wü 1995), mit dem Hinweis: „Dieses Heft soll Ihnen helfen, die neuen Begriffe zu verstehen und anzuwenden, die Ihnen in der Verwaltungssprache vermehrt begegnen.“ – Von „Ablauforganisation“ bis „Zielvereinbarung“. Von Beschäftigten in der Verwaltung wird dieser Veränderungsprozeß als ‚top down‘-Entscheidungsvorgabe oder Anstoß eines Prozesses von oben erlebt, für etliche vergleichbar mit vielen anderen „Moden“ zuvor, die auch wieder vorübergingen. Die gleichzeitige Verknappung der öffentlichen Gelder läßt die ‚Hoffnung‘ aufkommen, daß es so ernst nicht sein wird mit den Veränderungen. Externe Begleitung und Supervision erscheinen manchem um so überflüssiger: „Für so was gibt man Geld aus, wo es uns überall sonst fehlt!“ Andere sehen realisierbare Möglichkeiten, sich selbstverantwortlich einzubringen und den Wandlungsprozeß mitzugestalten.[1] „Qualitätskontrolle“, „Zielorientierung“ „partnerschaftlicher Führungsstil“, „Controlling“, „Professionalisierung“, „Kommunikation und Gesprächsführung“, „Kundenorientierung“, „Leistungsmaximierung“, „Management by Objectivs“, „New Public Management“, „Qualitätszirkel“, „Reorganisation“, „Delegation von Verantwortung“, „Evaluation“, „Wertewandel“, „Zielvereinbarungen“, „Mitarbeitergespräch“ usw. usw.: Diese neue Begrifflichkeit bestärkt bei den einen die Motivation, den Wandlungsprozeß mitzugestalten, bei anderen erweckt sie eher passiven Widerstand gegen das Neue.[2]

Entwicklungsprozeßorientierte zusätzliche Aufgaben wie Datensammeln, Planen, Rückmeldungen und Ziele formulieren, Qualitätszirkel einrichten etc. werden in den gewohnten Arbeitsablauf integriert – und als zusätzliche Belastung erlebt, deren Vorteil nicht immer sichtbar wird. Das Ziel ist bisher wenig greifbar. In vielen Ämtern scheinen nur wenige Beschäftigte ausreichend informiert, um einen Überblick über den

---

1 Siehe hier auch die Beiträge von G. Lütz-Lewerenz über die „Neuen Steuerungsmodelle“ und von T. Floeth über „Qualitätssicherung“. – Der Hrsg.

2 Mit dem Thema „Veränderungswiderstand“ beschäftigt sich H.-U. Thiel in seinem Beitrag. – Der Hrsg.

gesamten Prozeß gewinnen zu können. Das Leitbild der Landesregierung kannten die meisten Beschäftigten des Amtes gar nicht, der Amtsleiter konnte sich erinnern, daß es in einer Tagung vorgestellt worden war – eine Information wie viele andere, deren möglicher Nutzen nicht erkannt wurde und damit für das Verhalten und dienstliche Handeln ohne Relevanz bleibt. Die Idee, ein angepaßtes Leitbild für das eigene Amt zu entwickeln, konnte gar nicht aufkommen. In einem anderen Amt wurde das Mitarbeitergespräch einmal durchgeführt und galt damit als erledigt. Die prozeßsteuernden Qualitäten konnten nicht erkannt und folglich auch nicht umgesetzt werden.

Wohin soll das führen? Im umfangreichen Leitbild der Landesverwaltung findet sich die Beschreibung eines neuen Selbstverständnisses, ergänzt durch Vorschläge, wie der gewünschte Kulturwandel methodisch umgesetzt werden kann: Metaplan und Moderation, Projektarbeit und Teamarbeit werden als Beispiele benannt: „ Verwaltung als Dienstleister. Kooperativ führen und vertrauensvoll zusammenarbeiten. Den Dienstbetrieb gestalten. Ich lese den guten Willen des Ministeriums, einen Prozeß des Mentalitätswandels in Gang zu setzen -auf dem Hintergrund eines ganzheitlichen Menschenbildes: „Die gesellschaftspolitischen Herausforderungen können nur in enger Abstimmung mit (den Bürgern) gelöst werden. Sie müssen deshalb verstärkt in die Entscheidungsfindung und die Verantwortung einbezogen werden." (Leitbild, S. 20)

„Die vorhandenen ‚internen' Fähigkeiten können für eine Anpassung an neue Erfordernisse und Aufgabenstellungen fruchtbar gemacht werden. ... So entsteht eine interne Organisationsentwicklung mit dem Ziel, Anleitung zur Selbstqualifikation zu geben, um voneinander und miteinander zu lernen und um letztendlich zur flächendeckenden Einrichtung von Mitarbeiterzirkeln zu kommen. („Zweiter Bericht der Regierungskommission Verwaltungsreform", Stuttgart 1995, S. 171) Stellt sich da nicht die Frage: Was brauchen die Beschäftigten, die viele Jahre in der staatlichen Verwaltung angehalten waren, Dienstwege und Regeln einzuhalten, um dieses neue Leitbild in einer Welt traditioneller Leitwerte zu leben? Wie können sie Zugang zu ihren kreativen und selbstverantwortlichen Teilen finden? Wenn die Untersuchungen recht haben, die besagen, daß in Verwaltungsberufen überwiegend Menschen arbeiten, die von ihrem Persönlichkeitstyp her eher Verantwortung abgeben und viel Sicherheit brauchen, den Vaterersatz in der Institution suchen: Dann stellt sich die Frage noch viel kraßer: welche Menschen braucht die neue staatliche Verwaltung? Welche Themen des Wandlungsprozesses können intern bearbeitet werden, wofür braucht es externe Unterstützung? Die Blickrichtung richtet sich außer auf den Wandel der Strukturen auf die Wandlung der Menschen selbst.

Eine Organisation entwickelt sich – Ein Phasenmodell

Die Neuorientierung der Verwaltung geschieht in Stufen. Beschäftigte und Führende werden vor die Aufgabe gestellt, „ein anderes Denken zu wagen „Hier muß ein Denken zum Tragen kommen, das die Organisation als lebendigen Organismus sieht." (Glasl 1994, S. 13) Glasl liefert hier ein Modell, um die Entwicklungsphasen einer Organisation mit folgenden Metaphern zu beschreiben:

1. Pionierphase: Das Unternehmen als große Familie Rollen und Strukturen werden von Individuen getragen
2. Differenzierungsphase: Unternehmen als konstruierter Apparat „alles soll wie geschmiert laufen"

3. Integrationsphase: Unternehmen als lebendiger Organismus vernetzte, relativ selbständige Einheiten
4. Assoziationsphase: Unternehmen als profiliertes Glied im Biotop bewußte Pflege der Kultur, Kulturdialog im Unternehmensbiotop.

„Verwaltung 2000" will nach diesem Modell den Übergang von der 2. zur 3. Phase gestalten. Die Beschäftigten sollen weggelockt werden aus dem Land der formalisierten Strukturen und Standardvorschriften in das farbige Neuland von Visionen, Zielen, Leitbildern. Sie sollen lernen, sich aus der Sachorientierung hinter Trennwänden zu lösen und sich statt dessen für Teamarbeit, Selbstplanung, Selbstorganisation und Selbstkontrolle zu begeistern. Das neue Motto soll heißen: „Wir lösen Probleme der Kunden! wir schaffen Kundennutzen!" statt wie bisher. „Wir verkaufen das, was für uns gut ist!" (Glasl 1994, S. 16f)

Die Führungsaufgabe in der Integrationsphase

In der Integrationsphase, der 3. Phase, schenkt man den Menschen in der Organisation Wertschätzung und Aufmerksamkeit, man stellt Fragen nach der Kultur, nach der Identität und den Werten, die in der Organisation lebendig werden sollen – sowohl nach innen als auch nach außen. An die Menschen in Führungsposition werden hohe Anforderungen bezüglich ihrer Verantwortung gestellt[3]: Je mehr Bewußtsein für gegenseitiges Vertrauen, die eigene Verantwortung, den pfleglichen Umgang mit den Ressourcen bei den Beschäftigten wachsen wird, desto mehr verlagert sich die Führungsaufgabe auf die Pflege der Prozesse und Abläufe. Methodenkompetenz, Selbstkompetenz und Sozialkompetenz sind Führungsqualitäten, die ich als wichtige Voraussetzung sehe, Gleichwertigkeit und Vertrauen unter den Beschäftigten zu entwickeln. Sie brauchen die Wertschätzung ihrer Kompetenzen, damit sie verantwortlich und sich selbst kontrollierend handeln. Der Amtsleiter wird Interaktionsstrukturen am Amt gemeinsam mit den Beschäftigten entwickeln. Er wird den Beschäftigten Vorbild sein in der Gesprächsführung, im Umgang mit Konflikten und wird sich bemühen, in seinem Amt eine Feed back-Kultur zu installieren. Sein Anliegen wird das gegenseitige Vertrauen und größtmögliche Offenheit sein, woraus sich sein Bemühen um transparente Informationsprozesse speist. Für viele Führungskräfte bedeutet das, sich mit dem Selbstverständnis ihrer Rolle auseinanderzusetzen, eine entsprechende Einstellung zu neuen Aufgaben im sozialen Feld zu entwickeln. Coaching und externe Supervision können hier große Hilfe leisten.

Die Supervision

Die Supervisionsaufträge kamen in Absprache zwischen Ministerium, Regierungspräsidium und Amtsleitung zustande. Im Vorfeld gab es Informationsveranstaltungen für die Amtsleiter, für Beschäftigte von verschiedenen Ämtern und Vorgesprächen in den entsprechenden Abteilung des Regierungspräsidiums und des Ministeriums. Nach Abschluß des Supervisionsprozesses gab es entsprechende Nachgespräche und schriftliches Feed

3 Siehe hierzu auch den Beitrag von H. Petzold u.a. – Der Hrsg.

back sowie eine Zusammenfassung der Abschlußfragebögen der Teilnehmerinnen und Teilnehmer. Dieser hohe Aufwand erscheint als eine Referenz an das hierarchische System der staatlichen Verwaltung, als ‚Abklappern des Dienstweges'. Tatsächlich erwies es sich im Prozeß allerdings als eine sinnvolle Vorbereitung für alle Beteiligten, denn der Widerstand gegen den ungewöhnlichen Einsatz dieser unbekannten Methode schmolz auf allen Ebenen dahin. Die Freiwilligkeit der Teilnahme war Gegenstand des Kontrakts. Die freiwillige Meldung im Amt im Kreis aller Beschäftigten und vor den Augen des Amtsleiters schränkte sie vermutlich ein, durchmischte sie mit einer Reihe anderer Motive.

Im Schlußfragebogen der Supervision wird Freiwilligkeit aber doch als wichtigste Bedingung für eine erfolgreiche Supervision benannt. Im Amt selbst bewirkte die freiwillige Meldung gruppendynamisch die scheinbare Trennung in zwei Gruppen, die sich gegenseitig über einen längeren Zeitraum mißtrauisch belauerten. Auch die Schweigepflicht wirkte sich gruppendynamisch als trennend aus: die nicht Teilnehmenden nahmen an, daß in der Supervision über sie gesprochen wurde. Die Teilnehmenden wußten sich auf deren Fragen nach den Inhalten der Supervision nicht zu verhalten. Dieses Mißtrauen konnte bis zum letzten Tag nicht vollständig ausgeräumt werden. „Was macht man da?" „Ihr habts nötig!" „Vergeudete Zeit", „Es wird sich nichts ändern" – so las ich im Feed back – Bogen und verstand diese Aussagen als Ausdruck von Verunsicherung und Widerstand.[4] Im Zentrum der Supervision steht der Mensch mit seinen Wachstumsmöglichkeiten. Die Teilnehmerinnen und Teilnehmer bestätigten das: 90% gaben als Rückmeldung an, in der Supervision erfahren zu haben, wo ihre Verantwortung liegt, 85 % haben gelernt, welche ihrer Eigenschaften bei der Arbeit nützlich, welche hinderlich sind. Mit Kritik und Unsicherheit können 35 % besser umgehen. Ich sehe eine große Chance für die Supervision darin, den notwendigen inneren Wandlungsprozeß hin zu Selbstwert, Beziehung und Identität auch unter Nutzung methodischer Elemente aus Fortbildung und OE zu unterstützen.

2. Supervision und Organisationsentwicklung

Wie OE-Denken in die Supervision einfließt

Die Supervisionsarbeit in Organisationen im Strukturwandel gehe ich innerlich mit einem Grunddenken der Organisationsentwicklung (OE), speziell mit dem von B. Lievegoed und F. Glasl an. Strukturen, Menschenbild und Denkweise dieser OE erlebe ich als wohltuend kompatibel mit meinem Supervisionsansatz. „Zwischen 1993 und 1996 wurden in acht Landesbehörden Mitarbeiterbefragungen durchgeführt. Diese Befragungen haben ergeben, daß die Motivation der Beschäftigten günstig ist, das Führungsverhalten jedoch nicht ausreicht, das Motivationspotential zu erschließen." (aus: Verwaltung 2000. Das Mitarbeitergespräch in der Landesverwaltung Baden-Württemberg. Schriftenreihe der Stabsstelle für Verwaltungsreform Bd 16)

Ich habe mich für die deutliche Einbindung und Beteiligung der Führungsebene in die Supervisionsprozesse entschieden und sehe darin einerseits eine Besonderheit der

4 Die Schweigepfllicht in Team-Supervisionen problematisiert H. Pühl in seinem Beitrag. – Der Hrsg.

Supervision in einer Verwaltungsorganisation, andererseits eine Schnittstelle zwischen OE und Supervision. Die Erfahrung aus OE-Prozessen, daß Wandlungsprozesse in besonderem Maße von der aktiven Mitarbeit und Unterstützung der Führungskräfte profitieren, konnte ich ebenso nutzen wie den Gedanken, in diesem Amt die Betroffenen an Führungsentscheidungen zu beteiligen und sie damit für mögliche weitere Schritte der internen Organisationsentwicklung zu sensibilisieren. Zum Thema der anstehenden Umorganisation in der Verwaltungsgruppe entwickelten die Beschäftigten z.B. in Kleingruppen Pläne für die Umverteilung der Aufgaben, erarbeiteten konkrete Ideen zu den Informationsabläufen, zur Teamarbeit und zu Mitarbeiterinnengesprächen. Der Amtsleiter erhielt in solchen Arbeitssequenzen direkt und indirekt lebendiges feed back für seine Führung. Zugleich hätte er die Situation auch zur Rückmeldung an seine Mitarbeiterinnen und Mitarbeiter nutzen können.

Betrachtung einer Organisation nach Glasl/Lievegoed

Wenn ich eine Organisation ganzheitlich wie einen Organismus betrachten will, kann ich mich anhand der von Glasl und Lievegoed beschriebenen Kriterien sehr gut orientieren: Sie beschreiben sieben Wesenselemente und drei Subsysteme von Organisationen, die sich lebendig ineinanderfügen:

1. Identität	
2. Strategie, Programme	a. kulturelles Subsystem
3. Struktur	
4. Menschen, Gruppen, Klima	b. soziales Subsystem
5. Einzelfunktionen, Organe	
6. Prozesse, Abläufe	c. technisch-instrumentelles Subsystem
7. Physische Mittel	

Themen der Supervision

Die Themen, die sowohl in der Auftaktveranstaltung als auch während des Supervisionsprozesses benannt wurden, habe ich den Wesenselementen zugeordnet. Das kulturelle Subsystem war kein Thema, lediglich zum Wesenselement 2 wurde ein Thema benannt: „Wird die Beratung zukünftig privatisiert werden?“ Zu den Wesenselementen 4, 5 und 6 wurden jeweils zehn Themen angesprochen, zu 7 noch sechs. Unter „4“ ging es z.B. um unzufriedene Kollegen, Betriebsklima, Vorurteile; Unter „5“ sehe ich Themen wie Arbeitsverteilung, Vertretung, Fortbildung, zu „6“ standen die Informationsprozesse und Arbeitsabläufe im Vordergrund. EDV, Finanzmittel für Ausstellungen und sonstige Materialien für Fortbildungen wurden auf der Ebene „7“ genannt. Das soziale Subsystem steht deutlich im Zentrum der Aufmerksamkeit der Beschäftigten. Das könnte den Schluß nahelegen, daß die Strukturveränderungen Nöte im sozialen Bereich hervorrufen, die intern nur schwer angegangen werden können. Man könnte aber auch vermuten, daß die Zusammenarbeit und Kommunikation in den Amtsstuben auch früher schon schwach ausgebildet war, auch nicht gewünscht war, denn der einzelne Beamte hatte ich letztlich nach den Weisungen zu richten, die angewiesenen Arbeiten auszuführen. In Prozessen der OE werden die Menschen methodisch über klare Strukturen angeleitet und ermutigt, ihre Verantwortung auf den weiten Bereich der gesamten Organisation zu beziehen. Sie können ihre Visionen formulieren und ihr Wissen einbringen im Vertrauen, daß die (externe) Begleitung sie dabei unterstützen wird, sie konstruktiv in die Entwicklung der Organisation einzubringen. Ich bin überzeugt, daß ein Mensch, der sich mit den Zielen und Strategien seines Systems identifiziert, gute Voraussetzungen hat, sich verantwortlich auch mit den Strukturen, Funktionen und Abläufen auseinanderzusetzen.

Die Supervisionserfahrungen bestätigen diese Überzeugung: solange die Themen überwiegend das soziale und technisch-instrumentelle Subsystem betreffen, wird die Verantwortung für die Organisationsphilosophie, für Strategien und Programme weiterhin der Führungsebene überlassen oder ihr auch immer wieder zugeschoben. „Was Menschen meinen, welche Bilder sie von der Wirklichkeit haben, wie sie im Bewußtsein erstreben, all das schafft in einer Organisation soziale Wirklichkeiten." (Glasl 1994, S. 14) Dem Amtsleiter und seiner Anwesenheit samt gleichberechtigter Mitarbeit in der Supervision kann zu einem guten Teil eine gewisse Einstellungsänderung der Beschäftigten zu verdanken sein. Die wichtigste Bedingung allerdings ist die, daß die Vereinbarungen, die gemeinsam getroffen wurden, auch mit ihm umgesetzt werden. Die demotivierende Auswirkung nicht umgesetzter Vereinbarungen erlebten wir, als die Mitarbeiterinnen und Mitarbeiter vergeblich darauf warteten, daß der in der Supervision vereinbarte „Runde Tisch" für regelmäßigen Austausch innerhalb einer Abteilung eingesetzt wurde: zu Beginn der nächsten Supervisionssitzung brachte niemand ein Thema ein, es gab scheinbar keine Probleme.

Was die Supervision in der Organisationsentwicklung nicht leistet

Als Supervisorin sehe ich mich, wie andere Berater auch, in der Spannung zwischen den Erwartungen der Auftraggeber und meinem Wissen. Dort der Wunsch, möglichst schnell zu einem Ergebnis zu kommen, hier das Wissen, daß durch die Supervision eher ein langsamerer Prozeß des Umdenkens in Gang gesetzt werden wird. Dort würde einer rationalen Strategie der Vorzug gegeben, hier der Strategie der Mentalitätsveränderung (vgl. Glasl 1983, S. 25; Senge 1996, S. 131ff.- symptomatische Lösungen statt Grundlagenarbeit). Die Gefahr besteht darin, daß wohl viel Energie und Steuergelder in die Entwicklung möglicher Veränderungsschritte gesteckt wird, der Wandlungserfolg aber gering ist. Das mag einerseits damit zusammenhängen, daß die Umsetzung der erarbeiteten Veränderungen nicht zur Führungssache geworden ist, es kann auch sein, weil Veränderungen im Denken und in den Einstellungen über Lernprozesse der Betroffenen Geduld und Zeit sowie ausreichenden Lernanreiz brauchen. Im Gegensatz zur Organisationsentwicklung arbeite ich in der Supervision nicht projektartig und/ oder ergebnisorientiert. 50% der Befragten gaben allerdings an, sie seien durch die Supervision handlungsfähiger geworden, können sich gegen Übergriffe besser abgrenzen und 50% holen sich mehr Feed back von ihren Kolleginnen und Kollegen. Über 90% geben an, durch die Supervision Methoden kennengelernt zu haben, die sie in der Arbeit anwenden können. Ergebnisse für die beruflichen Aufgaben sind demnach erreicht worden – auf dem Weg über Selbstverantwortung und Motivation.

Es gibt einzelne Auftraggeber, die suchen in der externen Beratung die notwendige Begleitung eines erwünschten Wandlungsprozesses auf der psycho-sozialen Ebene sowie die Begleitung für notwendige Lernprozesse innerhalb der Organisation. In der Supervision können z.B. „Lernhemmnisse“ (Senge 1996, S.28 ff) für alle Beteiligten transparent gemacht werden, so daß der Prozeß des „Umdenkens“ (Senge 1996, S. 23) in Gang kommen kann.

Das kann ein dicker Köder sein, die Supervision zu einem wenig fruchtbaren Ersatz-OE-Prozeß umzugestalten und vielleicht zu scheitern, weil der Supervisionsprozeß nicht in vergleichbarer Weise auf die Organisation als ganzes wirken kann. Leider findet dann oft so etwas wie eine Immunisierung gegen prozeßorientierte externe Begleitung statt: die Enttäuschung über den fehlenden Erfolg schlägt in Widerstand um. Während eines extern begleiteten OE-Prozesses kann es durchaus sinnvoll sein, dem Berater oder der Beraterin für eine bestimmten Zeitraum und einen definierten Bereich Führungsverantwortung zu übertragen. Der Auftrag wird von allen Betroffenen mitgetragen. Als Supervisorin erhalte ich immer wieder verdeckt einen Führungsauftrag – mal von den Beschäftigten, mal vom Leiter. Solche verdeckten Prozesse gilt es transparent zu machen, um die Betroffenen zu ermutigen, selbst die Verantwortung für Handeln und Entscheiden zu übernehmen. Einstellungsveränderung in dieser Richtung ist Sache der Supervision. Davon ganz abgesehen wären für mich Führungsauftrag und Gruppenkonstellation nicht miteinander zu vereinbaren.

Was die Supervision leisten kann

Die Supervision kann im Konzert der Veränderungen einige deutliche Töne abgeben: – Supervision ermöglicht es, mit „der Lupe“ Grundmuster des Systems und Grundmuster des eigenen Verhaltens zu erkennen – Supervision ermöglicht den Wechsel zwischen assoziierender und dissoziierender Sichtweise. – Supervision speist Problemlösungskapazitäten aus der eigenen Kompetenz – Supervision stärkt die Problemlösungskompetenz in der Organisation – Supervision öffnet Türen zum Mitdenken bezüglich Identität, Strategie und Struktur der eigenen Organisation. – Supervision stärkt die Selbstverantwortung – Supervision stärkt die Mitverantwortung – Supervision trägt zur Verlangsamung der Prozesse bei – Supervision ermöglicht klare Entscheidungen für spezifische Begleitung.

Was bietet die OE der Supervision?

In den methodischen Entwicklungskonzepten steckt ein Menschenbild, eine Leitidee, eine Philosophie. Mich interessieren ganzheitlich orientierte OE-Konzepte, die die Interessen und Bedürfnisse der beteiligten Menschen in gleicher Weise gewichten wie die Ansprüche aus den zu leistenden Aufgaben. Ich erwarte auch, daß Raum bleibt, die ökologische Einbindung der Organisation zu beachten. OE begleitet Wandlung als einen Prozeß, nämlich den Weg, den eine Organisation von einem definierten Ausgangspunkt aus zu einem zu definierenden Ziel geht. Die Prozeßbegleitung begleitet (!) diesen Prozeß durch verschiedene Phasen der Entwicklung: nach der Orientierungsphase durch die Phase der Situationsklärung, der Zielfindung, der Planung von Maßnahmen über die Durchführung und Absicherung sowie der Evaluation. In der Orientierungsphase und der Phase der Situationsklärung werden Daten erhoben, Diagnosen und Hypothesen gebildet. Für die Supervision im Kontext größerer Veränderungsprozesse kann ich diesem „OE-Zyklus" als Strukturierungshilfe gut gebrauchen, samt methodischer Anleihen.

Meinungen werden als gleich berechtigt in den gemeinsamen Prozeß aufgenommen.

3. Um diese Fragen dreht es sich in der Supervision

Fragen zum Amt und seinen Beschäftigten (anhand der 7 Wesenselemente)

Nach den Vorgesprächen mit dem Amtsleiter und der vorgesetzten Behörde stellten sich meine Fragen in erster Linie zum Thema „Welche Entscheidungsgrund welche Konfliktkultur gibt es an diesem Amt? Wie wird es geführt?" Der Amtsleiter hat einen guten Ruf, weil er im Amt ein von Außenstehenden als gut bis sehr bezeichnetes Betriebsklima ermöglicht. Von innen wurde hervorgehoben, daß den Mitarbeiterinnen und Mitarbeitern viel Spielraum gelassen wird.

Ich erlebte mich neugierig auf die Ausstattung des Hauses, weil sich darin auch Selbstverständnis und Kultur widerspiegeln können. Im technisch-instrumentellen Subsystem wollte ich das kulturelle entdecken. Bezüglich der Abläufe und Prozesse richtete sich mein Interesse in erster Linie auf die Informationsprozesse: wie sind sie organisiert und wer trägt die Verantwortung für „need to know"? Gibt es Mitarbeiterinnen oder Mitarbeiter, die im Informationsschatten leben?

Auf der Ebene der Funktionen richten sich meine Fragen an die Menschen: wie füllen sie ihre Funktionen mit Arbeit? Wie erleben sie die Funktion auf dem Hintergrund ihrer Persönlichkeit? Wieviel Freiraum und Verantwortung nehmen sie wahr?

Ein gutes Betriebsklima legt die Frage nahe: gibt es auch informelle Gruppierungen, die direkt oder indirekt die Kultur des Amtes prägen? Wie wirken sich diese Beziehungen auf die Arbeitsfähigkeit und insbesondere auf die Bereitschaft aus, gemeinsam an Lösungen für anstehende Fragen zu arbeiten? Welchen Stellenwert geben die Beschäftigten den Führungspositionen? Wie wirkt sich diese Einstellung zu Hierarchie und Weisungsrecht darauf aus, wie in diesem Amt der Veränderungsprozeß lebendig geworden ist?

Unter dem Gesichtspunkt der Struktur will ich darauf achten, wie die Menschen in ihnen leben und arbeiten, ob sie sich die Strukturen angeeignet haben oder eher als widerständig und einengend erleben.

Das kulturelle Subsystem stellt die spannende Frage. wieweit identifizieren sich die Beschäftigten mit ihrem Amt und ihrem hoheitlichen Auftrag? Lebt dieses Amt nach erkennbaren Leitsätzen? Gibt es Ansätze dazu, sich über das Menschenbild zu verständigen, wie man sich selbst und die Kunden sieht, wie sich begegnet? Welche Denkgewohnheiten tragen die gemeinsame Arbeit?

Fragen zur Supervision

Für die Supervision beginnt eine Gratwanderung: Auf der einen Seite die offensichtliche Notwendigkeit, die neuen Strukturen gemeinsam mit den Menschen, die in ihnen arbeiten, in die Organisation zu integrieren und die Entscheidungs- und Informationsprozesse zu unterstützen, auf der anderen Seite die Veränderungsängste der Menschen auf allen Hierarchiestufen des Systems. Einerseits bin ich überzeugt, daß meine supervisorische Arbeit eine sinnvolle Begleitung für die Menschen ist, die sich mit der Verwaltung, mit ihrem Amt verändern sollten, andererseits frage ich mich, ob der Druck von außen nicht so groß sein kann, die Ängste vor Veränderung nicht so tief stecken könnten, daß ich scheitern muß. Mir ist nicht ganz klar, ob es möglich ist, unter diesen Rahmenbedingungen die Einstellung wirklich zu verändern – ob die Änderungen nicht vielmehr bei den Menschen sichtbar werden, die jetzt Anteile in ihre Arbeit einbringen, die bisher keinen Platz hatten. Das würde ja bedeuten, der Wandlungsprozeß und mit ihm die Supervision geben vielleicht nur die „Erlaubnis", jetzt Fähigkeiten in die Arbeit und in die Kommunikation einzubringen, die bisher dort einfach nicht erwünscht waren. Wie und woran kann ich einen Erfolg der supervisorischen Begleitung ablesen? Kann es Aufgabe der Supervision sein, über individuelle Lernprozesse und solche in Gruppen, den „von oben" eingeleiteten Veränderungsprozeß umsetzen zu helfen, ihn fruchtbar zu machen? Wie groß ist die Gefahr, daß ich als Erfüllungsgehilfin des Ministeriums gesehen werde und Widerstand säe? Was kann die besondere Leistung der Supervision sein? Welche Hindernisse stehen dem Lernen im Wege? Widerstand gegen Veränderung wird sich vermutlich im eher passiven Gewand zeigen: wird er zu einem dominierenden Thema werden?

4. Was hat die Supervision gebracht?

Von der Abschlußveranstaltung mit allen Beschäftigten des Amtes erhoffte ich mir ein Bild über den Erfolg. An dieser Tagesveranstaltung wollten alle Beschäftigten gemeinsam das Arbeitsvolumen der ausgeschiedenen Mitarbeiter umverteilen. Ein Schritt war die Bestandsaufnahme, der wichtige zweite die Suche nach Freiwilligen, die einzelne Anteile der Arbeit mit übernehmen wollten – und damit „fremde" Arbeitsbereiche annehmen würden. Mein inneres Erfolgskriterium war die Bereitschaft, über den eigenen Tellerrand zu schauen, sich Neues zuzumuten, sich für die Arbeit der anderen zu interessieren -,ein Signal zu setzen, daß in diesem Amt eine gemeinsame Verantwortung für die Aufgaben gewachsen ist. Hat die Supervisionsarbeit so viel Gemeinsamkeit und Vertrauen wachsen lassen? Ein weiteres Erfolgsmerkmal erwartete ich in der reibungslosen Zusammenarbeit beider Gruppierungen: würden diejenigen, die nicht an dem Supervisionsprozeß teilgenommen hatten, sich in den Arbeitslauf integrieren lassen, würden sie gleichberechtigt mitmachen?

Dieser letzte Tag entsprach methodisch und in der thematischen Anlage einem OE-Prozeß, nicht der Supervision. Klare Aufgaben und klare Strukturen ermöglichten eine reibungslose und auch einigermaßen vertrauensvolle Zusammenarbeit. Die Bereitschaft, das eigene Arbeitsvolumen transparent zu machen, konnte nicht 100%ig geweckt werden, aber doch ausreichend für das nötige Ergebnis: es fanden sich Beschäftigte, die am Ende des Tages bereit waren, bei Bedarf zusätzliche Aufgaben zu übernehmen. Der Amtsleiter hat sich aus diesem Entscheidungsfindungsprozeß weitgehend rausgehalten, nahm eher eine zuschauende Rolle ein. In mir weckte das den Verdacht, daß er möglicherweise die Entscheidungen und Vorschläge der Beschäftigten, die an diesem Tag erarbeitet wurden, nicht zu seiner Sache machen würde. Hier fehlte unserer

Arbeit die Struktur und die Verbindlichkeit, die ein OE-Prozeß in seinem Kontrakt beinhaltet hätte: Vereinbarungen würden z.B. durch die Steuergruppe überprüft werden können. Die Supervisionsgruppe hatte im feedback-Bogen „Verantwortung" und „Vertrauen" als wichtiges Ergebnis bezeichnet. Daß sich die Verantwortung auch auf die anderen Beschäftigten erstreckte, zeigt sich darin, daß dieser Schlußtag mental gut vorbereitet wurde, um die Integration zu ermöglichen. Dieses Ziel wurde zumindest für diesen Tag erreicht, der befürchtete Graben wurde nicht sichtbar. Die Erfolge des Supervisionsprozesses liegen im sozialen Subsystem, sie haben Früchte für die Abläufe und die Funktionen gebracht. Damit könnte ich zufrieden sein – aber ich fürchtete um die Tragfähigkeit. Es fehlte die Arbeit an der Identität, Strategie und Programm, aber auch an den Strukturen im Amt. Ich sehe nicht, wie Supervision diese Arbeit leisten kann. Und so befürchte ich, daß nach einiger Zeit nicht viel mehr als die Erinnerung an interessante Tage geblieben sein wird. Man wird sich daran erinnern, daß die eine oder andere Anregung für den Umgang im Amt und für einige Abläufe entstanden sind.

Einerseits reicht mir dies als Ergebnis – und doch wünschte ich mir mehr, eben einen OE-Prozeß, der Lernen im Amt möglich machen würde. Gerne möchte ich die Amtsleitung stärken auf dem Weg, Verantwortungen für das Leben und Arbeiten in diesem Amt auf kommunikative Weise wahrzunehmen.

Literatur

Baumgartner, I. (1988): OE-Prozesse. Die Prinzipien systemischer Organisationsentwickkung. Müchen

Glasl, F. (1994): Das Unternehmen der Zukunft. Stuttgart

Glasl, F., Lievegoed, B. (1993): Dynamische Unternehmensentwicklung. Bern-Stuttgart

Lothmar, P. u.a. (1993): Verwaltungsreform durch Organisationsentwicklung. Müchen (3. Aufl.)

Naschold, F. (1995): Ergebnissteuerung, Wettbewerb, Qualitätspolitik. Entwicklungspfade des öffentlichen Sektors in Europa, Bd. 1. Berlin

Senge, P. (1996): Die fünfte Disziplin. Stuttgart

Sprenger, R.K. (1996): Das Prinzip Selbstverantwortung. Frankfurt-New York

Stahmer, I., Brauner, T. (1994): Öffentliche Verwaltung: Über große Pläne und kleine Schritte, in: H. Pühl (Hg.), Handbuch der Supervision 2. Berlin

Schriftenreihe der Stabsstelle für Verwaltungsreform (1996): Verwaltung 2000, Das Mitarbeitergespräch

Schule in Bewegung – Beiträge von Supervision und Organisationsentwicklung

Jürgen Mietz

Im folgenden möchte ich Supervision und vor allem durch ihren Institutionsbezug als Möglichkeit persönlicher und schulischer Weiterentwicklung darstellen. Dabei stelle ich einige für mich wesentliche Zugänge durch Beispiele vor. Dann gehe ich darauf ein, wie Supervision zur Verantwortungsklärung beiträgt – einer zentralen Voraussetzung für die Entwicklung von Schule. Anschließend befasse ich mich damit, daß Supervision für Schule noch ein fremdes Ereignis ist, sie aber wesentliche Beiträge dazu beisteuern kann, Schule eine lernende Organisation werden zu lassen. Anschließend stelle ich Überlegungen an, wie das Beratungssystem für Schule und wie Schule selbst weiterentwickelt werden müssen, damit Supervision ihre Wirkung entfalten kann. Zum Schluß stelle ich einen Zusammenhang zwischen der Tiefe von Schulentwicklung, den Möglichkeiten von Supervision und Organisationsentwicklung einerseits und dem politisch-gesellschaftlichen Umfeld von Schule andererseits her.

1. „Und sie bewegt sich doch"

So gibt sich trotzig-lebenswillig im Untertitel das neue Entwicklungskonzept „Stärkung der Schule" des Schulministeriums in NRW. Als gelte es, sich galileisch-aufklärerisch gegen einen mittelalterlich finsteren Irrglauben zu stemmen. Die Ministerin in den Fußstapfen eines Bekenners der Vernunft und eines Verfolgten irrationaler, mächtiger Kräfte. Die, die davon redeten und schrieben, die Schule ersticke an ihrem Bürokratismus und mit ihm werde Lernfreude und Neugier abgetötet, sehen sich eines Besseren belehrt. Die staatliche Bürokratie klärt uns auf: Sie bewegt sich doch, die Schule. Ähnliches ist aus allen Bundesländern zu hören. Der Satz der Schulministerin aus NRW signalisiert aber noch etwas anderes als die grundstürzende Erkenntnis der Bewegungsfähigkeit. Der Staat selbst mache sich zum Motor der bewegten Schule und fülle sie mit Leben, ist die Botschaft.

Also ist es an der Zeit, die Mittel der Erneuerung zu sichten und zu prüfen. Wird sich die Schule ihnen zugänglicher zeigen als in der Vergangenheit? Der Schule und der Gesellschaft wird mit dem Entwicklungskonzept – beziehungsweise mit den unterschiedlichen Konzepten der Länder – signalisiert, was die neue Schule keinesfalls mehr sein soll: bürokratisch, fremdbestimmt, hierarchisch die Gestaltungskräfte der eigentlichen Akteure begrabend. Vielmehr soll sie zu einem Ort der Lebendigkeit der Menschen und Kulturen werden. Die in der Schule Wirkenden sind aufgefordert – entgegen der jahrhundertealten Tradition von Schule – in einen Dialog einzutreten und Schule von unten zu gestalten. Ungeachtet der Zweifel der Reformvermeidungsroutiniers („auch diese Reform werden wir überstehen") und der Skeptiker („warum gerade jetzt Beteiligung und Demokratie?") stehen die Mitglieder der Schule vor der Aufgabe, über das Schulprogramm ihrer Schule zu befinden und sich gegenüber den neuen Forderungen des Arbeitgebers und Dienstherrn zu verhalten. Es steht der Schritt an vom „Ich und mein Unterricht" zum „Wir und unsere Schule".

Eine nie da gewesene Aufgabe der Selbstverständnisklärung, des professionellen Austauschs über Zwecke und Ziele der Schule in einem konkreten institutionellen, lokalen und regionalen Kontext steht den Pädagogen bevor. Konsensfindung traditioneller Individualisten und Einzelkämpfer steht auf dem Programm. Lehrer und Lehrerinnen müssen sich über Ziele, Methoden der Zielerreichung und über Bewertungskriterien für Curriculum- und Schulentwicklung verständigen. Was früher durch Reglement und Weisung, durch Lehrplan und Richtlinie geklärt war, bedarf nun der Mühen des Aushandelns und der Abstimmung. Lehrer und Lehrerinnen werden mit Konflikten umgehen (müssen), benötigen Selbstbewußtsein, wenn sie Ideen in den Ring der Schulgestaltung werfen; müssen Spannungen, Ängste und Unsicherheiten aushalten und mit ihnen sensibel und selbstverständlich umgehen lernen, wenn sie ihre Schule zu einem Ort der Lebendigkeit und Entwicklung umgestalten wollen. Es hat den Anschein, Schule solle neu erfunden werden: Zur lernenden Organisation soll sie werden, wie ein moderner Betrieb. Kann mehr aus den Verkündigungen werden als eine Aufbesserung des Image?

2. Werkzeuge schulischen Wandels

Sollen die Ziele einer „grundlegenden Neuorientierung", soll Schule zu „Selbstbestimmung und Entwicklung eigener Lebens-Sinnbestimmungen" beitragen, sollen „Wissensvermittlung und Persönlichkeitsbildung zusammengesehen" werden, in „Lernzusammenhängen Identitätsfindung und soziale Erfahrung" (Bildunsgkommission NRW 1995, S. XI – XIV) stattfinden, bedarf es vorurteilsfreier Bereitstellung und Nutzung aller unterstützenden, schulberaterischer Ressourcen, neben jenen zeitlicher, räumlicher und organisatorischer Art. Supervision und Organisationsentwicklung bieten sich für die genannten Qualifizierungs- und Umgestaltungsaufgaben als wichtige Hilfsmittel an. Der ISP (Dalin 1996) – Institutioneller Schulentwicklungsprozeß, vormals Institutionelles Schulentwicklungsprogramm – hat als Instrument der Schulentwicklung über NRW hinaus Bedeutung erlangt. Ein weiteres wichtiges Mittel der Schulentwicklung ist die Schulleiterfortbildung. NRW konzentriert wesentliche Mittel auf diese Aufgabe. Hinzukommt das Konzept des eigenverantwortlichen Lernens, wie es von Klippert (1994, 1997) vertreten wird. Hier geht man davon aus, daß über Anleitung zu selbstgesteuertem Lernen ein Transfer auf das Lehrerhandeln stattfindet.

Supervision als Mittel der Schulentwicklung und Qualitätsverbesserung spielt bei den Bemühungen der Bildungsplaner um einen Wandel der Schule eine geringe Rolle. Sie gilt in der Regel, wenn sie überhaupt zur Kenntnis genommen wird, als Mittel für

Lehrer und Lehrerinnen, die unterrichtliche Praxis zu vervollkommnen, und Erziehungsprobleme zu mindern. Supervision wird eher als Mittel der Psychohygiene verstanden denn als innovatives Element für Qualitäts- und Schulentwicklung aufgefaßt. Die Möglichkeit der Professionalisierung ist in diesem Verständnis eher auf den unterrichtlichen und erzieherischen Aspekt beschränkt und bezieht den institutionellen Aspekt nicht mit ein. In der einen wie in der anderen Form hat Supervision Seltenheitswert, obwohl ihre Wirkungen als hilfreich eingeschätzt werden (vgl. Meidinger u.a. 1996, S. 172 ff.). Sie findet häufig als zusätzliche Veranstaltung der Lehrer und Lehrerinnen in unterrichtsfreier Zeit statt. In Bremen ist sie Bestandteil der Lehrerausbildung (Lange-Schmidt 1992).

Regionale Schulberatungsstellen und Schulpsychologische Dienste bieten sie an, wie auch „frei" arbeitende Supervisor/inn/en.

3. Anmerkungen zu den Begriffen „Organisation" und „Institution"[1]

Ich unterscheide zwischen dem Begriff der Organisation und jenem der Institution. „Institution" enthält für mich, daß die Menschen mit ihrer „ganzen" Geschichte anwesend sind, ihre Subjektivität an diesem Ort zum Tragen kommt und daß die Art, wie der Zweck der Organisation erfüllt wird, möge er noch so rational definiert sein, von der Geschichte und den Geschichten der Mitglieder geformt ist. Die Institution vermittelt zwischen Subjekt und Gesellschaft (vgl. Bauer u.a. 1995). „Organisation" bedeutet für mich den eher sachlich, rational aufgefaßten Aufbau eines Zusammenschlußes von Menschen und Sachmitteln zur Erreichung eines Zwecks, wie zum Beispiel der des Unterrichtens und Erziehens.

An den Gedanken der Institution als Vermittlungsstelle zwischen Subjekt und Gesellschaft schließt sich das Konzept von Supervision als Mittel zur Institutionsanalyse und -entwicklung an. Supervision als Institutionsanalyse verschafft ein hohes Maß an Erkenntnismöglichkeiten und Reflexionsebenen. Sie integriert Subjektivität und gesellschaftlichen Zweck. Der Supervisor nutzt die Beziehung zu seinen Kooperationspartnern und -partnerinnen und seine emotionale Leistungen (Wellendorf 1994), wie sie darin gefordert sind und wie sie sich darin zeigen. Eine Sensibilität für Zustände der Verwirrung und der Unklarheit, für Systematiken der Konfliktinterpretation und -lösung, für Regelverstöße und Regelbildung gehört zu seinem Arbeitsrepertoire; es gilt, sich auf die Dynamiken der fremden Institution einzulassen, sich von ihr verführen zu lassen – aber auch, sich ihrer bewußt zu werden und im Dialog mit den Mitgliedern der Institution neue Handlungsspielräume für alle Beteiligten zu gewinnen. Verwirrungen, Unklarheit und andere Gefühle in der Arbeit mit einer Schulleitung, einem Kollegium oder einer Teilgruppe sollten nicht durch Methoden oder wissenschaftliche Theorien „beseitigt" werden; vielmehr können ‚merkwürdige' Gefühle und Wahrnehmungen erkenntnisfördernd sein, wenn der Supervisor sie (sich) gestattet und ihnen institutionelle Relevanz zuschreibt.

Bewußt ziehe er kein methodisches Verfahren vor, schreibt F. Wellendorf (1979). Er will damit verhindern, daß durch bestimmte Vorkehrungen Erfahrungen eingeschränkt werden. Bleibt die Situation offen, formieren sich darin bestimmte Muster der Institution und werden so der Bearbeitung zugänglich.

---

1 Eine Definition dazu findet sich ebenfalls im Einleitungsbeitrag von H. Pühl. – Der Hrsg.

4. Entwicklung durch institutionsbezogene Supervision – Beispiele

Ich möchte nun Supervision als eine Form der Institutionsentwicklung darstellen. Zum besseren Verständnis schicke ich einige Bemerkungen über den beruflichen Rahmen meiner schulpsychologischen und supervisorischen, wie auch über den Stellenwert von Supervision voraus. Als sogenannter Landesbediensteter gehöre ich der selben Organisation an wie die Lehrer und Lehrerinnen. Durch die Ansiedlung in einer Beratungsstelle, die für die Schulen des Stadtgebietes zuständig ist und durch die Zugehörigkeit zu einem anderen Aufsichtsstrang – einer Stabsorganisation vergleichbar – bin ich für die Schulen Externer. Im Sinne der Zugehörigkeit zur Bildungsorganisation – mit von einer bestimmten Ebene an gleichen Vorgesetzten – bin ich Interner.[2] Zu den Aufgaben der Schulpsychologie gehört es unter anderem, Schulen und Lehrer und Lehrerinnen zu beraten und diese in ihrer Entwicklung zu unterstützen. Supervision als ein Mittel, diese Aufgabe zu erfüllen, wird von der Organisation nicht gefördert. Wichtige Meinungs- und Kulturträger, wie Aufsichten und Schulleiter, kennen und akzeptieren sie in der Regel nicht als Mittel der Qualitäts- und Schulentwicklung; sie verorten sie auf der Landkarte ihrer Einflußzonen und ihrer Verantwortungsbereiche nicht selten als Konkurrenz oder Störfaktor. Supervision hat somit einen schweren Stand, zumal wenn sie institutionsbezogen sein will.

Ausgangspunkt einer Supervisionsanfrage ist in der Regel der „schwierige Schüler". In der Klärungsphase für eine Supervision kann jedoch rasch deutlich werden, daß Strukturen der Schule, ihre Regeln und Rituale auf das engste mit den persönlichen Handlungsmöglichkeiten verknüpft sind und daß man darauf „ein Auge" haben solle. So scheint einer institutionsbezogenen Supervision nichts im Wege zu stehen. Jedoch ist diese Zustimmung zwiespältig: Sie entlastet von Schuldgefühlen; sie ist aber auch (meist hintergründig) beängstigend, weil sich die Frage nach nächsten Schritten stellt, nach der Bereitschaft, seine Verantwortung in den Beziehungen der Institution neu zu definieren: Wie ist man an diesen Strukturen beteiligt, wie profitiert man von ihnen, wie ist man auf sie als Unterbau für die berufliche Handlungsfähigkeit angewiesen? Was ich damit an dieser Stelle sagen will: Die anfängliche Zustimmung, die Strukturen in den Blick zu nehmen, kann sich für Leitungen und Teams als Überforderung herausstellen. Den Kontrakt umzuschreiben und die Realität anzuerkennen, ist dann eine Schwierigkeit für alle Beteiligten.

Es ist die fehlende Reflexionskultur der Schule, die dafür sorgt, daß Spannungen und Konflikte in der Sondierungsphase nur begrenzt thematisiert werden können. Sie sind für viele Gruppen schwer erträglich; so wünschen sie eher einen raschen Einstieg in die Arbeit. Um den Widerstand nicht zu erhöhen, stimme ich dem oft zu, mit der Folge, daß die Nachfrageanalyse und die Arbeit an den Stukturen im Laufe einer Supervision immer wieder eingeschoben werden müssen. Im ungünstigen Fall stößt aber auch das auf Widerstand, so daß die Beteiligten mit dem Eindruck auseinandergehen, man habe sich unter falschen Voraussetzungen getroffen. Das Risiko gehe ich ein.

2 Zur Positionierung des internen Supervisors siehe den Beitrag von H. Pühl über „Moderne Team-Supervision". – Der Hrsg.

Von persönlichen Unzulänglichkeiten zu institutionellen Mustern

Eine an einer Schule neue Beratungslehrerin meldet sich bei mir in der Schulberatungsstelle im Namen einer Gruppe von Kolleginnen und Kollegen, die den Wunsch nach Supervision haben. Die Lehrerin hat die Information über den Schulleiter bekommen, den ich eine Zeitlang supervidiert hatte.

Die Thematik der ersten Sitzungen war im Kontrakt noch nicht sehr genau festgelegt, da die Interessen ein weites Feld abdeckten: sie reichten vom erziehungsschwierigen Schüler bis zum diffusen Gefühl, man überfordere sich an der Schule ständig, Absprachen würden nicht eingehalten und so weiter. Die pädagogischen Ansprüche (Schüler- und Elternorientierung in einem benachteiligten Stadtteil, innovative Schule mit fächerübergreifendem Unterricht) sind hoch. Die Lehrer und Lehrerinnen – auch die der Supervisionsgruppe – teilen diese Ansprüche, geraten aber auch in Widerspruch zum Schulleiter, der sie verkörpert. Was an die Thematik der gemeinschaftlichen Selbstüberforderung durch die ausgewiesenen pädagogischen Konzepte rührt, wird als Thema der Supervision „abgewählt". So vereinbaren wir Fallarbeit mit der Option, das institutionelle Gefüge gelegentlich in den Blick zu nehmen.

Eine Lehrerin trägt Schwierigkeiten mit einem Schüler vor, der ihre Anweisungen nicht befolge. Von der Leitung wird ihr mangelnde Anschlußfähigkeit an Schüler vorgehalten. Von Gesprächen mit der Schul- und Stufenleitung hatte sie den Eindruck mitgenommen, es fehle ihr an der Fähigkeit, die Schüler mit „moderner" Pädagogik zu fesseln und die Beziehung Lehrerin – Schüler zu stärken und belastbar zu machen. Sie war mit der Frage beschäftigt: Was fehlt mir? Warum kann ich die Jugendlichen nicht für mich einnehmen? Tatsächlich ergeben sich für die These einer „eingeschränkten Kommunikationsfähigkeit" seitens der Lehrerin auch in der Supervision Anhaltspunkte – jedoch nehme ich diesen Faden nicht auf, zumindest nicht zu diesem Zeitpunkt; mir ist zunächst daran gelegen, die Bedeutung halbbewußter Regeln der Institution herauszuarbeiten und nicht in den Chor der „Selbstbezichtigung" einzustimmen.

Ich gehe meinen Gefühlen von Hilflosigkeit und Wut nach. Sie entstehen aus einer Identifikation mit der Lehrerin: Ich spüre ein Nicht-Ernstgenommen-Werden; „mir" wird mit idealisierenden Ratschlägen „meine" Wahrnehmung bestritten; die Leitung macht es sich leicht, wenn sie die – zweifellos sozial gedachten – Grundsätze propagiert und predigt, aber auf die Gefühle und subjektiven Theorien der Lehrerin nicht eingeht – so meine Phantasie.

Im Rollenspiel und in seiner Auswertung zeigte sich: Was als persönliche Durchsetzungsschwäche beschrieben war, war verknüpft mit einem mehr oder weniger deutlichen Bündnis einiger Leitungspersonen mit „auffälligen" Schülern, denen sie signalisierten, sie würden anders handeln als die Lehrerin. Mit dem Fokus auf solch „verrutschte" Bündnisse und auf die mitschwingenden Gefühle eröffnete sich ein Zugang zu einem der Leitthemen, unter denen die Supervision lange Zeit stehen sollte: Wie nehmen andere mich ernst und vor allem: Wie ernst nehme ich mich selbst, wie nehme ich meine Verantwortung für mich wahr? Damit ist ein Rahmen geschaffen, das individuelle berufliche Handeln immer auch auf die Umgangsformen der Institution zu beziehen und sich nicht in der Suche nach individuellen Fehlern und Lösungen zu verlieren.

Problemverschiebung

Die Hypothese der Problemverschiebung in Institutionen (Pühl 1996, S. 14) ermöglichte es in diesem Beispiel, sich ein vorläufiges Bild über das Zusammenspiel institutioneller Regeln und individuellen Handelns zu machen. Die Hochwertigkeit bestimmter pädagogischer Ziele, ihre soziale Erwünschtheit wie auch eine Bereitschaft zu autoritären und Verantwortung mindernden Umgangsformen hatten Zweifel an der Umsetzbarkeit der expliziten und impliziten Konzepte in den Hintergrund treten lassen. Die Lehrer und Lehrerinnen versuchten, den erwünschten Zielen nachzukommen – in einer Mischung aus Anstrengungsbereitschaft und Abwehr von Schuld und Angst verschoben sie die Verantwortung auf die Leitung oder auf die Schüler und Schülerinnen. Die Frage nach der individuellen und institutionellen Verantwortung der Lehrer und Lehrerinnen für die Erfüllung des Auftrags der Gesellschaft stellte sich kaum noch. Die heiklen emotionalen Aspekte der Aufgabe, ihn kollegial-institutionell zu konkretisieren und „klein" zu arbeiten waren ausgeblendet.

Die Schulleitung hatte sich den schwierigen Aufgaben der Vermittlung und Umsetzung ihres pädagogischen Konzepts nicht gestellt. Zudem war es innerhalb der Leitung umstritten, so daß sie diese ungelösten Probleme verschob und die Lehrer und Lehrerinnen verantwortlich zu machen versuchte, etwa indem sie auf mangelhafte Durchsetzung oder Kontaktfähigkeit abhob. So konnte der Eindruck entstehen, das Humane und Soziale solle manipulierend durchgesetzt werden. Die relative Macht der Leitung gegenüber der Lehrerin erlaubte es, dem Wagnis der Kooperation und der Selbst-Infragestellung auszuweichen. Die an der Lehrerin festgemachten Defizite waren tatsächlich auch jene der Leitung. Der Leitung traten die eigenen, unbemerkten Defizite in der Lehrerin gegenüber; so brauchten sie nicht der eigenen Verantwortlichkeit zugeschrieben werden.

Mit dieser „Dynamik" schützen wir oft unser überfordertes oder schwaches Selbstbewußtsein: Was uns unlieb und bedrohlich ist spalten wir von uns ab, entdecken es im anderen und bekämpfen es dort vehement. So verlassen wir uns auf Machtpositionen und Manipulationsfähigkeit zur Durchsetzung hehrer Ziele. Schulleiter und Lehrer (und andere) umgehen so die Auseinandersetzung mit ihren Idealen und Konzepten, die auf konkrete Personen in Verbindung mit den konkreten Aufgaben bezogen werden müßten. Die Problemverschiebung schützt vor solch anstrengender Arbeit.

Die Bewußtwerdung des Mechanismus' des Verschiebens von Problemen (und Konflikten) im Fallbeispiel zog Fragen nach sich: Was ist „meine" Verantwortung im gemeinschaftlichen Prozeß des Schulemachens, welche Verantwortung tragen „andere"? Es konnte die Frage gestellt werden: Was macht mich anfällig für die Übernahme verschobener Konflikte? Für die Mitglieder der Supervisionsgruppe waren diese Erfahrungen Anlaß, mit konkreten Vorschlägen an die Schulleitung heranzutreten, sensibler für Grenzüberschreitungen zu sein und auf Einhaltung von Grenzen zu bestehen. Diese Erfahrungen wirkten nicht nur auf den Umgang der Lehrpersonen untereinander; sie beflügelten auch die Interaktion Schüler – Lehrer und gaben der sogenannten Fallarbeit in der Supervision Impulse.

Der Fall- und der Institutionsbezug der Supervisionsarbeit wie auch deren Produktivität sorgten im gemeinsamen Auswertungsgespräch unter Mitwirkung des Schulleiters dafür, daß die Supervision künftig als Fortbildung in den Stundenplan der Schule integriert werden konnte. Damit ist keineswegs gesagt, daß nun eine harmonische Schulentwicklung gesichert war: Im Leitungsgremium brachen über die Institutionalisierung der Supervision Meinungsverschiedenheiten hinsichtlich Schulentwicklung und der Rolle von Supervision auf.

In dem Zusammenhang tauchte für mich die Frage auf, ob die anfängliche Anregung des Schulleiters an die die Supervision nachfragende Lehrerin nicht schon Teil des Konflikts und seiner Verschiebung oder auch seiner verdeckten Bearbeitung war. Vielleicht hätte eine genauere Analyse der Nachfrage zu Beginn der Beratung mehr Klarheit geschaffen; andererseits ist fraglich, ob all das erkennbar und auszusprechen war und ob nicht der hier skizzierte Prozeß für mich die emotionale Grundlage war, der Supervisionsgruppe und der Schulleitung bei der Weiterentwicklung ihrer Aufgaben behilflich zu sein zu können. – Das kann nur ein kleiner Hinweis darauf sein, daß für den Supervisor kollegiale und externe Supervision unverzichtbar ist, will er einer komplexen Institution, wie Schule eine ist, gewachsen sein.

Familiale Muster und institutioneller Auftrag

Im vorgenannten Beispiel fanden sich viele familiale Strukturen und Verhaltensmuster. „Wir müssen doch einmal unsere Papi-Angst überwinden", sagte eine Lehrerin, als es darum ging, ob der Schulleiter zu einer Auswertungssitzung eingeladen werden sollte. Wir neigen dazu, das, was wir in familialen Bindungen über Beziehungsgestaltung gelernt haben, in Organisationen, die einen sachlichen Zweck zu erfüllen haben, anzuwenden. Je mehr Verwirrung um den Auftrag herrscht – und das scheint mir auf Schule zuzutreffen –, desto mehr neigen die Mitglieder dazu oder laden einander dazu ein, die Organisation als Bühne für die unreflektierte Fortsetzung ihrer Familiengeschichten und Familiendramen zu benutzen.

„Wenn Institutionen jedoch dazu da sind, einen gesellschaftlichen Auftrag zu erfüllen, benötigen sie dazu Mitarbeiter, die sich aus ihren familiären Bindungen gelöst haben und bereit und in der Lage sind, in gewissem Umfang auf ihre infantilen Wünsche und Erwartungen zu verzichten" (Oberhoff 1996). Ist die Praxis der Organisierung und Strukturierung des Auftrags nicht Gegenstand regelmäßiger Reflexion und Anpassung, gerät der Auftrag und das Klientel, hier Schüler und Schülerinnen, leicht aus dem Blick. Es wird der Illusion Vorschub geleistet, die Schule könne der Ort sein, an dem sich Konflikte und Themen der Familiengeschichte ungebrochen fortsetzen ließen.

In einer Phase, in der der Umbau der Schule auf der Tagesordnung steht, die Perspektiven aber unklar sind, kann es leicht geschehen, daß alte Strategien der Machtdurchsetzung, der Kontrolle, der Angstbewältigung durchschlagen und zusätzlichen Konfliktstoff produzieren. So kommt es vor, daß die Mitglieder der Schule ihre je eigenen Stücke spielen. Aber welches Stück gemeinsam zur Aufführung gebracht werden kann und soll – das gerät leicht ins Hintertreffen. Institutionsbezogene Supervision ist eine Hilfe, den gesellschaftlichen Auftrag, die Schule mit ihren Untergruppen und die Personen mit ihrer Emotionalität bei der Erfüllung des Auftrags in den Blick zu nehmen. Sie fördert Entwicklung, indem sie anregt, über die Vielschichtigkeit beruflichen Handelns zu reflektieren und Konsequenzen für die Praxis daraus zu ziehen. Sie leistet damit einen Beitrag zur Schulentwicklung.

Das Phänomen der Spiegelung als Zugang zur Schuentwicklung

Die fallbezogene supervisorische Arbeit an den schwierigen Fragen des Umgangs mit Schülern und Schülerinnen bietet zwar keinen automatischen Zugang zur Schulanalyse und -entwicklung, kann jedoch dafür sensibilisieren. Der Wechsel zwischen den Ebenen „Fall" und „Institution" ist deshalb naheliegend und möglich, weil in der Regel in der sogenannten Fallarbeit Strukturen und Inhalte des Umgangs der Institution mit sich selbst auftauchen. Ähnliche Szenen wiederholen sich an verschiedenen Orten der Institution Schule (und der Gesamtorganisation Bildungswesen), weil der „Mechanismus der Identifikation" (Bauriedl 1996) greift. Das möchte ich mit einem weiteren Beispiel erläutern.

Eine Gruppe von Lehrern und Lehrerinnen sucht mit Wissen und Zustimmung des Schulleiters Supervision für den Umgang mit extrem schwierigen Schülern. Zu aller Überraschung gestaltet es sich für die Lehrer und Lehrerinnen außerordentlich schwierig, problematische Fälle vorzutragen. Mir half schließlich die Überlegung weiter, es könne sich um die Spiegelung einer Szene der Schule handeln.

Bis vor einigen Jahren wurde die Schule von einem autoritären und wenig kommunikationsfreudigen Rektor geleitet. Das war gut fürs Erkennen der Leitlinien, schlecht für die Entwicklung von Kooperationsfähigkeit in der Schule. Der Nachfolger (der schon angespochene Schulleiter), aus dem Kollegium stammend, wollte alles vermeiden, was an die alten Zeiten erinnerte. Er griff fast nicht strukturierend ein. Jeder müsse seinen eigenen Weg finden, war sein Leitsatz. Die neue Liberalität schuf nicht – wie ein großer Teil des Kollegiums und der Schulleiter gehofft hatte – in einem Prozeß der Selbstorganisation automatisch kooperative Strukturen; vielmehr spielte nun Sympathie (statt Professionalität) die entscheidende Rolle – und die war für die Klärung pädagogischer Konflikte und die Bearbeitung emotionaler Belastungen im beruflichen Kontext keineswegs ausreichend. Pädagogische Konflikte, die mit ihnen einhergehenden Belastungen und vor allem die damit unvermeidliche Beurteilung der individuellen Unterrichts- und Erziehungspraxis – für kollegiale Beurteilung fehlten aus den Jahren der autoritären und liberalen Führung Regeln des Umgangs – waren angstbesetzt und weiterhin tabu.

Hinzu kam, daß der Schulleiter die Haltung verbreitete (welche auf viel Zustimmung stieß, aber auch Ratlosigkeit hinterließ), man dürfe seinen Lebenssinn nicht allein aus der Schule ziehen. Damit war die Institution als Ort der Klärung beruflicher Fragen tendenziell funktionslos geworden. Das drückte sich auch im Zögern der Supervisionsgruppe gegenüber der Fallarbeit aus; die schulische Kultur war auch in Supervisionsgruppe wirksam.

Später wurde erkennbar: Der Widerstand[3] war auch Ausdruck eines Lösungsversuchs für ein gravierendes, bisher nicht bearbeitbares Problem und womöglich der tiefere Grund für die Supervisionsnachfrage. Die schwierige Schülerschaft hatte die Kompetenz- und Rollensicherheit der Lehrer und Lehrerinnen untergraben. Es gab eine Tendenz, sich mit Fallsupervision den schwierigen Aufgaben zu stellen; gleichzeitig war sie eine Bedrohung für die relative Sicherheit, die der bisherige modus vivendi bot. In der Supervisionsgruppe spiegelte sich die Blockade der Schule.

---

3 Mit der Problematik des Veränderungswiderstandes beschäftigt sich der Beitrag von H.-U. Thiel in diesem Band. – Der Hrsg.

Das Kollegium hatte mit den tradierten Mustern der Problembewältigung keinen Weg finden können, sich mit den diffus andeutenden divergierenden (Rollen-)Interpretationen und Lösungsansätzen zu befassen. Für die Gruppe bedeutete die Auseinandersetzung mit dem Zögern gegenüber der Fallarbeit zunächst, daß sie reflektieren konnte, ob die Supervision eine Gelegenheit zur Differenz sein sollte. Die Lehrer und Lehrerinnen gingen schließlich das Risiko des Experiments ein und wagten sich auf unbekanntes Terrain. In diesem Fall war auch der Schulleiter daran interessiert, sein Führungskonzept weiterzuentwickeln. In anderen Fällen zeigt sich die Schulleitung an einer solchen Auswertung ähnlicher Szenen der Institution nicht interessiert.

Beratung als Supervision, Moderation und Projektentwicklung

Die Aufgaben eines Schulpsychologen halten eine Vielfalt von Rollen bereit. Darin liegen Gefährdungen, aber auch Chancen. Es ist fast überflüssig, darauf hinzuweisen, daß – soll diese Komplexität bewältigt werden – kollegiale und externe Supervision vonnöten ist. Gerade, wenn Schulen neue Konzepte und Kooperationsformen entwickeln wollen, kann die Wahrnehmung unterschiedlicher Rollen durch den Schulpsychologen zwischen Supervisor, Moderator und Projektförderer nützlich sein.

Kooperations- und Kommunikationsfähigkeit der Lehrer und Lehrerinnen erlangen für die Bewältigung der neuen Aufgaben immer größere Bedeutung. Dabei prallen unterschiedliche Selbstverständnisse und Kulturen aufeinander. Sie müssen versöhnt, aber nicht gleichgemacht werden; die Unterschiedlichkeit ist unverzichtbare Basis der neuen pädagogischen „Produkte". Es bedarf einer Kultur des Kennenlernens, Respektierens, aber auch der Infragestellung. Einerseits muß Raum für Vertraulichkeit gegeben sein, andererseits ist institutionsbezogenes Denken gefragt und ein Hinausgehen aus der Intimität. Diese Beschreibung gilt meines Erachtens für den Wandel der Schule allgemein. In den Projekten des gemeinsamen Unterrichts Behinderter und Nichtbehinderter findet sich das häufig schon in konkretisierter Form. Ich will im folgenden die Entwicklung eines solchen Projektes skizzieren.

Lehrer und Lehrerinnen in dieser Arbeit sind in der Regel besonders engagiert. Andererseits fürchten sie, daß das von „der" Politik ausgenutzt werden könnte, etwa, indem die materiellen Ressourcen beschnitten werden. Dennoch wollen sie „ihr" Projekt nicht scheitern lassen. Hier stellt sich immer wieder die Frage nach dem individuellen Engagement und dem Erfordernis, mit den Kräften hauszuhalten; gegebenenfalls nicht die „Verantwortlichen" für den geleisteten und nicht gelohnten Einsatz anzuklagen. Ein hohes Maß an Selbstklärung der Motive eigenen Handelns sorgt hier für Handlungs- und Entscheidungsfähigkeit.

Sie haben wenig Erfahrung in der Zusammenarbeit mit Kollegen (Regelschullehrer/in – Sonderschullehrer/in und diese wiederum mit weiteren Lehrern und Lehrerinnen der Regelschule), was Ängste schürt. Jahrelang praktizierte, individuelle Konzepte werden plötzlich in Frage gestellt, unterschiedliche Leistungsbegriffe prallen aufeinander. Aufsichtsbeamte unterschätzen in der Regel die Identitätsfragen und -krisen, die solch neue Aufgaben mit sich bringen. Sie verstehen ihre Aufgabe eher in dem Sinne, daß sie den organisatorischen Rahmen setzen; sie erwarten, daß sich die Beteiligten ansonsten „vernünftig" verhalten. Im Folgenden möchte ich darstellen, wie sich über den Weg nichthierarchischer Unterstützung Selbstorganisation und Interesse an Qualitätsverbesserung entwickeln, wie sich das Projekt institutionalisiert und daraus Kooperation zwischen Aufsicht und Lehrern entsteht.

Am Beginn meiner Mitwirkung steht die Zusammenarbeit mit einem Team aus einem Lehrer und einer Lehrerin, welches sich ohne viel Unterstützung auf den Schulversuch des ‚Gemeinsamen Unterrichts' eingelassen hat. Am Ende der vereinbarten Supervisionsarbeit sind sie der Überzeugung, daß sie ohne Supervision ihr Engagement nicht durchgehalten hätten. Als besonders hilfreich beschreiben sie: Das angeleitete gegenseitige Kennenlernen, die Abstimmung der unterschiedlichen Persönlichkeiten und Konzepte, die Reflexion pädagogischer Konflikte, der Umgang mit der unerwarteten Sonderrolle im Kollegium und mit der unerwarteten Abgelöstheit von Schulleitung und Aufsicht. Sie schlagen der „nachrückenden Generation" des Schulversuchs vor, ebenfalls Supervision in Anspruch zu nehmen. Tatsächlich wurde daraus ein von mir moderierter Erfahrungsaustausch über verschiedene Unterrichtskonzepte und die Rahmenbedingungen der Projektarbeit.

Mit der darauf folgenden Generation wollte dieser Kreis ebenfalls zusammenarbeiten. Zumindest wollte er den „Neuen" anbieten, sich die Erfahrungen der „Alten" zunutze zu machen. Ich schlug vor, man solle alle interessierten Lehrer und Lehrerinnen zu einem ganztägigen Seminar mit dem Titel „Erfahrungen und Unterstützung für den Gemeinsamen Unterricht" einladen, um mögliche Kooperationen und Perspektiven zu klären. Der entsprechende Antrag der Gruppe auf eine Fortbildung wurde von der Schulaufsicht genehmigt.

Ein Ergebnis der Arbeit war, daß viele organisatorische Fragen und Rahmenbedingungen geklärt werden müssten. Man war froh, Gelegenheit zum Austausch und zur Artikulation von Wünschen, Vorschlägen und Kritik zu haben. Die Überzeugung wuchs, daß man das regelmäßig benötige und auf die Standpunkte der Schulaufsicht angewiesen sei. So entwickelte sich der Vorschlag, regelmäßige Planungs- und Evaluationstage zu realisieren. Schließlich entstand daraus eine Arbeitsgruppe mit eigenem Namen, die mit der Schulaufsicht zusammenarbeitete. Was mir bemerkenswert erscheint ist, daß sich hier eine Arbeitsgruppe mit eigener Identität institutionalisierte, also Organisationsentwicklung betrieb, was von der Schulaufsicht unterstützt wurde. Die Mitglieder der Gruppe lernten, sich als Teil ihrer Schulen und als Teil des Projekts „Gemeinsamer Unterricht" zu verstehen. Dazu gehörte, sich als Handelnde in einem Prozeß der Schulentwicklung zu begreifen, dessen Rahmenbedingungen von Schulaufsicht mitbestimmt waren, aber auch mit dieser verhandelt werden mußten und konnten. Diese institutionelle Sicht und diese „unternehmerische" Haltung sind für Schule nicht selbstverständlich. Sie sind jedoch Voraussetzung für die Umgestaltung der Schule.

Ein Großteil der Gruppe bekundete auch Interesse an Supervision. An einem „Schnuppertag" machte ich eine Einführung, woraus sich der Wunsch entwickelte, regelmäßig Supervision zu bekommen. Es wurde vereinbart, die Supervision bei der Aufsicht anzumelden und ihr die Ergebnisse der Arbeit zugänglich zu machen. (Spontan hatten die Lehrer und Lehrerinnen das Bedürfnis, die Ergebnisse „für sich" zu behalten).

Mit dem Arbeitskreis und der Supervisionsgruppe wurden Möglichkeiten geschaffen, innerhalb einer Verantwortungsebene und zwischen unterschiedlichen Verantwortungsebenen zu kooperieren, Verantwortlichkeiten zu klären und die Qualität der Arbeit zu reflektieren und zu verbessern. Mir scheint hier im Ansatz gelungen, was in

Schule schwierig ist: Unterschiedliche Verantwortungsebenen befinden sich in Kontakt. Dieser fehlt häufig oder er wird gemieden. Die damit verbundene Ausblendung von Strukturen verführt zu Allmachtphantasien, aber auch zu Resignation, wenn die Realität sich widerständiger zeigt als man wahr haben möchte.

Die Bildung des Arbeitskreises (für die Interessenvertretung und für Organisatorisches) und die Bildung der Supervisionsgruppe (für die Qualitätsentwicklung) boten die Möglichkeit, beide Themenbereiche zu entzerren und transparent zu machen. Es war für die Effektivität beider Gruppen hilfreich, daß bestimmte Themen an die andere Gruppe verwiesen werden konnten. Das führte zu einem schärferen Problembewußtsein und zu einer Konzentration der Kräfte.

In diesem Projekt bin ich in verschiedenen Rollen, etwa jener des Supervisors, Projektförderers und Moderators aktiv gewesen. Ich habe mich von den Notwendigkeiten, wie ich sie für einen erfolgreichen Verlauf des Projekts sah, leiten lassen. Wichtig war mir allerdings, meine Rollen und Positionen deutlich zu machen und den Beteiligten ein eigenes Urteil über ihren Weg zu ermöglichen. Sich der unterschiedlichen Rollen bewußt zu werden, in denen wir handeln „müssen", ist vermutlich eine Voraussetzung von mehreren, um erfolgreich sein oder werden zu können. Eine puristische Haltung würde eher Entwicklungsmöglichkeiten beschneiden. Auch Lehrer und Lehrerinnen stehen vor der Aufgabe, unterschiedliche Rollen einnehmen zu müssen; sie sind oder sollen sein: Lehrer, Schulentwicklerin, Teamkollege, Repräsentant des Staates, Elternberaterin, Erzieher, Vertraute, Lernhelfer und so weiter. Insofern kann der transparente Umgang des Supervisors mit verschiedenen Rollen für Lehrer und Lehrerinnen auch Anregung und Modell sein.

5. Supervision als Mittel der Verantwortungsklärung

Was schon mehrfach anklang, möchte ich noch einmal aufnehmen: Wie ist Verantwortungsübernahme in Schule möglich? In der Schule sind Verantwortungsparadoxien und Verantwortungsdiffusionen eingelagert, die pädagogisches Handeln und Erneuerung erschweren.

Von der traditionellen Anlage der Schule her als bürokratischer Organisation ist Verantwortungsübernahme durch die Subjekte ein Problem. Bürokratische Organisationen sind ja unter anderem gerade dadurch gekennzeichnet, daß sie dem Einfluß/der Willkür des Einzelnen Grenzen setzen sollen. Gegenüber der Willkür des Feudalherrn war das einmal ihr historischer Fortschritt – gegenüber der heute so gefragten individuellen Verantwortung, der Initiative und Kreativität, deren Träger und Trägerinnen nur die Subjekte sein können, ist das ein Hemmnis der Entwicklung. Das Verhältnis von Kontrolle und Geregeltheit einerseits und Freiheit und Individualität andererseits ist immer prekär. Erstere haben in der deutschen Schule (wie auch in der Gesellschaft) den Vorrang gehabt. Die Geschichte der Schule zeigt, daß ihre staatlich gewollte und über die Bürokratie realisierte Ordnungsfunktion Pädagogen und Pädagogik entscheidend geformt hat (vgl. von Friedeburg 1989; Holzkamp 1995, v. a. Kap IV). Die Menschenbildung, die Pädagogen der disziplinierenden staatlichen Schule immer versucht haben abzuringen, konnte bestenfalls im Sinne einer Kompromissbildung erreicht werden. Bestimmend blieb die machtgestützte Form der Schule: die Schulpflicht, die Freiheit und Verantwortungsfähigkeit von vornherein in Frage stellt, die Beurteilung der Menschen auf einer Notenskala, die Ausstellung von „Berechtigungen" zur Mitwirkung und Positionierung in der Gesellschaft.

Der humanitäre Anspruch der Schule bricht sich immer wieder an diesen Realitäten. Das nun brauchte nicht unbedingt zum Problem werden. Problematisch scheint mir jedoch, daß vielfach – aus fehlendem Spannungsvermögen und Selbstbewußtsein – das „pädagogische Herz" der Lehrer und Lehrerinnen die „disziplinierende Funktion" der staatlichen Schule nicht sehen will; genausowenig wie die eigene „Kollaboration" mit dem Staat, der die Pädagogik formt und die eigenen humanen Ansprüche und Anstrengungen so in Frage stellt. Aus solchen nicht verarbeiteten Widersprüchen entstehen Abspaltungen, Einseitigkeiten, Projektionen, Schuldgefühle, Kompensationsversuche, Abwehrmechanismen, die Verantwortungsübernahme behindern.

Verantwortungs- und Rollenunklarheit sind dann nicht fern. Sie tauchen in vielfältiger Form auf: Lehrer und Lehrerinnen identifizieren sich so mit den Schülern, daß sie ihnen nicht mehr in ihrer Rolle als Amtsperson und Lehrer begegnen können; oder sie übernehmen Leitungsrollen, weil sie diese nicht für „besetzt" oder weil sie sie für fehlbesetzt halten; Schulleiter wollen Gleiche unter Gleichen sein, weil sie sich als Lehrer fühlen wollen und mit der Einsamkeit des Leitens unglücklich sind; oder sie sind gekränkt, weil die Lehrer und Lehrerinnen ihren Konzepten nicht folgen; diese wiederum verweigern dem „Kollegen" die Leiterrolle, weil sie mit der Doppelrolle des Kollegen und Leiters nicht zurechtkommen oder sie sich manipuliert fühlen.

Solche (und andere) Grenzverwischungen und Übergriffe lösen Ängste aus, die mit Feindseligkeit und Machtgebaren gebannt werden. „Keiner ist auf seinem Platz, keiner übernimmt die Verantwortung für das, was er tut oder getan hat, alle sind unfrei, ihre Beziehungen so zu gestalten, daß sie sich darin wohlfühlen." (vgl. Bauriedl 1996) Die Frage der persönlichen Verantwortung ist ein wichtiger Zugang zu Lösungen in der Fallarbeit, wie auch in der Institutionsentwicklung. „Nur, wer sich bewußt ist, daß er es ist, der sich entscheidet – und das heißt, daß er sich nicht nur als zwangsläufig auf den oder die anderen reagierend definiert –, kann sich frei fühlen," schreibt Thea Bauriedl weiter. Und nur so kann der andere sich frei fühlen und darauf verzichten, seine Autonomie in Obstruktion oder noch in selbstgestalteter Unterwerfung oder Anpassung zu suchen (vgl. Gruen 1990).

Verantwortungsübernahme wie auch konstruktive Verantwortungsunterstellung bei Schülern und Schülerinnen sind durch die Art des Unterrichtens erschwert: Die über Jahrzehnte anhaltende „Zerlegung" der Lerngegenstände und die Vorstellung von der Mechanisier- und Standardisierbarkeit des Lernprozesses zulasten des Stellenwerts der Erfahrung und subjektiven Aneignung hat Rollenzuschreibungen geschaffen, die nicht zuletzt in einer Verantwortungsdiffusion münden. Sprichwörtlich münd(et)en sie im „Nürnberger Trichter". Wenn heute die Form des Unterrichts für das schlechte Abschneiden deutscher Schüler in internationalen Vergleichsuntersuchungen verantwortlich gemacht und ein sehr viel offenerer Unterricht gefordert wird, und Üben und Drillen kritisiert werden (Behler 1998), dann erfordert das nicht zuletzt eine Auseinandersetzung mit der Thematik der Verantwortung. Bliebe es beim Vorwurf allein, würden eher Abwehrreaktionen und Schuldverschiebung die Reaktionen sein. In der Supervisionsarbeit stoße ich immer wieder auf die Verantwortungsthematik. Supervision bietet einen Ansatz, sie individuums-, problem- und situationsbezogen zu bearbeiten. Zu lösen ist sie allerdings nicht von Supervision allein: Struktur und Kultur der Schule brauchten zur Auflockerung und Demokratisierung Impulse aus Politik und Gesellschaft. Damit sollen die Notwendigkeit und Nützlichkeit Eigenverantwortung fördernder Unterrichtsformen nicht in Abrede gestellt sein.

Es erübrigt sich fast, darauf hinzuweisen, daß sich die Frage der Verantwortungsklärung in einer so komplexen und häufig verantwortungsunscharfen Institution, wie Schule es ist, sich beim Eingangskontrakt der Supervision und in der Kontraktfortschreibung aufdrängt. Wer ist Klient und Auftraggeber, wenn die Initiative zur Supervision von einer Lehrergruppe ausgeht, der Schulleiter sie fördert und sie im Rahmen von Lehrerfortbildung stattfinden läßt? Was hat es für Folgen, wenn er sie „nur" duldet oder eine Lehrergruppe dem Anschein nach völlig losgelöst von der Institution Supervision wünscht? Wie kann der Supervisor unter solchen Bedingungen das Dreieck aus Institution, Lehrern und Lehrerinnen und deren Auftrag, wie auch jenes aus Supervisor, Lehrern und Lehrerinnen und Institution halten, welche für den Ertrag der Arbeit von wesentlicher Bedeutung sind? (vgl. Pühl 1996).

Mir scheint, es kommt darauf an, bereit zu sein, sich auch in unklarer Lage einzulassen, die eigenen Auffassungen darzulegen und zu unterstellen, daß es ein ernsthaftes Interesse seitens der Supervisanden gibt. Die Eckpunkte der Dreiecke und die Frage, ob sie überhaupt existieren, müssen immer wieder thematisiert werden. Dazu gehört, die Strukturen der Organisation und der Zusammenarbeit transparent zu machen; genauso wie es darauf ankommt, Gefühle, Stimmungen – auch meine eigenen – und beiläufige Ereignisse als bedeutungsvoll für das Geschehen in der Gruppe und der Schule wahrzunehmen. Das heißt: „Wir" schaffen uns gemeinsam eine Landkarte von dem Terrain, in dem wir uns bewegen. Damit wird es leichter, gegebenenfalls Ziele neu zu bestimmen oder auch die Wanderung zu beenden. Sich auf einen weiten Rahmen einlassen zu können, ihn auch auszuhalten und geduldige Auswertungsarbeit zu machen, sind meiner Erfahrung nach Möglichkeiten, für das Thema der Verantwortungsdiffusion zu sensibilisieren und schrittweise Kooperationen mit klareren Kontrakten anzuschließen.

6. Supervision – ein schulfremdes Ereignis

Ohne Zweifel setzt die „neue" Schule den reflektierenden Praktiker voraus, der Verantwortung übernimmt, sich seiner selbst und seiner Rolle wie auch der Struktur und Funktionsweise seiner Organisation bewußt ist. Dennoch ist der Schule das Instrument der Supervision zur Entwicklung und Qualitätsverbesserung fremd geblieben. Offensichtlich ist ihr die traditionelle Subjektskepsis mehr eigen als sie sich selbst eingestehen mag – trotz aller Erneuerungsbekenntnisse.

Wie auch „die Welt" und die Subjekte der besonderen staatlich-pädagogischen Form einverleibt sind, so geschieht es offensichtlich auch der Supervision. So verstehe ich das Konzept „Unterrichtlicher Supervision" (Pallasch 1994) und die Versuche, „Supervision als Pädagogische Supervision" (Jugert 1994) zu etablieren. Ich sehe darin die Gefahr, daß Supervision verschult wird und dabei Entwicklungsimpulse verloren gehen.

Der Schule fremd ist Supervision, weil das schulische Entwicklungsmodell weitgehend jenes der „Transformation als Regulation" (Fatzer 1993, S. 18) ist. Bestimmend ist danach die Strategie, Dinge „richtig" zu tun, härter zu arbeiten bei Gebrauch der gleichen Methoden. „Transformation als Erneuerung" und „Transformation als Neugeburt" scheinen mir in Schule kaum anzutreffen sein. Sie brauchten ein hohes Bewußtsein der kulturellen und persönlichen Selbstverständnisse, wie sie in einer Institution vorhanden sind. Das, was gern als lernende oder lernfähige Organisation bezeichnet und der Schule zugeschrieben wird, scheint mir gerade auf Transformationen als Erneuerung und Neugeburt angewiesen zu sein.

7. Supervision und lernende Organisation

Die lernende oder lernfähige Organisation ist in aller Munde.[4] Wer sie propagiert erhält Anschluß an die Welt des modernen Management. Daß die Schule modern werden möge, ist angesichts des verbreiteten Leidens an der Schule ein verständlicher Wunsch. Dabei wird übersehen, daß nur Subjekte lernen, erkennen, denken und nicht eine Organisation. Es sind die einzelnen Personen, die Beziehungen zum Zweck der Arbeit miteinander eingehen; die sich Gedanken darüber machen, daß sie anders miteinander umgehen sollten, weil sie dann bessere Arbeitsergebnisse bekommen, oder weil sie dann zufriedener sind. In der Übereignung menschlicher Aktivitäten an das neue Subjekt der Organisation wird eine Rationalisierungsabsicht erkennbar, eine Absicht, die Subjekte verfügbar zu machen (vgl. Geißler 1996). Gegen solche Verbetrieblichung, Verschulung oder Enteignung wehren diese sich. Wer die lernende Organisation will, sollte also von den Personen nicht schweigen. Sie benötigen Spielraum, um ihr explizites und implizites Wissen um mögliche Verbesserungen der Arbeit, um Motivationsförderer oder -killer einzubringen. Ist der nicht gegeben, gerät der Begriff der „lernenden Organisation" unter Manipulationsverdacht. Er würde dann selbst zum Kommunikations- und Lernhindernis.

Das schließt an Überlegungen Chris Argyris' (1996) an. Er macht „positives Denken um jeden Preis" als Ursache von Entwicklungsverlusten aus; unter dem Deckmantel positiven Denkens werde zensiert. Das sogenannte positive Denken hat in diesem Verständnis zum Inhalt, Kontrolle über die Situation zu behalten, Macht- und Gesichtsverluste zu vermeiden, das Zusammenspiel mit ineffizienten Prozessen zu vertuschen. In einer solchen Kultur kommt es nur zu oberflächlichen Fragestellungen und entsprechenden Problemlösungen. Die handlungsleitenden Annahmen und das eigene Verhalten werden nicht hinterfragt. Nicht wenige dieser Merkmale scheinen mir auf Schule zuzutreffen.

Soll die Schule zur lernenden Organisation werden, drängt es sich gerade zu auf, Supervision in größerem Maßstab zu fördern und zu praktizieren. In ihr wird beispielhaft das erfahrbar, was Fred Kofman und Peter M. Senge (Kofman 1996) als Merkmale der lernenden Organisation beschreiben: Das Annehmen des anderen; die Erfahrung überraschender Lösungen; jedes Modell ist eine Vereinfachung, die immer verbesserungsfähig ist; das Ertragen und Einfühlen in nicht geteilte Werte; man interessiert sich für die systemischen Konsequenzen der Handlungen, statt sich ausschließlich auf die

4 Mit dem Mythos der „Lernenden Organisation" setzt sich G.Fatzer in seinem Beitrag kritisch auseinander. – Der Hrsg.

unmittelbaren Auswirkungen zu konzentrieren; den Mitgliedern ist klar, daß schnelle Lösungen meistens nur für kurze Zeit helfen und oft zu größeren Problemen in der Zukunft führen; und es gibt die Gelegenheit zur Verlangsamung und Übung. Supervision wäre so Impulsgeber für den Wandel der Schule im Sinne der lernenden Organisation unter Stärkung der Personen.

8. Supervision und Organisationsentwicklung – Rivalität oder Ergänzung?

Wir können die Erneuerung der Schule nicht allein mit Supervision oder institutionsbezogener Supervision erreichen. Die Umsetzung allgemeiner politischer Vorgaben, die Optimierung der Zusammenarbeit vor Ort bedarf der Erörterung und Vereinbarung neuer Arbeitsstrukturen, gegebenenfalls bedarf es auch der Entscheidung über sie, weil unter Umständen Vereinbarungen Interessengegensätze im Wege stehen. Für diese Aufgaben sind Organisationsentwicklungskonzepte sinnvoll (vgl. Dunkel 1997, S. 77ff.). Schulen haben mit diesem Mittel zu Konzepten, Klärungsprozessen, Zielbeschreibungen gefunden. Obwohl „Organisationsentwicklung nicht nur Technik oder Verfahren" (Dalin 1996, S. 8) sein soll, wird gerade das nicht selten bei umfangreichen Maßnahmen beklagt. Selbst dort, wo eine Schule mit Organisationsentwicklung (mit Hilfe des ISP) den Wandel zu einer Teamschule vollzogen hat, wird festgehalten, daß dieser Prozeß viele Konflikte mit sich gebracht habe, für die es keine Bearbeitungsform gegeben habe. Der Prozeß sei so (über-)fordernd gewesen, daß man „heute" Schwierigkeiten habe, eine Fortsetzung zu initiieren. In einem anderen Fall wird beklagt, daß die anonyme Datenerhebung die bekannten Konflikte bestätigt habe, jedoch kein Weg gefunden wurde, sie anzusprechen und zu bearbeiten. Zeit- und Kraftaufwand stünden in keinem Verhältnis zu den Ergebnissen.

Grundlegende Kritik an Organisationsentwicklung äußert Beer (nach Fatzer 1993, S. 15): Man achte in der Organisationsentwicklung zu sehr auf die Interventionstechniken anstatt auf das Verständnis der Zusammenhänge, in denen sie angewendet werden. Peter Müri (1984, S. 29 ff.) kritisierte schon vor Jahren das Streben nach Vorgehensleitfäden, Verhaltenscodices und Interventionsweißbüchern. „Die Organisationsentwicklung ist auf dem besten Weg, das Schicksal aller Führungstheorien zu teilen: zum Regelsystem zu werden, das sich wichtiger nimmt als den Führenden und den Führungsprozeß selbst; ein System, das schließlich als Waffe im Dienste von Einzelinteressen – sei es im Interesse der einzelnen Führungskraft, von Auftraggebern oder Beratern – gegen die Veränderung und zur Erhaltung persönlich gewünschter Spielregeln und Arrangements eingesetzt wird.(...) Anwendungsregeln könnten zur persönlichen Abwehr mißbraucht werden. Denn mit der Unterscheidung von richtigem und falschem Verhalten wird – meist ungewollt – ein korrektes, systemimmanentes und ein falsches, systemabweichendes Verhalten postuliert und mit dem korrekten, systemimmanenten Vorgehen der eigene blinde Fleck geschützt."

Positiv wurde in einem anderen Fall kommentiert, wenn die Moderatorinnen oder Moderatoren in einer OE-Maßnahme supervisorisch verstehend arbeiteten, was offensichtlich nur selten geschieht. Hier sehe ich in der Tat ungenutzte Möglichkeiten, wie Supervision und Organisationsentwicklung einander ergänzen und befördern könnten.

Beide Beratungsformen sind einander keine Konkurrenz. Beide sind wirkungsvoll und können eng aufeinander bezogen werden. Wählt eine Schulleitung oder ein Kollegium den Zugang zur Veränderung über Organisationsentwicklung, stößt man eventuell unvermutet auf Hindernisse: etwa auf Dominanzstreben, auf Abwehr oder anderes. Das macht supervisorische Bearbeitung sinnvoll. Wählt man den Zugang über Supervision, wird man vermutlich früher oder später feststellen, daß es sich lohnt, Strukturen der Organisation und die Formen der Zusammenarbeit in den Blick zu nehmen. Diese können durch Supervision allein nicht verändert werden. Solch flexible Herangehensweise bestätigt das schon mehrfach zitierte Handbuch über Organisationsentwicklung und Supervision von G. Fatzer, in dem sich mehr oder weniger subjektorientierte Standpunkte finden (vgl. Rappe-Giesecke 1996). Vermutlich besitzen Schulpsychologen, die sich in Organisationsentwicklung oder in Supervision und Institutionsanalyse fortbilden, gute Feld- und Beratungskompetenz für Schulentwicklung, verstanden als Einheit individueller und institutioneller Qualitätsentwicklung.

Supervision hat zurecht Skepsis auf sich gezogen, wenn sie – aus der humanistischen Psychologie kommend oder therapeutisch orientiert – sich gegenüber der Institution naiv verhalten hat und alles in Begegnung und Beziehung verwandelte oder dort zu therapieren versuchte, wo berufliche und strukturelle Fragen der Organisation zu klären waren. Allerdings ist nicht jede familiengeschichtliche oder biographische Klärung schon eine therapeutische Veranstaltung, entsprechender Rahmen und Kontrakt vorausgesetzt. „Das zielt nicht auf Neurose und Therapie, berücksichtigt aber die spezifischen Wahrnehmungsakzente und Blinden Flecken, Handlungskompetenzen und Verhaltensstereotypien (...), die der Supervisand sich im Laufe seines Lebens angeeignet hat.“ (Fengler 1987, zitiert nach Belardi 1992, S. 180).

9. Entwicklung der Schule und die Leitungsfrage

Wie Schulentwicklung sich gestaltet, ob und wie die Entwicklungsmittel Supervision und Organisationsentwicklung dabei zum Zuge kommen, ist in starkem Maß von den Leitungskräften abhängig. Die Bereitschaft mit externen Beraterinnen und Beratern zusammenzuarbeiten ist ebenso Ausdruck der Leitungspersönlichkeit, wie es das Betriebsklima oder die Entwicklungsperspektiven sind. Häufig fühlen Leiterinnen und Leiter sich von den neuen Anforderungen der Schulaufsicht überfordert und sie sehen sich von seiten der Lehrer und Lehrerinnen mit Abwehr und Skepsis konfrontiert. In dieser Sandwich-Position brauchen sie dringend Klärung ihrer persönlichen Potentiale und ihrer Rolle. Anderenfalls ist die Gefahr des Rückzugs, der Abwehr, des Taktierens und Manipulierens groß. Diese Kompensationsversuche stellen den gesamten Entwicklungsprozeß in Frage.

Einen Ausweg aus diesem Dilemma bieten Fortbildung und Gelegenheit zur Supervision für Führungskräfte (Vgl. Temme 1990; Roediger 1995; auch Thiel 1992, 1993). NRW hat aus dem engen Zusammenhang von Leitung und Entwicklung der Schule den Schluß gezogen, der Schulleiterfortbildung Priorität einzuräumen. Führung, Management, Moderation, Organisationsentwicklung haben darin einen besonderen Stellenwert. Die Schulleiter nehmen an – zunächst angeleiteter – kollegialer Fallberatung teil. Diese der Bildungsorganisation angehörenden Moderatorinnen und Moderatoren (Lehrer und Schulpsychologen) werden von externen Beratern supervidiert. Damit können Beratungsgpotentiale der Bildungsorganisation genutzt und der Gefahr der Betriebsblindheit kann vorgebeugt werden. Man kann erwarten, daß sich die Fortbildungserfahrungen der Schulleiter und -leiterinnen positiv auf die Bereitschaft auswirken, für sich und ihre Schulen vor Ort Supervision und Organisationsentwicklung zu nutzen. Leider können aus Kostengründen nur die Leitungskräfte an dieser Fortbildung teilnehmen, die neu in ihre Position kommen. Schulberatungsstellen und schulpsychologische Dienste bieten sich als Stützpunkte an, den „älteren“ Leiterinnen und Leitern ein entsprechendes Angebot vor Ort zu machen; ebenso sollten sie die Einrichtungen sein, die den zentral fortgebildeten Leiterinnen und Leitern in der Fläche ein dauerhaftes Angebot machen können.

Das könnte dazu beitragen, daß sich zwischen Aufsichten, Leitungen und Beratungsstellen mit Kompetenz in Fragen der Schulentwicklung ein größeres Vertrauen und Kooperation entwickeln. Die Praxis zeigt, daß die Inanspruchnahme von Supervision und Organisationsentwicklung wie auch deren Effizienz entscheidend davon geprägt sind, ob solches Vertrauen und Kenntnis der Möglichkeiten der jeweiligen Organisationseinheit gegeben sind. Befinden sich Aufsicht und Berater/innen in impliziter oder expliziter Konkurrenz, wird der Erfolg fraglich sein und die Akzeptanz für Supervision und Organisationsentwicklung sinken.

10. Organisationsentwicklung des Beratungssystems – Organisationsentwicklung des Schulsystems

Verzahnung der Beratungspotentiale mit schulischen Entwicklungsaufgaben

Schulberatungsstellen und schulpsychologische Dienste könnten systematisch die Rolle lokaler und regionaler nichthierarchischer Unterstützungssysteme für die Stärkung von Lehrern und Lehrerinnen und von Schule wahrnehmen. Dafür benötigen sie eine entsprechende Entscheidung übergeordneter Führungsebenen. Eine solche Neu-Institutionalisierung (Organisationsentwicklung) würde ein Signal setzen, die Erneuerungsaufgabe der Schulen vor Ort zu unterstützen. Erfahrung und Kompetenz vieler Beratungsstellen werden bis heute oft unzureichend genutzt, weil noch immer Vorurteile bei möglichen Kooperationspartnern bestehen und es an Orientierungen mangelt, diese abzubauen.

Die Institutionalisierung von Schulpsychologie als Organisationsentwicklung beschreibt Renate Hold-Jagoda (1996) für Hessen: Man begann mit einer Tagung, daraus entstand eine Initiative für Weiterbildung in Organisationsentwicklung unter Einbeziehung diverser Zusatzausbildungen mit dem Ziel der Vernetzung unterschiedlicher Ansätze und Methoden. Weitere Schritte waren: Bildung von Regionalgruppen, aus welchen Teams für die Mitarbeit an Schulentwicklungsprozessen von Schulen angefordert werden können; regelmäßiger Erfahrungsaustausch, kollegiale Supervision, Supervision mit externem Supervisor; Kooperation von Schulpsychologen über Schulamtsgrenzen hinweg.

Ähnliche Versuche gibt es in NRW, ebenfalls als Initiative von unten. Gruppen von Schulpsychologen und -psychologinnen mit Supervisionsausbildungen und Beratungskompetenzen in der Lehrergruppenarbeit engagieren einen externen Supervisor oder eine externe Supervisorin, analysieren mit dessen oder deren Hilfe konkrete Fälle der Schulentwicklungsarbeit mit Lehrergruppen und Schulen. Auf diesem Wege sorgen sie für Qualitätsverbesserung ihrer Arbeit und sie entwickeln neue Konzepte, wie sie mit ihren Möglichkeiten als Beraterinnen und Berater Schulen bei ihren neuen Aufgaben unterstützen können. Die Einschübe von Externen sind notwendig, damit sich die der Bildungsorganisation angehörenden Internen ihrer blinden Flecken bewußt werden können. Die Bestimmung des „Orts, von dem aus ich handle" wird mit Hilfe supervisorischer Unterstützung von außen erst möglich und damit eine konstruktive Kraft der stabsmäßig organisierten internen Supervisor/inn/en. Deren Fort- und Ausbildung in Supervision und Organisationsentwicklung durch externe Institute und Personen in Verbindung mit kollegialer Supervision ist eine gute und für die Bildungsorganisation relativ preiswerte Möglichkeit, die Entwicklung der Schulen zu unterstützen. In Bayern ist man in dieser Frage offensichtlich einige Schritte vorangekommen: In Kooperation des Landesverbandes Bayerischer Schulpsychologen, der Fortbildungsakademie des BDP und des Kultusministeriums können Schulpsychologen und -psychologinnen eine Supervisionsausbildung erhalten.[5]

11. Neue Organisationsformen nichthierarchischer Beratung

Um sich als Unterstützungssystem für die Stärkung der Schulen anbieten zu können, müssen die Beratungsstellen ihre Organisation weiterentwickeln – möglicherweise mit zeitweiliger externer Unterstützung. Sie gewinnen zusätzlichen Handlungsspielraum und werden attraktiver, wenn sie nicht auf ihre Stadt oder ihren Kreis beschränkt sind, sondern Kooperationsverbünde zur Schulentwicklung bilden. So lassen sich Erstarrungen, Gewohnheiten, Beschränkungen des Angebots wie auch Hindernisse, wie sie aus zu großer Nähe und Verstrickung der Berater/innen am Ort entstehen können, überwinden. Eine solche überörtliche Beratungsorganisation kann Angebote machen, nimmt Nachfragen entgegen und analysiert sie, sorgt für kollegiale Supervision. Beratungswünsche der Schulen und ihrer Leitungen können auf diesem Weg mit einer nichthierarchischen, die Enge des bisherigen Zuständigkeitsbereiches überschreitenden Beratungsinstitution abgeklärt werden. Im Zuge einer erweiterten Selbständigkeit der Schulen, des wachsenden Beratungsinteresses der Leiter und Leiterinnen wäre das ein nützliches Angebot.

Womöglich rührte eine derartige Dienststelle an bestehende Organisationsverständnisse und Zuständigkeiten der Bezirksregierungen. Als Möglichkeit, der Ressourcennutzung und -stärkung scheinen mir diese Überlegungen jedoch bedenkenswert. Solche überörtlichen Beratungsorganisationen wären eine Ergänzung zu den hierarchischen Unterstützungsangeboten, keine Konkurrenz. Sie könnten, zumindest teilweise, einem Dilemma abhelfen: Als Begründung für fehlende Hinweise auf die hauseigenen schulpsychologischen Kräfte im Landesdienst – es gibt in NRW darüber hinaus kommunale schulpsychologische Dienste, auf die das Land keinen direkten Zugriff hat – wird genannt, daß in NRW nicht alle Regionen schulpsychologisch versorgt seien und

5 Informationen über Landesverband Bayerischer Schulpsychologen e.V., Arthur Englbrecht, Bgm-Heinrich-Str. 20, 93077 Bad Abbach

sich aus einer Nennung der Schulpsychologie als Unterstützungssystem für Schulentwicklung ein Rechtsanspruch ableiten lassen könne. Dabei ist der Nutzen der Schulpsychologie – auch für die Stärkung der Schulen – anerkannt (vgl. Landesinstitut 1995). Mit einem Kooperationsverbund könnten alle Regionen versorgt werden. Damit ist selbstverständlich das Problem unzureichender Stellenzahl beziehungsweise fehlender finanzieller Mittel nicht zu lösen.

Findet vor Ort und in den Regionen keine Organisationsentwicklung der Beratungseinrichtungen statt, bedeutet das, auf interne Potentiale der Bildungsorganisation zu verzichten. Gerade diese sind jedoch in der Fläche wichtig; sie brauchen ihre Stützpunkte. Tatsächlich wird die „Peripherie", welche für die Entwicklung von mehr Autonomie wichtig wäre, zu Lasten des „Zentrums" geschwächt: Wer supervisorische und beraterische Fähigkeiten im Sinne der Stärkung der Schulen anerkannt wissen und anwenden will, ist auf die zentrale Fortbildungseinrichtung unter Einhaltung der bestehenden Regeln (Beauftragung) angewiesen. Die Profilbildung und interne Synergiesteigerung, wie sie für die Schulen gewünscht ist, wird den Beratungseinrichtungen erschwert. Ebenso wird es Schulen und ihren Leiterinnen und Leitern einerseits und den Beraterinnen und Beratern in den Stellen andererseits erschwert, (relativ) autonom und in eigener Verantwortung Vereinbarungen über Kooperationen auszuhandeln. Die verstreuten Potentiale in der Fläche dienen so als Steinbruch für zentrale Maßnahmen. Aber gerade in der Fläche gilt es, Unterstützungssysteme für Schulentwicklung und Leiter-/innenberatung aufzubauen, wenn die zentralen Maßnahmen nach ihrem Ende nicht ins Leere laufen sollen.

12. Planungsspielräume der Schulen

Nicht nur das Beratungssystem selbst bedarf einer Weiterentwicklung beziehungsweise einer Neugründung zur besseren Nutzung der schon jetzt bereit stehenden Beratungsmittel. Der schulische Betrieb selbst bedarf einer grundlegenden Neuorganisation, damit sich in ihm überhaupt der Weiterentwicklung förderliche Beratungsformen ansiedeln können. Nicht nur einzelne Schulen sondern auch ihre Subsysteme benötigen mehr Autonomie und Verfügung über Ressourcen der Entwicklung und Beratung. Das hohe Maß an Arbeitsteilung im Betrieb Schule bei fehlender Autonomie und Eigenverantwortung machen „außergewöhnliche" Schritte nahezu unmöglich. Die hochsensible Architektur aus Stundenplänen, Konferenzen, Fachkonferenzen und anderem mehr verträgt kaum eine zusätzliche Beanspruchung wie etwa die einer Supervisionsgruppe. Das vorgegebene quantitative Leitkriterium der erteilten Stunden, die Erhöhung des Stundendeputats und der Klassenfrequenzen, die Organisierung des Ganztags und Teilzeitbeschäftigung setzen die Möglichkeiten außerunterrichtlicher, kontinuierlicher Entwicklungsarbeit herab. Unter wachsendem Druck wird das immer schwieriger, was Entlastung bringen könnte und pädagogisch sinnvoll wäre: fachübergreifende, exemplarische Zusammenarbeit der Lehrer und Lehrerinnen, zum Beispiel in Form der Supervision aber auch in der Planung des Lernens in Projekten. Die übergreifende Zusammenarbeit gerät zur Überforderung für Lehrer, wie für Schüler.

In Zeiten der Verunsicherung über die Berufsrolle bleiben Lehrer und Lehrerinnen in der Folge bei einer engen Auffassung oder kehren zu ihr zurück: Sie wollen das unterrichten, was sie studiert haben; in Not, Bedrängnis und Krise wird das eigene Fach zum Rückgrat beruflicher Identität. Man schleppt sich von Stunde zu Stunde, von Konferenz zu Konferenz. Die hochgradig zergliederte, „autistische" und unproduktive Arbeitsweise der Schule wird nicht in Frage gestellt; gleichwohl sind an Supervision oder Organisationsentwicklungsmaßnahmen, wenn sie denn möglich werden, höchste Ansprüche der Effektivität gerichtet. Wo alles, was nicht zum Hauptgeschäft gehört, erst einmal unter dem Verdacht der Zeitdieberei steht, kann kaum Vertrauen in den Sinn gemeinsamer Entwicklungsarbeit entstehen. Die Analyse der handlungsleitenden Annahmen muß oberflächlich bleiben – die lernende Organisation rückt in die Ferne und verwandelt sich zum Kunstprodukt weltferner Spezialisten, über das sich bestenfalls der Kopf schütteln läßt.

Mehr desselben, Verweis auf Erziehungsfehler der Familien, Selektion da, wo sie möglich ist, und Problemverschiebung greifen als Entlastungsmöglichkeit und Erklärungsversuch. In solchem Klima können Eigenverantwortung und Selbstorganisation schwer gedeihen – also bleibt auch das Interesse an Supervision und Organisationsentwicklung schwach.

Als einer der wenigen, die trotz aller Erneuerungseuphorie immer wieder auf die Entwicklungsfeindlichkeit der real existierenden Strukturen und Selbstverständnisse in Schule hinweist, schreibt Richard Bessoth (1997), vor allem Lehrkräfte an Schulen mit hoher interner Arbeitsteilung und scheinbar rationaler Zergliederung der Arbeit, fühlten sich wie ein „Rädchen im Getriebe". Das reduziere das Selbstwertgefühl, aber es entlaste auch: Man brauche sich um vieles nicht zu kümmern, man fühle sich nicht zuständig und bei auftretenden Problemen könne man versuchen, den Schwarzen Peter weiterzureichen. Die schon weiter oben angesprochenen Mechanismen der Verantwortungs- und Schuldverschiebung haben in der Organisation der Arbeit eine wesentliche Grundlage, wenn auch nicht die einzige. Unter solchen Bedingungen wird es schwer, Reflexionsinteresse und Interesse an Schulentwicklung zu wecken.

13. Grundlegende Neuorientierung oder Reform light?

Engagement und Identifikation der Basis mit neuen Aufgaben sind immer auch abhängig von der Glaubwürdigkeit und den Botschaften der „Unternehmensleitung", in unserem Fall also von der Politik. Die Reichweite, Akzeptanz und Inanspruchnahme von Supervision und Organisationsentwicklung hängen nicht zuletzt davon ab, für wie glaubwürdig der verkündete Entwicklungsanspruch gehalten wird und welcher Inhalt ihm zugeschrieben wird.

Einige Implementierungsschritte der Reform (in NRW) weisen darauf hin, daß schon am Beginn der Erneuerungskette Widersprüche auftreten. „Es (bedarf) eines offenen Diskurses mit und zwischen allen, die an Schule, Aus- und Weiterbildung beteiligt und auf sie angewiesen sind. Bildungsreformen sind nur erfolgreich, wenn sie von möglichst vielen Beteiligten und Betroffenen mitgestaltet und mitgetragen werden." So Johannes Rau im Geleitwort zur Denkschrift der Kommission „Zukunft der Bildung – Schule der Zukunft". Tatsächlich diskutiert haben Verbände und Parteien. Ihnen ist das Thema übereignet. Das Visionäre – etwa der nordrhein-westfälischen Denkschrift –, was die Schulöffentlichkeit wie auch die Gesellschaft hätte mobilisieren können, weicht der Interessenpolitik. Noch bevor die „neue Schule" zu einem bürgerschaftlichen, gesellschaftlichen Projekt heranreifen konnte, fiel die Frucht vom Baum. Die so sehr ersehnte neue Qualität des Schulprogramms kommt nun nicht mit der Schubkraft eines allgemeinen Erneuerungswillens daher, sondern mit der ministeriellen Kraft eines Erlasses, als Ergebnis der Arbeit von Expertengruppen. Der – auch von Freunden und Freundinnen der Erneuerung – zu hörende Satz, durch das verpflichtende Schulprogramm kämen die Lehrer nun endlich einmal, und sei es mit Druck, dazu, sich auf Ziele zu einigen, sieht Entwicklung und Selbstverantwortung noch als Ergebnis der Erziehung von Unmündigen. Das Bild des Schülers und der Schülerin, die zu ihrem Glück gezwungen werden müssen, wiederholt sich und so werden es auch jene erfahren.

Wo die Denkschrift die Möglichkeit bot, in einen Meinungsaustausch über die Frage „Schule und Bildung wozu, in welcher Art von Gesellschaft?" einzutreten, sind wir nun im praktischen Alltag mit all seinen sogenannten Sachzwängen angelangt. Das bedeutet eine Minderung der Chancen auf Entwicklung und erschwert den Aufbau der Schule als lernender und Zukunft gestaltender Organisation. „Das Engagement (...), das zum Aufbau lernender Organisationen benötigt wird, geht vom Wesen her weit über den typischen „Einsatz für das Unternehmen" hinaus. Es umfaßt Engagement für die Veränderungen, die in der Welt draußen nötig sind, und die Erkenntnis, daß unsere Organisationen die Vehikel für diese Veränderungen sind." (Kofman 1996, S. 151). Dieser Ansatz, dem in ihrem Impetus auch die Denkschrift nahekommt, ist in der Bildungspolitik nicht weiterverfolgt worden.

Die „Gründungserzählung", die für eine tragfähige Corporate Identity der Schule wichtig wäre, wird kurz ausfallen. Das Visionäre ist in Windeseile dem ganz normalen Alltag einverleibt – und damit typisch deutsch: Gründungen sind bei uns in der Regel Ergebnis herrschaftlich-staatlichen Machtgebrauchs und nicht bürgerschaftlichen Engagements. Ich denke an die Vereinigung beider deutscher Staaten, an die fehlende Debatte und Abstimmung über eine Verfassung u.ä. Die Schwierigkeiten mit der Neugründung der Schule haben vielleicht auch einen Ursprung in der tiefsitzenden Schwierigkeit, aus dem obrigkeitlichen Denken herauszutreten – für alle Seiten. Verantwortung und Freiheit zu geben, sie aber auch sich zu nehmen sind beängstigende Herausforderungen. Wie sehr sind Macht und Verantwortung in ihrem Vorhandensein und in ihrem Fehlen zu einem stabilisierenden Korsett unserer Persönlichkeiten geworden? Ein Subtext der neuen Schule ist sicherlich der, daß sich nicht zuviel ändern könne, solle und brauche. Das bedeutet allerdings nicht, daß aus den initiierten Veränderungen nicht neue und praktische Ergebnisse herauskommen: Mit den Konzepten der neuen Schule lassen sich bürokratische Übertreibungen abbauen, sowie Schritte der kollegialen Qualitätskontrolle und -entwicklung tun. Das ist nicht zu verachten.

Alte Widersprüche werden jedoch weiter mitgeschleppt werden: Schule, auch wenn „sie sich doch bewegt", hat neben dem Entwicklungskonzept „Stärkung der Schule", welches Partnerschaftlichkeit betont, die alte hierarchisierende Allgemeine Schulordnung stehen. Das Bündnis zwischen Lehrer/in und Staat zur Aufrechterhaltung einer staatlichen und gesellschaftlichen Ordnung – vermittelt über Beamtenstatus, über die Allgemeine Schulordnung, über Schulpflicht und Berechtigungswesen – bleibt, wenngleich sehr widersprüchlich, bestehen, bei gleichzeitiger Forderung, Schüler und Eltern als Kunden und sich selbst als Dienstleister zu sehen. Vor diesem Hintergrund erscheinen Aussagen, die Qualität der Arbeit entscheide sich in den Schulen, die Schule sei die zentrale Handlungseinheit in einem anderen Licht. Was als anerkennender oder schmeichelnder Zuspruch erscheint, stellt sich als Unterschätzung systemischer Zusammenhänge von Umfeld, Führung und Basis und womöglich als Verschiebung von Verantwortung und Konflikt heraus.

14. Fazit

Die Schule ist eine komplexe und vielschichtige Institution mit anspruchsvollen Vorhaben der Erneuerung und großem Beharrungsvermögen. Supervision ist eine Möglichkeit, die Lehrer und Lehrerinnen wie auch die Leiter und Leiterinnen in diesen widersprüchlichen Anforderungen zu begleiten und zu stärken. Supervision hilft, nicht die eine oder andere Seite der Widersprüche abzuspalten, sondern sie als Bedingung ihrer Arbeit anzuerkennen und mit ihnen umzugehen. Supervision bietet Gelegenheit, in dieser anspruchsvollen und häufig schwer zu durchdringenden Institution die eigene Verantwortung zu definieren und damit einen Grundstein für ihre Entwicklungsfähigkeit zu legen. Damit dient sie dem Aufbau von Professionalität. Die Übergänge zur Organisationsentwicklung sind fließend. Beide sollten einander keine Konkurrenz sein, sondern sich aufeinander beziehen: Organisationsentwicklung bedarf (in vielen Fällen) supervisorischer Verarbeitung; sollen Erkenntnisse der Supervision Folgen für die Schulentwicklung haben, bedarf es Maßnahmen der Organisationsentwicklung.

Und es gilt auch: Supervision und Organisationsentwicklung sind in ihren Möglichkeiten den Wirkungen des politischen und kulturell-organisatorischen Umfelds untergeordnet. Supervisoren und Supervisorinnen können es nicht aufheben, sie müssen es vielmehr als konstituierende Bedingung ihrer Möglichkeiten mitdenken. Wollen sie ihre Handlungsspielräume und die der Schule für Entwicklung erweitern, reicht es nicht, auf die konstruktiven Wirkungen ihrer Entwicklungsinstrumente hinzuweisen. Es gilt, von einem Standpunkt der guten Fachlichkeit aus, auch mit Hilfe der Berufs- und Fachverbände, daran zu erinnern, welche Voraussetzungen in Schulen und in der Bildunsgorganisation die Wirkungen von Supervision und Organisationsentwicklung schmälern oder erhöhen.

Literatur

Argyris, C. (1996): Wenn gute Kommunikation das Lernen verhindert, in:G. Fatzer (Hg.): Organisationsentwicklung und Supervision, Erfolgsfaktoren bei Veränderunsprozessen. Köln

Bauer, A.; Gröning, K.(1995): Institutionskonzepte in der Supervision, in Institutionsgeschichten und Institutionsanalysen. Tübingen

Bauriedl, T. (1996): Verantwortung und Freiheit in Institutionen, in H. Pühl: Supervision in Institutionen. Frankfurt

Behler, G. (1998): nach einer Meldung in der WAZ vom 27.2.1998

Belardi, N. (1992): Supervision, von der Praxisberatung zur Organisationsentwicklung, Paderborn

Bessoth, R. (1997): Berufsprofis für den Unterricht: Die neue Rolle für den Unterricht; in: Pädagogische Führung 4

Bildungskommission NRW (1995): Zukunft der Bildung – Schule der Zukunft, Neuwied

Dalin, P., Rolff, H.-G.; Buchen, H.(1996): Institutioneller Schulentwicklungsprozeß, (3. Auflage), Bönen/ Westf.

Fatzer, G.(1993): Organisationsentwicklung für die Zukunft, Köln

Geißler, K. A.; Orthey, F. M.(1996): Im Strudel des Etikettenschwindels, Sprachspiel-Desperados erfanden die lernende Organisation, Süddeutsche Zeitung v. 29.6.96
Gruen, A. (1990): Der Verrrat am Selbst, (6. Aufl.), München
Hold-Jagoda, R. (1997): Schulpsychologie als Organisationsentwicklung; in: L. Dunkel (Hg.): Bundeskonferenz für Schulpsychologie, Bonn
Holzkamp, K. (1995): Lernen, Subjektwissenschaftliche Grundlegung, Frankfurt
Jugert, G.; Tänzer, U. (1994): Supervision als Pädagogische Supervision, in: Die Deutsche Schule, H. 4
Klippert, H. (1997): Methodentraining, Beltz, Weinheim; ders.: Schule entwickeln, Unterricht neu gestalten, Plädoyer für ein konzertiertes Innovationsmanagement; in Pädagogik 2
Kofman, F.; Senge, P. (1996): Gemeinschaften voller Engagement: Das Herz der lernenden Organisation, in G. Fatzer (Hg.): Organisationsentwicklung und Supervision: Erfolgsfaktoren bei Veränderunsprozessen, Köln
Landesinstitut für Schule und Weiterbildung (Hg.)(1995): Beratung in der Schule und im Schulsystem, (Vertrieb: Verlag für Schule und Weiterbildung, Postfach 1150, 59193 Bönen)
Lange-Schmidt, I. (1992): Supervision, Wissenschaftliches Institut, Bremen
Meidinger, H., Enders, Ch.(1997): Supervision für Lehrer und Lehrerinnen, in: L. Dunkel (Hg.): Bundeskonferenz für Schulpsychologie 1996; Bonn: Deutscher Psychologen Verlag
Müri, P. (1984): Das Führungsstil-Etikett als Abwehrstrategie, in: Gruppendynamik 1
Oberhoff, B. (1996): Szenisches Verstehen in der institutionellen Supervision; in H. Pühl (Hg.): Supervision in Institutionen, Frankfurt
Pallasch, W. (1994): Unterrichtliche Supervision; in: Die Deutsche Schule, H. 4
Pühl, H. (1996): Supervisionsbeginn, Nachfrageanalyse und institutionelle Triangulierung; in Ders. (Hg.):Supervision in Institutionen, Frankfurt
Pühl, H. (Hg.) (1996a). Supervision in Institutionen, Frankfurt
Rappe-Giesecke, K. (1996): Der Abschied von den eindimensionalen Methoden – über das Verhältnis von Supervision und Organisationsentwicklung; in: G. Fatzer (Hg.): Organisationsentwicklung und Supervision, Köln
Roediger, B. und H. (1995): SchulpsychologInnen in der SchulleiterInnenfortbildung? In: Schule und Beratung. Nr.5.
Temme, K. (1990): Supervision für Schulleiter im Rahmen expliziter Führungskonzepte, in: Schulmanagement, H. 1
Thiel, H.-U. (1992): Fortbildung von Leitungskräften in pädagogisch-sozialen Berufen, Freiburg
Thiel; H.-U., Schiersmann, Ch (1993): Fortbildung, Supervision und Organisationsentwicklung mit Führungskräften; in: Grundlagen der Weiterbildung, H. 1
von Friedeburg, L. (1989): Bildungsreform in Deutschland, Geschichte und gesellschaftlicher Widerspruch, Frankfurt
Wellendorf, F. (1979): Sozioanalyse und Beratung pädagogischer Institutionen. Theoretische und methodologische Probleme; in K.A. Geißler (Hg.), Gruppendynamik für Lehrer, Reinbek
Wellendorf, F. (1994): Supervision als Institutionsanalyse und zur Nachfrageanalyse, in: H. Pühl (Hg.) Handbuch der Supervision 2. Berlin

Prozeßorienter Unternehmenswandel durch Supervision

Dorothee Schmitz und Rolf Fritz Müller

Die klassischen, aus der Sozialarbeit stammenden Supervisionskonzepte tendieren trotz der Berücksichtigung institutioneller Rahmenbedingungen regelmäßig dazu, eine Effektivierung professionellen Handelns in erster Linie durch eine individuelle Veränderung der Supervisanden zu erreichen. Aktuelle Handlungsfähigkeit muß trotz oftmals widriger struktureller Umstände erhalten bleiben, da es nicht möglich ist, mit dem Handeln zu warten, bis sich Institutionen und Unternehmen verändern. Supervisorische Konzepte sind gekennzeichnet durch die Akzeptanz der Abwesenheit idealer Zustände oder – wie Nellesen es ausdrückte – durch ihre Fehlerfreundlichkeit.

Gelegentlich tröstet sich mancher Supervisor, der gerne Strukturen verändern möchte, mit der systemtheoretisch untermauerten Sichtweise, daß jeder einzelne Mitarbeiter immer auch Teil des Unternehmens ist und als solches per se durch individuelle Veränderungen auf das Gesamtunternehmen einwirkt. Es ist jedoch zu bedenken, daß nicht jede Einzelsupervision und auch nicht jeder Teamkonflikt[1] zur generellen Organisationsstrukturdebatte führen kann, selbst dann nicht, wenn es indiziert wäre. Beratungsinhalt und Beratungsumfang sind wesentlich abhängig vom Bewußtsein des Auftraggebers und auch dessen Problemlösungs- bzw. Veränderungsvorstellungen. Dem Supervisor obliegt es, seine kritische Sicht mitzuteilen und/oder den potentiellen Auftrag ggf. abzulehnen. Damit sind die Möglichkeiten klassischer Supervisionskonzepte ausgeschöpft. Eine Veränderung der Rahmenbedingungen kann nach der klassischen Auffassung dessen, was unter Supervision zu verstehen ist, nicht systematisch vorgenommen werden. Es besteht immer die Gefahr der Individualisierung strukturell verursachter und deshalb individuell nicht bearbeitbarer Probleme.

Ausgehend von dem Konzept der Integrativen Kundenorientierung, das vom Institut für Personalentwicklung und Coaching, Köln, (IPEC), entwickelt und erstmalig 1996 in einem mittelständischen Unternehmen der Investitionsgüterbranche zur Umsetzung gebracht wurde, soll hier die Frage erhoben werden, ob ein supervisorisches Verfahren entwickelt werden kann, das sowohl die Veränderungen der Institution und der Organisation als auch die des Menschen im Blick hat, ein Konzept also, das über die klassischen Konzepte der Einzel-, Gruppen- und Teamsupervision hinausgeht.

---

1 Mit diesem Thema beschäftigt sich ausführlich der Beitrag „Teamkonflikte..." von S. Scheffler. – Der Hrsg.

Die meisten auf dem Markt befindlichen Unternehmensberatungskonzepte sind Top-down-Konzepte, welche die Einbeziehung der Mitarbeiter nur punktuell zulassen und in der Regel hinsichtlich der Zielsetzung und des Umsetzungsverfahren bereits im Vorfeld der Beratungen festgelegt sind. Der Nachteil dieser Konzepte liegt in erster Linie darin, daß die Unternehmen nicht – wie gewünscht – zu lernenden Unternehmen[2] werden, da Top-down-Konzepte Selbstorganisation von Unternehmen und die Aneignung des notwendigen Veränderungs-Know-how nicht zulassen.

Am Beispiel des Konzepts der Integrativen Kundenorientierung möchten wir deutlich machen, daß supervisorische Konzepte hingegen aufgrund ihres prozessualen, integrativen und insbesondere forschenden, lernfeldorientierten Charakters, als Bottom-up-Konzepte Unternehmen schrittweise in die Lage versetzen können, dauerhafte Anpassungsfähigkeit und Flexibilität im Markt zu erzielen. Dies stützt mittel- und langfristig den wirtschaftlichen Erfolg von Unternehmen.

Supervision sollte deshalb nicht mehr ausschließlich als eine Beratungsform und -methode begriffen werden. Wir sprechen deshalb von einem „erweiterten Supervisionsbegriff", weil wir der Auffassung sind, daß neben betriebswirtschaftlichen und psychologischen, auch supervisorische Unternehmensberatungskonzepte Bestand haben können.

Das Beratungskonzept der Integrativen Kundenorientierung ist in seiner Grundkonzeption zunächst ausdrücklich ein Kundenorientierungskonzept. Es zeigt sich jedoch in der Umsetzung, daß es in wesentlichen Teilen genährt ist durch die Theorie und Praxis supervisorischen Herangehens. Mit diesem Beitrag möchten wir anhand eines Praxisbeispiels aus der Industrie unsere Arbeitsergebnisse zu Fragen der Möglichkeiten und Grenzen supervisorischen Handelns im erweiterten Sinne vor- und zur Diskussion stellen.

Nach einer Kurzbeschreibung des Konzeptes (Kap. 1) stellen wir die Auftragsphase vor (Kap. 2). Im Anschluß geben wir einen Einblick in den komplexen Beratungsprozeß (Kap. 3). Danach soll der Prozeß nach den Kriterien klassischer Supervisionskonzepte betrachtet werden (Kap. 4), um schließlich unsere Überlegungen zur Theorie und Praxis von Supervision als Unternehmensberatung bzw.-Unternehmenssupervision in der Industrie darzulegen (Kap. 5).

1. Das Konzept der Integrativen Kundenorientierung

Funktion der Integrativen Kundenorientierung

Das Konzept der Integrativen Kundenorientierung will Unternehmen dazu befähigen, auf einem kontinuierlich wachsenden und an Komplexität zunehmenden Markt unter hohem Zeit- und Konkurrenzdruck zu bestehen. Der Veränderungsprozeß soll von den Unternehmen selbst initiiert und umgesetzt werden.

Dabei sollen die Mitglieder der Unternehmen nicht mehr nur in erster Linie in ihrer Funktion und Rolle sondern als aktiv handelnde Personen zur Geltung kommen. Die Erweiterung der Unternehmenskompetenz durch die strategische Nutzung der „wei-

2 Das Konzept der „Lernenden Organisation" wird von F. Fatzer kritisch beleuchtet. – Der Hrsg.

chen Faktoren", die bisher nach rational-ökonomischen Gesichtspunkten als Quelle von Störungen und Fehlleistungen verdrängt wurden, ist ein Versuch, das Komplexitätsgefälle zur Unternehmensumwelt derart zu reduzieren, daß eine dauerhafte Anpassung an die Veränderungen in der Umwelt möglich wird.

In produktorientierten Unternehmen werden die Mitarbeiter und die Abläufe in erster Linie über eine formale Struktur (hierarchische und funktionale Differenzierung) mit festgelegten Normen und Regeln gesteuert. Die technologische bzw. mechanische Starre, die hierdurch insbesondere bei zunehmender Größe der Unternehmen entsteht bzw. unterstützt wird, verhält sich dysfunktional zu den Anforderungen, die die Marktsituation fordert.

Deshalb sollen die Mitarbeiter und die gesamten Abläufe der Unternehmen über die gemeinsame Aufgabe „Kundenorientierung" gesteuert werden. Kundenorientierung wird zum allgemein gültigen Leitmotiv. *Der Integrativen Kundenorientierung kommt insofern die Funktion strategischer Unternehmenssteuerung zu.* Sie dient dem Management zur Navigation der beweglich werdenden Organisationen durch eine bewegte Umwelt.

Ziele der Integrativen Kundenorientierung

Ziel der Integrativen Kundenorientierung ist die Befähigung der Unternehmen Abteilungs- und Spartendenken zu überwinden und darüber hinaus die Kunden über Beziehungsarbeit in das eigene Unternehmen strategisch zu integrieren. Hierdurch soll die Kundenloyalität erhöht, die Kaufabsicht gesteigert, die Kundenzufriedenheit gesichert und eine langfristige Kundenbindung erreicht werden. Die Unternehmen sollen sich so über die Beziehungsarbeit die sogenannte „Dienstleistungslücke" (Meffert 1994) zu Nutze machen, was sowohl in der Investitions- wie auch in der Konsumgüterbranche Wettbewerbsvorteile verspricht. Nach dieser Idee ist nicht mehr nur das Produkt selbst zu verkaufen, sondern zusammen mit diesem eine Dienstleistung am Kunden, die diesen dazu bewegen soll, das gewünschte Produkt nicht bei einem anderen Anbieter zu kaufen. Es soll durch die Integrative Kundenorientierung zu einem Wandel „von der Jagd zur Partnerschaft" (Weiss/Hanser 1996) kommen, in der die *Beziehung zum Kunden* im Mittelpunkt steht.

2. Die Auftragsphase

Anfang 1996 erhielt das IPEC den Auftrag, für ein mittelständisches Unternehmen der Investitionsgüterbranche ein Kundenorientierungskonzept zu entwickeln und umzusetzen. Das Unternehmen vertreibt Flurförderzeuge (z.B. Gabelstapler) und andere Lagertechnik. Es ist ein modernes Vertriebs- und Serviceunternehmen, das sich als Dienstleistungsunternehmen für den Kunden versteht.

Die gewachsenen Strukturen der Vertriebs-, Service- und Verwaltungsorganisation haben das Unternehmen vor dem Hintergrund wachsender Märkte seit der Markteinführung Anfang der 60er Jahren bis heute zu einem etablierten und anerkannten Dienstleister mit einem Marktanteil in Deutschland von ca. 10 % gemacht. Aufgrund des auch in der Investitionsgüterbranche stark gewachsenen Konkurrenzdruckes auf der Angebotsseite, beschäftigte sich das zu beratende Unternehmen bereits im Vorfeld des Kontaktes mit IPEC intensiv mit der Bedeutung von Kundenorientierung für den Unternehmenserfolg.

Der Auftrag an IPEC umfaßte zum einen, den 230 Mitarbeitern des Unternehmens die Notwendigkeit von Kundenorientierung zu vermitteln. Zum anderen war es die zentrale Aufgabe, mit dem Kundenorientierungsprogramm an der Überwindung des kommunikativen und strukturellen Spartendenkens und -handelns im Vertriebs-, Service- und Administrationsbereich mitzuwirken.

Im Juni 1996 wurde das Konzept der Integrativen Kundenorientierung allen Mitgliedern der Geschäftsleitung, die sich aus dem Geschäftsführer selbst, einem Vertriebs- und einem Service-Direktor sowie dem Direktor der Administration zusammensetzt, präsentiert und diskutiert.

Die Minimalanforderung von IPEC war, daß das Konzept unbedingt von der Geschäftsleitung als Gesamtheit getragen wird. Das Wissen darum, daß sich Unternehmenskulturen erst in Prozessen von drei bis fünf Jahren substantiell verändern können, setzt einen gemeinsam abgestimmten und längerfristig getragenen Arbeitsprozeß voraus. Diese Auffassung entsprach auch dem international erfahrenen Direktorium des Unternehmens.

Die Diskussion um die Beratungstage

Das Konzept sollte – wie von IPEC vorgeschlagen – in seiner Gesamtchoreographie bestehen bleiben, die Beratungs- bzw. Veranstaltungstage jedoch wurden von den insgesamt fünfundzwanzig veranschlagten auf vierzehn reduziert.

Für das klassische supervisorische Verfahren sind Prozeßcharakter, Rhythmisierung der Beratung und die Ortsfestlegung prägend. Bereits hier in der Kontraktphase[3] tauchte deshalb vehement die Frage nach der Transfermöglichkeit supervisorischer Standards in der Industrie auf. Kann es gelingen, in ein vorrangig am wirtschaftlichen Erfolg orientierten und „nach Vorne schauenden" Unternehmen einen prozeßorientierten, reflektierenden, d.h. „nach hinten schauenden" Veränderungsprozeß zu initiieren? Sind die Prinzipien klassischer supervisorischer Settings auf Unternehmen übertragbar? Wir glaubten, uns bereits in der Kontraktphase von der Vorstellung verabschieden zu müssen, etwas initiieren zu können, was supervisorischen Charakter trägt, zumal uns die veranschlagten fünfundzwanzig Beratungstage schon recht wenig erschienen.

Wie sich später herausstellte, haben wir bei unseren Überlegungen jedoch folgende Aspekte unterschätzt:

1. Die Geschäftsleitung forderte während des gesamten Prozesses ein offene „Streitkultur" ein und stellte sich persönlich bereitwillig immer wieder der internen Kritik zur Verfügung. Dies löste in nur 14 Veranstaltungstagen prozessuale Dynamiken aus, mit deren Intensität und Reichweite wir im Vorfeld nicht gerechnet hatten.
2. Das Einbeziehen fast aller Mitarbeiter (ca. 90 %) brachte im Schneeballeffekt eine solche Fülle an Verbesserungsvorschlägen (dokumentiert auf über 400 Seiten),

---

3 Die Kontrakt- und Diagnosephase in OE- und Supervisionsprozessen vergleicht K- Rappe-Giesecke in ihrem Beitrag. – Der Hrsg.

durch die das gesamte Unternehmen nachhaltig in einen aktiven Veränderungsprozeß geriet, der die Mitarbeiter zum Teil sogar dazu veranließ, von sich aus zusätzliche, über die Arbeitszeit hinausgehende Meetings zum Thema Kundenorientierung zu veranstalten.

3. Dieses Unternehmen ist durch mannschaftliches und vom Pioniergeist geprägtes Denken gekennzeichnet. Ein klarer und kritische Blick auf die Realität, auf die Fehleranfälligkeit wie auf die Leistungspotentiale des eigenen Unternehmens kennzeichneten von daher das Unternehmen von Beginn an. In traditionellen Supervisionssetting besteht dagegen nicht selten das Ziel, dem Supervisanden diesen Blick auf die Realität zu vermitteln. Hier waren realitätsnahe und selbstkritische Haltung der Ausgangspunkt der Beratung.

Die spezifische Aufgabe von IPEC erwies sich nach dieser für uns überraschenden Erfahrung prozessualer Entwicklungen vor allem darin, die *unternehmerische Relevanz* von intrapsychischen, beziehungsgestaltenden, gruppendynamischen und institutionspsychologischen Faktoren und ihre Wechselwirkungen bewußt und plausibel zu machen, nicht aber darin, die Notwendigkeit reflexiver Verfahren überhaupt deutlich zu machen. Es fehlte lediglich ein geeignetes Verfahren, kollektives Know how aufzuspüren, zu systematisieren und in Umsetzungsvorschlägen münden zu lassen.

Zur unternehmensinternen Benennung des Prozesses als „Totale Kundenorientierung"

Die Geschäftsleitung des Unternehmens gab dem Prozeß den Namen „Totale Kundenorientierung" (TKO). Diese Bezeichnung wurde aus folgenden, expliziten Gründen gewählt:

1. Die Kundenorientierung sollte *sehr ernst* genommen werden.
2. Kundenorientierung sollte sowohl den *externen* wie auch den *internen Kunden* betreffen.
3. *Alle Unternehmensbereiche* sollen in das Programm miteinbezogen werden.

Der Name TKO erinnert an die Bezeichnung des bekannten Konzeptes TQM[4] (Total Quality Management). Diese Parallele legt die Vermutung nahe, daß bei der Geschäftsführung nach Sicherheiten gesucht wurde, die gleichzeitig auch an alle Mitarbeiter vermittelt werden sollte. Es wurde an branchenübliche Sprachwelten angeknüpft. Dies geschah beispielsweise auch im Zusammenhang mit dem Begriff der „Beziehungsarbeit". Im Rahmen von TKO – wie in der Industrie im allgemeinen – wird grundsätzlich von „Beziehungsmarketing" bzw. „relationship-marketing" gesprochen.

Unsere spontane Befürchtung, hinter martialischen Formulierungen wie „Totale..." Autoritätsstrukturen, das Abgleiten in ein „Top-down"- Konzept oder schlichte Unsensibilität zu vermuten, konnten wir sehr bald ablegen. Es zeigte sich statt dessen, daß nicht nur die Führungskräfte, sondern auch die Mitarbeiter unternehmerisch, erfolgsorientiert dachten und der Name „Totale Kundenorientierung" von der Direktorenseite erwartet wurde, um den Willen zur tatsächlichen Veränderung zu unterstreichen.

4 Das TQM-Konzept stellt A. Nilsson in seinem Beitrag vor. – Der Hrsg.

3. Der Beratungsprozeß

Die vereinbarten Beratungstage und Veranstaltungen wurden an insgesamt 14 Tagen zwischen Oktober 1996 und April 1997 durchgeführt. Zwei Tage wurden dem „Kick-off", der Auftaktveranstaltung mit den über 30 Führungskräften des Unternehmens zugeordnet.

Für jede der in Deutschland vorhandenen 7 Niederlassungen (bis zu 25 Teilnehmern) wurden je 1 Beratungstag und für die Hauptverwaltung 2 Beratungstage (ca. 50 Teilnehmer) angesetzt. Die Zwischenauswertung mit den Führungskräften (30 Teilnehmer) nach einem halben Jahr wurde mit 1 Tag und die prozessuale Abstimmung mit der Geschäftsleitung während dieser Zeit mit 3 Tagen veranschlagt.

Das Kick-off mit den Führungskräften – Ablauf, Ziele und Vorgehensweise

An dem zweitägigen Meeting nahmen alle Führungskräfte, der Geschäftsführer und die drei Direktoren teil. Explizites Ziel des Meeting war die Erarbeitung des IST-Zustandes, die Problemwahrnehmung und die Formulierung der Zielvorstellungen, des SOLL-Zustandes. Über diesen gemeinsamen Austausch sollte gleichzeitig ein gemeinsames Verständnis vom Programm und die notwendige Vertrauensbasis zu diesem und zu IPEC geschaffen werden.

In einem einführenden Referat zur Kundenorientierung durch IPEC wurden allgemeine wirtschaftspolitische Aspekte dargestellt und analysiert, der Wandel der Unternehmenspolitik und deren Bedeutung beschrieben, der Wandel des Käuferverhaltens und seiner Loyalität erörtert sowie die alternativen Wege zu einem kundenorientierten Dienstleistungsunternehmen vorgestellt. Im Anschluß wurden Arbeitsgruppen zu den Sparten Vertrieb, Service und Administration gebildet, in denen folgende drei wichtige Themen der Unternehmenspolitik diskutiert wurden:

1. Image
2. Kommunikation mit den internen und externen Kunden
3. Abläufe im Unternehmen und im Kontakt zum Kunden

In allen drei Gruppen nahmen Führungskräfte aus den unterschiedlichen Sparten des Unternehmens, der Administration, dem Vertrieb und dem Service teil, um hier einer Absonderung von vornherein entgegenzuwirken und um zu betonen, daß es bei der Kundenorientierung um sparten-, bereichs- und hierarchieübergreifenden Austausch, um Konfrontation (Streitkultur) und Kooperation ging. Auch die Direktoren waren als reguläre Teilnehmer in die Arbeitsgruppen eingebunden und nicht ihren originären Arbeitsfeldern und -gruppen zugeordnet. Ziel war es, sich mit der Perspektive der jeweils anderen Sparte und Abteilung vertiefender auseinanderzusetzen.

Problembeschreibungen der interdisziplinären Arbeitsgruppen auf dem Kick-off

Insgesamt zeigten die Statements aus den jeweiligen Arbeitsgruppen, daß starke Defizite und Schwächen insbesondere im Hinblick auf die interne Kommunikation zwischen Vertrieb und Service gesehen und selbstkritisch wahrgenommen wurden. Zwischen beiden Sparten wurde von allen drei Gruppen ein „besonders gestörtes“ Verhältnis diagnostiziert. Verkauf und Service, so der Vorwurf, spielten sich gegenseitig aus und leugneten die Probleme der jeweils andere Sparte. Es wurde eine mangelhafte Vertrauensbasis und Kooperationsbereitschaft, ein fehlender Erfahrungsaustausch sowie eine zu rigide, blockartige Abgrenzung der einzelnen Teilbereiche moniert, was sich schließlich in der Tatsache manifestiere, daß es keine Möglichkeit eines gemeinsamen Zugriffs auf wichtige Informationen gebe, die der jeweils anderen Sparte zur Verfügung stünden. Darüber hinaus wurde festgehalten, daß es an Bewußtsein, an einem Strang zu ziehen, an „Wir-Gefühl“ und an Respekt voreinander mangele.

Der Administration im besonderen wurde ein unscharfes Profil, eine Tendenz zur Verbeamtung, Inflexibilität, Interesselosigkeit, fehlende Spezialkompetenz im Vertriebs- und Servicebereich und „Inseldenken“ vorgehalten. Hinzu kam der Eindruck eines fehlenden Verständnisses für den Zeitdruck der Außendienstler.

Bedeutung der in den Arbeitsgruppen erörterten Probleme

Das als „gestört“ bezeichnete Verhältnis zwischen den Sparten spiegelt sich – wie zu erwarten – auf allen Unternehmensebenen wider, bzw. ist selbst Spiegelbild der funktionalen Ausdifferenzierung, die derart weit vorangeschritten ist, daß die Kommunikation zwischen den einzelnen Sparten nicht mehr, wie erwünscht, funktionieren kann, d.h. daß der Informationsfluß strukturell bedingt erheblich beeinträchtigt wird.

Über die Schwierigkeiten zwischen den Sparten hinaus weisen die Arbeitsergebnisse auch sehr deutlich auf ein besonderes Kommunikationsproblem zwischen der Hauptverwaltung und den 7 Niederlassungen hin, was zu dem Vergleich von der Hauptverwaltung mit einem „Inseldasein“ führte.

Die räumliche und inhaltliche Entfernung der Hauptverwaltung vom Kunden verdeutlicht ein bezeichnendes Problem, daß nämlich der in den Niederlassungen vor Ort sich bemerkbar machende Kundendruck bis in die Hauptverwaltung nicht in dem Maße vordringt, wodurch der Eindruck entsteht, daß es dort recht ruhig zugehe und die Abhängigkeit vom Kunden gar nicht realisiert werde.

Als Ausdruck der starken Ausdifferenzierung bis hin zu Abkopplungstendenzen können die Tatsachen gesehen werden, daß Verkauf und Service des Unternehmens vor Ort bisher organisatorisch nicht zusammengefaßt wurden (7 Verkaufsniederlassungen und 3 Service-Regionen). Diese starken Ausdifferenzierungserscheinungen wirkten sich auf die zwischenmenschliche Kommunikation deutlich negativ aus. Das vom ausländischen Produktions- und Mutterunternehmen juristisch und räumlich getrennte Vertriebsunternehmen, das von daher nicht unmittelbar auf die Produktion Einfluß nehmen kann, produziert bei seinen Mitarbeitern, die sich nach dem Kunden orientieren wollen per se Ohnmachtsgefühle.

Starke Informationslücken und persönliche Mißverständnisse sind Folge und Ausdruck einer für das Unternehmen folgenschweren Problemverschiebung.

Die Bedeutung der unterschiedlichen Dimensionen von Zeit

Die von IPEC hervorgehobene Bedeutung der unterschiedlichen Zeitempfindungen von Vertrieb, Service und Administration führte zu einer Sensibilisierung für alle organisatorischen Ablaufprozesse und die Bedeutung der mannschaftlichen Gemeinschaftsleistung trotz der unterschiedlichen Tempi in den einzelnen Sparten.

1. Der Neugeräteverkauf muß auf zeitgenaues Verkaufen setzen: Wird der Kaufvertrag zu früh vorgelegt, wird der Käufer mißtrauisch, wartet der Käufer zu lange, sinkt das Kaufinteresse und ggf. ist der Wettbewerber längst zum Abschluß gekommen.
2. Im Service existieren zwei Zeitwelten: Es gibt die Intervall-Zeiten, die aufgrund der Wartungsverträge planbar sind. Es gibt aber auch das unberechenbare Zeitelement, das beim „Breakdown", dem Geräteausfall, ein plötzliches Reagieren, die möglichst zeitnahe Reparatur notwendig macht.
3. Die Administration kämpft mit einem wahren Fächer von Zeitdimensionen: Langjährig andauernde Umstellungen auf das Technologiezeitalter (EDV, Internet usw.), kurz- und mittelfristige Planungen (Personal, Immobilien usw.), plötzliches Reagieren auf unvorhersehbare Faktoren (z.B. Lagerbrand) und nicht zuletzt die Zeitintervall-Dimension der termingerechten Gehaltsüberweisungen.

Die Deutung dieser unterschiedlichen Arbeitsrhythmen und Zyklen gegenüber den Führungskräften des Unternehmens schaffte ein stärkeres Verständnis für die je „andere Seite" und konnte viele Probleme von einer personenbezogenen Ebene lösen.

Empfehlungen des Kick-off für unternehmensinterne Entwicklungen

Die Empfehlungen aus den drei Arbeitsgruppen zur Verbesserung der Kundenorientierung gingen dahin, daß in erster Linie die Kommunikation zwischen Vertrieb und Service verbessert werden müsse, die Grundstruktur der Administration zu überdenken sei, gegenseitige Schuldzuweisungen zu vermeiden seien und statt dessen die sachliche Aufklärung der Konflikte betrieben werden solle, d.h. eine konstruktive Streitkultur zu entwickeln sei. Insbesondere wurde auch der Wunsch nach Teambildung in den Niederlassungen vor Ort geäußert. Ein gemeinsames Provisionssystem und gemeinsamer Umsatz von Vertrieb und Service wurde vorgeschlagen. Von Seiten der Administration sollte dafür Sorge getragen werden, daß die Mitarbeiter in den Niederlassungen jederzeit notwendige Informationen abrufen könnten, die sie zur Bewerkstelligung ihrer Arbeit mit dem Kunden benötigten.

Die Veranstaltungen mit den Mitarbeitern in der Administration und den Niederlassungen

In der Administration und den Niederlassungen wurden in den 10 Veranstaltungen jeweils nach einer Einführung zum Thema Kundenorientierung Arbeitsgruppen zu den Themen gebildet, die vor Ort unter den Nägeln brannten. Diese Fülle der Arbeitsgegenstände ist an dieser Stelle nicht wiederzugeben. Wir greifen jedoch zwei Themen und Entwicklungen heraus, die in allen Veranstaltungen eine Rolle spielten und die dynamischen Bewegungen und konkreten Veränderungen im Prozeß deutlich werden lassen: Das Betriebsklima und die Entwicklungen im Marktunterstützungsteam (MUT).

Das Betriebsklima

Das schlechte Betriebsklima, einer der stärksten Verhinderer von Kundenorientierung, führte dazu, daß es kaum zu einer konstruktiven Auseinandersetzung kam. Die Unzufriedenheit der Mitarbeiter drückte sich in zahlreichen Schuldzuweisungen aus, die sich in der Regel auf bestimmte Personen bezogen. Mal waren die Schuldigen die Vertriebs-, mal die Service-Mitarbeiter, der Geschäftsführer oder die Direktoren, dann war es der unzureichende Entwicklungsstand der EDV, die Mitarbeiter der Marketingabteilung und die Mitarbeiter der von dieser beauftragten Werbeagentur, dann wiederum war es die Produktion im Ausland usw. Eine Orientierung auf den Kunden war deshalb zum Teil kaum möglich. Es wurde immer nach dem Fehler und dem Schuldigen dahinter gesucht.

Man könnte – um mit Buchinger zu sprechen – sagen, daß hier „die Fähigkeit, in Strukturen und Prozessen organisatorischer Art zu denken und zu diagnostizieren, und nicht bloß in Kategorien von Personen und ihrer Beziehungen“ (Buchinger 1997) noch wenig gelernt war. Aber allein die Fähigkeit, in Strukturen und Prozessen zu denken und zu diagnostizieren, schützt nicht vor Enttäuschung und Frust. Hinter der z.T. vehementen Suche nach Verantwortlichen verbargen sich geronnene Erfahrungen, die allein mit einer Veränderung der Perspektive nicht behoben werden konnten. In diesem Zusammenhang tauchte auch ein nicht unbedeutender Widerstand gegen das TKO-Konzept auf. Bereits vor der Integrativen Kundenorientierung hatte es weitreichende Initiativen zur Verbesserung des gesamten Dienstleistungsbereichs des Unternehmens gegeben, die noch nicht abgeschlossen waren. Hierzu zählen die Vorbereitungen des Unternehmens zur Zertifizierung nach den ISO-9000-Richtlinien und die Grundlagenarbeit zur Vereinheitlichung der EDV durch eine Abteilung der Administration. Von einem Teil der Mitarbeiter wurde TKO nicht als Klammer, sondern als Herabsetzung der bisherigen kundenorientierten Anstrengungen der Mitarbeiter angesehen. Der offene Austausch darüber ermöglichte Kooperationen und vermied Demotivationen und Abspaltungen.

Der Entwicklung einer Streitkultur kommt insofern neben der Mehrperspektivität eine besondere Bedeutung zu, die es den Mitarbeitern ermöglicht die Knotenpunkte für Demotivation offen zu benennen. Das Aussprechen von Kritik schützt vor dem Weg in die innere Emigration und persönlichen Kampfansagen. Ein negatives Betriebsklima ist nicht nur als Ausdruck von Unfähigkeit zur Abstraktion und als eine Art Abwehrkultur zu begreifen, sondern gibt nach unserer Auffassung und Erfahrung gerade den Hinweis auf die *Notwendigkeit, über strukturelle Bedingungen mit Mitarbeitern in den Austausch zu treten.* Geht es doch gerade bei der Kundenorientierung von und in Unternehmen nicht zuletzt darum, die Möglichkeiten der professionellen Beziehungsgestaltung (zum externen wie auch zum internen und Kunden) zu entwickeln.

Es setzte sich nach anfänglichen Widerständen[5] und z.T. impulsiven Diskussionen schnell der Gedanke durch, daß es bei bloßer Kritik und Anschuldigung nicht bleiben könne, da sich dadurch nichts verändere. Die Mitarbeiter erkannten, daß man Kunden-

5 Mit dem Thema „Veränderungswiderstand“ setzt sich H.-U. Thiel in seinem Beitrag eingehend auseinander. – Der Hrsg.

orientierung selbst in die Hand nehmen müsse. Dies wurde in unterschiedlicher Weise deutlich: Hierzu zählten unter anderem die Eigeninitiative, über die offiziellen Veranstaltungen hinaus zum Thema zu arbeiten, die Hinwendung zur konkreten Fallarbeit und die Benennung zahlreicher Veränderungsvorschläge.

Das Ziel der Integrativen Kundenorientierung, das Bewußtsein aller Mitarbeiter zu erreichen, war am Ende dieser Phase erreicht. Trotz der Skepsis hinsichtlich der Umsetzung „schöner Worte", begriff der Großteil der Mitarbeiter diesen Prozeß eindeutig als Chance.

Das Marktunterstützungsteam (MUT) – Ein Beispiel für Kundenorientierung hinsichtlich interner Aufbau- und Ablaufstruktur

Das MUT in der Administration war bis zum 1.5.1997 derart organisiert, daß alle koordinatorischen Tätigkeiten zwischen den Mitarbeitern im Außendienst und der die Geräte ausliefernden Produktionsfirma nach Produktlinien organisiert wurden. Jeder Verkäufer hatte sechs Ansprechpartner in der Administration für ca. fünfzehn Gerätetypen.

Nach zahlreichen Gesprächen zur Verbesserung der Kundenorientierung berät heute lediglich ein Ansprechpartner des MUT eine Niederlassungsregion und ist für alle fünfzehn Gerätetypen zuständig. Dies erhöht die personelle Verbindlichkeit durch Teamzugehörigkeit des Mitarbeiters der Administration und überwindet außerdem das Abteilungsdenken zwischen Niederlassung und Hauptverwaltung und senkt nicht unwesentlich Telefon- und Zeitkosten.

Auswertung des Prozesses durch die Führungskräfte

Auf dem Treffen zur Zwischenauswertung legte IPEC aufgrund der umfassenden Dokumentation der ersten 14 Veranstaltungen eine Auswertung als „Fünf-Punkte-Programm" vor, das in allen Punkten von den Führungskräften diskutiert und gemeinsam zur weiteren Umsetzung verabschiedet wurde:

1. Entscheidungskultur
   - Es wurde beschlossen, daß zwei Mal jährlich eine „erweiterte Geschäftsführerkonferenz" stattfindet. Zusammen mit den Geschäftsführern sollen drei Führungskräfte die Unternehmensbelange diskutieren und mit gestalten.
   - Ab Mai 1997 werden die Niederlassungen umstrukturiert, um eine bessere Kooperation zwischen Vertrieb und Service herbeizuführen.
   - Es wird ein Arbeitsgruppe, bestehend aus einem Direktor (Administration), zwei Niederlassungsleitern (Vertrieb) und zwei Kundendienstleitern (Service) gebildet, die vor der Umstrukturierung das neue Selbstverständnisses der Niederlassungen formulieren sowie Ziele, Abläufe und Spielregeln in Rückkopplung mit den Kollegen vor Ort, diskutieren sollen.
   - Es soll in den Niederlassungen parallel ein differenziertes Provisionssystem eingeführt werden.
2. Leitungsverständnis der Führungskräfte
   - Es wurde beschlossen, daß zukünftig Seminare mit den Führungskräften unter dem Motto „Vom Chef zum Coach" durchgeführt werden sollen. Diese sollen das neue Führungsverständnis etablieren helfen.

3. Personalentwicklung
   - Es sollen zahlreiche fachspezifische Schulungen (Technik, Monteure Kundendienstleitung) durchgeführt werden.
   - Es sollen Veranstaltungen zur Teamentwicklung stattfinden.
   - Es sollen weiter spezielle Veranstaltungen zur TKO durchgeführt werden. Insbesondere sollen die Händler mit der TKO-Philosophie vertraut gemacht werden.
   - Personalentwicklung wird ein Schwerpunkt der TKO-Arbeit der nächsten Jahre.
4. Abläufe
   - Nach dem Kick-off wurde in der Hauptverwaltung verstärkt die Etablierung des Marktunterstützungsteams (MUT) forciert.
   - Mitarbeiter des Sales haben das Konzept für ein „Professionelles Projekt Management (PPM)“ (Müller 1997) weiterentwickelt, in dem die zukünftige Vorgehensweise mit anstehenden Großaufträgen beschrieben wird. Im Zentrum des PPM steht die an die Verkaufsprojekte gebundene und *zeitlich befristete Teamarbeit*, die eine Mehrdimensionalität im strategischen Vorgehen bewirken, Verhaltenssicherheit im Vorgehen geben und die persönliche Belastung der einzelnen Verantwortlichen reduzieren soll.
   - Es wurde beschlossen, daß es *regelmäßige Niederlassungsmeetings* geben wird, in denen gemeinsam vom Niederlassungsleiter bis hin zum Monteur die Ziele der Niederlassung besprochen und die Abläufe diskutiert werden sollen und in denen die Frage: „Was können wir vor Ort in Sachen Kundenorientierung tun?“(Müller 1997) verhandelt werden soll.
   - Es soll eine *Projektgruppe* gebildet werden, die sich mit den Abläufen „Vom Angebot (bis) zur Lieferung“ (Müller 1997) unter Kundenorientierungsgesichtspunkten beschäftigt. Hierdurch soll eine möglichst hohe Transparenz der Abläufe erreicht werden, um diese zu optimieren und nachvollziehbar zu machen.
   - Es soll ein *Arbeitskreis* gegründet werden, der sich verstärkt um die Betreuung der Miet- und Demonstrationsgeräte kümmert.
   - Es wurde beschlossen, eine *Projektgruppe*, die sich bereits aus einer Arbeitsgruppe auf dem Kick-off gebildet hat, weiterzuführen. Sie ist damit befaßt, eine benutzerfreundliche Strukturierung der Informationen vorzunehmen und gute Zugriffswerkzeuge zu entwickeln.
   - Ein einzurichtender *EDV-Anwenderkreis* soll mit dafür Sorge tragen, daß das neue EDV-System möglichst präzise auf die Bedürfnisse des Unternehmens einzugehen in der Lage ist.
5. Zukunft des Unternehmens durch TKO
   - Zur Zukunft des Unternehmens durch TKO wurden keine Beschlüsse gefaßt. Der Prozeß soll sich setzen lassen. Vereinzelte Veranstaltungen wurden aber bereits projektiert und terminlich fixiert.
6. Sonstige Veränderungen
   - Eine unternehmensinterne Zeitschrift, die aufgrund eines Preisausschreibens, an dem alle Mitarbeiter teilnehmen können, „Der Hochstapler“ genannt wird, wurde auf die Initiative von Mitarbeitern hin gegründet (im Oktober 97 erschien die Ausgabe Nr. 3). „Der Hochstapler“ soll den internen Informationstransfer zwischen allen Mitarbeitern des Unternehmens auf sehr persönliche Art und Weise unterstützen und eine Verbindung zwischen allen Mitarbeitern

hierarchie- und bereichsübergreifend herstellen und u.a. auch die Kundenorientierung thematisieren. Eine Mitarbeiterin der Administration in der Hauptverwaltung hat die redaktionelle Verantwortung übernommen.
- Seit Juni 1997 gibt es in der Hauptverwaltung einen Besucherraum.
- Die Produkt-Feedbacks zum Mutterunternehmen wurden und werden intensiviert. Die Produktion läßt sich auf eine Anregung der Geschäftsleitung zur Qualitätsverbesserung ein, obwohl hierdurch die Produktion teurer wird. Dadurch senken sich jedoch die Kosten wegen ausbleibender Rückrufaktionen.
- Eine regelmäßige Garantiewartung soll eingeführt werden.

Die hier nach dem „Fünf-Punkte-Programm" zusammengefaßten Konsequenzen, die unter Einfluß des TKO-Programm initiiert und gelenkt wurden, zeigen, daß sich nicht nur das Bewußtsein und die Haltung eines Großteils der Mitarbeiter des Unternehmens verändert hat. Auch die Frage, *wie* Kundenorientierung im und durch das Unternehmen weiter umgesetzt und nachhaltig verankert werden soll, wird im Prinzip beantwortet: Kundenorientierung wird insbesondere durch eine enorme Erhöhung der Kommunikation und gemeinsamer Reflexion und Planung in Teams, Arbeitskreisen und Projektgruppen mit Teilnehmern aus allen Sparten und über die Hierarchiegrenzen hinweg umgesetzt und fortgeschrieben.

Zum Erfolg der Integrativen Kundenorientierung

Die Integrative Kundenorientierung hat bereits in der Umsetzung des ersten Teils des Gesamtkonzepts gezeigt, daß durch sie die Aufbau- und Ablaufstruktur verändert werden. Hierdurch wurde es für das Unternehmen möglich, bisher nicht verwertbares Wissen (siehe u.a. Streitkultur), nämlich das gesamte Wissen seiner Mitarbeiter zu ordnen, zu koordinieren und personen-, bereichs- und hierarchieübergreifend für alle nutzbar zu machen.

Darüber hinaus zeigt der Prozeß TKO, daß bestimmtes Wissen, das bisher als nicht relevant erschienen ist, einer Bewertung zugänglich gemacht wurde. Dies bezieht sich zum einen auf die Ideen und Empfindungen, die Kreativität der Mitarbeiter, die „weichen Faktoren". Kritik und Unmut werden nicht mehr als unerwünschte Störungen wahrgenommen, die verdrängt werden müßten, ganz im Gegenteil ist es gelungen, die Störungen aufzugreifen und vor dem Hintergrund der organisatorischen Anforderungen in Richtung auf die Unternehmensaufgabe zu deuten und zu nutzen.

Psychologisches Know-how, die zwischenmenschlichen Faktoren wurden auf allen Ebenen interessanter und nutzbar gemacht, sei es für die Verkäufer im Umgang mit den Käufern, für die Führungskräfte im Umgang mit ihren Mitarbeitern oder auch die Geschäftsleitung (Fallarbeit). Die Bedeutung der Psycho-Logik und des „Verstehens" von Zusammenhängen hat deutlich zugenommen.

Das Konzept der Integrativen Kundenorientierung „TKO" ist zwar ein Steuerungsinstrument, dessen sich die Geschäftsleitung bedient hat und dem sich die Mitarbeiter auch anpassen sollen, es impliziert jedoch ausdrücklich die systematische Integration aller Mitarbeiter in die Entwicklung des Unternehmens, was der Geschäftsführer auf dem Kick-off auf folgende Formel brachte: „Jeder Mitarbeiter muß Unternehmer sein". In gemeinsamer Reflexion konnten die Mitarbeiter sich einbringen und lernen – von sich und den Notwendigkeiten ihres Arbeitsplatzes ausgehend – wie das Unternehmen zu führen ist, damit es sich den Bedingungen des Marktes flexibel anpassen kann.

An dieser Stelle ist abschließend zu erwähnen, daß das Unternehmen im September 1997 trotz weiterhin stagnierender Marktzahlen eine Steigerung des Verkaufs an Neugeräten von dreißig Prozent gegenüber dem Vorjahr verzeichnen konnte. Selbst bei expandierenden Märkten handelt es sich bei dieser Prozentmarke um ein herausragendes Ergebnis.

Ein Niederlassungsleiter bezifferte den TKO-Anteil am Erfolg mit zwanzig Prozent. Eine andere Führungskraft äußerte sich IPEC gegenüber dahingehend, daß man nicht wisse, inwieweit TKO zu diesen Verkaufszahlen beigetragen habe, eines jedoch sei klar: Mit der Kundenorientierung sei eine Kommunikation eingeleitet worden, die es ermögliche, daß man sich bereichs- und hierarchieübergreifend um der Sache willen auseinandersetzen und streiten könne und die persönlichen Reibungen durch die Benennung inhaltlicher Foki deutlich abnähmen.

Eine Quantifizierung des externen Beratungserfolges ist nicht wirklich möglich, nicht zuletzt deshalb, weil es sich bei TKO um ein qualitatives Verfahren handelt.

Einer der Direktoren sprach davon, daß TKO das verbindende Glied verschiedener Komponenten sei, was dazu führte, daß dieser außergewöhnliche Geschäftserfolg erzielt werden konnte.

4. Bewertung des Fallbeispiels unter dem Fokus des klassischen Supervisionsverfahrens

Bei der Integrativen Kundenorientierung handelt es sich nicht um Supervision

Geht man vom klassischen Verfahren der Supervision aus, handelt es sich bei dem Auftrag zur Umsetzung des Programms der Integrativen Kundenorientierung nicht um einen supervisorischen Auftrag und auch nicht um einen solchen Prozeß:

1. Auffällig ist, daß die Begriffe der Supervision oder des Coachings (hier synonym benutzt) überhaupt nicht Vertragsgegenstand waren. Wenn Supervision nicht kontraktiert ist, kann es auch keine Supervision geben.
2. Es wurde nicht, wie sonst üblich, ein individuelles Kontraktgespräch mit den einzelnen Arbeitsgruppen geführt, z.B. über Gegenstand und Inhalt, Dauer und Häufigkeit der Zusammenkünfte.
3. In den hier vorgestellten Veranstaltungen im Rahmen des TKO handelt es sich um seminaristische Veranstaltungen, die Teilelemente von Dozententätigkeit, Moderatorentätigkeit nach Metaplan, von Berater- und Trainertätigkeit einschließen. Es tauchen vereinzelt Beratungssequenzen auf, die eine supervisorische Handschrift tragen, den Veranstaltungen aber insgesamt kein supervisorisches Verfahrensgepräge geben können.
4. Die Veranstaltungen werden als einmalige Tagesveranstaltungen konzipiert. Es liegt also kein Beratungskontinuum (z.B. mit Einzelpersonen oder Teams) als eines der wesentlichen Merkmale des supervisorischen Settings vor. Der Prozeßcharak-

ter (Rhythmus, Anzahl der Sitzungen) des Verfahrens in der konkreten Arbeit mit den Mitarbeitern wird insofern nicht gewährleistet.

5. Die von je mindestens zwei Beratern moderierten Veranstaltungen werden bzgl. der inhaltlichen Fragestellung – ohne Nennung von Namen – dokumentiert und den Teilnehmern und der Geschäftsleitung als Arbeitsgrundlage zur Auswertung und Weiterbearbeitung vorgelegt. Das klassische Gesetz der Verschwiegenheit, das in der Supervision herrscht, wird letztlich in seiner Klarheit und Eindeutigkeit nicht eingehalten. Wenn auch keine Namen, lediglich Sachverhalte dargestellt werden, so ist eine mögliche Rekonstruktion und Rückführung auf konkrete Personen nicht grundsätzlich auszuschließen. Diese relative Aufhebung der Verschwiegenheit in dem offenen Diskurs um Kundenorientierung im Unternehmen widerspricht der Schutzfunktion, die der Supervisor im klassischen Setting wahrnimmt.
6. Der klassische Ansatz fokussiert auf den Beziehungsprozeß zwischen Supervisor und Supervisand mit dem Ziel, eine Verbesserung der professionellen Beratungsbeziehung zwischen Supervisand und Klient zu erreichen. Prozessiert wird die reale Beziehungsgestaltung. Im Rahmen der Integrativen Kundenorientierung ist dies zwischen den Beratern und den Mitarbeitern nicht geschehen.
7. Es handelt sich eindeutig um einen Auftrag, der den Prozeß zur Verbesserung der Gestaltung von Kundenbeziehungen an den Primärzweck der Organisation bindet, nämlich: Das Erreichen höherer Umsätze und besserer Margen. Der Arbeitsfokus ist nicht primär und ausschließlich der Lernprozeß zur Verbesserung der professionellen Beziehungsgestaltung um des Kunden bzw. Klienten willen, der es aber im klassischen Verfahren der Supervision ist. Es wird statt dessen eine Unterordnung sensibler Beziehungsprozesse unter ein materielles Ziel vorgenommen.
8. Die klassischen Arbeitsinstrumente der Supervision, wie z.B. die der Übertragung und Gegenübertragung, Spiegelungen, szenisches Verstehen usw. kommen im Prozeß reduziert, nur exemplarisch zum Tragen. Selbst bei einem klassischen Supervisionskontrakt zwischen einem Supervisor und Verkäufer wäre anzufragen, inwieweit diese Instrumente unter dem gewinnorientierten Arbeitsfokus, in der die Beziehungsgestaltung die Verbesserung wirtschaftlicher Umsatzzahlen und Margen generieren soll, überhaupt greifen können.

Unter dem Fokus des klassischen Supervisionsverfahrens kann bei der Umsetzung der integrativen Kundenorientierung schließlich nicht von einem supervisorischen Prozeß gesprochen werden, weder auf der Kontrakt-, noch auf der Durchführungs- oder der Auswertungsebene. Es handelt sich von den methodischen Verfahren her um Intensivseminare, die einerseits einen Inhaltstransfer (Bewußtmachen der Notwendigkeit von Kundenorientierung) und andererseits die Ressourcenfreisetzung bei den Mitarbeitern (Einbeziehung und Verbesserungsvorschläge) intendieren.

Supervisorische Elemente im klassischen Sinne sind allerdings dennoch erkennbar

1. Es hat eine Integration der Mitarbeiter verschiedener Hierarchiestufen und Sparten in gemeinsamen Arbeitssetting mit den daraus erwachsenden dynamischen Bewegungen stattgefunden, die es zu berücksichtigen gilt. Die daraus erwachsenden su-

pervisorischen Beratungsaufgaben sind regelmäßig auch in der klassischen Teamsupervision vorhanden.
2. Es handelte sich um einen offenen Diskurs, d.h. es ging darum, die verborgenen Themen zu „entprivatisieren“, sichtbar und damit für den Arbeitsprozeß nutzbar zu machen. Dies ist ein typisches Merkmal von Supervision.
3. Im Vordergrund stand immer die Aufgabe, auf die die externen Berater fokussieren sollten. Auch im klassischen Supervisionsverfahren fokussiert der Supervisor regelmäßig auf die Erfüllung der Arbeitsaufgabe der Supervisanden.
4. Es wurden zwar bestimmte Grundthemen vorgegeben, nämlich die Kundenorientierung unter dem Fokus Image, Abläufe und Kommunikation. Was im Zusammenhang mit diesen Themen jedoch tatsächlich bearbeitet wurde, ergab sich aus den alltäglichen Erfahrungen der Mitarbeiter. Geht man davon aus, daß das grundlegende Thema der Supervision die Orientierung am Klienten ist, ist auch hier eine deutliche Parallele zu erkennen und bedeutet diese Themenvorgabe nicht prinzipiell eine Abweichung vom klassischen Supervisionsverfahren.
5. Die Fülle der unterschiedlichen Themen, die im gesamten Prozeß bearbeitet wurden, die individualisierten Vorträge, die jeweils die verschiedenen Themen aufgreifen und in die anderen Arbeitsgruppen weitergetragen werden, lassen per se erkennen, daß es sich trotz des alle Mitarbeiter umfassenden Verfahrens nicht um ein standardisiertes und mechanisiertes, sondern um ein offenes, supervisionsähnliches, um ein qualitatives Verfahren handelt.
6. Eine weitere Parallele zum klassischen supervisorischen Verfahren ist das Arbeiten an konkreten Fällen, den Kundenbeziehungen.
7. Es wurde kein kostspieliges Ist-Stand-Analyseverfahren vollzogen, sondern im direkten Kontakt mit den Mitarbeitern des Unternehmens „aus dem Stand heraus“ in die reale Arbeitswelt eingestiegen. Dieser „Kaltstart“ ist dem supervisorischen Verfahren vergleichbar.

Wir haben es bei dem Konzept der Integrativen Kundenorientierung nicht mit einem Supervisionskonzept im traditionellen Sinne zu tun, sondern um ein prozeßorientiertes Managementkonzept zur Kundenorientierung, das unter Zuhilfenahme von supervisorischen Verfahrensweisen eine eigene Qualität bekommen hat und aus unserer Sicht als *supervisorische Unternehmensberatung* bezeichnet werden kann.

5. Das Dilemma mit der Definition von Supervision – oder: Was darf Supervision genannt werden?

Supervision als eigenständige Profession

Die Grundvoraussetzung dafür, eine Profession zu etablieren und die Autonomie langfristig zu behaupten, ist die Abgrenzung eines eigenen Gegenstandes und die wissenschaftliche Erforschung desselben.

Supervision steht als Methode für berufsbezogene Beratung neben zahlreichen anderen Anbietern, die sich in der Industrie zum Teil bereits wesentlich länger etabliert haben bzw. dort beschäftigt sind. Hierzu sind zum Beispiel die Gruppendynamik zu nennen, zahlreiche Trainingsansätze, verschiedene Ansätze von Organisationsentwicklung, Managementkonzepte, Coaching usw.

Trotz ihrer berufsrelevanten Funktionen und Themen, die sie mit den genannten Methoden teilt, unterscheidet sie sich wesentlich von allen anderen, da sie ein „Verfahren ist, das Reflexion und Handlungssteuerung für professionelles Handeln unter den Bedingungen professionellen Handelns und zur Effektivierung derselben betreibt" (Nellessen 1987) Die Supervision kann in diesem Sinne grundsätzlich – auch in der Industrie – als ein Ansatz mit eigener Qualität begriffen werden.

Ihre Aufgabe ist die Unterstützung von Professionellen zur *problemadäquaten* Bearbeitung ihrer Aufgaben in konkreten Arbeitszusammenhängen. „Problemadäquat" impliziert, daß die Methoden und Techniken der Professionellen in einem Sinnzusammenhang gebracht werden und alltagspraktische Relevanz erreichen sollen. Die sozialpolitische Dimension professioneller Tätigkeit, ihre grundsätzliche Instrumentalisierbarkeit für „fachfremde" Zwecke muß kontinuierlich reflektiert werden. Diese Reflexion wiederum muß im akuten, professionellen Handlungsvollzug Rückkopplung finden. Supervision vermittelt in ihren Beratungsprozessen insofern Ganzheitlichkeit und prozessiert die Integration von Theorie und alltäglicher Handlungspraxis. Sie fokussiert auf die Bewältigung der Aufgaben und verhindert die mechanische Anwendung einer bestimmten Methode oder Technologie. Hierdurch begründet sie ihren eigenen Gegenstand.

Dieser muß von der Supervision beforscht, und die Bearbeitungsmethoden müssen vorangetrieben werden. Die Forschung selbst muß an der Nahtstelle zur Praxis geschehen, da sie sonst die Nähe und die Alltäglichkeit nicht begreifen kann und den Gegenstand nicht trifft. Sie setzt am Beziehungsprozeß zwischen den Beteiligten an. Die Wissenschaft der Supervision muß deshalb eine Handlungswissenschaft sein. Wäre sie ausschließlich erkenntnisorientiert, könnte auch sie der Gefahr der Technologisierung wenig entgegensetzen. Sie ist eine Form qualitativer Sozialforschung.

In Anlehnung an die Gedankengänge von Riemann (1982) hinsichtlich der Psychoanalyse und Psychotherapie läßt sich der besondere Reiz der Supervision als Profession wie folgt beschreiben:

1. Die Supervision kann sich als junge Wissenschaft zwischen Soziologie und Psychologie, zwischen Struktur und Motivation etablieren.
2. Als Beratung bewegt sie sich zwischen Wissenschaft (Methode) und Kunst (Intuition) und spiegelt diese Prozesse in bezug auf den Arbeitsfokus und ist damit Bindeglied zwischen Arbeitsauftrag und Beziehung.
3. In ihrer ethischen Dimension steht die Supervision als Haltung bzw. Einstellung zum Supervisanden zwischen Erkenntnis, Arbeitsauftrag und Beziehungsprozeß. Sie öffnet den Raum, in dem zwischen Individuum und übergeordnetem System notwendig werdende ethische Entscheidungen getroffen werden können.

Arbeitsfelder der Supervision als eigenständiges Verfahren

Als Reflexions- und Steuerungsinstrument beruflicher Handlungsvollzüge fokussiert die Supervision auf die zwischenmenschlichen Arbeitsbeziehungen. Im folgenden soll einen Überblick darüber gegeben werden, welche übergeordneten Arbeitsfelder sich von ihren spezifischen Methoden her ableiten lassen, m.a.W. welche Felder die Supervision mit ihren Kompetenzen konkret besetzen kann:

1. Als klassische Fallarbeit in Einzel-, Gruppen- und Teamsupervision kann sie als *Instrument der Personalentwicklung* eingesetzt und zur Qualifizierung im Umgang mit Klienten, Patienten, Kunden und anderen Geschäftspartnern genutzt werden.
2. Teamsupervision ist auch auf *Teamentwicklung* ausgerichtet. Sie dient hier u.a. der Förderung von Kooperation und Teamfähigkeit insgesamt und kann als ein Instrument der Organisationsberatung bzw. Organisationsentwicklung zum Einsatz kommen.
3. Als Verfahren, mit dem Arbeitsbeziehungen zielgerichtet gestaltet werden können, kann die Supervision *Instrument der Leitungsberatung/des Coachings* sein.
4. Es ist üblich, daß sich Führungskräfte auf dem privaten Markt supervidieren lassen. Hier kann die Supervision zu einem *Instrument der Karriereberatung* werden, da sie die individuelle Professionalisierung und die Entwicklung der beruflichen Persönlichkeit fördert.
5. Als ein Steuerungsinstrument, das die Mehrdimensionalität dynamischer Entwicklung in sozialen Gebilden zu berücksichtigen in der Lage ist, kann Supervision über den Status eines *Instruments zur Entwicklung und Umsetzung von nicht supervisorischen Managementkonzepten* hinaus zu einem eigenständigen, supervisorischen Managementkonzept avancieren, das die Elemente von Unternehmensphilosophie/Corporate Identity, Organisationsentwicklung, Leitungsberatung und Personalentwicklung mit einschließt.

Der 5. Punkt veranlaßt uns anzuregen, von einem „erweiterten Supervisionsbegriff" zu sprechen. Es ist unseres Erachtens bedauernswert, daß Supervision entweder ausschließlich in ihrer klassischen Form vertreten (und verteidigt) wird oder aber die Protagonisten einer weitergehenden Umschreibung bestenfalls da stehenbleiben, wo sie Supervision als „Instrument" der Personal- und Organisationsentwicklung sehen und damit die Supervision für fremde Gesamtkonzepte zu einer unterstützenden Methode machen, die aber nicht so weit gehen wollen, sie umfassender als Management- und Unternehmensberatung zu konzipieren.

Die Theoriediskussion um Supervision und Organisation

Die derzeitige Theoriediskussion (siehe Fachtag 1998 der DGSv und diverse Artikel in „Supervision" usw.) beschäftigt sich ebenfalls fast ausschließlich mit konkreten Einzelbeispielen, aber nicht mit der Beratung eines Unternehmens als Ganzes, wie es hier kurz skizziert wurde. Es gibt zwar generelle Konzepte, die aus der Systemtheorie, der Chaostheorie usw. theoretisch hergeleitet werden, aber längst nicht beispielhaft heruntergebrochen werden auf den Supervisionsalltag in der Industrie.

Wir sind der Auffassung, daß es notwendig ist, supervisorische Konzepte, wie es die Integrative Kundenorientierung darstellt, bewußt von anderen Konzepten in der Industrie (TQM, Lean Management, Virtuelle Fabrik), die tatsächlich in der Realität umgesetzt werden, abzugrenzen und ihre spezifische Qualität zu betonen. Dies erwähnten Konzepte in der Industrie nämlich sind unseres Erachtens Organisationsentwicklungskonzepte – im Gegensatz zu Management- bzw. Unternehmensentwicklungskonzepten. Das ist von wesentlicher definitorischer Bedeutung, da Organisationsentwicklungskonzepte u. E. zu kurz greifen.

Innerhalb der Profession Supervision gibt es unterschiedliche Definitionen, Haltungen und auch Interessen, die mit dem Themenkomplex „Supervision als Organisationsentwicklung" zusammenhängen. Es gibt Autoren, die die Supervision als Instrument der Organisationsentwicklung und gar als das idealisierte Herzstück der Organisationsentwicklung sehen möchten und es gibt Autoren, die dafür plädieren, Supervision – zum Schutz des supervisorischen Instrumentariums – von der Organisationsentwicklung abzugrenzen.

Diese Debatte scheint uns fruchtlos und steckt wohl deshalb in der Klemme, weil die „Bewahrer" auf Bewährtes und Standardisierbares schauen können und sich die „Experimentierer" immer der Gefahr der Abweichlerei schuldig machen.

Kundenorientierung versus Organisationsentwicklung

Der Begriff der Kundenorientierung ist in unserem Unternehmens- und Managementkonzept zentral verankert. Aus unserer Sicht ermöglicht der Fokus der Kundenorientierung die Implementierung von supervisorischen Unternehmensberatungs- und Managementkonzepten in Industrieunternehmen, da eine konsequente Orientierung nach den Bedürfnissen der Kunden dem am Supervisanden zentrierten Ansatz der Supervision entspricht.

Kundenorientierung ist deshalb weitreichender als Organisationsentwicklung. Reine Organisationsentwicklung kann völlig an den Bedürfnissen der Akteure in ihren realen Arbeitszusammenhängen vorbeigehen. Dies wird jedoch nicht überall bzw. in den wenigsten Fällen auch so gesehen. Kundenorientierung ist regelmäßig lediglich ein Bestandteil innerhalb von Organisationsberatungskonzepten, der gleich gültig neben anderen Bestandteilen, wie z.B. der Mitarbeiter- oder Prozeßorientierung beim Total Quality Management steht.

In Europa werden amerikanische und japanische Unternehmenskonzepte in der Regel nur dürftig umgesetzt. Unternehmerische Spareffekte, wie sie beispielsweise vom Leanmanagement her bekannt sind, bilden hier häufig das Hauptaugenmerk, obschon mittlerweile die Nachteile der Schlankheitskuren für die Unternehmen offenkundig sind (weniger Flexibilität und Kreativität) und in Fachkreisen kritisch reflektiert werden.

Der Primärimpuls in Japan dagegen ist nicht die Organisationsentwicklung, sondern die Kundenorientierung. Zur Illustration sei aus dem Interview des Spiegels (51/1995, S.88 f.) der Unternehmensberater Tominaga zitiert: „In Japan dreht sich eben alles um die Frage: Wie kann man Kunden besser bedienen? Dafür haben wir unsere Methoden eingesetzt. Die pufferlose Produktion ohne Lagerhaltung und das Anliefern der Teile ‚just in time' entstand nicht, um billiger zu produzieren, sondern um Kunden schneller beliefern zu können."

Die Bedeutung des Begriffs der Kundenorientierung unterliegt in der Supervisionsliteratur keiner differenzierten Betrachtung und wird allgemein unter „Organisationsentwicklung" subsumiert. Die Tatsache, daß Industriekonzepte der Organisationsentwicklung wie TQM, Lean Management, das Konzept der Virtuellen Fabrik u.a. Kundenorientierung explizit oder implizit als einen Teil ihrer Strategie einbeziehen, bedeutet längst noch nicht, daß es sich hier immer um Kundenorientierung handelt. Nicht selten versteckt sich hinter der Bezeichnung ein rein betriebswirtschaftlich ausgerichtetes Konzept der Ausgabenreduzierung.

Supervisorische Managementkonzepte könnten deutlich machen, daß Kundenorientierung eine neue Denk- und Verfahrensweise impliziert, in der die Organisation sich durch den Fokus Kunden ändert. Darüber hinaus können supervisorische Konzepte entsprechende Verfahren anbieten und gemeinsam mit dem jeweiligen Kunden weiterentwickeln und für deren Bedürfnisse spezifizieren, wie es die Integrative Kundenorientierung macht.

Unternehmensentwicklung versus Organisationsentwicklung

Der Begriff – und damit auch das Arbeitsfeld – „Unternehmensentwicklung" muß vom Sammelbegriff der „Organisationsentwicklung" deutlich unterschieden werden. Letzterer lenkt das Augenmerk zu einseitig auf die Aufbau- und Ablaufstrukturen, die nur einen Teil der Unternehmensrealität ausmachen. *Die supervisorische Sichtweise auf ein Unternehmen kann sich nicht auf diese Strukturen beschränken, sie muß eine ganzheitliche Sicht auf das Supervisandensystem vornehmen, wie es in klassischen Supervisionssettings auch der Fall ist.* Der Begriff der „ supervisorischen Unternehmensberatung" oder eben „Unternehmenssupervision" erscheint uns deshalb weitaus angemessener für supervisorische Konzepte als der Begriff der Organisationsentwicklung.

Problematische Aspekte der erweiterten Sichtweise supervisorischer Beratungsmöglichkeiten

Im folgenden sollen abschließend die Gefahren benannt werden, mit der Erweiterung supervisorischer Konzepte im hier beschriebenen Sinne verbunden sind. Da viele Supervisoren zwecks Etablierung von Privatpraxen und -instituten unter starkem Leistungs- und Existenzdruck stehen, besteht die Gefahr der Instrumentalisierung durch die Supervisoren für ihre eigenen Interessen und eine damit verbundene Unterwerfung unter die Effektivitätsanforderungen ihrer Auftraggeber. Die konkreten Gefährdungen für die Profession ergeben sich angesichts der Öffnung in Profitunternehmen (außerdem auch hinsichtlich der klassischen Konzepte) auf zwei Ebenen:

Gefährdungen auf handlungspraktischer Ebene

Auf handlungspraktischer Ebene ist die Supervision durch ihre Professionalisierungsbestrebungen an folgenden Punkten inhaltlich gefährdet:

1. Verlust der Feldkompetenz durch die Entfernung von Klientel und Organisation.
2. Verlust der Beziehungskompetenz durch Technisierung der Verfahren und sinnliche Entfremdung.
3. Abnehmende Alltags- und Bedarfsorientierung durch forcierte Methodenorientierung und die technologische Anwendung bestimmter Konzepte („top down"), denen sich die Klientel unterzuordnen hat. Zunehmende Selektion und Ausgrenzung.
4. Verlust des diagnostischen Instruments von Übertragung und Gegenübertragung sowie des der Spiegelung durch Technisierung.

5. Wachsende Gleichgültigkeit und Beliebigkeit gegenüber dem Menschen.
6. Abnehmendes Verstehen komplexer Situationen und individueller Motive.
7. Drohender Verlust des spezifischen Vorzug als eines ganzheitlichen Integrationsinstruments.
8. Verlust der professionellen Handlungs- und Steuerungsfähigkeit durch Mesallianz.
9. Verlust des Modellcharakters des Supervisors für die Supervisanden, da dieser sich von der Organisation entfernt.
10. Verlust der persönlichen Unabhängigkeit und Integrität.

Gefährdungen auf berufspolitischer Ebene

Auf berufspolitischer Ebene sind durch ihre Professionalisierung folgende Gefährdungen zu erkennen:

1. Drohender Verlust des einheitlichen Gegenstandes durch Zielgruppenzuwachs, Methodenerweiterung und Theorieaddition.
2. Verlust der Gemeinnützigkeit als einem Kennzeichen professionellen Handelns.
3. Verlust des professionellen Selbstverständnisses und der professionellen Identität.
4. Verlust des Standortes und zunehmende Spaltung innerhalb der Profession.
5. Zunehmende berufspolitische Machtkämpfe zu Lasten der Inhalte.
6. Zunehmende Technologisierung der Methoden und Ansätze und damit wachsende Abgrenzungsschwierigkeiten von anderen Beratungsansätzen sowie von Trainingsmethoden.
7. Verlust des Autonomieanspruchs als Profession.

Literatur

Buchinger, K. (1997): Supervision in Organisationen

Meffert, Neue Entwicklungen im Dienstleitstungsmarketing, Vortrag anläßlich des Deutschen Zukunftstages in Düsseldorf am 28.4.1994.

Müller, R.F. (1997): Totale Kundenorientierung – Zwischenauswertung – Oktober 1996 bis April 1997, IPEC, Dokumentation.

Nellessen, L. (1987): Professionalität von Supervisoren/Supervisorinnen, in: Supervision, 11

Riemann, F. (1982): Grundformen helfender Partnerschaft

Weiss/Hanser (1996): Von der Jagd zur Partnerschaft

Anhang

Wirtschaftschaos oder der Beginn der Barbarei

Jürgen Kuczynski

Vergangenheit

Die Geschichte des Kapitalismus beginnt – nach einem nur ein Jahrhundert währenden Vorspiel in Norditalien um 1400 – um die Mitte des 16. Jahrhunderts in England. Die erste große Wende beginnt mit der industriellen Revolution um 1800. das folgende Halbjahrhundert ist jedoch eine Zeit der Bremse der Produktivität der Arbeit durch ständig veränderte Arbeitszeit von 12 auf 14, 16, ja 18 Stunden pro Tag, auf 7 Tage pro Woche und durch ständige Senkung der Reallöhne. Um die Mitte des Jahrhunderts beginnt eine Wende: Die Arbeitszeit wird verkürzt und die Reallöhne steigen. Diese Blütezeit des Kapitalismus dauert ein halbes Jahrhundert. Es folgen die schlimmen Jahrzehnte der ersten Hälfte unseres Jahrhunderts mit zwei Weltkriegen, mit der tiefsten Wirtschaftskrise in der Geschichte des Kapitalismus, der Krise von 1929 bis 1933, und mit den Jahren des Faschismus in Deutschland und anderswo in Europa. Zugleich ist dieses Halbjahrhundert die Zeit der Herrschaft der Monopole, weshalb Lenin auch von einer Niedergangsperiode des Kapitalismus spricht, obgleich er erklärte: Der Kapitalismus ist unser Feind, auf dem Gebiet der Wirtschaft aber auch unser „Lehrmeister". Entgegen des Erwartungen Lenins erfolgte jedoch nach dem Zweiten Weltkrieg eine Nachblütezeit des Kapitalismus. Warum? Weil das Kapital offenbar auch Lenin als Feind und auf dem Gebiet der Wirtschaft als „Lehrmeister" betrachtete. Denn das Monopol wurde abgeschafft und durch das Oligopol ersetzt, an die Stelle von Ford traten drei konkurrierende Riesenkonzerne, und das gleiche Schicksal erlitt das IG-Farben-Monopol. Diese Zeit der Nachblüte ging mit den achtziger Jahres unseres Jahrhunderts zu Ende. Es folgte mit den neunziger Jahren:

Die Gegenwart – Beginn der Auflösung des Kapitalismus in Barbarei

Marx und Engels sagten (niemals schriftlich oder gedruckt) gegen Ende ihres Lebens voraus: Die Menschheit steht vor der Alternative Sozialismus oder Barbarei. So erzählte es mir vor 77 Jahren Karl Kautzky, der Freund der beiden, von Marx, so berichtete es Rosa Luxemburg, leider ohne Quellenangabe, in der Juniusbroschüre von Engels. Nicht nur Marxisten, sondern auch bürgerliche linke Wissenschaftler, insbesondere in den Vereinigten Staaten von Amerika, auch etwa Peter Ahlheit, Professor an der Universität Bremen, entdecken deute die ersten Elemente der Barbarei im System des Kapitalismus. Dazu gehören – zum ersten Mal in der 200 Jahre alten Geschichte des Kapitalismus auf dem europäischen Kontinent – von Jahr zu Jahr steigende Arbeitslosigkeit, ganz gleich wie sich die allgemeine Konjunktur gestaltet, eine in diesem Ausmaß nie erlebte Obdachlosigkeit, insbesondere in Deutschland, eine immer mehr um sich greifende Drogensucht, sowie eine steigende Kriminalität. Dazu gehört die zunehmende Verzweiflung der Menschen betreffend die Gegenwart wie die Zukunft.

Dazu gehört aber auch eine zunehmende Unwissenheit der sogenannten Experten in allen politischen Lagern. Das wird deutlich sowohl an in den aufkommenden Schlagwörtern ebenso wie an den vorgeschlagenen „Heilmitteln". Zu den neuen Schlagwörtern gehört die „Globalisierung". Als ob diese nicht vor 200 Jahren mit der Ausbreitung des Kapitalismus, einschließlich der Ausbreitung des Kolonialismus, begonnen hätte. Dazu gehört die Erfindung von irgendwelchen Prozentsätzen der Steigerung der Produktivität, von denen an die Arbeitslosigkeit zurückgehen wird, als ob nicht faktisch die Arbeitslosigkeit auch bei 10% Steigerung der Produktion steigen und bei 1% Steigerung sinke könnte, wenn...

Ja, wenn – nur einer hat die wahre Situation auf diesem Gebiet der Wirtschaft begriffen. Er meint (Marx wird gemeint sein, der Hrsg.): Seit 200 Jahren steigt im allgemeinen die Produktion schneller als die Produktivität, so daß die Beschäftigung von Arbeitern und Angestellten ständig zunimmt, seit 1992 aber steigt in vielen Ländern Europas die Produktivität schneller als die Produktion, so daß die Arbeitslosigkeit ständig heraufgehen muß. Für Deutschland lauten die Zahlen:

Jahr	Steigerung von Produktion	Steigerung von Produktivität
1991	3,7	1,2
1992	1,8	4,1
1993	-1,2	0,7
1994	3,0	3,5
1995	2,1	2,7
1996	0,0	2,5

Unter diesen Umständen muß natürlich, ganz gleich wie die Konjunktur, auch wenn sie wie 1994 wirklich gut ist, die Arbeitslosigkeit immer neue Rekorde erreichen. Die Bevölkerung wird immer überflüssiger.

Halbvernünftige fordern unter diesen Umständen eine Verkürzung der Arbeitszeit. Aber eine solche Forderung als Heilmittel gegen die steigend Arbeitslosigkeit ist sinnlos, wenn sie nicht verbunden ist mit der Erhaltung des Lohn- und Gehaltsniveaus. Ohne diese Forderung geht natürlich der Konsum und damit die Produktion zurück, und dann steigt wieder die Arbeitslosigkeit.

Kein Wunder, daß unter diesen Umständen die Verzweiflung in der Bevölkerung steigt. Dafür nur ein Beispiel. furchtbar, erschreckend, auch wenn es nur einen winzigen Teil der Bevölkerung Deutschlands trifft. Es handelt sich um folgende Meldung: In Berlin sterben mehr Kinder durch Selbstmord als durch Verkehrsunfälle. Ist es unter diesen Umständen ein Trost, wenn Vergewaltigung in der Ehe zu einer strafbaren Handlung gemacht wird?

Doch noch haben wir kein Wort von dem Abbau der Sozialversicherung gesagt. Die erste tat auf dem Gebiet der Sozialversicherung geschah 1847 in dem fortgeschrittensten kapitalistischen Land der Welt, in England, mit dem 10-Stundentag-Gesetz, das die Arbeitszeit für Jugendliche und Kinder beschränkte. Es wurde im Parlament als Racheakt der halbfeudalen Grundbesitzer gegen die Industriellen durchgesetzt, die ein Jahr zuvor die „Korngesetze" gegen die Grundbesitzer, die bisher durch hohe Kornzölle vor der billigen Konkurrenz des Auslandes geschützt waren, im Parlament durchgesetzt hatten. In Deutschland wurde ein relativ gutes System der Sozialversicherung unter Bismarck begonnen, im Kampf gegen die immer stärker werdende Sozialdemokratie. Insbesondere nach dem Zweiten Weltkrieg wurde das System der Sozialversicherung in ganz Europa, gerade auch in Deutschland, weiter ausgebaut – nicht zum wenigsten unter dem Druck der Verhältnisse in den sogenannten realsozialistischen Ländern. Bei allen fundamentalen Mängeln des Gesellschaftssystems in der DDR gab es Anfänge sozialistischer Elemente: Es gab keine Arbeitslosigkeit, die Renten waren niedrig, aber keiner brauchte auch nur einen Tag im Jahr zu hungern, die DDR hatte das beste System von Kinderhorten und Kindergärten in der Welt, so daß Frauen, wann immer sie wollten, auf Arbeit gehen konnten, und jeder konnte, unabhängig von den finanziellen Verhältnissen der Eltern, studieren. Es ist selbstverständlich, daß solche Verhältnisse einen Druck auf die BRD zum Ausbau des Systems sozialer Fürsorge ausüben mußten. Mit dem historisch durchaus berechtigten Ende der DDR aber fiel dieser Druck fort. Seit den neunziger Jahren beobachten wir daher in Deutschland einen rapiden und brutalen Abbau der sozialen Sicherheit. Und das gilt für ganz Europa nach dem Zusammenbruch aller sogenannten realsozialistischen Länder im Osten.

Wir sehen, immer neue Elemente der Barbarei drängen sich in die gesellschaftlichen Verhältnisse Europas.

Doch einen Aspekt haben wir noch nicht berücksichtigt. Man hat berechnet, daß es in Deutschland 85 Milliardäre und 110.000 Millionäre gibt. Die Profite sind im letzten Jahrfünft insgesamt um mindestens ein Viertel gestiegen. Lebenshaltung und Ersparnisse der oberen Hälfte der Bevölkerung haben im letzten Jahrfünft bedeutend zugenommen. Die obere Hälfte der Bevölkerung lebt in einer völlig anderen Welt als die untere Hälfte.

Es gibt gewissermaßen zwei Deutschland, ein oberes und ein unters – und das gilt ebenso für Frankreich wie für England oder Italien und insbesondere auch für das „reichste Land der Welt", für die Vereinigten Staaten. Man soll nicht vergessen, daß es ein linker bürgerlicher amerikanischer Wissenschaftler war, der auf Grund seiner Erfahrungen in seiner Heimat feststellte: Die „Dritte Welt" drängt mehr und mehr in die Großstädte der „Ersten Welt" ein.

Ja, auch das gehört zu den Elementen der Barbarei im Kapitalismus, der krasse Unterschied zwischen dem Leben der oberen und der unteren Hälfte der Bevölkerung und seine stete Zuspitzung.

Von der „Zweiten Welt", den ehemals sogenannten realsozialistischen Ländern, ist zweifelsfrei zu berichten: Entweder befinden sie sich in einem völligen wirtschaftlichen Chaos wie die meisten Gebiete der ehemaligen Sowjetunion mit großen Teilen der Bevölkerung im Armutszustand der „Dritten Welt", oder sie befinden sich, wie etwa Tschechien, auf dem Weg zur Barbarei der „Ersten Welt". Das letztere gilt auch für einige sogenannte „Schwellenländer Asiens.

Und die „Dritte Welt, in der der Abstand zwischen dem Reichtum einer kleinen Oberschicht und der Armut der Mehrheit der Bevölkerung größer ist als irgendwo anders in der Welt? Nirgendwo in der Welt sind Kapitalismus und Barbarei so vereint wie dort. Daher ist der Großteil des dort vorhandenen Kapitals europäisches oder nordamerikanisches, das wegen der billigen Arbeitskraft dorthin ausgewandert ist, wie etwa weit über die Hälfte des ursprünglich in Deutschland angelegten Kapitals der Textil- und Bekleidungsindustrie.

Mit ganz wenigen Ausnahmen aber erzielen, während ich diese Zeilen schreibe, die Aktienkurse an den Börsen der Welt Rekordkurse – auch das gehört zum Beginn der Barbarei im Rahmen der Welt des Kapitals.

Sachregister

Personenverzeichnis

Autorenverzeichnis

Nando Belardi; Dr. Univ.-Prof., Supervisor (DGSv), Psychotherapeut (HPG). *Anschrift:* Lehrstuhl für Sozialpädagogik, Philosophische Fakultät T.U. Chemnitz. Postfach 964, D-09107 Chemnitz

Ferdinand Buer, Prof. Dr. Erziehungs- und Sozialwissenschaftler an der Universität Münster, Psychodramatiker (DFP/DAGG), Supervisor (DGSv); Leiter des Psychodrama-Zentrums Münster. *Anschrift:* Psychodrama-Zentrum, Alte Schanze 46, D-48159 Münster.

Gerhard Fatzer, Leiter des Instituts für Supervision und Organisationsentwicklung (Trias, Zürich) in, international tätiger Organisationsberater. Dozent an diversen Universitäten wie Bern, Hannover, Paris (Essec), Gastprofessuren an der GH Kassel, Univ.of Mass. in Amherst. *Anschrift*: Brunnenwiestrasse 17, CH-8627 Grüningen/ Schweiz

Jörg Fengler, Dr. Dipl.-Psych., Professor an der Heilpädagogischen Fakultät der Uni Köln, Psychotherapeut und Supervisor. *Anschrift*: Uni Köln, Seminar für Heilpädagogische Psychologie und Psychiatrie, Frangenheimstr. 4, D-50931 Köln

Thomas Floeth, Dr. rer. soc, Gründer und Leiter von *QUALITAS*-Organisationsentwicklung Institut für qualitative Methodenanwendung. *Anschrift:* Tiefe Str. 10; D-31675 Bückeburg

Angela Gotthardt-Lorenz, Mag. Dipl. Päd., Supervisorin (ÖVS) und Organisationsberaterin im Institut für Supervision und Organisationsentwicklung Wien, 1994-1998 Vorsitzende der Österreichischen Vereinigung für Supervision. *Anschrift*: Hießbergergasse 13/1, A-3002 Purkersdorf

Peter Heintel, Dr. Prof. am Institut für Interdisziplinäre Forschung und Fortbildung der Universitäten Innsbruck, Klagenfurt, Wien. *Anschrift*: Sterneckstr. 15, A-9010 Klagenfurt

Rudolf Heltzel, Dr. med. Psychoanalytiker, *Anschrift*: Außer der Schleifmühle 56, D-28203 Bremen

Gabriele Junkers, Dr. Dipl.-Psych., Psychoanalytikerin. *Anschrift*: Konsul-Mosle-Weg 18, D-28359 Bremen

Jürgen Kuczynski, 1998 mit 94 Jahren verstorben, Prof. Dr., Wirtschaftswissenschaftler, studierte Philosophie und Ökomomie trat 1930 der Kommunistischen Partei bei, emigrierte 1936 nach England, in der DDR Professor für marxistische Wirtschaftswissenschaften an der Humboldt-Universität und der Akademie der Wissenschaften. Berlin

Michael Märtens, Prof. Dr lehrt an der FH Dresden, Klin. Psychologe, Supervisor (DGSv). *Anschrift*: Röffgenerstr. 214, D-53127 Bonn

Ulrike B. Meyer, Supervisorin (DGSv) und Fortbildnerin in eigener Praxis. *Anschrift*: Hans-Geiger-Weg 22, D-72076 Tübingen

Jürgen Mietz, Schulpsychologe, Supervisor. *Anschrift*: Regionale Schulberatungsstelle der Stadt Duisburg, Bergiusstr. 27, D-47119 Duisburg

Heidi Möller, Dr. Dipl.-Psychologin, Psychotherapeutin, Supervisorin, Hochschulassistentin für Klinische Psychologie an der TU Berlin. *Anschrift*: Kaiserin-Augusta-Allee 84, D-10589 Berlin

Christine Morgenroth, Dr. phil.; Professorin für Sozialpsychologie an der Universität Hannover. Psychotherapeutin und Supervision in freier Praxis. *Anschrift*: Podbielskistr. 31, D-30163 Hannover

Rolf Fritz Müller, Supervisor (DGSv), Balintgruppenleiter (AGBB), Geschäftsführer IPEC. *Anschrift:* Chamissostrasse 14, D-50825 Köln

Oskar Negt, Prof Dr. Dr. h.c., Dipl-Soziologie, Professor der Sozialwisenschaften. *Anschrift*: Universität Hannover Institut für Soziologie, Schneiderberg 50, D-30167 Hannover

Arne Nilsson, Dr.phil., Mag.Phil., Dipl.-Psych., Qualitätsprozeßbegleiter sowie freiberuflicher Organisationsberater, Fortbildner und Supervisor (DGSv). *Anschrift*: Kriegerdankweg 2, D-22457 Hamburg

Hüseyin Özdemir, Organisationsberater und Geschäftsführer ÖZDEMIR&PARTNER Organisations- und Personalentwicklung GmbH, *Anschrift:* Wasserburg Buschfeld Nr. 16, D-50374 Erftstadt-Liblar (Köln)

Hilarion Petzold, Univ. Prof. Dr. Dr. Dr., Lehrstuhl für Psychologie, Klinische Bewegungstherapie und Psychomotorik, Freie Universität Amsterdam, Leiter des postgradualen Studiengangs für Supervision, Wissenschaftlicher Leiter der Europäischen Akademie für psychosoziale Gesundheit – Psychotherapeut, Supervisor und Organisationsberater bei „Metaconsulting S.L.“, *Anschrift*: EAG, Kühlwetterstraße 49, D-40239 Düsseldorf

Harald Pühl, Dr. Dipl.-Psych., Supervisor und Organisationsberater. Leiter von TRIANGEL e.V.-Institut für Supervision, Organisationsberatung und Familientherapie. *Anschrift*: Zehntwerderweg 205, D-13469 Berlin

Kornelia Rappe-Giesecke, Dr. phil., Diplom-Supervisorin, Professorin für Supervision. *Anschrift:* Ev. Fachhochschule Hannover, Blumhardtstraße 2, D-30625 Hannover

Günter Rütz-Lewerenz, Dipl. Sozialarbeiter, Supervisor (DGSv), Leitender Angestellter AWO, Bez. Mittelrhein, Mitarbeit Psychodrama Zentrum Münster, Mitinhaber von Trans-Net-Social, Köln/New York. *Anschrift:* Hatzfeldstraße 16, D-51069 Köln

Sabine Scheffler, Dr. Dipl.-Psychologin, Professorin für Sozialpsychologie an der FH Köln, Leitung des Zentrums für angewandte Psychologie und Frauenforschung. *Anschrift*: Fridolinstr. 27, D-50823 Köln

Wolfgang Schmidbauer, Dr. phil, Dipl.-Psychologe, Lehranalytiker, Therapeut und Supervisior. *Anschrift:* Ungererstr. 66, D-80805 München

Dorothee Schmitz, Diplom-Supervisorin, Geschäftsführerin IPEC. *Anschrift*: Chamissostrasse 14, D-50825 Köln

Ursula Schneiter, Klin. Psychologin, Supervisorin und Drogenberaterin, CH-Bern, *Anschrift*: EAG, Kühlwetterstraße 49, D-40239 Düsseldorf

Astrid Schreyögg, Dr. Dipl.-Psychologin, Psychotherapeutin, Supervisorin und Organisationsberaterin in freier Praxis. *Anschrift*: Breisgauer Str. 29, D-14129 Berlin

Burkhard Sievers, Dr., Prof. für Organisationsentwicklung. *Anschrift:* Bergische Universität GSH Wuppertal, Gauss-Str. 20, D-42097 Wuppertal

Heinz Ulrich Thiel, Dr. Dipl.-Psychologe, Supervisor und Organisationsberater, Akademischer Oberrat am Pädagogischen Seminar der Universität Göttingen. *Anschrift*: An der Rase 14, D-37124 Rosdorf

Francisca Veale, Dipl.-Soz.-päd., Supervisorin, Organisationsberaterin, GB-London, *Anschrift*: EAG, Kühlwetterstraße 49, D-40239 Düsseldorf